CB044273

COLEÇÃO RECONQUISTA DO BRASIL (2ª Série)

173. **NARRATIVAS POPULARES** - Oswaldo Elias Xidieh
174. **O PSD MINEIRO** - Plínio de Abreu Ramos
175. **O ANEL E A PEDRA** - Pe. Hélio Abranches Viotti
176. **AS IDÉIAS FILOSÓFICAS E POLÍTICAS DE TANCREDO NEVES** - J. M. de Carvalho
177/78. **FORMAÇÃO DA LITERATURA BRASILEIRA** – 2vols. - Antônio Cândido
179. **HISTÓRIA DO CAFÉ NO BRASIL E NO MUNDO** - José Teixeira de Oliveira
180. **CAMINHOS DA MORAL MODERNA; A EXPERIÊNCIA LUSO-BRASILEIRA** - J. M. Carvalho
181. **DICIONÁRIO HISTÓRICO-GEOGRÁFICO DE MINAS GERAIS** - W. de Almeida Barbosa
182. **A REVOLUÇÃO DE 1817 E A HISTÓRIA DO BRASIL** - Um estudo de história diplomática - Gonçalo de Barros Carvalho e Mello Mourão
183. **HELENA ANTIPOFF** - Sua Vida/Sua Obra -Daniel I. Antipoff
184. **HISTÓRIA DA INCONFIDÊNCIA DE MINAS GERAIS** - Augusto de Lima Júnior
185/86. **A GRANDE FARMACOPÉIA BRASILEIRA**- 2 vols. - Pedro Luiz Napoleão Chernoviz
187. **O AMOR INFELIZ DE MARÍLIA E DIRCEU** - Augusto de Lima Júnior
188. **HISTÓRIA ANTIGA DE MINAS GERAIS** - Diogo de Vasconcelos
189. **HISTÓRIA MÉDIA DE MINAS GERAIS** - Diogo de Vasconcelos
190/191. **HISTÓRIA DE MINAS** - Waldemar de Almeida Barbosa
193. **ANTOLOGIA DO FOLCLORE BRASILEIRO** - Luis da Camara Cascudo
192. **INTRODUÇÃO À HISTORIA SOCIAL ECONÔMICA PRE-CAPITALISTA NO BRASIL** - Oliveira Vianna
194. **OS SERMÕES** - Padre Antônio Vieira
195. **ALIMENTAÇÃO INSTINTO E CULTURA** - A. Silva Melo
196. **CINCO LIVROS DO POVO** - Luis da Camara Cascudo
197. **JANGADA E REDE DE DORMIR** - Luis da Camara Cascudo
198. **A CONQUISTA DO DESERTO OCIDENTAL** - Craveiro Costa
199. **GEOGRAFIA DO BRASIL HOLANDÊS** - Luis da Camara Cascudo
200. **OS SERTÕES, Campanha de Canudos** - Euclides da Cunha
201/210. **HISTÓRIA DA COMPANHIA DE JESUS NO BRASIL** - Serafim Leite. S. I. - 10 Vols
211. **CARTAS DO BRASIL E MAIS ESCRITOS** - P. Manuel da Nobrega
212. **OBRAS DE CASIMIRO DE ABREU** - (Apuração e revisão do texto, escorço biográfico, notas e índices)
213. **UTOPIAS E REALIDADES DA REPÚBLICA** (Da Proclamação de Deodoro à Ditadura de Floriano) Hildon Rocha
214. **O RIO DE JANEIRO NO TEMPO DOS VICE-REIS** - Luiz Edmundo
215. **TIPOS E ASPECTOS DO BRASIL** - Diversos Autores
216. **O VALE DO AMAZONAS** - A.C. Tavares Bastos
217. **EXPEDIÇÃO ÀS REGIÕES CENTRAIS DA AMÉRICA DO SUL** - Francis Castelnau
218. **MULHERES E COSTUMES DO BRASIL** - Charles Expilley
219. **POESIAS COMPLETAS** - Padre José de Anchieta
220. **DESCOBRIMENTO E A COLONIZAÇÃO PORTUGUESA NO BRASIL** - Miguel Augusto Gonçalves de Souza
221. **TRATADO DESCRITIVO DO BRASIL EM 1587** - Gabriel Soares de Sousa
222. **HISTÓRIA DO BRASIL** - João Ribeiro
223. **A PROVÍNCIA** - A.C. Tavares Bastos
224. **À MARGEM DA HISTÓRIA DA REPÚBLICA** - Org. por Vicente Licinio Cardoso
225. **O MENINO DA MATA** - Crônica de Uma Comunidade Mineira - Vivaldi Moreira
226. **MÚSICA DE FEITIÇARIA NO BRASIL** (Folclore) - Mário de Andrade
227. **DANÇAS DRAMÁTICAS DO BRASIL** (Folclore) - Mário de Andrade
228. **OS COCOS** (Folclore) - Mário de Andrade
229. **AS MELODIAS DO BOI E OUTRAS PEÇAS** (Folclore) - Mário de Andrade
230. **ANTÔNIO FRANCISCO LISBOA - O ALEIJADINHO** - Rodrigo José Ferreira Bretas
231. **ALEIJADINHO (PASSOS E PROFETAS)** - Myriam Andrade Ribeiro de Oliveira
232. **ROTEIRO DE MINAS** - Bueno Rivera
233. **CICLO DO CARRO DE BOIS NO BRASIL** - Bernardino José de Souza
234. **DICIONÁRIO DA TERRA E DA GENTE DO BRASIL** - Bernardino José de Souza
235. **DA AVENTURA PIONEIRA AO DESTEMOR À TRAVESSIA** (Santa Luzia do Carangola) - Paulo Mercadante
236. **NOTAS DE UM BOTÂNICO NA AMAZÔNIA** - Richard Spruce
237. **NA CARREIRA DO RIO SÃO FRANCISCO** - Zanoni Neves
238. **VIAGEM PITORESCA E HISTÓRICA AO BRASIL** - Jean Baptiste Debret
239/241. **VIAGEM PITORESCA E HISTÓRICA AO BRASIL** - Jean Baptiste Debret

J. B. DEBRET
VIAGEM
PITORESCA E HISTORICA
AO
BRASIL

RECONQUISTA DO BRASIL (2ª Série)

Vol. 239/240/241

Capa

JOSÉ LUÍS EUGÊNIO

EDITORA ITATIAIA
BELO HORIZONTE
Rua São Geraldo, 53 — Floresta — Cep. 30150-070
Tel.: 3212-4600 — Fax: 3224-5151
e-mail: vilaricaeditora@uol.com.br
www.villarica.com.br

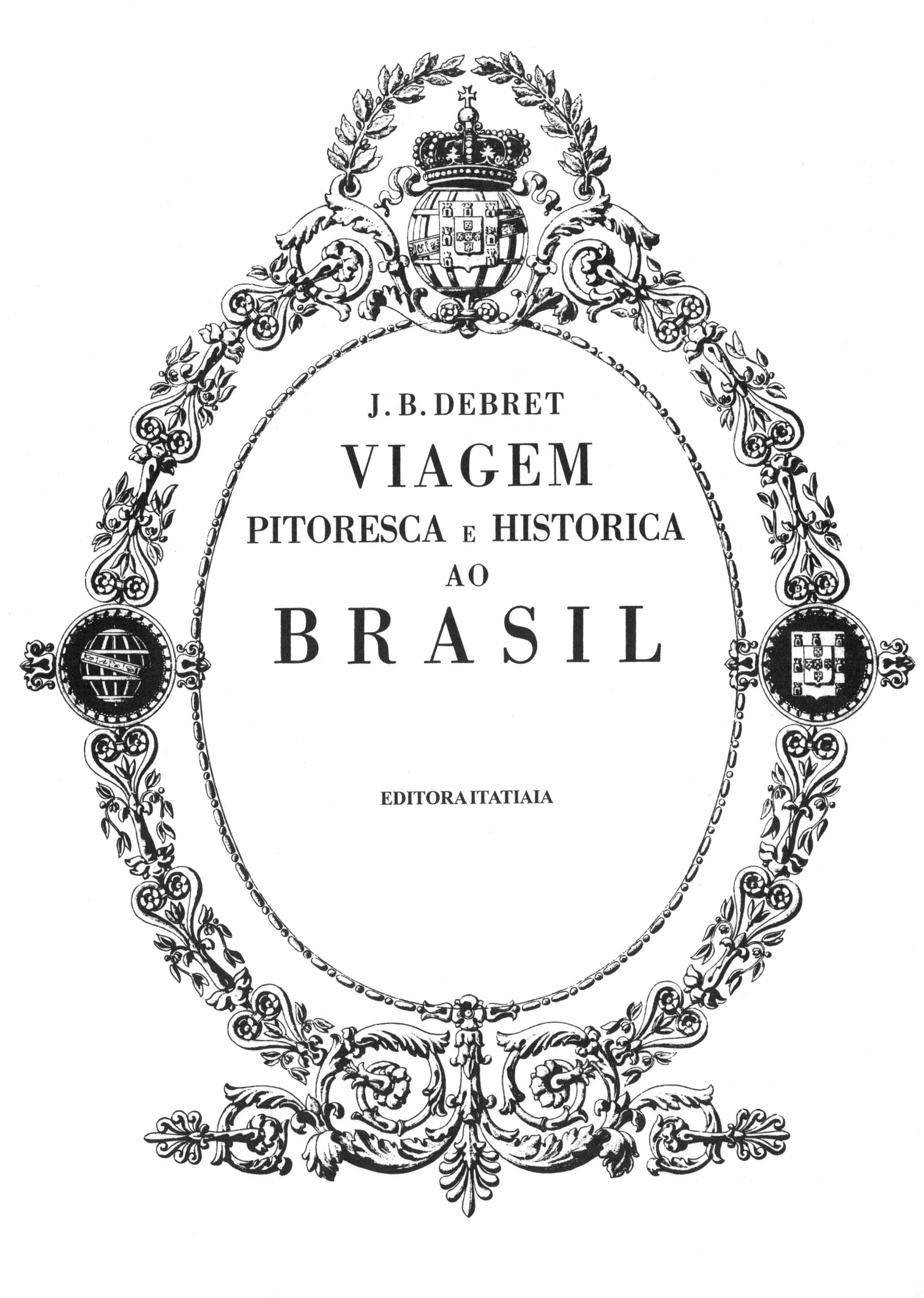

J. B. DEBRET
VIAGEM
PITORESCA E HISTORICA
AO
BRASIL

EDITORA ITATIAIA

FICHA CATALOGRÁFICA

	Debret, Jean Baptiste, 1768-1848
D34v	Viagem Pitoresca e Histórica ao Brasil / tradução e notas de Sérgio Milliet / apresentação de Lygia da Fonseca F. da Cunha — Belo Horizonte: Ed. Itatiaia, 2008. — (Coleção Reconquista do Brasil. 2ª Série; vol. 239, 240 e 241)

1. Brasil — Descrição e viagens 2. Brasil — Vida social e costumes
I. Milliet, Sérgio, 1898-1966. II. Lygia da Fonseca F. da Cunha. III Título.
IV. Série.

CDD - 918.1-390.0981-72-0361

ISBN: 978-85-319-0377-9

Índices para catálogo sistemático:

1. Brasil : Costumes 390.0981
2. Brasil : Descrição e viagens 918.1
3. Brasil : Vida Social 390.0981

2008

Direitos de Propriedade Literária adquiridos pela
EDITORA ITATIAIA
Belo Horizonte

Impresso no Brasil
Printed in Brazil

APRESENTAÇÃO

Membro da Missão Artística Francesa que em 1816 veio ao Brasil para dar início ao ensino das Belas Artes, *Jean Baptiste Debret*, contratado como professor de Pintura histórica, aqui permaneceu durante quinze anos. Neste período, aguardando a instalação da Academia Imperial de Belas Artes, o que ocorre somente em 1829, o pintor dedicou-se a trabalhos particulares: óleos, aquarelas, desenhos e uma incursão pela gravura em metal. Viajou, conhecendo o sudeste brasileiro, São Paulo, Paraná, Santa Catarina e Rio Grande do Sul, sempre objetivando reunir documentação referente ao país e que publicaria ao voltar para a França.

Sua obra, *Voyage Pittoresque et Historique ao Brésil*, ou, *Séjour d'un artiste français au Brésil depuis 1816 jusqu'en 1831*, em três volumes, é o mais completo documentário social, histórico e paisagístico que se conhece pois, cada prancha por ele desenhada e aquarelada foi posteriormente transferida para litografia e acompanhada de um texto descritivo, tornando-se o testemunho fiel de um período da história brasileira — conhecem-se atualmente alguns volumes coloridos a aquarela trabalho atribuído ao próprio Debret.

O documentário reunido primeiramente nos três citados volumes publicados entre 1834 e 1839, foi posteriormente acrescido de um quarto, composto das aquarelas pertencentes à Coleção Castro Maya, publicado em 1954 com o título *Viagem Pitoresca e Histórica ao Brasil, pranchas que não foram reproduzidas na edição de Firmin Didot, 1834* — a técnica de reprodução é fototipia colorida "Au pochoir". Posteriormente, em 1970 foram publicadas outras aquarelas de *Debret* pertencentes a uma coleção particular, saindo com título *Quarenta Paisagens inéditas do Rio de Janeiro, São Paulo, Paraná e Santa Catarina* acompanhadas de um estudo de Newton Carneiro que analisa as quarenta pranchas. Além destas edições preparadas diretamente dos originais do artista francês, são várias as publicações que repetem as pranchas dos três volumes editados por Firmin Didot, com textos traduzidos para o português e as estampas em clichés fotográficos.

Atualmente conhecem-se outras documentações iconográficas elaboradas no século XIX por artistas e amadores que estiveram de passagem pelo Brasil, porém, as ilustrações de *Jean Baptiste Debret* constituem o mais completo documentário histórico-social brasileiro no período que se insere dentro dos postulados do romantismo que preconizava no exótico dos costumes e na representação fiel da natureza, a mais perfeita finalidade da arte no século XIX.

Lygia da Fonseca Fernandes da Cunha
Chefe da Divisão de Referência Especializada —
Biblioteca Nacional.

J. B. DEBRET.

*Premier Peintre et Professeur de la classe de peinture d'histoire de l'Académie Impériale
des Beaux Arts de Rio de Janeiro. Et Peintre particulier de S. M. l'Empereur du Brésil.
Membre Correspondant de la classe des Beaux arts de l'Institut royal de France,
et Chevalier de l'ordre du Christ.*

SUMÁRIO

TOMO PRIMEIRO

Apresentação	07
Carta do Autor à Academia de Belas-Artes do Instituto de França	15
Introdução	17
Estatística	25
Camacãs	37
Coroados	39
Caboclos ou índios civilizados	41
Aldeia de caboclos em Cantagalo	43
Chefe de bororenos partindo para uma expedição guerreira	44
A famigerada raça dos bugres	46
Botocudos	48
Botocudos, puris, pataxós e maxacalis ou gamelas	50
Sinal de combate e de retirada	52
Índios guaianases	54
Charruas, por corruptela chirrus	55
Os guaicurus	57
Índios da missão de São José	59
Soldados índios de Curitiba	61
Soldados índios de Mogi das Cruzes	63
Caboclas lavadeiras	65
Guaranis	66
Conjunto de diferentes formas de choças e cabanas	68
Diferentes tipos de máscaras	70
Cabeças de diferentes tribos selvagens	72
Toucados de plumas e continuação das cabeças de índios	74
Inscrições gravadas pelos selvagens em um rochedo nas serras do Anastabia	75
Diferentes vegetais utilizados nos colares, nas tatuagens e na alimentação	77
O cabaceiro	79
Cetros e vestimentas dos chefes selvagens	80
Cerâmica dos selvagens	82
Vegetais empregados como amarra ou amarrilho	84
Armas ofensivas	86
Mapa do Brasil	88
Florestas virgens do Brasil	89
Estatística vegetal	93

TOMO SEGUNDO

Introdução	101
Observações geográficas	108
Descrição das pranchas	132
Vista da entrada da baía do Rio de Janeiro	133
Vista geral da cidade do Rio de Janeiro tomada da enseada de Praia Grande	135
Um funcionário a passeio com sua família	138
Uma senhora brasileira em seu lar	140
Vasilhames de madeira	142
O jantar no Brasil	148
O passatempo dos ricos depois do jantar	152
Os refrescos dos Largo do Palácio	154
Visita a uma fazenda	156
Barbeiros ambulantes	159
Lojas de barbeiros	161
Indústria do trançado	164
Vendedor de cestos	168
Negros vendedores de aves	170
O regresso de um proprietário	172
Liteira para viajar no interior	175
Vendedores de palmito	176
Negros serradores de tábuas	178
Regresso de negros caçadores	180
Vendedores de milho	183
Vendedores de capim e de leite	186
Escravos negros de diferentes nações	189
Mercado da rua do Valongo	193
Interior de uma residência de ciganos	195
Feitores castigando negros	198
Acampamento noturno de viajantes	200
Pequena moenda portátil	202
Transporte de carne de corte	205
Sapatarias	208
Casa para alugar, cavalo e cabra à venda	211
Moedas brasileiras	213
Negras livres vivendo de suas atividades	218
Cena de carnaval	222
Família pobre em sua casa	227
Negras cozinheiras, vendedoras de angu	230
Negros carregadores de cangalhas	233
Carruagens e móveis prontos para embarque	236
Negros de carro	240
Armazém de carne-seca	243
Jangadas de madeira de construção	247
Negociante de tabaco em sua loja	250
O colar de ferro, castigo dos negros fugitivos	255
Caça ao tigre	258
Padaria	259
Aplicação do castigo do açoite	263
O cirurgião negro	266
Pedreira	269
Lavadeiras à beira-rio	272
Negociantes paulistas de cavalos	274
Resumo sucinto da influência da agricultura e da indústria sobre o comércio brasileiro	275
Anexo dos documentos atuais tirados dos relatórios brasileiros	286
Mapa da baía do Rio de Janeiro	288

TOMO TERCEIRO

Introdução	291
Organização judiciária do Brasil	306
Culto religioso	309
Carta de despedida do Imperador do Brasil	373
Resumo da história da literatura das ciências e artes do Brasil	375
Decreto real consignando uma pensão vitalícia aos artistas	400
Vista do Largo do Palácio do Rio de Janeiro	406
Vista da cidade, desenhada do Convento de São Bento	411
Vista da cidade, desenhada da Igreja de Nossa Senhora da Glória	413
Coleta de esmolas para as irmandades	415
Primeira saída de um velho convalescente	419
Vendedor de flores à porta de uma igreja, no domingo	422
Mulata a caminho do sítio para as festas de Natal	424
Negras novas a caminho da igreja para o batismo	427
Retratos do Rei Dom João VI e do Imperador Dom Pedro I	430
Condecorações brasileiras	433
Vendedor de arruda	442
Extrema-unção levada a um doente	444
Retrato da Arquiduquesa Leopoldina, primeira imperatriz do Brasil	447
O portão de uma casa rica	450
Casamento de negros escravos de uma casa rica	452
Enterro de uma negra	455
Primeiras medalhas cunhadas no Brasil	458
Uniforme dos ministros	460
Alta personagem brasileira beijando a mão do imperador, o qual conversa com um oficial de sua guarda	461
Quinta Real da Boa Vista ou Palácio de São Cristóvão	463
O judas de Sábado de Aleluia	466
Víveres levados à cadeia pela Irmandade do Santíssimo Sacramento	469
Embarque na Praia Grande das tropas destinadas ao sítio de Montevidéu	473
Frutas do Brasil	474
Presente de natal	479
Diversos tipos de esquifes	481
Uniformes dos desembargadores	483
Catacumbas	486
Folia do divino	489
Cortejos funerários	491
Manhã de quarta-feira Santa	493
Desembarque da Princesa Real Leopoldina	496
Vista do Castelo Imperial de Santa Cruz	498
Monumento funerário em que estão encerrados os restos da primeira imperatriz do Brasil	500
Vestimenta das damas de honra da corte	505
Uniformes militares	507
Aclamação do Rei Dom João VI	509
Vista do Largo do Palácio no dia da aclamação de Dom João VI	510
Bailado histórico	511
Retrato dos ministros	513
Academia de Belas-Artes	519
Plantas e elevações de duas pequenas casas brasileiras, de cidade e de campo	521
Plantas de duas grandes casas, de cidade e de campo	525
Cortejo do batismo de Dona Maria da Glória, no Rio de Janeiro	527
Aceitação provisória da Constituição de Lisboa	529
Partida da rainha para Portugal	532
Aclamação de Dom Pedro I no Campo de Sant'Ana	533
Coroação de Dom Pedro I, Imperador do Brasil	535
Pano de boca executado para a representação extraordinária dada no teatro da corte por ocasião da coroação de Dom Pedro I, imperador do Brasil	537
Segundo casamento de Dom Pedro	539
Aclamação de Dom Pedro II, segundo Imperador do Brasil	542
Panorama da baía do Rio de Janeiro, apanhado do morro do Corcovado	544
Planta da Cidade de São Sebastião do Rio de Janeiro	550

TOMO PRIMEIRO

*AOS SENHORES MEMBROS DA ACADEMIA DE BELAS-ARTES
DO INSTITUTO DE FRANÇA*

Senhores:

Valendo-me do título honroso de vosso correspondente no Rio de Janeiro, ouso hoje oferecer-vos, vo-la dedicando, esta obra histórica e pitoresca, em que lembro, antes de tudo, ao mundo intelectual, que o Império do Brasil deve ao Instituto de França sua Academia de Belas-Artes do Rio de Janeiro. Nada mais justo que esta homenagem: ao benfeitor pertence o primeiro fruto do benefício.

Não vos deveis ter esquecido, senhores, de que, impressionado com o êxito da Academia do México, o Sr. de Marialva, embaixador português em Paris, cujo desejo de criar, por sua vez, uma Academia Brasileira, nasceu das persuasivas conversações do Sr. de Humboldt; deveis lembrar-vos também de que, em 1815, o Sr. Le Breton, seu amigo, nessa época secretário perpétuo de vossa classe, ciente do projeto, teve a coragem de realizá-lo de parceria com o Sr. Taunay, seu colega de Instituto, que se devotou a essa expedição de que participei na qualidade de pintor de história.

Historiador fiel, reuni nesta obra sobre o Brasil os documentos relativos aos resultados dessa expedição pitoresca, totalmente francesa, cujo progresso acompanhei passo a passo.

Vós vos dignareis acolhê-la, espero-o, como um monumento erguido à vossa glória e à vossa generosidade, a qual, expandindo as belas-artes em outro hemisfério, se compraz em aí criar rivais.

Vosso muito dedicado correspondente

J. B. Debret

Introdução

Dava eu tamanha importância à vantagem de poder admirar a beleza do ambiente brasileiro, e principalmente à glória de propagar o conhecimento das belas-artes entre um povo ainda na infância, que não hesitei em associar-me aos artistas distintos, meus compatriotas, os quais, sacrificando por um instante suas afeições particulares, formaram esta expedição pitoresca.

Animados todos por um zelo idêntico e com o entusiasmo dos sábios viajantes que já não temem mais, hoje em dia, enfrentar os azares de uma longa e ainda, muitas vezes, perigosa navegação, deixamos a França, nossa pátria comum, para ir estudar uma natureza inédita e imprimir, nesse mundo novo, as marcas profundas e úteis, espero-o, da presença de artistas franceses.

O governo português, por solicitação do qual nossa colônia se formara, exigia de nós apenas, a princípio, um pequeno número de anos para fundar e pôr em atividade um Instituto de Belas-Artes no Rio de Janeiro: mas as circunstâncias políticas, entravando o nosso estabelecimento, prolongaram nossa estada muito além desse termo e foi preciso nada menos de dez anos para entrarmos na posse do local que nos destinavam.

Esses dez anos não foram entretanto estéreis, pois as diversas obras que executamos, durante esse intervalo, inspiraram o gosto pelas artes aos jovens brasileiros e asseguraram, assim, o êxito de nossa empresa: em conseqüência, alguns anos de estudos, orientados por um ensino regular, bastaram para que esses homens bem-dotados apresentassem exposições anuais, cujas obras espantaram pela perfeição. Finalmente, já no sexto ano da existência ativa da Academia Imperial de Belas-Artes do Rio de Janeiro, contavam-se na classe de pintura diversos alunos empregados como professores nas várias escolas do governo. Um deles se achava, mesmo, a serviço particular da corte. Os dois mais hábeis já tinham executado quadros de história, cujos motivos nacionais se prendiam aos estabelecimentos que deviam ornamentar.

Foi em virtude dos êxitos rápidos de meus alunos que tive a ventura de obter, do conselho da Regência, uma licença limitada para voltar à minha pátria e aí gozar, no seio de minha família, a possibilidade de coordenar o primeiro volume de minha *Viagem pitoresca ao Brasil,* que hoje ofereço ao público.

Graças ao hábito da observação, natural em um pintor de história, fui levado a apreender espontaneamente traços característicos dos objetos que me envolviam; por isso, meus esboços feitos no Brasil reproduzem, especialmente, as cenas nacionais ou familiares do povo entre o qual passei dezesseis anos.

Essa coleção, ordenada cronologicamente, encontra novo interesse na história de sua formação.

Com efeito, começada exatamente na época da regeneração política do Brasil, operada pela presença da corte de Portugal, que se fixou na capital da colônia brasileira elevando-a à categoria de reino, inicialmente, e, pouco depois, à de império independente, essa coleção termina com a revolução de 1831.

Todos esses documentos históricos e cosmográficos, consignados em minhas notas e desenhos, já se achavam ordenados no Rio de Janeiro, quando foram vistos por estrangeiros que me visitaram. Suas solicitações me encorajaram a preencher algumas lacunas, a fim de compor uma verdadeira obra histórica brasileira, em que se desenvolvesse, progressivamente, uma civilização que já honra esse povo, naturalmente dotado das mais preciosas qualidades, o bastante para merecer um paralelo vantajoso com as nações mais brilhantes do antigo continente.

Finalmente, no intuito de tratar de uma maneira completa um assunto tão novo, acrescentei diante de cada prancha litografada uma folha de texto explicativo, a fim de que pena e pincel suprissem reciprocamente sua insuficiência mútua.

Rejeitada para além-mar pelo Império Francês, a corte de Portugal gozava no Rio de Janeiro, desde 1808, da mais perfeita tranqüilidade, quando, em 1815, resolveu aí fixar-se definitivamente, erguendo nessa cidade o trono do novo Reino Unido de Portugal, Brasil e Algarves. O ministério sentiu, então, a necessidade de atrair a indústria européia e de fecundá-la pela influência das belas-artes; e foi à França que o Sr. de Marialva, embaixador português em Paris, solicitou uma colônia de artistas com o fim de fundar uma Academia de Belas-Artes no Brasil.

Tendo partido sob a chefia do falecido Sr. Le Breton, então secretário perpétuo da classe das belas-artes do Instituto de França, cheguei ao Rio de Janeiro em 1816 como participante, na qualidade de pintor histórico, dessa expedição cujos demais membros eram os senhores Taunay, paisagista, membro do Instituto de França; Taunay, estatuário, irmão do precedente; Grand-Jean de Montigny, arquiteto; Pradier, gravador em talho-doce; Newcom, compositor de música; Ovide, professor de mecânica. Por ocasião de nosso desembarque, a mãe do Príncipe Regente Dom João VI acabava de morrer, e já se ocupavam com os preparativos do cerimonial a ser observado na aclamação do novo monarca brasileiro. Chegávamos a propósito, e apressaram-se em fazer com que nossos diversos talentos contribuíssem para a importante cerimônia que ia outorgar à colônia brasileira um lugar entre os reinos do antigo continente. Desde esse momento, especialmente ocupado com retraçar uma longa série de fatos históricos nacionais, tive à minha disposição todos os documentos relativos aos usos e costumes do novo país que eu habitava e que constituíram o ponto de partida de minha coleção. A partir dessa época, fomos constantemente chamados a contribuir para os trabalhos encomendados por ocasião dos diversos sucessos políticos, cujo caráter sucessivamente maior e mais nobre devia conduzir à época memorável da fundação do Império Brasileiro, independente de Portugal. Eu ensinava, então, pintura de história na academia do Rio de Janeiro, fundada por nossa colônia; por isso tive a oportunidade de manter, constantemente, por intermédio de meus alunos, relações diretas com as regiões mais interessantes do Brasil, relações que me permitiram obter, em abundância, os documentos necessários ao complemento de minha coleção já iniciada.

Quanto à história particular dos selvagens, uma circunstância feliz forneceu-me os primeiros materiais: dois dias apenas depois de nossa chegada, foi-nos dado ver indígenas botocudos recém-trazidos ao Rio de Janeiro por um viajante que me facilitou desenhá-los com cuidado, acrescentando a essa amabilidade informações tão fidedignas quão interessantes acerca dos costumes desses índios entre os quais vivera. O acaso levou-me assim a iniciar, no centro de uma capital civilizada, essa coleção particular dos selvagens, que eu devia acabar nas florestas virgens do Brasil.

Sob o Império, os governadores das províncias, quase todos brasileiros[1], dedicaram-se mais particularmente aos progressos da civilização, e pela primeira vez viu-se nessa época serem conduzidas ao Rio de Janeiro freqüentes deputações de índios selvagens, que vinham solicitar, do soberano, instrumentos de trabalho, na qualidade de cultivadores, ou armas, para servirem nos corpos auxilares.

A influência desse sistema estendeu-se de tal modo que, durante os últimos anos de minha estada no Brasil, era comum se encontrarem, no Rio, essas famílias de índios civilizados, abrigados com hospitalidade no Campo de Sant'Ana, nas oficinas de obras públicas do governo. E as comunicações com elas eram tanto mais vantajosas quanto se deparava quase sempre, no meio dos selvagens, com algum indivíduo conhecedor do português. E enquanto o governo se enriquecia assim com novas populações, o Museu de História Natural do Palácio de São Cristóvão melhorava dia a dia sua preciosa coleção de vestimentas e armas, oferecidas como presente ao soberano, por esses índios. Finalmente, além da posse desse importante material, trazido por assim dizer à minha curiosidade por essas deputações, não raro fui, com naturais do país, buscar no seio de suas famílias o complemento que se fazia indispensável ao primeiro volume que ora publico.

---

[1] *A exigência da nacionalidade, para o desempenho de funções na alta administração, é relativamente recente. A história de todos os países, e a do Brasil igualmente, está cheia de mercenários ilustres ocupando cargos importantes. O nacionalismo só se desenvolveu depois da Revolução Francesa, que trouxe, entre outros conceitos expandidos pelo mundo, o da pátria, no sentido contemporâneo da palavra. Entre nós, embora houvesse sentimentos regionalistas profundos, como os dos paulistas ou dos pernambucanos, a idéia nacional só principiou a criar raízes mais sérias bem depois da Independência. Ainda durante a regência e o reinado de Dom João VI, encontramos em São Paulo, integrados no governo da província, dois alemães recém-naturalizados: Oeynhausen e Daniel Pedro Müller. Naturalmente, somente depois de formada uma elite nacional suficiente para preencher os quadros administrativos é que se intensifica a idéia nacionalista, a princípio liberal e mais estrita na medida em que aumenta o número de elementos capazes. Hoje diríamos de técnicos. (N. do T.)*

A obra que ofereço ao público é uma descrição fiel do caráter e dos hábitos dos brasileiros em geral. Devo, portanto, a fim de seguir uma ordem lógica, começar pela história do índio selvagem, primeiro habitante desta parte do globo tão admirada pela abundância dos benefícios que a natureza lhe prodigalizou.

É no centro das imensas florestas virgens do Brasil que o observador deve procurar essas antigas famílias de indígenas, conservadas em seu estado primitivo, felizes de viver sob uma temperatura suave e de confundir as estações que lhes oferecem, sem interrupção, mil espécies de frutas saborosas e, amiúde, plantas vigorosas cujas raízes substanciais bastam à alimentação de seus filhos, embora os homens, naturalmente cheios de engenho e agilidade, se entreguem à caça para obter um alimento suplementar.

Quantos obstáculos tem que vencer o europeu corajoso que deseja ver de perto e nos seus hábitos o brasileiro selvagem, sempre acampado à beira de riachos, de lagos, ou rios que cortam florestas profundas! Aí encontra ele os mais industriosos desses indígenas, fortificados dentro de suas cabanas, cercados de várias linhas de paliçadas que constroem com barricadas de troncos de árvores dispostos de maneira a deixar apenas uma entrada e, ainda, o mais das vezes escondida pelo matagal.

Para chegar ao índio selvagem, através desse dédalo de vegetação, somente o índio civilizado pode servir de guia; conduzido unicamente pelo instinto[1], ele se orienta no meio dessas gigantescas e lúgubres florestas, cujas abóbadas espessas são impenetráveis aos raios do sol. Seu olfato, de incrível agudeza, revela-lhe, mesmo a grande distância, a presença de um companheiro[2], sua vista exercitada, sempre vigilante, descobre e segue a pista de um animal, unicamente pelos sinais de alteração produzidos pela passagem do corpo entre a folhagem das mimosas sensíveis que juncam o solo dessas florestas. E só tendo em mente essas faculdades tranqüilizadoras é que a gente ousa avançar com ele entre os inumeráveis esqueletos esbranquiçados de antigos vegetais de toda espécie que, por assim dizer, servem de urdume ao tecido unido de uma nova vegetação, cuja ativa profusão se esparrama por todos os lados formando uma rede impenetrável. Como seria possível ao viajante não se sentir cheio de respeito e de admiração diante desse milagre de fecundidade? Convicto da importância de seus meios físicos, o homem, tão audaz alhures, ali se faz tímido. Vê-se obrigado a transformar os sulcos formados pelas águas em caminhos que o conduzam à beira do rio. E pode considerar-se ainda muito feliz se, ao chegar à baixada, após as fadigas de uma descida íngreme e sempre perigosa, lhe for possível aproveitar, a fim de atingir as florestas que deseja penetrar, alguma vereda aberta no matagal pelos animais selvagens.

Nesse labirinto obscuro, esse guia se torna tanto mais indispensável quanto mais o viajante se aproxima da habitação do selvagem, pois se transforma, então, em um intérprete providencial. Os primeiros ruídos de passos sobre a folhagem

---

[1] *"Natural"*, *acrescenta Debret, o que parece inútil com a terminologia atual. (N. do T.)*
[2] *"Compatriota"*, *no original, o que dá bem a idéia do que entendiam os europeus de então por brasileiros. Brasileiro era exclusivamente o índio. (N. do T.)*

expandem o temor na aldeia; todos os homens se armam, mas, graças às palavras de paz que o guia pronuncia, adianta-se o chefe à frente dos outros, segurando numa só mão o arco e a flecha. Com esse sinal de suspensão das hostilidades, à desconfiança geral sucede a curiosidade: o viajante pode aproximar-se sem medo e alguns presentes logo reúnem em torno dele toda a população selvagem, que o introduz no centro da aldeia para visitar à vontade o interior de suas humildes cabanas. Então se iniciam as trocas.

Durante essas demonstrações amistosas tão cheias de interesse, o naturalista observador sente-se penetrado, repentinamente, a despeito de sua filantropia, por um sentimento de tristeza ante o aspecto de sua imagem reproduzida num ser selvagem, cuja sutileza e perfeição dos sentidos, tornados temíveis sob formas apáticas mas ferozes, trazem-lhe ao pensamento um paralelo involuntário com a fera; e como se só a esta tivesse encontrado no meio dessas florestas, estima-se feliz com ter provocado apenas um olhar de indiferença [1].

Entretanto, em que pese o contraste tão impressionante de maneiras, encontram-se no índio selvagem certas idéias elementares, vícios e virtudes que constituem ainda o caráter social do homem civilizado: o amor à propriedade e a coragem de defendê-la, a irritabilidade do amor-próprio ofendido e os mais matreiros ardis que possam sugerir a vingança. E, quem o imaginaria, em meio a uma liberdade sem limites, é ele dominado por um sentimento de orgulho completamente feudal. Assim como um suserano que outrora reunia, ao toque do sino de seu castelo, todos os vassalos capazes de porte de armas, ele se compraz em mostrar ao civilizado a extensão de seu domínio e a força de seus apelos. Ainda recentemente, na província do Maranhão, o selvagem Tempé, chefe dos timbiras, visitado por estrangeiros, quis, como um pequeno soberano belicoso, dar-lhes uma idéia da disciplina de seus soldados. Orgulhoso de possuir uma arma de fogo, presente de um rico proprietário da região, serviu-se dela para o toque militar de reunir; um só tiro bastou, com efeito, para fazer surgir, em um instante, cerca de oitocentos guerreiros dispostos a obedecer às suas ordens.

No indígena, à virtude marcial se alia o amor das distinções, de que necessariamente se cerca um general; assim, a vestimenta do chefe é sempre de um luxo extraordinário. Ignorante dos costumes do europeu, não sabe, como este, apreciar a delicadeza do tecido de uma farda ou a profusão de ricos bordados, nem o acabado das cinzeladuras de uma arma, mas sabe, na sua imaginação igualmente cheia de vaidade, substituí-los por uma cota de armas de tecido de algodão muito forte. Re-

---

[1] *O período é obscuro, mas é característico dos viajantes da época, quando não escritores profissionais. A preocupação de tornar até certo ponto misteriosa e atraente a vida do selvagem leva esses autores a confusas digressões e a paralelos mais ou menos falsos e fáceis entre o índio e o animal selvagem ou entre o índio e o europeu. Enquanto permanecem no campo objetivo da descrição, tais viajantes se mostram interessantes e muitas vezes preciosos, mas quando "fazem literatura", são não raro obscuros e só apresentam certa curiosidade para os que desejam conhecer através deles as dominantes filosóficas da época. No caso de Debret, felizmente, tais deslizes são pouco comuns. Sua objetividade e sua clareza são bem maiores do que num Rugendas, por exemplo. E sua observação é também muito mais aguda. (N. do T.)*

cobre-a com penas dispostas de maneira a formarem separações que, pelas suas cores variegadas, lembram a plumagem brilhante dos mais belos pássaros com que a natureza povoou as florestas que ele habita.

Não lhe parece menos importante enfeitar a cabeça para distinguir-se dos que ele comanda, por isso usa um capacete recoberto de plumas, cujos imensos penachos lhe aumentam o porte de três ou quatro pés. Seu instinto revelou-lhe a influência da fisionomia e ele a aplica na imaginação de apavorantes ornatos destinados a tornar o rosto monstruoso e aterrorizar o inimigo desde o primeiro contato. Como a natureza lhe recusou a barba, ele supre essa carência por meio de incisões na pele do rosto, nas quais introduz ora garras de tigre, ora longas plumas de arara fixadas com resinas às duas extremidades do lábio superior, criando assim enormes bigodes artificiais. De acordo com esse raciocínio singular, fácil se faz conceber que o mais cruel dos selvagens brasileiros, o feroz botocudo, seja também aquele cuja fisionomia humana, tornada voluntariamente quase irreconhecível, se mostra sem contestação a mais horrorosa e ao mesmo tempo a mais terrível; com efeito, a mutilação do lábio inferior, paralisando a expressão do canto da boca, dá à parte mais móvel do rosto uma horrível fixidez, cuja feiúra atemorizante espelha maravilhosamente a impassibilidade da barbárie. Mas, não é tudo; para imitar o colorido do furor ele enlambuza a parte superior do rosto com um vermelho violento, a fim de aumentar com esse artifício a energia do olhar ameaçador. Esta última combinação, que não desprezaram nossas damas galantes do século XVIII, no intuito de realçar também o brilho de seus olhares, imaginada assim por um antropófago, não será, como finura, passível de paralelo com o gênio sutil de nossos mais célebres artistas europeus que figuram nos palcos dos teatros? Mas essa pesquisa dos meios adequados a um acréscimo das possibilidades de vitória é inseparável do desejo de conservar a recordação dela. E encontramos sempre, entre os índios como nos povos da Europa, um troféu militar, com a diferença, muito natural, de que, não possuindo monumentos estáveis para neles colocar os despojos do inimigo, o selvagem, quase sempre errante, contenta-se com amontoar na sua aldeia um número considerável de cabeças mumificadas de prisioneiros de guerra, que ele enfeita com cocares de plumas.

Também entre os índios algo distingue a habitação do general em chefe; em vez de sentinelas, encontra-se à porta da cabana do principal uma longa lança em cuja ponta é espetada uma cabeça de múmia, guarda imóvel mas nem por isso menos imponente e que serve ao mesmo tempo de insígnia militar ao general. Quanto aos chefes subalternos, usam eles à cinta uma cabeça suspensa por uma dupla corda de algodão presa à boca da múmia. Finalmente, os ossos das coxas e das pernas não são inúteis; com eles se fabricam instrumentos de sopro, empregados na guerra e ornamentados com os cabelos dos prisioneiros trucidados.

Também entre eles a púrpura, o cetro e o diadema são marcas distintivas de soberania. Enquanto os egípcios e os gregos buscavam, por preços elevados, a púrpura de Tiro para ostentar o luxo da riqueza ou da aristocracia, na América, na mesma época sem dúvida, o índio selvagem, naturalmente sensível ao brilho imponente da cor vermelha da arara, escolhia essa plumagem para sinal distintivo de seus chefes. Esse antigo costume, existente ainda em nossos dias, permitiu-me encontrar, durante um cerimonial, o chefe de uma aldeia indígena vestido com um manto, coroado com um diadema e armado de seu cetro, tudo feito igualmente com penas azuis, vermelhas e amarelas, cores especialmente reservadas aos grandes dignitários. Do amor às distinções devia nascer, necessariamente, o abuso do sistema aristocrático, o qual não tardou, de fato, a verificar-se entre os selvagens. Encontram-se, entre estes, inúmeros indivíduos, descendentes das raças primitivas, que se pretendem exclusivos depositários do elevado caráter e da bravura de seus antepassados e reivindicam o privilégio de serem os únicos capazes de sustentar-lhes dignamente a reputação. Usurpadores aristocráticos, não somente desprezam seus irmãos, que formam as numerosas subdivisões de suas famílias, mas ainda se transformam em seus opressores. Daí a razão orgulhosa dos ódios hereditários, que motivam as contínuas guerras que ensangüentam diariamente as florestas do Brasil[1]. Entretanto, ao lado desses vícios orgânicos do homem moral, observa-se, num contraste notável, a idéia primeira de todas as virtudes, a idéia de Deus! Na emoção de um secreto reconhecimento, seu coração, ante o aspecto da abundância protetora de uma vegetação infatigável, revelou-lhe, num instinto sublime, a existência de um ente sobrenatural, criador e ordenador de todas as coisas, cuja cólera se manifesta pelo ruído do trovão e ao qual o índio empresta proporções gigantescas, chamando-o Tupã (o Grande, o Forte). Conseqüência inevitável da idéia de Deus, o pensamento consolador da imortalidade da alma nasce, em alguns, da necessidade de se acreditarem inseparáveis de um parente benfeitor cuja memória veneram; noutros, ao contrário, esse pensamento, mais materializado, empresta ao cadáver daquele que lhes é caro um prolongamento de sensações e de necessidades que os leva a colocar uma provisão de víveres no túmulo do defunto. Ao fim de alguns meses, sua piedosa solicitude fá-lo voltar ao túmulo e, retirando com respeito a terra que pesa sobre os restos mortais já irreconhecíveis pela putrefação, ele considera um dever renovar os socorros que supõe necessários. Mas, prevendo o aniquilamento completo dessa matéria informe de quem lhe permanece caro, ele a abandona, dessa feita, com a certeza física de que lhe foi suficientemente útil (botocudos). A consciência, por sua vez, vem exercer, involuntariamente, sobre ele, sua força instintiva; o remorso sugere-lhe, interiormente, um castigo sobrenatural, cuja terrível espera perturba sem cessar o seu repouso. Em torno dele tudo se faz temível; treme ante a influência dos maus espíritos e se esforça, acendendo fogueiras, por preservar deles o túmulo de seu amigo (botocudos). Do terror cai ele no delírio e chega à metempsicose: o tigre que encontra é uma alma humana que tomou essa encarnação para vingar-se de uma injustiça de que foi vítima na terra (camacãs).

---

[1] *Atribuir a um espírito aristocrático as lutas verificadas entre as tribos parece pelo menos absurdo. A hipótese era, na época, tanto mais gratuita quanto nenhuma pesquisa séria se fizera ainda no domínio da antropologia cultural. Desconhecia-se por completo a organização social dos índios, cousa que só veio a ser estudada em fins do século XIX, principalmente por Karl von den Steinen. Mas a idéia era absoluta para quem ainda se ressentia da influência das doutrinas em voga durante a Revolução Francesa. (N. do T.)*

Em resumo, tudo o que o espírito humano concebeu como idéias filosóficas elevadas, admiráveis ou mesmo estranhas, encontra-se, em princípio e em germe, no índio selvagem, com sua aplicação determinada apenas pelos impulsos do instinto ou da inspiração. É, em uma palavra, o homem da natureza, com seus meios intelectuais primitivos, que eu quero mostrar em face do homem da civilização, armado com todos os recursos da ciência.

Estatística[1]

O vasto território do Brasil, o mais extenso da América Meridional[2], achavase, por ocasião do descobrimento, repartido entre tribos selvagens cujo caráter variava de conformidade com a influência do solo que habitavam e o modo de conseguirem os seus meios de subsistência; umas, retiradas no centro das florestas, viviam da caça; outras, localizadas nas planícies, à beira dos rios, dedicavam-se mais ou menos à agricultura; outras, finalmente, entregavam-se à pesca nas costas marítimas. Entre essas tribos, as mais indolentes eram sedentárias; as mais turbulentas e as menos industriosas eram, ao contrário, nômades. Em sua maioria, viviam elas sem comunicações entre si; algumas, ainda, divididas por ódios hereditários, perseguiamse constantemente de armas na mão.

A grande raça dos tapuias, considerada pelos historiadores a mais antiga do Brasil, ocupava toda a costa, desde o rio Amazonas até o Prata, e, no interior das terras, desde o rio São Francisco até Cabo Frio. Os tupis, que a rechaçaram, se encontravam, quando do descobrimento do Brasil, senhores das costas, onde viviam, divididos em tribos de nomes diferentes.

Foi em 24 de abril de 1500[3] que os índios chamados pataxós, então senhores da baía hoje chamada do Porto Seguro, viram pela primeira vez um português (Dom Pedro Álvares Cabral, ilustre navegador). O acolhimento favorável que a este dis-

---

[1] *O sentido da palavra "estatística" era, em fins do século XVIII e princípios do século passado, bem diferente do atual. Na definição de Achenwall, que então prevalecia, era a estatística a ciência de "recolher e descrever as cousas da atualidade mais dignas de nota, mediante as mais exatas e recentes informações". Daí o fato de ter-se chamado a Achenwall o "pai da etnografia", pois sua concepção se aproxima bem mais desta ciência do que da estatística, tal como a entendemos hoje. Para bem compreender o que imaginava Debret, deve-se ter em consideração que a palavra "estatística" vinha substituir aquilo que, anteriormente, se costumava intitular "état présent", ou "present state", e que tanto podia servir a uma descrição de usos e costumes como a uma relação de dados econômicos, demográficos e outros. (N. do T.)*

[2] *O Brasil é limitado ao norte pelo rio Amazonas; a este pelo oceano Atlântico; ao sul pelo rio da Prata e, a oeste, pelo Paraguai e Peru; estendendo-se do Equador até 35° de latitude sul, e de 37° 20' até 62° 20' de longitude oeste, e tem, por conseguinte, oitocentas e setenta e cinco léguas de largura. É dividido atualmente em onze capitanias; sob o império era repartido em dezenove províncias. (N. do A.) Há evidente confusão. O autor publica sua obra em 1834, durante a regência do Segundo Império, portanto. (N. do T.)*

[3] *Mais uma confusão. As referências habituais, em torno das quais reina grande controvérsia, falam de 21, 22, 23 de abril ou 3 de maio, em se aceitando a correção do calendário. Nenhuma alude a 24 de abril. (N. do T.)*

pensaram encorajou Pedro Álvares a desembarcar; tomando, assim, posse do território brasileiro, em nome do rei, seu senhor, plantou uma cruz num rochedo esbranquiçado, cerimônia essa que valeu à ilha o nome de Santa Cruz que ainda tem hoje. Logo depois, fez ele subirem dois indígenas a bordo de uma das embarcações portuguesas, destacada da expedição, para conduzi-los a Lisboa, onde foram apresentados a Dom Manuel, rei de Portugal. Por ocasião de sua partida, Cabral deixou no território recém-descoberto o reverendo padre jesuíta Henrique Coimbra, superior dos missionários que a expedição levava para as ilhas, juntamente com dois compatriotas seus, condenados ao degredo. Estranhos germes de civilização semeados pelos portugueses entre os selvagens do Brasil!

Em 1567, o governador português Mem de Sá fundou, perto do Rio de Janeiro, a aldeia de São Lourenço, a fim de nela reunir os índios que se haviam distinguido pela sua bravura durante a expulsão dos franceses e tupinambás. Nela localizaram os jesuítas os goitacases recém-convertidos. A mistura dessas raças indígenas civilizadas formou a tribo que hoje habita essa aldeia. Esses caboclos dedicam-se à fabricação de cerâmica, com a qual negociam; fornecem também remadores de canoa, empregados no serviço do imperador do Brasil.

A oito léguas da Bahia, no município de Cachoeira de Paraguaçu, existe uma antiga tribo de tapuias que conservou o seu nome primitivo, cariris. São os chamados cariris da Pedra Branca. Esses índios, inteiramente civilizados, são todos soldados. Quando seu comandante recebe ordem de partir para uma expedição, os soldados levam consigo as mulheres e crianças. Ao cair da noite acampam; a cabana do chefe é armada à frente das outras; reúnem-se todos para a ave-maria e a fim de receber, em seguida, as ordens para o dia seguinte. Quanto ao resto, conservam seus hábitos. São geralmente grandes comedores e um tanto indolentes. Empregam-nos especialmente na repressão das revoltas de pretos, que se renovam de quando em quando na Bahia. Esses índios são muito hábeis no combate aos negros internados nas florestas e, no Rio de Janeiro, formam boa parte da artilharia da praça.

Pensei dever reunir alguns documentos, aduzidos pelos historiadores, acerca da famosa raça dos tupis, que se opôs aos portugueses quando esses começaram a invadir o Brasil. "Essa nação selvagem, que, dizem, se tornou célebre pelo temor que inspirava, deve a origem de seu nome à palavra índia 'tupã', que significa 'trovão' ou 'senhor universal'. Ela se compunha de tribos diferentes, independentes umas das outras, com nomes particulares e traços distintivos."

Transcrevo, aqui, apenas os nomes das principais, das que dominaram o interior do Brasil: "Os *carijós,* localizados ao sul de São Vicente, eram senhores de Santa Catarina; os *tamoios,* ao sul do Rio de Janeiro, ocupavam o terreno até São Vicente; os *tupinambás* habitavam perto deles como aliados e tinham o mesmo caráter e os mesmos hábitos; os *tupiniquins* localizavam-se na costa de Porto Seguro e de Ilhéus; os *tupiniques*[1], que vinham a seguir, assemelhavam-se bastante a esses

---

[1] *Inútil, parece-nos, dizer que a nomenclatura das tribos vem eivada de erros. Entre outros observe-se a alusão a uma certa tribo de "tupiniques", que ele diz assemelhar-se à dos* tupiniquins. *Há evi-*

índios; os caetés, selvagens e ferozes, ocupavam quase toda a costa de Pernambuco; os tabajaras, da mesma raça, mas menos ferozes, eram também senhores de uma pequena parte dessa costa; finalmente os potiguaras, os mais cruéis entre os tupis, encontravam-se ao norte entre o rio Grande e o Paraíba. Como a língua tupi se falava ao longo da costa, foi denominada língua geral ou matriz. O reverendo jesuíta Padre Anchieta deu-nos dela uma gramática muito completa: trata-se de um dialeto do guarani, considerado língua mãe. Antropófagos para com seus prisioneiros, eles expandiram esse costume no interior do Brasil"[1].

---

dente engano. Aliás, a questão da distribuição das tribos indígenas na época do descobrimento permanece obscura até hoje. (N. do T.)

[1] *Acrescento outra distribuição moderna, aventada recentemente: "Em sua maioria as tribos selvagens se encontram, atualmente, rechaçadas para as duas extremidades do Brasil; as que habitam o centro são quase inteiramente civilizadas. Ao sul é que se acham as nações mais belicosas e mais independentes. O norte foi o refúgio dos fugitivos que principiam agora a recordar sua antiga potência. Mas é, principalmente ao sul, nos confins do Paraguai, que numerosas tribos aproveitaram todas as vantagens oferecidas pela natureza. Vivendo no centro dessas regiões favoráveis ao gado, os indígenas transformaram-se, naturalmente, em pastores. Muitos deles se fizeram cavaleiros porque perceberam, logo no início, que o cavalo era a mais bela conquista do homem. Citarei, como exemplo, os* guaicurus, *cujos nomes variam de acordo com as tribos, mas que conservam os mesmos costumes. Essas capitanias, cortadas por rios consideráveis, enfeixam nações que, alimentando-se somente de peixes, vagueiam continuamente pelas suas margens. A antiga e poderosa nação dos* paiaguás *figura entre elas; muito enfraquecida hoje, conserva apenas o brilho de seu nome.*

Quantidade de tribos selvagens, de nomes desconhecidos, localiza-se na imensa província do interior de Mato Grosso, teatro das antigas e freqüentes incursões das nações anteriormente nomeadas. Perto da costa, na direção sul, encontram-se resíduos de tribos pouco importantes, mas na parte ocidental da província de São Paulo, os bugres, *que dominam o território situado entre o Tietê e o Uruguai, formam quatro tribos distintas e principiam a dedicar-se à agricultura; suas habitações são quase idênticas às dos tupis, pois em cada uma delas residem quatro ou cinco famílias. Não procuram multiplicar o gado e preferem a carne de cavalo à de boi. Defendem sua posição, corajosamente, contra a invasão dos paulistas, que assim não podem avançar para oeste. A província de Santa Catarina tem algumas tribos pouco temíveis em razão de sua fraqueza; são também uma subdivisão dos bugres e, como estes, realizam algumas incursões às plantações dos habitantes. Na província do Rio de Janeiro o número de indígenas é pequeno e todos são civilizados. Encontram-se, perto da capital, uma pequena aldeia de* tamoios, *em sua maioria marinheiros, e alguns* goitacases *isolados, no centro. Mas nas províncias vizinhas existe grande número de tribos semicivilizadas. No interior, do lado de Minas Gerais, subsistem apenas algumas hordas de botocudos fugitivos. Esse fértil território é cercado de regiões mais ou menos desertas que servem de abrigo às tribos selvagens. Os vastos desertos da província de Goiás contêm um número considerável de tribos, cujos apelidos são inteiramente desconhecidos; a que deu o nome à região acha-se quase completamente extinta. A nação possivelmente mais importante é a dos* cahans [1] *(gente da floresta), chamados* caiuvavas *pelos guaicurus, que os rechaçaram do território que habitavam. À beira-mar, na região coberta de florestas situada entre Rio de Janeiro e Ilhéus, encontra-se maior número de indígenas do que no resto da costa, uns vivendo em aldeias, outros errantes nas florestas. Os primeiros,* tupiniquins, *dedicam-se à pesca ou à agricultura, formando, na floresta, roças que abandonam no ano seguinte; plantam mandioca e, algumas vezes, algodão. A preguiça e a incúria formam a base de seu caráter; são corajosos, porém, e servem com bastante fidelidade os senhores com quem trabalham voluntariamente. No interior das florestas, existem tribos desconhecidas, que se recusam a qualquer comércio com os brancos. Avançando para o norte encontram-se maiores culturas e menor número de povos selvagens. Em Ilhéus existem muito poucos índios, e quase todos são empregados dos colonos. Na província da Bahia já não se encontram mais índios à beira-mar, pois foram, em sua maioria, aniquilados, e os demais fugiram para o norte ou para o centro. Em Sergipe del-Rei existem duas tribos muito pouco civilizadas, compostas dos remanescentes da pro-*

---

[1] *Não encontramos tradução e nem sequer a palavra nos dicionários de tupi. Teodoro Sampaio dá* caá, mato. *Daí, talvez, a confusão. (N. do T.)*

As crianças selvagens, principalmente as dos botocudos, são, não raro, bonitas ao nascerem; caracterizam-se em geral por olhos miúdos, pele morena, cabelos negros, duros e lisos. Logo que os cabelos do pequeno botocudo aparecem, seus pais os raspam, deixando apenas um pequeno chumaço para formar uma espécie de coroa. O pai escolhe e dá à criança um nome característico de planta, animal ou qualidade física.

Em sua primeira infância, a mãe a carrega sem cessar nos braços, ou a cavalo ao pescoço: uma correia larga, passada sob as coxas da criança e presa à testa da mãe, ajuda esta a suportar a maior parte do fardo sem emprego das mãos. Quando a criança começa a comer, passa a ser alimentada exclusivamente com frutos e, o mais cedo possível, é abandonada a si própria. Guiada então unicamente pelo instinto, ela experimenta fazer uso de suas forças e gatinha na areia até poder brincar com um pequeno arco; tendo-o entre as mãos, começa a exercitar-se e a natureza faz o resto. Seus progressos são rápidos: já com catorze ou quinze anos é ele aceito como caçador. Com esta honrosa dignidade adquire entre seus semelhantes o lugar e as prerrogativas de seu sexo; começa desde logo a pôr em prática o direito de apropriar-se de uma ou mais mulheres, pois lhe reconhecem a capacidade de alimentá-las com seus talentos. Já nessa época ele se habituou a uma vida livre e independente e que lhe será cara até a morte.

Homem feito, desenvolvem-se suas faculdades intelectuais, e ele se deixa dominar por uma sensualidade brutal, que não lhe altera, porém, na essência, seu julgamento seguro e uma presença de espírito infinitamente sutil. Todos os seus sentidos são de uma perfeição que espanta. Naturalmente preguiçoso, mantém-se inativo na sua cabana até que a fome ou a vingança o façam sair. De sangue-frio, age o menos possível, fazendo executar por sua mulher e seus filhos a maior parte

---

víncia de Romários [1] *e dos* crococes [2], *vindos da província de Pernambuco; essas tribos não se aliam, e sua principal indústria é a extração do óleo de copaíba, que vendem aos brasileiros. A província de Pernambuco é mais cultivada do que as outras, poucos lugares restando para asilo dos selvagens, a não ser nas margens do rio São Francisco ou no centro de algumas montanhas do interior: citaremos algumas aldeias de* chucurus [3] *semicivilizados: os* acuns *e* carapotos [4] *e os* cariris, *no distrito de Alagoas, entregues ao comércio da cerâmica; no distrito da Paraíba as aldeias de* caetés *e* potiguaras, *quase todos cristãos. Não há mais selvagens nas imensas planícies das províncias do Rio Grande do Norte, Ceará e Piauí, onde aliás não poderiam viver devido à escassez da caça. Assinalaremos, especialmente, algumas aldeias de índios civilizados do Ceará, descendentes dos* tabajaras, *e que veneram ainda o Maracá, divindade de seus antepassados. No Piauí são eles vaqueiros de imensos rebanhos. Na província do Maranhão, região coberta de florestas entrecortadas de rios, encontram-se grande número de tribos selvagens pouco conhecidas dos brasileiros. É geralmente na parte ocidental que se depara com a maior quantidade de hordas bárbaras. Mais ao norte, localizam-se os* gamelas *(botocudos sem botoque), célebres como devastadores das habitações da vizinhança. Os* timbiras *dedicam-se à agricultura no interior. As imensas florestas do Pará escondem uma infinidade de tribos selvagens que jamais foram visitadas pelos europeus. Quanto às que se abrigam às margens do rio Amazonas, sabe-se de alguns nomes transmitidos por viajantes:* jumas, maués, pamas, araras, *e* mandrucus, *estes mais numerosos e conhecidos. Uns nômades e outros mais ou menos agricultores, perdem a pouco e pouco sua ferocidade. (N. do A.)*

---

[1] *Mais uma dessas inextricáveis confusões, pois não existia nenhuma província com essa denominação. (N. do T.)*
[2] *Não encontramos a palavra em nenhum dicionário. (N. do T.)*
[3] *Idem, idem.*
[4] *Talvez coropós. (N. do T.)*

dos trabalhos; seu amor-próprio impõe-lhe o dever único de reservar sua força e sua coragem para a caça e a guerra.

Privado dos princípios da moral, é o índio escravo de suas tendências, de seus instintos, de seus sentidos. Não perdoando nenhuma espécie de ofensa, nunca deixa de tirar, finalmente, uma desforra violenta ou, repentinamente dominado pela funesta explosão de suas paixões ferozes, entrega-se imediatamente à vingança.

Belicosos e turbulentos, os botocudos mantêm-se em constante luta com seus vizinhos. Reúnem-se em grupos numerosos, para rechaçar, e o mais das vezes para atacar, as outras tribos selvagens; e, temidos com razão, vivem unicamente, por assim dizer, da carne de seus prisioneiros, que devoram com ódio, insultando os manes de suas vítimas com danças em torno dos restos ensangüentados.

Quando o selvagem atinge um determinado grau de civilização, muitas vezes responde pela fidelidade e uma certa dedicação à benevolência e à franqueza com que porventura é tratado. Entretanto, apesar desses traços favoráveis de seu caráter, é sempre perigoso acharem-se os brancos em número reduzido nas florestas, mesmo em companhia dos melhores dentre eles. O mais leve incidente, insignificante mesmo, basta para apagar toda a lembrança do benefício recebido e fazer ressurgir seu caráter primitivamente desconfiado e hostil.

Ao ficar velho, é o índio cercado em sua tribo por toda espécie de deferências e sinais de respeito. Prodigalizam-lhe cuidados assíduos e todos contribuem para a sua subsistência. Vive misteriosamente retirado na sua cabana, onde é servido por um jovem companheiro, fiel executor de suas ordens. Sua idade avançada dá-lhe o direito de presidir as assembléias gerais em que se discutem os interesses da tribo, as mudanças de acampamento e a declaração de guerra; é ele que se encarrega do discurso aos guerreiros no momento da partida; às vezes chega a acompanhá-los até o campo de batalha para entoar o hino de combate, cujas palavras são tão enérgicas quanto a melodia que o acompanha é monótona, verdadeira salmodia que sobe e desce constantemente através de três ou quatro notas e é executada, ainda por cima, com voz rouca e trêmula. Sua grande experiência faz que seja chamado a consulta junto dos doentes; então resolve sobre a virtude das plantas curativas e indica as que devem ser escolhidas, prescrevendo meios mais ou menos supersticiosos de tirar delas efeitos salutares.

Nas tribos mais selvagens[1] (camacãs, mongoiós, por exemplo) deixa-se os doentes errar, enquanto podem prover à sua própria alimentação, na persuasão de que seu instinto natural basta para guiá-los na cura; mas se as forças vêm a traí-los, fogem deles os outros e os abandonam à morte, que os surpreende desprovidos de quaisquer cuidados.

Noutras tribos, ao contrário, o doente é imediatamente adstrito a uma rigorosa dieta; administram-lhe algumas infusões; cada qual propõe um remédio; e quando, depois de ter sofrido todas essas experiências, muitas vezes mais mortais do que a

---

[1] *Os termos "moral" e "selvagens" são evidentemente empregados pelo autor no seu sentido normativo e em obediência à concepção européia da época. (N. do T.)*

própria doença, a vítima é considerada incurável, resolvem filantropicamente os médicos, desanimados, que se lhe deve quebrar a cabeça com o tacape, a fim de pôr fim, rapidamente, a seus sofrimentos. Outros, menos expeditos e mais supersticiosos, abandonam o doente, que supõem enfeitiçado.

Quando, porém, o selvagem não foi abandonado e conseguiu escapar ao dente do inimigo ou do tigre, morre na sua cabana e tem a honra de ser enterrado pela família. Todos os parentes se reúnem em torno dele e, após uma curta oração fúnebre, exprimem sua aflição com uivos e contorções que, entre as mulheres, participam de uma espécie de loucura. Deita-se a seguir o cadáver na cova, não raro contígua à cabana, e recobre-se com terra; os uivos recomeçam então e se prolongam assim durante o dia inteiro, voltando tudo à ordem no dia seguinte; curta paródia de nossos lutos medidos de antemão e com data fixa! Entre os selvagens, entretanto, a cabana do defunto fica inabitada; a aflição dos nossos herdeiros não vai tão longe...

Depois da morte de um botocudo, mantém-se durante algum tempo uma fogueira acesa de cada lado da sepultura, a fim de conjurar o espírito malfazejo; é um dever importante e que muitas vezes obriga os parentes a virem de muito longe para cumprir essa formalidade religiosa. Apesar da realização das cerimônias fúnebres, a repugnância dos selvagens pela vizinhança dos túmulos é tão grande que a perda de cinco ou seis membros de suas tribos, enterrados, como vimos, em sua cabana, ou pelo menos muito perto dela, basta para levar os índios a abandonarem um local de habitação.

Essa maneira de tratar os homens doentes permite-nos imaginar sem grande dificuldade o modo por que o brasileiro selvagem trata a sua companheira. Pelo menos, para com esta, sua rudeza não atinge a brutalidade; não chegam às vias de fato em geral. Somente os botocudos, mais ferozes do que as outras tribos indígenas, punem com pancada a desobediência de suas mulheres e muitas vezes, levados pela cólera, exageram o castigo de tal modo que provocam nelas profundas cicatrizes.

Quando se faz necessário mudar de acampamento, cabe ainda à mulher o cuidado de reunir os utensílios e as provisões; tudo se coloca dentro de sacos de viagem (que vimos fabricar), que elas carregam às costas. Essa carga não as dispensa de conduzir pela mão as crianças em idade de andar, sobre os ombros das quais se dependuram os irmãos mais moços, incapazes de segui-los a pé. Durante o trajeto, o grupo caminha, em geral, em fila.

Quando acampam de novo, são as mulheres que logo tratam de acender o fogo, trabalho longo e penoso, durante o qual elas são forçadas a se revezarem. Aceso o fogo, vão elas procurar, na floresta, galhos de palmeiras e de coqueiros selvagens para a construção de suas cabanas. E reunido o material em quantidade suficiente, elas começam a fincar no chão essas imensas palmas, cujas extremidades, vergadas para o centro, se cruzam e se recobrem, formando, pela sua reunião, uma abóbada impenetrável à umidade e aos raios do sol.

O plano comum desse edifício é de forma redonda ou oval e apresenta o aspecto de um forno feito de plantas. As mulheres (pois somente elas se ocupam com esses trabalhos) engrossam ainda as paredes, multiplicando as camadas de ramagens. Terminada a casa, trazem as pedras, que servem para cercar o braseiro e quebrar os pequenos *cocos ororos,* muito comuns nessas florestas e cuja amêndoa os selvagens apreciam bastante; transportam depois o fogo para dentro da cabana e tornam a partir com as crianças em busca de lenha e de água e, também, a fim de preparar os recipientes necessários para cozer os alimentos.

Enquanto isso, os homens caçam; na volta, eles entregam a caça às suas mulheres, que, em um instante, a limpam, sapecam e cortam em pedaços que são enfiados na ponta de pequenas varetas, espécie de pequenos espetos oblíquos, que se colocam em cima do braseiro.

Terminado o acampamento, retomam as mulheres seus trabalhos ordinários; fabricam vasilhas de barro que são em seguida cozidas; utilizam também a coloquíntida e as cabaças secas, que, cortadas em dois, pelo meio, fazem as vezes de xícaras de um diâmetro que atinge, não raro, dois pés; são vasilhames naturais, cuja casca tem ainda a vantagem de resistir à ação do fogo, quando se enchem de uma substância líquida.

À fabricação dos utensílios domésticos sucede a separação das plumas, a que se associam as crianças; as mulheres ocupam-se também com a fabricação do tecido destinado às redes e aos sacos de viagem. Outra espécie de trabalho, e que as interessa individualmente, é o que se relaciona com os seus adornos, e é nessa ocupação que dão maiores provas de sua paciência e destreza. Há, porém, uma operação bem mais importante e que lhes compete exclusivamente: é a mastigação das diferentes substâncias vegetais necessárias à composição das bebidas espirituosas, principalmente a do cauim, licor com o qual o selvagem se embebeda nos seus divertimentos.

A fabricação dessa espécie de aguardente é tão incrível quão repugnante: as mulheres, reunidas, dedicam várias horas consecutivas à mastigação dos grãos de milho, cuspidos, depois de triturados, dentro de um vasilhame em torno do qual elas se colocam. Essa estranha pasta fermenta em seguida na água quente durante doze a dezesseis horas; após essa primeira preparação, é ela despejada em um grande recipiente de madeira, no qual é deixada ainda a fermentar, de mistura com uma maior quantidade de água igualmente quente. Durante essas duas importantes operações tem-se o cuidado de agitá-la com uma grande vareta; a combinação química está terminada. Esse licor, excessivamente espirituoso, manipulado sem cessar sobre o fogo, deve ser bebido ainda quente. A batata-doce e a mandioca podem produzir o mesmo resultado, mas as mulheres preferem o grão de milho, mais agradável para elas na primeira parte dessa "saborosa preparação". Não é entretanto sua única bebida alcoólica; muitos frutos, como o ananás, o caju, e outros, ácidos e mais ou menos resinosos, produzem, pela maceração, licores extremamente capitosos, que os selvagens bebem com paixão. As índias mais civilizadas mostram grande queda pelos adornos; por isso, nas trocas que lhes propõem os viajantes, preferem os colares, os rosários, os lenços vermelhos, principalmente, e os espelhinhos. Entre os tapuias, existem mesmo tribos em que as mulheres levam a vaidade ao ponto de apertar a perna com correias, abaixo e acima do tornozelo, a fim de conservar bem finas as articulações.

O homem só pode casar-se depois de ter dado prova de coragem na guerra ou trazido um prisioneiro. A índia pode casar-se quando atinge a puberdade.

Entre as tribos mais selvagens, cada homem tem quantas mulheres pode alimentar, o que eleva seu número, em geral, a três ou quatro, raramente até seis. O casamento resulta da vontade dos nubentes e do consentimento dos pais. Uma única cláusula: a promessa de fidelidade; o adultério é severamente punido, portanto, na maioria dessas tribos. As mulheres transformam-se assim em escravas de seus maridos; devem acompanhá-los, se eles o exigirem, nas grandes caçadas e mesmo nas guerras. Essa submissão exclusiva à vontade do homem, conseqüência prevista da união, leva-as a evitar, cuidadosamente, escolher um marido colérico; com isso, os homens violentos encontram grande dificuldade em se casar. A fidelidade não é, aliás, obrigatória além de um certo termo; a ausência demasiado prolongada do marido desobriga a mulher de seu juramento; durante esse tempo ela pode freqüentar outro homem cuja caça abundante lhe permita a subsistência momentânea. Entretanto, nunca deve o marido encontrar um homem com sua mulher; terá o direito de puni-lo, então, de espancá-lo sem que essa vingança seja reprimida.

Nos seus acessos de cólera conjugal, o botocudo, para castigar sua mulher, serve-se de tudo o que lhe cai nas mãos, até mesmo de tições em brasa. Não raro arma-se, sem piedade, de uma faca e chega a fazer largas incisões nos braços e nas coxas da companheira. Essas cicatrizes, numerosas muitas vezes e de seis a oito polegadas de largura, repugnam ao europeu, menos pela mutilação produzida do que pela crueldade do marido, que atestam.

Os casamentos são às vezes muito fecundos; por isso quando um homem, ainda jovem, morre deixando filhos pequenos, os parentes se encarregam dos órfãos; quanto à viúva, em sendo considerada trabalhadeira, encontra facilmente novo marido.

Entre muitas tribos selvagens, as moças se entregam sem hesitação aos homens civilizados: os próprios pais encaram como um ato de generosa hospitalidade oferecê-las aos viajantes que hospedam.

Esse costume, tão contrário à moralidade de nossas convenções sociais, dá-nos, à primeira vista, a idéia de uma depravação sem grande importância; mas quando se penetra o caráter do selvagem, percebe-se que no ato existe apenas o desejo muito pronunciado de melhorar a própria raça[1], através do cruzamento com um novo indivíduo que o índio supõe dotado de qualidades que desejaria transmitir à sua progenitura. Confirma essa interpretação o fato de se verificarem as mesmas atitudes em torno dos guerreiros, depois de uma batalha gloriosa ou de uma caça abundante. Nessas ocasiões, vêem-se todos os pais se apressarem em oferecer suas filhas moças aos heróis da expedição, que demonstraram preciosas qualidades.

Sempre ocupado em rechaçar o inimigo ou combater animais ferozes, os esforços do selvagem limitam-se unicamente a aliar a força e a coragem à astúcia, indis-

---

[1] *Afirmação absolutamente gratuita e resultante do etnocentrismo europeu. (N. do T.)*

pensável na sua existência sempre ameaçada; nisso ele obedece à influência instintiva da natureza, que, no seu caso, é e deve ser somente o sentimento de conservação, admirável garantia da reprodução universal.

Exteriormente, o índio se apresenta como uma mistura de tristeza e apatia; seu olhar esquivo, que passeia com inquietação por tudo o que o cerca, revela-se observador e desconfiado; mas a essa calma aparente sucedem, repentinamente, movimentos de uma alegria convulsiva, que ele manifesta por meio de gritos, cantos, contorções e saltos. O caráter do selvagem não revela nenhum traço de propensão nem para essa delicadeza do sentimento afetuoso nem para esse luxo de amor e de paixão requintada que, entre nós, aproxima, às vezes, a civilização da corrupção; o amor para o selvagem é a necessidade, tanto quanto o encantamento, da aproximação dos dois sexos. Mas, principalmente na parte meridional do Brasil, encontram-se algumas nações selvagens cujo caráter dominante é a doçura; dia a dia mais próximas dos brancos, elas vivem num verdadeiro estado de civilização; é justamente nesses naturais que o amor age com maior violência; em certas épocas do ano, essa paixão lhes causa tão cruéis insônias que eles procuram paralisá-las com substâncias soporíferas [1] que os mergulham durante vários dias nas ilusões encantadoras do sono extático. Mas, quando perseguidos pelos desejos sempre renascentes, essa necessidade de volúpia que eles não podem satisfazer os esgota; finalmente, renunciam à vida e, afastando-se de sua habitação, vão enforcar-se, de desespero, numa árvore da floresta vizinha [2].

A guerra, essa outra paixão do selvagem, não carece de pretextos para rebentar; tudo serve de motivo. A invasão de um terreno de caça, o insulto a um chefe de família provocam a guerra, em geral. Os botocudos têm predileção por outra espécie de combate, o chamado *"jiacacoa"*, adotado para vingar o insulto feito a um membro preeminente de outra família, ou liquidar um conflito doméstico em que os parentes se tenham visto divididos por opiniões opostas. O *jiacacoa* é um combate singular, realizado com bastões. O campeão da família ofendida tem o direito de iniciar a luta, o que faz batendo no adversário até cansar-se. Em seguida, o adversário, que até então não fizera senão defender-se, usa de represália na medida de suas forças; os combatentes descansam depois, e dois outros os substituem em luta semelhante. Essa espécie de combates grotescos, que lembram cenas de marionetes, sucedem-se até que todos os indivíduos dos dois partidos experimentem sua força e sua coragem. A luta cessa em obediência a um sinal dado pelo chefe da família

---

[1] *O bicho de taquara. Esse inseto encontra-se no interior do bambu na época dos brotos. É esbranquiçado e comprido, do tamanho da metade de um dedo. A cabeça é considerada um veneno perigoso e o tubo intestinal constitui um soporífico de que os selvagens se servem. O resto do animal, separado dessas duas partes perigosas, apresenta uma substância mole e esbranquiçada, enfeixada numa pele transparente, e que, quando cozida, lembra a doçura do creme e se torna um petisco muito apreciado pelos selvagens. (A. de Saint-Hilaire.) (N. do A.)*

[2] *A fantasia de Debret é bem do gosto romântico. Morrer de compunção, de volúpia insatisfeita, era cousa a que todas as almas de elite aspiravam então. Com o realismo e o espírito de observação que caracterizaram os séculos XVII e XVIII, mais de um viajante ou um missionário, inclusive Anchieta, estranhou, ao contrário, a completa indiferença do índio, sua frieza sexual principalmente. (N. do T.)*

ofendida, e todos se retiram precipitadamente, cobertos de ferimentos e de sangue.

Uma guerra verdadeira, um grande combate, obedece a outro cerimonial; há desafios de parte a parte, acompanhados das mais enérgicas imprecações. Os selvagens não travam batalhas ordenadas; sem espaço para isso nas suas florestas, eles se põem de tocaia para se surpreenderem reciprocamente. Sua tática comum assemelha-se bastante à dos nossos sítios e consiste em cercar pouco a pouco a aldeia do inimigo e incendiá-la à noite; caem então sobre a população apavorada e a massacram, aproveitando-se da desordem e da obscuridade. Os partidos perseguem-se sem tréguas, procurando principalmente fazer prisioneiros para devorá-los, e é nesse horrível festim que acabam de saborear sua vingança e seu ódio.

A resistência dura tanto quanto as munições, isto é, enquanto não se lançam todas as flechas; o partido mais numeroso é, por conseguinte, sempre vitorioso. Um grito horrível acompanha cada ataque, e quando os combatentes se atracam, servem-se igualmente das unhas e dos dentes.

O guerreiro selvagem tem poucas distrações, pois procura sempre conservar a alma num estado de exaltação belicosa. Sem cessar, preocupados com ardis guerreiros, constituem estes o assunto de suas conversações cotidianas e, durante as refeições que animam, contribuem para antegozar a felicidade de devorar o inimigo. Tomado inteiramente por essa preocupação, o guerreiro imagina, em seu furor, que o pedaço de carne que tem na boca já é uma parcela de sua vítima. Seu coração vive cheio de raiva e de vingança e seus lábios proferem unicamente gritos de guerra ou de desafio. E ele só se permite uma distração, um divertimento, depois de uma caçada feliz ou de uma vitória retumbante. O divertimento mais comum é a dança. Na maioria das vezes não passa de um passeio a passos curtos, feito em fila, e no qual as personagens saltam alternativamente sobre um e outro pé. A medida é dada pela música, cujo movimento moderado é marcado por duas batidas rápidas e uma mais lenta, em seguida. Seu canto constitui-se apenas de uma sílaba articulada em dois tons sucessivos, em obediência aos tempos do compasso. Os instrumentos são formados de diferentes objetos sonoros, coloquíntidas secas, carapaças de tartaruga, etc., que seguram numa das mãos, como nosso triângulo, nos quais batem com a outra, com uma vareta. A fila de dançarinos, composta de homens e mulheres, gira sem descontinuar em torno de um enorme recipiente de dois ou três pés de altura, e de largura proporcional, previamente enchido do apetitoso licor chamado "cauim".

Nada pode fazê-lo parar, nem mesmo o calor do dia; quando o suor escorre de seus corpos, param, por intervalo, a fim de sorver um trago de licor, mediante um pedaço de coloquíntida à guisa de xícara; tomam assim novas forças e continuam seus exercícios, que se prolongam noite afora até esvaziar-se o vasilhame (dança dos coroados de Minas Gerais). Nas ocasiões solenes esses divertimentos duram vários dias e várias noites. Acrescem-se a eles, no intuito de variar os prazeres, exercícios de força e de destreza, bem como justas de natação.

As mulheres, como outrora as nossas castelãs, nos torneios, entregam os prêmios devidos aos vencedores, e esses homens, tão apáticos na aparência, resistem durante vários dias seguidos a provas de força e de agilidade incríveis. Inundados de suor, precipitam-se dentro d'água para se refrescarem, imprudência que provoca não raro graves acidentes de que resulta muitas vezes a morte. Observação digna de nota: tais divertimentos nunca são causa de conflitos.

Quanto à língua, em todas as partes do Brasil habitadas por brancos encontram-se tribos de selvagens civilizados falando um pouco de português; mas o idioma nacional tem toda a simplicidade e a rudeza que caracterizam as línguas bárbaras em geral. O som nasal e gutural domina, porque ele abre muito pouco a boca ao falar, e o final das palavras é quase sempre abruptamente cortado.

Penetrando o interior do Brasil, é a gente surpreendida com a diversidade das línguas faladas por tribos muitas vezes vizinhas. O fenômeno explica-se pela história do Brasil. Com efeito, se essas tribos se acham hoje disseminadas ao acaso, isso se deve não somente às suas guerras intestinas, mas ainda às invasões européias. O viajante de passagem apenas se impressiona com a pobreza do idioma, mas a língua matriz dos povos tupis, dialeto da dos guaranis, oferece aos sábios filólogos preciosos esclarecimentos a esse respeito[1].

As diferentes tribos tapuias, por exemplo, falam uma língua completamente diferente das dos seus vizinhos mais próximos, contra os quais se mantêm continuamente em guerra. A antiga raça quase civilizada dos cariris, que habita os arredores da Bahia, tem uma língua particular, de que existe uma gramática[2].

Considerando-se atentamente as inúmeras divisões de raça dos tapuias, que diferem todas entre si pela língua, encontrar-se-á grande número de palavras e de nomes com certa analogia que sugere uma origem comum. Por exemplo, a palavra consagrada à denominação do ente supremo, "Tupá", apresenta apenas a alteração do som nasal: "Tupã".

Todas essas diferenças provêm, originariamente, da imperfeição ou da preguiça orgânica de alguns indivíduos que alteraram a pronúncia e, portanto, a composição exterior das palavras, a ponto de fazer desaparecer a etimologia. Há certas tribos que pronunciam as finais de uma maneira bem francesa; outras, ao contrário, as acentuam completamente, à maneira alemã.

Certa tribo fala pelo nariz (*maxacalis*); outra, pela garganta (*camacãs-mongoiós*); uma terceira, ao mesmo tempo pelo nariz e pela garganta (*malalis*); há as que não empregam nenhum desses órgãos (*pataxós*); e, finalmente, as que falam pela garganta e pelo céu da boca (*camacãs* civilizados, *meniengs*, assim chamados pelos portugueses).

É muito difícil reproduzir a pronúncia desses selvagens civilizados porque a vergonha os impede de repetir bastante claramente a palavra que se lhes pede no intuito de encontrar uma ortografia inteligível. A tradição portuguesa apresenta inexatidões que devem ser atribuídas a uma elegância de pronúncia que altera muito as sílabas finais. Por exemplo: *"kerenjeat"* (cabeça) escreve-se em português *"karenjeati"*.

---
[1] *Jean de Léry, Mack Graft. (N. do A.)*
[2] *Padre Mamiani, jesuíta. Eschwege, sua obra sobre os puris, coroados e coropós. (N. do A.)*

O botocudo emprega muito o som nasal e negligencia o gutural; sua linguagem contém muitas vogais, e as consoantes amiúde se confundem; o *r* pronuncia-se como *l* e o *g* é perceptível no fim das palavras. Quando ele pronuncia *"mbaia"*, *"mboreli"*, a primeira letra não se articula quase e é conseguida por meio de um ligeiro sopro pela narina. Seu idioma, semelhante nisso a quase todas as línguas primitivas, consiste em numerosas onomatopéias e exprime pelo aumentativo ou diminutivo a intensidade da ação: assim, "falar" diz-se *"ong"*; "cantar", *"ong-ong"*: a repetição da palavra, nesse caso, prova que o canto é uma progressão da palavra. "Fuzil" é *"pung"*; "atirar", *"pung-pung"*. Nesta expressão o índio observa a mesma repetição da palavra para exprimir, em primeiro lugar, "fuzil", e, em segundo, "estampido", ou talvez a imitação do ruído repetido pelo eco. Tanto exprime o fuzil de dois tiros como dois fuzis.

Outro exemplo, pelo engenhoso encadeamento de conseqüências que apresenta, fará compreender melhor a precisão do seu espírito. A palavra indígena *"taru"* exprime todo princípio luminoso; *"taru"* quer dizer, pois, "sol" mas também "lua". Como dizer, por conseguinte, "sol nascente"? *"Taru té ning"* (sol vir); e, para "sol ao meio-dia", *"taru niep"* (sol sentado). Essa fixidez do sol, ele a deduz da comparação entre o movimento aparente de ascensão do sol nascente, muito pronunciado de início e tornado menos sensível quando o astro se encontra sobre sua cabeça. Finalmente, ao seu declive no horizonte ele chama *"taru té mong"* (sol partir). Deseja ele exprimir um tempo encoberto? Dirá *"taru nion"* (sol branco ou nublado). Quer estabelecer uma distinção entre o sol e a lua? Acrescenta, à palavra sol, "enquanto se está privado de comer", porque com efeito ele não come durante a noite. Essa privação de comer exprimindo-se, entre os botocudos, pela palavra "fome", temos *"tarú té tu"* (sol de noite ou de fome). A lua nova diz-se *"taru him"* (lua negra), e sol, de um modo geral (sol que corre no céu). Para exprimir o trovão dizem *"taru te cuong"* (sol do rugido), e o relâmpago chama-se *"taru té merem"* (sol de piscar) porque faz mexer as pálpebras.

E assim o selvagem comunica seus pensamentos, por meio de um tecido de aproximações e de analogias, cujas combinações, realmente poéticas, revelam um espírito observador e sensações muito delicadas. Seu apego a estas fá-lo apreciar seus hábitos selvagens e temer a civilização que o corrói. Com efeito, tirado das florestas que lhe serviram de berço, amoldado à sociedade européia, ele se dobra e se resigna, mas somente por algum tempo, sempre saudoso do lugar de seu nascimento; e não demora em fugir, descontente com o destino que lhe quiseram dar e que ele não considera um progresso.

Quero terminar esse esboço com um fato característico entre mil: um rico habitante da cidade da Bahia criara um jovem índio naturalmente dotado de grande inteligência. Instruído com cuidado, já diversos êxitos havia obtido durante seus estudos, quando, por vocação, pediu para tomar um hábito; acederam, mas no dia de sua primeira missa ele se dirigiu para as florestas a que seu coração aspirava em silêncio e desapareceu para nunca mais voltar.

Pranchas 1, 2 e 3

Camacãs

Entre as tribos selvagens brasileiras conhecidas pelo nome genérico de camacãs, distingue-se a tribo dos mongoiós, herdeiros do caráter primitivo da célebre raça dos tapuias[1], de quem se mostram dignos descendentes pelo valor e pela astúcia.

Retirados no fundo das florestas sombrias onde foram esconder sua vergonha e seus desesperos, após a inútil mas corajosa e tenaz defesa de seu território invadido pelos portugueses, continuam, embora atualmente disseminados, sempre ciosos dos encantos da independência. Esses sentimentos de inquieta desconfiança, de amor à liberdade e ao solo natal são ainda tão fortes entre os mongoiós, que evitam, apavorados, uma simples visita às regiões civilizadas, não separando nunca a idéia do homem branco da de tirania. Isolados, assim, sob seus tetos rústicos, fremem ainda hoje à lembrança das invasões européias; e essa tradição de desconfiança e de ódio, transmitida de geração em geração, parece ter-se fortalecido através dos séculos. Por isso, ao ver aproximar-se um viajante estrangeiro, seu primeiro cuidado é, ainda hoje, o de esconder as crianças, principalmente os machos, hereditariamente temerosos das crueldades do século XV.

As florestas do sertão, contíguas a Minas Gerais, são a sede principal dessa estranha tribo de guerreiros, e as margens do rio Piabanha servem de limite a seu território e às excursões dos pataxós, seus vizinhos. Aí é que se encontram as pequenas aldeias em que vivem, em estado de completa selvageria, alimentando-se de caça e, não raro, tão pouco exigentes na escolha de seus alimentos que chegam a comer carne putrefata. Os mongoiós, que atingiram, por assim dizer, um primeiro grau de civilização, cultivam algumas plantas nutritivas; mas é principalmente nas aldeias civilizadas que se pode observar com interesse a construção de suas cabanas, feitas de taipa, bem como a solidez dos telhados de casca de árvore.

Pouco distantes umas das outras, essas habitações cercam-se sempre de espessas moitas de bananeiras; um pouco além estendem-se suas plantações de milho, de espigas truculentas, e de batatas-doces, tubérculo açucarado; encontram-se também a mandioca, arbusto de raízes farinhosas, que eles comem assadas na brasa, o caju, fruta refrescante de sabor a um tempo doce e acidulado, e, finalmente, o algodão, tão precioso para os dois hemisférios e tão útil sua delicada indústria.

Cada uma dessas pequenas propriedades é confiada à guarda de cães ensinados,

---
[1] *"Tapuias": "inimigos", em língua geral. (N. do A.)*

únicos animais domésticos que os camacãs aceitaram em sua companhia, a exemplo dos europeus. Os colonos, descobrindo neles trabalhadores hábeis para as derrubadas, revelaram-lhes alguns de seus hábitos. Em verdade, o seu talento consiste, principalmente, em servir-se do machado com tal destreza que, em poucos instantes, conseguem derrubar as mais grossas árvores.

Sua civilização, muito mais adiantada que a dos pataxós, seus vizinhos, desde há muito lhes assegurou a paz com os brasileiros de origem portuguesa. Sua habilidade como atiradores de arco, aplicada ao manejo do fuzil, faz deles úteis auxiliares, sob o comando dos brancos, na luta contra os botocudos do rio Pardo; e sua coragem garante sempre bom número de prisioneiros na volta dessas expedições.

Sua tez é de um marrom-amarelado escuro, o que não exclui um físico, em geral, belo. Robustos e musculosos, andam inteiramente nus, como os botocudos, mas usam cabeleira longa, caindo até as ancas; alguns, entretanto, desobedecendo a esse uso, cortam os cabelos à altura da nuca. Não contentes ainda com o não ter barba no queixo, adotam o hábito de se depilar inteiramente. Alguns chegam a cortar as sobrancelhas, mas todos, sem exceção, pintam o corpo para se enfeitar durante os dias de festa, e nunca deixam de fazer essa *toilette* quando desejam receber com cerimônia os estrangeiros que os visitam e que encontram entre os mongoiós, ainda que pouco civilizados, um acolhimento amistoso.

Nas suas raras doenças, empregam poucos medicamentos; fabricam, para se tratar, alguns emplastos de ervas mastigadas, administram aos doentes diferentes decoctos e apreciam o uso salutar dos banhos.

Quando, apesar de seus cuidados, a morte leva um de seus parentes, consagram vários dias, às vezes, à expressão de sua tristeza por meio de gritos de dor, dados a intervalos, e inclinando afetuosamente a cabeça sobre o cadáver. O defunto mais lamentado é também o que permanece mais tempo exposto às manifestações, na sua cabana, às vezes até à putrefação. Antes de se proceder à inumação do cadáver, tornada indispensável, coloca-se na cova, inicialmente, uma tigela chamada *"cui"* e, em seguida, uma pequena marmita de barro cheia de cauim, licor espirituoso cuja estranha preparação já descrevemos, e acrescentam-se arcos e flechas. Coloca-se depois o corpo sobre esses objetos, expressão da crença que têm os índios numa prolongação de suas necessidades no além. Enche-se em seguida a cova e, depois de igualar o terreno, arma-se uma fogueira para afastar, sem dúvida, os espíritos malfazejos.

Venerando as almas, os camacãs levam a fé na sua imortalidade até a metempsicose. O trovão passa a ser então a voz das almas coléricas, e as onças lhes parecem formas tomadas por empréstimo para vingança dos maus-tratos recebidos neste mundo.

Encontra-se ainda à margem do rio de Belmonte uma tribo de camacãs muito civilizados, chamada pelos portugueses de *menians* ou *meniengs;* mas estes já se cruzaram tantas vezes que sua pele se fez escura e seus cabelos, encarapinhados como os dos negros. A própria língua degenerou, e somente alguns velhos falam ainda o camacã-mongoió.

Prancha 4

Coroados

Na opinião de um escritor muito respeitável, os índios do Brasil chamados coroados seriam os antigos goitacases. Esse nome de "coroados" foi-lhes primitivamente dado pelos portugueses, por causa do penteado de seus chefes, que efetivamente cortavam os cabelos de maneira a formar uma espécie de coroa enrolada no alto da cabeça; entretanto, muitos deles usavam a cabeleira negligentemente caída sobre os ombros. Confundem-se eles muitas vezes com os coropós, e essas duas nações semelhantes, fragmentos da grande raça dos tapuias, unem-se para fazer guerra aos puris, que os perseguem sem cessar, embora sejam de origem comum. Todos os coropós e a maior parte dos coroados são civilizados. O aspecto dos seus rostos, cujos traços são singularmente pronunciados, lembra o caráter primitivo de sua antiga raça.

A seis léguas de Campos, encontra-se, nas planícies às margens do Paraíba, a aldeia de São Fidélis, inteiramente ocupada por essa população. A aldeia foi fundada em 1776, por quatro missionários, capuchinhos italianos, que, com a ajuda desses índios civilizados, empregados como operários, ergueram uma igreja de tijolos e caiada. O interior do monumento é decorado com pinturas a fresco e figuras esculpidas em terracota, feitas pelos missionários. Esses artistas improvisados, para realizar esse trabalho admirável, tiveram que se contentar com as terras do solo que habitavam. Um deles ainda existe, último remanescente dessa colônia pia. O Irmão Tomás de Cérel, homem virtuoso que com ele sobrevivera aos companheiros, morreu em 1824, com a idade de sessenta anos, e ainda é hoje lembrado com saudade pelos índios que catequizou.

Existem algumas famílias de coroados na aldeia de Pedra, à margem do Paraíba superior. Encontram-se algumas também nas florestas vizinhas do rio Bonito. Em geral de pequena estatura, têm eles uma cabeça enorme, achatada no alto e enfiada dentro de largos ombros; sua pele é embaçada, de uma cor arroxeada. A aparência estúpida aumenta-lhes ainda a feiúra.

Podem-se citar ainda duas outras tribos selvagens mestiçadas, as dos *tampruns* e *sazaricons,* igualmente chamados coroados por causa de seu penteado. Finalmente, muitos outros se localizam entre o Paraíba e o rio Preto. Uns, inteiramente nômades, vivem da caça; outros, um pouco mais civilizados, reunidos em famílias, formam pequenas aldeias esparsas nas florestas, a trinta ou quarenta léguas da capital, onde podem ser vistos, vestidos de restos de roupas recebidas em pagamento de seu trabalho nas propriedades dos brasileiros que os empregam. Alguns chegaram mesmo a ser batizados.

Entre os menos civilizados, as cabanas são como berços recobertos de folhas de palmeiras e altos de três a quatro pés apenas. Cada família elege seu chefe, e os homens podem trocar de mulher à vontade. Os mais civilizados, fixados na extremidade meridional da província de São Paulo, habitam aldeias cujas casas de taipa são assaz bem construídas.

Os coroados tinham, antigamente, o costume de enterrar seus chefes de um modo peculiar: os despojos mortais do cacique venerado eram enfeixados dentro de um grande vasilhame de barro, chamado "camucim", que se enterrava assaz profundamente, aos pés de uma árvore grande. Nas derrubadas, encontram-se muitos, hoje em dia.

Essas múmias, revestidas de suas insígnias, encontram-se perfeitamente intactas e são sempre colocadas na sua urna funerária de modo a conservar a atitude de um homem de cócoras, posição natural do índio que descansa. Será uma alusão voluntária à morte, esse eterno repouso? É o que o desenvolvimento diminuto de sua inteligência não permite absolutamente supor. O pequeno espaço ocupado pelo corpo, nessa posição, talvez explique melhor a preferência por essa atitude.

Prancha 5

Caboclos ou índios civilizados

Na província do Rio de Janeiro dá-se o nome genérico de *caboclo* a todo índio civilizado, isto é, batizado. Citaremos, como exemplo, a população da aldeia de São Lourenço, situada a pequena distância da capital do império. Essa aldeia indígena, fundada em 1567 por um governador português, constituiu-se, a princípio, da reunião de diversas tribos já civilizadas, às quais, poucos anos depois, os jesuítas juntaram os goitacases que acabavam de catequizar; encontram-se hoje, no mesmo lugar, os descendentes desses índios católicos, vivendo de sua indústria, cerâmica de barro e diferentes espécies de esteiras feitas de caniços, que exportam para o Rio de Janeiro. Esses caboclos dedicam-se, igualmente com êxito, à navegação; alguns mesmo habitam com suas famílias o arsenal da marinha, empregando-se especialmente no serviço das canoas particulares do imperador do Brasil. Quem visite, sucessivamente, todas as cabanas de São Lourenço encontra, ainda hoje, a conservação interessante dos usos e costumes particulares que distinguiam as diferentes tribos selvagens, fundadoras dessa aldeia, por ocasião de sua primitiva reunião.

Assim, com referência ao dormir, pode-se observar a rede entre alguns, e, entre outros, ao contrário, uma esteira estendida sobre um estrado rústico, muito sólido, formado por quatro estacas enfiadas no chão, entre as quais se acertam quatro fortes travessas, o todo constituindo um caixilho que serve de suporte a grande número de varetas menores, ligadas umas às outras por cipós cuja grossura variada corresponde à das cordas usadas na Europa. Esse verdadeiro sofá colocado perto da parede ocupa um, dois e, às vezes, três lados da cabana.

Fabricantes de esteiras, eles as empregam para todos os fins. Primeiramente, e em geral, estendendo-as no chão à guisa de tapetes, para se preservarem da umidade quando se sentam; ou suspendendo-as ou para tapar as frinchas e aberturas das casas, ou como tabiques para formar separações internas. A extraordinária atitude do índio flechador da prancha 5 bem demonstra de maneira completa e irrefutável a sua espantosa habilidade.

Ficar assim de costas e lançar com todo o vigor uma flecha, de uma maneira quase incrível para nós, não passa para o caboclo de um simples exercício de destreza, oferecido à contemplação dos viajantes estrangeiros que o visitam. Ele escolhe sempre o menor de seus arcos para mostrar sua habilidade; em seguida, a fim de continuar a atrair a admiração dos espectadores, ele se levanta e, de pé, o corpo extremamente recurvado, arremessa sua flecha perpendicularmente, por cima da cabeça, de maneira a que recaia a seus pés, no interior de um círculo traçado no chão, em torno dele. Esses exercícios, sempre perfeitos, são bem conhecidos de quem percorre a província de *Cantagalo*[1].

Esses hábeis caçadores são muito procurados pelos naturalistas estrangeiros, que os utilizam como companheiros indispensáveis de suas excursões através das florestas virgens, não somente a fim de obter os animais selvagens, cujos hábitos os índios conhecem perfeitamente, mas ainda para prover de alimentação toda a caravana. Basta, para isso, dividir com eles a pequena provisão de aguardente, tão útil aos caçadores, obrigados a dormir ao pé das árvores durante as noites úmidas.

Alguns comprometem-se a formar escolta durante um tempo ilimitado; outros, encontrados por acaso, acompanham o viajante durante certa distância tão-somente.

---

[1] *"Província" tem aqui o sentido de região. (N. do T.)*

Prancha 6

Os caboclos que se vêem na prancha 6 habitam os arredores da aldeia de São Pedro de Cantagalo (província do Rio de Janeiro) e vivem quase sem indústria, apesar de civilizados. Executam apenas algumas tarefas, na qualidade de operários agrícolas junto aos ricos proprietários da região, que os pagam com cachaça e gêneros alimentícios. Os viajantes que os visitam levam-lhes sempre alguns presentes, em troca dos quais recebem arcos e flechas.

A cena representa a chegada de dois viajantes europeus, introduzidos numa aldeia de caboclos por um caçador da família visitada, ao qual deram uma garrafa de aguardente a fim de facilitar a recepção. A pantomima das mulheres exprime um movimento de pudor que lhes é natural em semelhantes circunstâncias. Já alertadas pelo latido dos cães, uma esconde o busto cobrindo-o com seus longos cabelos negros puxados para a frente, enquanto a outra, sentada perto da primeira, se esforça, por modéstia, para aproximar o pé da parte que deseja subtrair ao olhar dos estranhos; a mãe amamentando, imóvel, sacrifica todos os seus sentimentos ao dever materno.

O chefe da aldeia, no fundo do primeiro plano, está sentado no chão e cercado de jovens índios atentos às suas narrativas, no momento interrompidas pelo sucesso. Cheio de vaidade, esse personagem conservará imperturbavelmente sua nobre atitude, e aguardará a aproximação dos visitantes para responder laconicamente às suas inúmeras perguntas. Disse "responder" porque esses índios civilizados, já um pouco familiarizados com a língua portuguesa, conhecem número suficiente de palavras para se fazerem compreender, principalmente pelas pessoas acostumadas à sua pronúncia defeituosa, não raro corrompida pela estranha transposição de certas letras, o que a torna quase ininteligível.

Todos os grupos desta prancha fixam os hábitos do homem selvagem, constantemente ocupado com sua alimentação: as mulheres acham-se reunidas em torno de uma provisão de frutas; um pequeno caboclo de cócoras bebe com a ajuda de um caniço.

No terreno elevado do segundo plano, percebe-se o rancho, cabana colocada perto de uma árvore, cujo enorme tronco divide a entrada em duas partes, uma das quais se fecha durante as borrascas. Uma só cabana basta para abrigar uma família numerosa.

O costume de acampar nas alturas se explica pela necessidade de se observarem os arredores e da mais fácil defesa em caso de ataque.

Prancha 7

Chefe de bororenos partindo para uma expedição guerreira

Os *bororenos,* chamados *bugres* pelos habitantes da parte sul do Brasil, que temem sua atividade guerreira, realizam freqüentes excursões, sempre funestas para as habitações rurais dos cultivadores.

O tema desta litografia é a partida de um chefe de bororenos à testa de um pequeno grupo armado para um ataque noturno.

Essas expedições sinistras são tanto mais desastrosas quanto, independentemente do arco, da flecha e do tacape, que os índios utilizam com incrível intrepidez, seu gênio malfazejo fê-los inventar uma máquina incendiária. Trata-se de um galho de pinheiro, envolvido em filamentos de tucum e imbira, excessivamente combustíveis, que comunicam facilmente sua chama às madeiras resinosas a que se enrolam.

Logo depois de iniciado o ataque, jogam os índios quantidade desses tições ardentes sobre os telhados, quase sempre feitos de folhas de palmeiras, e incendeiam assim, num instante, a habitação inteira, cujos proprietários têm apenas tempo para fugir, abandonando os restos de seus bens a esses bárbaros.

Duas dessas máquinas já preparadas são carregadas pelos índios, que acompanham imediatamente o chefe; num plano mais afastado, o tambor chama o resto dos partidários, que devem juntar-se à vanguarda já formada.

Pelo ano de 1815, um filantropo brasileiro, capitalista, estimulado pelos médicos da corte, empreendeu a perfuração de banheiros perto de uma fonte de águas termais situada numa das cadeias de montanhas que dominam a ilha de Santa Catarina. Já alguns resultados conhecidos começavam a atrair os doentes para essa preciosa estação sanitária, cujo isolamento era protegido unicamente por um pequeno posto militar, algo afastado. Mas essa força armada irritou os bugres das florestas vizinhas. Irascíveis e constantemente excitados por uma inveja irrequieta, resolveram aniquilar o posto europeu, como meio mais seguro de desacreditar o novo estabelecimento, encarado como uma invasão intolerável de seu território. Adotado o projeto de vingança, ocuparam-se febrilmente com os preparativos da guerra, abatendo árvores em todas as picadas praticáveis a fim de obstruí-las com barricadas erguidas a pequena distância do posto, no intuito de impedir a chegada de socorros e a retirada dos soldados que desejavam exterminar.

Seu instinto cruel, sempre fértil em ardis de guerra, fê-los escolher para essa expedição noturna a época do primeiro crescente da lua, cuja claridade lhes bastava, no meio de suas florestas virgens, para organizar as inúmeras emboscadas que deviam multiplicar na linha de bloqueio. Tudo se fez no maior silêncio, até o desaparecimento total do astro que os clareava, o que fora combinado para sinal de ataque.

Em um instante a pequena guarnição viu-se cercada por um número considerável de bárbaros; lançaram-se de todos os lados, empregando a um tempo todos os meios de morte, e massacraram os soldados surpreendidos durante o sono, já envolvidos pelas chamas e pelas extensas nuvens de fumaça, as quais nem sequer podiam proteger a vida de alguns fugitivos, logo caídos nas armadilhas colocadas no seu caminho.

Essa funesta catástrofe aterrorizou, durante longo tempo, os habitantes da ilha de Santa Catarina. Entretanto, anos mais tarde, o governo brasileiro, mais bem organizado, tomou medidas suficientes para proteger esse estabelecimento, que, desde então, viu crescer a reputação que sua utilidade merecidamente lhe outorgava.

Prancha 8

A famigerada raça dos bugres

Os habitantes da província de São Paulo, Santa Catarina, Minas e Rio Grande do Sul chamam em geral de *bugres* a todos os índios, à exceção dos botocudos. No seu estado primitivo esses índios são extremamente temíveis pelo seu valor e astúcia. Em compensação, tornam-se excelentes trabalhadores quando civilizados e dão provas de uma inteligência perfeita onde quer que sejam empregados.

A província do Rio Grande é, no Brasil, aquela em que se encontra menor número de negros, pois quase todos os trabalhos são aí executados por índios civilizados. Tanto assim, que nessas regiões já se adotaram diferentes remédios empregados pelos selvagens, tais como a raiz de guiné de *reis-aço (sic)* estomacal, e de *buta-reis (sic)*, outra raiz amarga[1].

No distrito de Espírito Santo vende-se nas farmácias raiz de poaia, empregada como vomitório e purgativo de renome; para que faça efeito, é preciso mastigá-la bem antes de engoli-la e tomar, a seguir, um decocto de raiz de guiné.

Na província do Rio Grande do Sul um rico proprietário fora atacado de cancro e se achava em tal estado que os médicos o consideravam incurável; desesperado, o doente recorreu a um desses índios que ele empregava como trabalhador, e o novo médico o curou, com efeito, radicalmente, aplicando na ferida certas raízes que ele trazia, diariamente, bem esmagadas. Depois da cura ofereceram ao índio boa recompensa para que desse a composição do remédio, mas ele recusou e fugiu, observando religiosamente o segredo que lhe fora transmitido pelos seus antepassados. Quando se lhes pedem quaisquer curativos, eles respondem em geral: "Venha conosco e trataremos de curá-lo", o que aceitam freqüentemente os indivíduos das classes baixas, os quais confirmam uma infinidade de curas tão extraordinárias quão variadas.

Os bugres empregam como armas a flecha, o dardo e os tacapes, entre os quais o mais comprido, todo entalhado, mede quatro pés. Os golpes são sempre perpendiculares, isto é, dados com os dois braços igualmente erguidos por cima da cabeça.

Em tempo de guerra, e para se perseguirem mutuamente, sua tática consiste em colocar-se de tocaia nas florestas e, mais especialmente, nos capins altos, onde se mantêm escondidos, em grupos ou disseminados; assim permanecem durante dois

---

[1] *Foi-nos impossível descobrir quaisquer raízes de nomes mais ou menos semelhantes, que nos permitissem identificar essas palavras estropiadas. (N. do T.)*

ou três dias consecutivos, se necessário, para esperar o inimigo. Erguem apenas a cabeça, atiram suas flechas e tornam a esconder-se imediatamente.

Algumas tribos usam, durante a guerra, máscaras de casca de árvores, de sobros: são placas informes, mais ou menos cilíndricas, nas quais se abrem três buracos, dois para os olhos e um para o nariz. Nos seus grandes combates, têm o cuidado, mesmo durante a ação mais intensa, de retirar os mortos e feridos e carregá-los para a retaguarda, a fim de que não fique nenhum no campo de batalha. Em tempo de paz os jovens guerreiros se exercitam no transporte de feridos com pesados pedaços de madeira.

Terminado o combate, enterram seus mortos e erguem montículos de terra em cima da vala comum, de modo a formar uma pirâmide bastante alta. Acostumados a atirar em objetos imóveis, quando querem imolar um passante deixam-no afastar-se até uma certa distância; em seguida, para pará-lo, chamam sua atenção com certos ruídos e, no momento previsto em que o viajante se imobiliza, apontam e matam-no infalivelmente.

Prancha 9

Botocudos

Os selvagens conhecidos no Brasil pelo nome de *botocudos* descendem dos antigos *aimorés,* da raça dos *tapuias* (botocudos e puris). *Edgereck-mung* é o nome verdadeiro na sua própria língua e *epcoseck* (grandes orelhas), o que lhes dão os selvagens *malalis,* em Peçanha, nas margens do rio Doce superior, onde travam constantes batalhas.

Consideram uma injúria o nome de botocudos, que lhes foi dado pelos portugueses por causa da forma dos pedaços de madeira que usam nas orelhas e no lábio inferior, semelhantes a um tampo de tonel (batoque). Essa raça de selvagens foi sempre considerada a mais feroz e a mais terrível dentre os tapuias. Existe apenas um pequeno número de aimorés, os quais viveram outrora às margens do rio dos Ilhéus: trata-se de alguns anciãos que, com o nome de *jeréns,* vivem à beira do Itaipé.

Os botocudos ocupam atualmente o espaço que se estende paralelamente à costa oriental desde treze graus até dezenove e meio de latitude austral, entre o rio Pardo e o rio Doce. Eles têm comunicações estabelecidas entre esses dois rios, ao longo das fronteiras de Minas Gerais; a oeste, atingem os distritos habitados de Minas Gerais, perto das nascentes do rio Doce.

Em 1812 o Conde dos Arcos, então governador da província da Bahia, concluiu um tratado de paz com os botocudos das florestas cortadas pelo rio Grande de Belmonte. Um único chefe, chamado Jonué Jacuan (o belicoso), retirado no curso inferior do rio, recusou-se a quaisquer transações com os europeus e permaneceu, desde essa época, em estado de hostilidade, mesmo com os seus compatriotas civilizados.

Em 1816 vimos, no Rio de Janeiro, uma família de botocudos civilizados, trazida das margens do rio de Belmonte pelo Comandante Cardoso da Rosa, a fim de ser apresentada ao Príncipe Regente Dom João VI. O chefe era notável pelo seu costume, composto de um manto e um diadema de pele de tamanduá. Para a sua apresentação na corte, acrescentou-se ao costume do chefe, por decência, um colete e umas calças de nanquim azul; todos os outros indivíduos foram revestidos de uma camisa e de calças de algodão branco. Logo depois de voltar do Palácio de São Cristóvão, eles se apressaram em tirar as roupas que lhes haviam sido emprestadas, para gozarem, como é de seu hábito, da liberdade de permanecer inteiramente nus.

VOYAGE

PITTORESQUE ET HISTORIQUE

AU BRÉSIL,

OU

Séjour d'un Artiste Français au Brésil,

DEPUIS 1816 JUSQU'EN 1831 INCLUSIVEMENT,

*Époques de l'Avénement et de l'Abdication de S. M. D. Pedro 1ᵉʳ,
Fondateur de l'Empire brésilien.*

Dédié à l'Académie des Beaux-Arts de l'Institut de France,

PAR J. B. DEBRET,

PREMIER PEINTRE ET PROFESSEUR DE L'ACADÉMIE IMPÉRIALE BRÉSILIENNE DES BEAUX-ARTS DE RIO-JANEIRO, PEINTRE PARTICULIER DE LA MAISON IMPÉRIALE, MEMBRE CORRESPONDANT DE LA CLASSE DES BEAUX-ARTS DE L'INSTITUT DE FRANCE, ET CHEVALIER DE L'ORDRE DU CHRIST.

TOME PREMIER.

PARIS.

FIRMIN DIDOT FRÈRES, IMPRIMEURS DE L'INSTITUT DE FRANCE,

LIBRAIRES, RUE JACOB, Nº 24.

M DCCC XXXIV.

E.1. - Fac-símile da página de rosto do primeiro tomo da Edição Príncipe

J. B. DEBRET.

Premier Peintre et Professeur de la classe de peinture d'histoire de l'Académie Impériale
des Beaux-Arts de Rio de Janeiro. Et Peintre particulier de S. M. l'Empereur du Brésil.
Membre Correspondant de la classe des Beaux-arts de l'Institut royal de France,
et Chevalier de l'ordre du Christ.

E.2. - Auto-retrato do Autor

E.3. P.1. - Índio Camacã – Mongoi

E.4. P.2. - Índia Camacã

E. 5. P. 3. - Família de um Chefe Camacã preparando-se para uma festa

E.6. P .4. -Múmia de um Chefe Coroado

E.7. P.5. - Caboclo (índio civilizado)

E. 8. 2. 6. - Aldeia de caboclos em Cantagalo

E.9. P. 7. - Chefe de Bororenos partindo para uma expedição guerreira

E.10. P.8. - Bugres, Província de Santa Catarina

E.11. P.9. - Família de Botocudos em marcha

E.12. P.10. - Botocudos, Puris, Patachos e Machacalis ou Gamelas

E.13. P.11. - Sinal de combate (Coroados)

E.14. P.12. - Sinal de retirada (Coroados)

E15. P.13. - Índios Guaianases

E.16. P.14. - Chefe Charrua, por corruptela Chirrus

E.17. P.15. – Charruas civilizados (peões)

E.18. P.16. - Chefe Guaicuru

E.19. P.17. - Tribo Guaicuru em busca de novas pastagens

E.20. P.18. - Carga de cavalaria Guaicuru

E.21. P.19. - Dança de selvagens da Missão de S. José

F. 22. P. 20. - Soldados índios de Curitiba, escoltando selvagens

E.23. P.21. - Soldados índios de Mogi-das-Cruzes

F. 24. P. 22. - Caboclas lavadeiras na cidade do Rio de Janeiro

E.25. P.23. - Índios Guaranis civilizados, cultivadores ricos

E.26. P .24. - Índia Guarani civilizada a caminho da Igreja em trajes domingueiros

E.27. P.25. - Guaranis civilizados, soldados de Artilharia no Rio de Janeiro

E.28. P.26. - Conjunto de diferentes formas de choças e cabanas

E.29. P.27. - Diferentes tipos de Máscaras

E.30. P.28. - Cabeças de diferentes tribos selvagens

E.31. P.29. - Penteados indígenas - Toucados de plumas e continuação das cabeças de índios

E.32. P.30. - Inscrições gravadas pelos selvagens em rochedos nas serras do Anastabia - Inscrição
-Baixo-relevo - Aldeia de soldados índios civilizados

E.33. P.31. - Diferentes vegetais utilizados nos colares, nas tatuagens e na alimentação - 1 - Favas para fazer colares, 2 - Plantas para tatuagem, 3 - Plantas nutritivas

E.34. P.32. - 1 - Cabaceiro, 2 – Bananeira

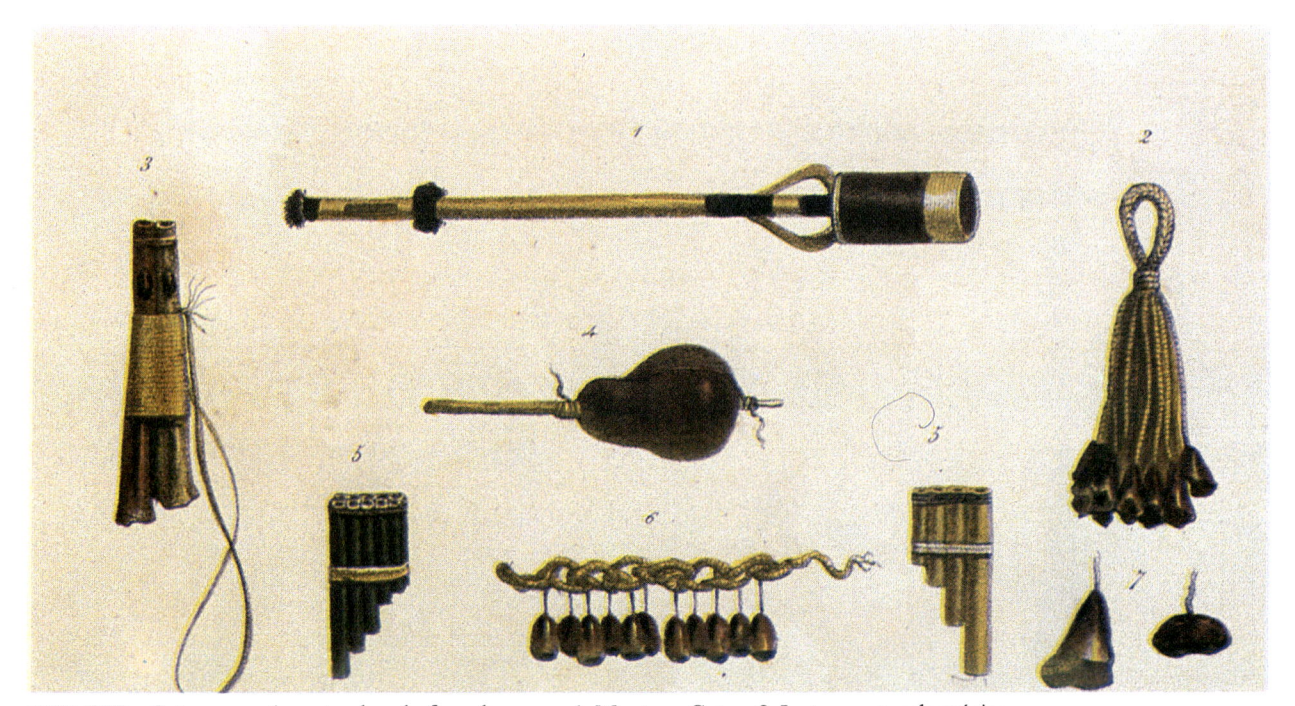

E.35. P.33. - Cetros e vestimentas dos chefes selvagens - 1. Mantos e Cetros 2. Instrumentos de música

E.36. P.34. - Cerâmicas dos selvagens - Potes, - cestos - Armas ofensivas

E.37. P.35. - Vegetais empregados como amarra ou amarrilho - plantas utilizadas para fazer cordas

E.38. P.36. - Armas Ofensivas

E.39. P.1. - Florestas virgens do Brasil, nas margens do Rio Paraíba

E.40. P.2. - Plantas de matas virgens

E.41. P.3. - Plantas de matas virgens

E.42. P.4. - Plantas do Brasil

E.43. P.5. - Coqueiro Barrigudo

E.44. P.6. - Plantas aquáticas

E. 45. Pl. - Vale na Serra do Mar

E.46. P.2. - Plantas de mata virgem

E.47. P.3. - Plantas de mata virgem

E.48. P.4. - Plantas do Brasil

E.49. P.5. - Bananeira

E.50. P.6. - Elicônia

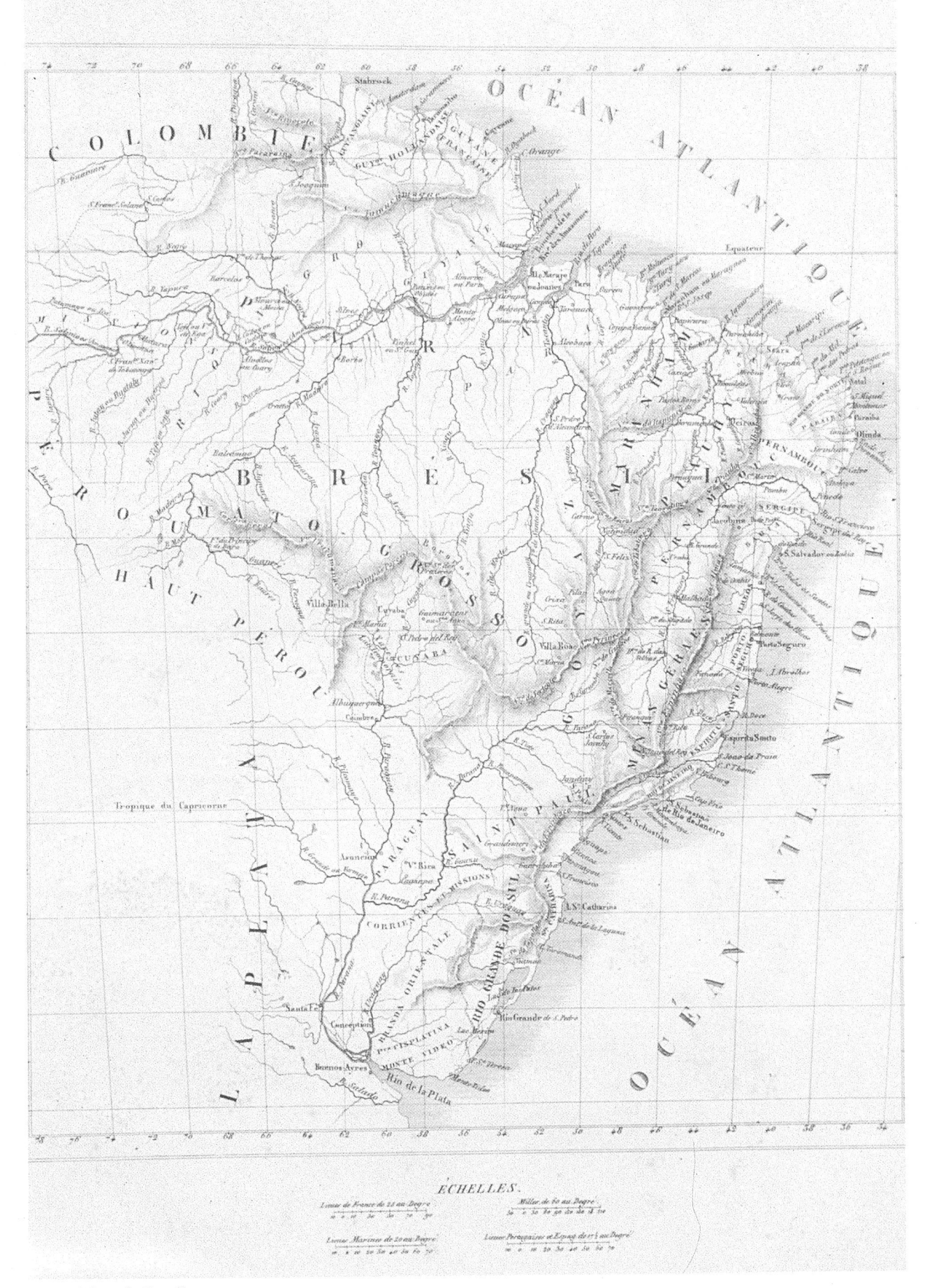

E.51. - Mapa do Brasil

Voltaram em seguida para as suas aldeias, contentes por carregar os machados de ferro com que haviam sido presenteados.

Imaginei um segundo manto para o filho do chefe, embora não tenha ele o direito de usá-lo, unicamente para dar uma idéia de sua forma anterior. O diadema da mulher do chefe era feito de folhas de caniços secos.

Prancha 10

Botocudos, puris, pataxós e maxacalis ou gamelas

Entre as inúmeras tribos de índios civilizados que apareceram sucessivamente no Rio de Janeiro a fim de ser apresentadas a Sua Majestade Imperial, são as dos botocudos, puris, maxacalis e pataxós, sem contestação possível, as de aspecto mais repugnante pelas mutilações a que se sujeitam.

Foi em 1823 que o coronel da milícia João Ferreira, as trouxe da província de Minas Gerais. Os índios ficaram durante mais ou menos oito dias na ilha das Cobras, em um barracão da marinha, e recebendo víveres que o governo fazia distribuir-lhes duas vezes por dia. Tinham uma aparência muito tranqüila e não pareciam absolutamente contrariados com a importuna visita de todos os curiosos da cidade, ansiosos por contemplarem a horrorosa novidade. Muitos dos índios compreendiam algumas palavras da língua portuguesa. Para fazê-los falar, pedimos-lhes que nos dissessem seus nomes e ouvimos alternativamente buris e puris, numa resposta mal-articulada, pois esses homens, horrivelmente desfigurados, eram obrigados a juntar com a palma da mão as partes carnudas do lábio inferior, rasgadas e pendentes, para aproximá-las do lábio superior, a fim de pronunciar as letras labiais. Foi-nos por isso difícil distinguir o *p* do *b*, principalmente pronunciados em voz baixa.

Os selvagens da grande família dos tapuias chamados *puris* dividem-se em várias tribos, continuamente em guerra. O nome genérico da nação, *puri*, tem sua origem na língua dos coroados, e quer dizer audaz ou bandido. Esse nome insultante foi-lhes dado pelos coroados por causa da guerra contínua que lhes movem; do mesmo modo, os puris, indignados com o epíteto, chamam também os coroados de puris para injuriá-los.

Esses indígenas erram, ainda selvagens, nas solidões que se estendem desde o mar e a margem setentrional do Paraíba até o rio da Pomba, na província de Minas Gerais.

Os *pataxós*, também da mesma raça, habitam as florestas do sertão, à beira do rio Piabanha, nos confins de Minas Gerais, limite de suas excursões e do território dos camacãs.

Encontram-se localizadas na margem setentrional do rio de São Mateus diferentes tribos *maxacalis*, oriundas igualmente da raça das precedentes.

Os indivíduos dessas três tribos diferentes não usam nenhuma vestimenta, nem mesmo em estado de civilização. Alimentam-se de caça e comem carne assada extremamente tostada.

Vimos um desses jovens índios de dezesseis anos de idade mais ou menos, cujo lábio inferior ainda se mostrava pouco alongado; tinha uma ligeira cicatriz no lugar onde devia localizar-se a perfuração.

Pranchas 11 e 12

Sinal de combate e de retirada
(Episódio do ano de 1827)

Seduzido pela afabilidade e franqueza do governador brasileiro da província de Mato Grosso, Sr. José Saturnino da Costa Pereira, o chefe da tribo dos *tucupecuxaris* (subdivisão dos coroados) concordou em assinar um tratado de aliança. Após as cortesias habituais, manifestou ele o desejo de tornar-se cristão, exigindo que o governador lhe servisse de padrinho; sua vontade foi satisfeita, de modo que, desde então, ele goza orgulhosamente do privilégio legal de se chamar José Saturnino Tacupecuxiari. O neófito, grato pela honra, presenteou o governador brasileiro com sua rica vestimenta, enviada para o Rio de Janeiro a fim de aumentar a coleção do Museu de História Natural, onde a desenhei.

Só é possível louvar a dedicação do novo aliado, o qual não cessa de proteger, e de um modo muito cristão, a passagem dos viajantes pela estrada bastante longa que atravessa a floresta por ele habitada. Essa via de comunicação, dia a dia mais freqüentada, torna-se cada vez mais útil à província de Mato Grosso.

De acordo com o costume, o chefe dá sinal de combate ao som da trombeta e continua a tocar esse instrumento guerreiro até o momento em que deseja fazer cessarem as hostilidades. O silêncio do chefe torna-se assim, necessariamente, o sinal da retirada, em virtude do qual todos os seus partidários tornam a reunir-se em torno de seu general, trazendo do campo de batalha os feridos e os mortos.

A prancha 11 mostra os efeitos do sinal de combate: os companheiros armados descem pelas ravinas que conduzem a um rio já atravessado a nado por alguns soldados do chefe Tacupecuxiari, o qual é representado com sua vestimenta completa e soprando sua trombeta militar. Sua mulher mantém-se perto dele com as armas prontas para um caso de necessidade.

O assunto da prancha 12 é o sinal de retirada, dado por um chefe da mesma nação, de pé numa colina, a caminho de suas florestas. Sua mulher, que não o abandonou, carrega as armas e a criança; inúmeros companheiros trepam pelos rochedos carregando, nos ombros, mortos e feridos; um dos guerreiros, que já atingiu um ponto mais elevado, transporta armas colhidas no campo de batalha. O dardo que o chefe segura é uma arma usada nessa região do Brasil (ver prancha 36).

Durante os combates, o chefe se coloca sempre em lugar elevado que domine o campo de batalha, e, não se prestando o terreno, sobe em uma árvore para ver e dirigir a ação.

Encontrei-me com o Sr. José Saturnino da Costa Pereira no Rio de Janeiro, onde é hoje senador, e dele é que obtive a relação dos fatos aqui registrados.

Prancha 13

Índios guaianases

Os índios guaianases, resto de uma grande nação, encontram-se disseminados por diversos pontos das províncias do Rio Grande do Sul, Santa Catarina e São Paulo; os mais civilizados habitam os campos de Piratininga e as cercanias de São Vicente.

Esses índios conservam ainda o costume de guardar os despojos mortais de seus chefes dentro de grandes vasilhames de barro, chamados camucins. Percorrendo suas florestas sombrias de pinheiros, vastas abóbadas sustentadas por inumeráveis colunas, figuradas por essas árvores de aspecto triste e imponentes, vêem-se, com efeito, de distância em distância, enormes blocos de granito nos quais são cavados profundos fornos, salas sepulcrais, para os sarcófagos venerados.

Os guaianases são geralmente industriosos; sabem utilizar o ferro, e suas mulheres fazem, elas próprias, suas tangas, peça de tela em forma de retângulo e que lhes serve de saiote; o tecido dessa tela quase impermeável, por causa de sua grande espessura, é muito pesado. Fabrica-se em um bastidor feito de quatro pedaços de madeira, apoiando-o de um modo ligeiramente oblíquo contra uma árvore ou um muro. A operária trabalha inicialmente de pé para começar a parte superior do tecido, formado por fios horizontais a que se prendem os verticais por meio de laçadas. Para esse trabalho usam os guaianases fibras de embira (ver prancha 35).

O lugar onde se desenrola essa cena apresenta duplo interesse: dá uma vista interior da floresta virgem, no ponto em que se encontra a nascente da famosa lagoa dos Patos, considerada com razão a maior do Brasil, e comprova a indústria dos guaianases, os quais, com suas canoas, mantêm uma navegação útil aos viajantes que percorrem o litoral da província do Rio Grande do Sul.

A cena representa o embarque de um viajante europeu acompanhado de seu escravo negro, o qual carrega seu baú, para entrar com ele na canoa do selvagem guaianás; o outro grupo é formado de índios da mesma raça que conduziram o europeu até a canoa.

Pranchas 14 e 15

Charruas, por corruptela chirrus

Em uma das províncias meridionais do Brasil, situada à margem do rio Uruguai, poucas léguas abaixo de São João, existe uma nação de índios completamente selvagens chamados *charruas,* que acampam num espaço de terra cheio de pântanos e bosques. Vivem cercados de manadas de cavalos selvagens, cuja carne preferem a qualquer outro alimento. É no meio dos caniços, quase deitados dentro da lama, que realizam seus repugnantes festins. Sua extrema sujeira criou em torno deles mil anedotas exageradas que me absterei de contar, embora andem em todas as bocas na região. Sua única vestimenta é o *bicuis* (espécie de pequeno calção extremamente curto) e seu principal ornamento consiste numa pasta de barro vermelho *(thoia)* misturada à banha de cavalo e com a qual pintam o rosto.

É somente nas províncias de São Paulo e do Espírito Santo[1] que se encontra um grande número de charruas civilizados, em sua maioria originários do Paraguai; andam quase sempre a cavalo, envolvidos em ponchos. O resto de sua vestimenta é copiado dos hispano-americanos; como estes, andam sempre armados de um grande facão preso à cinta ou simplesmente enfiado numa das botas. O comércio de animais constitui sua principal ocupação; muitas vezes, também, com o nome de peões, servem de guia aos viajantes que percorrem essas províncias.

Tão intrépidos a pé quanto a cavalo, não hesitam em atacar a onça, o braço esquerdo envolvido no poncho e recoberto de um pedaço de couro que, como uma espécie de avental, faz parte de sua indumentária. Assim preparados para o combate, marcham ao encontro do animal e o desafiam com seu grande facão na mão direita. O caçador, confiando na sua admirável experiência, ao atacar o perigoso adversário corpo a corpo, apresenta o braço esquerdo e, no momento que a onça pula para abocanhá-lo, mergulha-lhe o facão no peito e mata-a no primeiro golpe.

Esse gênero de combate é-lhes tão familiar que estão sempre dispostos a arranjar uma soberba pele de onça por apenas cinco francos (um patacão); é um "extraordinário" de que se valem para seus divertimentos, pouco variados, em verdade, e que consistem em freqüentar as tabernas, onde fumam, bebem cachaça e jogam cartas, prazer este que sempre termina em facadas.

---
[1] *Há evidente engano nesta afirmação. A menos que se trate de Santa Catarina, não é possível entender a localização dos charruas em lugares tão distantes. (N. do T.)*

Embora dados à embriaguez, ao roubo e ao assassínio, são suscetíveis de uma fidelidade inalterável quando contratados para uma escolta de proteção.

Ao viajante que se expõe, nessas regiões, aos perigos de uma longa caminhada através dos desertos, o peão aguerrido é indispensável. Por isso, logo à primeira requisição do estrangeiro, procuram trazer-lhe um e lhe apresentam um indivíduo cujo aspecto não deixa dúvidas quanto à força e à audácia. Os amigos que o cercam acrescentam uma recomendação tranqüilizadora: "É um homem para dez". Sendo a caravana numerosa e precisando de dois guias, o primeiro contratado tem o direito de escolher o companheiro. Cabe à generosidade do viajante determinar a recompensa pecuniária que lhes deve ser concedida. Mas já se conhecem os hábitos e sabe-se que para uma longa travessia o preço habitual é de oitenta francos para cada um (um dobrão), o que os satisfaz; nada exigem adiantado.

No caminho, o peão marcha à frente do patrão, sonda o terreno e, ante qualquer obstáculo que se apresente, ou qualquer animal perigoso, se expõe generosamente em primeiro lugar. Não é preciso preocupar-se com a alimentação desse fiel companheiro de viagem, sempre munido de uma pequena provisão de aguardente e de fumo suficiente para a jornada; ao cair da noite, atravessando os campos cheios de rebanhos pastando em liberdade, ele pega um boi a laço e, depois de matá-lo, corta um pedaço do filé, que envolve num naco de pele ainda quente, abandonando o resto do animal às feras. Chegando-se ao lugar escolhido para o acampamento da noite, o guia trata de arranjar a cozinha; para isso, principia por cavar a terra e fazer um pequeno buraco de mais ou menos um pé e meio de profundidade; enche-o, a seguir, de galhos a que põe fogo; quando essa madeira se transforma em carvão, ele coloca sobre o braseiro ardente o pedaço de carne envolvido na pele; esconde tudo sob outros ramos, e ateia novamente fogo. Essa carne cozida assim entre duas brasas conserva todo o sabor de seu suco e nada tem a invejar aos melhores assados da Europa. Todos os viajantes repartem entre si esse jantar suculento, que os naturais do país comem sem pão.

Chegado a seu destino, o viajante paga o guia e ambos se tornam estranhos um ao outro. Em qualquer outra posição é geralmente perigoso para um viajante isolado encontrar um charrua, pois este, sempre ávido de patacões, não tem nenhum escrúpulo em assassinar o estrangeiro para apropriar-se de dinheiro ou mesmo de um simples colete que ambicione.

Pranchas 16, 17 e 18

Os guaicurus

Os indígenas selvagens chamados *guaicurus* encontram-se no Brasil, na província de Goiás, à margem do Uruguai, e também na província de Mato Grosso. Excelentes cavaleiros, são conhecidos pela sua habilidade em domar cavalos selvagens que pastam em liberdade nos campos dessa parte da América. Pegam-nos a laço, põem-lhes cabrestos, montam-nos e logo se lançam com eles pelos lagos e rios, a fim de cansá-los, mantendo-os dentro d'água até o peito. Breve, extenuado pelas fadigas dessa luta desigual, que pela primeira vez o leva a reconhecer um senhor, o animal sai da água espumando de suor e, no seu temor ao peso desconhecido que o sobrecarrega, obedece ao menor movimento do cavaleiro.

Ao fim dessa primeira prova, o cavalo selvagem é, em geral, tomado de um temor nervoso que dura várias horas seguidas e de que se aproveitam os índios para acabar de domá-lo em terra firme.

A principal ocupação dos guaicurus consiste no comércio das diferentes espécies de animais que eles reúnem nas vastas pastagens onde costumam construir suas habitações.

Sua antiga civilização fá-los parentes dos guaranis; como estes, adotam um sistema de classes diferentes, três das quais bem distintas: a primeira é a dos nobres capitães, chefes de famílias, que comandam soldados e escravos; a segunda é a dos soldados, que só combatem a cavalo e estão sujeitos unicamente à disciplina militar; a terceira compõe-se de escravos e é formada, em parte, de prisioneiros de guerra, que executam toda espécie de trabalhos domésticos, entre os quais o mais exaustivo, que é o da formação dos rebanhos e de sua condução até o comprador. O comércio, no entanto, não lhes diminui a coragem, e, na guerra, essa cavalaria selvagem é preciosa para destruir um acampamento ou desmantelar uma falange inimiga.

Sua tática consiste em reunir uma tropa numerosa de cavalos selvagens, lançados na frente sem cavaleiros, misturando-se os índios aos últimos animais. Mas, para esconder-se do inimigo, imaginam um ardil que dá bem idéia de sua destreza e de sua perícia de cavaleiros. Cada guerreiro, unicamente apoiado no estribo direito, segura a crina com a mão esquerda e assim se mantém suspenso e deitado de lado, no sentido do corpo do cavalo, conservando essa atitude até chegar ao alcance da lança; ergue-se então na sela e combate com vantagem, em meio à desordem provocada pelo ataque tumultuoso.

Além de comerciantes e guerreiros, esses índios são agricultores, e entre os produtos que cultivam deve-se citar o algodão, que eles empregam com notável habilidade na fabricação dos tecidos com que se vestem. Todas as mulheres sabem tecer e demonstram igualmente maestria nos trabalhos de agulha.

Fato estranho e digno de comentário: apesar de sua civilização avançada, conservam o uso da tatuagem.

Prancha 19

Índios da missão de São José

É fácil reconhecer, à primeira vista, a delicadeza inata do gosto dos selvagens civilizados da missão de São José, tanto pela regularidade simétrica das linhas de sua tatuagem quanto pela engenhosa imitação, ingenuamente grotesca, da indumentária militar européia, cujas cores características aplicadas na pele (golas, alamares e punhos vermelhos) o músico selvagem lembra nesta prancha. Com seu espírito imitador procuram, igualmente, revelar seu penteado com um acessório, um diadema, embora de bambu, ou um boné coroado de longas plumas.

Esses índios de civilização antiga, menos musicistas do que os guaranis, têm apenas o tambor como instrumento de dança.

Em geral bem-feitos, ágeis e alegres, além de inteligentes, conservam também um sentimento de pudor que inspirou às mulheres o luxo de fabricar saiotes guarnecidos de plumas; esse ornamento cobre-lhes unicamente as nádegas, aumentando-lhes ridiculamente o volume e privando-as, assim, da graça natural que admiramos nas mulheres européias. A influência dessa indústria cuidadosa se verifica também na decoração de suas armas.

À análise das qualidades físicas e morais dos indígenas selvagens deve seguir-se, naturalmente, o bem merecido elogio da filantropia fraternal dos legisladores brasileiros, que, apenas investidos do poder regenerador da prosperidade da sua mãe pátria, se apressaram em abolir a escravidão dos índios prisioneiros de guerra e, mais ainda, em lhes assegurar o direito de propriedade da terra por eles escolhida para exercício de sua indústria, meio judicioso de lhes fazer compreender as vantagens da civilização e de acelerar o progresso tão necessário ao território brasileiro.

ABOLIÇÃO DA ESCRAVIDÃO DOS ÍNDIOS SELVAGENS PRISIONEIROS DE GUERRA

Resolução do Senado, de 3 de novembro de 1830, que sanciona a lei decretada pela Assembléia Legislativa em favor dos índios selvagens (bugres) que ocupam a parte oeste da estrada da Vila de Faxina à de Lajes, até hoje tratados como escravos quando prisioneiros de guerra.

Decreto da Assembléia Geral Legislativa

Art. 1.º — Revogação da ordem régia de 5 de novembro de 1808, que declara guerra aos índios da província de São Paulo e determina que os prisioneiros de guerra sejam escravos dos que os pegarem durante quinze anos.

Art. 2.º — Os índios atualmente prisioneiros de guerra serão declarados livres, bem como seus descendentes, sem que haja necessidade de terminarem os quinze anos de escravidão.

Art. 3.º — Serão socorridos pelo tesouro público a fim de que possam cultivar a terra e criar animais domésticos cujo produto, lhes pertencendo, os conduzirá rapidamente à civilização[1].

Art. 4.º — Os índios aprisionados, ou que se entreguem voluntariamente, serão sujeitos à proteção da lei relativa aos órfãos e gozarão das regalias do artigo 1.º, tit. 88, principalmente no que diz respeito à educação militar de seus filhos.

Art. 5.º — Ficam restabelecidas em todo o seu vigor as leis de 1.º de abril de 1680, 5 de julho de 1715 e 8 de maio de 1758, bem como todas as outras promulgadas em favor dos índios. Palácio do Senado, 3 de novembro de 1830. Visconde de Congonhas do Campo, Conde de Lajes, José Saturnino da Costa Pereira, Antônio Gonçalves Gomide.

---

[1] *Os campos e florestas que esses índios habitam abundam em gado.* (N. do A.)

Prancha 20

Soldados índios de Curitiba

Encontram-se na província de São Paulo, comarca de Curitiba, as aldeias de Itapeva e de Carros, cuja população inteira se compõe de famílias de "caçadores[1]" índios, empregados pelo governo brasileiro para combater os selvagens e rechaçá-los pouco a pouco das regiões próximas das terras recém-cultivadas.

Sua farda constitui-se de um boné de pano, de gomos de diversas cores, franzido na aba para se ajustar ao tamanho da cabeça, de uma camisa, de um colete de pano cujo traseiro difere, na cor, do dianteiro, e de amplas calças brancas de algodão, cortadas à moda espanhola e terminando com franjas. Não usam calçado nem meias.

Esses soldados aguerridos carregam seus víveres dentro de um saco e dormem à noite nas florestas sem acender fogo, para não serem pressentidos pelos selvagens que procuram surpreender.

Atualmente, em determinada época, o governo lhes distribui munições para que se ponham em marcha; depois de partir, só voltam quando esgotam suas provisões de guerra; descansam, então, até a campanha seguinte. Durante esse intervalo, cultivam suas terras e servem de guias aos visitantes estrangeiros.

Sua tática consiste em atacar os ranchos dos selvagens, matar os homens e procurar fazer prisioneiras as mulheres e as crianças. Selvagens eles próprios outrora, conhecem melhor do que os europeus os ardis que devem ser empregados nessas expedições. Como eles sabem, por exemplo, que os índios, ao abandonar uma habitação, têm por hábito acender fogueiras em sinal de adeus às tribos vizinhas, e que estas respondem em geral do mesmo modo, não se esquecem, ao entrar na floresta que desejam explorar, de se servir do mesmo estratagema para descobrir as habitações possivelmente existentes. Informados por esse primeiro reconhecimento, concertam seus planos de ataque com vantagem. Entretanto, apesar de tudo o que aprenderam com a civilização, são ainda, às vezes, iludidos pela astúcia de seus prisioneiros. Citaremos um fato que nos foi contado por um desses soldados índios.

Uma mulher selvagem e seu filho, da raça dos guaianases, haviam sido feitos prisioneiros por esses caçadores. Dissimulando sua tristeza, ela os acompanha de boa vontade; mas no caminho manifesta a curiosidade de examinar os fuzis, no que é atendida durante a marcha, sendo-lhe os mesmos entregues. Quando a escolta pára, finalmente, ao pé de uma árvore para passar a noite, a mulher aproveita-se do

---

[1] *Corpo do exército. (N. do T.)*

sono dos guardas para retirar a mecha das armas, fugindo, em seguida, com o filho nos ombros. O ruído inevitável das folhagens pisadas acorda os caçadores, que se apressam em fazer fogo contra ela; mas o atraso provocado pelo ardil dá-lhe tempo de escapar. Esse exemplo não é o único, e em geral é difícil conservar grande número desses prisioneiros de guerra, a menos que se os interne imediatamente nas cidades do interior a fim de desambientá-los. Com todas essas precauções, são quase que apenas as crianças que se conseguem civilizar.

Prancha 21

Soldados índios de Moji das Cruzes

Depois de 1808, época da chegada da corte portuguesa ao Brasil, o governo instalou postos militares à margem dos grandes rios que atravessam as florestas virgens habitadas pelos selvagens.

No rio Doce encontra-se o Quartel de Aguiar, cercado pelas habitações de algumas famílias indígenas. Compõe-se unicamente de oito soldados, índios civilizados, preferíveis a qualquer outra espécie de soldado para o combate aos seus companheiros ainda selvagens. Estes os detestam, por isso, e visam-nos de preferência porque os consideram traidores. É costume, entre cada vinte homens organizados em destacamento, oito usarem couraças a fim de proteger os outros doze durante o ataque.

O oficial que comanda o grande posto de Linhares deve, uma vez por mês, e qualquer que seja o tempo, visitar os outros postos, obrigação esta que pode ser avaliada em noventa léguas de viagem. Os soldados dão batidas nas florestas para garantir a segurança dos cultivadores. Quando a patrulha encontra selvagens, dispara dois tiros de fuzil, sinal que serve de toque de reunir para todos os habitantes da vizinhança, os quais devem acudir, munidos de suas armas de fogo. Quase toda a população de Linhares se compõe de soldados comandados por um subtenente e assistidos por um cirurgião e por um padre.

Os mineiros têm a reputação de ser os melhores caçadores de índios, por isso são escolhidos de preferência para o comando dos postos, pois estão mais familiarizados com o modo de viver de seus adversários e se revelam mais capazes do que os outros de contra eles dirigir essa pequenina guerra de florestas; sua bravura e sua robustez justificam, por outro lado, a escolha.

Tem-se o cuidado, em cada posto, de conservar sempre em reserva um certo número de couraças ou gibões. São casacos de algodão, acolchoados e pespontados em quadrados, à prova de flecha, que descem até os joelhos, escondendo em parte o braço; mas seu peso os torna muito incômodos, quando se faz preciso combater durante o calor. Em Vila Vitória, usam-nos de seda, e são muito mais leves.

Em 1829, mandou-se vir uma dúzia desses soldados índios para o Quartel General do Rio de Janeiro, com o fim de fazê-los combater e aprisionar certo número de negros fugidos que viviam clandestinamente nas capoeiras do Corcovado, de onde desciam à noite para roubar sua alimentação nas casas do Catete e de Botafogo, situadas desses lados.

Os negros haviam estabelecido no mato dois pontos de habitação chamados quilombos. Viviam com suas mulheres e possuíam alguns fuzis, bem como munições de pólvora, trazidos por soldados desertores que se haviam juntado a eles. Confiou-se essa expedição militar aos soldados índios, e quatro dias de permanência nessas florestas lhes bastaram para destruir os redutos inimigos, capturar-lhes o chefe, matar uma parte dos negros e aprisionar algumas mulheres e crianças. Os poucos que conseguiram escapar, faltos de víveres e observados de perto pelos índios, entregaram-se sem condições no dia seguinte.

A tática militar dos assaltantes consistiu em proceder ao reconhecimento dos lugares habitados, cercá-los durante a noite e incendiar todas as árvores da vizinhança; de tocaia, fora da linha de bloqueio, matavam os fugitivos apavorados que procuravam transpô-la.

Alguns dias antes da chegada desses auxiliares, fora enviado um destacamento de polícia, o qual, ignorando o sistema de guerra dessas florestas impenetráveis, perdera inutilmente vários soldados. Os caçadores índios que lhes sucederam obtiveram uma vitória completa sem perda de um só homem.

Prancha 22

Caboclas lavadeiras

Na prancha 22 estão representadas algumas famílias de lavadeiras caboclas, residentes no Rio de Janeiro há muitos anos. Reúnem-se diariamente de manhã para ir lavar roupa à beira do pequeno rio que passa sob a ponte do Catete, um dos arrabaldes da cidade. Aí ficam o dia inteiro, só voltando ao cair da noite.

Muito antes da nossa chegada ao Rio de Janeiro, já havia grande número de caboclos empregados no serviço particular dos ricos proprietários do interior do Brasil, os quais logo puderam apreciar as qualidades pessoais desses trabalhadores indígenas semi-selvagens; a experiência provava que era possível fazer deles servidores dedicados e capazes, sob uma aparência apática, de se devotarem generosamente aos interesses de seus senhores. Seus filhos, já criados na civilização, tornam-se, com doze ou catorze anos, excelentes criados, inteligentes e vivos, e intrépidos cavaleiros, caçadores e nadadores, qualidades preciosas para viajar com os amos.

Encontram-se, no Rio de Janeiro mesmo, alguns velhos e fiéis servidores de grandes personagens, antigos governadores de província, que os trouxeram consigo para a capital. Tão espertos e robustos quanto os negros, empregam-se de preferência nas fazendas do interior; mas, como os mulatos, adquirem facilmente os vícios da civilização. Protegidos pelo governo e incentivados a aperfeiçoar sua indústria, dentro de seus hábitos, esses preciosos indígenas se tornarão os mais firmes sustentáculos da prosperidade do Brasil, já tão rico pela fertilidade de seu solo e pela fecundidade dos inúmeros animais úteis que nele se acham disseminados.

Acreditamos que com a civilização a raça índia melhore sensivelmente, fundindo-se pouco a pouco com a raça brasileira de origem européia, e tanto mais nos convencemos disso quanto existem, nas províncias de São Paulo e de Minas Gerais, admiráveis famílias de raça mestiça, oriundas da união de homens brancos com mulheres caboclas. Os traços nobres do paulista, a que se aliam a delicadeza dos olhos e as formas roliças da cabocla, são de uma beleza graciosa e picante, especialmente observável nas mulheres. Quanto aos homens, tornam-se mais esbeltos, embora sempre musculosos, e conservam bem marcada a tendência dominante das duas raças, que os leva a enfrentar corajosamente as fadigas inerentes às grandes viagens e aos feitos militares[1].

---
[1] *As qualidades de resistência, beleza e audácia dos mamelucos foram ressaltadas por vários autores. A elas se atribui a extraordinária epopéia das bandeiras. Se outras mestiçagens deram resultados duvidosos, essa do índio com o português ou o espanhol foi das mais felizes. (N. do T.)*

Pranchas 23, 24 e 25

Guaranis

A nação indígena dos *guaranis* pode ser considerada como uma daquelas cuja civilização remonta à época mais antiga, porquanto se sujeitou logo nos primeiros tempos do descobrimento ao domínio dos missionários espanhóis. Hoje em dia, a cidade de São Borja é a sede do governo geral brasileiro das Províncias Orientais e das Missões, habitadas por essa raça de selvagens inteiramente convertidos ao catolicismo.

A indústria florescente da erva-mate, existente na margem oriental do Uruguai, deve-se a esses índios; essa erva provém das folhas de um arbusto indígena e são muito semelhantes, na sua forma, às do chá-da-índia; é ela grandemente consumida no Brasil em virtude de seu preço bastante acessível. Essa substância vegetal estomáquica constitui também um ramo de comércio muito importante para o abastecimento do Chile, por exemplo, e outros países da América Meridional.

A aldeia de guaranis de Cruz Alta, situada para além do rio Pardo, é famosa por suas fábricas de sabão preto.

A aldeia de São Vicente, perto da cidade de Rio Pardo, província de São Pedro do Sul, constitui-se igualmente de famílias desses índios civilizados, que se dedicam com êxito à cultura da uva, fabricando um vinho cujo gosto, muito semelhante ao do madeira seco, é apreciado pelos americanos do norte, que o importam.

Os guaranis proprietários, que têm o hábito de sair somente a cavalo, usam o rico costume hispano-americano. Os trabalhadores vestem simplesmente um colete e calças brancas. São todos músicos e fabricam eles próprios seus violões, rabecões, violinos e flautas sem chaves; os instrumentos de cordas não são envernizados, sendo as suas cordas de seda vermelha. Nos domingos e dias de festa é costume pagá-los para cantarem, nas igrejas, com acompanhamento próprio, os salmos divinos que seus antepassados aprenderam dos padres da Companhia de Jesus e cujas palavras e canto perduram, pela tradição, por mais de trezentos anos.

São os santos mais venerados desses índios São Vicente, São Gregório e São José. Por ocasião das festas de Natal, vêem-se chegar à cidade de Rio Pardo inúmeras famílias indigentes de guaranis, cujos filhos, grotescamente fantasiados, executam danças ao som dos instrumentos dos velhos que os acompanham. Esse divertimento é-lhes um meio de conseguirem esmolas.

A sete léguas de distância de Porto Alegre, acha-se a aldeia de Nossa Senhora dos Anjos, habitada em parte por guaranis e na qual existia outrora um convento de índias religiosas: foi um governador português que fundou esse mosteiro, cujas ruínas servem hoje de cadeia. Entre esses selvagens, o epíteto "índio civilizado" significa "índio batizado". Os jesuítas, que foram seus senhores antigamente, haviam feito deles seus vassalos[1] e os empregavam como trabalhadores de todos os ofícios na construção de suas igrejas e de suas fazendas, e na cultura de suas terras. É a essas circunstâncias que se deve o fato de se encontrarem ainda hoje, nos resíduos de sua raça, vestígios desses conhecimentos industriais.

---

[1] *A palavra "vassalos" é bastante feliz e exprime bem a situação desses índios, que não eram escravos (os jesuítas sempre se manifestaram contra a escravidão de um modo decidido e, não raro, violento), mas que viviam presos por todos os laços da obediência e da disciplina às missões.* (N. do T.)

Prancha 26

Conjunto de diferentes formas de choças e cabanas

O interesse que apresenta o estudo do homem selvagem, como construtor, levou-me a compor este quadro comparativo das diferentes formas de choças e cabanas dos indígenas brasileiros.

Quis dar ao leitor a possibilidade de julgar, progressivamente, desde o mais simples até o mais complicado, esses diversos tipos de construção, como documentos aproximativos da inteligência de seus autores, que varia sensivelmente dentro das próprias subdivisões de uma mesma raça e na medida de sua civilização.

N.º 1 — Abrigo dos índios puris, denominado em sua língua *"cuari"*; sua estrutura muito simples sustenta uma camada interior de folhas de patioba (palmeira de folhas lisas) ou de helicônia (planta gigantesca), recoberta por várias camadas de folhas de grandes palmeiras-coco. A rede é feita de fibras de embira (ver prancha 35).

N.º 2 — Abrigo dos pataxós. A parte sólida compõe-se de doze estacas inclinadas para o centro e fortemente amarradas no seu ponto de reunião. O teto, ou coberta, é construído pela superposição de grande quantidade de folhas enormes de helicônia, cujo peso basta para que se mantenham no lugar.

N.º 3 — Choça dos mandrucus (província do Pará). A armação dessa choça em forma de abóbada circular já apresenta um sistema de ligação sólida e raciocinada; é engenhosamente recoberta de enormes galhos de palmeira, entrelaçados com arte. A rede é feita de um pedaço de casca de árvore, e as canoas de que se servem esses selvagens são do mesmo estilo.

N.º 4 — Estes tipos de cabanas são peculiares aos povos nômades, que as abandonam amiúde. Os viajantes as aproveitam, restaurando-as, para as suas paradas.

N.º 5 — Choça dos botocudos, pouco civilizados. É construída pelas mulheres e não apresenta nenhum sistema de armação sólida: toda a parte interna da abóbada se compõe de palmas enfiadas no chão e amarradas umas às outras. Acrescenta-se, em seguida, a esse frágil suporte, grande quantidade de novas palmas a fim de formar uma parede impermeável. O leito é feito de quatro estacas, sobre as quais se colocam travessas em todos os sentidos a fim de sustentar porções de estopa à guisa de colchão.

N.º 6 — Esta cabana, construída solidamente de um modo razoável, tem na sua estrutura o modelo de todas as pequenas casas feitas para abrigar os escravos dos cultivadores brasileiros em geral; para que seja perfeita a semelhança, só falta encher os muros de barro. Esse tipo de cabana é comum aos puris, camacãs, coroados, etc., já mais ou menos civilizados. O teto é recoberto com pedaços de casca de bignônia.

N.º 7 — Esta cabana, cuja única diferença consiste em ter as paredes fechadas por folhas de palmeiras entrelaçadas, é peculiar aos coroados.

N.º 8 — Espécie de hangar dos caboclos de Cantagalo, recoberto de folhas de palmeira.

N.º 9 — Mais arejada, esta outra cabana é construída pelos coroados. Esse tipo de construção, adotado pelos brasileiros para abrigar as mercadorias das caravanas, chama-se em português "rancho": encontra-se em todas as estradas freqüentadas e se localiza ao lado de uma venda a cujo dono sempre pertence.

N.º 10 — Esses abrigos silvestres são encontrados nas florestas habitadas pelos guaianases; servem aos caçadores selvagens, que, ao cair do sol, estendem armadilhas nas mais altas árvores para pegar as grandes araras que nelas costumam empoleirar-se. O selvagem passa a noite nesse abrigo e de madrugada vai buscar o produto de sua caça; só lhe é possível subir ou descer por meio de cipós, escadas naturais que pendem dessas árvores.

N.º 11 — Esta habitação dos selvagens industriosos e guerreiros é chamada pelos brasileiros "rancho fortificado". O conjunto reúne a vantagem de uma perfeita construção à de uma cerca trançada, quase da altura de um homem; as saídas, feitas com engenho e de acesso voluntariamente difícil, são de tal modo baixas que um homem só pode passar por elas deitado. Essas espécies de fortalezas, numerosas entre os guaianases, são ainda defendidas por uma ou mais linhas de barricadas, erguidas na floresta que as cerca.

Prancha 27

Diferentes tipos de máscaras

Só faltava, em verdade, ao homem selvagem industrioso, depois de ter esgotado todos os recursos da tatuagem, a fim de se tornar horrível, fabricar máscaras com forma de cabeças de animais de toda espécie, único meio de reproduzir fisicamente a aparência de uma monstruosidade mais pavorosa, e por isso mesmo digna de toda a admiração dos espectadores nos dias de festa. É o que ele fez, e mais ainda: não satisfeito com essa transformação parcial, soube tirar partido da vantagem de uma vestimenta comprida e de uma cabeça postiça para se tornar gigante, no que o seu gênio, sempre ativo, rivalizou com o dos costureiros europeus.

N.º 1 — Estas imitações grosseiras, realmente bárbaras mas executadas com muito cuidado, apresentam certo grau de semelhança com o objeto que devem representar.

A primeira é uma cabeça de onça, superpondo-se a mechas de pêlos acrescentadas para envolver o rosto do indivíduo; a segunda representa uma cabeça de tapir a que se ajuntou uma crina de fibras sedosas de tucum; a terceira reproduz com muita perfeição um tatu colocado sobre uma espécie de cabeleira muito complicada de detalhes coloridos; a quarta representa uma máscara humana alada e de penacho; a quinta máscara é um capacete encimado por um peixe; a sexta, uma cabeça de macaco; a sétima representa uma figura humana com duas barbatanas. As duas últimas máscaras são capacetes.

Esses ornamentos de grande importância são tão leves quão sólidos, pois consistem em um tecido de algodão bastante espesso, fortemente engomado de ambos os lados e pintado em seguida, o que lhes dá a consistência de um corpo duro e sonoro. As diferentes cores empregadas são o branco, o amarelo-claro, o vermelho, o marrom e o preto.

Essas máscaras pertencem à coleção do Museu Imperial de História Natural do Rio de Janeiro, onde as desenhei; atribuem-nas aos índios do Pará, e, efetivamente, apresentam o mesmo caráter que as apreciadas por Spix e Martius entre os selvagens *tacunás*.

N.º 2 — Pensei que seria interessante mostrar uma cena completa dessa espécie de divertimento selvagem, para que se tivesse uma idéia do uso das máscaras em semelhantes ocasiões.

A mulher que precede esse grotesco cortejo é uma música; segura na direita um instrumento feito de uma carapaça de tartaruga, no qual bate uma vareta que carrega na outra mão.

Prancha 28

Cabeças de diferentes tribos selvagens

Desejoso de simplificar esta obra, reuni numa mesma prancha várias cabeças de índios de diferentes tribos, a fim de tornar a coleção mais ampla e completa.

N.º 1 — *Iuri,* selvagem belicoso. N.º 2 — *Maxuruna.* N.º 3 — *Iuripace.* N.º 4 — *Mura.* N.º 5 — *Bororeno,* de uma selvageria temível. N.º 6 — *Iuma.* N.º 7 — *Coroados.* N.º 8 — *Botocudo.* N.º 9 — Mulher *puri* cuja expressão abobalhada corresponde a uma degeneração parcial da raça primitiva.

O número 10 representa uma cabeça de botocudo, mumificada pelos pataxós, entre os quais foi encontrada.

O número 11 representa uma cabeça de puri, igualmente mumificada e encontrada entre os coroados.

Essas duas cabeças, semelhantes a mil outras encontradas aos montes nas aldeias indígenas, levam-nos a alguns detalhes tocantes à sua conservação. São troféus militares, que atestam o número de prisioneiros de guerra tanto quanto a ferocidade dos vencedores.

Todo o prisioneiro de guerra se destina a ser comido e faculta um dia de festejos a seus inimigos, transformados, com a vitória, em canibais. No momento escolhido, a vítima é amarrada a um cepo, a fim de ser abatida a flechadas ou golpes de tacape; depois de morta, cortam-lhe todas as partes carnudas, enquanto se acende o fogo que vai servir para assá-las[1]. Toda a população esfomeada se reúne e o festim começa com as mais turbulentas demonstrações de uma alegria atroz.

A cabeça cortada, que ficou intacta, é logo suspensa ao cepo por meio de cordas que se enfiam pelo orifício das orelhas e saem pela boca. O todo é arranjado de maneira a que se possa, artificialmente, obrigar a cabeça a um movimento de aprovação, reiterado à vontade, enquanto o grupo alegre de selvagens dança em volta, atirando-lhe flechas e insultando-a covardemente e sem piedade.

Terminada a festa, o vencedor da vítima tem o direito de se apropriar da cabeça ainda sangrenta, a fim de conservá-la como propriedade sua. Ele começa retirando os olhos e o cérebro, com suficiente habilidade para não mutilar o crânio nem a pele. Depois dessa primeira alteração, ele introduz nela uma substância corrosiva e a faz secar ao sol; em seguida, para substituir os olhos e dar idéia das pálpe-

---

[1] *Certas tribos de botocudos mais civilizados pretendem, entretanto, que cortam apenas a cabeça de seus prisioneiros de guerra e abandonam o corpo às feras. (N. do A.)*

bras fechadas, reúne duas pequenas fileiras de fragmentos de conchas brancas e fixa-as no centro de uma grande bola de resina, destinada a encher a cavidade da órbita do olho retirado. Finalmente, acrescenta a esses preparativos uma cordinha de algodão trançado, cujas extremidades são presas ao orifício da boca, igualmente cheio de resina, o que forma uma espécie de anel alongado de que o índio se serve com orgulho para suspender a múmia à cinta durante os festejos guerreiros.

Prancha 29

Toucados de plumas e continuação das cabeças de índios

Esses toucados engenhosos, cuja forma é nobre e a combinação dos detalhes variada com arte, patenteiam o luxo dos selvagens americanos que habitam o Maranhão e as margens do rio Amazonas. O grupo de cabeças que a eles se segue compõe-se de diferentes fisionomias características desses mesmos povos. Os números 4, 6, 7 e 9 foram vistos por Spix e Martius.

N.º 1 — O toucado número 1 lembra muito bem um capacete antigo, cujo barbote, guarnecido na sua parte inferior de plumas pretas, empresta ao guerreiro que o usa uma espécie de barba postiça.

N.º 2 — As duas grandes asas que encimam majestosamente esse lindo toucado dão-lhe o aspecto dos capacetes dos antigos heróis saxões.

N.º 3 — Este, mais modesto na sua simplicidade, apresenta, entretanto, também, certo caráter ossiânico.

Cabeças

N.º 4 — Um miranha, notável pela mutilação da cabeça. Os orifícios das narinas, extremamente dilatados e achatados extraordinariamente, formam um par de óculos que se poderiam chamar de olfativos.

N.º 5 — Coroado da província de Goiás.

N.º 6 — Mandrucu, guerreiro, reconhecível pelo grande número de listas que lhe cobrem toda a superfície do corpo.

N.º 7 — Arara, nome tirado da ave; notável pelo contorno da boca, pintado de azul-escuro, e pelos bigodes postiços atravessados na cartilagem do nariz: constituem-se estes de um pequeno canudo vegetal cheio de pêlos longos e duros.

N.º 8 — Bororó. Este selvagem, que vive numa terra aurífera, tem o hábito de recolher palhetas de ouro com as quais faz adornos que pendura no lábio inferior e nas orelhas. O colar é formado de moedas de diferentes espécies, de que apreciam somente o valor decorativo.

N.º 9 — Iupuá. O arranjo do penteado lembra o estilo chinês; a lista traçada por cima das sobrancelhas é vermelha; o pequeno adorno usado embaixo do lábio inferior é um pedacinho de bambu fino introduzido na pele e pintado também de vermelho na sua extremidade aparente. O colar é feito de sementes ou de dentes de carnívoros ferozes.

Prancha 30

Inscrições gravadas pelos selvagens em
um rochedo nas serras do Anastabia

N.º 1 — Não é de estranhar que os selvagens tupis, com uma língua cujas combinações sutis podem exprimir os menores detalhes de seu pensamento, tenham naturalmente procurado reproduzir-lhe a expressão, de uma maneira inteligível e durável, por meio de sinais ou desenhos hieroglíficos.

É, por conseguinte, com o conhecimento dessas combinações e a fim de convencermo-nos da verdade da interpretação corrente na região que tentaremos traduzir a inscrição aqui desenhada.

Supõe-se que se trate da descrição de uma batalha, que teria começado à noite, ao luar[1], *"taru té tu"* (sol da noite). Esse astro é representado por um sol radiante, colocado em cima de duas estrelas; em seguida, o quadro formado pela reunião de uma quantidade de pequeninos pontos deve representar um grupo grande de guerreiros em plena batalha; os traços[2] seguintes revelariam o número de prisioneiros feitos até o raiar do dia, indicado por um sol colocado em cima de alguns pontos grossos que figurariam uma reunião dos chefes ou do conselho de guerra, hábito que lhes é familiar; segue-se a indicação do número de prisioneiros, precedendo um grande combate que teria sido travado em meio do dia, e em conseqüência do qual se teriam verificado a última reunião dos chefes e a capitulação; a jornada guerreira termina com a enumeração dos últimos prisioneiros feitos durante essa batalha, que em resumo durou uma noite e um dia, o que coincide perfeitamente com a sua tática militar.

Sou portanto levado a crer que essa tradução é uma das mais prováveis de todas as que têm curso no Brasil.

N.º 2 — Desenhei a situação pitoresca desse rochedo, que eu considero o local do campo de batalha e no qual os selvagens erigiram esse monumento autêntico, como recordação de uma vitória suficientemente gloriosa para ser transmitida a seus descendentes.

---

[1] *Ver o final da introdução. (N. do A.)*
[2] *O guerreiro botocudo que traz prisioneiros de guerra indica o número deles por meio de cortes que faz nos braços ou nas coxas, a fim de conservar a lembrança pelas cicatrizes. (N. do A.)*

Gravações executadas pelos selvagens[1]

N.º 3 — A proporção do desenho não permitindo mostrar a reunião pitoresca das duas partes do rochedo em que essas gravações foram executadas, escolhi unicamente a parte vertical para mostrar os detalhes maiores e mais inteligíveis; a outra, horizontal, sobre a qual a gente pode andar, faz parte do mesmo bloco e se encontra situada bem ao pé do fragmento aqui representado. As gravações que nela se encontram são absolutamente semelhantes, pelo caráter, às que reproduzo.

Este monumento testemunha a propensão inata dos indígenas pelas belas-artes e acha-se a pequena distância das margens do rio Japurá, na província do Pará, habitada por selvagens cujos adornos de plumas, de grande perfeição, são realmente admiráveis.

E quem não reconheceria a obra de uma inteligência sutil, embora bárbara, no traçado de inúmeras figuras humanas em diversas atitudes, na configuração de algumas cabeças, compostas de pormenores, insignificantes em si, é verdade, mas que lembram, por meio de linhas paralelas, o conjunto de um rosto tatuado, e outras figuras coroadas de plumas e dispostas em determinada ordem? As espirais, embora irregulares no detalhe, exprimem um desejo de paralelismo repetido nos arabescos. Mil outras invenções estranhas, imaginadas por um cérebro capaz de traduzir uma idéia pela expressão linear, sem se socorrer da imitação servil, não serão uma prova do seu gênio pictórico?

A prancha 27 dá-nos o exemplo de uma imitação em relevo, que confirma a minha observação acerca do talento desses artistas selvagens.

---

[1] *Debret diz "esculturas entalhadas", expressão certamente imprópria para essas gravações rupestres. (N. do T.)*

Prancha 31

Diferentes vegetais utilizados nos colares,
nas tatuagens e na alimentação

Sementes empregadas nas pulseiras e colares

N.º 1 — Arbusto produzindo na extremidade dos galhos três favas em cacho, cada uma delas com cinco polegadas, mais ou menos, de comprimento; contém pequenas sementes metade brancas e metade pretas, muito brilhantes, com as quais os selvagens fabricam pulseiras de três a quatro carreiras.

N.º 2 — Mimosa. Árvore cuja fava tem um comprimento de mais de um pé; as sementes, em forma de coração achatado, são de um vermelho muito vivo e se empregam mais particularmente na confecção de colares.

N.º 3 — *Dolic*. Trepadeira leguminosa de flores violeta, produzindo uma ervilha de mais de uma polegada de diâmetro a que os selvagens atribuem inúmeras propriedades salutares; usam, às vezes, uma única pendurada ao pescoço como amuleto.

Frutos cujo suco é empregado na tatuagem

N.º 1 — Jenipapo. Árvore que produz um fruto do tamanho de uma romã grande e cujo suco tem a acidez da caparrosa; os índios utilizam-no para a tatuagem de cor preta. A primeira camada do líquido licoroso dá uma tinta negro-azulada, pouco consistente, e a segunda, um azul muito escuro, quase preto, que a pele conserva durante oito a quinze dias. Ademais, quando maduro, esse fruto tem qualidades tônicas e é usado com bom êxito como cataplasma, na cura das hérnias[1]. Os selvagens revelaram aos brancos as suas propriedades, e pude verificar, no Rio de Janeiro, os seus felizes resultados.

N.º 2 — Fruto maduro aberto.

N.º 3 — Urucu. Dá um fruto de que os selvagens se servem também para a tatuagem; tiram dele um líquido vermelho-amarelado bastante vivo, pela compressão da membrana vermelha que envolve as sementes. Para conservar essa provisão,

---

[1] *Debret emprega as palavras "esforços e quedas" ("descente") mas o sentido antigo corresponde a "hérnia". (N. do T.)*

fazem com essa membrana colorida uma espécie de pasta, que cortam em forma de tijolinhos secos, utilizáveis à vontade como nossos bastonetes de tinta de China.

N.º 4 — Frutos maduros abertos.

Plantas alimentícias

N.º 1 — Inhame. Esta planta cresce geralmente nos lugares sombrios e úmidos ou à beira dos rios; suas folhas, cuja altura ultrapassa às vezes dois pés, servem de alimentação aos selvagens; são substanciais e, cozidas, têm mais ou menos o gosto do espinafre da Europa; por isso vendem-se no Rio de Janeiro em substituição deste legume. Os índios comem a raiz sob forma de farinha ou cozida na água, ou ainda assada na brasa.

N.º 2 — Cipó. Chamado pelos indígenas "cará-do-mato" e cuja haste trepa pelas árvores. Caracteriza-se pelas suas pequenas folhas de rebordos violeta-purpurinos; a raiz informe, às vezes de dez polegadas de espessura, tem a consistência da batata, e os selvagens a comem cozida ou assada.

N.º 3 — Aipim (Mandioca mansa). Arbusto de que os selvagens comem a raiz, crua, cozida na água ou assada na brasa, indiferentemente; embora muito farinhosa, ela tem filamentos como a cenoura. É um comestível comum a toda a população brasileira. Acrescenta-se aos legumes que entram na composição do cozido e é servida na mesa para ser comida como pão. No mercado do Rio de Janeiro, essa raiz é vendida diariamente, cozida na água ou assada.

Prancha 32

O cabaceiro[1]

N.º 1 — O fruto do cabaceiro, árvore de aspecto singular, que cresce isolado no tronco ou na parte nua dos galhos, é muito apreciado pelos selvagens, porque sua casca, dura e leve a um tempo, lhes fornece recipientes naturais. Esses vasilhames, chamados cuias, são conhecidos de todos os índios, que deles se servem para beber seus licores espirituosos nos dias de festas. Por isso mesmo se aplicam os selvagens em embelezá-los, ou por meio de desenhos brancos traçados com uma ponta sobre fundo colorido, ou por meio de enfeites mais complicados, cujos detalhes se pintam de diferentes cores.

Para obter o fundo preto, embebem de resina o lugar que desejam tingir e o esfregam com um pedaço de carvão ainda quente; para dar o polimento, friccionam-no fortemente com uma espátula lisa de madeira muito dura, o que provoca um brilho inalterável.

N.º 2 — Fruto maduro inteiro.

N.º 3 — Cuia feita de uma metade da casca do fruto.

N.º 4 — Cuia de luxo em forma de cesta, empregada nas trocas; suas cores variadas são devidas a terras brancas, amarelo-claras e vermelho-ocres, muito solidamente fixadas com resinas.

A bananeira

N.º 1 — Bananeira (Musa). Planta bulbosa, de folhas enormes. Essa espécie singular de árvore frutífera, de rápida produção, cuja altura alcança em geral dez a quinze pés, é cultivada pelos selvagens industriosos, que apreciam o sabor nutritivo de seus múltiplos frutos. Sempre útil, mesmo depois de morta, o que ocorre após a frutificação, é ela substituída pelas cinco ou seis mudas que brotam progressivamente da touceira.

N.º 2 — Frutos maduros.

N.º 3 — Parte interna do fruto, comestível assim, despido de sua casca.

N.º 4 — Mesma parte, cortada transversalmente.

---

[1] Também chamado cuité ou cuieira, conforme as regiões. (N. do T.)

Prancha 33

Cetros e vestimentas dos chefes selvagens

N.º 1 — Cetros. O primeiro é um coco decorado com desenhos coloridos, usado pelos coroados; o segundo é feito de grandes penas azuis e vermelhas de rabo de arara e de uso comum aos coroados e aos mandrucus (Pará).

N.º 1* — Grande cetro de madeira flexível, podendo servir de lança; é decorado com penas e desenhos traçados com instrumentos pontudos. No alto se encontra uma pequena parte oca formando um corpo sonoro, dentro da qual se encerram algumas pedrinhas. Para provocar o ruído, o chefe segura-a com a mão esquerda pelo meio do cabo, e, mantendo-a perpendicularmente, bate com a palma da mão direita na parte inferior; o som obtido dura de oito a dez segundos, ao fim dos quais outro golpe se faz necessário, e assim repetidamente, para provocar um barulho contínuo. Observamos essa espécie de cetro entre os camacãs-mongoiós.

N.º 2 — Colares de plumas existentes no museu.

N.º 3 — Este manto, formado da união de doze tiras de plumas, é usado pelos mandrucus.

N.º 4 — Este outro manto é um tecido de algodão da mesma contextura de um filé e ao qual são presas, com habilidade e solidez, plumas amarelas e vermelhas. Esta obra-prima, que se encontra no museu, é atribuída aos selvagens da província do Pará.

N.º 5 — Esse cordão de plumas vermelhas, que se usa quadruplicado, no pescoço, é um adorno de chefe coroado.

N.º 6 — Adornos de plumas usados pelos coroados nas pernas e nos tornozelos.

Instrumentos de música

N.º 1 — Trombeta militar, que serve especialmente ao chefe para dar o sinal de combate e incentivar a coragem dos guerreiros durante toda a ação. Inteiramente feita de madeira, produz um som bastante belo mas muito grave. O bocal é cômodo e pouco fatigante, bastando fazer vibrar os lábios ao soprar. Esse instrumento pertence aos coroados.

N.º 2 — Instrumento de música dos camacãs-mongoiós, que o chamam de *herechedioca;* compõe-se de um ou dois maços de cordas de algodão, nas pontas das quais se penduram cascos de tapir. Segura-se com uma das mãos e, agitando-o por sacudidelas, obtém-se um som bem cheio, com a ajuda do qual se marca a medida das danças.

N.º 3 — Instrumento militar, flauta dupla feita de duas tíbias de homem ou de veado, que se usa pendurada ao pescoço. Maneja-se como um assobio; os buracos praticados no exterior, perto do bocal, são revestidos de cera, de modo a modificar, à vontade, o orifício. O som é muito agudo.

N.º 4 — *Okekhiek*. É uma cabaça enfiada num cabo e na qual se introduziram pequenas pedrinhas que, pelo vascolejo, produzem um som mais agudo do que o dos cascos de tapir. Empregam-na os camacãs-mongoiós para marcar seus passos de dança. É completamente igual ao maracá, ídolo doméstico dos tupinambás, carregado pelos seus sacerdotes ou feiticeiros (pajés).

N.º 5 — Espécies de flautas de Pan, mais ou menos complicadas, feitas de pequenos bambus ou caniços.

N.º 6 — Instrumentos de dança feitos de pequenos cocos, de menor efeito mas de som mais vibrante que o instrumento número 2, de uso semelhante.

N.º 7 — Casco de tapir e casca rugosa de um pequeno fruto, que produz um som bastante agudo.

Prancha 34

Cerâmica dos selvagens

Os indígenas brasileiros não conhecem o torno, que tanto facilita a fabricação da cerâmica de barro. Essa indústria é quase exclusiva das mulheres, e tanto mais difícil para elas quanto, como vi fazerem na aldeia de São Lourenço, fabricam toda espécie de potes arredondados com uma pequena concha umedecida com saliva.

N.º 1 — Pote de barro cozido chamado camucim pelos coroados e talha pelos caboclos de São Lourenço. Os maiores têm dois pés e meio de altura e os outros, mais ou menos, a metade. Servem geralmente para guardar água.

N.º 2 — Coco atravessado por um pedaço de madeira servindo de cabo. Esse utensílio destina-se a retirar água da talha.

N.º 3 — Bilha[1] redonda de terra preta, fabricada pelos índios civilizados da província de Minas. Essa botija, feita para botar água, tem em geral de seis a sete polegadas de diâmetro.

Os selvagens empregam em geral processos muito simples para cozer o barro: depois de fazer uma cova capaz de conter o maior recipiente colocado no seu prato, enchem-na de ramos que queimam para esquentá-la; quando restam apenas brasas incandescentes, colocam em contacto direto com o fogo as peças a serem cozidas, recobrindo-as com novos galhos, que acendem também. Consumidos esses combustíveis, deixam esfriar a cerâmica, que já se encontra, então, suficientemente cozida.

A arte de trançar

N.º 1 — Espécie de balaio dos selvagens puris, feito unicamente com folhas de palmeira.

N.º 2 — Outro tipo de balaio dos coroados, feito com folhas de caniços e tiras de taquara poca.

N.º 3 — Cesta fabricada pelos guaianases para o mesmo uso, feita de fibras de taquara poca e de raízes de cipó-imbé.

Esses balaios têm mais ou menos um pé e meio de altura e carregam-se às costas. Servem para transporte de fardos, e as correias se prendem à testa do por-

---

[1] *A numeração da legenda não corresponde ao desenho. Deve tratar-se do número 4. (N. do T.)*

tador. As mulheres colocam neles seus filhos menores para carregá-los mais facilmente durante as longas caminhadas.

N.º 4 — Cesto com tampa, feito de folhas de palmeira e fibras de taquara.

N.º 5 — Cesta de folhas de palmeira trançadas.

Armas ofensivas

N.º 1 — O tacape muda de nome, de acordo com a tribo; ora se chama tacape ou *tacalpe,* ora *patu patu,* etc. Considerado uma arma nobre, caracteriza-se por seus enfeites de penas verdes, vermelhas e amarelas. É sempre feito de madeira dura e pesada e seu tamanho médio é de dois pés de comprimento.

N.º 2 — Sarabatana usada pelos selvagens puris e coroados que habitam a província do Maranhão. Essa arma, sempre muito leve, é feita ou de colmo, gramínea colossal, ou de três pedaços de madeira fortemente unidos e perfurados internamente em todo o comprimento; o exterior, bem arredondado, é pintado e quase sempre decorado com desenhos brancos traçados com instrumentos de ponta.

N.º 3 — Aljava, guarnecida de pequenas flechas, a que se suspende sempre uma coloquíntida cheia de algodão; a seu lado um pequeno recipiente de madeira com veneno, composição soporífica gomosa, espécie de gelatina muito dura de que se serve o índio, molhando a ponta do dedo com a saliva para umedecer uma pequena parte; com o veneno tornado assim mais líquido, embebem a ponta que desejam envenenar. Essa substância soporífica, que pode ser provada sem perigo, age apenas sobre o sangue dos ferimentos. Arrancando-se imediatamente a flecha, os sintomas de paralisia cessam totalmente no fim de alguns minutos.

N.º 4 — Essa espécie de flecha, mais ou menos de seis polegadas de comprimento, não passa de um dos inúmeros espinhos que se encontram no tronco do coqueiro airi. O algodão em que é envolvida serve para encher o vácuo da circunferência interna do tubo, a fim de se comprimir o ar e de dar maior força ao sopro do caçador que a arremessa.

N.º 5 — O remo de honra, enriquecido de enfeites como este, é o cetro marítimo de um chefe de selvagens navegadores. Quando uma dessas personagens importantes embarca, mantém-se imóvel na canoa, apoiado nesse instrumento de luxo, inútil na sua mão, pois vale-se do direito exclusivo de comandar os remadores sem compartilhar de suas fadigas.

Prancha 35

Vegetais empregados como amarra ou amarrilho

N.º 1 — A embira-do-mato *(Cecropia imbaiba)* divide-se em duas espécies: uma de arbusto, outra de árvore muito grande: sua casca fibrosa e elástica impregna-se de um licor gomoso que torna fácil destacá-la da árvore que cobre. Os selvagens preferem a casca do maior desses vegetais e, para obtê-la, fazem uma incisão de quatro polegadas de largura na parte inferior da árvore; nela introduzem os dedos e, segurando em seguida essa parte com as duas mãos, puxam com força, obtendo, assim, de momento, uma tira de toda a altura do tronco até os primeiros galhos. Essa longa tira é, em seguida, achatada por meio de fortes batidas com um corpo duro, de modo a destacar as fibras unidas pela seiva. Secadas ao sol, essas fibras excelentes servem para fabricar as cordas dos selvagens.

N.º 2 — O cipó-imbé é trepadeira que atinge alturas extraordinárias e envolve o tronco das árvores junto às quais nasce; os sinais das antigas folhas, que ao cair deixam marcado um losango, desenham-se simetricamente em sua haste tortuosa, dando-lhe de longe a aparência de uma serpente. Mas é fácil reconhecê-lo pelas imensas fibras radicais que descem perpendicularmente de sua parte inferior. Com a casca a um tempo marrom, violácea e brilhante dessas raízes frágeis, os indígenas fazem as cordas que servem para fixar as penas e as pontas de suas flechas.

N.º 3 — A sapucaia ou *cuatelé,* que os indígenas chamam pau-de-estopa, é uma árvore que se caracteriza pelas suas proporções gigantescas, pela sua folhagem pequenina de brotos cor-de-rosa, pela forma singular das grandes flores lilás e pelo fruto pendente chamado *há,* que pode ser comparado a uma pequena marmita com a sua tampa. Recoberto de uma madeira dura e espessa, esse fruto contém amêndoas excelentes, muito apreciadas pelos macacos e araras; os selvagens comem-nas também e, além disso, utilizam a rede fibrosa que se encontra sob a primeira casca da árvore, arrancando-a com uma raspadeira, a fim de fazer uma espécie de estopa empregada geralmente no Brasil para calafetar as embarcações: os botocudos usam-na para fabricar os colchões de seus leitos.

N.º 4 — O algodoeiro é uma árvore de estatura caprichosa, gigantesca na província do Maranhão e quase nanica nas vizinhanças do Rio de Janeiro.

N.º 5 — Pedaço de um galho com a flor e a bolota.

N.º 6 — Outro pedaço de galho com a bolota de caroços. Essa mesma bolota madura, mostrando os caroços envolvidos no algodão e em ponto de queda. Todos os selvagens industriosos cultivam essa planta preciosa, que lhes fornece fios utilizáveis de mil maneiras. Os camacãs, os guaicurus, os guaranis, os puris e todos os índios da província de Pernambuco servem-se do algodão com rara perfeição.

Prancha 36

Armas ofensivas

O arco

O arco do selvagem brasileiro, sempre feito de uma madeira dura e por conseguinte difícil de trabalhar por causa da imperfeição dos instrumentos de que se serve para a sua fabricação, justifica, por essa dificuldade mesma, o apego do seu proprietário, o qual somente a muito custo o permuta.

As madeiras empregadas são a braúna[1], leve e flexível (camacãs); o coqueiro airi, duro, compacto e pesado; o tapicuru; o pau-d'arco e a bignônia de flores amarelas, ambos muito pesados.

O arco de pescador é feito com o talo lenhoso das folhas do coqueiro içará. A dimensão geral dos arcos é de seis pés e meio; os dos pataxós têm oito pés e meio ou mesmo mais; o arco empregado na pesca tem de três pés a três pés e meio.

N.º 1 — Arco chamado bodoque, especialmente destinado ao lançamento de pedras ou de bolas de terra cozidas ou secas.

As cordas desses arcos são feitas de três fios de algodão torcidos juntos; esfregadas, além disso, com a folha do mangle, tornam-se escuras e brilhantes, ganhando em solidez. As mais finas são fabricadas com fibras sedosas de tucum; as outras, um pouco mais grossas, com as da planta chamada gavata *(Bromelia)*. Estas últimas são esfregadas com casca fresca da aroeira *(Schisnus molle)*, cujo suco resinoso as torna de um negro brilhante e envernizado, que as preserva da umidade.

N.ᵒˢ 2, 3 e 4 — Há três espécies de flechas: a de guerra, com ponta de bambu côncava; as flechas para o mesmo uso e para caça de grandes animais, igualmente de ponta côncava, mas denteada e feita de madeira dura; servem principalmente para a destruição das cobras, pois estas têm a faculdade de expulsar uma ponta lisa do ferimento, pela compressão de seus anéis; a terceira espécie de flechas, empregada contra os animais menores, tem a ponta achatada, terminada por uma espécie de botão, cujo golpe produz forte contusão. Há entretanto uma quarta espécie de flechas, muito menores do que as três outras, que são usadas para a pesca e terminam por uma ponta lisa.

O selvagem embebe primeiramente de cera a madeira ou o bambu de sua

---

[1] Ou baraúna, ou ainda maria-preta-da-mata. (N. do T.)

flecha; passa-o, em seguida, no fogo, repetindo a operação várias vezes antes de talhá-lo para fazê-lo endurecer. Outros indígenas, bastante civilizados para conhecer o ferro, empregam este metal para armar suas flechas de pontas mortíferas.

O comprimento das flechas é em geral de seis pés e meio. As dos pataxós atingem até oito pés, e as que se usam na pesca apenas três.

Quanto às penas, são em geral de arara-vermelha, de jacutinga *(Penelope leocoptera)*, de jacupemba *(Penelope marail)* e algumas penas do rabo do mutum *(Crax alector)*.

N.os 5 e 6 — Os povos selvagens do Maranhão caracterizam-se por mais uma arma: a lança, terminada por uma ponta de madeira dura; as tribos do rio Napo armam-nas com uma ponta de bambu grosso (taquara-açu). As mais compridas são as dos cavaleiros.

Quanto ao fuzil, nossa arma européia, é ele empregado com êxito apenas pelos caboclos, camacãs-mongoiós e maxacalis civilizados do rio Pardo.

CARTE DU BRÉSIL.

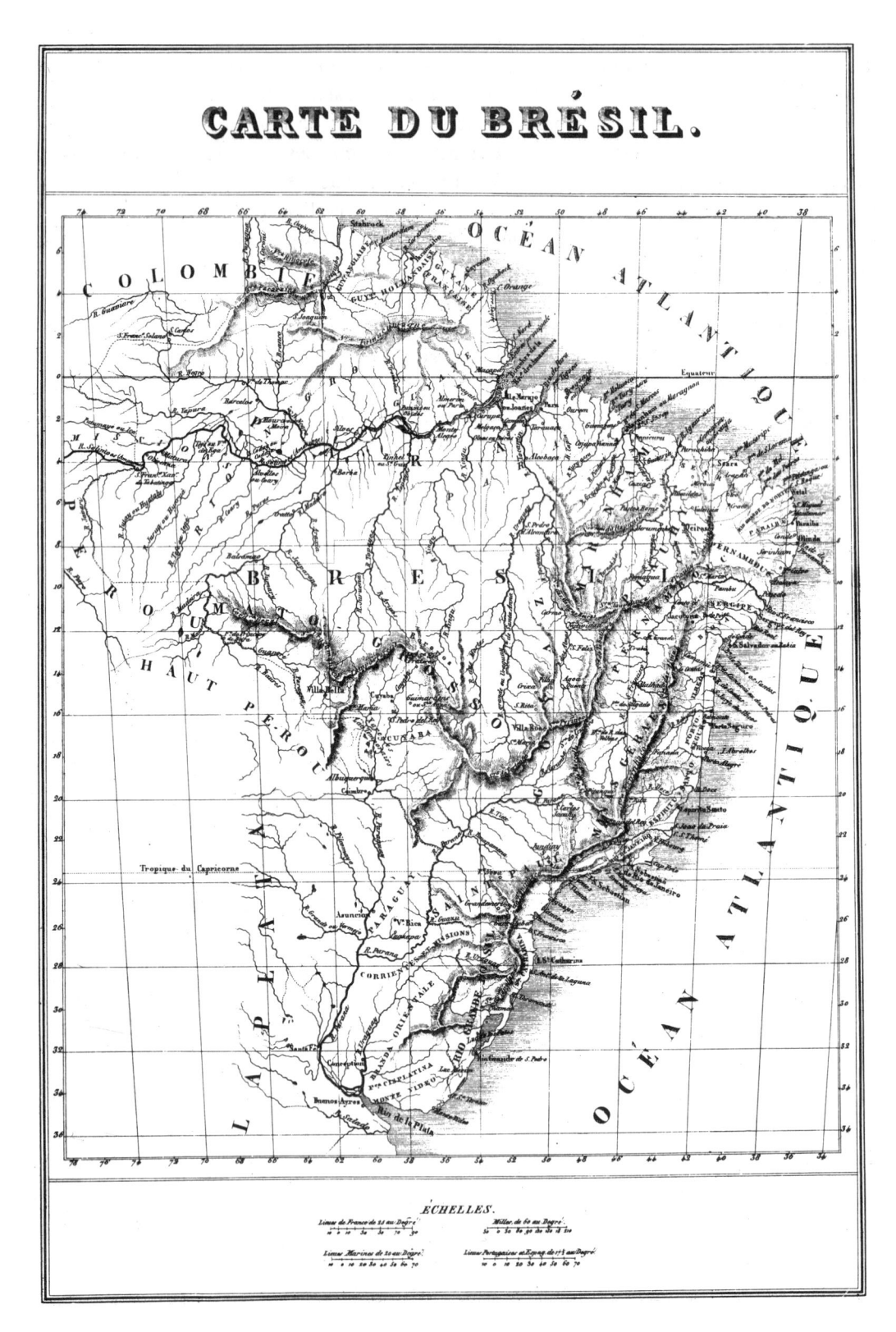

Florestas virgens do Brasil

Desejava, voltando à Europa, trazer aos artistas franceses uma novidade interessante, que constituísse ainda uma lembrança minha, após uma longa ausência, inteiramente consagrada à propagação das belas-artes no outro hemisfério. Essa lembrança é uma coleção de desenhos versando especialmente a vegetação e o caráter das florestas virgens do Brasil. Ofereço-a aos pintores de paisagem e de história, que, procurando assuntos inéditos para a Europa, os vão buscar nos poemas portugueses e brasileiros sobre a história do Novo Mundo, assim interpretada com eloqüência e verdade.

Esta coleção, pela sua extensão e variedade, provará pelo menos aos meus compatriotas que, em meio a inúmeras ocupações a mim impostas no Rio de Janeiro, sempre tive presentes no pensamento o desejo e a esperança de lhes ser útil por ocasião de meu regresso à França.

Oxalá seu acolhimento favorável, único objeto de minha ambição, me ajude a suportar mais resignadamente a tristeza de não encontrar entre eles alguns de meus ilustres companheiros de estudos, que meu coração procura em vão, e dos quais só me restam os trabalhos imortais para admirar, consolo glorioso mas bem melancólico, se é que há consolo para a separação eterna.

Prancha 1

Esta primeira prancha mostra as margens do *Paraíba,* rio que se precipita através das florestas virgens, abrindo passagem pelo deslocamento das árvores e carregando-as na enxurrada de sua forte correnteza. Outras árvores, no primeiro plano, foram derrubadas pela violência dos ventos.

O grupo de figuras que se movimenta nesta paisagem representa o regresso de três soldados índios civilizados, os quais, após haverem devastado uma pequena aldeia selvagem, voltam com as mulheres e crianças prisioneiras de guerra. Atravessam o rio numa dessas pontes naturais jogadas sobre rochedos que permaneceram imóveis no cataclismo, como testemunhas da resistência da terra à invasão das águas [1].

---

[1] *Ver prancha 21.*

Prancha 2

N.º 1 — Extremidade do galho de um arbusto bastante copado, que se ergue, quanto muito, a dois pés e meio do solo e cujas flores, de matizes variegados, formam um grupo de florões de um vermelho púrpura cercado por outros florões amarelo-ouro. As folhas, de um verde escuro, são levemente aveludadas.

N.º 2 — Planta parasita, que cresce na encosta árida das montanhas; o caule, de um pé e meio mais ou menos, é coroado por um grupo de flores de cor roxo-clara.

N.º 3 — Flor monopetálica do tabaco, com seus inúmeros botões; é de uma cor rosa um pouco purpurina e o fundo do cálice, branco-esverdeado.

N.º 4 — *Pariri* (em português)[1], planta herbácea cuja haste atinge dois pés de altura; a flor, muito original, constitui-se de uma membrana branco-esverdeada, extremamente transparente, que permite verem-se as sementes, muito pretas, envolvidas numa espécie de lanugem.

N.º 5 — Outra extremidade do galho florido de um arbusto assaz vigoroso; a flor é de um vermelho vivo e as folhas luzidias são de um verde quente.

Todos esses desenhos, à exceção do número 2, estão em tamanho natural.

Prancha 3

N.º 1 — *Bauhinia Liane*, trepadeira de flores brancas e cujas folhas verde-claras se fecham à noite, juntando as duas metades gêmeas (número 1 bis).

N.º 2 — Parte de um galho de arbusto cujas sementes, fechadas dentro de três vagens gêmeas, se agrupam na extremidade do caule. O invólucro é marrom-escuro e as sementes, brancas e pretas, são utilizadas nas pulseiras dos selvagens.

N.º 3 — Esta planta, parasita e solitária, de três pés de altura, cresce perpendicularmente sobre um caule verde-claro, notável pela sua forma rombuda e pela inserção de suas folhas lisas, espessas e coloridas, de um lindo verde levemente escuro. A flor, de aspecto agradável e cor harmoniosa, mostra, no centro da parte interna, um cone virado de um rosa suave, franjado de um matiz purpurino-vivo; as folhas destacadas que a cercam, igualmente rosadas, mas um pouco escuras na extremidade inferior, encimam uma base roxa. Encontra-se no sul do Brasil, nos rochedos à beira-mar, sempre fora do alcance das vagas.

N.º 4 — Pequena planta herbácea cuja flor se compõe de duas pétalas aveludadas, de um violeta frio e escuro, e de uma terceira pétala, branca e transparente, colocada na parte inferior do centro; esta última se curva por compressão e forma uma espécie de taça cheia de um licor gomoso muito claro.

Estes desenhos, à exceção do número 3, são de tamanho natural.

---

[1] *"Pariri", diz o Pequeno dicionário brasileiro da língua portuguesa, é um dos nomes indígenas da pomba-cabocla. Não encontramos em nenhum dicionário essa palavra com o sentido que lhe dá o autor. (N. do T.)*

Prancha 4

N.º 1 — Detalhe, em tamanho natural, da extremidade superior de um galho de cafeeiro. Esta planta dá no Brasil flores e frutos durante todo o ano. A grande floração ocorre no mês de agosto; a colheita pode ser começada em março e prolonga-se até o mês de maio, época de sua maior abundância. A flor é branca e os frutos conservam a sua cor verde até o primeiro grau de maturação; começam então a amarelar; as folhas brilhantes são de um verde escuro. Quando este arbusto se vê privado de ar, perde as folhas e mostra os galhos, em geral bastante finos, carregados com seu fruto precioso.

N.º 1 bis — Fruto no ponto de perfeita maturação, de um vermelho cereja muito vivo. A película luzidia que recobre o grão, dividido em dois lóbulos, contém uma pequena quantidade de substância mucilaginosa muito doce, que serve de alimento à semente. Os pássaros apreciam muitíssimo essa substância e, para comê-la, derrubam muitos frutos, que são encontrados no chão quase inteiramente desprovidos do invólucro e, por conseguinte, do princípio conservador, o que leva os proprietários a empregá-los no seu consumo particular.

N.º 2 — Lagarta de tamanho natural, que se compraz nas mimosas; de aspecto extraordinário, apresenta na extremidade posterior uma cabeça esbranquiçada semelhante à de um bezerro e na sua extremidade anterior uma cabeça de delfim. Esta última é constituída unicamente de inúmeras protuberâncias moles que lhe recobrem a parte superior do corpo. Colocada em plano horizontal, descobre-se mais facilmente a verdadeira cabeça, escondida assim sob um enorme capuz imitando a cabeça de delfim, cujos dentes seriam figurados pela verdadeira cabeça e pelas seis patas da frente da lagarta.

N.º 3 — Galho de chá de tamanho natural. Vemo-lo, como de costume, carregado de flores e frutos. As quatro pétalas da flor são brancas e o fundo amarelo-ouro. Esse útil vegetal, importado da Índia e carinhosamente cultivado no Brasil desde 1808, acha-se hoje muito bem aclimado, com o dobro do seu tamanho primitivo. São especialmente as folhas novas, ainda tenras, da extremidade dos brotos, que constituem a colheita de primeira qualidade. Os cultivadores, para aumentá-la, colhem as folhas duas vezes por ano. Em 1831 já havia um início de comércio para o consumo do país.

N.º 4 — Fruto no estado de maturação e cujo invólucro, ao secar, liberta uma das três sementes que contém. Pode-se extrair muito óleo de sua substância farinhosa.

Prancha 5

Coqueiro-barrigudo. Esta árvore, de formato estranho, é notável pela singularidade da dilatação parcial da estipe e pelo isolamento do ponto de partida das raízes que erguem a árvore a mais de quatro pés acima do terreno em que vegeta.

As folhas das palmas, divididas em tufos irregulares, crescem de ambos os lados do pecíolo quadrado que as suporta.

Prancha 6

O caniço em forma de leque que os índios chamam *ubá* cresce em lugares úmidos e à beira dos rios. Os selvagens servem-se da haste da flor para a madeira de suas flechas e os fabricantes brasileiros de fogos de artifício empregam-na habitualmente como rabo de rojão. Essas hastes são vendidas na cidade com o nome de *pau-de-flecha*.

O conjunto da prancha representa a margem de um rio do interior, sempre povoado de imensa quantidade de pássaros aquáticos.

Ouso esperar que os pintores franceses, desejosos de tratar assuntos brasileiros ainda novos para eles, verão, pelo cuidado com que apresento o meu trabalho, o desejo de lhes ser conscienciosamente útil, não somente oferecendo-lhes uma numerosa coleção de vegetais muito pormenorizados, mas ainda mostrando-lhes sua analogia com o solo em que devem ser colocados, combinação indispensável para exprimir com justeza a imensa variedade que enriquece essa bela parte do mundo.

Por isso insiro aqui uma nota sucinta e precisa, devida à boa vontade de um jovem sábio, naturalista entusiasta, meu amigo e meu companheiro no Brasil, devotado como eu ao cultivo das belas-artes. Resta-me apenas, por conseguinte, reproduzir, no conjunto de meus cadernos, um indivíduo de cada uma das espécies citadas com ordem nesta engenhosa análise.

Estatística vegetal

*Golpe de vista sobre os lugares de adoção de cada espécie,
desde a costa até os picos da serra dos Órgãos*

Parece-me, pela constância dos lugares em que se fixam as plantas, adotarem elas uma região que lhes favorece o crescimento, abaixo e acima da qual não se encontram mais. Observações feitas com bons instrumentos poderiam determinar com precisão as diversas latitudes, os diversos pontos em que elas surgem com todo o seu vigor, e seriam preciosas. É possível, entretanto, classificá-las, de um modo aproximativo, da seguinte maneira:

Primeiro plano — Nos mangues de beira-mar crescem os mangles e quantidade de espécies de *quamoclit,* de cucurbitáceas, de caparídeas nas árvores e apocíneas nas areias. É também o único lugar em que o coqueiro dá frutos. As águas vivas ou as águas salobras, que se juntam na estação das chuvas, logo se cobrem de largas folhas de ninfeáceas, de massas de verdura, de pontederiáceas de flores azuis, e de uma espécie particular de renonculáceas. Entre elas cresce com vigor o *tucum,* palmeira pequena e espinhosa cujas folhas fornecem uma espécie de seda de um verde amarelado, forte e imputrescível, além de frutos ácidos comestíveis. Essa árvore elegante faz companhia aos cuitês de ramos afastados e uma anona muito baixa e retorcida. Às margens desses paludes estende-se um tapete de grama muito fina, sempre verde, entremeada de tufos de sensitiva trepadeira de flores globulosas de um rosa tenro e cujas folhas, de um marrom sanguinolento por baixo, se fecham rapidamente, revelando assim a passagem de um ser vivo entre o verde puro que continua a brilhar nas que não foram atingidas. Observam-se igualmente, nesses lugares, "crinoles" de longos filamentos purpurinos e muitas ciperáceas diversas guarnecendo o pé de alguns aruns arborescentes e de *guaxuba do mangue,* cuja fibra serve para fazer cordas.

As areias misturadas com a terra, e que constituem exclusivamente o solo até as primeiras colinas, são favoráveis aos cactos de todas as formas que se agrupam numa extensão considerável como verdadeiras florestas espinhosas privadas de folhas. Os ramos secos dessas plantas são como tochas naturais de que os pescadores sabem tirar partido nas suas expedições noturnas. De quando em quando encontram-se tufos de plínia, de frutos vermelhos canelados, de murtas e de tabernemontanos, etc., sob os quais se vêem longas guirlandas de chitas, de passifloras, de bignônias, de trepadeiras e de aristolóquias, tão juntas umas das outras, que é preciso tempo e prática para cortar com acerto um vegetal cujas flores se distinguem entretanto num fundo sombrio de verdura.

Segundo plano — Em aumentando o declive, surgem as palmeiras *indaiaçu*, a *rhexia* violácea e algumas melastomáceas, agáveas, bromeliáceas selvagens, raras samambaias mas muitas espécies de mimosas que, herbáceas na planície, se transformam em arbustos nas colinas e se tornam árvores enormes nas montanhas.

Terceiro plano — As palmeiras *pati, airi-açu*, de estipe espinhoso e extremamente duro, a uricana, de folhas muito largas, como que soldadas, empregadas na cobertura das choupanas, e, afinal, o palmito, erguem-se nos ares enquanto aos seus pés crescem as magníficas samambaias-árvores, de largas palmas finamente recortadas; junto deles, ondulam florestas inteiras de bambus com três espécies distintas: o *taquaruçu* muito grosso, oco, nodoso e provido de espinhos curtos e recurvados nas articulações; o *lampadeiro*, de nós distantes, fino, com linhas brancas em ziguezagues, estreitas e muito juntas umas das outras, sob um fundo verde-escuro; e o *bengala*, muito nodoso, guarnecido de numerosos ramos verticilados desde a base até a extremidade. Essas diversas plantas marcam com bastante regularidade a nascente dos rios. Nessas alturas, encontram-se muitas árvores grandes, entre as quais se podem citar as figueiras, uma eritrina muito alta com cacho de flores numerosas de um vermelho de fogo, uma bignônia de um amarelo cor de enxofre *(ipê)*, bem como uma lecitidácea *(sapucaia)*, de frutos em forma de caldeirão. As madeiras dessas duas árvores substituem o pau-santo e o carvalho da Europa; finalmente, uma quina de largas folhas e a soberba "talaúma" de Jussieu, de fruto encortiçado, fechando um receptáculo alveolado semelhante a um cogumelo, em que se encastam sementes de um vermelho vivo.

Quatro plano — Às árvores precedentes começam a juntar-se o couratari *(jequitibá)*, monstruoso vegetal cujo tronco reto, muitas vezes de noventa pés de altura, sem galhos em mais de quarenta pés de circunferência, serve para fazer pontes de uma só peça *(pinguelas)*. Basta, para isso, fazer cair o tronco por cima do riacho, servindo então de passagem até o momento em que as árvores trazidas pela enxurrada se amontoam e são empurradas com a ponte, que não consegue resistir ao peso de sua massa: o *jacarandá preto*, a *cabiúna*, o *tatu*, a *peroba, etc.*, madeiras de lei que não é permitido derrubar nos lugares em que se presume possível o seu transporte. Nessa altitude observam-se diariamente neblinas frias; mais alto crescem as grandes mimosas e os loureiros (conhecidos pelo nome de *canela* e distinguidos pela cor da madeira, donde as denominações de *preta, amarela*). Aqui as árvores se cobrem de parasitas, seus troncos suportam massas enormes de aruns de folhas em forma de flecha e de raízes pendentes como cordas; de *tidlandcia* *(gravatás)*, as quais fornecem às vezes uma fibra de qualidade medíocre; finalmente uma tal quantidade de orquídeas que nem mesmo a vida de um homem bastaria para recolher todas as espécies existentes numa única província e que, no entanto, só aparecem em épocas fixas. Quanto mais fria se torna a temperatura, mais os galhos das grandes árvores se carregam de *tidlandcia osneóides,* pendentes como longas barbas (*barba-de-velho,* dos brasileiros).

Quinto plano — Aparecem então os cedros, o *olho-vermelho*[1], de madeira compacta, muito dura, odorífera, de um vermelho marrom, excelente para construção naval, pois resiste, pela sua elasticidade, às mais violentas tempestades; a *copaíba,* conhecida pelo seu produto; finalmente a *coboraíba,* que fornece um bálsamo semelhante ao do Peru. Nessa altitude, porém na encosta oeste da serra, cresce vigorosamente o pinheiro (*araucária*).

Sexto plano — Aqui as árvores parecem sofrer, vegetar ou tentar esforços impotentes para lutar contra uma temperatura que lhes dificulta o crescimento. Pouco a pouco, florestas de samambaias substituem as árvores e as rosetas das *tidlandcia.* Como que fixadas ao rochedo abrupto, são os únicos vestígios de vegetação encontrados nessa altitude, que parece ser a última sob o domínio da natureza. Esta experimenta sua força ao pé das grandes serras, mostra toda a sua majestade a meia altura, decresce e se aniquila numa temperatura fria, em que alguns líquens e algas nascem como que a contragosto e logo são destruídas pela morte.

Teodoro de Descourtiltz

Prancha 1

A primeira prancha representa um vale de aspecto sombrio e imponente, situado no centro da garganta da *serra do Mar,* longa cadeia de montanhas cujos ecos repetem sem cessar o ruído das cascatas dos riachos que circulam no fundo arborizado, aqui despovoado em parte pela passagem das águas quando se lançam, espumantes, através dos últimos entraves impostos à sua invasão. Não encontrando mais obstáculos, tornam-se mais límpidas e circulam graciosamente em torno de uma multidão de pequenas ilhas, desenhadas pelo seu curso tranqüilo.

É no centro de uma dessas pequenas elevações, sempre verdes, que uma família de coroados, instalada na sua cabana, procura na pesca e na caça os alimentos necessários à sua felicidade.

Estupefato ante o aspecto desse caos de destruição e reprodução, o viajante europeu, comovido ainda por ter atravessado com passos hesitantes essas inúmeras pontes naturais jogadas ao acaso, sente-se tomado de um novo temor ao perceber, a uma altura prodigiosa acima de sua cabeça, as massas enormes e ameaçadoras dessas árvores gigantescas que, sobrevivendo à derrubada, se balançam docemente suspensas por cipós parasitas, cordames naturais que continuam a vegetar com elas, evitando-lhes, assim, a queda por mais de meio século.

Ao contrário, o indígena selvagem, acostumado a essa bela desordem da natureza, confiante no seu instinto e na sua agilidade, sempre estimulado pela fome, sobe com vigor até o cimo das árvores mais altas, para colher-lhe os frutos, ou se

---

[1] *Óleo-vermelho.* (N. do T.)

precipita com particular destreza através dos arbustos espinhosos, não raro até dos vegetais venenosos, para apanhar com alegria a tímida folha, cujo caule denuncia a raiz nutritiva.

A árvore de largas folhas recortadas, colocada no primeiro plano, é um *mamoeiro,* cujo fruto refrescante, mas sem sabor, pode ser comparado à abóbora da Europa. A mesma árvore, desprovida de folhas, ao lado da precedente, mostra apenas um tronco branco, coberto de uma multidão de losangos de um cinza avermelhado, correspondendo ao ponto de inserção das folhas que o recobriam. Nas cidades, o suco leitoso do mamão é empregado com bom êxito como poderoso vermífugo.

Prancha 2

N.º 1 — Cipós de flores cor-de-rosa; a haste fibrosa, às vezes de três polegadas de diâmetro na base, ergue-se a mais de trinta pés; divide-se em longos ramos extremamente finos, que atingem o cimo das árvores e se misturam às suas folhagens, recobrindo-as de uma floração estranha que engana o observador. A flor compõe-se de três pétalas gêmeas, ligadas entre si até a base de seus estiletes.

N.º 2 — Parasita, de oito polegadas de altura; o caule da flor, vermelho-carminado, comporta botões vermelho-vivos com a extremidade amarelo-ouro.

N.º 3 — Extremidade do galho de uma planta trepadeira de caule fibroso, cujas flores são de um cinza azulado e as folhas, verde-escuras. Os galhos não têm mais de dezoito polegadas de comprimento.

N.º 4 — *Pingüim bromélia,* de dois pés de altura, cujas folhas centrais são de um vermelho vivo e as exteriores, de um verde bastante escuro. As flores, dispostas em pirâmide, são roxas, com a corola de um branco esverdeado.

.Os números 1 e 3 são desenhados em tamanho natural.

Prancha 3

N.º 1 — Aristolóquia, trepadeira cujas folhas luzidias são de um verde escuro; as flores aveludadas, monopetálicas, de forma singular, se apresentam de um roxo escuro, à exceção da corola, que, ao contrário, é branco-esverdeada.

N.º 2 — Figueira selvagem, chamada no Brasil *pita sporum*; dá um fruto que contém uma quantidade bastante grande de uma substância gomosa, amarelo-alaranjada, de que os índios *charruas* se servem para tatuagem.

N.º 3 — *Justicia,* planta de flor cor-de-rosa, que se encontra nos terrenos elevados.

N.º 4 — Espécie de seda vegetal, sementes em estado de perfeita maturação; vêem-se os filamentos sedosos, condutores da seiva, que as alimentava quando se encontravam enfeixadas em seu invólucro comum, ora seco. Todos esses desenhos são de tamanho natural.

Prancha 4

N.º 1 — Botão de flor do algodoeiro, bastante interessante pela sua base triangular.

N.º 2 — A flor, aberta, é de cor amarelo-enxofre, e suas pétalas, de forma triangular, estão dispostas em espiral.

N.º 3 — Sementes envolvidas em seu capulho comum, que começa a abrir os três lóbulos; a cor é verde-escura, marrom nas extremidades.

N.º 4 — As mesmas sementes no seu estado de maturação, unicamente envolvidas na sua lanugem e prestes a se destacarem do capulho comum, inteiramente seco.

Estes quatro primeiros números são de tamanho natural.

N.º 5 — Planta oleaginosa de flor flosculosa. Encontra-se nos rochedos nus, nos platôs elevados; não é raro acharem-se com sete pés de altura. As corolas e os florões são vermelho-vivos e os filamentos, de um azul dourado. A flor separada, bem como o botão de semente, estão em tamanho natural.

Prancha 5

A bananeira se encontra nas florestas virgens, cultivada pelos selvagens, que com ela cercam suas cabanas. Algumas, primitivamente cultivadas pelas tribos nômades e abandonadas em seguida, dão frutos que se tornam a presa dos caçadores ou dos animais frugívoros.

Cultivam-se no Brasil duas *(sic)* espécies de bananas; uma chamada banana-de-jardim ou de *São Tomé;* é a menor e é extremamente saborosa; a outra, banana-indígena ou da *terra,* muito maior, mas de gosto inferior. A bananeira floresce apenas uma vez após doze ou catorze meses; em seguida seca e cede o lugar, ao morrer, aos brotos, que nascem do seu bulbo; compraz-se principalmente nos solos gordos e úmidos.

O caule não passa, na realidade, de um invólucro formado pelo enrolamento de várias camadas de folhas; atinge uma altura de doze pés; as palmas, de um verde quente e acetinado, têm no geral seis pés de comprimento por dois de largura; o pecíolo, espesso e côncavo, serve de conduto para as águas pluviais umedecerem o caule.

As folhas gigantescas são guarnecidas de membranas transversais, próximas umas das outras, e correspondentes a um debrum natural que lhes fortalece o bordo. Entretanto, apesar dessa vantagem, não podem resistir às violências dos ventos do sul, que as rasgam em tiras irregulares.

O racimo, quase tão grosso quanto o braço de um homem, no seu ponto de inserção, é inteiramente coberto de frutos, grande parte dos quais, em verdade, não chega ao ponto de maturação.

As flores, avermelhadas, em grupos de sete ou oito, nascem debaixo de pequenas folhas roxas e luzidias, invólucros particulares de cada uma dessas pequenas massas, dispostas em círculo em torno do talo que as alimenta. Assim, permanecem comprimidas até um determinado grau de conformação das frutas; então as folhas que as envolvem, entreabrindo-se pouco a pouco, deixam penetrar os raios do sol até que, tornados os frutos mais fortes, se separam, abandonando-os à força de sua vegetação.

Esses frutos ficam durante muito tempo verdes, ligados ao caule, e são colhidos antes de amarelar. Os selvagens os conservam no chão, num canto da cabana, até que um belo amarelo-alaranjado e manchas pretas, mais tarde, indiquem a perfeita maturação.

N.º 2 — Grupos de frutos maduros destacados do talo.

N.º 3 — Fruto destacado da casca e pronto para ser comido; a carne mole e cheia de suco lembra o gosto da pêra e do marmelo. Os selvagens comem-no cru ou assado na brasa. Essa maneira de prepará-lo dá-le todo o sabor da maçã-raineta. Essa carne, que é tão útil quão agradável, emprega-se também com bons resultados, cozida ou assada, como cataplasma resolutivo.

N.º 4 — Desenho, de tamanho natural, da lagarta da bananeira, original pela espécie de coroa que lhe encima a cabeça. Seu corpo esverdeado é riscado de linhas duplas de um roxo rosado; as pontas da coroa são amarelo-claras e as pequenas pérolas das extremidades são pretas; as duas outras pontas, colocadas na extremidade posterior, são igualmente amarelas.

Prancha 6

O assunto principal desta paisagem é um grupo de helicônias, cujas folhas gigantescas, com quatro ou cinco pés de altura, servem aos selvagens pataxós e puris para cobrir suas cabanas. A haste da flor desta planta é verde e a flor luzidia que a encima é cor de fogo.

O *jacaré* esconde-se muitas vezes debaixo desse enorme vegetal, sempre cercado de plantas aquáticas, cujas flores, brancas, amarelas e rosadas, esmaltam a superfície das águas. Esse temível anfíbio alimenta-se especialmente de ovos de pássaros aquáticos, população numerosa que povoa as margens de todos os rios e lagos do interior das florestas do Brasil.

Em plano afastado, vê-se um grupo de *coqueiros-tucum,* cujo fruto, doce e levemente acidulado, é agradável ao paladar. Esta árvore é ainda notável pelos filamentos sedosos de suas folhas, que os selvagens sabem utilizar.

TOMO SEGUNDO

Introdução

Eu me propus seguir, nesta obra, um plano ditado pela lógica: o de acompanhar a "marcha progressiva da civilização no Brasil". Conseguintemente, comecei reproduzindo as "tendências instintivas do indígena selvagem" e ressaltando todos os seus progressos na "imitação da atividade do colono brasileiro", herdeiro ele próprio das tradições de sua mãe pátria.

A fusão desses dois elementos se inicia com desconfiança e já começa a processar-se pela reciprocidade de serviços, quando o covarde emprego da força a estaca; mas, sob o império da lei, ela não tarda em continuar.

Jogado na costa do Brasil, a princípio o português penetra timidamente as florestas próximas das praias, cercando-se de fortificações. Por seu lado, o indígena, amedrontado com o aparecimento de um homem desconhecido, observa-o de longe, entrincheirado atrás do emaranhado espesso de suas florestas virgens. Entretanto, uma secreta simpatia os atrai mutuamente, e logo a candura do indígena se entrega à sedução do europeu. Os presentes, os serviços recíprocos, estabelecem os primeiros vínculos; e a gratidão já os fundira quase completamente, quando a cobiça dos soberanos da Europa joga, no novo ambiente, forças militares que destroem, em um instante, vários anos de relações sociais.

Ante a traição, toda a população indígena se retira para suas posições inexpugnáveis, e, após uma luta desagradável de descrever-se, o português, "afinal enraizado no Brasil", desiste provisoriamente de escravizar o indígena. Compra na costa da África escravos dóceis, que lhe são entregues para ajudá-lo a desbravar, entre combates, uma terra que promete, para mais tarde, minas de ouro e diamantes, descobertas graças às indicações fornecidas pelos prisioneiros misturados aos escravos. "Obra do paulista, habitante da província de São Paulo, a que se deve a exploração regular das minas do Brasil."

Tudo assenta pois, neste país, no escravo negro; na roça, ele rega com seu suor as plantações do agricultor; na cidade, o comerciante fá-lo carregar pesados fardos; se pertence ao capitalista, é como operário ou na qualidade de moço de recados que aumenta a renda do senhor. Mas, sempre mediocremente alimentado e maltratado, contrai às vezes os vícios dos nossos domésticos, expondo-se a castigos públicos, revoltantes para um europeu, e que são, muitas vezes, seguidos da venda do culpado aos habitantes do interior, onde o infeliz vai morrer a serviço do mineiro¹. Sem o consolo do passado, sem a confiança do futuro, o africano esquece o presente, saboreando, à sombra dos algodoais, o caldo da cana-de-açúcar; e, como essas plantas cansadas de produzir, acaba definhando a duas mil léguas de sua pátria, sem nenhuma recompensa pelos seus serviços menosprezados.

A civilização mantinha-se, pois, estacionária no Brasil, quando, em 1808, chegou a corte de Portugal nessa colônia até então abandonada aos cuidados de um vice-rei. 1816 vê colocar-se sobre a cabeça de Dom João VI a tríplice coroa do Reino Unido do Brasil, Portugal e Algarves. Mas o último impulso só devia ser dado seis anos mais tarde, quando o Príncipe Real Dom Pedro trocou o seu título pelo de Defensor Perpétuo do Brasil, ao qual, poucos meses depois, acrescentou o de imperador de sua pátria adotiva, libertada para sempre da influência portuguesa.

O Rio de Janeiro tornou-se, então, a capital do império e o centro donde a civilização iria irradiar-se por todas as partes do território. Com efeito, logo o luxo criou artífices hábeis; as ciências formaram sociedades de encorajamento; a arte conquistou adeptos e a tribuna, oradores. Por sua vez, deixando a pátria, o jovem brasileiro visita, hoje em dia, a Europa, anota o que vê acerca das ciências e da indústria e, enriquecido com esses preciosos documentos, torna-se um sustentáculo de sua pátria regenerada. Mas não é só na Europa que ele vai buscar inovações; pede-as também à Ásia, e o camelo, esse carregador do árabe, já se reproduz no Brasil desde 1834, um ano após a introdução da primeira leva.

Nessa mesma época já se projetavam estradas de ferro para o interior, e as cidades da costa porfiavam pela prosperidade do Brasil.

Usos e costumes dos brasileiros civilizados

Com muita justiça os viajantes que percorreram o Novo Mundo citam o brasileiro como o habitante mais cortês e afável da América do Sul. Essas qualidades, ele as deve em parte à influência de um clima delicioso, que, fecundando-lhe as belas plantações, apenas exige dele que fiscalize sossegadamente as abundantes colheitas, cuja importação² constitui a base de seu comércio marítimo.

Com a sua independência reconhecida pelas potências européias e com o direito de gerir os seus próprios interesses, vive ele feliz com sua atividade e conserva uma atitude tranqüila, em meio às comoções populares que cobrem de sangue a América espanhola e sem dúvida contribuem para fazê-lo compreender toda a felicidade de um governo estável, que assenta a glória e a tranqüilidade da pátria numa legislação moderna, filha da Europa, e que uma judiciosa experiência fez adotar.

Acrescente-se a esses elementos de tranqüilidade a rara vantagem que tem o Brasil de não possuir, por assim dizer, uma classe intermediária entre o agricultor rico, proprietário de inúmeros escravos sujeitos a uma vida regular, e o comerciante

---
¹ *Em parêntese explicativo o autor acrescenta: habitante da província de Minas. Não se trata portanto do minerador, como poderia parecer. (N. do T.)*
² *Deve haver erro de impressão. Só pode ser exportação. (N. do T.)*

interessado, por cálculo, na manutenção de uma ordem favorável ao desenvolvimento de seus negócios e garantidora de seus lucros periódicos. Por isso, ao findar a jornada, consagrada inteiramente ao acréscimo de sua fortuna, vemo-lo, fiel a seus antigos hábitos, procurar, na frescura da tarde e de uma parte da noite, um descanso voluptuoso feito de prazeres honestos.

A população brasileira

O governo português estabeleceu, por meio de onze denominações usadas na linguagem comum, a classificação geral da população brasileira pelo seu grau de civilização: 1. *Português* da Europa, português legítimo ou *filho do reino*. 2. *Português nascido no Brasil,* de ascendência mais ou menos longínqua, *brasileiro*. 3. *Mulato,* mestiço de branco com negra. 4. *Mameluco,* mestiço das raças branca e índia. 5. *Índio puro,* habitante primitivo; mulher, *china*. 6. *Índio civilizado, caboclo, índio manso*. 7. *Índio selvagem,* no estado primitivo, *gentil tapuia, bugre*. 8. *Negro de África, negro de nação; moleque,* negrinho. 9. *Negro nascido no Brasil, crioulo*. 10. *Bode,* mestiço de negro com mulato; *cabra,* a mulher. 11. *Curiboca,* mestiço de raça negra com índio [1].

Descobrimento do Brasil

O Brasil, situado entre 4° 18' de latitude norte e 34° 55' de latitude sul, compreende um terço da América Meridional.

A parte setentrional dessa região foi descoberta a 26 de janeiro de 1500 por Vicente Yanes Pinzón; mas foi na parte meridional que abordou Pedro Álvares Cabral, o qual desembarcou na altura do 17° de latitude, na baía de Porto Seguro, a 24 de abril do mesmo ano. Esse navegador português ergueu uma cruz na ilha chamada ainda hoje *Cruz-Vermelha* [2], tomando posse, assim, do país em nome do rei de Portugal, e nele abandonando alguns degredados sem outros socorros que não os da sua própria atividade [3].

---

[1] *Esta população, segundo dados autênticos transmitidos pelo Sr. Ferdinand Denis, cujas informações são dignas de fé, eleva-se hoje a 4 741 558, dos quais 2 543 889 homens livres, 1 136 669 escravos e 800 000 índios selvagens conhecidos. (N. do A.)*

[2] *Não existe essa ilha, nem a ela se refere nenhum historiador. A confusão deve provir do fato de se encontrar muita vez a denominação de Viva Cruz, por Santa Cruz ou Vera Cruz. Por outro lado, a cruz-de-malta dos pavilhões portugueses era vermelha. Quanto à data, já fizemos as necessárias observações em outra nota. (N. do T.)*

[3] *Foi principalmente de 1532 a 1536 que se multiplicaram os descobrimentos, nos diferentes pontos da costa do Brasil, onde os portugueses tinham tido o cuidado de deixar certo número de degredados, destinados a formar núcleos iniciais de colonização e ao mesmo tempo a preparar intérpretes.*

Os jesuítas, que quinze anos após o descobrimento do Brasil já aí mantinham missionários, compreenderam a necessidade, principalmente as vantagens, desse sistema de colonização, pois, mais hábeis do que o governo português, conseguiram, sistematizando a língua guarani, dar uma educa-

A costa descoberta por Cabral foi inicialmente chamada *Terra de Santa Cruz,* nome substituído pelo de *Brasil,* corruptela da palavra portuguesa *brasa,* empregada para exprimir a cor viva do pau-brasil (Sesalpina), ibirapitanga em língua indígena.

Baía do Rio de Janeiro

A baía de Guanabara ("pedra bruta", em língua indígena), assim chamada pelos tupinambás, povo selvagem que dominava grande parte dessa costa, foi descoberta em 1515 por Juan Díaz de Solis, navegador castelhano, que lhe deu, primitivamente, o nome de Santa Luzia. Mais tarde, Afonso de Sousa[1], capitão português, enviado por Dom João III ao Brasil, nela ancorou em 1.° de janeiro de 1532 e lhe deu o nome de Rio de Janeiro, confundindo a entrada da baía com a embocadura de um grande rio.

À esquerda da entrada da baía ergue-se um árido rochedo granítico, de forma cônica, chamado *Pão de Açúcar.* Essa parte esquerda da costa, dominada por montanhas em diversos planos, representa, no seu conjunto, uma figura de homem deitado de costas, cujos pés são formados pelo Pão de Açúcar, donde o nome de *Gigante deitado* que lhe dão os navegadores (ver prancha 2).

Foi somente em 1566 que *Mem de Sá,* terceiro governador do Brasil, plantou os alicerces de uma cidade que, adotando o nome da baía no fundo da qual se acha construída, passou a chamar-se Rio de Janeiro. A cidade foi protegida de antemão por fortificações estabelecidas em diversos pontos do interior da enseada: fortes de Santa Cruz, da Laje, de São João, de Villegaignon, fundado em 1554 por Durand de Villegaignon. Tomada a Portugal pela Holanda, voltou em 27 de janeiro de 1654 ao domínio de Dom João IV[2].

Em 1671 Duguay Trouin, passando sob o fogo de todos esses fortes, entrou na baía até a extremidade mais afastada da cidade, parando na ponta da ilha das

---

ção a esses povos selvagens, que transformaram em vassalos, na esperança de, mais tarde, desviá-los de seu legítimo soberano.

O ouro e os diamantes recolhidos pelos índios custavam-lhes apenas alguns rosários, e esses ricos produtos, enviados diretamente para a Itália, fortaleciam a ordem temível de Santo Inácio, cujos membros consideravam também um dever inspirar aos selvagens convertidos um sentimento de ódio contra os portugueses.

Nos primeiros tempos, esses missionários escolhiam irmãos seculares entre os degredados e, com sua ajuda, penetravam pouco a pouco o interior das terras, onde seu engenho acabava alcançando, mesmo entre os botocudos, alguns pontos de apoio, pagos, em verdade, anualmente, com um certo número de irmãos menos astutos ou mais indiscretamente ousados, aprisionados pelos selvagens. (N. do A.)

[1] *Martim Afonso de Sousa. (N. do T.)*

[2] *Foi a 27 de janeiro de 1654, no porto de Recife, na cidade de São Maurício, hoje Pernambuco, que o General-Chefe Barreto, vencedor, assinou com os holandeses o tratado que os obrigava a evacuar o território brasileiro. Assim terminou a guerra da insurreição e todo o Brasil voltou ao domínio de Dom João IV, rei de Portugal. (N. do A.) A história aqui resumida do Rio de Janeiro não podia ser mais confusa, chegando o autor a referir-se à tomada da cidade pelos holandeses! (N. do T.)*

Cobras, que tomou, apesar das fortificações, fazendo dela seu ponto de ataque e desembarque.

O crescimento da cidade do Rio de Janeiro foi rápido. Sob o ministério de Pombal, São Sebastião do Rio de Janeiro tornou-se uma das cidades mais importantes da América portuguesa; em 1753 o ministro para aí mandou seu irmão Carvalho, na qualidade de governador. A população atingia, então, mais de quarenta mil homens. Já em 1773 era a cidade a capital da colônia brasileira, quando, em 1808, a corte de Portugal nela se instalou, conferindo-lhe, a 16 de dezembro de 1815, o título de capital do Reino Unido do Brasil, Portugal e Algarves.

A corte de Portugal abandonou o Rio de Janeiro em 22 de abril de 1821, deixando o rei seu filho mais velho, *Dom Pedro,* com o título de príncipe regente; finalmente, a 12 de outubro de 1822, o Rio de Janeiro se tornou capital do Império Brasileiro e residência de Sua Majestade Dom Pedro I, Imperador do Brasil até 7 de abril de 1831, época em que abdicou em favor de seu filho, o qual lhe sucedeu com o nome de *Dom Pedro II, Imperador do Brasil,* e que ainda reina hoje em dia.

Rio de Janeiro, situada a três quartos de légua da entrada da baía, está construída na margem oriental do interior da barra, no meio de três montanhas que a dominam. Os diversos planos elevados de que está cercada foram, em geral, utilizados para a construção de fortes, de trincheiras, de igrejas ou de conventos. Ao pé das colinas que a envolvem do lado de terra, desde Botafogo até a extremidade de Mata-Porcos, há uma longa série de casas novas que rivalizam em elegância e cujo conjunto se divide em seis arrabaldes denominados Botafogo, Catete, Glória, Mata-Cavalos, Catumbi e Mata-Porcos. Essas residências são reservadas em geral à nobreza e às pessoas ricas, nacionais ou estrangeiras, mas são principalmente as casas mais bem situadas das colinas que cercam a Igreja de Nossa Senhora da Glória que preferem nossos ricos vizinhos de além-mar.

A topografia da cidade é bastante irregular; três lados dão para o porto e o quarto é abrigado dos ventos do oeste pelas montanhas, cobertas de florestas.

As ruas são um pouco estreitas mas bem traçadas; as principais têm calçadas e continuam até a extremidade da cidade nova, comprendida entre Campo de Sant'Ana (hoje Campo de Honra) e a metade do novo caminho de São Cristóvão. As construções mais novas cobrem uma grande parte das colinas da Saúde, do Valongo, do Saco do Alferes, e continuam formando a praia Formosa, que beira o mar no interior da barra até a ponte de madeira que conduz, por Mata-Porcos, ao antigo caminho de São Cristóvão.

O Largo do Palácio é fechado de um lado por um belo cais de alvenaria; o palácio, de um estilo muito simples, é construído de pedra granítica; uma fonte, em forma de obelisco, orna o centro do cais, onde se encontram dois pontos de desembarque. As ruas Direita e da Quitanda são notáveis pela altura das casas, de três ou quatro andares. O número de igrejas é considerável, sobressaindo a nova Catedral de Nossa Senhora da Candelária, e de São Francisco de Paula, etc.

Entre os monumentos do Rio de Janeiro, a Alfândega é digna de nota pelas suas belas e vastas acomodações. Seu ponto de desembarque apresenta a vantagem de permitir ao mesmo tempo a descarga de três navios, de uma maneira segura e cômoda. A sala central distingue-se pela pureza de estilo de sua arquitetura; foi construída isoladamente, para servir de Bolsa[1], mas um sucesso político[2] a fez tomar em tal aversão que os negociantes não quiseram mais freqüentá-la. Tornada assim inútil, o governo fez dela o ponto central de uma nova alfândega digna da admiração dos estrangeiros[3].

O Rio de Janeiro é abastecido de água por diversos aquedutos, mas é principalmente no morro, perto do Convento de Santa Teresa, que se começa a perceber o principal aqueduto, construído no reinado de Dom João V. Tem ele a grandiosidade do estilo romano. Compõe-se de duas séries de arcadas superpostas; a superior contém quarenta e duas arcadas. A água que o aqueduto traz para as diversas fontes da cidade vem do pico do Corcovado, que domina a cadeia de montanhas que beiram a cidade até Engenho Velho, atingindo as da Tijuca.

A cidade possui dois arsenais, um para o exército e outro para a marinha; um belo teatro com um elenco italiano; um passeio público muito freqüentado nos domingos e festas, cuja diversidade da vegetação e bela situação do terraço, erguido à beira-mar, tornam-no tanto mais agradável quanto daí se descortina a entrada da barra, situada exatamente defronte, a três quartos de légua.

Percorrendo as ruas fica-se espantado com a prodigiosa quantidade de negros, perambulando seminus e que executam os trabalhos mais penosos e servem de carregadores. Eles são mais raros nos dias de festas, solenizados por procissões e pelo costume singular dos fogos de artifício diante das igrejas tanto de dia como de noite.

Os mercados são abundantemente abastecidos de frutas, legumes, aves e peixes.

Rio de Janeiro é o principal centro comercial do Brasil. Sua população em 1816 era avaliada em cento e cinqüenta mil almas, com três quintos de escravos. Em 1831 essa população quase dobrara, em grande parte por causa da imigração de franceses, alemães e ingleses. Considera-se, geralmente, que, para o comércio, seu porto é o mais bem situado da América, e passa com razão por uma das primeiras bases navais, em virtude da sua segurança e das outras vantagens que nele encontram

---

[1] *Em 1816 não se construíra ainda a Sala da Bolsa; os negociantes se reuniam, como hoje, diante da porta da Alfândega, embora desde 1808 o governo tivesse solicitado projetos para a sua construção. Mas um arquiteto português, vindo no séquito da corte, tendo apresentado planos cuja execução pareceu demasiado dispendiosa, as obras foram adiadas indefinidamente. Foi somente em 1829 que o governo fez construir o monumento da Bolsa, situado no cais perto da antiga Alfândega. O Sr. Targini, Barão de São Lourenço, então ministro das Finanças, protegeu a construção do monumento, acabado com grande rapidez, o que honra a inteligência e o talento de seu arquiteto, Sr. Grand-Jean. Este se achava no Rio de Janeiro há três anos, como membro e professor da Academia de Belas-Artes Brasileira. A inauguração desse importante edifício foi comemorada com uma festa oferecida pelo comércio e honrada com a presença da corte. O baile pelo qual terminou constituiu uma reunião das famílias mais ricas e mais distintas da cidade. (N. do A.)*

[2] *Como esta nota se prende a acontecimentos políticos, coloca-se, por ordem de data, no terceiro volume. (N. do A.)*

[3] *As obras da nova Alfândega foram executadas sob as ordens e a direção do Sr. José Domingos Monteiro, engenheiro arquiteto, durante o ministério do Sr. Calmon Dupin, então na pasta das Finanças. (N. do A.)*

os navios e as frotas. Os diversos edifícios construídos em grande parte das ilhas e sua imensa barra tornam-no extremamente pitoresco.

As inúmeras lojas da cidade são diariamente abastecidas pelas províncias de Minas Gerais, São Paulo, Goiás, Cuiabá e Curitiba. Por isso amiúde se encontram nas ruas tropas de mula, que se cruzam e se sucedem, entrando e saindo, carregadas de cargas enormes que transportam a uma distância não raro de seiscentas a setecentas léguas.

Ao sair da cidade, tomando-se a estrada de Minas pelo caminho de São Cristóvão, no qual se encontra o Palácio Imperial da Boa Vista (residência habitual da corte), percorre-se uma distância de nove léguas, ladeando continuamente belas residências de verão e ricas fazendas, até chegar-se ao Palácio de Santa Cruz (casa de campo de S. M. I.); nesse trecho a estrada muda de aspecto e atravessam-se imensas planícies cortadas de quando em quando por florestas. Em face do Rio de Janeiro, do lado oposto da baía, vê-se a nova cidade real de *Praia Grande,* que progrediu consideravelmente desde 1819, época de sua fundação. Antes de 1816, havia ali apenas algumas casas esparsas, uma grande aldeia em crescimento, perto de uma pequena igreja consagrada a São Domingos e situada nas proximidades da praia. Sua extensão do lado da entrada da baía une Praia Grande ao Forte da Gravata, e sua extremidade oposta termina pela Armação, estabelecimento destinado à preparação do óleo de baleia. Virando atrás dessa pequena igreja, encontra-se um caminho muito pitoresco e arenoso, que leva até o Saco de Jurujuba, pequena enseada que se encaixa entre as montanhas; no centro de sua embocadura ergue-se um pequeno rochedo no qual se construiu a Igreja de Nossa Senhora da Boa Viagem, a que se acede por uma ponte de madeira. Esse rochedo era fortificado no tempo de Duguay Trouin. A fortificação foi restaurada em 1823.

A família imperial possui uma pequena residência de repouso na Praia Grande. É à salubridade de sua situação que esta cidade deve o seu crescimento; muitos proprietários de terrenos construíram na praia uma série de pequenas habitações, nas quais se encontram todas as comodidades desejáveis para passar a estação da grande canícula e tomar banhos de mar. Os convalescentes aí vão se restabelecer, respirando o ar puro, que penetra, sem obstáculos, pela entrada da enseada. O seu mercado é abundantemente abastecido e, ademais, têm-se a qualquer momento os recursos variados das hortas e chácaras. O verde permanente de seus arrabaldes pitorescos convida à visita e dá um objetivo agradável aos passeios a cavalo, recomendados como exercício saudável. Nos domingos e festas as reuniões são muito concorridas; a música e a dança constituem o divertimento da noite. Um ano antes de minha partida aí se construíra uma sala para teatro de sociedade, assaz bonita.

Já existiam no Rio mais de cinco elencos desse gênero, formados de jovens brasileiros dotados de brilhantes disposições naturais para a poesia, a música ou a dança, e que se comprazíam em desenvolvê-las de um modo bastante satisfatório, entre os aplausos de seus espectadores, amigos dedicados das belas-artes e da glória brasileira.

Observações geográficas[1]

O Brasil compreende uma grande parte da América Meridional; estende-se desde a embocadura do Oiapoque, a 4° 18' de latitude norte, até para além da foz do rio Grande do Sul, a 34° 35' de latitude austral; e do cabo de São Roque, no oceano Atlântico, a 37° de longitude, até a margem direita do Javari, afluente do rio Amazonas, a 71° 30' de longitude oeste.

Esta bela parte do Novo Mundo tem, no seu maior comprimento, novecentas e vinte e cinco léguas e oitocentas e vinte e cinco na sua maior largura[2].

A extensão das costas desse império é, ao que se afirma, de mil e trezentas léguas.

Suas baías mais belas são, de norte a sul: as de São Marcos, São José, Bahia, Rio de Janeiro e Santos.

Os limites políticos do Brasil são: ao norte, a República da Colômbia, as Guianas francesa e espanhola; a leste, o oceano; ao sul, a República de Buenos Aires; e a oeste, o Paraguai, o Peru e a Colômbia.

São seus limites naturais: o oceano, os rios da Prata, Uruguai, Paraná, Paraguai, Guaporé, Mamoré, Madeira, Javari, Amazonas, Japurá e Oiapoque.

A forma de governo é a monarquia hereditária. Absoluta quando da elevação da colônia a reino, em 1815, passou a constitucional representativa a partir de 1822, quando se transformou em império.

A religião dominante é o catolicismo apostólico romano. O Império do Brasil possui um arcebispado, dois bispados e dois vigários-gerais.

Divide-se o país em dezoito províncias: Pará, Maranhão, Piauí, Ceará, Rio Grande, Paraíba, Pernambuco, Alagoas, Sergipe, Bahia, Espírito Santo, Rio de Janeiro, São Paulo, Santa Catarina, São Pedro, Goiás, Mato Grosso e Minas Gerais.

---

[1] *Os nomes de cidades vêm citados de tal modo errados que o mais das vezes se torna impossível retificá-los, tanto mais quanto à confusão se ajuntam ainda erros de localização e mudanças de nomes. Pareceu-nos por isso melhor deixá-los tal como se encontram no original. (N. do T.)*

[2] *Denis, cujas pesquisas são dignas de acatamento, indica novecentas e cinqüenta léguas de comprimento e novecentas e vinte e cinco de largura. (N. do A.)*

Província do Pará

Esta província é limitada ao norte pela Colômbia, Guianas francesa e espanhola e oceano; a leste pelo Maranhão; ao sul pelas províncias de Goiás e Mato Grosso e pelo Peru; a oeste pelo Peru e pela Colômbia.

A cidade episcopal de *Belém* é a sua capital e se situa à margem oriental do rio Tocantins, a 1° 27' de latitude sul e a 5° 52' de longitude oeste.

Esta província se divide em três comarcas.

A primeira, do *Pará*, constitui-se das cidades de *Belém, Bragança, Santarém, Colares, Souzel, Macapá, Vila Viçosa, Melgaço, Gurupá, Rebordelo, Ourém, Óbidos* e *Pombal*.

A segunda comarca, de *Marajó*, tem como cidade principal *Monforte* ou *Joanes; Monçarás, Salvaterra, Soure* e *Chaves* são as outras cidades.

A terceira comarca é a do *Rio Negro*, compreendendo as cidades de *Barcelos, Borba, Moura, Serpa, Silves* e *Tomar*; a cidade de Barra é residência do ouvidor[1].

Apesar dos pantanais que cobrem em grande parte a província, devem-se citar os seguintes produtos principais: cacau, madeiras de tinturaria, algodão, arroz e certas ervas medicinais.

O mar que banha as suas costas é duplamente perigoso, por ser continuamente agitado e pelos baixios que se escondem ao navegador.

Província do Maranhão

Limita-se ao norte com o oceano; a leste com o Piauí; ao sul com Goiás e a oeste com Goiás e Pará.

É capital da província a cidade episcopal de São Luís, situada na parte ocidental da ilha do Maranhão, a 2° 29' de latitude meridional e 1° 19' de longitude ocidental.

A província do Maranhão tem apenas uma comarca, compreendendo as cidades de *Maranhão, Alcântara, São Bernardo, Caxias, Guimarães, Itapicuru-Mirim, Icatu, Monção, Passo de Lumiar, Pastos Bons, Jutóia, Viana, Vinhares* e *Julgado de Miarim*.

Aos produtos desta província, que são os mesmos da precedente, deve-se acrescentar a fabricação da goma elástica.

Província do Piauí

Limita-se ao norte com o oceano; a leste com Ceará, Pernambuco e Minas; ao sul com Minas e Goiás; a oeste com Maranhão, de cujo arcebispado depende.

---

[1] *O ouvidor é um magistrado nomeado e pago pelo governo; reside na sede de uma comarca. Apela-se para ele, em segunda instância, da sentença do juiz ordinário (magistrado eleito pelo povo entre os cidadãos mais dignos). (Denis, P. 75.) (N. do A.)*

Contam-se entre os seus produtos principais as madeiras de tinturaria e o algodão.

Oeiras é a capital; situa-se à margem de um pequenino rio, que, uma légua adiante, deságua no Canindé; encontra-se a 7° 5' de latitude sul e 39° 30' de longitude oriental.

Esta província tem apenas uma comarca, que compreende as cidades de *Piauí, Paraíba, Valença, Marvão, Jerumenha, Campo Maior* e *Paranaguá*.

Província do Ceará

É limitada ao norte pelo oceano; a leste pelas províncias do Rio Grande e Paraíba; ao sul pela de Pernambuco e a oeste pela do Piauí.

Fortaleza é a capital, situada à beira-mar, a 3° 28' de latitude e 2° 32' de longitude oriental.

Esta província se divide em duas comarcas. A primeira, do *Ceará,* compreende as cidades de *Fortaleza, Aracati, Arouches, Aquiraz, Granja, Monte-Mor-o-Novo, São Bernardo, Sobral, Souré, Vila da Imperatriz, Vila Viçosa Real, Vila Nova del Rei* e *Mecejana*.

Com os mesmos produtos que as outras províncias de que já falamos, soube ela, de seis a sete anos a esta data, tirar ainda partido de uma resina, espécie de cera extraída de um coqueiro, com a qual se fabricam velas notáveis pela sua brancura. Acrescentou assim um novo ramo de indústria a seu comércio já muito extenso.

A segunda comarca é a de *Crato* e compreende as cidades de *Crato, São João do Príncipe, Campo Maior de Queixeramobim, Icó, Santo Antônio do Jardim, São Vicente das Lavas* e *São Mateus*.

Província do Rio Grande

Esta parte do Brasil, cujo principal comércio tem por base o açúcar e o algodão, é limitada ao norte e a leste pelo oceano; o sul pela província da Paraíba e a oeste pela do Ceará.

É sua capital *Natal,* muito vantajosamente situada na margem esquerda do rio Grande, a meia légua de sua foz, a 5° 26' de latitude e 7° 24' de longitude oriental.

Tem uma única comarca, compreendendo as cidades de *Natal, Arez, Extremo, Porto Alegre, São José, Vila Nova da Princesa, Vila Nova do Príncipe* e *Vila Flor*.

Província da Paraíba

O açúcar, as tábuas para caixotes e as madeiras de construção constituem os produtos mais importantes desta província, que é limitada ao norte pela do Rio Grande, a leste pelo oceano, ao sul pela de Pernambuco, e a oeste pela do Ceará.

Paraíba, sua capital, acha-se situada na margem esquerda do rio do mesmo nome, a três léguas abaixo da embocadura, a 6° 47' de latitude e 8° 2' de longitude oriental.

Tem apenas uma comarca, que compreende as cidades de *Paraíba, Pilar, Alhambra, São Miguel, Monte Mor, Vila Real, Pombal, Vila do Conde, Vila Nova de Sousa, Vila da Rainha, Vila Real do Brejo da Areia*.

Província de Pernambuco

Notável pela beleza de seu açúcar e de seu algodão, reputados de primeira qualidade, a província de Pernambuco acha-se limitada ao norte pelas do Ceará e da Paraíba; a leste pelo oceano; ao sul pelas províncias de Alagoas e Minas Gerais e a oeste pela do Piauí.

Tem por capital a cidade de *Recife*, situada à beira-mar, a 8° 16' de latitude e 8° 13' de longitude oriental. Divide-se ela em três bairros com os nomes de *Recife, Santo Antônio* e *Boa Vista*.

Esta província tem três comarcas. A primeira, de *Olinda*, compreende a cidade do mesmo nome, com sede episcopal, e as de *Iguaruçu, Limoeiro* e *Pau-d'Alho*. A segunda, de *Recife*, compreende a cidade do mesmo nome e as de *Santo Antão, Seriem, Santo Antônio do Cabo* e *Santo Agostinho*. A terceira, do *Sertão*, constitui-se das cidades de *Guarabei, Flores, Simbres* e das aldeias indígenas de *Real de Santa Maria* e *Assunção*.

Província de Alagoas

Limita-se ao norte com Pernambuco; a leste com o oceano; ao sul com Sergipe e a oeste com Goiás.

É sua capital a cidade de *Alagoas*, situada do lado meridional da *lagoa Mangaba*, a 10° 19' de latitude e 6° 20' de longitude oriental.

Esta província tem apenas uma comarca, compreendendo as cidades de *Alagoas, Rio, São José, Coxim, Porto Calao, Penedo, São João, Anadia, Maceió, Vila Real da Atalaia* e *Porto de Pedras*.

Açúcar e algodão, menos reputados que os de Pernambuco, constituem seus principais produtos.

Província de Sergipe

Tem por limites: ao norte, Alagoas; a leste, o oceano; ao sul, Bahia; a oeste, Goiás.

Sua capital é *São Cristóvão*, situada perto do rio Paramopanã, a cinco léguas de distância do mar, e a 11° 46' de latitude e 5° 34' de longitude oriental.

Tem apenas uma comarca, que compreende as cidade de *Santo Amaro das Brotas, Lagarto, Santa Luzia, Tomar, Itabaiana, Propriá* e *Vila Nova do Rio São Francisco*.

Os produtos são os mesmos que os de Alagoas.

Província da Bahia

Limita-se ao norte com Sergipe; a leste com o oceano; ao sul com Espírito Santo e Minas Gerais; a oeste com Goiás.

Sua capital, *São Salvador*, sede de arcebispado, acha-se situada na parte oriental da baía de Todos os Santos, a 12° 58' de latitude e 5° 15' de longitude oriental.

Divide-se em quatro comarcas.

A primeira, da *Bahia*, compreende as cidades de *São Salvador, Abadia, Mirandela, Abrantes, Pedra Branca, Água Fria, Santo Amaro da Purificação, Pombal, Soure, São Francisco da Barra, Sergipe do Conde, Nossa Senhora de Nazaré, Jaguaribe, Itapicuru de Cima, Inhambupe de Cima, Vila do Conde, Maragojipe, Vila Nova de Santo Antônio del-Rei, Cachoeira*.

A segunda comarca, de *Porto Seguro*, compreende a cidade do mesmo nome e as de *Alcobaça, Vila Verde, Caravelas, Belmonte, Vila Viçosa, Trancoso, Porto Alegre, Prado, São Mateus*.

A terceira comarca, de *Ilhéus*, compreende as cidades de *São Jorge, São Miguel da Barra, Rio das Contas, São Sebastião de Maraú, Nova Olivença, Valença, Camamu, Igrapiapunha, Cairu, Serinhaém, Boipeba* e *Santo André de Santarém*.

A quarta comarca, de *Jacobina*, compreende as cidades de *Jacobina, Santo Antônio do Urubu de Cima, Vila Nova da Rainha, Vila Nova do Príncipe* e *Rio das Contas*.

A natureza parece ter dado a esta província todos os elementos de prosperidade, algodão, vidraria, cordagens, cerâmica, mandioca, café, cocos e tabaco, ramos de comércio que contribuem para a sua riqueza. Acrescentem-se os deliciosos ananases, o azeite-de-dendê, as laranjas de umbigo e as seletas, enviadas ao Rio de Janeiro expressamente para a mesa do soberano, e, para a exportação de todos esses produtos, um porto de mar como capital, que se torna o entreposto geral de toda a província, e sem dificuldade se compreenderá toda importância da florescente província da Bahia.

Província do Espírito Santo

Menos fértil talvez que a precedente, mas rica de outros produtos, como o açúcar, a seda, os peixes secos, essa província é notável pela sua atividade. Limita-se ao norte com a Bahia; a leste com o oceano; ao sul com o Rio de Janeiro e a oeste com Minas Gerais.

É sua capital a cidade de *Vitória*, situada na costa ocidental da ilha do mesmo nome, na baía do Espírito Santo, a 20° 18' de latitude sul e 2° 46' de longitude oriental.

Esta província compreende as cidade de *São Salvador dos Campos, Benevente, São João da Barra, Almeida, Guararaperim, Espírito Santo* e *Itapemirim.*

Província do Rio de Janeiro

Esta província tem por limites: ao norte, a do Espírito Santo; a leste, o oceano; ao sul, a de São Paulo e a oeste, a de Minas Gerais.

Produz café de primeira qualidade, açúcar, aguardente de cana, mandioca, trigo da Turquia, e possui inúmeras olarias.

É capital da província a cidade de *Rio de Janeiro*, situada a três quartos de légua da entrada da soberba baía que lhe serve de barra, a 22° 45' de latitude e 3° 25' de longitude (contados da ponta ocidental da ilha de Ferro); é a residência da corte e a sede dos tribunais superiores.

A única comarca da província compreende as cidades de *São Sebastião, Cabo Frio, Santo Antônio de Sá, Resende, Majé, São João do Príncipe, Vila Nova de São José, Vila Real de Praia Grande, Santa Maria de Maricá, Pati do Alferes, São João de Macaé, Angra dos Reis da Ilha Grande, São Pedro de Cantagalo, Nova Friburgo, São Francisco Xavier de Itagoaí* e *Valença.*

Província de São Paulo

Tem por limites: ao norte Goiás e Minas; a leste Minas Gerais, Rio de Janeiro e o oceano; ao sul Santa Catarina e a oeste Paraguai e Mato Grosso.

São seus produtos principais o café, o vinho, a mandioca, o milho e tabaco; seus cavalos e mulas são muito procurados. Criam-se nos vastos campos de Curitiba e são objeto de importante comércio.

É sua capital a cidade de *São Paulo*, situada a 23° 33' de latitude e 3° 28' de longitude ocidental. Possui sede episcopal.

A província divide-se em três comarcas.

A primeira compreende as cidade de *São Paulo, Santos,* que produz o arroz mais apreciado do Brasil e é o entreposto da província de São Paulo, e cujas comunicações com o planalto são favorecidas por uma magnífica estrada pavimentada, aberta na rocha viva, através da alta cadeia de montanhas chamadas serra de Paranaguá. As outras cidades desta primeira comarca são: *Itanhaém, São Sebastião, Cunha, Vila Bela da Princesa, Parnaíba, Ubatuba, Jundiaí, São Vicente, São João Atibaia, Nova Bragança, Jacareí, Lorena, São José Guaratinguetá, Pindamonhangaba, Moji das Cruzes, Taubaté, São Miguel das Areias.*

A segunda comarca, de *Itu*, compreende as cidades de *Itapetininga, Sorocaba, Apiaí, São Carlos, Itapeva* e *Porto Feliz*.

A terceira, de *Paranaguá* e *Curitiba*, compreende as cidades de *Paranaguá, Iguape, Curitiba, São José, Guaratiba, Antonina, Castro, Cananéia, Vila Nova do Príncipe*.

Província de Santa Catarina

Encontra-se situada entre São Paulo ao norte, o oceano a leste, São Pedro ao sul e o Paraguai a oeste.

É sua capital a cidade de *Nossa Senhora do Desterro*, localizada na ilha de Santa Catarina, a 27° 35' de latitude e 5° 28' de longitude ocidental.

A mandioca, o trigo da Turquia, a cerâmica favorecida pela excelência do barro, os peixes salgados, a cultura do linho, que abastece importante fábrica de tecidos, alimentam o comércio desta província, que compreende uma única comarca, com as cidades de *São Francisco, Laguna e Lajes*.

Província de São Pedro

Esta província é limitada ao norte por Santa Catarina; a leste pelo oceano; ao sul pela província Cisplatina; a oeste por Buenos Aires.

Sua capital é a cidade de *Porto Alegre*, situada na margem meridional da lagoa dos Patos, a 30° 2' de latitude e 8° 27' de longitude ocidental.

Possui uma única comarca, que compreende as cidades de *São Pedro, Rio Grande, Rio Pardo, Santo Antônio da Patrulha, Vila Nova da Cachoeira e São Luís da Leal Bragança*.

Seu comércio é constituído pelo gado, cavalos em geral excelentes, trigo, linho, mandioca, cerâmica, tecidos de algodão próprios para as vestimentas dos negros, charque, chifres, caudas e couros de bois exportados especialmente para o sul da França.

Província de Goiás

É limitada ao norte pelo Pará e Maranhão; a leste por Minas Gerais; ao sul por São Paulo e a oeste pelo Mato Grosso.

É sua capital a cidade de *Goiás*, situada à margem do rio Vermelho, a 16° de latitude e 5° 41' de longitude ocidental.

Divide-se em duas comarcas. A primeira é a de *Goiás*. A segunda, de *São João das Duas Barras*, compreende as cidades de *São João da Palma e São João das Duas Barras*.

Esta província quase nada deve à agricultura; sua riqueza consiste em minas de diamante, de ouro, e no comércio das pedras de cores.

Província de Mato Grosso

Limita-se ao norte com o Pará; a leste com Goiás; ao sul com o Paraguai e a oeste com o Peru.

É sua capital a cidade de *Mato Grosso*, situada à margem direita do Guaporé, a 15° de latitude e 17° 10' de longitude ocidental.

Forma uma única comarca, compreendendo as cidades de *Mato Grosso, Cuiabá,* ou *Paraguai Diamantino.*

Inculta como Goiás, o ouro e as pedras preciosas constituem a sua riqueza.

Província de Minas Gerais

Limita-se ao norte com a Bahia; a leste com o Espírito Santo e o Rio de Janeiro; ao sul com o Rio de Janeiro e São Paulo; a oeste com São Paulo e Goiás.

Sua capital é a cidade de *Ouro Preto*, situada na encosta meridional da cadeia de montanhas de *Ouro Preto*, a 20° 25' de latitude e 32° 18' de longitude ocidental.

Divide-se em seis comarcas.

A primeira, de *Ouro Preto*, compreende a cidade de *Ouro Preto* e a de *Mariana*, sede de bispado.

A segunda, de *Rio das Mortes*, compreende as cidades de *São João del-Rei, Campanha da Princesa, Santa Maria de Baependi, São José del-Rei, Queluz, Barbacena, São Carlos de Jacuí, Tamanduá.*

A terceira, de *Serro Frio*, compreende as cidades de *Fanado* e do *Príncipe*.

A quarta, do *Rio das Velhas*, compreende as cidades de *Sabará, Pitangui, Caité.*

A quinta, de *Paracatu*, compreende as cidades de *Paracatu* e as aldeias de *São Romão, Brejo do Salgado, Araxá* e *Desemboque*.

A sexta, do *Rio São Francisco*, compõe-se das cidades de *Campo Largo, São Francisco das Chagas, Pilão Arcado.*

Mais feliz do que Goiás e Mato Grosso, esta província vê a indústria aumentar os recursos da natureza. Rica como elas pelas minas de ouro e pedras preciosas, cultiva ainda o algodão e o milho, dedica-se à criação de aves e animais, abastece de queijo o Rio de Janeiro e possui fábricas de tecidos, chapéus e roupas-brancas.

Família imperial do Brasil

S. M. Dom Pedro de Alcântara, primeiro imperador constitucional do Brasil, nasceu a 12 de outubro de 1798. Proclamado imperador do Brasil a 12 de setembro de 1822. Coroado a 1.° de dezembro de 1822.

Dom Pedro de Alcântara, príncipe imperial do Brasil, nasceu a 2 de dezembro de 1825. Coroado imperador com o nome de Pedro II, como sucessor de seu pai, a 7 de abril de 1831.

S. M. Fidelíssima Dona Maria II, rainha de Portugal, nascida a 4 de abril de 1819.

A Princesa Dona Januária, segunda filha, nascida a 11 de março de 1821.

A Princesa Dona Paula Mariana, terceira filha, nascida a 17 de fevereiro de 1823.

A Princesa Dona Francisca Carolina, quarta filha, nascida a 2 de agosto de 1824.

Colônia de São Paulo

Paulistas, habitantes da província de São Paulo, e mineiros, habitantes
da província de Minas.

Formada a princípio de uma centena de famílias oriundas da mistura da raça índia com a portuguesa, a colônia de São Paulo produziu um povo turbulento e belicoso, cercado de todos os lados de selvagens e sem cessar ocupado em enfrentar e dominar o ódio dos vizinhos. Esta guerra contínua já se tornara para esse povo uma espécie de especulação, porquanto fazendo dos prisioneiros inimigos seus escravos, sabia aproveitar-lhes o trabalho.

Esses primeiros paulistas tão temíveis foram chamados *mamelucos,* nome ilustre da milícia egípcia. Veremos que, posteriormente, seu valor foi empregado em mais nobres objetivos.

Na mesma época, os jesuítas portugueses já haviam civilizado grande número de aldeias indígenas, cuja barbárie eles temperavam com a tolerância e a caridade da doutrina cristã, e o êxito lhes tornara preciosa a conservação dessas tribos.

Também nas possessões espanholas os missionários viam com indignação os paulistas atacarem e massacrarem, contra o direito das gentes, as aldeias civilizadas do Paraguai e do Paraná.

Em conseqüência dessas desordens, chegou ao Rio de Janeiro, em 1611, o Padre Togo, missionário espanhol, portador de uma bula do Papa Urbano VIII, em que se ameaçava de excomunhão todo paulista ou brasileiro que escravizasse índios católicos.

De posse dessa ordem atemorizante que concedia tão grande privilégio a seus neófitos, os jesuítas tentaram promulgá-la em São Paulo; mas ela causou a sua ruína. Com efeito, os paulistas, vivendo do comércio de escravos, que constituía toda a sua riqueza, expulsaram a tiros de fuzil esses inimigos de sua lucrativa indústria. Mas, não satisfeitos ainda com ter-se subtraído à influência física dos jesuítas, os habitantes de São Paulo, no intuito de paralisar a influência moral da bula, ofereceram outra religião aos índios carijós e tabajaras, substituindo ao cristianismo a crença nos oráculos e nos feiticeiros do Brasil.

A população de São Paulo atingia, então, mais de vinte mil indivíduos, sem contar os escravos; por isso não hesitaram os paulistas, nessa circunstância, em se qualificar de povo livre e independente da metrópole espanhola.

Combatentes aguerridos, marchavam em corpo de exército, entrincheirando-se atrás de rochedos inacessíveis ou fortificando ainda mais os intransponíveis desfiladeiros.

Durante a dominação espanhola, era proibido aos estrangeiros entrar no país, a menos que desejassem se estabelecer; mas, nesse caso, eram ainda submetidos a longas e penosas provas. Deviam, como penhor de sua cooperação útil, fazer excursões ao interior do país e caçar pelo menos dois selvagens, que eram empregados, em seguida, na pesquisa do ouro. A pena de morte era pronunciada contra qualquer adepto traidor ou perjuro.

Conseguiram pelas armas forçar a emigração da população civilizada de Guaíra e se apossaram das minas de ouro de Cuiabá e de Mato Grosso.

Organizados em república militar, durante a dominação espanhola, os paulistas legalizaram suas hostilidades por ocasião da revolução de Bragança combatendo ao lado dos portugueses. Constituindo, para esse efeito, corpos de exército regulares, avançaram contra o Paraguai e o Paraná, propriedade dos espanhóis; mas foram rechaçados após fracassos reiterados e várias batalhas travadas contra os índios católicos exercitados no manejo das armas de fogo e comandados pessoalmente pelos jesuítas.

Desgostosos ante essas novas dificuldades, cessaram seus ataques contra os estabelecimentos do Paraguai, mas, sempre ativos, seu gênio empreendedor sugeriu-lhes empregar seus escravos na descoberta e exploração das minas de ouro[1].

Inspirados no mesmo projeto, quatro paulistas, venerados pela firmeza de seu caráter e sua coragem, Antônio Dias, Bartolomeu Rocinho, Antônio Ferreira Filho e Garcia Rodrigues[2], acompanhados de seus amigos e de certo número de escravos índios e negros, deixam sua cidade natal e se dirigem para o norte, penetrando numa imensa cadeia de montanhas. Lutando contra as dificuldades do terreno e a ferocidade dos botocudos, que o defendiam com tenacidade, conseguem finalmente

---

[1] *À distância de vinte e quatro milhas de São Paulo, os naturais do país encontraram o morro aurífero do Jaraguá, a mais antiga mina da América portuguesa, bastante fecunda para ser explorada durante mais de dois séculos. A região é desigual e montanhosa; a rocha, de um granito primitivo; o solo é avermelhado e ferruginoso; o ouro se encontra em grande parte encerrado numa camada de pedregulho chamado cascalho, em contacto imediato com a rocha sólida. Depois das chuvas e das enchentes, encontrava-se pó de ouro acumulado nas ravinas, o que tornava a exploração fácil pelo desvio do curso de água. Essa exploração era confiada aos negros escravos, que tinham por obrigação trazer todas as noites a seus senhores uma oitava; o resto lhes pertencia.*

Em 1667, somente os paulistas conheciam a natureza das partes centrais do Brasil, situadas ao norte de São Paulo. Livres ainda, reconheciam apenas a autoridade nominal de Portugal e já exploravam em segredo minas de ouro que haviam descoberto na direção do sul, de acordo com as tradições indígenas recolhidas pelos jesuítas antes de sua expulsão de São Paulo.

Em 1690 os paulistas, organizados em bandeiras, subiram para o norte, através de uma região selvagem e montanhosa; a uma distância de mais de cem léguas, descobriram novas minas de ouro, perto das quais fundaram a nova cidade de Sabará, a primeira no Brasil que deve seu nome ao descobrimento das minas. É ela hoje a capital do distrito do mesmo nome. (V. de Beauchamp.) (N. do A.)

[2] *À exceção de Garcia Rodrigues e de Antônio Dias, que pode ser Antônio Dias Adorno, os outros são desconhecidos. A menos que se trate de Bartolomeu Bueno de Siqueira e Antônio Pires de Campos. Com muito mais justiça porém se deveria citar Antônio Rodrigues Arzão, que foi um dos fundadores de Vila Rica.* (N. do T.)

traçar, quase ao acaso, uma estrada difícil no flanco das montanhas, através das florestas virgens. Felizmente levam provisões e cultivam, de distância em distância, pequenas roças a fim de garantir sua subsistência em caso de retirada, bem como uma comunicação com São Paulo.

Sempre alerta, cercados de tocaias preparadas pelos selvagens, travam diariamente novos combates, após os quais vêm a saber, às vezes, que seus camaradas feitos prisioneiros ficaram nas mãos de antropófagos, o que podem logo comprovar, encontrando não longe do local seus ossos expostos à entrada das florestas. Como represália, os paulistas, por sua vez, fuzilam sem piedade os botocudos, e os que escapam fogem atemorizados com o ruído das armas de fogo, que, intimidando-os, os tornam menos ousados.

Tendo assim percorrido cerca de cem léguas, à força de coragem e de perseverança, atingem a famosa montanha de Vila Rica, tão desejada.

Basta-lhes raspar a terra para se convencerem da riqueza dessa montanha, que, em verdade, era um monte de ouro. Os quatro chefes, no auge da alegria e da felicidade, sistematizam as escavações, constroem nas proximidades algumas cabanas a fim de poder fiscalizar os trabalhos, e fundam assim a famosa Vila Rica, que, vinte anos depois, já é considerada a mais rica do mundo [1].

Sua posição se determinou assim; vemo-la, ainda hoje, num flanco de uma alta montanha situada no meio de um campo inculto; esta antiga Vila Rica, da riqueza passada só conserva o nome. Podem-se admirar seus belos jardins em degraus, rasgados por fontes elegantes, mas para chegar a eles existem apenas ruas íngremes, mal calçadas e irregulares. O clima é suave: o termômetro, no verão, mantém-se, em geral, entre catorze e vinte e um graus, e no inverno, entre dez e dezessete graus. A população é de vinte mil almas; o número de negros não ultrapassa o de brancos.

A ourivesaria é terminantemente proibida e o mineiro, obrigado a entregar o ouro à Casa da Fundição, onde o governo percebe o quinto.

As imensas florestas que cobriam outrora a região situada entre Vila Rica e Vila do Príncipe acham-se hoje transformadas em pastagens de capim-gordura [2].

---

[1] *Em 1711, Antônio de Albuquerque, primeiro governador das minas, assenta as bases de uma cidade regular em Vila Rica, criando um palácio do governo, uma casa de fundição e um arsenal; redige em seguida um código da exploração das minas, no qual se determina aos mineiros que entreguem o ouro à Casa da Fundição, a fim de ser transformado em barras e marcado o milésimo, mediante o pagamento do quinto. Essas barras, acompanhadas de seus certificados autorizando-lhe o curso, podiam então circular. O ouro em pó era admitido nos pequenos pagamentos. Esta lei continua ainda em vigor.*

Os anos de maior prosperidade das minas de ouro do Brasil vão de 1730 a 1750. (N. do A.)

[2] *Eis como se faz a surriba nas capitanias do Rio de Janeiro, Minas Gerais, Goiás, etc. Começa-se, se necessário, por cortar as melhores madeiras da floresta virgem, pondo-se fogo em seguida; à floresta sucede a capoeira, composta de espécies diferentes e muito menos vigorosas. Torna-se a incendiar esse novo matagal, e isso várias vezes, até que se transforme em capinzal; queimadas sucessivamente as árvores e os arbustos, o terreno se cobre completamente de uma gramínea verde-cinza, chamada "capim-melado" ou "capim-gordura", que engorda cavalos e gado, mas não os fortifica. Em muitas províncias diferenciam-se esses pastos, chamados "campos artificiais", dos outros formados naturalmente e a que chamam "campos naturais". Às vezes também, sem esperar pela gramínea, planta-se na cinza fria. (N. do A.)*

A população só se encontra hoje nos limites dessa vasta região, outrora tão florescente por suas riquezas e na qual restam apenas vestígios do grande número de lindas aldeias hoje desaparecidas desses imensos desertos [1].

Mais adiante encontra-se a cidade do *Príncipe*, no centro de uma região fértil. Possui também uma Casa da Fundição, e, como se encontra nas proximidades do distrito dos diamantes, todo viajante de passagem é submetido a um exame rigoroso e não pode afastar-se da estrada sem se arriscar a ser preso como contrabandista.

Ao norte da *Vila do Príncipe*, avançando-se por *Serro Frio*, entra-se no distrito dos diamantes, que pode ser considerado o mais alto da capitania de Minas. Foi descoberto no princípio do século XVIII por mineiros da *Vila do Príncipe*, que iam à procura de ouro. A região, desprovida de vegetação, apresenta um panorama de miséria e de esterilidade; o solo é coberto de pedregulho e de quartzo. O distrito tem mais ou menos doze léguas de circunferência.

Viaja-se por entre as explorações, no meio das quais se encontram postos ocupados por soldados, cuja função é impedir o contrabando dos diamantes. As minas dão ao Estado cerca de vinte mil quilates por ano.

A cidade de *Tijuco* está situada no flanco de uma montanha; como capital, é a residência do intendente-geral das minas de diamante, e mensalmente são trazidos ao tesouro da intendência todos os diamantes e todo o ouro encontrados no distrito. A cidade, embora localizada em terreno triste e árido, é bastante bonita; nela se observa o luxo de nossas cidades, na riqueza de seu comércio, cujas lojas apresentam uma variada escolha dos mais belos produtos da indústria européia. A sociedade é brilhante e amável; constitui-se da reunião dos funcionários, cujos vencimentos são consideráveis.

Como no meio de semelhante deserto os alimentos têm que vir de longe e a preços elevados, grande parte dos habitantes da cidade definha vergonhosamente na miséria e na dependência da caridade pública.

As primeiras lavagens realizam-se nos córregos nascidos na montanha onde se situa a cidade do *Tijuco*, mas a principal exploração é feita no leito do *Jequitinhonha*, rio que corre para o nordeste.

O diamante já não se encontra na sua matriz; são pedras brilhantes que rolam no leito e nas margens dos córregos, onde aliás se fazem raros hoje.

Florestas virgens impenetráveis se estendem para os limites orientais da capitania de Minas. Essas fronteiras escondem restos de tribos indígenas que se aproximaram para fugir dos botocudos, que tiranizam todos os outros selvagens.

---

[1] *Entretanto, um grupo de mineiros, partindo de Vila Rica e seguindo um caminho horrível e quase impraticável na cadeia de montanhas que limita ao norte a capitania do Rio de Janeiro, atraído pela riqueza de um rio aurífero (rio de Carmem) que serpenteia ao pé da montanha, deteve-se às suas margens e, ante os infelizes resultados das primeiras prospecções, resolveu fundar uma cidade que chamou de Mariana, em homenagem à Rainha Maria, soberana que então reinava. A cidade é pequena mas bem construída; possui um seminário e é sede episcopal desde 1715.*

Em 1718, outra bandeira, partindo de São Paulo em direção ao oeste, descobriu as minas de ouro de Cuiabá, situadas no rio Paraguai. Fundou a cidade de Cuiabá, nome tirado do rio à beira do qual se localiza; o solo é fértil e bem cultivado. É a este rio que o distrito que ele banha deve o seu nome. (N. do A.)

A cidade de *Peçanha,* que pertence a esta província, é um ponto da fronteira de onde partem os destacamentos armados que vão rechaçar as invasões dos índios. Para além dessa cidade, ninguém ousa penetrar as imensas florestas habitadas pelos ferozes botocudos, continuamente em guerra contra os portugueses.

A cidade de *Fanado* é a capital do distrito de *Minas Novas,* a leste da capitania das minas. Essa comarca é célebre exclusivamente pela extração de uma imensa quantidade de pedras de cores, tais como os topázios brancos e amarelos, as ametistas, os crisólitos e as águas-marinhas. O solo, como o das minas, apresenta comumente vastos platôs cobertos de florestas nanicas chamadas pelos habitantes de "carrascos". Mais para diante o solo se abaixa; menos irregular, muda de cor e apresenta uma terra vegetal preta e friável misturada a uma areia muito fina. A vegetação adquire então outro caráter: são os pequenos bosques chamados caatingas [1].

A comarca de Minas Novas é ainda importante por suas minas de ferro, que os habitantes têm o direito de explorar desde a chegada de Dom João VI. Menciona-se também a riqueza de várias aldeias, cujos habitantes abandonaram a procura do ouro e das pedras preciosas para se dedicar à cultura (igualmente lucrativa) do algodão.

A oeste dessa província encontra-se a parte da capitania de Minas chamada *Sertão.* A maior parte dos platôs dessa vasta região é formada de excelentes pastos para cavalos e gado, que fazem a sua riqueza. O gado aí se dá tão bem porque a terra, rica em salitre, produz um capim que lhes dá uma força natural, impossível de conservar em nenhum dos prados do distrito de Minas ou São Paulo [2].

Podem-se ver esses vigorosos quadrúpedes se desalterando tranqüilamente no meio de um rebuliço de pássaros aquáticos em permanência na bacia do rio São Francisco.

Outros, circulando entre os grupos de palmeiras buriti, compartilham com elas a frescura dos pântanos que lhes banham as raízes. Não longe, encontram-se as caatingas, que guarnecem as baixadas do sertão de Minas Novas; aí, diferentes espécies de árvores tortuosas e ressequidas vegetam, disseminadas pela superfície ondulada desse terreno entrecortado de montanhas.

Vila Boa, capital da capitania de Goiás, situa-se igualmente a oeste de Minas Gerais.

O rio São Francisco nasce numa das extremidades do platô que o separa da capitania do Sertão.

O ouro aí era abundante outrora e, nesses tempos felizes, a cidade tinha uma

---

[1] *As caatingas participam da floresta virgem e do carrascal. Essa espécie de vegetação mista se compõe de árvores de tamanho médio, que se erguem no meio de espesso matagal, de trepadeiras e de arbustos. Começam a perder as folhas no fim da estação chuvosa, mas conservam durante mais tempo sua verdura à beira das fontes e dos rios.*

Os carrascais são verdadeiras florestas nanicas, formadas pelo ajuntamento de uma multidão de arbustos, cuja altura desigual não ultrapassa quatro ou cinco pés. (N. do A.)

[2] *Nas capitanias de Minas e São Paulo, as pastagens são tão pouco substanciais que se é obrigado a dar uma ou duas vezes por semana sal aos animais. Sem essa precaução, eles definham e morrem rapidamente. Por isso o sal custa muito caro. Paulista tropeiro não se esquece de fazer sua provisão, e o simples viajante a cavalo carrega sempre consigo o sal necessário ao animal. (N. do A.)*

rica administração, bem como uma Casa de Fundição; mas as minas se esgotaram e, com elas, a prosperidade da região, de que resta apenas a lembrança e uma população miserável.

Em vão se dá a essas ruínas o nome de Goiás, a denominação de Vila Boa permanece, pois seus infelizes habitantes, não tendo mais lavagens organizadas, aproveitam a canícula para recolher o ouro e diamantes no leito ressecado do rio Claro, que corre a oeste. Durante esses dias de trabalho, constroem às suas margens cabanas provisórias, em que vivem da caça quando se esgotam as primeiras provisões trazidas.

A oeste de Goiás, finalmente, encontra-se a capitania de *Mato Grosso,* na qual se encravam parte da região do Amazonas e parte da do Paraguai, cujos governadores espanhóis, após a sua emancipação, proibiram politicamente a entrada aos estrangeiros. Os portugueses, entretanto, aí possuem alguns territórios, no sul e no oeste.

Em 1826, a Assembléia Legislativa decretou a organização de uma Escola de Direito em São Paulo. A afluência de alunos foi considerável desde o início e deu excelentes resultados. Mais exigente que o da França, o governo fixou em cinco anos a duração do curso.

Não é essa a única prerrogativa útil dos habitantes de São Paulo. Ainda recentemente, em 1831, ano memorável para o império brasileiro por causa da subida ao trono de Dom Pedro II, criaram os paulistas sociedades científicas patrióticas dignas da maior consideração, e pode ser citada, em abono dos habitantes de São Paulo, a fundação de uma sociedade filantrópica destinada a assistir os presos e indigentes. Já no mês de outubro do mesmo ano se assinalavam inúmeros benefícios dessa sociedade *inteiramente paulista.*

O valor dos paulistas, que pode ser verificado em todas as épocas em que a cidade do Rio de Janeiro necessitou de socorros, evidenciou-se ainda com brilho no mês de outubro de 1831. Mil quatrocentos e quinze cavalarianos paulistas, completamente equipados graças a uma subscrição voluntária, que alcançou noventa e cinco mil francos, vieram à capital do Brasil juntar-se à Guarda Nacional a fim de manter a ordem e a autoridade do governo legal e constitucional, atacado por um partido que se dizia republicano.

Eis como uma colônia cuja origem poderia fazer temer a formação de um povo de saqueadores se tornou, com o tempo, um fator de ordem e de civilização.

Caráter do mulato

Mulato dito homem de cor, mestiço de negra com branco

É o mulato, no Rio de Janeiro, o homem cuja constituição pode ser considerada mais robusta: esse indígena, semi-africano, dono de um temperamento em harmonia com o clima, resiste ao grande calor.

Ele tem mais energia do que o negro, e a parcela de inteligência que lhe vem da raça branca serve-lhe para orientar mais racionalmente as vantagens físicas e morais que o colocam acima do negro.

É naturalmente presunçoso e libidinoso, e também irascível e rancoroso, oprimido, por causa da cor, pela raça branca, que o despreza, e pela negra, que detesta a superioridade de que ele se prevalece.

O negro, com efeito, afirma que o mulato é um monstro, uma raça maldita, porque, na sua crença, Deus a princípio criou apenas o homem branco e o homem negro. Este raciocínio, completamente material, repercute entretanto na sociedade política do Brasil, onde o mulato mais ou menos civilizado tende sempre a libertar-se da posição indecisa que o branco lhe assinala na ordem social.

A cisão provocada pelo orgulho americano do mulato, de um lado, e a altivez portuguesa do brasileiro branco, de outro, é motivo de uma guerra de morte que se manifestará durante muito tempo ainda, nas perturbações políticas, entre essas duas raças rivais por vaidade.

Uma terceira razão de desentendimento contribui ainda para desunir os homens brancos no Brasil: é a presunção nacional do português da Europa, envaidecido de seu país, que não sabe compreender a diferença de cor da geração brasileira, que a trata ironicamente de mulata, sem distinção de origem. Foi o abuso dessa expressão pouco política que serviu de pretexto aos movimentos revolucionários que precederam a abdicação de Dom Pedro I.

Somente a civilização poderá destruir esses elementos de desordem: materialmente, pela mistura mais freqüente dos dois sangues, e moralmente, pelo progresso da educação, que retifica a opinião pública e a induz a respeitar o verdadeiro mérito onde quer que se encontre.

A classe dos mulatos, muito acima da dos negros pelas suas possibilidades naturais, encontra, por isso mesmo, maiores oportunidades para libertar-se da escravidão; ela é que fornece, com efeito, a maior parte dos operários qualificados; é ela também a mais turbulenta e, por conseguinte, a mais fácil de influenciar a fim de se fomentarem essas agitações populares de que um dia ela deixará de ser um simples instrumento, pois, examinando-se esses mestiços no seu estado de perfeita civilização, particularmente nas principais cidades do império, já se encontram inúmeros gozando da estima geral que conquistaram com seu êxito nas ciências e nas artes, na medicina ou na música, nas matemáticas ou na poesia, na cirurgia ou na pintura, êxitos cuja utilidade ou encanto deveriam constituir um título a mais em prol do esquecimento futuro dessa linha de demarcação, que o amor-próprio traçou, mas que a razão deverá apagar um dia.

Caráter do brasileiro

O solo variado do Brasil apresenta sucessivamente as diferentes temperaturas européias, cuja influência se faz sentir no caráter moral e físico do habitante, a ela submetido desde o nascimento. Essa variedade de temperatura explica, também, a variedade notável que existe entre os brasileiros de cada uma das províncias desse vasto império.

O brasileiro, geralmente bom, é dotado de uma vivacidade que se vislumbra nos seus olhos pretos e expressivos, feliz disposição natural que ele aplica com êxito no cultivo das ciências e das artes. Sua tendência inata pela poesia inspira-lhe o gosto do belo ideal, do sobrenatural nas suas narrativas, principalmente quando fala de seu país; seu amor-próprio, que nisso se compraz, torna-o em geral contador de histórias, com as quais procura causar impressão e provocar o espanto e a admiração do auditório. Suas faculdades naturais declinam na proporção da menor altitude em que habita. Mais fraco, então, e conservando apenas a vivacidade do espírito brasileiro, nos outros unida à força, não passa de um homem fértil em projetos, subjugado pelos seus desejos, que se sucedem demasiado rapidamente e cuja execução ele abandona por completo, julgando-a frivolamente penosa ou aborrecida. Nem por isso se mostra menos exigente quanto à perfeição dos objetos submetidos à sua crítica; mas é suficiente satisfação para seu amor-próprio descobrir-lhes os defeitos. É, no entanto, paciente nos trabalhos manuais. Aliás, gosta bastante do repouso, principalmente durante as horas quentes do dia, desculpando-se sem cessar com sua má saúde, de que parece afligir-se no momento, mas que esquece logo para divertir-se com uma piada ou uma maledicência engenhosa cujo segredo recomenda *pro forma*. Minha observação, repito-o, baseia-se inteiramente nas variações da atmosfera, pois é fácil de compreender que um clima continuamente quente e úmido, debilitando as forças físicas, torna o homem preguiçoso na realização de sua vontade, embora seja ele dotado de um espírito vivo e penetrante.

O ancião, no Brasil, vivendo retirado na sua residência rural, tem a voz dura por hábito e a conserva aguda por necessidade, pois passa a existência a fiscalizar empregados que tentam enganá-lo e escravos preguiçosos e indolentes que procuram não fazer nada. Mas seu coração não sofre dessa tendência do espírito, pois mostra-se sempre generoso e hospitaleiro.

O habitante do Brasil é bem-feito; anda de cabeça erguida, mostrando assim sua fisionomia expressiva; as sobrancelhas são bem marcadas, pretas como os cabelos; os olhos grandes e vivos, os traços móveis e o sorriso agradável. Sua estatura, geralmente pouco elevada, dá-lhe uma grande flexibilidade e muita agilidade. Veste-se, na cidade, com um asseio meticuloso; cuida principalmente dos sapatos, pois não ignora que tem o pé pequeno e bem-feito.

O luxo europeu o seduz: compraz-se em adotá-lo, e, nas capitais das províncias, não é mais estranho a nossos costumes. Nas reuniões brasileiras a dança e a música brilham entre elegantes *toilettes* imitadas da moda francesa mais recente.

No Rio de Janeiro, mais compenetrado, como membro da Câmara dos Deputados, vemo-lo, orador sutil e brilhante, orgulhoso de sua erudição, citar os menores incidentes da Revolução Francesa desde 1789. Pródigo em sutilezas lógicas que ele aprecia, é-o também, incontestavelmente, do tempo precioso consagrado a uma discussão; mas, no dia seguinte, de sangue-frio, seu coração sinceramente patriota censura ao seu espírito a perda de tempo que na véspera seu entusiasmo provocou sem vantagem para o bem público.

Eis o homem que em três séculos viveu toda a civilização da Europa e que, instruído por seu exemplo, poderá brevemente apresentar rivais no talento, assim como a América do Norte lhe apresenta modelos de virtude.

Descrição da viagem

Ansiosos por embarcar e enfrentando os azares temíveis de um vento contrário que nos retinha há seis semanas, partimos do Havre a 22 de janeiro de 1816, a bordo do *Calpé,* pequeno "três mastros" americano, de Nova York, fretado para conduzir-nos ao Brasil. Essa temeridade nos fez perder doze dias de navegação penosa e aborrecida, antes de dobrar o cabo de Finisterra. Assim preparados por esse início de viagem, suportamos mais pacientemente a constante influência do mau tempo, prolongado até 11 de fevereiro, primeiro dia feliz e de sol, que reanimou em nós a esperança de chegarmos breve às *ilhas Canárias;* percebemo-las, com efeito, dois dias depois, e, a 14, às quatro horas da tarde, com um tempo soberbo, distinguimos perfeitamente o pico de Tenerife, que se ergue a três mil setecentos e dez metros acima do nível do mar. Dir-se-ia cortado na base pelas terras situadas à sua frente e que pareciam formar uma só massa, efeito este produzido pela distância de seis léguas a que estávamos dessa possessão espanhola, igualmente célebre nos dois hemisférios pela excelência de seu vinho.

Essa vista, tomada de bordo, constitui o assunto do desenho da prancha 1.

No dia seguinte, uma segunda novidade assinalou a entrada no trópico, provocando o nosso espanto; foi o aparecimento de uma multidão de pólipos navegadores, reunidos em pequenas frotas, cujas velas brilhantes prateavam a superfície das águas. Cada uma dessas barcas vivas tinha uma vela, alta de cinco a seis polegadas, transparente, cercada de um debrum cor-de-rosa e que não era outra coisa senão a parte superior do pólipo, erguida acima da água e estufada pelo vento. O animal, encurvando-se ligeiramente, a tornava mais ou menos côncava e assim se orientava na sua marcha em geral bem rápida.

Não ficamos menos espantados ao ver elevar-se, a pequena distância de nosso navio, uma nuvem brilhante formada por uma quantidade prodigiosa de peixes voando a dois pés mais ou menos da superfície da água, em que mergulhavam de quando em quando para umedecer as grandes barbatanas que lhes servem de asas, reaparecendo em seguida e assim continuando sua corrida marítima e aérea a um tempo. Um desses peixes, elevando-se demasiado e passando entre as nossas velas, caiu de repente no tombadilho, traído pelas suas asas secas, demasiadamente expostas ao ar. Esse "pássaro" singular, cuja forma e tamanho lembram o arenque, tinha igualmente o mesmo gosto e sabor.

Depois de um mês de navegação, a 22 de fevereiro, vimos as ilhas do Cabo Verde e aportamos na primeira possessão portuguesa, a ilha de Maio, pequeníssima em verdade, mas importante pelas suas salinas, muito conhecidas e continuamente freqüentadas pelos americanos do norte. Aí ancoramos para renovar parte da nossa provisão de água. A operação foi tão rápida quão simples: nossos marinheiros, não encontrando em terra nem fonte nem nascentes abundantes, pararam na praia e cavaram um buraco de dois a três pés de largura e igual profundidade, no qual colocaram um tonel sem tampa, bocal comum desses poços improvisados. Embora colocado no meio da areia salgada, encontrava-se no dia seguinte cheio de uma água doce, esbranquiçada, ligeiramente salobra, mas cuja abundância bastou ao nosso abastecimento. Entrementes, o passageiro brasileiro que tínhamos a bordo apressou-se em desembarcar a fim de visitar o governador da ilha, seu compatriota, e comunicar-lhe com orgulho que escoltava até o Rio de Janeiro uma colônia de artistas mandados vir pela corte. Vimo-lo voltar logo com o governador da ilha, homem de pequena estatura, de rosto moreno e regular, muito amável e, principalmente, sem cerimônia. Recebemo-lo com alegria, e os cumprimentos recíprocos, trocados por intermédio de nosso intérprete brasileiro, sustentaram o encanto dessa primeira visita, que terminou por brindes.

Ao deixar-nos, o pequeno vice-rei ofereceu-nos seus préstimos e nos convidou a visitá-lo, o que induziu todos os artistas a embarcar para segui-lo. Chegando em terra, dividimo-nos em vários grupos, que tomaram direção diferente, e em pouco tempo o território da ilha foi percorrido em todos os sentidos. Encontramos alguns fragmentos de pedras vulcânicas disseminados num solo avermelhado, árido e inculto, recoberto de uma erva magra em que pastavam algumas cabras raquíticas; na extremidade de sua ponta alongada vegetavam quatro ou cinco palmeiras, que pareciam definhar de tédio nessa triste solidão; como construção, havia exclusivamente, perto de uma bateria desmantelada, um andar térreo úmido encimado por outro de cinco janelas e uma porta mal fechadas. Era a humilde residência do governador, único homem branco dessa ilha, que comandava, em nome do rei de Portugal, cerca de vinte operários negros, proprietários de pequenas cabanas de terra que formam essa triste aldeia avara de mantimentos. Essa pequena população, ocupada no transporte do sal até o porto de embarque, tira sua subsistência de *São Tiago,* capital dessas ilhas e que se situa a sete ou oito léguas do ponto em que estávamos[1]. Alguns dos nossos artistas, e como eles o Sr. Lebreton, passaram a noite na ilha, conformados em dormir à moda do país, isto é, deitados simplesmente em esteiras. Mas isso foi compensado pela felicidade de se regalarem com alguns frutos e com leite de cabra, tão deliciosos após as privações inerentes a um mês de travessia.

Tornamos a partir a 24, encantados com levar cocos e bananas.

Continuando a navegar em meio a uma temperatura que se tornava progressivamente mais quente, percebemos, no décimo segundo dia, que o ardor dos raios do sol se fazia quase insuportável; esse astro, ao levantar-se e ao deitar-se, envolvia-se cada vez mais numa neblina amarelo-cinza, indicação evidente da aproximação da

---

[1] *A alimentação desses insulares compõe-se de feijão-preto miúdo, farinha de mandioca, bananas e laranjas. (N. do A.)*

passagem da linha equinocial, que atingimos com efeito no dia seguinte, 6 de março, às seis e meia da tarde.

Logo depois, fomos surpreendidos por uma calmaria total, inconveniente comum, que se prolonga às vezes durante mais de um mês nessas paragens, de que nos vimos porém livres ao fim de meia hora, graças a algumas borrascas, feliz resultado do equinócio, que nos permitiram continuar nossa rota rapidamente.

Preparado para atravessar pela primeira vez esse ponto intermediário entre os dois trópicos e diante dos fenômenos precursores, minha imaginação exaltada já se perdia no vago das suposições, exagerando de antemão mil efeitos atmosféricos presumíveis ou não nessas circunstâncias, quando enfim, imaginando dever sentir um calor insuportável no momento da passagem do equador, subi ao tombadilho ali pelas onze horas da manhã, resolvido a verificá-lo e esforçando-me para resistir o mais possível. Qual não foi a minha surpresa ao ver apenas, ao meio-dia, um sol esbranquiçado, cujo disco pálido e velado por espessa bruma amarelo-clara, ligeiramente cor de enxofre, podia ser fixado sem perigo. Esse aspecto prolongou-se desde a manhã até o crepúsculo, durante esse dia singular, triste pela semi-obscuridade e soporífico pelo calor excessivamente úmido e, por isso mesmo, mais penetrante. Felizmente, nossos marinheiros souberam divertir-nos com a cerimônia do batismo, o que nos libertou desse estado de apatia tão pouco natural a viajantes franceses, principalmente artistas.

Há dois dias a equipagem se ocupava em silêncio com os preparativos da cerimônia do batismo, divertida e tanto mais lucrativa quanto éramos bastante numerosos. Foi somente na véspera, depois de deitar-se o sol, quando todos os passageiros se achavam reunidos no tombadilho, que um pretenso mensageiro do senhor *Trópico*, mascarado e grotescamente vestido, subindo ao cesto da gávea, pegou do porta-voz para anunciar rouca e majestosamente a visita do *seu senhor*, o qual deveria no dia seguinte presidir o batismo dos passageiros ainda não iniciados. Essa alocução inesperada interrompeu todas as conversações, e, durante um silêncio espontâneo, o capitão, tomando a palavra, concedeu muito inteligentemente a permissão solicitada; o embaixador satisfeito, esquecendo a dignidade de seu papel, apressou-se em descer com a rapidez peculiar a um verdadeiro marinheiro e entrou na escotilha de proa, acompanhado de alguns camaradas que não estavam de plantão.

A novidade, como é de pensar, tornou-se logo o assunto de uma conversa generalizada, que se prolongou até tarde da noite, graças à doçura da temperatura, e que foi embelezada com as narrativas variadas dos iniciados, entre os quais o passageiro brasileiro não se mostrou dos menos brilhantes. O auditório, atento, compunha-se de crianças, que dissimulavam o medo com tentativas de riso nervoso, que as mães e as criadas procuravam acalmar, e de homens, mais ou menos resignados a um banho no dia seguinte, mas conservando bastante sangue-frio, entretanto, para determinar que suas famílias se recolhessem para dormir. Será necessário dizer quantas vezes durante essa noite as crianças, agitadas por pesadelos, acordaram suas mães e suas criadas? Em resumo, o nome do senhor *Trópico* misturou-se aos risos e às lágrimas até a sua chegada no dia seguinte.

Toda a equipagem, com a permissão do capitão, ocupou-se, durante o começo da manhã de 6, com os preparativos dessa cerimônia misteriosa, e os passageiros, fechados no interior até depois do almoço, aguardaram o sinal de sua libertação, que foi dado pelas dez horas da manhã. Nesse momento as senhoras e crianças, privilegiadas nesse dia, foram levadas ao tombadilho para ocupar seus lugares reservados na popa, mais ou menos fora de alcance dos respingos, enquanto os homens, ainda presos em seus quartos, eram submetidos à chamada, para subir cada um por sua vez. O palco foi armado ao pé do grande mastro e abrigado por um toldo; alguns acessórios indispensáveis: pequeno cepo, sobre o qual devia sentar-se o paciente durante o interrogatório, e uma grande tina cheia de água, sobre a qual uma tábua colocada maliciosamente em equilíbrio e coberta de uma toalha constituía o segundo assento destinado ao neófito para a cerimônia da "barba". Um pouco para trás, bem perto do pavês, outra grande tina cheia de água servia de reservatório, alimentada por baldes munidos de longas cordas a fim de serem descidos ao mar; finalmente, a grande chalupa, que graças à sua posição dominava o palco, continha uma grande quantidade de recipientes de todas as dimensões, igualmente destinados a completar a inundação geral.

Passageiros de um pequeno navio mercante, pouco dignos de atrair a atenção das grandes divindades protetoras do oceano, tivemos de nos contentar com a visita do senhor *Trópico*, da *senhora sua esposa*, que também usava barba, de *seu barbeiro*, e de *seu capitão*, todos pomposamente escoltados pelos demais marinheiros, que pareciam seus conhecidos.

O momento tão esperado do aparecimento de nossos ilustres visitantes foi anunciado naturalmente por um ruído de carro, simples tábua montada sobre rodas e sobre a qual se encolhia o senhor *Trópico*, puxado com violência através do tombadilho. Esse efeito teatral de trovão, executado em cima da sala dos passageiros, deu-lhes o sinal da próxima libertação. Efetivamente, minutos depois nosso *trivial Netuno*, cansado de lutar contra as rudes sacudidelas que interrompiam a suavidade da sua marcha rápida, tomou com satisfação seu lugar reservado ao pé do grande mastro; aí se colocou sem cerimônia, mas majestosamente e de pé; *madame*, imóvel e muda, colocou-se a seu lado; o *barbeiro*, moleque, armara-se duma enorme navalha de madeira, que carregava ao ombro como um fuzil; o *capitão*, com as mangas arregaçadas, metendo-se em tudo, rodopiava, dando ordens no meio da desordem crescente, causada pelo zelo excessivo de seus satélites. Tudo preparado e as personagens em seus lugares, surge o capitão, com dignidade, na entrada superior da escada que dá para a sala dos passageiros, e chama em alta voz o primeiro inscrito na lista dos catecúmenos. Esse primeiro eleito, já cristão, sabendo como todos os outros que não se batiza sem água, por prudência vestira-se ligeiramente e tinha apenas uma camisa, uma calça de algodão e um pequeno colete sem mangas, tudo fácil de retirar depois da imersão.

Chegando ao tombadilho, foi ele escoltado pelos satélites do capitão e apresentado, a seguir, às autoridades grotescamente enlambuzadas que o esperavam. Mal sentado no cepo pequenino, respondeu à perguntas feitas pelo gordo senhor *Trópico*, interrogatório cuja fórmula invariável e concisa era o seguinte: "Nome? Idade? Nacionalidade? Profissão? Já passou a linha?" À resposta negativa do interpelado seguiu-se a declaração: "É preciso que receba o batismo. Barbeiro, faça a barba desse senhor". O capitão então fez o passageiro levantar-se e o conduziu ao assento recoberto com a toalha, no qual já se achavam sentados dois personagens distintos, que haviam reservado o lugar do meio para o que devia ser barbeado. Imediatamente o barbeiro adiantou-se; abrindo sua enorme navalha de dois ou três pés de comprimento, colocou-a no chão um instante, para, primeiramente, ensaboar o rosto da vítima, que foi enlambuzado de preto com uma substância gordurosa, à guisa de sabão, com destreza e rapidez. Tomando em seguida a navalha, que fingiu amolar na manga, começou a torturar o paciente, exagerando os movimentos dessa operação, acabando por inclinar-lhe a cabeça para trás e passar-lhe a navalha sob o queixo, momento esse escolhido para dizer "está barbeado", ao que imediatamente se levantaram os dois acólitos, cujo peso mantinha a tábua em equilíbrio, fazendo assim cair o pobre barbeado. Precipitado na tina e enfiado até os rins dentro de dois pés de água, regado de todos os lados por assaltantes munidos de baldes, só pôde escapar depois de ter lutado com esforços muitas vezes contrariados para sair desse enorme banho de assento e fugir rapidamente, ainda perseguido pelos jatos cruzados das inúmeras cascatas dirigidas contra a sua pessoa. As gargalhadas dos espectadores durante essa primeira desgraça mostraram ao seu sucessor que se devia preparar para semelhante destino, que foi, de fato, o mesmo para todos. O pequeno intervalo entre cada cerimônia era empregado para refazer rapidamente as provisões de água.

Tendo solicitado a vantagem de passar entre os primeiros, pude logo voltar ao tombadilho, embora ainda meio enlambuzado, a fim de enriquecer a minha coleção com alguns esboços traçados no meu livro de *croquis,* mais de uma vez molhado pelos respingos inevitáveis que atingiram todos os espectadores durante essas horas de contínua agitação. Depois de todos secos, entregamo-nos com apetite às delícias de uma refeição melhor que de costume, escrupulosamente reservada para esse dia sem igual; e a noite terminou com a recordação agradável das variadas caricaturas que se haviam sucedido tão rapidamente durante essa memorável manhã.

À medida em que nos afastávamos da linha, encontrávamos um céu mais puro, e em poucos dias, passados numa temperatura suave e igual, tão favorável ao livre desenvolvimento das faculdades humanas, cada um de nós encontrou, instintivamente, uma ocupação diária; sempre no tombadilho, saboreando o bom tempo contínuo com sua família, abrigado por um toldo nas horas mais quentes, aí permanecia até a noite, agradavelmente distraído pelas conversações que se generalizavam e pelos divertimentos que se prolongavam até tarde da noite.

Assim passaram quinze dias deliciosos, e, a 23, anunciou-se o *cabo Frio*. A 24, contrariado pelo vento e por contínuas calmarias, o capitão empregou parte do dia em excursões ao largo, a fim de evitar as correntes, que nos teriam jogado contra os rochedos de uma pequena ilha situada na frente do cabo; entretanto, pudemos dobrá-lo pelas cinco horas da tarde, a uma distância de mais ou menos seis léguas, que me permitiu desenhar-lhe a massa representada no número 2 da primeira prancha.

Fixei-a por considerá-la um ponto tanto mais interessante para o observador quanto ela separa a parte meridional da parte oriental da costa do Brasil.

A 25, finalmente, pelas oito e meia da manhã, percebemos no horizonte a costa do Rio de Janeiro (prancha 1, número 3, *Costa do Rio de Janeiro*).

Depois de ter cuidadosamente evitado diversas correntes que fazem, às vezes, ultrapassar o ponto da costa que procurávamos, chegamos à entrada da baía ao cair do sol (prancha 2). Ao passarmos entre as pequenas ilhas que aí se situam, ouvimos ainda os últimos ribombos fúnebres do canhão, que lembrava de cinco em cinco minutos à população a morte recente da rainha de Portugal, inumada no Rio de Janeiro há seis dias. Ancoramos a duas distâncias de tiro de fuzil do rochedo cônico chamado Pão de Açúcar. Nesse momento o sinal de fechamento do porto já fizera cessar as salvas, e a obscuridade da noite só nos permitia perceber a silhueta da vegetação que coroa as montanhas circundantes. Parados a três quartos de légua da cidade, o silêncio das florestas permitia-nos ouvir, embora fracamente, os sons dos sinos, e o nosso olhar podia também distinguir, no horizonte longínquo, o brilho dos fogos de artifício que contribuíam para tornar solenes várias festas de igreja prolongadas até tarde da noite.

Tantas novidades reavivavam espontaneamente em nós os encantos da vida social, após um isolamento de mais de dois meses; e o ardor natural aos artistas franceses acordava as ilusões gloriosas que deviam guiar o nosso primeiro passo numa terra desconhecida. O falecimento da rainha já estabelecia o programa de um monumento para o arquiteto, de uma figura para o escultor, de um quadro histórico para o pintor, de um retrato para o gravador, deixando-lhes ainda a perspectiva da elevação ao trono do príncipe regente, seu filho e sucessor. Como se acreditará sem dificuldade, foi um sonho universal, que embalou o sono dos passageiros artistas durante esta última noite de sua viagem.

Não nos sentimos menos felizes, a 26, ao sermos acordados às cinco horas da manhã pelo tiro de canhão que assinala a abertura do porto, fiel indicador da aurora que ia clarear aos nossos olhos, pela primeira vez, a entrada interior da magnífica baía do Rio de Janeiro, citada por inúmeros viajantes como uma das maravilhas do mundo (prancha 3).

O sol não surgia sequer no horizonte e já todos os artistas, no tombadilho, admiravam com entusiasmo as massas singulares de uma vegetação desconhecida, cujos detalhes se perdiam ainda na bruma leve que os velava ligeiramente.

Examinando atentamente esse quadro precioso, cujos detalhes e colorido, absolutamente novos para nós, se faziam mais sedutores à medida em que o sol os tornava mais inteligíveis, descobrimos, finalmente, o panorama encantador desse lugar delicioso, coberto de todos os lados por um verde-escuro em geral brilhante, ainda resplendendo das gotas do orvalho que fecundara durante a noite os frutos abundantes que percebíamos através da folhagem, graças à sua cor alaranjada. Do ponto em que estávamos, podíamos descortinar cercas de limoeiros, em torno das plantações de café, e de laranjeiras, situadas no flanco das colinas arborizadas e em parte surribadas a pequena distância das casas de residência, cuja nota de cor branca formava pontos de esmalte na verdura das montanhas circunvizinhas. Mais longe, nas partes altas, quedas-d'água escorrendo pela rocha nua formavam igualmente pontos brancos, porém cintilantes como estrelas. À beira-mar, as colinas menores recobriam-se de uma vegetação mais baixa, em verdade, porém coroada de palmeiras esguias, cujas palmas majestosas balançavam molemente; do ponto de junção dessas palmas pendiam cachos de cocos maduros, ainda protegidos pela casca lenhosa, marrom e peluda. Esse panorama de abundância universal nos indicava o motivo do vaivém de numerosas barcas carregadas, que desembocavam de todos os lados dos rios afluentes e se dirigiam para o porto da cidade, que percebíamos ao longe. Ao primeiro movimento de admiração sucedeu o desejo de fixar-lhe a lembrança. Tomando do lápis apontado na véspera, pus-me a traçar com cuidado o panorama do lugar em que nos encontrávamos.

É um fragmento de desenho que apresento sob o título de *Vista da entrada da baía do Rio de Janeiro* (prancha 3).

A circulação estabelecida na baía permitiu que nossos marinheiros embarcassem para ir à cidade buscar víveres frescos; e nosso passageiro brasileiro, aproveitando a canoa do capitão, levou consigo um de nossos companheiros para visitar o proprietário da plantação mais próxima e, em suma, fazê-lo tocar enfim as laranjeiras e cafeeiros que nos encantavam de longe. Sua rápida volta foi assinalada pelos gritos de alegria das crianças, encantadas com os frutos, as folhagens e as flores, ingênua homenagem prestada à natureza por essas vítimas de um cativeiro de dois meses. A bordo, os ramos de café floridos, e ao mesmo tempo carregados de frutos maduros, passaram sucessivamente pelas mãos de todos os franceses; e enormes laranjas, pendentes em cachos e confundindo sua cor verde ainda com a das folhas brilhantes, foram distribuídas entre as crianças e as mães, espantadas de achá-las já tão doces e perfumadas quanto as que comemos em França, de aparência mais madura. A única precaução recomendada na circunstância foi a de preservar os lábios da causticidade do sumo contido na casca verde e capaz de pretejar a boca de uma pessoa delicada. A esse primeiro regalo sucedeu um almoço composto, dessa feita, de provisões frescas. Embevecidos com essa felicidade, tão vivamente apreciada pelos navegadores de primeira viagem, nossa alma se dispunha a pagar sinceramente um tributo de elogios à narrativa, que nos fazia o brasileiro, de uma infinidade de gestos hospitaleiros de seus compatriotas e de que ele acabava de dar um primeiro exemplo, pois tudo o que trouxera para bordo nos fora mandado *de presente*. Esta refeição, deliciosa amostra dos frutos da terra prometida, terminou por um episódio não menos agradável.

Acostumados a ouvir desde madrugada a salva fúnebre, renovada de cinco em cinco minutos, não nos espantamos em nos ver abordados por um homem vestido de luto, com um chapéu de três bicos encimado por uma insígnia portuguesa; governava uma bela canoa recém-pintada e servida por seis remadores índios de cor esverdeada, todos de bela estatura e quase do mesmo tamanho, cujas formas atléticas, entroncadas, apenas uma simples calça branca de algodão escondia. Esse homem simpático, de certa idade, de modos simples e polidos, era um piloto do Arsenal da Marinha, enviado por ordem do governo para introduzir nosso navio no interior da baía, onde ancoramos sob sua direção, a certa distância da Fortaleza de Villegaignon. Nessa posição, devíamos esperar as visitas das comissões sanitária e militar da cidade, encarregadas de visar nossos passaportes, e finalmente da alfândega, que colocou guardas a bordo, a fim de impedir o desembarque de quaisquer mercadorias. Terminadas essas formalidades, tivemos licença para descer, e o capitão ancorou perto do porto, entre o Arsenal da Marinha e a ilha das Cobras, lugar reservado aos navios mercantes.

Lá pelo meio-dia, o Sr. Lebreton foi à cidade apresentar-se ao nosso protetor no Brasil, Conde da Barca, ministro das Relações Exteriores, que o recebeu afetuosamente e que o reteve para jantar. Ao fim dessa primeira entrevista, de tão bom augúrio, S. Exa. recomendou-lhe que nos assegurasse que a corte nos esperava com impaciência, notícia agradável que nos foi transmitida a bordo lá pelas seis horas da tarde; igualmente, foi enviado um intérprete brasileiro, encarregado, por ordem superior, de permanecer em nossa companhia.

Foi o sinal de um desembarque parcial. Com efeito, os artistas *já brasileiros,* mas sempre *franceses de coração,* deixaram sozinhos o navio, na impaciência de contemplar as novidades dessa *nova pátria,* e abordaram no cais do Largo do Palácio a 26 de março de 1816, às seis e meia da tarde.

Descrição das pranchas

A variedade das formas e a multiplicidade dos grupos de montanhas que formam a costa do Rio de Janeiro, muito capazes de inspirar ilusões, deram naturalmente aos marinheiros a idéia de personificá-las. Duas montanhas cônicas, que parecem gêmeas, foram chamadas *Os Dois Irmãos*. Uma outra, cujo cimo chato, cortado em ângulo reto, se ergue abruptamente sobre uma base irregular, recebeu o nome de *Mesa*. O *Bico do Papagaio* é uma montanha cuja extremidade superior muito fina termina em ponta recurvada. O *Bico do Papagaio* pertence à pequena cadeia de montanhas da Tijuca, a que domina pela sua altura. Outra, não muito longe, de forma menos piramidal e um pouco recurvada na sua extremidade superior, chama-se *Corcovado;* ainda na entrada da baía, vê-se um rochedo granítico inteiramente desprovido de vegetação, conhecido pelo nome de *Pão de Açúcar,* por causa de sua forma extremamente cônica; o pico ergue-se a seiscentos e oitenta e dois pés acima do nível do mar e serve de ponto de referência aos navegadores que procuram o Rio de Janeiro.

Desde *Cabo Frio* não perdemos mais de vista a costa meridional do Brasil (prancha 1). A primeira vista do Rio de Janeiro (número 3) foi desenhada *d'après nature* a 25, às nove e meia da manhã. A segunda (número 4) às três horas da tarde, e a que se refere à prancha 2, às cinco e meia da tarde. Acrescentarei, a propósito desta última, que toda parte sul da costa do Rio de Janeiro, vista à distância de três ou quatro léguas ao largo, representa, pela reunião de diversos planos de montanhas que a constituem, um homem forte, de nariz aquilino, deitado de costas, com as pernas estendidas e cujos pés são formados pelo Pão de Açúcar de que já falei. Chama-se esse conjunto, ainda hoje, em virtude dessa singularidade, a *Costa do Gigante Deitado* (prancha 2).

As diferentes partes das montanhas que formam o grupo do *Gigante Deitado,* distintamente separadas nos desenhos números 2 e 3, unem-se ao olhar do navegador, quando, avançando na direção sul, ele se prepara para transpor as duas pequenas ilhas situadas, exteriormente, a pequena distância da entrada da baía.

Três embarcações brasileiras de dois mastros, chamadas *sumacas,* que bordejam pela costa sul, deixando as duas pequenas ilhas à direita, indicam a maneira de entrar na baía, cuja embocadura se estende desde o Pão de Açúcar até um primeiro rochedo à direita, perto do qual entram os outros navios.

Prancha 3

Vista da entrada da baía do Rio de Janeiro

Esta vista termina à esquerda no Pão de Açúcar, cone granítico ao pé do qual existe uma bateria que defende exteriormente a entrada da baía do Rio de Janeiro, praticável unicamente por esse lado, pois em geral a barra tem apenas de sete a oito braças de água. Entre os últimos planos visíveis acima desta bateria, distingue-se o *morro da Mesa,* assim chamado por causa da sua forma achatada no cimo, e o do *Corcovado,* também assim denominado por causa de sua forma recurvada.

Acompanhando a costa, sempre coberta de vegetação, encontra-se uma das baterias do Forte de *São João,* aí colocada para rechaçar quaisquer desembarques porventura tentados e que seriam facilitados desse lado pelas colinas arborizadas. Outra bateria, que não é possível perceber aqui, colocada do outro lado da colina que a domina, defende a entrada da encantadora enseada de *Botafogo,* formando, de um lado, a abertura que termina esse primeiro plano. O terreno de efeitos um pouco vigorosos que segue imediatamente é a extremidade da praia do *Flamengo,* hoje guarnecida de lindas casas por detrás das quais se projeta o bairro do *Catete;* esse lindo tapete de areia branca, à beira-mar, prolonga-se sem interrupção até o *morro de Nossa Senhora da Glória,* encimado pela igreja do mesmo nome e que constituía outrora, segundo Sonnerat, uma posição fortificada. O primeiro morro que aparece em seguida é o de *Santo Antônio,* encimado pelo convento do mesmo nome; e o mais alto, no centro, é o dos *Sinais* ou do *Castelo,* também fortificado, no qual se construiu a Igreja de *São Sebastião,* patrono da cidade. Ao pé desse morro se encontra o *Hospital da Misericórdia,* que dá para a praia *Dom Manuel,* um dos pontos de desembarque de Duguay Trouin, ainda consignado hoje pela pequena *Praça das Batalhas* e pela dos *Quartéis,* inteiramente constituída de casernas que se prolongam até a porta do arsenal do exército, onde terminava a antiga cidade do lado da *entrada da baía.* A última elevação à direita é o *morro de São Bento,* com o convento do mesmo nome, pertencente aos beneditinos da ordem de Cluny e ao pé do qual se encontra o Arsenal da Marinha, onde termina a parte da cidade situada do lado do *fundo da baía.*

Em frente e embaixo da cidade o Forte de *Lajes* se destaca pelo vigor de seus planos; mais à direita e mais para a frente ainda, distingue-se perfeitamente o *Forte de Villegaignon,* sobre o qual se vê a bandeira brasileira, que flutua igualmente sobre a *Fortaleza de Santa Cruz,* cujo tiro se cruza com o do forte para defender a entrada do canal estreito, única para o interior da baía e do porto da cidade¹. O último plano da montanha, visível acima da fortaleza, é a *serra dos Órgãos,* que fecha a extremidade interna da baía. Os diferentes planos de montanhas arborizadas, sobre as quais se vêem algumas habitações e que constituem o lado direito da vista, são entrecortados por vários lagos correspondentes aos segundos planos das terras de *Praia Grande,* invisíveis aqui. Essas pequenas enseadas navegáveis são freqüentadas pelas embarcações que trazem os produtos dos sítios situados nestas paragens. Os dois *bricks* entrantes dirigem-se, depois de ter seguido uma linha diagonal tomada diante da bateria do Pão de Açúcar, para o canal que serve de entrada e que é aqui indicado pelo navio que por ele passa, ao pé da *Fortaleza de Santa Cruz.* As barcas de menor calado cortam mais ao largo e as canoas de pescadores vão por toda parte.

---

¹ *As fortificações de Santa Cruz erguem-se mais para trás e coroam o morro, ao pé do qual se podem ver as baterias baixas. Foi por entre esses meios de defesa reunidos e cruzados, em espaço tão estreito, que o Almirante Duguay Trouin se aventurou, sem hesitar, para ir até o pé do morro de São Bento tomar o forte da ilha das Cobras e transformá-lo em ponto de ataque contra a cidade. (N. do A.)*

Prancha 4

Vista geral da cidade do Rio de Janeiro,
tomada da enseada de Praia Grande

A reputação da linda baía de Praia Grande, batizada hoje com o nome de Vila Nova Real, data de 1816, ano da morte, após oito anos de estada no Brasil, de Dona Maria I, rainha de Portugal, mãe de Dom João VI.

Logo depois de terminados os funerais reais, os médicos da corte aconselharam ao príncipe o ar vivo e salutar de Praia Grande; logo os habitantes desse belo lugar procuraram todas as oportunidades para atrair a atenção do soberano, e um deles, proprietário da casa mais importante, achou-se no dever de oferecê-la ao príncipe, para que fizesse dela sua residência. O presente foi aceito e o doador recompensado mais tarde com honrarias. Um dos médicos da corte apressou-se em oferecer, na sua casa de campo, acomodações ao Conde da Barca, ministro das Relações Exteriores. Esses exemplos encontraram imitadores, e breve tudo estava pronto para a residência provisória da corte.

No intuito de distrair o príncipe regente, o general inglês Beresford, comandante-em-chefe das tropas portuguesas no Brasil, mandou acampar, nas proximidades de Praia Grande, os regimentos trazidos de Lisboa com o fim de guerrear os hispano-americanos que se opunham à independência da província de Montevidéu, que o governo português desejava transformar em barreira entre as possessões espanholas e brasileiras, por uma declaração de neutralidade.

Com efeito, todas as madrugadas os exercícios militares executados em lugar tão pitoresco atraíam os ricos comerciantes da cidade, que, reunidos ao séquito da corte, tornavam mais brilhante ainda essa distração única permitida ao luto do novo monarca.

No dia indicado para a última revista, que devia terminar com uma pequena guerra simulada, o Sr. Conde da Barca, ansioso por utilizar os artistas franceses recém-chegados, convidou-nos, ao Sr. Lebreton e a mim, para irmos a Praia Grande na véspera, assegurando-nos que seríamos recebidos na casa ocupada pelo Visconde de Vila Nova, personagem da corte e íntimo dos soberanos. Pudemos assim dirigir-nos, no dia seguinte de madrugada, ao terreno das manobras, a fim de desenhá-lo de diferentes ângulos. Lá encontramos alguns estrangeiros de distinção, ligados à diplomacia, e resolveu-se por unanimidade que, como pintor de história, fizesse eu um quadro para o príncipe. A partir desse momento facilitaram-me, de todas as maneiras, a entrada na corte, a fim de que pudesse recolher, no meu livro de croquis, todos os documentos relativos a essa festa militar (ver a composição dos dois quadros na terceira parte).

Foi da casa em que passamos a noite que eu fiz o desenho representado nesta litografia. Acharam-no tanto mais interessante quanto dava uma idéia geral da cidade, situada ao pé de três montanhas, e de seus últimos planos, tão familiares aos viajantes estrangeiros.

O espectador acha-se colocado mais ou menos no centro de Praia Grande, diretamente em frente da cidade do Rio de Janeiro, à distância de duas léguas mais ou menos.

A entrada da baía, vista aqui de perfil, reconhece-se pelo Pão de Açúcar, vagamente indicado por trás do plano da esquerda, que termina pela Fortaleza da Gravata, a qual defende a extremidade da praia, desse lado. O ponto mais elevado dessa parte é encimado por uma casa de campo, cujo ar e cuja vista são muito apreciados. Do mesmo lado, seguindo a praia, vêem-se as primeiras casinhas, então muito simples e pouco numerosas, que faziam parte da primeira aldeia, perto da igreja, e que não se podem ver aqui. Entre as barcas, observa-se um pequeno molhe de madeira, construído pouco antes, bem perto da casa que habitava o rei, para servir de ponto de desembarque à sua chegada. Essa construção, mantida desde então, existe ainda hoje; o resto do primeiro plano compõe-se do prolongamento da bela praia arenosa, cujo declive suave e regular beneficia as pessoas que vêm, no verão, tomar banhos de mar.

Seguindo-se o plano brumoso do Pão de Açúcar, descortina-se, através das nuvens da manhã, o pico recurvo do Corcovado, cuja base termina à beira-mar na praia do Flamengo, outrora deserta e cujas lindas casas, recentemente construídas, escondem, hoje, o bairro do Catete. Este continua até Botafogo, enseada bastante bela, cuja entrada é defendida pelas baterias do Forte de São João. A continuação dessa mesma cadeia de montanhas brumosas apresenta, no centro, o pico chamado Bico de Papagaio e que pertence ao último grupo de montanhas da Tijuca. Mais longe ainda, aparecem o início da serra do Mar e a extremidade do fundo da baía ao pé da qual se situa o Porto de Estrela. O navio ancorado à direita mostra o lugar onde costumam ficar os que se destinam ao comércio das Grandes Índias. A pequena ilha, no mesmo plano à esquerda, é a dos *Frades,* cujo convento foi transformado em casa de pólvora. Na mesma linha, sempre à esquerda, ao pé das montanhas, vê-se o cais da Saúde, onde existe um dique para conserto de navios mercantes, outrora destinado especialmente aos navios da Companhia das Índias. Esse abrigo prolonga-se até o Arsenal da Marinha, situado atrás da ilha das Cobras, primeiro plano elevado e mais vigoroso, dominado por outro do morro de São Bento, que encima sua igreja claustral; na terceira proeminência da esquerda, vê-se a casa do bispo, atrás da qual se acha a Fortaleza da Conceição, de que se apossara Duguay Trouin, porque defende, também, a entrada da cidade pelo lado de terra. Esse primeiro grupo de montanhas e o segundo da esquerda fecham a abertura da cidade para o mar; o cais do Largo do Palácio situa-se mais ou menos no centro; acima vêem-se as duas torres da Candelária. À direita principia a *praia dos Mineiros,* que vai até o Arsenal da Marinha, e à esquerda a *praia de Dom Manúel,* que se prolonga até o Arsenal do Exército; os dois pontos extremos da cidade primitiva são formados desse lado, portanto, pelos arsenais.

O segundo grupo, que aqui se situa no centro, compõe-se, a bem dizer, de um único morro, chamado de Castelo ou dos Sinais. Na sua extremidade, do lado esquerdo, estão colocados os sinais marítimos encimando uma fortificação, antiga residência do governador, no tempo do rei; habitando hoje esse oficial superior o quartel-general, na cidade, pôde-se transformar uma parte desse alojamento militar em prisão para os negros fugitivos, em substituição à do Calabouço, antes ao pé do morro do mesmo nome. A colina do centro é coroada pela Igreja de São Sebastião, patrono da cidade; perpendicularmente abaixo e muito perto da praia, distingue-se, pelo seu colorido vigoroso, a colina de Santa Luzia, em que se acha construída a igreja do mesmo nome. Finalmente, no morro da direita, há um vasto convento e uma igreja, começada pelos jesuítas, que servem de hospital militar. Ao pé do mesmo morro se encontra o grande hospital civil da Misericórdia (ver a terceira parte). Em frente desse grupo de montanhas situa-se o ancoradouro dos navios de guerra.

Continuando sempre para a esquerda, vê-se a linha dos aquedutos que se ligam ao morro de Santa Teresa, encimado pelo convento do mesmo nome.

Esses aquedutos conduzem águas de diferentes fontes situadas nas montanhas dominadas pelo Corcovado. No mesmo plano à esquerda, a proeminência, muito mais volumosa do que as duas outras, é um dos morros inferiores da imensa base do Corcovado. A linha de casas, prolongada embaixo, forma o cais da *Glória,* que vai desde a praça da Igreja da *Lapa* até o morro da Glória, cujo platô é ocupado, do lado da cidade, pela Igreja de *Nossa Senhora da Glória.* A parte oposta desse platô muito pitoresco é guarnecida de encantadoras residências ajardinadas, ocupadas pelos ingleses; descendo desse lado, encontra-se a *praia do Flamengo,* que se prolonga até a abertura da enseada de *Botafogo,* a pequena distância do Pão de Açúcar. Na frente desse morro vê-se o Forte de *Lajes,* cujas baterias podem cruzar o tiro com os da Fortaleza da Gravata.

Prancha 5

Um funcionário a passeio com sua família

Após dois meses de travessia, percorrendo pela primeira vez as ruas do Rio de Janeiro, obstruídas por uma turba agitada de negros carregadores e de negras vendedoras de frutas, sentimo-nos, nós franceses, estranhamente impressionados com o fato de não ver nenhuma senhora, nem nos balcões nem nos passeios. Tivemos, entretanto, que nos resignar e esperar até o dia seguinte, dia de festa, para observar inúmeras nas igrejas. Aí as encontramos, com efeito, vestidas de um modo estranhamente rebuscado, com as cores mais alegres e brilhantes, porém obedecendo a uma moda anglo-portuguesa, muito pouco graciosa, importada pela corte de Lisboa e na qual há oito anos nada se mudara, como que por apego demasiado respeitoso à mãe pátria. Fiz imediatamente um desenho, mas o resultado, pela sua exatidão, foi uma verdadeira caricatura inútil de reproduzir, porque não exprime em absoluto o caráter e o temperamento brasileiros, pois o habitante do Brasil tem-se mostrado, desde então, tão entusiástico apreciador da elegância e da moda francesa que, por ocasião de minha partida, em fins de 1831, a Rua do Ouvidor (Rua Vivienne, de Paris, no Rio) era quase inteiramente constituída de lojas francesas de todo tipo, mantidas pela prosperidade de seu comércio.

A cena aqui desenhada representa a partida, para o passeio, de uma família de fortuna média, cujo chefe é funcionário. Segundo o antigo hábito observado nessa classe, o chefe de família abre a marcha, seguido, imediatamente, por seus filhos, colocados em fila por ordem de idade, indo o mais moço sempre na frente; vem a seguir a mãe, ainda grávida; atrás dela, sua criada de quarto, escrava mulata, muito mais apreciada no serviço do que as negras; seguem-se a ama negra, a escrava da ama, o criado negro do senhor, um jovem escravo em fase de aprendizado, o novo negro recém-comprado, escravo de todos os outros e cuja inteligência natural mais ou menos viva vai desenvolver-se a chicotadas. O cozinheiro é o guarda da casa.

De alguns anos para cá, a imitação da moda francesa tornou elegante darem os homens, no passeio, o braço às senhoras casadas ou viúvas. As moças, caminhando duas a duas, dão-se o braço reciprocamente, maneira infinitamente muito mais cômoda de manter uma conversação antes feita sem se olharem, dissimulação exigida ou inútil garantia de um silêncio que se comprazian em denominar decência.

Essa prerrogativa de abrir a marcha, concedida à mais moça, tornara-se o pomo de discórdia de duas irmãs quase gêmeas e solteironas, que eu tinha a honra de ver passar todos os dias diante de minha janela. Embora conservassem, na sua vestimenta, todo o frescor de um extremo asseio, percebia-se, mesmo de longe, que essas senhoritas eram mais do que sexagenárias. A mais velha, cujo desejo de enganar os passantes, ao menos na aparência, assim se evidenciava, aproveitava todos os obstáculos para passar na frente da mais moça, e esta não demorava em reconquistar a sua vantagem, com toda a energia que lhe inspirava a usurpação ofensiva. Finalmente, um ano antes de minha partida, a morte de uma das duas pôs fim a essa guerra de setenta anos pelo menos, deixando à sobrevivente a tristeza de não mais poder passar por mais moça, no caso de ser a mais velha, ou, no caso inverso, a privação de não poder mais defender seus direitos naturais de uma maneira ostensiva aos olhos dos passantes, cuja atenção procurava ainda atrair com sua voz desagradável e rouca. Funesta mas inevitável conseqüência de uma existência por demais prolongada.

Prancha 6

Uma senhora brasileira em seu lar

O sistema dos governadores europeus, tendendo a manter nas colônias portuguesas a população brasileira privada de educação e isolada na escravidão dos hábitos rotineiros, mantivera a educação das mulheres dentro dos limites dos cuidados do lar; por isso, quando de nossa chegada ao Rio de Janeiro, a timidez, resultante da falta de educação, levara as mulheres a temerem as reuniões mais ou menos numerosas e, mais ainda, qualquer espécie de comunicação com estrangeiros.

Tentei, pois, mostrar essa solidão habitual desenhando uma senhora, mãe de família de pequenas posses, no seu lar. Vemo-la sentada, como de costume, na sua *marquesa* (espécie de cama de forma etrusca, feita de jacarandá, cujo leito é constituído por um couro de boi bem esticado), que de dia serve de canapé, muito fresco e cômodo num país quente, para ficar longamente sentada de pernas cruzadas, à maneira asiática. Bem perto dela, e ao seu alcance, acha-se o gongá[1] (cesto) para roupa-branca; entreaberto, deixa ver a extremidade do chicote, inteiramente de couro, com o qual os senhores ameaçam os seus escravos a todo instante. Do mesmo lado, um pequenino macaco, preso pela corrente a um dos encostos do móvel, serve de inocente distração para a dona da casa; embora seja um escravo privilegiado, com liberdade de movimentos e de trejeitos, não deixa de ser reprimido de quando em quando, como os outros, com ameaças de chicotadas. A criada de quarto, negra, trabalha sentada no chão, aos pés da senhora; podem-se observar as prerrogativas dessa primeira escrava pelo comprimento de seus cabelos cardados, formando por assim dizer um cilindro encarapinhado sem adornos e aderente à cabeça; o penteado não é de muito gosto e é característico do escravo de uma casa pouco opulenta. A moça da casa, pouco adiantada na leitura, embora já bem grande, mantém-se na mesma atitude de sua mãe, mas, colocada num assento infinitamente menos cômodo, esforça-se por soletrar as primeiras letras do alfabeto, traçadas num pedaço de papel. À direita, outra escrava, cujos cabelos cortados muito rente revelam o nível inferior, sentada um pouco além de sua senhora, ocupa-se igualmente com trabalhos de agulha. Avança do mesmo lado um moleque, com um enorme copo de água, bebida freqüentemente solicitada durante o dia para acalmar a sede que o abuso dos ali-

---

[1] O Pequeno dicionário brasileiro da língua portuguesa *menciona a palavra com esse mesmo sentido, como regionalismo carioca. No norte o vocábulo é designativo de uma espécie de sabiá.* (N. do T.)

mentos apimentados ou das compotas açucaradas provoca. Os dois negrinhos, apenas em idade de engatinhar e que gozam, no quarto da dona da casa, dos privilégios do pequeno macaco, experimentam suas forças na esteira da criada. Esta pequena população nascente, fruto da escravidão, torna-se, ao crescer, um objeto de especulação lucrativa para o proprietário e é considerada no inventário um imóvel[1].

Na época em que desenhei esta cena, era ela mais ou menos comum na cidade; devo acrescentar com justiça que em 1830, ao contrário, não era raro verem-se as filhas de um simples funcionário distinguir-se pela dança, a música e algumas noções de francês, educação que as fazia brilhar nas festas e lhes dava possibilidade de um casamento mais vantajoso.

---

[1] *É engano do autor, o escravo figurava como semovente; a lei a ele se referia como "coisa animada". (N. do T.)*

Prancha 6-bis

Vasilhames de madeira

Era natural que se encontrasse entre os habitantes das florestas do Brasil o uso dos recipientes de madeira tirados dos troncos dessas árvores que ainda fornecem ao índio selvagem sua canoa, seu cocho, sua gamela e esses esquifes que foram venerados entre os coroados enquanto não conheceram o segredo da fabricação das *igaçabas,* empregadas para o mesmo fim com o nome de *camucins*. O primeiro colono europeu não desdenhou esses utensílios, e o uso dos recipientes de madeira, perpetuado assim há três séculos no Brasil, ainda é hoje observado e apreciado, mesmo na capital do império.

N.º 1 — O *cocho,* vocábulo brasileiro derivado da palavra portuguesa — *coxio* (qualquer cousa leve e de fácil transporte)[1]. O cocho é um tronco de árvore vagamente esquadrado e escavado; é uma espécie de recipiente de oito palmos de comprimento, que se destina, nas usinas de açúcar, ao recolhimento do caldo da cana passada na moenda. As pequenas tábuas que se vêem na parte superior servem para descansar os potes no momento de enchê-los com o licor espremido e que deve ser transportado para o lugar da manipulação final.

Emprega-se também, montado sobre pedras, como manjedoura dos animais de carga para a ração de milho. Essa manjedoura, feita de uma só peça de madeira, não é estranha aos europeus e se emprega para o mesmo fim em várias regiões da França, à entrada dos albergues, por exemplo, ou, de tamanho menor, nos galinheiros para a água das aves.

N.º 2 — Pote redondo com cabo alongado, feito de uma só peça de madeira. Pode-se comparar, pela capacidade e pelo uso, ao litro francês; chama-se, no Brasil, *quartilho,* quarta parte de uma *canada;* diminuído de metade, toma o nome de *meio-quartilho* (meio litro). Acrescentam-se a essas medidas de madeira as medidas mais modernas de vidro, correspondentes não somente a todas as divisões da *canada,* mas ainda a uma série de subdivisões, que vai até a menor medida francesa para líquidos: o *cálice*. O observador verifica facilmente, pela forma desses recipientes de vidro, geralmente oblongos, largos de boca e estreitos de pé, que sua introdução e seu emprego remontam sem dúvida à ocupação holandesa.

---

[1] *O autor escreve "cocho" com x: esse erro ortográfico levou-o a encontrar a etimologia no vocábulo "coxio". Existe, em verdade, o termo "coxia" com o sentido também de "lugar ocupado por cada cavalo na estrebaria". (N. do T.)*

Essa coleção de recipientes de madeira e de vidro, que servem para medir o vinho e a aguardente, figura sempre sobre o balcão do vendeiro. As vendas, numerosas, se localizam, em geral, nas esquinas, tal como em França.

N.º 3 — *Gamela*. Banheira feita de uma só peça de madeira escavada, de cinco a oito pés de comprimento, muito pesada; em geral é pintada a óleo internamente; é atualmente substituída, nas casas ricas, por uma banheira de zinco fixada sobre uma tábua com rodinhas.

Os esquifes indígenas desenterrados em Minas Gerais não passam de um par de gamelas em que uma faz as vezes de tampa; o conjunto é fortemente amarrado com *cipó caboclo,* mais resistente do que os outros à umidade.

N.º 4 — Medidas para grãos. Essa espécie de vasilha com cabo, feita de madeira, é de confecção muito simples e seu tamanho varia entre três e oito polegadas. Outro tipo da mesma medida pode ser visto na prancha 21, em cima do saco cheio de milho seco que a vendedora carrega à cabeça. Com o mesmo número (4), a vasilha menor, de três polegadas quadradas de superfície, serve para medir o amendoim cru ou torrado e os feijões-pretos, grão farinhoso tão substancial que o dobro dessa medida basta para o jantar de um camarada. (Ver a descrição dessa módica refeição na nota correspondente à prancha 7, o jantar brasileiro.)

N.º 5 — Esse recipiente de madeira, de forma arredondada e não raro irregular, chama-se *gamela* ou *bacia*. Sempre menor do que a outra, com três a cinco palmos de largura, serve para diferentes fins e principalmente para ensaboar a roupa-branca fina; como está sempre em contacto com a água fervendo, raramente se encontra em perfeito estado. Fende-se e é, em geral, consertada com chapas de zinco. Nas casas ricas, a bacia de madeira é substituída por uma de cobre amarelo que tem o mesmo nome e o mesmo fim.

Potes de barro para água

Embora se saiba que a fabricação da cerâmica era conhecida dos índios do Brasil antes da chegada dos europeus, é interessante notar que o aperfeiçoamento dessa indústria só se manifestou de um modo especial, desde então, em três lugares do império: Pernambuco, Bahia e Santa Catarina, que fizeram dela um ramo especial de seu comércio. Existem, nas proximidades da Bahia, várias aldeias indígenas cuja população se dedica exclusivamente a esse gênero de indústria. Beneficiadas no transporte dessas mercadorias por uma navegação rápida, estas duas últimas províncias abastecem sozinhas a cidade do Rio de Janeiro.

Apresentamos aos nossos leitores esta coleção de potes de uso comum, que remontam a 1500, tanto mais interessantes quanto lembram exatamente, em muitos casos, o estilo do antigo Egito, bem como o mourisco importado pelos espanhóis, que durante muito tempo dominaram os portugueses. Estes herdaram seus costumes e seu gosto, no Brasil.

Dos quatro vasos com o número 1, o terceiro, feito de barro vermelho e luzidio, com ornatos trabalhados à mão, e com quatro palmos de altura, lembra com muita fidelidade o estilo egípcio, inclusive o sistema de encaixe que lhe serve de suporte, constituído por um pé ou mesa de madeira leve, em geral recortada de acordo com o contorno do vaso a que pertence. Esse hábito é tanto mais necessário quanto a pequena tábua de suporte está sujeita ao contínuo gotejar do grande volume de água contido nesse vaso de barro malcozido e que, produzindo-se mais particularmente na base, dissolveria rapidamente o pé.

O primeiro, da mesma matéria que os outros, tem três palmos de altura e toda a simplicidade egípcia.

O segundo, não menos esbelto, lembra em todos os seus detalhes a elegância do gosto árabe. Nele se encontram, com efeito, as alças delicadas e retorcidas, o gargalo encimado por uma espécie de taça com tampa; o caráter muito pronunciado dos ornatos marcados em grupo na parte inferior do bojo e, finalmente, a junção demasiado fina do largo pé que o suporta não deixam nenhuma dúvida acerca da origem desse vaso de barro, que pode ter três palmos de altura.

O quarto, de uma forma menos elegante, mais severa, também se liga ao estilo árabe. É igualmente de barro vermelho, com ornatos modelados à mão, e cada uma de suas pequenas alças, de forma singular, representa uma cabeça humana esculpida, pintada de verde e envernizada.

O número 2, o último da linha, da mesma matéria que os precedentes, tem quatro palmos de altura. Este vaso, formado por uma enorme bola coroada por um largo funil, pode ser considerado um monumento da maior simplicidade egípcia. E lembra também a utilidade do suporte de madeira para um ponto de apoio de sua base arredondada.

O número 2, primeiro da linha, de barro cozido e de forma oblonga, tem mais o caráter indígena. É, em geral, de três palmos de altura. Suas funções vergonhosas fazem com que esteja sempre escondido num canto do jardim ou de pequeno pátio contíguo à casa, colocado atrás de uma cerca de trepadeiras ou simplesmente escondido por duas ou três tábuas apoiadas ao muro. Nas casas mais ricas, ele se dissimula sob um assento de madeira móvel. E, nesse esconderijo, aguarda a hora da *ave-maria* para, molemente balançando à cabeça do negro encarregado desse serviço, ser esvaziado numa das praias. Antes da partida é previamente coroado por uma pequena tábua ou uma enorme folha de couve, tampa improvisada que se supõe suficiente para evitar o mau cheiro exalado durante o trajeto. Esse despejo infecta todas as noites, das sete às oito e meia, todas as ruas próximas do mar, nas quais se verifica uma enorme procissão de negros carregando esse triste fardo e espalhando num instante todos os transeuntes distraidamente colocados no caminho.

O velho barril de água termina também sua carreira como o pote de que acabamos de falar, com maiores inconvenientes, porém, no transporte, inconvenientes que escandalizam as modistas e as negociantes francesas da Rua do Ouvidor. Acontece, com efeito, que o peso enorme suportado pelo fundo velho do barril, o qual recebe com cada passo do carregador uma ligeira sacudidela, acaba desconjuntando as três ou quatro tábuas, já podres e sem elasticidade, que cedem, enfim, deixando escapar o conteúdo infecto, que espirra de todos os lados. Mas não é tudo: nessa desagradável ocorrência, as paredes do barril, ainda ligadas com aros de ferro, escorregam e encaixam o negro desde os ombros até os punhos. Assim, repentinamente couraçado, às vezes mesmo coroado com enormes folhas de couve de uma cor incerta, descobrem-se somente a cabeça e as pernas do pobre escravo abobado com as novas cores de que se vê de repente coberto. Essa desventura constitui uma alegria para os companheiros e é assinalada por mil assobios agudos, gritos e palmas de todos os que o cercam. Acordado de sua estupefação por esse barulho generalizado, o negro toma as disposições necessárias para sair de seu barril e recolher os pedaços esparsos. Após a manifestação de alegria, os outros partem correndo, e o desgraçado, assim isolado, torna-se o ponto de mira dos vizinhos, que, fechando o nariz, lançam contra ele seus próprios negros armados de utensílios, que lhe são emprestados para recolher pouco a pouco os restos imundos disseminados pela calçada. Obrigam-no ainda, após esse trabalho penoso e longo, a jogar vários barris de água, a varrer e, não raro, a limpar com esponja as vitrinas da loja que seu fardo sujou. Com todas essas precauções, quase não basta a noite para que se evaporem completamente os miasmas, circunstância desagradável, que priva as moças da loja atingida das amáveis visitas que lhes encantam as noitadas; e a circunstância é tanto mais aflitiva quanto dá origem a chacotas e zombarias que circulam durante, pelo menos, oito dias em todas as outras lojas do Rio de Janeiro.

Terminado esse penoso trabalho, entre imprecações de todos, o infeliz carregador vai lavar-se na praia, bem como limpar as tábuas desconjuntadas de seu barril. Finalmente, após três horas de ausência, volta para a casa do amo, onde, por cúmulo de infelicidade, é submetido ao castigo reservado aos desastrados, castigo pelo qual o proprietário do barril velho pensa mascarar a sua sordidez.

A impossibilidade de abrir fossas num terreno em que a água se encontra a dezoito polegadas de profundidade impede o uso de latrinas como em França; nenhuma tentativa desse gênero fora ainda feita por ocasião de minha partida. Apenas se conseguiram alguns assentos com depósitos inodoros, de fabricação inglesa, para o serviço do palácio e das mais ricas residências, o que nos leva a crer que o antigo vaso de alças continue durante muito tempo ainda nas suas funções.

Os dois potes marcados com o número 3 chamam-se *panelas* e são de estilo indígena; de uso mais comum, fabricados a baixo preço, encontram-se em profusão, vindos das aldeias vizinhas de caboclos. Esses recipientes servem alternativamente de sopeiras e de marmitas nas casas de pobres (ver detalhes na primeira parte, na prancha relativa à cerâmica).

Número 4 (na mesma linha). Bonito vaso de barro de três palmos de altura, modelo de graça e de simplicidade árabe, e cujas formas bem-ordenadas apresentam um conjunto infinitamente agradável. Foram colocados nesta primeira linha todos os potes compreendidos na denominação de *talhas* e destinados, por suas dimensões, a conter grande provisão de água.

Os números 4 colocados na última linha referem-se a vasos de barro de pequenas dimensões, que servem para beber diretamente neles; têm a vantagem de conservar sempre fresca a água.

O nome genérico desses potes é *moringa;* esta tira do estilo árabe suas formas estranhas e variadas. É de observar, entretanto, que é sempre construída de maneira a apresentar uma forma cômoda para ser segurada e erguida na mão.

Assim o primeiro número 4, por exemplo, cuja boca, semelhante a um copo, se superpõe a um bojo destinado a servir de ponto de apoio para a mão que o deve suportar.

O segundo, encimado por uma espécie de tigela, apresenta, graças à ausência da parte central, duas alças infinitamente cômodas para se segurarem com ambas as mãos.

O terceiro, que varia de um a três palmos de altura, encontra-se também na Itália e na parte meridional da França; sua dimensão maior exige uma alça mais perfeita para suportar-lhe o peso, um funil para enchê-lo e um gargalo pequeno que torne fácil a embocadura.

O quarto, finalmente, cuja parte superior é idêntica à do segundo, segura-se em geral pelo pé.

N.º 5 — Potes comuns de um palmo e meio de altura, de uso muito generalizado, empregados principalmente pelos pintores de paredes, que os suspendem às suas escadas por meio de correias passadas entre as pequenas alças.

N.º 6 — Estes três potes, formados por uma metade de coco ou de cabaça, são de origem indígena e conhecidos em geral pelo nome de *cuias*. Os mesmos, com ornamentos destacados de um fundo colorido e pintados a óleo por operários civilizados, denominam-se *xícaras;* usam-nos para tomar o chá-mate no Paraguai, Rio Grande do Sul e em algumas casas do Rio de Janeiro.

A taça do centro é formada por uma metade de coco, internamente pintada a óleo e encaixada num contorno de prata preso a uma alça, também de prata, extremamente rica, guarnecida de espirais, no meio das quais se encontram caules em filigranas, cuja elasticidade dá às flores e pássaros que sustentam um ligeiro movimento. O pé é também de prata e sua forma elegante rivaliza em riqueza com o resto do vaso.

Essas taças são fabricadas com grande cuidado por ourives indígenas, nas províncias de Santa Catarina e Rio Grande do Sul, razão pela qual nas casas ricas dessa parte do Brasil se encontram sempre mesas guarnecidas delas. As duas taças menos ricas, que a acompanham, são feitas com metades de cabaças. A da esquerda, de asa de prata, é internamente pintada de preto e externamente decorada com ornatos da mesma cor, que se destacam num fundo verde-claro; a da direita, finalmente, que tem por alça um anel móvel, é pintada de cores lisas, vermelha por dentro e azul-clara por fora.

Pequenas bombas para tomar o chá indígena. Como no Brasil, do mesmo modo que no Chile, a infusão do chá indígena se faz na mesma xícara em que é servido, acrescenta-se uma pequena bomba, crivada de buracos na base, para aspirar a água aromatizada, livre dos pedacinhos de folhas. A da esquerda é de prata. O pequeno ornato colocado na parte superior serve para dar maior firmeza aos dedos da pessoa que toma o chá, quando leva o tubo à boca. A outra, mais comum, menos durável e menos cara, é feita com palha de arroz trançada e fixada a um tubo vegetal. Esses utensílios indispensáveis vendem-se às dúzias.

O chá indígena, chamado *chá do mato* ou *da mata,* é na realidade um arbusto cujas folhas são semelhantes às do chá-da-índia. Os guaranis, que fazem esse comércio, vendem-no preparado. Eis os detalhes dessa operação simples: colhem os ramos e, depois de desfolhá-los, colocam-nos em forma de berço em cima de uma pequena escavação de cinco a seis polegadas de profundidade, previamente enchida com pequeninos ramos do mesmo arbusto, destinados a ser queimados. Amontoam em seguida as folhas sobre uma ligeira armação, construindo assim um forno de abóbada vegetal, no centro do qual é aceso o fogo, a fim de ressecar e enfumaçar ao mesmo tempo as folhas que guarnecem as paredes; essa fumigação dá-lhes um amargo picante e um gosto de fumaça desagradável ao paladar pouco acostumado com a infusão, mesmo quando corrigida esta por uma grande quantidade de açúcar.

Os hispano-americanos, fumantes infatigáveis, fazem ainda queimar o açúcar na xícara para aumentar o picante e o amargo dessa infusão tônica, que se toma fervendo.

O chá é empacotado dentro de sacos quadrados, feitos com meio couro de boi, cozido de três lados com o pêlo para fora, as folhas secas são amassadas no pilão. Esses pacotes, chamados *meios-surrões,* são, graças à sua forma, fáceis de embarcar. Um grande consumo desse chá, tanto no Brasil como em toda a América espanhola, faz com que o seu comércio seja muito lucrativo para os brasileiros.

Prancha 7

O jantar no Brasil

Subordinada às exigências da vida, a hora do jantar variava, no Rio de Janeiro, de acordo com a profissão do dono da casa. O empregado jantava às duas horas, depois da saída do escritório; o negociante inglês deixava a sua loja na cidade ali pelas cinco horas da tarde, para não mais voltar; montava a cavalo e, chegando à sua residência num dos arrabaldes mais arejados da cidade, jantava às seis horas da tarde. O brasileiro de outrora sempre jantou ao meio-dia e o negociante, hoje, à uma hora.

Era muito importante, principalmente para o estrangeiro que desejasse comprar alguma coisa numa loja, evitar perturbar o jantar do negociante, pois este, à mesa, sempre mandava responder que não tinha o que o cliente queria. Em geral, não era costume apresentar-se numa casa brasileira na hora do jantar, mesmo porque não se era recebido durante o jantar dos donos. Muitas razões se opunham: em primeiro lugar, o hábito de ficar tranqüilamente à vontade sob uma temperatura que leva, naturalmente, ao abandono de toda etiqueta; em seguida a negligência do traje, tolerada durante a refeição; e, finalmente, uma disposição para o sossego que para alguns precede e para todos segue imediatamente o jantar. Esse repouso, necessário ao brasileiro, termina por um sono prolongado, de duas ou três horas, a que se dá o nome de *sesta*.

No Rio, como em todas as outras cidades do Brasil, é costume, durante o *tête-à-tête* de um jantar conjugal, que o marido se ocupe silenciosamente com seus negócios e a mulher se distraia com os negrinhos, que substituem os doguezinhos, hoje quase completamente desaparecidos na Europa. Esses molecotes, mimados até a idade de cinco ou seis anos, são em seguida entregues à tirania dos outros escravos, que os domam a chicotadas e os habituam, assim, a compartilhar com eles das fadigas e dissabores do trabalho. Essas pobres crianças, revoltadas por não mais receberem das mãos carinhosas de suas donas manjares suculentos e doces, procuram compensar a falta roubando as frutas do jardim ou disputando aos animais domésticos os restos de comida que sua gulodice, repentinamente contrariada, leva a saborear com verdadeira sofreguidão.

Quanto ao jantar em si, compõe-se, para um homem abastado, de uma sopa de pão e caldo gordo, chamado caldo de substância, porque é feito com um enorme pedaço de carne de vaca, salsichas, toucinho, couves, imensos rabanetes brancos com suas folhas, chamados impropriamente nabos, etc., tudo bem cozido. No momento de pôr a sopa à mesa, acrescentam-se algumas folhas de hortelã e mais comumente outras de uma erva cujo cheiro muito forte dá-lhe um gosto marcado bastante desagradável para quem não está acostumado. Serve-se ao mesmo tempo o cozido, ou melhor, um monte de diversas espécies de carnes e legumes de gostos muito variados embora cozidos juntos; ao lado coloca-se sempre o indispensável *escaldado* (flor de farinha de mandioca), que se mistura com caldo de carne ou de tomates ou ainda com camarões; uma colher dessa substância farinhosa, semilíquida, colocada no prato cada vez que se come um novo alimento, substitui o pão que nessa época não era usado ao jantar. Ao lado do escaldado, e no centro da mesa, vê-se a insossa galinha com arroz, escoltada porém por um prato de verduras cozidas extremamente apimentado. Perto dela brilha uma resplendente pirâmide de laranjas perfumadas, logo cortadas em quartos e distribuídas a todos os convivas para acalmar a irritação da boca, já cauterizada pela pimenta. Felizmente esse suco balsâmico, acrescido a cada novo alimento, refresca a mucosa, provoca a salivação e permite apreciar-se em seu devido valor a natural suculência do assado. Os paladares estragados, para os quais um quarto de laranja não passa de um luxo habitual, acrescentam sem escrúpulo ao assado o molho, preparação feita a frio com a malagueta esmagada simplesmente no vinagre, prato permanente e de rigor para o brasileiro de todas as classes. Finalmente, o jantar se completa com uma salada inteiramente recoberta de enormes fatias de cebola crua e de azeitonas escuras e rançosas (tão apreciadas em Portugal, de onde vêm, assim como o azeite de tempero, que tem o mesmo gosto detestável). A esses pratos, sucedem, como sobremesa, o doce-de-arroz frio, excessivamente salpicado de canela, o queijo-de-minas, e, mais recentemente, diversas espécies de queijos holandeses e ingleses; as laranjas tornam a aparecer com as outras frutas do país: ananases, maracujás, pitangas, melancias, jambos, jabuticabas, mangas, cajás, frutas-do-conde, etc. (ver a prancha das frutas).

Os vinhos da Madeira e do Porto são servidos em cálice, com os quais se saúdam cada vez que bebem: além disso, um enorme copo, que os criados têm o cuidado de manter sempre cheio de água pura e fresca, serve a todos os convivas para beberem à vontade. A refeição termina com o café.

Passando-se ao humilde jantar do pequeno negociante e sua família, vê-se, com espanto, que se compõe apenas de um miserável pedaço de carne-seca, de três a quatro polegadas quadradas e somente meio dedo de espessura; cozinham-no à grande água com um punhado de feijões-pretos, cuja farinha cinzenta, muito substancial, tem a vantagem de não fermentar no estômago. Cheio o prato com esse caldo, no qual nadam alguns feijões, joga-se nele uma grande pitada de farinha de mandioca, a qual, misturada com os feijões esmagados, forma uma pasta consistente, que se come com a ponta de uma faca arredondada, de lâmina larga. Essa refeição simples, repetida invariavelmente todos os dias e cuidadosamente escondida dos transeuntes, é feita nos fundos da loja, numa sala que serve igualmente de quarto de dormir. O dono da casa come com os cotovelos fincados na mesa; a mulher, com o prato sobre os joelhos, sentada à moda asiática na sua marquesa, e as crianças, deitadas ou de cócoras nas esteiras, se enlambuzam à vontade com a pasta comida nas mãos. Mais abastado, o negociante acrescenta à refeição o lombo de porco assado ou o peixe cozido na água com um raminho de salsa, um quarto de cebola e três ou quatro tomates. Mas, para torná-lo mais apetitoso, mergulha cada bocado no molho picante acima descrito; completam a refeição bananas e laranjas. Bebe-se água unicamente. As mulheres e crianças não usam colheres nem garfos; comem todos com os dedos.

Os mais indigentes e os escravos nas fazendas alimentam-se com dois punhados de farinha seca, umedecidos na boca pelo suco de algumas bananas ou laranjas. Finalmente, o mendigo, quase nu e repugnante de sujeira, sentado do meio-dia às três à porta de um convento, engorda sossegadamente, alimentado pelos restos que a caridade lhe prodigaliza. Tal é a série de jantares da cidade, após os quais toda a população repousa.

Depois de ter afligido a alma de nossos leitores com a descrição da frugalidade do triste jantar do escravo do Brasil, não me parece sem interesse conduzi-los, por oposição, ao início de luxo moderno desta mesma mesa brasileira.

Lembrarei, pois, que em 1817 a cidade do Rio de Janeiro já oferecia aos gastrônomos recursos bem satisfatórios, provenientes da afluência prevista dos estrangeiros por ocasião da elevação ao trono de Dom João VI. Essa nova população trouxe efetivamente com ela a necessidade de satisfazer os hábitos do luxo europeu. O primeiro e mais imperioso desses hábitos era o prazer da mesa, sustentado também pelos ingleses e alemães, comerciantes ou viajantes vindos inicialmente em maior número. Esse prazer, fonte de excessos, mas sempre baseado na necessidade de comer, dá ensejo, por isso mesmo, a uma especulação certa, monopólio que se garantiram os italianos, cozinheiros por instinto e primeiros sorveteiros do mundo civilizado. O Rio de Janeiro teve, por conseguinte, nessa época, seus *Néos*, seus *Tortonis*, em verdade reunidos em uma só pessoa, mas de talento e de atividade, que se encarregava com êxito de todas as refeições magníficas, e cujo estabelecimento florescente oferecia aos oficiais portugueses, encantados de encontrar no Brasil uma parcela dos prazeres de que haviam gozado em Lisboa, banquetes e serviços particulares delicadamente executados.

Encorajados com o êxito do proprietário do restaurante, outros italianos abriram sucessivamente um certo número de casas de comestíveis, bem abastecidas de massas delicadas, azeites superfinos, frios bem conservados e frutas secas de primeira qualidade, e o desejo muito louvável de se sustentarem pela cooperação mútua levou-os a se instalarem numa rua já reputada pela presença de um dos três únicos padeiros da cidade nessa época. A reputação merecida desse empório (aliás bastante caro) cresceu de tal maneira, que hoje todo o verdadeiro conhecedor sente subir-lhe a água à boca ao ouvir o nome da *Rua do Rosário*, bem construída e memorável para todo gastrônomo que tenha visitado a capital do Brasil; vantajosamente situada no centro comercial da cidade, comunica-se por uma das extremidades com a *Rua Direita* (Rua Saint-Honoré, de Paris, no Rio de Janeiro).

Por outro lado, um francês se encarregou do abastecimento de farinha, e a padaria progrediu rapidamente graças ao acréscimo de consumo provocado pela prodigiosa afluência de seus compatriotas *comedores de pão*. Outras padarias se instalaram posteriormente, de alemães e italianos, dignas rivais das francesas que existem agora.

É a um desses padeiros franceses *(Maçon)*, também proprietário de uma chácara perto da cidade, que se deve em parte a melhoria progressiva da cultura de legumes, cujas primeiras experiências foram suas, bem como o comércio de sementes desse gênero, vindas da Europa, que se faz na sua padaria. Entretanto, é de observar que o legume francês, produzido com sementes brasileiras, degenera de maneira incrível já no primeiro ano de cultura. O nabo, por exemplo, perde o açúcar e torna-se ardido e fibroso como um rabanete. O mesmo ocorre com diversas saladas.

É o conjunto dessas importações européias, naturalizadas há dezesseis anos no Rio de Janeiro, que alimenta hoje o luxo da mesa brasileira.

Acrescentarei que, fiel ao plano desta obra, procurei dar na primeira descrição de um jantar a exata composição do cardápio comum na época de minha chegada, cardápio este tanto mais característico quanto ainda hoje se conserva no interior do Brasil, pelo menos sem diferença notável.

Prancha 8

O passatempo dos ricos depois do jantar

Em França, a conversação mais generalizada e mais alegre no fim da refeição prepara uma atmosfera agradável para depois do jantar, cuja amenidade cresce com a aproximação verificada entre os convivas, dispostos em torno da mesa com inteligência pelo dono da casa, de maneira a fazer nascer entre eles uma ligação baseada em geral no interesse ou na refeição, ou em fazê-la reavivar-se. Essa disposição amável, transportada da mesa para o salão e compartilhada pelas senhoras que dão brilho à reunião, assegura o encanto de uma noite cuja lembrança será sempre preciosa; assim se constitui a vida social num clima temperado favorável a uma infatigável atividade.

O mesmo não pode ocorrer na ardente América, no Rio de Janeiro, por exemplo, onde o brasileiro deixa a mesa no momento em que a atmosfera, já aquecida por seis ou sete horas de sol, estende sua influência abafadora até o âmago das habitações. O brasileiro, com a boca abrasada pelo estimulante dos temperos e literalmente queimada pelo café fervendo, já semidesvestido, procura quase em vão em seus cômodos a sombra e o descanso, pelo menos durante duas ou três horas; adormecendo afinal, banhado de suor, acorda lá pelas seis horas da tarde, quando principia a viração. Com a cabeça um pouco pesada, cansada da digestão, manda trazer um enorme copo de água, que bebe, enxugando lentamente o suor que lhe orvalha o peito. Retomando pouco a pouco os sentidos, escolhe uma agradável distração que lhe encha o tempo até o cair da noite, hora em que, feita a *toilette,* prepara-se para receber visitas ou sai a passeio. Durante essa ausência, examinemos pormenorizadamente a sua casa.

Os estudiosos de arquitetura sempre encontram nas regiões meridionais, como as do Levante, o uso de um abrigo colocado do lado externo das habitações: a galeria mourisca, a *loggia* italiana e a varanda brasileira aqui representada. É muito natural que, com uma temperatura que atinge às vezes quarenta e cinco graus de calor, sob um sol insuportável durante seis a oito meses no ano, o brasileiro tenha adotado a varanda nas suas construções; por isso encontra-se, embora muito simplesmente construída, até nas habitações mais pobres.

A face exterior dessa galeria bastante baixa é formada por um muro de apoio no qual assentam algumas colunas muito curtas, grossas e de estilo mourisco, sustentando um friso recoberto pela enorme saliência das longas telhas semicilíndricas do telhado.

A casa de campo, construída sempre numa elevação, exige, em virtude de seu isolamento, a continuidade de uma varanda pelo menos de três lados do rés-do-chão, a fim de estabelecer-se uma comunicação fresca e resguardada entre os cômodos reunidos no centro do edifício. Na cidade, ao contrário, só existe varanda na face do edifício que dá para o jardim. É nessa galeria que se tem por hábito tomar a fresca, pois, no campo principalmente, as peças do andar térreo não passam de grandes alcovas fechadas por portas inteiriças.

É aí que, durante o silencioso descanso de depois do jantar, abrigado dos raios do sol, o brasileiro se abandona sem reserva ao império da saudade; essa delicada saudade, quinta-essência da volúpia sentimental, apossa-se então de seu devaneio poético e musical, que se exprime nos sons expressivos e melodiosos da flauta, seu instrumento de predileção, ou por um acompanhamento cromático improvisado no violão e cujo estilo apaixonado ou ingênuo colore sua engenhosa *modinha*. Satisfeito com esse passatempo, que lhe dá uma nova posição, prepara no encantamento do seu sonho o novo triunfo que terá algumas horas mais tarde no salão.

É também na varanda que o gastrônomo indígena, mais material em verdade, mais gordo e mais apático, goza a felicidade de poder aplacar o ardor de sua sede esvaziando, sucessivamente, as inúmeras moringas de água fresca, que se encontram colocadas nos quartos como as bombas contra incêndios nas salas de espetáculo na França.

Percebe-se que esse abandono que precede e acompanha o sono de depois do jantar se reflete no trajo de dorminhoco, cujos movimentos, livres de peias, se executam sem cerimônia sob o simples roupão, espécie de penhoar de tecido de algodão estampado, que se usa sobre a pele ou com uma calça curta de algodão por cima da qual flutua uma camisa de percal. Gozando assim, durante grande parte do dia, de todas as vantagens de liberdade prescritas pelo clima, o brasileiro jovem e rico, filho mimado da natureza, desenvolve talentos agradáveis, apreciados nas reuniões da noite, em que brilha o luxo europeu e que ele torna mais agradável pelo encanto de sua música.

Prancha 9

Os refrescos do Largo do Palácio

Depois desse rápido olhar sobre a existência deliciosa do rico negociante brasileiro do Rio de Janeiro, encontramos na classe média e mais numerosa o pequeno capitalista, proprietário de um ou dois escravos negros, cuja renda diária, recolhida semanalmente, basta à sua existência. Satisfeito com essa fortuna, ou melhor, com a posse desse imóvel, adquirido por herança ou com o fruto de suas economias, emprega filosoficamente o resto da vida na monotonia dos passatempos habituais.

Esse homem tranqüilo, observador religioso dos usos brasileiros mais tradicionais, levanta-se antes do sol, percorre com a fresca uma parte da cidade, entra na primeira igreja aberta, reza ou ouve missa e continua o seu passeio até as seis horas da manhã. Volta, então, despe-se, almoça, descansa, limpa seus trajes, janta ao meio-dia, faz a sesta até duas ou três horas da tarde, torna a fazer a *toilette* e sai de novo às quatro horas.

É, por conseguinte, lá pelas quatro horas da tarde que se podem ver esses homens de pequenas rendas chegar de todas as ruas adjacentes ao Largo do Palácio, a fim de sentarem nos parapeitos do cais, onde têm por costume respirar o ar fresco até a hora da ave-maria. Em menos de meia hora todos os lugares estão tomados e, após as cortesias em uso entre gente que não tem o que fazer, cada um chama um vendedor de doces, menos para comprar uma guloseima do que para engolir de um trago a metade da água contida na pequena moringa que o negro carrega à mão e que constitui um remédio indispensável para a sede ardente provocada pela digestão de um jantar apimentado de acordo com o antigo código da cozinha brasileira.

Entre os numerosos e parcimoniosos consumidores, é fácil distinguirem-se os mais necessitados, cuja economia exagerada atinge as raias da avareza. A fim de satisfazer as exigências da sede, o bebedor malicioso chama de preferência um vendedor de aspecto tímido e, certo de confundi-lo, deprecia-lhe a mercadoria num tom extremamente duro e se aproveita da atrapalhação do negro para apossar-se da moringa e beber a água de graça; de carranca fechada, devolve-lhe em seguida a moringa, censurando-lhe a mesquinhez e a sujeira. Vítima dessa dupla injustiça, o infeliz escravo, ameaçado e injuriado, foge. Muito feliz ainda de escapar, a pretexto de encher o recipiente na fonte vizinha.

Os mais generosos, ao contrário, desdenhando essa tática recriminável, chamam uma vendedora negra, cujas maneiras e trajes rebuscados revelam o desejo e os meios de agradar, que muitas empregam habilmente a fim de aumentar o benefício da venda explorando a boa vontade dos compradores.

A conversação prolonga-se alegremente e termina infalivelmente com a aquisição de uma guloseima de um vintém, que dá ao comprador o direito de beber a água da moringa. Se a negra teve a felicidade de agradar, o senhor, desalterado, compra generosamente um novo doce, cujo pagamento se acompanha de uma olhadela protetora, que encoraja a interessante vendedora a se apresentar espontaneamente no dia seguinte. O consumidor assim seduzido dobra a despesa e torna-se pouco a pouco um excelente freguês, reconhecido e festejado pelas vendedoras de doces do Largo do Palácio. Após essa distração indispensável, as conversações, entrecortadas de anedotas, se reiniciam e continuam até sete horas da noite, momento em que o som do sino da Capela Imperial adverte a todos de que devem se levantar para rezar, o que fazem retirando o chapéu. Dita a ave-maria, e após esta cena de imobilidade instantânea, cumprimentam-se mutuamente e marcam encontro para o dia seguinte. E, cobrindo-se de novo, voltam para casa lentamente, como vieram.

O pequeno capitalista não é entretanto freqüentador exclusivo do Largo do Palácio; também todas as tardes os comerciantes aí se reúnem, ocupando principalmente um espaço limitado de um lado pelo ponto de desembarque e de outro pelas cocheiras da corte; aí ficam eles em grupos, ou passeando aos pares pelo gramado dessa bela esplanada, tanto mais interessante para eles quanto dela se podem ver também os sinais colocados no morro do Castelo e a chegada dos navios mercantes que nessa hora aproveitam a brisa da tarde para vir ancorar perto da ilha das Cobras. Um pouco mais tarde, a esses grupos se ajuntam os capitães de navios, que chegam com seus consignatários ou fretadores com os quais permaneceram mais demoradamente à mesa. Finalmente, a obscuridade e a frescura da noite dispersam os grupos, mergulhando o largo num silêncio que permite ouvir-se a aproximação das chalupas dos oficiais de marinha estrangeiros, vindos à terra passar alguns instantes agradáveis na cidade, nas casas particulares, no espetáculo ou simplesmente nos cafés. Dois destes estabelecimentos, franceses, localizados comodamente no Largo do Palácio, perto da Rua Direita, têm o privilégio de constituir o lugar de encontro de todos os estrangeiros. Durante essa agradável diversão, o marinheiro de guarda, na canoa que trouxe os oficiais estrangeiros, espera pacientemente até meia-noite, enrolado no seu capote, o embarque de seus superiores, a fim de se afastar do Largo do Palácio, que passa então a ser freqüentado, durante o resto da noite, tão-somente pelas patrulhas militares.

Prancha 10

Visita a uma fazenda

Aos nossos leitores, a cuja curiosidade apresentei o espetáculo singular da atividade do índio selvagem no meio das florestas virgens do Brasil, não será desagradável tornar a elas, para visitar, desta feita, uma propriedade rural portuguesa, explorada de pai a filho, há um século, pelos descendentes do primeiro colono cultivador, cujos hábitos patriarcais se encontram no herdeiro que o representa hoje.

Essa tradição constitui o assunto do desenho litografado sob o número 10.

A conseqüência feliz da temperatura regular e da vida regrada apresenta freqüentemente neste belo país exemplos de uma longevidade aqui reproduzida por uma dona-de-casa, cujas formas quase masculinas mostram os restos de uma compleição extraordinariamente forte.

Ao simples aspecto de sua fisionomia, é fácil de ver, mesmo sem menosprezar as qualidades morais, que a necessidade de repreender continuamente e durante muito tempo escravos preguiçosos fixou nesse rosto a marca involuntária do mau humor; em conseqüência, o olhar tornou-se duro e inquieto; a boca aberta conserva, entretanto, durante o silêncio, um ligeiro movimento dos lábios; e para terminar o retrato, o rosto colossal e coroado por um pequeno penteado simples e fresco, importado de Lisboa, que consiste em um cacho apertado formado pela ponta dos cabelos e enrolado no alto da testa. Vi esse penteado, de origem espanhola, reproduzido com luxo na cabeça das nobres damas da corte do Brasil, em 1816, e ingenuamente imitado na mesma época pelas caboclas de uma aldeia indígena chamada *Ubá*.

Quanto à posição, fazendo pouco exercício, passa a mulher quase o dia inteiro sentada à moda asiática, com a parte superior do corpo inclinada para a frente e apoiada nos rins; da imobilidade dessa posição resulta uma adiposidade que se manifesta pela inchação excessiva das partes inferiores do indivíduo, o que é visível principalmente nos tornozelos.

Nessas circunstâncias, é de se aplaudir a delicadeza do brasileiro, que soube evitar ferir o amor-próprio das mulheres, qualificando de beleza acessória essa verdadeira deformidade da perna, sempre colocada, em verdade, acima de um lindo pezinho, o que torna o contraste tanto mais chocante para o francês, admirador das formas elegantes das sílfides da Ópera de Paris.

Seu traje, espantosamente simples, compõe-se de uma camisa e de um saiote, aos quais, por decência, se acrescenta um grande xale negligentemente jogado sobre os ombros ao chegar uma visita.

Quanto aos hábitos, seguindo os costumes ancestrais, ocupa-se a mulher, exclusivamente, da fiscalização e manutenção de numerosa família, em geral constituída de doze a catorze filhos ou às vezes mais; mas sujeita, pela exigência dos negócios, a ver seus filhos exercerem funções longe dela, seu consolo limita-se à gratidão de suas filhas, que se revezam para vir com sua pequena família fazer-lhe companhia e enriquecer sua solidão com uma descendência nova igualmente cara a seu coração. Obedientes desde o berço aos hábitos de sua mãe, como ela se levantam de madrugada e, após o banho habitual, saem para respirar o ar fresco. Ao fim de uma hora de passeio, a dona da casa volta e vai sentar-se na sua marquesa, que lhe serve de leito de repouso durante o dia; perto dela se mantêm sempre duas ou três mucamas à espera de ordens, enquanto os outros escravos arranjam a casa até o almoço, às oito horas da manhã. Depois da refeição, que se compõe de chá, café ou chocolate, o dono da casa vai ver os seus negros trabalharem e a senhora volta para o seu lugar até a hora do jantar, servido entre uma e duas horas. Saindo da mesa, todos fazem a sesta até às quatro horas. Depois dessas duas horas de descanso, acordam, mais ou menos banhados de suor e com a boca ardente; esforçam-se então por acalmar a sede que os devora, ingerindo grandes copos de água, e estancar a transpiração que lhes escorre do peito. Finalmente, depois de se ter recomposto, vão retomar seus lugares na sala de reunião.

A cena representa a dona da casa, sentada na sua marquesa em traje de recepção, isto é, com um xale pudicamente jogado sobre os ombros malcobertos e que ela refresca com um enorme leque agitado durante o resto da noite. Ao pé da marquesa, sentada numa esteira de Angola, uma de suas filhas, casada e mãe, aleita seu último filho; atrás, a criada de quarto, negra, está de joelhos; uma outra escrava apresenta o segundo filho da jovem ama, o qual se recusa às carícias de uma senhorinha estrangeira. Finalmente, no primeiro plano, o mais velho dos pequenos, tão arisco quanto seus irmãos, abandonando as frutas que se dispunha a comer, perto de uma das negras, enfia-se debaixo da marquesa para fugir aos olhares dos estrangeiros que entram: vício de educação então comum a todas as famílias brasileiras.

Atrás da dona da casa, uma de suas jovens escravas, encarregada da aborrecida tarefa de espantar as moscas e mosquitos agitando ramos, revela ao europeu o exemplo de um acréscimo de infelicidade pelo espetáculo doloroso da máscara de zinco com que o rosto da vítima está coberto, índice sinistro da resolução tomada de morrer comendo terra[1]. No centro do grupo mais mimoso, a vizinha, de formas avantajadas e robusta saúde, se apresenta majestosamente cercada de suas duas mu-

---

[1] *Este traço de caráter, que os proprietários de escravos chamam de vício, é mais comum a certas nações negras apaixonadas da liberdade e principalmente aos monjolos. Percebe-se logo, pela brancura lívida da parte interna da pálpebra inferior do olho do negro, o funesto efeito das tentativas causadas por essa heróica e desesperada resolução. Por isso verifica-se cuidadosamente a existência do sintoma por ocasião da aquisição de um negro; basta apoiar de leve o dedo abaixo do olho do indivíduo, o que, dobrando-se a pálpebra inferior e isolando do globo ocular, permite verificar perfeitamente a parte interna, que, no caso positivo, é de um branco ligeiramente amarelado. (N. do A.)*

camas, uma das quais se apressa em retirar-lhe o xale e a outra em desembaraçá-la do chapéu de palha que ainda segura na mão para proteger seus olhos negros e sua tez bastante queimada. Mais ou menos no meio da cena, uma de suas filhas, de chapéu na mão e xale no braço, cumprimenta amistosamente a jovem ama. Atrás dela, uma das escravas das moças, de cabeça descoberta, segura o chapéu de palha das outras duas irmãs. Um pouco mais à esquerda, a terceira irmã e a mais jovem das moças da casa abraçam-se, demonstração de amizade entre duas pessoas que se apertam uma contra a outra e lutam com energia. Este terno impulso provoca o mais das vezes quantidade de expressões carinhosas, mas sempre manifestadas com voz aguda, pois geralmente o brasileiro fala alto. Na extrema direita do fundo do quadro, o dono da casa, de colete de algodão estampado e calças brancas, lenço debaixo do braço, com a caixa de rapé na mão, oferece cordialmente uma pitada ao vizinho. Este, de chapéu de palha na cabeça e bastão numa das mãos, avança a outra para a boceta, correspondendo à cortesia. Atrás dele vêem-se alguns negros de sua comitiva. Terminaremos a descrição do último plano do quadro por uma negrinha, escrava da casa, já acostumada à obediência e que, imóvel, olhar fixo e de braços cruzados, aguarda pacientemente, para dar qualquer sinal de vida, a primeira ordem de sua senhora. O primeiro plano da cena está ocupado pelas outras escravas, que trabalham sentadas em suas esteiras e em semicírculo sob o olhar da dona da casa e que, no momento, se mostram também distraídas com a chegada da visita. Uma cadeira dobradiça, de encosto de couro, de estilo holandês, atesta ainda, pela sua forma, o domínio momentâneo desse povo do norte sobre o território brasileiro.

É a poucas léguas da cidade que se deve procurar a residência habitual dos avós dessas antigas famílias; é na chácara, casa de repouso situada numa propriedade rural onde se cultivam cafeeiros e alguns legumes, que se reúne o resto da família, como que por obrigação, durante os dias de festas solenes. No isolamento do resto do ano, aí se goza tranqüilamente a visita habitual dos vizinhos.

Prancha 11

Barbeiros ambulantes

Relegados, em verdade, para o último degrau da hierarquia dos barbeiros, esses Fígaros nômades sabem, entretanto, tornar sua profissão bastante lucrativa, pois, manejando com habilidade navalha e tesouras, consagram-se à faceirice dos negros de ambos os sexos, igualmente apaixonados pela elegância do corte de seus cabelos. Compenetrados e sagazes, vagueiam desde manhã pelas praias, nos pontos de desembarque, pelos cais, nas ruas e praças públicas, ou em torno das grandes oficinas, certos de encontrar clientes entre os *negros de ganho* (carregadores, moços de recados, os pedreiros, os carpinteiros, os marinheiros e as quitandeiras).

Um pedaço de sabão, uma bacia de cobre de barbeiro, quebrada ou amassada, duas navalhas, uma tesoura, embrulhados num lenço velho à guisa de maleta, eis os instrumentos com que lidam os jovens barbeiros, apenas cobertos de trapos quando pertencem a um senhor pobre, e sempre dispostos, onde quer que se encontrem, a aperfeiçoar seu talento à custa dos fregueses confiantes, que consentem em entregar-lhes a cabeleira ou o queixo.

Alguns, entretanto, mais hábeis, dotados mesmo do gênio do desenho, distinguem-se pela variedade que sabem dar ao corte de cabelo dos *negros de ganho,* sobre a cabeça dos quais desenham divisões pitorescas, formadas por chumaços de cabelos cortados com a tesoura e separados uns dos outros por pedaços raspados a navalha e cujo colorido mais claro lhes traça o contorno de uma maneira nítida e harmoniosa.

Aparentemente vagabundos, são no entanto obrigados a se apresentar duas vezes por dia na casa de seus senhores, para as refeições e para entregar o resultado da féria.

Outros sabem aliar a vivacidade à destreza e conseguem maiores resultados postando-se em certos dias e a certas horas na estrada de Mata-Porcos a São Cristóvão, pois aí encontram as tropas que chegam de São Paulo e Minas e cujos tropeiros, após uma longa viagem, se mostram sempre dispostos a cortar a barba para entrar mais decentemente no Rio.

A cena aqui desenhada passa-se nas proximidades do Largo do Palácio, perto do mercado de peixe. Dois negros de elite estão sentados no chão; a medalha do que está ensaboado indica sua função na alfândega. Ambos aguardam, numa imobilidade favorável a seus barbeiros, o momento de remunerar-lhes a habilidade com a módica importância de dois vinténs.

A forma e os ornatos dos chapéus dos jovens barbeiros datam da época da fundação do império brasileiro. Com efeito, naquele momento de entusiasmo nacional, as freqüentes revistas e paradas introduziram o gosto pelas coisas militares em todas as classes da população, e os negros, naturalmente imitadores, transformaram o *schako* em um chapéu de palha grotesco, ornado de uma roseta nacional e de dois galões pintados a óleo; uma pena de pássaro substitui o penacho do uniforme.

O outro chapéu é também de palha, pintado a óleo com as cores imperiais, verde e amarelo. A invenção se deve aos negros, pintores dos cenários usados pelos senhores nas festas públicas, e o resultado parece tanto mais feliz quanto a camada impermeável prolonga indefinidamente a vida do frágil chapéu de palha.

No segundo plano vêem-se dois barbeiros desocupados. Um deles, como um verdadeiro Dom Quixote, em lugar de chapéu usa sua bacia e carrega seus instrumentos numa das mãos; o outro os tem reunidos debaixo do braço; esperam assim seus fregueses, divertindo-se com um jogo de azar cujo lucro, retirado da parte do senhor, aproveitará certamente apenas a algum vendedor de guloseimas, caixa habitual dos adversários felizes.

Prancha 12

Lojas de barbeiros [1]

No Rio de Janeiro, como em Lisboa, as lojas de barbeiros, copiadas das espanholas, apresentam naturalmente o mesmo arranjo interior e o mesmo aspecto exterior, com a única diferença de que o oficial de barbeiro no Brasil é quase sempre negro ou pelo menos mulato. Esse contraste, chocante para o europeu, não impede o habitante do Rio de entrar com confiança numa dessas lojas, certo de aí encontrar numa mesma pessoa um barbeiro hábil, um cabeleireiro exímio, um cirurgião [2] familiarizado com o bisturi e um destro aplicador de sanguessugas. Dono de mil talentos, ele tanto é capaz de consertar a malha escapada de uma meia de seda como de executar, no violão ou na clarineta, valsas e contradanças francesas, em verdade arranjadas a seu jeito. Saindo do baile e colocando-se a serviço de alguma irmandade religiosa na época de uma festa, vemo-lo sentado, com cinco ou seis camaradas, num banco colocado fora da porta da igreja, a executar o mesmo repertório, mas desta feita para estimular a fé dos fiéis que são esperados no templo, onde se acha preparada uma orquestra mais adequada ao culto divino (ver a terceira parte, *músicos negros*).

Desenho aqui a hora calma, das quatro às cinco, que precede o delicioso passeio da tarde.

Um vizinho do barbeiro, negligentemente largado perto da janela com um leque chinês numa das mãos, deixa a outra para fora, entregue à agradável sensação do ar fresco. Recém-acordado e com o estômago cheio de água fresca, olha com indiferença o tabuleiro de doces que lhe apresenta uma jovem negra, à qual, por desafio, faz algumas perguntas sobre seus senhores. Mas logo, aborrecido dessa distração inútil, manda-a embora com esta frase de pouco-caso: "Vai-te embora", expressão grosseira, empregada em todos os tons, desde o mais amistoso até o mais injurioso. Essa solução destrói as esperanças da vendedora, bem como do pequeno cão que aguarda humildemente um pedaço de doce.

---
[1] *É preferível loja de barbeiro ou botica a barbearia, pois os barbeiros, outrora, além de suas ocupações atuais, faziam sangrias, aplicavam "bichas" e vendiam remédios. (N. do T.)*
[2] *O cirurgião era um "sangrador" e colocador de sanguessugas. Entretanto, já nessa época a profissão estava regulamentada. As atas seiscentistas de São Paulo referem-se mais de uma vez ao regulamento e à exigência de "cartas de exame". A observação de Debret revela, portanto, a permanência de certos costumes mais ou menos clandestinos. (N. do T.)*

A loja vizinha é ocupada por dois negros livres. Antigos escravos de ofício[1], de boa conduta e econômicos, conseguiram comprar sua alforria (possibilidade legal que lhes devolveu a liberdade e lhes assinou o lugar de cidadãos, que ocupam honestamente na cidade). Quem, com efeito, ousaria dizer-se mais digno da consideração pública que este oficial de barbeiro brasileiro, ante a lista pomposa de seus talentos afixada na porta da loja? Infatigável até na hora do repouso geral, vemo-lo afiar as navalhas numa mó, que outro negro faz girar, ou consertar meias de seda, ramo de indústria explorado exclusivamente nos seus momentos de lazer. Sua modesta loja acha-se neste momento escura e abandonada, mas dentro de duas horas estará perfeitamente iluminada por quatro velas já preparadas nos castiçais do pequenino lustre, economicamente construído com alguns pedaços de madeira torneada, reunidos entre si por um arame cujos contornos variados formam os caules de uma folhagem de zinco.

Mas é principalmente no sábado que a porta do barbeiro é assaltada pelos clientes, ansiosos por um lugar no simples banco ou na poltrona de honra. Cerca de meia-noite, entretanto, cansado de ter cegado inúmeras navalhas que lhe decoram a loja, e satisfeito com a receita, o barbeiro fecha a porta e se deita até de madrugada na sua marquesa, leito de descanso sem colchão, colocado no fundo da loja e dissimulado por um pequeno tabique de cinco a seis pés de altura.

Muito menos ocupado como dentista, o barbeiro, nessa qualidade, só tem como clientes indivíduos de sua cor, que o descaso dos senhores entrega à sua imperícia, levados sem dúvida pela isca da modicidade dos preços.

Foi-me dado, entretanto, verificar a gratidão da classe média por um velho dentista mulato da Rua da Cadeia, cuja morte precedeu de alguns dias minha partida do Rio de Janeiro.

Citarei ainda o cabeleireiro do Teatro Imperial do Rio de Janeiro, que, apesar de preto, mesmo em meio às nuvens de pó-de-arroz se mostrava perito na fabricação e na colocação de uma peruca de caráter, de uma barba ou de um bigode de qualquer idade; não direi de qualquer nação, pois seus conhecimentos se restringiam a duas ou três formas com que se contentavam o público, o diretor e os comparsas. Os atores principais arranjavam-se alhures, pois já existiam alguns cabeleireiros mais decentes, hispano-americanos, vindos em 1822 de Montevidéu, e ainda, e principalmente, os camarins perfumados dos cabeleireiros franceses da Rua do Ouvidor. Aí, com efeito, se instalou um de meus compatriotas, trânsfuga de uma loja elegante da Rua Saint-Honoré, em Paris, trocada a princípio por um recanto escuro atrás do Hospício, no Rio de Janeiro. Aí se fixou ele com o seu primeiro-oficial, já bastante hábil, e uma modista muito inteligente, tríplices talentos que, com dificuldade, conseguiam atender às solicitações de seus clientes. Esse trânsfuga era o cabeleireiro Catilino, vindo de França em 1816, e cujo êxito brilhante foi favorecido pela instalação do primeiro soberano português no Brasil, o qual, chegando quase sozinho da Europa, acabava de formar apressadamente sua nova corte, composta de nobres

---
[1] *Negros escravos que escrevem um ofício nas lojas dos oficiais e cujos senhores recebem o salário semanalmente. (N. do T.)*

portugueses e de ricos plebeus brasileiros, rivais na vaidade e na faceirice, a fim de atrair a atenção do novo rei.

Nessa feliz circunstância, Catilino, desejoso de servir a todos, queimando seu rosto e sua roupa ao ardor do sol, sempre a galope, arrebentando cavalos, que não raro o derrubavam, e vendendo a peso de ouro bagatelas que ele tornara necessárias, adquiriu em poucos anos uma fortuna suficiente para voltar à pátria, deixando os privilégios de seu emprego a seu oficial, o qual lhe sucedeu efetivamente e acompanhou a corte a Lisboa, quando Dom João VI voltou para Portugal.

Mas essa tríplice perda, ocorrida no sexto ano da introdução do bom gosto no penteado no Rio de Janeiro, não foi muito sensível, porque o estabelecimento do trono imperial valeu ao Brasil, em 1822, um novo Catilino: Desmarets, francês também, que apresentou na sua loja, rival das mais modernas de Paris nessa época, o surpreendente atrativo de uma Vênus pudica, de tamanho natural, modelada em cera colorida, mas semivelada por uma gaze transparente.

Cortesão, patriota com *brevet* de S. M. I., não aumentou o preço de seu trabalho, e esse exemplo de desinteresse conservou-o em voga até minha partida, apesar da concorrência sempre perigosa de seus compatriotas.

Acima dessa celebridade, colocava-se o nome de um jovem francês, aluno e filho de um cirurgião dentista de Paris e que, graças à sua habilidade, sua distinção e sua atividade, conseguiu, em menos de seis meses, conquistar a melhor sociedade do Rio de Janeiro. Com seus cuidados, não houve em breve mais um único sorriso que não expusesse aos olhares o esmalte brilhante de uma dentadura perfeitamente em ordem. Esse primeiro dentista de S. M. I. preparava-se para voltar para a França na época de minha partida, ao fim de sete anos de trabalho e de economia. Mais feliz do que Desmarets, entretanto, tinha no Rio apenas um rival, chamado aliás, por ele próprio, pouco antes, para sócio.

O reinado de Dom Pedro I viu, pois, graças à França, brilharem a elegância das vestimentas da corte, a magnificência dos uniformes militares, os penteados dos pelintras parisienses e das damas do palácio. Mas, em 1831, a abdicação e a partida do fundador do império deram aos espíritos uma orientação mais séria. A Regência modesta, a quem coube recolher, para o jovem soberano, essa sucessão prematura, teve que encorajar, antes de mais nada, a indústria, base da prosperidade do país.

A emancipação do jovem imperador contribuirá bastante para o luxo.

Prancha 12-bis

Indústria do trançado

A multiplicidade de insetos que a umidade dos andares térreos engendra, privando o brasileiro do uso de armários, tão indispensáveis na Europa, levou-o a substituí-los por grandes canastras de madeira que fecham hermeticamente e que se colocam em cima de estrados a fim de ficarem isoladas do chão, em geral mal-assoalhado e esconderijo inevitável de inúmeros roedores. Ele não se esquece tampouco de expor, de quando em quando, esses armários móveis bem abertos aos raios de sol, para que se evapore a umidade que estraga os objetos nele encerrados. Nas casas grandes e arejadas dos ricos as roupas preciosas dos senhores se conservam fechadas dentro de baús de zinco imunes aos menores insetos. A guarda desses tesouros é confiada exclusivamente às criadas de quarto negras, as mucamas, que igualmente os expõem ao sol. Com muito mais razão se obedece a esse costume saudável entre as pessoas mais pobres, que habitam os porões de casebres, tanto mais insalubres quanto se situam seis ou oito polegadas abaixo do nível da rua. Aí esses infelizes, em geral acocorados na sua esteira de palha estendida sobre algumas tábuas mais ou menos podres, se apressam em abrir a porta aos primeiros raios de sol, a fim de combater as afecções reumatismais ou eresipelatosas de que são vítimas em virtude da umidade contínua, que tudo embolora em torno deles; por isso, na véspera de uma festa, por exemplo, já se vêem os adornos das mulheres expostos ao sol na grade de madeira que fecha a janela da peça que serve a um tempo de quarto de dormir e de sala de visita.

A todas essas espécies de baús, produções do gênio europeu, se ajunta a contribuição da indústria do trançado, que cabe no Brasil aos escravos africanos. Revivendo as atividades de sua pátria, estes empregam algumas horas de lazer para fabricar cestos de diversas formas e cores.

Esses numerosos utensílios, de dimensão variável e adequados a diferentes usos, são utilizados em todas as classes da população brasileira, como se verá pela descrição seguinte.

O número 1, primeiro da linha superior, bem como o do meio da segunda linha, representa uma espécie de cesto com tampa, conhecido pelo nome de *gongá*[1], indis-

---
[1] O Pequeno dicionário brasileiro da língua portuguesa *define o vocábulo: "espécie de pequena cesta com tampa (Rio)". (N. do T.)*

pensável numa casa, pois serve em geral para guardar tudo o que se refere a roupa-branca, além dos vestidos e adornos femininos. É um tanto pesado, embora na sua fabricação entre apenas palha de arroz e de palmeira. Sua construção sólida e simples consiste numa longa série de círculos ou nervuras ligados uns aos outros; a alma dessa nervura é um punhado de palha de arroz em torno da qual se enrola fortemente uma tira de folha de palmeira que a comprime e cobre inteiramente. O desenho é formado durante a fabricação, intercalando-se com arte, na tira, e na medida em que se enrola a nervura, palhas coloridas com antecedência. O tamanho desse móvel varia entre dois e seis palmos de largura. O de maior dimensão custa seis patacas.

N.º 1 — Pequeno gongá de palmo e meio de largura com enfeites azuis e pretos.

No fim da última linha vê-se o pequeno gongá número 1, de palmo e meio de abertura, recoberto de pele de cabra, de burro ou de boi, com pregos dourados simetricamente colocados sobre tiras de couro vermelhas, amarelas ou brancas. Essa obra de luxo é da competência exclusiva dos seleiros. O mesmo sistema de tampa se observa na parte externa do balaio número 2, colocado no fim da primeira linha.

O segundo número 1, na primeira linha, representa a cesta de três palmos e meio de altura; essa obra-prima da indústria do trançado, de fundo vermelho, cheia de enfeites pretos, é feita de taquara cortada em tiras extremamente finas. A outra cesta, colocada atrás desta, de menores proporções e do mesmo sistema de fabricação, tem fundo branco com ornamentos azuis e vermelhos alternados. Essas cestas substituem em parte o gongá.

N.º 2 — Balaios de fabricação idêntica à do grande gongá; são cestas que as negras carregam à cabeça, ou para vender gêneros nas ruas ou para trazer provisões ou qualquer outra coisa para a casa de seus senhores. Mais faceiras, nas casas ricas, distinguem-se pelos seus balaios mais enfeitados e de preço, pois os comuns não têm enfeites. (Ver o número 2 da primeira linha.)

N.º 3 — *Cestinhas*. Pequenas cestas de luxo feitas com folhas de palmeira e taquara desfiada. Esse utensílio, exclusivamente de luxo, serve de cesto de trabalhos, principalmente quando tem tampa; quando não, é utilizado para colocar frutas finas ou bagatelas enviadas como presente.

A primeira, colocada na segunda linha, é um verdadeiro modelo de taça, do mais rico estilo árabe; seus enfeites são brancos, vermelhos e pretos. A segunda, no fim da mesma linha, é uma verdadeira cesta européia de graciosa forma e simples até nos seus enfeites, lembrando também o estilo egípcio; é do mesmo tamanho que a precedente. A terceira, colocada no princípio da linha inferior, menos graciosa talvez do que as outras, conserva entretanto, nos seus ornatos, um quê de originalidade mourisca; tem um palmo de boca. Finalmente a quarta, à direita da mesma linha, é uma cesta fechada, de forma particular, que participa mais da cesta indígena pela forma da tampa; varia, de tamanho, de um palmo a dois de largura. A base, quadrada e de ângulos repuxados, se alarga pouco a pouco até tomar a forma redonda do bocal, formado por um círculo mais sólido, feito de tiras cortadas de taquara. Um círculo semelhante forma o bordo da tampa. Os enfeites delicados desta linda cesta de trabalhos são vermelhos e pretos a um tempo.

N.º 4 — Cesta de três palmos de altura, feita exclusivamente de cipós. Serve em geral para a farinha de mandioca, quando tirada da água, e para socá-la também, em seguida, com uma mão de pilão da grossura da abertura da cesta. A água escorre através dos interstícios.

De menor tamanho, suspensa à cinta, serve aos caçadores selvagens para guardar pequenas bolas de barro que se atiram com *bodoque* (ver na prancha 36 da primeira parte).

N.º 5 — Cesta de dois palmos de diâmetro, feita de taquara e de folhas de palmeira, de um formato muito elegante: alteração do estilo egípcio, adotada pelos etruscos e transportada para a Europa, de onde veio recentemente para o Brasil. Essa linda novidade, executada com delicadeza pelas mãos africanas, obteve tanto maior êxito no Rio de Janeiro quanto foi apreciada pelas senhoras francesas. Une à vantagem da forma a brilhante harmonia das cores vermelha, branca, amarela e verde misturadas.

N.º 6 — Espécie de saco oblongo, de cinco palmos de comprimento e de invenção indígena. É uma trança bastante frouxa, de folhas de palmeira, terminada de um lado por uma argola e de outro por uma alça fortemente presa à abertura. Serve para espremer a água da farinha de mandioca, molhada por ocasião da primeira preparação. Essa operação, muito simples, consiste em encher o saco de farinha umedecida de modo a fazê-la adquirir, na grossura, o que deve necessariamente perder no comprimento; prendendo em seguida o anel a um corpo resistente e puxando vigorosamente a alça, comprime-se o conteúdo, que desprende assim a água de que se achava embebido.

N.º 7 — *Abanador* de um palmo de largura, feito de longas tranças de folha de palmeira ligadas umas às outras. Esse utensílio de interior, muito barato, serve para avivar o fogo do braseiro.

N.º 8 — *Fogareiro de barro*. Única forma usada para esse vaso de proporções variáveis, desde quatro polegadas até dois palmos de altura. Os menores, que se carregam na mão, servem às negras para as fumigações, feitas com regularidade nos cômodos, ao crepúsculo, a fim de afugentar os mosquitos no momento de se fecharem as janelas e antes de se acenderem as luzes, que atraem sempre esses insetos[1]. Na hora de dormir a operação é repetida dentro do mosquiteiro.

N.º 9 — Folha de palmeira de um branco amarelado, secada e preparada para a confecção de chapéus e cestas. Seis a oito folhas, enfeixadas junto, formam um maço de palmo e meio de comprimento que custa um vintém. No mercado da *praia Dom Manuel*, encontra-se em quantidade. A província da Bahia, fértil em palmeiras e coqueiros de variadas espécies, abastece o Rio de Janeiro.

---

[1] *As fumigações são feitas com sementes de alfazema, jogadas nas brasas colocadas dentro do pequeno vaso, que é passeado ao longo das paredes, o que afugenta os milhares de mosquitos que as cobrem durante os calores úmidos. (N. do A.)*

As folhas escolhidas, superfinas, tenras e chatas, são colhidas no centro da coroa da palmeira, quando ainda pouco desenvolvidas e recobertas de sua polpa; embora cheias de seiva, são, ao que se diz, fervidas no leite a fim de aumentar a maciez, que é alterada quando da secagem perfeita, processada no forno ou ao sol.

N.º 10 — Pequeno feixe de folhas de arroz, de um palmo e meio de comprimento, tal como se vende no mercado por um vintém. Essas folhas, de um verde avermelhado, principalmente na extremidade, embora finas e estreitas, são de maior resistência que as de palmeira. Reunidas em pequena quantidade, e comprimidas fortemente por uma tira de folhas de palmeira, que as recubra, formam rolos ou nervuras, que, presos uns aos outros, servem para fabricar cestas impermeáveis à água (ver balaio número 2).

Prancha 13

Vendedor de cestos

O cesto brasileiro serve, ao negro, para transportar à cabeça diferentes espécies de objetos. O carregador, nesses casos, não se esquece de sua rodilha, trapo de algodão grosseiro, do tamanho de uma vara[1] mais ou menos, sempre sujo e que é enrolado como uma almofada para preservar a cabeça do contacto do fardo.

É a esses negros carregadores, que passeiam com o cesto no braço e a rodilha dependurada a tiracolo, que se dá o nome de *negro de ganho*; espalhados em grande número pela cidade, apresentam-se imediatamente ao aparecer alguém à porta, tendo-se tornado tanto mais indispensáveis, quanto o orgulho e a indolência do português consideram desprezível quem se mostra no Brasil com pacote na mão, por menor que seja. E essa exigência vai tão longe que, na época de nossa chegada, vimos um de nossos vizinhos no Rio de Janeiro voltar para casa, dignamente seguido por um negro, cujo enorme cesto continha nesse momento um lápis de cera para lacrar e duas penas novas. Afinal, oculto suficientemente aos olhares dos passantes ao chegar ao fundo do corredor, recebeu com dignidade suas compras importantes mediante o pagamento de um vintém, módico salário do carregador.

Mas os fardos nem sempre são tão leves; é preciso ver a certas horas do dia, à saída do Matadouro, por exemplo, esses carregadores musculosos, cobertos de suor, com um quarto de boi no cesto, amarrado por uma corda; orgulhosos do fardo que os cobre de sangue, comprazem-se em atrair a atenção dos transeuntes com falsos gemidos, que se destinam a marcar a cadência de seus passos na corrida.

Às vezes, transportando uma pirâmide de cadeiras, o negro, que não se separa de seu cesto, serve-se dele para coroá-las.

As mulheres não recorrem jamais aos serviços desses carregadores porque nunca saem sem ser acompanhadas de uma ou duas negras, encarregadas dos pequenos pacotes e até mesmo de levar seu lenço. O dono tabela os serviços do *negro de ganho* na razão das forças do mesmo. O preço varia de oito vinténs a uma pataca.

O desenho representa um fabricante de cestos que vem trazer à cidade o fruto de suas horas de lazer na casa a que pertence.

Seu costume constitui-se, em geral, de um amplo calção de algodão, apertado na cintura por uma cinta de sarja de lã, e de uma camisa, enrolada em volta do

---

[1] *Medida antiga de um metro e dez. (N. do T.)*

corpo e amarrada por detrás de modo a deixar pendentes as mangas. O gorro, que substitui o boné de lã, é realmente escocês: restos de uniformes militares de um destacamento de tropas escocesas contratado para o serviço do imperador e licenciado pouco depois (ver a terceira parte).

A guirlanda de folhas leves, que se poderia tomar por um enfeite selvagem inútil, tem no entanto a dupla vantagem de resguardar do sol parte do peito e de provocar certo frescor ao sopro do vento. Pelo bracelete observa-se a mania desses homens robustos, que se comprazem em comprimir os músculos perto das articulações.

O bastão, verdadeiro bastão augural egípcio, revela pela cabeça de animal ingenuamente esculpida, em que se aproveitou um galho engenhosamente talhado e descascado a fim de imitar a brancura de um corpo estrangeiro, esse caráter de um modo marcante.

O artista e o antiquário reconhecerão no conjunto desse ingênuo carregador de cesto o tipo imperecível das esculturas gregas e egípcias.

No fim do terreiro, podem-se ver montes das duas espécies de madeira com que se faz o cesto; a pequenina taquara verde e esbelta, que, lascada e entrelaçada, forma a parede do cesto, sustentada por nervos escuros e mais flexíveis de cipó.

Dois de seus companheiros, no segundo plano, fabricam um cesto sentados perto de uma plantação de cana.

O tamanho do cesto varia de três a seis palmos de diâmetro e o seu preço médio é de seis vinténs.

Menor e feito mais grosseiramente, o cestinho tem apenas dois palmos de diâmetro e se fabrica exclusivamente com cipó. Serve para transportar (sempre à cabeça) areia, pedregulho ou terra nos trabalhos de terraplanagem ou alvenaria. Esse transporte se faz lentamente, por meio de uma longa fila de negros, um atrás do outro; de longe, dir-se-ia uma procissão dirigida por um ou dois mestres-de-cerimônias que em vez do bastão carregassem um enorme chicote, instrumento que não sai nunca da mão do feitor.

O desenho de uma mudança mostrará melhor como se executa esse transporte (ver a nota da prancha 37).

Prancha 14

Negros vendedores de aves

É fácil compreender que a necessidade de prover a alimentação, no Rio de Janeiro, de uma população que dobrou em oito anos, e de abastecer ao mesmo tempo uma marinha mercante em contínua atividade no porto, acarreta um enorme consumo de aves e constitui um objeto importante de importação, regularmente organizada desde as províncias longínquas de São Paulo e de Minas até um raio de seis a dez léguas em torno da capital. O consumidor brasileiro reconhece o ponto mais ou menos longínquo de origem dessas aves pelos meios empregados no transporte. Sabe, por exemplo, que as aves mandadas de Minas ou de São Paulo, simplesmente dentro de jacás, e transportadas a lombo de burros, sofrem tanto do calor durante o trajeto que quase nunca sobrevivem mais de um mês à fadiga da viagem. Em vista desse inconveniente, os capitães de navios procuram colher informações precisas sobre a origem das aves, de modo a não comprarem senão galinhas criadas nas proximidades da cidade. É preferível escolher as que são enviadas pelos proprietários dos arrabaldes, porque, fechadas dentro de cestas redondas com tampa, gradeadas, chamadas *capoeiras,* e transportadas de noite, ou de barca ou à cabeça do negro encarregado de vendê-las, chegam frescas ao mercado antes do sol. Quanto às aves criadas nos bairros da cidade, são elas simplesmente amarradas pelos pés em feixes de três a quatro, que o negro vendedor carrega à mão, ou suspensas a uma vara levada ao ombro. Esses vendedores, que podem chegar ao mercado em menos de um quarto de hora, aproveitam ainda a vantagem de serem conhecidos na cidade e oferecem suas aves de porta em porta, já as vendendo em parte no caminho.

Muitas pessoas praticam esse comércio, bastante lucrativo, apesar da devastação das epidemias muito freqüentes e que servem de pretexto aos especuladores para manterem um preço elevado e cobrarem por uma galinha, um frango ou um galo capão de três francos e dez *sous* a seis francos (cinco tostões e dois vinténs a três patacas). Esse comércio é tanto mais apreciável para o brasileiro quanto, nas suas propriedades rurais, a criação de aves é pouco dispendiosa; estas são fáceis de criar, pois em verdade são largadas durante o dia para que se alimentem exclusivamente de grandes insetos, numerosos nas sebes. Na cidade, no interior das casas, a umidade dos pátios e dos porões engendra uma imensidade de insetos, entre os quais as incontáveis *baratas* bastam, sozinhas, para a alimentação de um galinheiro bem povoado. Acrescentem-se a esses recursos as vantagens de uma procriação tão ativa que não se pode pisar num monte de lenha, nem entrar numa cocheira ou numa cozinha, sem atropelar os pintinhos ciscando.

O mercado avícola situa-se na *praia Dom Manuel,* espécie de porto onde encostam as barcas da *praia Grande.* Essa praia e mercado a um tempo, que se estende desde o Largo do Palácio até o Largo dos Quartéis, contíguo ao Arsenal do Exército, comportava outrora apenas modestas palhoças, único abrigo dos mercadores; mas hoje, regularizada na sua parte superior por uma série de construções sólidas, de armazéns e de lojas, ela forma, com as casas da cidade, uma nova rua muito comercial e constantemente freqüentada por inúmeros compradores, certos de encontrar, à vontade, galinhas, perus, papagaios, macacos e animais de diferentes espécies.

A razão mais importante, talvez, que obriga o cidadão a suportar sem recriminar a elevação do preço dessa espécie de ave é o uso da *canja* de galinha, importada pelos portugueses no Brasil e tão generalizada hoje no Rio de Janeiro que é possível observar a presença diária desse alimento na mesa do homem abastado e mais estritamente ainda no quarto do doente, como regime substancial, ligeiramente refrescante, tanto mais amiúde indicado pelo médico quanto o brasileiro não aprecia absolutamente a carne tão sadia da vitela. Assim, a *canja,* tornada indispensável, encontra-se preparada desde manhã nas casas de pasto e nas enfermarias, pois no clima úmido e quente do Rio de Janeiro os médicos verificaram que seria não raro funesto reduzir-se o doente a esse estado de extrema fraqueza, suportável na Europa em diversas circunstâncias.

Prancha 15

O regresso de um proprietário

Embora nascido sob um céu cuja influência leva naturalmente à firmeza de caráter, o cultivador brasileiro está sujeito ao fatigante contraste de comandar o homem semibruto (seu escravo indolente) e de resistir à pressão do homem mais esperto (o especulador), com o qual discute seus interesses. Por isso nos apresenta um espírito sutil, calculador e desconfiado, sob um aspecto rude, adquirido na direção de seus trabalhos agrícolas.

A *chácara*, a *roça*, o *engenho* e a *estância* constituem quatro tipos de propriedades rurais brasileiras afetadas cada qual a uma exploração especial.

A menos importante é a *chácara*, simples propriedade de recreio, onde se cultivam frutas, legumes e flores, e necessariamente alguns pés de café.

Quase não há brasileiro que não possua uma chácara hereditária; mas a diferença de fortunas faz delas às vezes uma simples barraca de duas peças com um teto prolongado por trás, para abrigar uma cozinha baixa ligada a uma sala para dois negros. O jardim, fechado por uma sebe, contém, ademais, um chiqueiro e um casebre de barro para o negro jardineiro; algumas árvores frutíferas, legumes e flores completam essa humilde propriedade.

As chácaras mais ricas e elegantes dos arrabaldes da cidade encontram-se no caminho de São Cristóvão, de Mata-Porcos, de Engenho Novo, do morro de Nossa Senhora da Glória, do Catete ou da linda enseada de Botafogo. Estas últimas, principalmente, de um aspecto encantador, agrupam-se pitorescamente sobre as colinas arborizadas dos contrafortes do Corcovado; seus jardins bem-tratados e arranjados em anfiteatros são regados pelas águas que descem das florestas virgens e circulam sem cessar, ora artificialmente, ora através de cataratas naturais, penetrando assim, sucessivamente, as propriedades, até as últimas, à beira do caminho ao nível do mar. Essas habitações são a residência habitual dos ricos negociantes brasileiros e ingleses ou dos chefes das grandes administrações, cujas carruagens, fabricadas em Londres, percorrem duas vezes por dia a distância que as separa da cidade. O habitante mais modesto contenta-se com montar o seu cavalo ou a sua mula, mas o vizinho mais abastado, vaidoso ou indolente, faz-se transportar num carro atrelado de lindas bestas guiadas por um cocheiro negro ou mulato.

A entrada dessas propriedades consiste num enorme portão (ver prancha 21) de arquitetura portuguesa, construído de tijolos ou de pedras e revestido de estuque.

Essa construção, de dez a vinte pés de altura e de quatro a seis de espessura, notável pelos seus contornos rebuscados, é ornada de acessórios, flores, frutos, animais, executados com a ingenuidade da escultura primitiva. Acrescenta-se às vezes, do lado interno do portão, um telhado sustentado por três ou quatro colunas, sob o qual os domésticos encontram abrigo, nos dias de festas, para ver passar o povo.

E no Rio de Janeiro, como em Paris, o centro do pátio de entrada é ocupado por um maciço de vegetação cercado de caminhos circulares que conduzem ao peristilo do corpo principal do edifício.

Somente duas casas de campo são notáveis pelo gosto que presidiu a sua construção; as suas plantas se devem ao Sr. Grand-Jean, nosso compatriota, professor de arquitetura da Academia de Belas-Artes do Rio de Janeiro. Uma delas se situa em Catumbi e a outra na estrada de Mata-Porcos. A que esse sábio professor construiu para si, perto do Jardim Botânico, pode rivalizar com as outras e como elas dá novo encanto às casas rurais chamadas chácaras.

A *roça,* cujo diminutivo é *sítio,* é uma propriedade rural mais inculta do que a chácara, destinada à cultura do café, da laranja, da cana-de-açúcar, etc., cujo produto constitui a base da fortuna do proprietário, que aí mantém de seis a doze negros.

É na roça que se encontram as velhas famílias de cultivadores brasileiros, antigos plebeus portugueses que, enriquecidos na profissão rendosa de vendeiros, aí se consolam da diminuta consideração adquirida no seu comércio, espécie de monopólio com o qual escorcharam o consumidor. O próprio nome de habitante da roça *(roceiro)* tornou-se na cidade o epíteto pelo qual se designa um homem grosseiro.

Depois da roça vem o *engenho.* Trata-se de uma propriedade em que os processos mecânicos e químicos secundam a exploração. Nessa categoria se compreendem as serrarias, as moendas, as máquinas de beneficiar arroz e café e os alambiques de aguardente de cana *(cachaça).* Essas propriedades hereditárias exigem de duzentos a quatrocentos escravos, espalhados numa superfície considerável, e constituem uma fortuna colossal. Vi *fazendas* (assim se chamam também essas propriedades) com nove a doze léguas de extensão. Possuem um administrador, vários feitores e um mecânico sempre europeu.

A *estância,* finalmente, ocupa, com o *engenho,* o primeiro lugar entre as imensas propriedades rurais que nunca têm menos de uma légua e às vezes atingem nove *(sesmarias).* Esse vasto domínio, entrecortado de florestas e campos, destina-se à criação de cavalos, mulas, gado, carneiros, etc. No meio desses inúmeros rebanhos de animais pastando em liberdade, encontram-se, de distância em distância, cabanas habitadas pelos negros da estância, cujas funções consistem, em certas épocas do ano, em laçar os animais desgarrados ou misturados aos rebanhos vizinhos e reconhecíveis pela marca dos proprietários. Anualmente realiza-se um rodeio para marcar os recém-nascidos; outras reuniões de gado se fazem mais freqüentemente a fim de selecioná-lo para o corte. Todos os brasileiros conhecem as épocas e os lugares de reunião onde se faz esse comércio, e, entre os especuladores que os freqüentam anualmente, distingue-se o paulista, viajante por vocação e negociante privilegiado de cavalos na capital.

A residência do proprietário da estância é uma vasta casa de vários andares, em cujo rés-do-chão existe sempre um oratório servido por um capelão, que vem aos sábados à noite e passa a manhã de domingo com a numerosa família do estancieiro. Perto da casa encontram-se as usinas, cujos condutos de água se percebem de longe. Em torno do pátio existem grandes barracamentos e mais adiante as senzalas dos negros.

O estancieiro considera um dever o exercício da hospitalidade para com todos os viajantes que solicitam pousada, mesmo durante muitos dias. Os animais são, nesse caso, soltos nas pastagens da propriedade, e, quando o viajante julga chegado o momento de partir, paga a hospedagem com uma pequenina remuneração. Mais ainda: em certas regiões o proprietário hospitaleiro faz todos os dias tocar o sino à hora das refeições, a fim de prevenir os viajantes que passam ao longe para que venham participar de sua infatigável filantropia. Aliás, a palavra "estância" já em si revela claramente o seu fim, pois se traduz em francês por *"station", "lieu de repos"*.

Esta litografia representa o regresso à cidade de um proprietário de chácara. Ao aspecto exterior do viajante carregado na rede, o brasileiro reconhece o honesto negociante de fazendas que, debaixo da sua simplicidade, esconde um rico capitalista, herdeiro de antiga família, cujo louvável luxo consiste em ter escravos bem-apessoados, gordos e limpíssimos. A indumentária do negro se compõe, com efeito, nas propriedades rurais menores, de um calção e de uma camisa de algodão branco que ele deve manter limpos, lavando-os ele próprio. Completa a vestimenta uma espécie de coberta, também de algodão, que lhe serve de manto nas doenças e de cobertor no sono. O modo por que estão vestidos os carregadores mostra como lhes é fácil variar a vestimenta de acordo com o calor que sentem.

O esmero em que se compraz o amor-próprio do brasileiro que viaja pode ser observado aqui no rebuscamento dos acessórios, na qualidade da rede e na indumentária da escolta e do negrinho, que carrega o indispensável guarda-sol; com efeito, o boné de pêlo, o colete e a calça azul constituem a mais bela libré que possa usar um criado dessa espécie, o qual anda sempre descalço. Trata-se aqui de um crioulo de dez anos, adido ao serviço particular do senhor, escravo mimado e batido, e por sua vez tirano do cãozinho que caminha à sombra da rede.

Menos feliz, uma jovem negra comprada há um ano, ainda semi-esquelética e recém-curada da sarna, começa a sair do estado de magreza do negro novo; já tendo adquirido o hábito de cruzar as mãos sobre o peito, procura com todo o cuidado equilibrar na cabeça o balaio com a elegante amostra das produções da chácara. Essa lembrança do jardineiro compõe-se de laranjas seletas e de tangerinas ainda presas ao cabo e em meio a flores de diversas espécies, formando um enorme ramalhete piramidal, pitorescamente útil e agradável. A provisão completa-se com a lata de grãos de café já secos, destinados ao uso pessoal do dono da casa.

A casa do último plano pode dar uma idéia da situação e da arquitetura da residência de um proprietário de chácara ou de roça.

Prancha 16

Liteira para viajar no interior

Reconhece-se no Rio de Janeiro a casa de comércio do antigo e rico negociante brasileiro, proprietário de engenho, pela liteira parada ao portão ou num recanto escuro da loja; exemplos freqüentes podem ser observados principalmente na Rua Direita, do lado de São Bento, nas da Candelária, da Quitanda, e da Mãe dos Homens.

A mais bela dessas liteiras, que não sofreu a influência do luxo, é ainda, como outrora, recoberta de couro preto pregado com pregos dourados. Ela deve sem dúvida a conservação de sua forma e de suas cores primitivas ao seu emprego todo especial, pois há mais de três séculos serve apenas para percorrer as florestas virgens e atravessar os riachos que as recortam a cada passo. Ela é também indispensável à dona da casa, que, de acordo com a tradição, visita uma vez por ano suas propriedades; onde se reúnem nessa época os membros da família, durante um mês a seis semanas. Muitas senhoras, entretanto, viajam a cavalo, e as mais moças não dissimulam seu desprezo pela liteira.

Valho-me dessa descrição para tornar conhecidos diversos modos de transporte a lombo de burro e cuja simplicidade substitui vantajosamente o luxo da liteira, para as reuniões de família nas propriedades do interior do Brasil.

A necessidade de vencer grandes distâncias por caminhos difíceis e quase sempre impraticáveis no carro de boi fez com que as senhoras respeitáveis adotassem um novo tipo de cadeirinha, que consiste numa caixa de dezoito polegadas de profundidade, de dois pés de largura e de três pés de comprimento; um dossel fechado por quatro cortinas a encima. Basta, portanto, igualar o peso da outra caixa que faz equilíbrio na albarda do burro para que velhos, crianças e mulheres tenham um meio de transporte seguro e cômodo.

Outro modo de viajar, mais comum, é verdade, consiste em sentar-se num cesto de três pés de altura por dois de circunferência, chamado coche; a forma é a dos cestos de cangalhas empregados nas tropas de São Paulo. O guarda-sol substitui o dossel.

Após esses meios de transporte a lombo de burro, resta apenas descrever a cavalgada, o que será feito na terceira parte, na prancha referente a um casamento na roça.

Prancha 17

Vendedores de palmito

A árvore esbelta conhecida no Brasil com o nome de *palmito* é uma dessas palmeiras-coqueiros que dão frutos a dois ou três pés abaixo das palmas. O intervalo nu, verde-avermelhado, que separa estas palmas daqueles frutos, não passa de um feixe de folhas lisas, de dois a três pés de comprimento e de quatro a cinco polegadas de largura, fortemente encaixadas umas nas outras e tanto mais fibrosas quanto mais próximas da casca externa. O centro desse caule, ao contrário, mais compacto e de uma polegada de diâmetro, apresenta uma substância que, embora um pouco fibrosa, se assemelha ao miolo da alcachofra, cujo sabor lembra também. Esta parte do palmito, preparada com o cardo[1], é servida em todas as mesas do Rio de Janeiro; e desde o mês de abril até fins de junho oferecem nas ruas maços de doze a quinze palmitos por uma a duas patacas.

Os índios comem o coração do palmito cru ou cozido na água. Apreciam principalmente, e muito, o broto semi-enterrado de uma palmeira nanica, que contém maior quantidade dessa substância nutritiva. As palmas desse tipo de palmeira figuram na terceira parte, na prancha relativa ao Domingo de Ramos.

Pelos fragmentos do palmito cortado, que esta prancha representa, o leitor compreenderá que cada um deles custa a vida de uma árvore. Suas palmas, entretanto, não se perdem, e são aproveitadas de preferência na alimentação dos burros, durante as viagens através das florestas virgens.

O vendedor de palmitos dará uma idéia do mais belo tipo de negro de uma propriedade rural. Sua vestimenta é simples e o boné lembra bastante um capacete grego com orelheiras levantadas. Ele chega neste momento do mato e vai deixar o machado na casa do senhor, antes de levar para a cidade a colheita feita na floresta.

Vendedor de samburás

Outro negro da roça, que caminha em sentido inverso, no primeiro plano, vestiu suas melhores roupas e aproveitou a folga do domingo para levar à cidade uma provisão de cestas fabricadas durante suas horas de lazer.

---

[1] *O cardo comestível é comum na Europa e muito apreciado. (N. do T.)*

Chamam-se as cestas de alça comprida, desse tipo, *samburás;* são as únicas que se carregam no braço e são fabricadas com taquara grande ou pequena ainda verde e cortada em tiras. As dimensões variam de quatro a dezesseis polegadas de altura, mas a forma é sempre a mesma, a de um retângulo.

O preço varia também, de acordo com o tamanho: as médias custam de três a oito vinténs e as maiores até uma pataca.

Nas casas mais modestas recobrem-nas de pano ou de couro para que durem mais. Esse luxo que apreciam as negras vendedoras, bem como os escravos dos senhores opulentos, deu origem a uma nova indústria entre os seleiros da cidade: a de recobrir os *samburás* com couros enfeitados de pregos dourados (ver prancha 12-bis).

Observe-se no vendedor o boné vermelho habitual, mas de orelheiras abaixadas. Quanto ao resto de seu belo traje, pode-se notar que apresenta toda a decência exigida na cidade.

Prancha 18

Negros serradores de tábuas

O espírito rotineiro e de oposição generalizada a quaisquer inovações era tão profundo, quando de minha chegada ao Brasil, em 1816, que, mesmo no Rio de Janeiro, o proprietário de escravos serradores de tábuas, partidário ferrenho desse gênero de exploração, se recusava a instalar serrarias mecânicas em sua propriedade, situada entretanto muitas vezes tão favoravelmente no meio de florestas virgens abundantes em rios de variado volume de água.

A necessidade de dar abrigo a uma população dia a dia maior determinou afinal a adoção dos processos mecânicos europeus, cuja rapidez e economia multiplicam hoje em dia as construções brasileiras. Desde então surgiram, em oito anos e como que por encanto, os lindos arrabaldes de *Mata-Porcos, Catumbi, Mata-Cavalos, Catete* e *Botafogo* e cresceu uma cidade nova à beira do novo caminho de São Cristóvão.

Entretanto, a procura de tábuas e a derrubada de troncos nas vizinhanças da cidade ainda dão trabalho permanente aos serradores de tábuas, escravos dos diversos negociantes de madeira estabelecidos na praia Dom Manuel, na Rua da Misericórdia e nas proximidades da Prainha, bem como ao pé da Igreja da Saúde.

A qualidade das madeiras, sua força ou tamanho é que determinam a escolha dos construtores. Preferem eles a *canela,* marrom, preta ou cinza; o *oleo,* árvore do *copaú*[1]*; o ipê,* madeira vermelha imputrescível dentro da água, como se vê pelas estacas encontradas em Veneza; a *grapiapunha,* de um amarelo esverdeado, madeira lisa muito procurada para cambas de rodas; o *garabu,* madeira roxa, mais dura, empregada na fabricação de raios de rodas e varais de carros; o *cipipira*[2], marrom-escuro, o mais forte e mais duro de todos, reservado para peças de mecânica, eixos das rodas de carros de transporte. Todas essas madeiras são em geral muito pesadas. O *pinheiro,* considerado combustível, era proibido nas construções. Com efeito, não encontrei nunca essa madeira nem mesmo no teatro, entre as armações de cenários, que datavam de 1809 a 1810. Nossa chegada ao Rio de Janeiro provocou ainda esta revolução: os marceneiros franceses, obedecendo às nossas instruções, empregaram o pinheiro nas decorações das festas e no teatro; desde então a indústria o adotou e foi ele introduzido impunemente nos vigamentos internos das casas particulares.

---
[1] *Há confusão: trata-se certamente da* copaíba, *árvore que produz um óleo conhecido. (N. do T.)*
[2] *Não encontramos em nenhum dicionário. (N. do T.)*

Observando esta cena litografada, cujos detalhes são tão diferentes daqueles a que estamos acostumados, vê-se que a posição do cavalete, extremamente simples, transfere engenhosamente todo o peso da viga para o ponto de contacto e apresenta uma segurança tanto maior para o trabalhador, comodamente sentado, quanto a outra extremidade, por assim dizer no ar, perde mais de três vezes o seu peso em virtude da abertura do ângulo sobre cujo ápice ela assenta e cuja base é formada pelo afastamento dos dois pontos de suporte, o que evita qualquer movimento de balanço e protege a vida do trabalhador sentado no chão. As duas estacas são colocadas para o fim real de opor uma firme resistência ao golpe de serra, que é dado perpendicularmente.

Os trabalhadores vestem-se como os que são empregados no transporte de fardos pesados. Pelo aspecto exterior do trabalhador sentado no chão, vê-se que se trata de um negro novo e menos experimentado do que o que está sentado no cavalete, cujo penteado revela um negro faceiro e capaz; com efeito, o lugar que ocupa torna-o responsável pela direção do corte, o qual deve seguir uma linha traçada na viga.

A posição do segundo cavalete apresenta idêntico sistema; a diferença está em que o pedaço de madeira serrado oferece resistência ao golpe de serra dado horizontalmente.

Esses trabalhadores robustos e musculosos estão sempre cobertos de suor, apesar da lentidão do seu trabalho. Quando a serviço de particulares, transportam um cavalete e são pagos à razão de duas patacas por dia.

As serrarias mecânicas fornecem três espécies de peças de madeira de construção: a *viga*, de um pé e seis polegadas a três pés de esquadramento; a *perna*, de seis a oito polegadas de esquadramento; e a *tábua*, de quatro polegadas de espessura. Cada espécie comporta dois comprimentos diferentes: ademais, a vegetação colossal do Brasil fornece peças de madeira de dimensões desconhecidas na Europa.

No primeiro plano figuram, em cima de um monte de serragem, o cestinho, a pá, de fabricação inglesa, e as lâminas de serra, comprados no Rio de Janeiro na mesma casa de ferragem. Finalmente, no terceiro plano, à esquerda, percebem-se os barracões dos negociantes de madeiras, cheios de tábuas.

Prancha 19

Regresso de negros caçadores

É principalmente na roça que se criam os negros destinados à profissão de caçadores. Aí, preparados desde a adolescência para acompanharem as tropas, ou simplesmente o seu senhor, nas longas e penosas viagens, andam sempre armados de um fuzil, tanto para a sua segurança pessoal como para conseguir víveres durante as paradas indispensáveis, no meio das florestas virgens.

Esse gênero de vida torna-se uma paixão tão forte no negro da roça que ele já não aspira à liberdade senão para entrar na floresta como caçador profissional e entregar-se sem reservas à atração de uma tendência que beneficia ao mesmo tempo seus interesses.

Livre então, e já sem temor do chicote, o direito de raciocinar faz dele um fornecedor tão astuto quanto o homem branco cujo gosto conhece; e, perfeitamente consciente do valor de uma peça fina misturada à caça trazida para a cidade, vai oferecê-la de preferência ao cozinheiro de uma casa rica, que lhe pague bem; aliando a inteligência à operosidade, ele torna assim sua profissão às vezes muito rendosa.

Outros negros caçadores, dedicando-se mais especialmente às coleções de história natural, fazem estadas prolongadas durante meses nas florestas e voltam, uma ou duas vezes por ano, trazendo as coleções obtidas para os amadores de história natural, que os esperam no Rio de Janeiro.

Para o mesmo fim a administração do Museu Imperial de História Natural sustenta negros caçadores espalhados por diversos pontos do Brasil.

Regresso dos negros de um naturalista

O negro, capaz de ser um bom escravo de um naturalista, pode ser considerado um modelo do mais generoso companheiro de viagem, cuja inteligência iguala o devotamento. Por isso vimos freqüentes exemplos da generosidade de naturalistas estrangeiros, vindos ao Brasil para visitá-lo, que, de volta de suas excursões ao interior, deram liberdade a seu fiel companheiro de viagem como recompensa pelos serviços prestados.

O escravo, nessas circunstâncias, adquire não somente a liberdade mas ainda um ofício; pois, junto de seu libertador, alcançou uma certa habilidade no preparo de objetos de história natural, o que faz com que seja procurado para guia por outro estrangeiro. Mas, desta feita, antes de partir, ele impõe a condição de lhe ser garantida certa importância paga na volta e, como homem livre, inicia uma primeira viagem de negócio.

Na cidade, naturalista por seu turno, vale-se de alguns criados negros, como intermediários, para oferecer aos ministros estrangeiros objetos de história natural, cuja venda lhe proporciona novas encomendas. No entanto, a liberdade nem sempre é a recompensa que ele ambiciona; já se viram negros excessivamente devotados aos seus senhores, de quem haviam mesmo muitas vezes salvo a vida, solicitar, como recompensa, poder acompanhá-los e morrer a seu serviço.

Observando-se o grupo de negros que descem, reconhecem-se no produto de sua caçada alguns animais cuja carne é apreciada; primeiramente o tatu, que se pode ver aqui suspenso ao bastão do caçador; este animalzinho, metido o mais das vezes dentro dos enormes formigueiros do Brasil, reveste-se de um carapaça óssea, com charneiras, espécie de couraça sob a qual ele se encolhe e esconde a um tempo cabeça e patas: sistema de defesa da família dos crustáceos. Os brasileiros apreciam muito a delicadeza de sua carne, bastante semelhante à do coelho, mas desagradável ao paladar europeu pelo seu gosto forte e a analogia de seu cheiro com o da urina de gato, que a prodigalidade do tempero não consegue absorver. Vê-se, também, amarrado e suspenso à vara do caçador de chapéu de palha com penacho, o *grande lagarto*, outro quadrúpede notável pela delicadeza da carne, cujo sabor lembra a um tempo a rã e o coelho. Essa preciosa caça encontra facilmente comprador na cidade pelo preço de três patacas.

A árvore de folhas largas recortadas, que se vê no alto, é a *ambaíba*[1], peculiar aos lugares úmidos. Chama-se em geral *árvore da preguiça*, nome tirado do quadrúpede carregado aqui pelo terceiro caçador.

A *preguiça* é este animal de pêlo longo, acinzentado, e de fisionomia sorridente que se vê aqui carregado na atitude de um macaco, com uma vareta passada atrás da cabeça; seu nome provém da extraordinária lentidão de seus movimentos e de sua imobilidade quase habitual. Com um rosto até certo ponto humano, cujos lábios sorriem e cujas sobrancelhas parecem revelar espanto, mostra-se tão insensível à machucadura de uma paulada que, impassível, se limita, ao fim de alguns segundos, a virar a cabeça ligeiramente, parando assim mesmo o movimento como se tivesse esquecido a dor.

Sempre indolente, mesmo quando instigado pela fome, leva um tempo infinito para subir na *ambaíba*, cujas folhas constituem sua alimentação exclusiva. Alimentado suficientemente com duas ou três folhas, deixa-se escorregar preguiçosamente ao longo do tronco, para evitar o trabalho de descer, e, afinal encolhido no chão, digere sossegado, num estado letárgico, que é o momento oportuno para pegá-lo. Empregam-se dois meios prudentes para carregá-lo: o primeiro consiste em deixá-lo agarrar-se com as unhas das mãos a uma vara, posição em que se mantém durante todo o

---

[1] *Ou imbaúba.* (N. do T.)

trajeto; o segundo é o que está aqui desenhado: fixando toda a sua atenção nos braços, abandona de bom grado o resto do corpo na posição em que o colocam.

É fácil reconhecer o negro naturalista, tanto pelo seu modo de carregar uma serpente viva como pelo enorme chapéu de palha eriçado de borboletas e insetos espetados em compridos alfinetes. Anda sempre armado de fuzil e com sua caixa de insetos a tiracolo. Os naturalistas do Brasil suprem a falta de cortiça na guarnição das caixas com a massa branca, mole e fibrosa do *nopal* ou *cacto de raqueta (pau-pita,* em português). Esta se emprega igualmente como isca e para conservar o fogo de um dia para o outro durante as viagens.

Sabe-se também no Rio de Janeiro, pela intensificação da atividade dos negros naturalistas, da chegada de navios franceses, pois os oficiais destes são em geral grandes amadores de coleções de história natural.

Prancha 20

Vendedores de milho

Cultivam-se com êxito no Brasil várias espécies de milho (trigo da Turquia).

Principal alimento do homem em certas províncias do interior, o milho tornou-se também um dos principais objetos de especulação dos cultivadores, que, em sua maioria, se encontram nas províncias de Minas Gerais, Mato Grosso e Goiás. Por isso, viajando-se numa estrada freqüentada dessas regiões pode-se ter a certeza de encontrar sempre milho seco para os animais e *canjica* para a restauração do viajante.

Chama-se canjica uma sopa feita com uma espécie de milho branco, fervido no leite ou simplesmente na água com açúcar, à qual, por requinte, acrescentam-se algumas gemas.

Os mineiros comem habitualmente broa de farinha de milho em lugar de pão. Também consomem uma espécie de massa da mesma farinha preparada da mesma maneira. Vivendo de farináceos, cultivam, além do milho, o feijão-preto miúdo e dois tipos de arroz barbudo, um branco e outro vermelho.

No Rio de Janeiro importa-se também grande quantidade de milho seco para a alimentação dos cavalos, dos burros, do gado e das aves.

O milho, colhido nas roças das proximidades e trazido ainda verde para a cidade, aí se torna um regalo para os escravos e seus filhos, que o adquirem nas praças e nas ruas, ou assado ou em *pipocas*. Estas, feitas num fogareiro de barro ou, mais miseravelmente, num simples caco de pote, ao secar arrebentam, apresentando o aspecto de flores redondas, desabrochadas, em forma de bola, de um branco amarelado e formadas pela parte leitosa da farinha ainda verde; aprecia-se esse manjar delicado por ser estomacal e absorvente.

Os selvagens, mais expeditivos do que os vendedores do Rio de Janeiro, preparam a pipoca jogando simplesmente o grão do milho verde na cinza quente. Entretanto, a suavidade dessa iguaria, agradável de se comer quente, é diminuída pelo grande inconveniente de esmagar-se com o dente grande quantidade de partículas de sal incrustadas nos poros da farinha estorricada.

Preparados de um modo mais conveniente, os grãos de milho verde, temperados como ervilhas, são servidos habitualmente à mesa dos ricos proprietários das províncias do interior. Nessas províncias consome-se também a farinha de *inhame*. Secando-a ao fogo, raspando-a e amassando-a, obtêm-se pãezinhos muito substanciais e de gosto muito agradável.

Come-se também a *jacuba,* mistura a frio de farinha de milho, rapadura e água, alimento muito procurado pelo tropeiro ao chegar ao rancho. A rapadura é o resíduo do melado recozido e conservado em pequenos tijolos de duas polegas quadradas.

Transcrevemos aqui a descrição feita por Augusto de Saint-Hilaire do *batedor,* máquina de debulhar o milho.

"O milho", diz ele, "é debulhado no batedor. Entre quatro grandes estacas de mais ou menos seis pés, colocam-se, à altura de três a quatro pés, quatro vigotas de madeira transversais e muito sólidas, formando um quadrado de quatro a cinco pés; sobre duas dessas vigotas, colocam-se, paralelamente, dois paus arredondados da grossura de um braço, deixando entre eles apenas cinco ou seis linhas; guarnece-se com uma esteira vertical três dos lados da máquina, a qual fica aberta somente de um dos lados. Para bater o milho, amontoam-se espigas sobre a espécie de mesa formada pelos paus transversais do batedor, até uma altura de meio pé, e os negros batem nessas espigas com varas compridas; a esteira vertical retém as espigas que poderiam saltar para fora; os grãos destacados do sabugo passam através dos varões da grade e depositam-se num couro colocado embaixo.

A farinha simplesmente moída e separada do farelo por meio de uma peneira de bambu chama-se *fubá.* Fervida na água sem sal, transforma-se em *angu,* principal alimento dos escravos.

A farinha, alimento dos homens livres, é mais bem preparada. Separa-se o milho da casca no monjolo; põe-se um pouco de água na calha para facilitar a separação da casca e impedir o grão de saltar. Limpo, mergulha-se o milho noutras calhas, renovando-se a água sem cessar durante dois ou três dias ou mais. Quando a fermentação começa, torna-se a colocar o milho no monjolo, a fim de fazer uma espécie de massa; esta é passada através de uma peneira em cima de um caldeirão raso com fogo embaixo. A massa seca se reduz a um pó grosseiro, que constitui essa farinha com a qual se polvilham os alimentos e que é mais saborosa e nutritiva do que a farinha de mandioca."

Negros vendedores de carvão

Vê-se chegar diariamente ao Rio de Janeiro grande quantidade de carvão de lenha, trazida do interior, ou a lombo de burro ou por água, meio mais econômico e rápido.

Os brasileiros medem o carvão por carga de besta, isto é, o conteúdo de dois *jacás,* vendido a mil trezentos e vinte réis. Entretanto, todos os consumidores sabem que em virtude de um abuso, que eles toleram, os dois jacás são um pouco mais estreitos do que os que servem de medida para o fabricante.

Procurarei dar uma idéia desse comércio; o lugar da cena é o ponto de desembarque do carvão de lenha na praia Dom Manuel.

A barca, ancorada na praia, é do proprietário do carvão, estendido sob uma barraca recoberta por esteiras e por uma das velas; deitado atrás da quádrupla fileira de jacás, ele aguarda sossegadamente a saída do carvão vendido pelos escravos.

Um destes, bem carregado, encaminha-se para a cidade, enquanto o outro, parado, com os jacás já vazios, vem buscar nova carga; segura seu *marimbá,* instrumento africano com o qual aproveita seus lazeres durante o dia.

Não longe se acha outro estabelecimento de gênero bem diferente, o da vendedora de milho verde. Negra livre, ela já tem o seu lugar no mercado; reconhece-se, pelos seus braceletes de cobre, que é de nação monjola. Meiga, ativa, opulenta e faceira, tudo nela caracteriza a negra livre, orgulhosa de sua propriedade; interessada na sua conservação pessoal, teve o cuidado de acrescentar a seu turbante alguns raminhos de *arruda,* planta que entre o povo é considerada um talismã. Neste momento ela se ocupa com fazer assar espigas de milho na brasa; já uma negrinha, encarregada de passear com um negrinho, come uma dessas guloseimas que acaba de comprar para passar o tempo agradavelmente. Perto dela, algumas pedras enfumaçadas constituem o forno improvisado de uma cozinha barata, que exige como utensílio apenas um pequeno caldeirão, pouco maior do que a palma da mão, no qual estão sendo cozidos alguns feijões-pretos e um pedacinho de toicinho. Este prato modesto, bastante suculento aliás, misturado a um bom punhado de farinha de mandioca bem amassada, forma um bolo substancial suficiente para a alimentação diária de um preto.

A outra negra, ao contrário, mostra pelo seu roupão (camisola de lã sem elegância) que é uma escrava; vendedora de milho seco, carrega à cabeça um saco cheio, encimado por uma espécie de caneca, medida de capacidade; a vara serve-lhe para acertar os grãos na medida, no momento da venda.

A fisionomia mostra claramente que se trata de uma negra do Congo.

Tendo-se em conta o arranjo peculiar a cada mercadoria, pode-se ter uma idéia, por este desenho, da construção das pequenas barracas dos mercados em geral.

Prancha 21

Vendedores de capim e de leite

A partir de 1817 a cultura do *capim-de-angola* tornou-se, nas proximidades do Rio de Janeiro, um excelente negócio, que se estendeu cada vez mais, de ano para ano, em razão do acréscimo de luxo na capital e a tal ponto que, dois anos depois, já se via esse capim plantado em toda a parte inferior das colinas circunvizinhas, desde Botafogo até Engenho Velho.

Esta planta, que cresce com facilidade, atinge mais de seis pés de altura nos terrenos úmidos. Replanta-se de garfo por tufos distribuídos em sulcos, mas é indispensável proteger o broto, arrancando constantemente as ervas daninhas que podem asfixiá-lo, bem como adubar de quando em quando o terreno nos lugares áridos. Após vários cortes, o capim principia a crescer demasiado magro e é preciso arrancá-lo para preparar nova plantação.

Essa espécie de grama colossal, feno verde muito aquoso, pouco substancial portanto, é transportada para a cidade em enormes molhos piramidais armados em torno de uma vara comprida, pesado fardo que um negro sozinho consegue carregar à cabeça. Transportam-no também em grandes feixes separados e carregados a lombo de burro, e ainda em pequenos carros; neste último caso, os feixes de capim são tão pequenos que são precisos pelo menos cinco para a alimentação diária de um cavalo. Esses feixes vendem-se a dois vinténs. Nas casas ricas, o abastecimento regular de capim faz-se por assinatura.

A venda de capim cessa às dez horas da manhã nas ruas, continuando no mercado da *praça do capim* e em alguns outros lugares reservados a esse tipo de abastecimento. Já se viu, em tempo de seca, triplicar o preço do capim; em compensação, três ou quatro dias de chuva bastam para que se obtenha um novo corte.

Para compreender o grande consumo desse feno artificial, bastará observar que a totalidade dos ricos negociantes reside nos arrabaldes da cidade (comparáveis à Chaussée d'Antin, de Paris); que todas as suas famílias têm carruagem; que os rapazes andam a cavalo, e que se encontram mesmo, na estrada, pequenos cavaleiros de cinco a oito anos montados em potros segurados pela rédea por criados a pé, que fazem de escolta. Acrescente-se o número de negociantes ingleses que usam o cabriolé ou andam a cavalo e ter-se-á idéia da enorme quantidade de cavalos diariamente em circulação na cidade.

O capim-de-angola fez com que se negligenciasse a cultura do capim indígena, cujas folhas são muito menores, de um verde escuro, e cuja haste atinge apenas oito polegadas de altura. No Rio de Janeiro, entretanto, prefere-se este capim para os cavalos do interior, porque é mais substancial como alimento do que o capim-de-angola, o qual tem o inconveniente de debilitá-los.

O capim, como dissemos, é pouco substancial; mas ao lado dele cresce a mais nutritiva de todas as verduras, a folha da *palmeira jeribá,* que substitui, para o cavalo do viajante, o milho, indispensável todas as manhãs antes da partida.

Vendedores de sapé e de capim seco

Encontram-se também, nos mercados perto das praias, vendedores de *sapé* e de *capim seco,* com os quais se abastecem os tapeceiros que desejam evitar o monopólio dos ambulantes.

O *sapé* é uma planta aquática, de haste mais fina do que o caniço e cujas folhas têm somente sete a oito linhas de largura; crescendo sempre nas águas estagnadas, atinge até seis pés de altura. É de um verde claro, com a extremidade das folhas avermelhada. Transporta-se em feixe de doze molhos, que se vendem a uma pataca.

Substitui o feno e a palha, e os tapeceiros o empregam para encher colchões e travesseiros.

Os colchões, ou melhor, as *enxergas,* têm em geral um pé de espessura no Brasil; são duros e frescos e pespontados de três em três polegadas; colocam-se em cima de um acolchoado de lã, sobre o qual se estende uma esteira de Angola muito fina, mole e fresca, que se recobre com o lençol: é a cama do rico.

No interior, o sapé é empregado para cobrir as choças e guarnecer as paredes quando não são feitas de barro.

No Rio de Janeiro, os tapeceiros usam também capim seco para guarnecer peças menores, como almofadas, etc.; é uma erva mais fina e mais comprida do que o sapé. Vende-se em feixes estreitos e alongados, com o aspecto de uma palmeira de seis pés de altura, pelo preço de cinco vinténs.

Finalmente, o enchimento mais mole é constituído pela *flor da cana,* penugem ligeiramente crespa e cor de terra. Empregam-se ainda para o mesmo uso sedas vegetais.

A cena representa aqui uma vista tomada do *caminho novo de São Cristóvão;* o burro carregado e o carro de boi se encontram numa replanta de capim, que se estende até a estrada freqüentada pelos carregadores; outros negros, parados, trazem de volta a enorme vara que serve de sustentáculo ao molho piramidal, aqui reproduzido em ponto grande no primeiro plano.

Negros vendedores de leite

O grande número de estrangeiros, duplicando a população do Rio de Janeiro, aumenta consideravelmente o consumo atual do leite, o qual, em combinação principalmente com o café e o chá, é de uso generalizado e renovado até três vezes por dia em quase todas as casas particulares.

Todas as manhãs o negociante indica ao escravo a quantidade de leite que lhe é confiada e o produto da venda exigido.

O negro vendedor, embora bronco, ante a necessidade de calcular a fim de evitar uma correção em caso de engano, não demora em descobrir o meio de conseguir, ilicitamente, um copo de cachaça sem diminuir, entretanto, a importância a que está obrigado; assim é que, no caminho, acrescenta ao leite um copo de água, na presença de seus companheiros e na própria venda em que lhe fornecem a aguardente. Longe de nós a idéia de considerá-lo o inventor dessa pequena fraude! Esta não passa de uma imitação de outra mais importante feita pelo seu senhor. Essa rivalidade prejudicial de interesses recai no infeliz consumidor, obrigado a pagar ainda bem caro uma xícara de leite duplamente batizada.

Em meio às reclamações gerais dos consumidores, indignados com esse abuso sempre crescente, um negociante já reputado pelo seu excelente chocolate, sua probidade e sua fortuna, e proprietário de uma chácara com duas a três vacas, imaginou, por prudência, mandar fechar com cadeados os potes de leite enviados todas as manhãs pelo seu feitor; e com uma segunda chave abria os cadeados na presença de seus fregueses, reunidos na hora indicada para saborearem esse leite suculento, complemento delicioso de uma xícara de chá, chocolate ou café. A novidade tranqüilizante foi imitada e beneficiou outros empórios do mesmo gênero, sem diminuir a reputação do café da esquina da *Rua do Ouvidor* com a da *Vala*.

Um dos carregadores desta prancha mostra um modelo de lata de leite com cadeado; os outros, isentos desse entrave, seguram a pequena medida de zinco que serve para vender o leite e mesmo falsificá-lo.

O lado esquerdo dessa composição é fechado por um muro de chácara, cujo portão se vê em parte, com escravos da casa descansando na frente.

O antigo emprego da manteiga salgada, importada da Inglaterra e da Holanda, fez com que se negligenciasse a fabricação da manteiga fresca. Esta novidade industrial existe, entretanto, no Brasil, desde a fundação da *Colônia Suíça* (Nova Friburgo), no distrito de Cantagalo, a quarenta léguas da capital; mas a dificuldade de comunicações priva ainda os habitantes dos produtos desses ativos colonos, que consomem, eles próprios, seus laticínios. Os únicos queijos do país vêm de São Paulo e de Minas Gerais.

Entretanto, com o império, os conhecimentos culinários da Europa foram acolhidos no palácio do soberano, improvisando-se a fabricação da manteiga fresca e dos sorvetes.

Prancha 22

Escravos negros de diferentes nações

Como introdução à prancha 22, dou aqui alguns pormenores acerca da importação de escravos no Brasil.

Foi no princípio do século XV que os navegadores portugueses, depois da descoberta de algumas ilhas vizinhas da costa da África, trouxeram escravos negros que empregaram na cultura das terras do continente e das ilhas Canárias. Os portugueses também ergueram, em 1481, na mesma costa, o Forte de *Elmina,* e quarenta anos depois Afonso Gonçalves foi um dos primeiros a iniciar o comércio de carne humana, que subsiste até nossos dias.

Anderson faz remontar a 1508 a época em que os espanhóis importaram a cana-de-açúcar em São Domingos, juntamente com negros para cultivá-la. Em 1510, pouco tempo após a conquista do Peru, o rei da Espanha, Fernando, o Católico, para aí enviou, por sua conta, os primeiros escravos negros. E finalmente, em fins do século XV, viram-se na América a cana e o algodão cultivados por escravos africanos.

Pouco a pouco os europeus estenderam o tráfico dos negros ao norte e ao sul da linha equinocial; mais de um terço da população negra vem de alguns pontos principais da costa; de *Angola, Cabinda, Luanda, Malimba, São Paulo* e *Benguela.* A *Costa do Ouro* fornece os melhores escravos e o maior número.

Na costa da África a compra de negros se faz por troca; dão-lhes ferro em barra, aguardente, fumo, pólvora, fuzis, sabres, quinquilharias, facas, machados, foices, serras, pregos, etc. Os indígenas apreciam muito, também, os tecidos de lã coloridos e, principalmente, os tecidos de algodão e os lenços vermelhos. Viu-se no Congo um pai trocar seus filhos por um traje velho de teatro, de cor viva e cheio de bordados. Tendo em vista o precedente, o *diretor do Teatro Real do Rio de Janeiro,* homem de recursos, confiava às vezes a um capitão de navio negreiro os restos de trajes para serem trocados por escravos. E, em 1820, ouvi de um oficial de marinha francês, de volta da África, que, tendo obtido uma audiência particular de um desses régulos africanos, o encontrara, não sem espanto, sentado numa rica poltrona de acaju e metido numa casaca vermelha, com largos bordados de ouro (tudo um tanto passado, em verdade) e uma peça de pano de um pé quadrado, mais ou menos amarrada à cintura, completando o traje de recepção. E o monarca debonário, preto, vermelho e dourado, muito amável de resto, explicou-lhe que sua autoridade real se limitava a promover a conciliação de seus súditos em tempo de paz e comandá-los em tempo de guerra. É o império natural da sabedoria unida à bravura, peculiar também ao índio do Brasil.

Em certas regiões, empregam-se para o tráfego os *cauris,* espécies de conchas das ilhas Maldivas, vulgarmente chamados *cabaços.* Um negro custava ao chefe da expedição quatrocentos francos, inclusive os direitos de servidão da costa, que consistiam em retribuições cobradas pelos régulos da região e pelas feitorias européias. Nos primeiros tempos, um soberbo negro de cinco pés e cinco polegadas custava, na costa da Guiné, cerca de seiscentos francos; as mulheres eram pagas a quatrocentos.

Em 1816, a cupidez dos traficantes fazia embarcarem cerca de mil e quinhentos negros a bordo de um pequeno navio. Por isso, poucos dias depois da partida, a falta de ar, a tristeza, a insuficiência de uma alimentação sadia, provocavam febres e disenterias; um contágio maligno dizimava diariamente essas infelizes vítimas, acorrentadas no fundo do porão, arquejantes de sede e respirando um ar pervertido pelas dejeções infectas que emporcalhavam mortos e vivos; e o navio negreiro, que embarcava mil e quinhentos escravos na costa da África, após uma travessia de dois meses desembarcava apenas trezentos a quatrocentos indivíduos, escapados dessa horrível mortandade.

Impressionados com essa perda de homens, que encarecia demais o preço dos escravos, os traficantes sentiram a necessidade de embarcar menos negros de cada vez e de tratá-los mais humanamente; desde então, com efeito, permite-se-lhes a consolante distração de subir diariamente ao tombadilho, cujo ar puro os predispõe a dançar de vez em quando ao som de uma música, que, apesar de sua mediocridade, os encanta ainda, principalmente quando existem negras dançarinas. Noutros dias, essa distração é substituída por exercícios violentos, que os estimulam de um modo geral; entretanto, se alguns se mostram exageradamente tristes, forçam-nos a chicotes, a participar da alegria geral; tristes ou alegres, continuam acorrentados uns aos outros, a fim de evitar revoltas ou suicídios voluntários *(sic)* pelo mergulho no mar.

Quando os negros novos chegam, são visitados, apreçados, selecionados como animais; examinam-lhes a cor da tez, a consistência das gengivas, etc., para ter uma idéia do seu estado de saúde; em seguida fazem-nos saltar, gritar, levantar pesos, a fim de apreciar o valor de suas forças e sua habilidade. As negras são avaliadas de acordo com a idade e os encantos.

Esses infelizes escravos, na sua maioria prisioneiros de guerra em seus países e vendidos pelos vencedores, desembarcam persuadidos de que vão ser devorados pelos brancos e se resignam em silêncio a acompanhar o novo dono.

Um antigo tratado concluído com a Inglaterra regulava mesmo o preço dos negros, cuja importação era permitida aos portugueses; estes só podiam trazer gente da costa do sul da África, por isso mesmo de uma raça mais fraca e de muito menor estatura que as do norte.

Durante o ano de 1828, foram importados, pelo Brasil, 430 601 escravos e, durante os primeiros meses de 1829, 23 315.

As doenças cujos germes mais ou menos desenvolvidos se introduzem com os negros são: a *sarna,* muitas vezes visível, que os traficantes escondem com pomadas; a *disenteria* e a *varíola,* contra a qual existe uma lei obrigando os proprietários de escravos a vaciná-los.

Os negros mais comuns no Rio de Janeiro são das seguintes nações: *benguela, mina, ganguela, banguela, mina nago, mina nahijo, rebolo, cassange, mina calava, cabina de água doce, cabina mossuda, congo, moçambique.* Estas últimas compreendem um certo número de nações vendidas num mesmo ponto da costa, como a *astre*[1]*,* etc.

Abolição do tráfico de negros

Os *quakers* protestaram em 1727, em Londres, contra o comércio de negros e conseguiram a sua abolição na província de Pensilvânia em 1774; em 1808, o parlamento da Inglaterra sancionou a abolição completa do tráfico de negros.

Em França, o tráfico, legalmente abolido em 1815, já o fora muito antes, durante a Revolução Francesa.

No Brasil, um tratado concluído com a Inglaterra e retificado no Rio de Janeiro a 23 de novembro de 1826, por Dom Pedro I, imperador constitucional do Brasil, fixou a época da abolição do tráfico de negros nesse império para o mês de novembro de 1829. O tratado teve a execução pontual.

Explicação da prancha 22

Para completar as recordações de um viajante europeu que visite a capital do Brasil, reuni aqui uma coleção de negras de raças e condições variadas. Mais tarde reproduzirei os negros numa prancha especial.

N.º 1 — *Rebolo,* criada de quarto imitando com sua carapinha o penteado de sua senhora.

N.º 2 — *Congo,* negra livre, mulher de trabalhador negro (traje de visita).

N.º 3 — *Cabra,* crioula, filha de mulato e negra, cor mais escura do que o mulato (traje de visita).

N.º 4 — *Cabinda,* criada de quarto, vestida para levar uma criança à pia batismal.

N.º 5 — *Crioula,* escrava de casa rica, de baeta na cabeça.

N.º 6 — *Cabina,* criada de quarto de uma jovem senhora rica.

N.º 7 — *Benguela,* criada de quarto de uma casa opulenta.

---

[1] *A nomenclatura das nações negras introduzidas no Brasil permanece ainda obscura, apesar das várias tentativas de classificação realizadas ultimamente por Nina Rodrigues, Artur Ramos e outros. Não nos foi possível, portanto, corrigir completamente essa lista. (N. do T.)*

N.º 8 — *Calava,* jovem escrava vendedora de legumes, tatuada com terra amarela; penteada com uma tira de crina bordada, com contas e pingentes do mesmo tipo nos cabelos.

N.º 9 — *Moçambique,* negra livre recém-casada.

N.º 10 — *Mina,* primeira escrava de um negociante europeu (favorita sujeita a chicotadas).

N.º 11 — *Monjola,* antiga ama e pajem de casa rica.

N.º 12 — *Mulata,* filha de branco com negra, concubina "teúda e manteúda".

N.º 13 — *Moçambique,* escrava em casa de gente abastada.

N.º 14 — *Banguela,* escrava vendedora de frutas, penteada com vidrilhos.

N.º 15 — *Cassange,* primeira escrava de um artífice branco.

N.º 16 — *Angola,* negra livre quitandeira.

As negras *monjolas* são mais particularmente revoltadas, mas compartilham da alegria, da faceirice e principalmente da sensualidade que caracterizam os *congos,* os *rebolos* e os *benguelas.*

VOYAGE

PITTORESQUE ET HISTORIQUE

AU BRÉSIL,

OU

Séjour d'un Artiste Français au Brésil,

DEPUIS 1816 JUSQU'EN 1831 INCLUSIVEMENT,

Époques de l'Avènement et de l'Abdication de S. M. D. Pédre I
Fondateur de l'Empire brésilien.

Dédié à l'Académie des Beaux-Arts de l'Institut de France,

PAR J. B. DEBRET,

PREMIER PEINTRE ET PROFESSEUR DE L'ACADÉMIE IMPÉRIALE BRÉSILIENNE DES BEAUX-ARTS DE RIO-JANEIRO, PEINTRE PARTICULIER DE LA MAISON IMPÉRIALE, MEMBRE CORRESPONDANT DE LA CLASSE DES BEAUX-ARTS DE L'INSTITUT DE FRANCE, ET CHEVALIER DE L'ORDRE DU CHRIST.

TOME DEUXIÈME.

PARIS,
FIRMIN DIDOT FRÈRES, IMPRIMEURS DE L'INSTITUT DE FRANCE.
LIBRAIRES, RUE JACOB, N° 24.
M DCCC XXXV.

E.53. - Fac-símile da página de rosto da Edição Príncipe

J. B. DEBRET.

Premier Peintre et Professeur de la classe de peinture d'histoire de l'Académie Impériale des Beaux Arts de Rio de Janeiro. Et Peintre particulier de S. M. l'Empereur du Brésil. Membre Correspondant de la classe des Beaux arts de l'Institut royal de France. et Chevalier de l'ordre du Christ.

E.2. - Auto-retrato do Autor

LE PIC DE TENERIFE.

LE CAP FRIO.

E. 55. P. 1 e 2. - O Pico de Tenerife - Cabo Frio - Costa do Rio de Janeiro - O Gigante Deitado

E. 56. P. 1 e 4. - Vista da entrada da Baía do Rio de Janeiro - Vista Geral da cidade do Rio de Janeiro tomada da enseada da Praia Grande

E.57. P.5 e 6. - Um funcionário a passeio com sua família - Uma senhora brasileira em seu lar.

E.58. P.6-bis - Vasilhames de madeira

E.59. P.7 e 8. - Jantar no Brasil - O passatempo dos ricos depois do jantar

E.60. P.9 e 10. - Os refrescos do Largo do Palácio - Visita a uma fazenda

E.61. P.11 e 12. - Barbeiros ambulantes - Lojas de barbeiros

E. 62. P. 12-bis - Industria do trançado

E.63. P.13 e 14. - Vendedor de cestos - Negros vendedores de aves

E.64. P.15 e 16. - O regresso de um proprietário - Liteira para viajar no interior

E.65. P.17. - Vendedor de palmito - Vendedor de samburás

E. 66. P.18. - Negros serradores de tábuas

E.67. P.19. - Regresso de negros caçadores - Regresso dos negros de um Naturalista

E. 68. P.20. - Vendedores de milho - Negros vendedores de carvão

E. 69. P.21. - Vendedores de capim e de leite

E. 70. P.22. - Escravas negras de diferentes nações

E.71. P.23. - Mercado da Rua do Valongo

E.72. P.24. - Interior de uma residência de ciganos

E.73. P.25 e 26. - Feitores castigando negros - Acampamento noturno de viajantes

E.74. P.27. - Pequena moenda portátil

E. 75. P.28. - Transporte da carne de corte - Tronco para domesticar bois

E.76. P.29. - Sapataria

E. 77. P.30. - Casa para alugar, cavalo e cabra à venda - Vendedores de alho e cebola

E.78. P.31. - Moedas brasileiras de diversas épocas 1,2,6,7, Cobre - 3,5 Prata - 4 Ouro

Ł.79. P.32. - Negras livres vivendo de suas atividades - Vendedoras de aluá, limões-doces, de cana, de manuê e de sonhos

E.80. P.33. - Cena de Carnaval - Negros calceteiros - Negra baiana vendedora de Ataçaça

E.81. P.34. - Família pobre em sua casa - Marceneiro dirigindo-se para uma construção - Transporte de pau-pita (Piteira)

E.82. P.35. - Negras cozinheiras, vendedoras de angu - Fornos de Cal

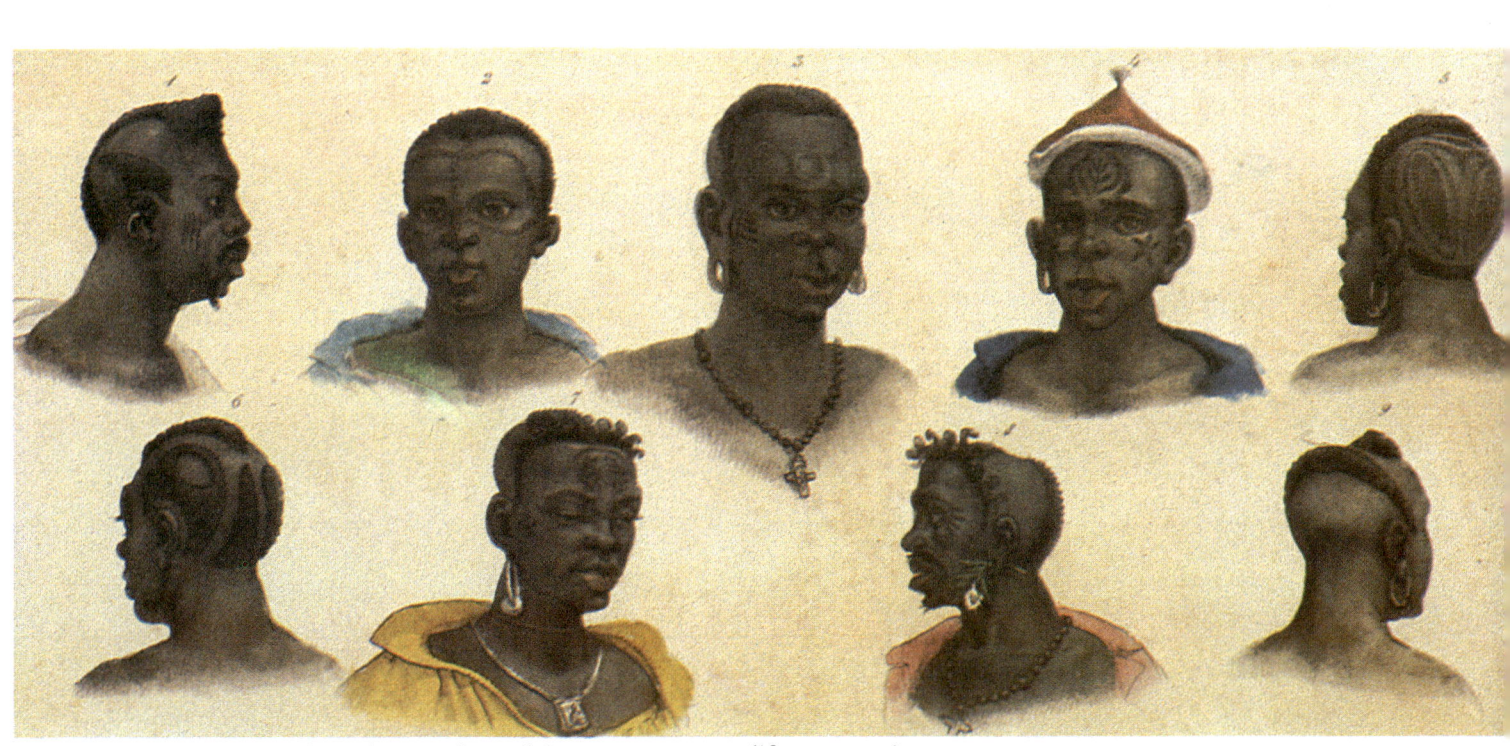

E.83. P.36. - Negros carregadores de cangalhas - Cabeças de negros de diferentes nações

E.84. P.37. - Carruagens e móveis prontos para embarque - Transporte de café - Vendedoras de pó de café torrado

E.85. P.38. - Negros de carro - Pelota, embarcação brasileira

E.86. P.39. - Armazém de carne-seca - viajantes da Província do Rio Grande do Sul

E.87. P.40. - Jangada de madeira de construção - Carreta de madeira de construção

E.88. P.41. - Negociante de tabaco em sua loja - Negro trovador - Vendedoras de pão-de-ló

E.89. P.42. - O Colar de Ferro (castigo dos fugitivos) - Negros de recado em tempo de chuva - Transporte de telhas

E.90, P.43. - Caça ao tigre

E.91. P.44. - Padaria - Colônia Suíça de Cantagalo

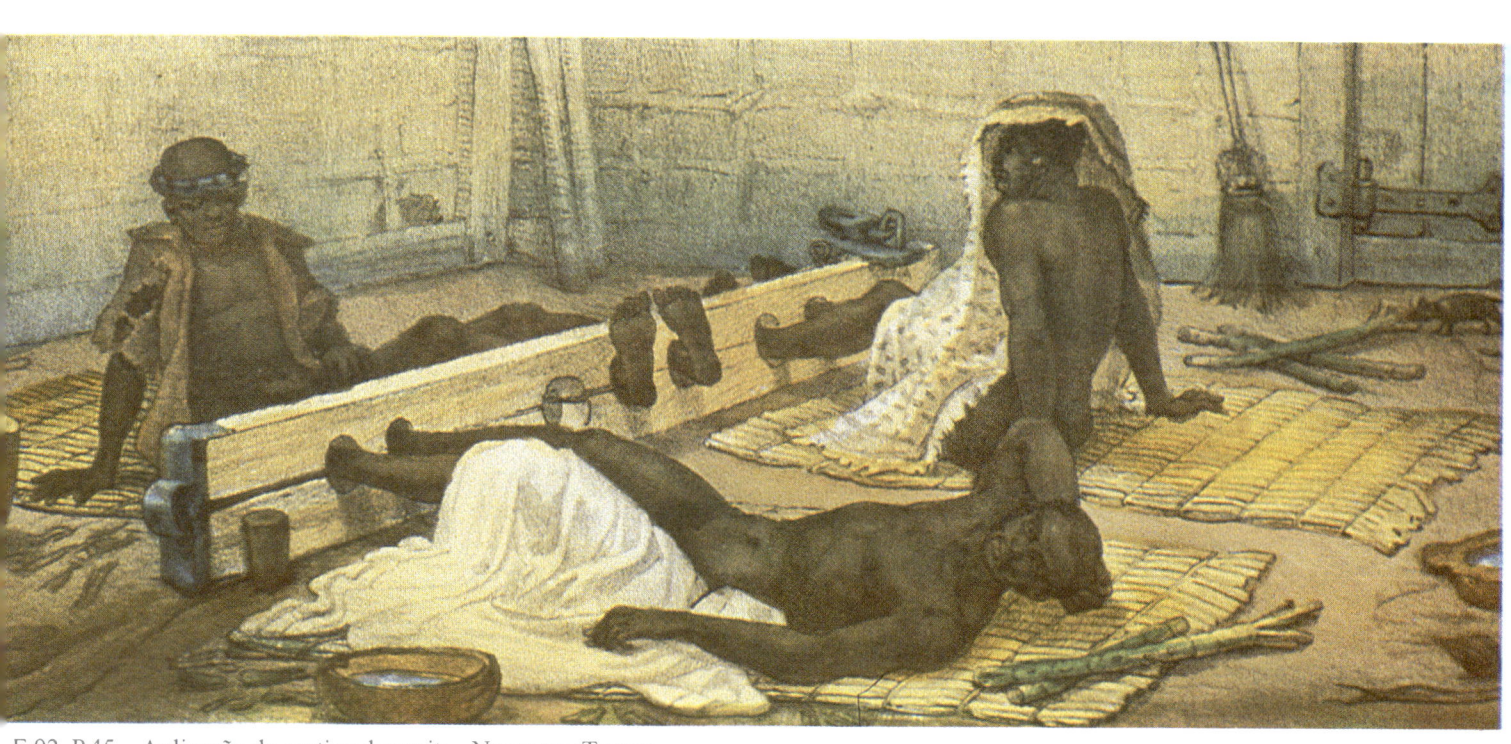

E.92. P.45. - Aplicação do castigo de açoite - Negros no Tronco

E.93. P.46. - O Cirurgião Negro - Açougue de Carne de Porco

E.94. P.47. - Pedreira - Passagem de um rio vadeável

E.95. P.48 e 49. - Lavadeiras a beira-rio - Negociantes paulistas de cavalos

Echelle de huit Milles Marins.
1 2 3 4 5 6 7 8 M.
Plan
DE LA BAIE
DE RIO-JANEIRO.
I. Lecuiba
C. da Pietade
S. F.co do Cruara
N. S.ra da Guia
Baie
da
Pietade
R. Imboasu
R. Guarahy
R. Macacu
R. Guaxindiba
I. dos Limoens
Cap do Brito
R. Saraguay
I. Pancaraiba
I. Paqueta
I. Proceyo
P.te Gabriel
I. Tepiti Guacu
I. do Boqueirao
P.te Tepiti
I. Itaoca
Cap da Ingenhoca
P.te Tubiacanga
I. Nhangeta
P.te Potonia
P.te Dutra
I. do Bijo
I. Viraponga
P.te Tapuamas
P.te da Lux
I. Jerubaibas
I. das Palmas
Agoa
Vaxa
Palma
I. Rasa
Ferro
Comprida
Redonda
I. do Ingenho
Baie do Porto Novo
ILE DO COVERNADOR
I. Saravata
I. da Agoa
Porto Novo
P.te Ribeira
I. Riquesaba
P.te Alves
I. Comprida
I. Cambambi
P.te do Galeao
P.te do Manguinho
P.te do Matozo
P.te da Coixamo
I. do Ingenho
I. Secca
I. Mayencu
I. das Cabras
I. do Catallao
I. do Fondao
I. Ilhota
I. Ostrabanda
I. dos Frades
I. do Marin
I. Redonda
I. Semanna
Porto do Bareto
R. do Bareto
I. da Velha
I. da Vianna
R. Marui
I. da Sapucaya
I. Pinero
P.te do Caju
I. do Ferrero
I. Mucangue Pequeno
I. Mucangue
I. da Conceiçao
S.ta Anna
I. do Caju
P.te da Armaçao
S. Lourenço
Baie
do
Inhaume
Ilha
I. das Enchadas
Plage da
Praia Grande
Praia Grande
I. S.ta Barba
N. S.ra da Saude
I. das Cobras
I. dos Ratos
S. Cristovao
I. da Amacina
Fort S.to Domingo
S.to Domingo
R. Maracana
Chateau S. Cristovao
(Residence de l'Empereur)
RIO-JANEIRO
I. Villegagnon
N. S.ra da Gloria
N. S.ra da Boa Viagem
P.te do Cavallao
Habitation Gamard
Plage San Francisco Xavier
S. Francisco Xavier
Catette
Laage
S.ta Cruz
P.te do Gage
P.te da Area
S. Joaõ
Plage San Joaõ
P.te da Fora
Plage do Tinboy
Bota Fogo
Paõ de Assucar
(Pain de Sucre)
I. Provençale
Plage Pertininga
I. do Paõ Torto
Plage Vermelha
I. da Cadunduba ou Tucinho
P.te do Leme
Plage Taipu
I. Menina
I. da May
I. do Pay
N. S.ra da Copa Cabana
Plage Freitas
Cap do Irmao
Cap da Cabia
I. Cagada
I. das Palmas
I.es das Tijucas
I. Comprida
I. Redonda
I. Raza

E.96.

Prancha 23

Mercado da Rua do Valongo

É na Rua do Valongo que se encontra, no Rio de Janeiro, o mercado de negros, verdadeiro entreposto onde são guardados os escravos chegados da África. Às vezes pertencem a diversos proprietários e são diferenciados pela cor do pedaço de pano ou sarja que os envolve, ou pela forma de um chumaço de cabelo na cabeça inteiramente raspada.

Essa sala de venda, silenciosa o mais das vezes, está infectada pelos miasmas de óleo de rícino que se exalam dos poros enrugados desses esqueletos ambulantes, cujo olhar furioso, tímido ou triste lembra uma *ménagerie*. Nesse mercado, convertido às vezes em salão de baile por licença do patrão, ouvem-se urros ritmados dos negros girando sobre si próprios e batendo o compasso com as mãos; essa espécie de dança é semelhante à dos índios do Brasil.

Os ciganos, traficantes de negros, verdadeiros negociantes de carne humana, não cedem em nada a seus confrades negociantes de cavalos; por isso, deve-se tomar a precaução e levar consigo um cirurgião quando se quer escolher um negro nesses armazéns, a fim de fazer passar o escravo pelas provas e exames necessários.

Às vezes, entre esses escravos recém-desembarcados, encontram-se negros já civilizados que fingem de chucros e dos quais é preciso desconfiar, pois dissimulam certamente quaisquer imperfeições físicas ou morais que impediram fossem vendidos diretamente.

Esse exame deve ser muito minucioso, porquanto, se escapar ao olhar do inspetor qualquer defeito físico no negro vendido, o comprador, ao sair do armazém, já não terá o direito de trocá-lo, costume este sancionado por diversas sentenças dos tribunais. Darei um exemplo: um belo negro de grande estatura, comprado num desses armazéns com toda a confiança que inspirava seu físico soberbo, conservara durante o exame uma laranja na mão, com uma aparência de desenvoltura ensinada pelo vendedor. O estratagema deu resultado, e o negro, chegando à casa de seu novo dono, sempre com a laranja na mão, só a largou para mostrar um defeito na articulação de um dos braços, e o comprador, embora enganado, teve que guardá-lo. Essa trapaça do cigano lembra a de um negociante de cavalos em Paris, que, vendendo um cavalo muito bonito mas cego, dizia ao comprador: *"Faites voir ce cheval*[1] e eu garanto o resto".

---
[1] *O trocadilho é intraduzível; "faites voir" deveria traduzir-se por "mostre", mas perderia assim o sentido de "obrigue-o a enxergar" aqui subentendido. (N. do T.)*

A depreciação momentânea do papel-moeda dobrara o preço de compra de um negro, mas o habitante de São Paulo ou de Minas, com dinheiro na mão, comprava-o ao câmbio do dia. Para o homem da cidade, ao contrário, que o pagava em papel-moeda, o negro valia de mil e oitocentos a dois mil e quatrocentos francos, a negra um pouco menos e o moleque de seiscentos e quarenta a oitocentos francos.

Reproduzi aqui uma cena de venda. Pela disposição do armazém e a simplicidade do mobiliário, vê-se que se trata de um cigano de pequena fortuna, traficante de escravos. Dois bancos de madeira, uma poltrona velha, uma moringa e o chicote suspenso perto dele constituem toda a mobília do armazém. Os negros que aí se encontram pertencem a dois proprietários diferentes. A diferença de cor de seus lençóis os distingue; são amarelos ou vermelho-escuros.

O brasileiro discerniria pela fisionomia os caracteres distintivos de cada um dos negros colocados na fila à esquerda da cena. O primeiro, atormentado por coceiras e que cede à necessidade de se esfregar, é velho e sem dúvida sem energia; o segundo, ainda sadio, é mais indiferente; o terceiro é de gênio triste; o quarto, paciente; o quinto, apático; os dois últimos, sossegados.

Os seis do fundo, quase da mesma nação, são todos suscetíveis de fácil civilização.

Os moleques, sempre amontoados no centro do quarto, nunca se mostram muito tristes. Um mineiro discute com o cigano sentado na poltrona o preço de um deles. O traje do habitante de Minas não mudou e se compõe de um grande chapéu de feltro cinzento com bordos de veludo negro presos à copa por cordões, paletó azul, colete branco, cinta vermelha, culote de veludo de algodão azul e botas moles de couro de veado com enormes esporas de prata. O desleixo do negociante corresponde à grosseria de seus costumes; ademais, a julgar pela sua tez pálida e pelo inchaço do ventre, tem ele os sintomas das doenças trazidas da costa da África, tão insalubre que as tropas estrangeiras aí só podem estacionar três anos, devendo em seguida ser substituídas por outras.

O sótão gradeado, que se vê no fundo do quadro, serve de dormitório aos negros, que a ele ascendem por meio de uma escada.

As duas portas fechadas dão para uma alcova arejada e clareada apenas por cinco seteiras colocadas nos intervalos. A porta aberta dá para um pequeno pátio que separa o armazém da moradia, onde se encontram a dona da casa, a cozinha e os escravos domésticos.

Prancha 24

Interior de uma residência de ciganos

A casta dos ciganos caracteriza-se tanto pela capacidade como pela velhacaria que põe no seu comércio exclusivo de negros novos e de escravos civilizados, conseguidos por intermédio de agentes que os seduzem e raptam.

Os primeiros ciganos vindos de Portugal desembarcaram na Bahia e se estabeleceram pouco a pouco no Brasil, conservando nas suas viagens os hábitos de povo nômade.

Eles obedecem aos preceitos cristãos, modificados porém através de ridículas superstições. Acreditam nos sortilégios e no poder mágico de certas orações repetidas três vezes e acompanhadas de certos gestos; e entre outras práticas falsas personalizam, por exemplo, as dores da Santa Virgem e os pregos da verdadeira cruz e se dirigem a esses intermediários, em caso de infelicidade, para implorar a clemência divina. Esses estúpidos cristãos vingam-se grosseiramente da imagem de Cristo e dos santos protetores quando o milagre esperado não se realiza. Sofrem eles algum prejuízo? Apressam-se em enfeitar seus pequenos ídolos protetores, cobrindo-os com uma infinidade de laços de fitas de diversas cores e amarrando a seus pés moedas, etc. Mas, se o milagre esperado não se realiza, castigam a imagem de madeira ou de barro, retirando-lhe os adornos e jogando-a a um canto, até que outra desgraça acorde neles o desejo de implorar proteção [1].

Os ciganos, dedicando-se exclusivamente ao comércio, abandonam por completo a educação de seus filhos; os mais ricos contentam-se com fazê-los aprender a ler, escrever e contar mais ou menos, deixando-os entregues aos seus caprichos sem nenhum preceito de moral; por isso, desde criança se encontram de cigarro na boca e caixa de rapé na mão, exercitando-se impunemente, e às vezes mesmo com o encorajamento culpado dos seus, na trapaça, no jogo, no roubo, e dirigindo a seus pais os mais revoltantes insultos. Forçados ao serviço interno do lar, qualquer recusa ou atraso os expõe à brutalidade do pai. Somente o filho mais velho tem alguns privilégios; é sempre o ídolo de sua mãe, cuja imoralidade muitas vezes põe uma nódoa nessa excessiva ternura.

---

[1] *Estas observações a respeito da religião dos ciganos podem ser aplicadas a todos os povos meridionais e se encontram também, muito marcadas, nos negros. Como características de ciganos, deixam muito a desejar, já pelo impreciso da descrição, já pela universalização do fenômeno. (N. do T.)*

A educação das filhas é também muito abandonada, raramente se elevando até a simples leitura. Desde pequenas tocam violão e, sempre à janela, empregam em trabalhos de agulha o tempo exclusivamente necessário a seus adornos; por outro lado, preguiçosas e faceiras, bárbaras para com os escravos, só pensam em agradar aos homens. Se o irmão mais velho seduz a mãe, elas encontram idêntica ternura junto de seus pais, mas são severamente fiscalizadas pela progenitora. As mulheres velhas ajudam os filhos nos trabalhos domésticos.

Esta raça desprezada tem por hábito encorajar o roubo e praticá-lo; roubam sempre alguma coisa nas lojas onde fazem compras e, de volta à casa, se felicitam mutuamente por sua habilidade repreensível.

As mulheres são em geral bem tratadas pelos maridos e se recusam a aliar-se a outra casta, para evitar o desprezo ou o ódio de seus pais. A permissão destes é absolutamente necessária ao casamento dos jovens noivos. O casamento entre parentes faz-se exclusivamente entre colaterais.

Ao sair da igreja, os recém-casados se dirigem para a casa da esposa para a bênção paterna; após essa sanção religiosa, a recém-casada recebe da parente mais respeitável pela idade e pela riqueza uma camisa de preço, quase inteiramente recoberta de bordados; logo depois desta última formalidade, a que assistem todos os parentes e amigos, o casal pode afinal gozar em paz o resto do dia. A esposa deita-se vestida com essa camisa nupcial, que lhe é exigida no dia seguinte. Este primeiro troféu do hímen é religiosamente apresentado aos parentes mais próximos, que habitam a casa, e transportado depois para a residência dos amigos e conhecidos. Somente no segundo dia realiza-se o banquete de núpcias, seguido dos divertimentos habituais.

As mulheres, entre os ciganos, embora faceiras, são em geral castas, menos por virtude do que por medo da vingança e da reprovação de sua casta. Há entretanto exemplos de filhos adulterinos, recolhidos e sustentados até a maioridade por seus pais.

Os celibatários respeitam as mulheres casadas e se divertem com as mulatas e as negras livres.

Logo após o parto, os parentes se apossam do recém-nascido, e se revezam perto dele, dia e noite, até o dia do batismo, a fim de preservá-lo, dizem, das bruxas ou feiticeiras, que se transformam em mariposas ou morcegos e, fazendo-se invisíveis, sugam o sangue da criança pagã. A esses guardas cabe também renovar os ramos de arruda colocados nos cantos do berço e conservar religiosamente os talismãs e amuletos logo suspensos ao pescoço da criança.

O cigano consagra grande parte de sua fortuna à gastronomia e à dança, seus prazeres prediletos. Um belo luar, uma festa religiosa ou de seus numerosos patronos (cada qual tem quatro pelo menos) são pretextos para orgias, de que se valem exclusivamente para se entregar à embriaguez.

As reuniões começam quase sempre ao cair da noite e, graças à temperatura amena do Brasil, os convidados se instalam num pátio interior ou num jardim quando a casa não é bastante espaçosa. Os convivas sentam-se sobre esteiras, em torno de uma toalha sobre a qual se dispõem os pratos; enormes cones de farinha de mandioca são colocados nos cantos, para serem misturados com o molho dos diversos acepipes, numa espécie de bolo comido com os dedos.

Nesse banquete confuso bebe-se à saúde dos santos, do papa, dos antepassados e dos amigos falecidos. O progresso da bebedeira entre os assistentes aumenta-lhes a ternura e os leva a se recordarem dos favores prestados mutuamente e a se agradecerem uns aos outros com lágrimas nos olhos; à cena teatral sucedem, repentinamente, cantos entrecortados de clamores de alegria, como prelúdio às suas danças lascivas. O canto é monótono e desafinado; preferem o ritmo lento do cântico com coro dos convivas. Ouvido inicialmente com o mais respeitoso silêncio, é logo aplaudido com furor. A dança é um sapateado à moda inglesa. O dançarino acompanha-se a si próprio, imitando com os dedos as castanholas, e os espectadores reforçam o acompanhamento com palmas. A *chula* e o *fandango* são as duas danças em que melhor brilham a flexibilidade e a vivacidade do dançarino, o qual termina seus passos com atitudes de mais a mais voluptuosas, entre os aplausos gerais.

Para dissimular as fraudes de seu comércio, que não passa de um tráfico de má fé, criaram eles uma língua bastante pobre, mas especial, cujas expressões derivam do hebraico.

O espírito do lucro está a tal ponto enraizado neles, que aproveitam a beleza de suas filhas, recusando-as aos primeiros que se apresentam, a fim de que o obstáculo, aguçando os desejos, lhes permita casamentos vantajosos.

Vaidosos de sua riqueza, gastam de bom grado importâncias consideráveis com jóias; mas sujeitos por causa de suas fraudes a freqüentes penhoras, possuem apenas um mobiliário muito simples, composto em geral de algumas canastras e de uma rede, objetos indispensáveis e de pouco embaraço nas mudanças urgentes.

Naturalmente medroso, o cigano mostra-se valente quando em companhia de outros e se declara sempre protetor de seus companheiros infelizes.

Por ocasião do falecimento de um cigano, os parentes e amigos têm por hábito visitá-lo em trajes de rigor, para exprimir suas saudades com contorções e urros que lembram os selvagens; depois do enterro voltam ainda para gemer o resto da noite, mas, no dia seguinte, secas as lágrimas, regalam-se tranqüilamente com um magnífico banquete oferecido pelo mais próximo ou mais rico parente do defunto.

Prancha 25

Feitores castigando negros

Chama-se *feitor,* na roça, o encarregado pelo proprietário de fiscalizar o cultivo das terras, a alimentação dos escravos e a disciplina que deve reinar entre estes; essas funções dão-lhe o direito de castigá-los.

Os vícios punidos são: a embriaguez, o roubo e a fuga; a preguiça é castigada a qualquer momento com chicotadas ou bofetões distribuídos de passagem.

À nossa chegada ao Brasil, os feitores eram, em sua maioria, portugueses. Geralmente irascíveis e rancorosos, acontecia muitas vezes corrigirem eles próprios os escravos; nessas circunstâncias, a vítima sofria com resignação, à espera da tortura que a aguardava.

O infeliz representado no primeiro plano, depois de amarradas as mãos sentou-se sobre os calcanhares, passando as pernas entre os braços de modo a permitir ao feitor que enfiasse uma vara entre os joelhos para servir de entrave; em seguida, facilmente derrubada com um pontapé, a vítima conserva uma posição de imobilidade que permite ao feitor saciar a sua cólera. Ousando apenas articular uns gritos de misericórdia, o escravo só ouve como resposta *"cala a boca, negro".*

Um segundo exemplo de castigo se encontra no último plano; aí, é um dos mais antigos escravos que se encarrega de aplicar as chicotadas.

Quando um feitor desconfia do carrasco, faz colocar atrás dele um segundo escravo, igualmente armado de chicote, para agir quando necessário, e, levando mais longe ainda suas precauções tirânicas, coloca-se ele próprio em terceiro lugar, para castigar o fiscal no caso em que este não cumpra seu dever com bastante severidade.

As duas tiras de couro da ponta do chicote arrancam, no primeiro golpe, a epiderme, tornando o castigo mais doloroso; este é, em geral, de doze a trinta chicotadas, depois das quais se torna necessário lavar a chaga com pimenta-do-reino e vinagre, para cauterizar as carnes e evitar a putrefação, tão rápida num clima quente.

A cena representa uma *roça.* À direita, os degraus da varanda revelam a residência do feitor. No fundo, à beira de um riacho, acham-se as choças dos negros; à esquerda, no mesmo plano, um canavial borda parte desse mesmo riacho; à esquerda e à direita, as colinas são cobertas de cafezais.

Em certas épocas, nas grandes fazendas de café ou de cana, o trabalho se prolonga até meia-noite; é o que se chama o *serão.* Quando acontece, por exemplo, caírem chuvas abundantes ou se verificarem grandes borrascas, por ocasião da maturação do café, ocupam-se todos os braços, alugando-se mesmo outros, a fim de apressar a colheita e evitar a perda de grãos caídos, cujo apodrecimento seria impossível impedir. O mesmo ocorre com a cana, que deve ser cortada, enfeixada e transportada para a moenda, antes que comece a fermentar.

Esse trabalho extraordinário é feito à luz de tochas de *camarim*[1], madeira desfiada em pequeninas tiras amarradas com cipós. Essas espécies de tochas acendem-se com facilidade e iluminam também muito bem, por isso são usadas para viajar à noite.

A alimentação do negro numa propriedade abastada compõe-se de *canjica, feijão-preto, toucinho, carne-seca,* laranjas, bananas e farinha de mandioca.

Essa alimentação reduz-se, entre os pobres, a um pouco de farinha de mandioca umedecida, laranjas e bananas. É permitido, entretanto, ao negro mal-alimentado, aplicar o produto da venda de suas hortaliças na compra do toucinho e carne-seca. Finalmente, a caça e a pesca, praticadas nas suas horas de lazer, dão-lhe uma possibilidade de alimentação mais suculenta.

Como um proprietário de escravos não pode, sem ir de encontro à natureza, impedir aos negros de freqüentarem as negras, tem-se por hábito, nas grandes propriedades, reservar uma negra para cada quatro homens; cabe-lhes arranjar-se para compartilharem sossegadamente o fruto dessa concessão, feita tanto para evitar os pretextos de fuga como em vista de uma procriação destinada a equilibrar os efeitos da mortalidade.

Administrador previdente, o fazendeiro brasileiro sabe, como se vê, cuidar de sua fortuna, no presente, pela severidade e a disciplina, e criar recursos, no futuro, por uma certa moralidade flexível.

---

[1] *Não encontramos a palavra com esse significado. Entretanto, Cândido de Figueiredo regista* camarina *para madeira de construção, e* camarinheira *como planta empetrácea. Deve tratar-se desta última. (N. do T.)*

Prancha 26

Acampamento noturno de viajantes

Embora exausto por uma penosa marcha sob a influência do excessivo calor, o viajante no Brasil deve ter ainda força de cuidar atentamente todas as noites do preparo do pouso no meio das inúmeras florestas, sempre tão longas para se atravessarem. Terminado o dia, ele acende o fogo, em seguida constrói uma tenda com os couros que servem para cobrir a carga das bestas, reservando alguns, entretanto, para colocar no chão, onde lhe cabe dormir, envolvido no seu manto. Pode também construir um abrigo feito de um teto de folhagem prolongado até o chão e cuja parte superior se apóia num varapau amarrado a duas árvores à altura de quatro a cinco pés; essa cabana é absolutamente semelhante à dos puris e outros selvagens e figura na prancha 26 da primeira parte. Junta o viajante, depois, seus animais, formando uma cerca em torno do pouso; a fogueira, alimentada durante toda a noite, preserva-o dos animais ferozes e clareia ao mesmo tempo o lugar para a guarda, revezada de quando em quando.

Mais difícil ainda se faz o acampamento do viajante isolado no meio dos campos dos confins das províncias de São Paulo, Rio Grande do Sul e Santa Catarina. Nesses desertos ele é obrigado a acampar atrás das canastras e dos arreios de seus animais, amarrar seus cachorros nos cantos da *fortaleza* e conservar durante toda a noite uma guarda exterior ao pé da fogueira, cujo clarão a onça teme.

Assim cercado de ameias, e com as armas carregadas, esse comerciante nômade, protegido da chuva e da umidade do terreno por dois couros de boi, enrolado no seu poncho, esquece um momento as fadigas de uma viagem longa e não raro perigosa, enquanto os burros pastam em liberdade, a pequena distância. Mas de madrugada, carregados de novo, esses dóceis animais levam os tesouros e as barricadas do dono para a nova parada da noite.

Eis a vida do viajante no Brasil, aliás privilegiada, a julgar por certa observação de que: "Quando a onça ataca esses pousos, sua ferocidade se satisfaz primeiramente nos cachorros e em seguida nos negros, antes de se lançar contra os brancos".

N.º 2 — O desenho número 2 representa o interior do acampamento e mostra a posição do viajante adormecido. Examinando-se os dois burros, um dos quais está carregado com quatro canastras e o outro cuja carga está inteiramente recoberta com o couro destinado a preservá-lo do sol e da umidade da chuva, tem-se uma idéia exata dos materiais utilizados na construção do acampamento noturno de um viajante nos campos do Brasil.

O estrangeiro que tenha residido no Brasil observa aqui, sem espanto, a tenacidade infatigável do paulista, que, através dos campos desertos, prossegue sem cessar na sua faina. Mas como não admirar mais ainda o naturalista europeu, levado pelo amor à ciência a compartilhar das dificuldades do nômade, abandonando voluntariamente as doçuras do bem-estar sedutor do centro da civilização para enriquecer um dia com seus achados os museus de história natural e as bibliotecas das grandes potências européias? É preciso aqui convirmos, juntamente com o brasileiro que o admira, em que se trata de uma coragem heróica, doravante ligada aos nomes venerados de Maximiliano de Neuwied, Augusto de Saint-Hilaire, Spix e Martius, Langsdorf e Frederico Celaw, que eu conheci no Brasil.

Prancha 27

Pequena moenda portátil

Foi somente poucos anos antes de nossa chegada ao Rio de Janeiro que se começou a cultivar a cana de Caiena, de preferência à cana indígena; esta, de uma espécie muito menor, com uma altura de cinco a seis pés, tem apenas dezoito linhas de diâmetro, ao passo que a de Caiena, da grossura de um braço de homem, atinge até vinte e cinco pés, com a vantagem de suportar três cortes.

Essa enorme diferença de quantidade na produção do açúcar é compensada, entretanto, para o consumidor, pela superioridade da cristalização da cana indígena, mais saborosa, mais rija e mais suscetível de permanecer muito tempo guardada.

É no mês de janeiro que cessam os trabalhos das fábricas de açúcar, recomeçando somente em abril; durante o calor excessivo que reina nesse intervalo, corta-se, limpa-se e replanta-se a cana-de-açúcar.

A muda de cana é simplesmente um pedaço cortado de três gomos de comprimento, enterrado horizontalmente a duas ou três polegadas de profundidade, de maneira a deixar virado para cima o gomo central, no qual nasce, perpendicularmente, um broto que já pode ser cortado ao fim de um ano (ver prancha 25).

Mencionemos a cidade de *Campos,* especialmente dedicada ao comércio do açúcar; situada ao pé de montanhas cobertas de florestas, os proprietários das usinas têm a vantagem de tirar de suas próprias terras toda a madeira necessária à fabricação das caixas para o açúcar[1]. Isso constitui um segundo ramo de comércio dessa cidade, reputada pela sua indústria.

Ao uso dessas caixas no comércio deve-se o hábito de avaliar a fortuna de cada proprietário pelo número de caixas de açúcar que ele pode colocar na praça anualmente e de fixar a importância de um dote pelo número de caixas de açúcar que uma moça traz ao casar-se; nesse caso os mais ricos partidos vão de duas a três mil caixas. O custo médio do trabalho de um escravo é calculado, anualmente, em uma caixa de açúcar e uma pipa de aguardente.

Há poucos viajantes que não tenham visitado, nas cercanias de Campos, o antigo Colégio dos Jesuítas, monumento do século XVI transformado hoje em magnífica usina de açúcar; o engenho do Colégio dos Jesuítas constitui o exemplo da maior fortuna de um proprietário desse tipo.

---

[1] *A madeira chamada* jataí amarelo *é escolhida de preferência. (N. do A.)*

Encontram-se nessa aldeia mais ou menos trezentas mulatas muito claras e bem-vestidas que gozam, na sua escravidão, de todas as vantagens de uma vida abastada, embora permaneçam sujeitas a períodos de serviço especial. Eis como se explica: reduzindo-se em Campos o trabalho de um escravo, mulato ou negro, à obrigação de fornecer anualmente ao senhor certo número de caixas de açúcar, trabalho que pode ser executado em um mês ou dois, e depois do qual o escravo trabalhador pode entregar-se durante o resto do ano aos seus próprios interesses, ele especula com os produtos dos vastos campos da propriedade onde trabalha, criando cavalos de uma raça muito apreciada que aí se multiplica ao infinito, dedicando-se à agricultura ou a qualquer trabalho manual. Acontece mesmo que obtenha, depois de ter pago a sua anuidade, uma licença por prazo determinado para ocupar-se pessoalmente de seus negócios.

O objetivo constante de sua atividade é conseguir comprar para si próprio escravos que o ajudem no seu trabalho e no seu comércio; essa fortuna tanto honra sua indústria como a filantropia de seu senhor, contente de vê-lo gozar, com o direito de legá-lo a seus descendentes, de um bem-estar tranqüilo justamente adquirido.

É a duas léguas de Campos que se encontra uma célebre fazenda cujas avenidas dominadas por duas igrejas lhe dão um aspecto de pequena cidade comercial; as inúmeras lojas dessa população escrava apresentam aos compradores um sortimento muito completo de toda espécie de mercadoria, inclusive açúcar e café.

É ainda em Campos que costumam mostrar ao estrangeiro o fausto da viúva de um proprietário brasileiro que, no domingo, a caminho da igreja, ostenta um luxo de antigo embaixador oriental, com seu cortejo de escravas.

Diz-se que a Marquesa de Palma, senhora de um dos primeiros nobres da corte imperial do Brasil, possui uma parte hereditária na renda dessa fazenda, digna sob todos os aspectos de sua grande reputação.

Descrição da prancha

Essa máquina pequena, bastante vulgar, que eu vi montada numa das lojas da Praça da Carioca, serve para espremer o caldo da cana.

Este, uma espécie de licor, não pode ser conservado mais de vinte e quatro horas sem fermentar, a menos que com preparo especial, e serve diariamente aos vendedores de bebidas para adoçar uma bebida bastante refrescante chamada *capilé,* e cujo preço diminuto propagou o uso. Pode-se ter uma idéia das grandes moendas por este pequeno modelo, desde que se acrescente um motor hidráulico ou movido por animais. Os cilindros da máquina têm, então, de quatro a cinco pés de altura, e ela é construída sempre debaixo de um grande barracão (ver na prancha 6-bis um dos cochos aqui substituídos por uma pequena tina destinada a recolher o caldo da cana).

A simplicidade do mecanismo desse pequeno modelo exige um negro a mais, colocado por detrás da máquina, a fim de tornar a passar a cana, já esmagada pelo primeiro cilindro, no segundo, o qual a esmagará mais uma vez.

Nos grandes moinhos o segundo negro é substituído por cilindros a mais, colocados de maneira a forçar a cana a passar entre os últimos rolos, que acabam de esmagá-la, reajeitando-a para o lado em que fora introduzida.

O tamanho da máquina e a pequena força do motor representados aqui só permitem moer a pequenina cana indígena. O mais inteligente dos negros é encarregado de introduzi-la entre os cilindros e de retirar o bagaço que, ainda cheio de suco, é aproveitado na alimentação dos cavalos e dos bois, pois os fortifica e engorda ao mesmo tempo. No fundo vê-se uma mesa com um banco preparado para os consumidores que vêm beber ou simplesmente comprar certa quantidade de caldo de cana, vendido por medida. O feixe de cana encostado a um banco, no primeiro plano, dá uma idéia do tamanho bastante mesquinho dessa espécie de cana indígena.

Prancha 28

Transporte da carne de corte

Nos países meridionais em geral, mas principalmente no Brasil, onde o clima é quente e úmido, usa-se pouco a carne insípida do boi, pois este definha na viagem através de pastagens de capim tão aguado e tão pouco substancial que para remediar o inconveniente dão sal no caminho aos animais, duas vezes por semana, o que não impede cheguem sempre extenuados ao Rio de Janeiro.

O abastecimento de bois é feito principalmente pelos habitantes de São Paulo, Taubaté, etc. Os capitalistas dessa província empregam nesse gênero de comércio agentes chamados capatazes, que são enviados à província de Curitiba para comprar os animais, reunidos em grande número nos campos vizinhos da capital.

O comprador tem sempre o cuidado de escolher os bois mais fortes e mais gordos, capazes de agüentar as fadigas de uma viagem bastante comprida.

É em geral nos meses de setembro e outubro que os capatazes chegam a esses campos; trazem de lá seus rebanhos a São Paulo e os encaminham imediatamente para o Rio, a fim de que aí estejam antes dos meses de janeiro e fevereiro, evitando assim a travessia dos campos durante o florescimento do *timbó,* planta venenosa, bastante parecida com a violeta.

Em 1816, os açougueiros do Rio de Janeiro compravam a carne num único matadouro, então arrendado a um rico negociante encarregado do abastecimento; mas o monopólio foi suprimido no Império, e desde então cada açougueiro compra seus bois mediante certa retribuição e os abate no açougue. Os negros do estabelecimento transportam a carne para os proprietários[1].

Os fornecedores de gado conservam rebanhos de reserva em certos pousos, de modo a que o abastecimento se faça nos dias indicados e por quantidades suficientes. Os animais, reunidos durante vinte e quatro horas nas proximidades do matadouro, ficam à disposição dos açougueiros, que aí fazem suas aquisições. Nesse mesmo matadouro vendem-se couros e tripas.

Antes da chegada da corte de Portugal, consumia-se no Rio de Janeiro muito pouca carne de bovinos, e os membros, os miúdos e mesmo as cabeças eram distribuídos gratuitamente aos cidadãos que se apresentavam ao matadouro. Mas atual-

---
[1] *A expressão não parece feliz. Não se sabe, afinal, se se trata dos açougueiros, dos concessionários do matadouro ou dos consumidores. (N. do T.)*

mente os tripeiros estabelecidos perto do matadouro encarregam-se desse comércio, já bastante lucrativo.

As cabeças, das quais se tira o miolo, são especialmente destinadas aos hospitais; os pés, chamados mocotós, substituem à mesa os pés de vitela e de carneiros, que não se consomem. As doenças do peito, tão freqüentes no Brasil, tornam recomendável esse prato mucilaginoso e substancial; refogado, é ele servido nas melhores mesas. Os tripeiros já os vendem limpos e cortados em dois pedaços.

A carne, além de pouco substancial, é ainda mal-sangrada, e, embora no Rio um regulamento policial fixe o preço dela em três vinténs a libra, os estrangeiros preferem pagar cinco para tê-la melhor. Esse costume foi pouco a pouco introduzido pelos açougueiros franceses, que mandam matar os bois na sua frente e que sabem melhor sangrar e cortar a carne.

O brasileiro, como já dissemos, não faz uso da carne de vitela, e os refrescantes são feitos de frango.

O carneiro, naturalmente delicado, não suporta as fadigas de uma longa viagem para chegar dos campos do interior onde é criado; por isso, os poucos que se encontram no Rio são muito magros. Desde 1830 um negociante da capital mantém um pequeno rebanho de carneiros que faz pastar diariamente no morro do Castelo; essa carne, ainda cara, vende-se ao preço de uma pataca e meia a libra.

O desenho representa parte do matadouro do Rio de Janeiro, situado na Rua de Santa Luzia, e a partida de um carro de bois com a carne fresca destinada a um dos estabelecimentos públicos da cidade. No prolongamento da mesma rua, vêem-se dois negros do matadouro, cada qual com um quarto de boi à cabeça, destinado a um açougueiro da cidade; com seu fardo pesado aceleram o passo ao ritmo de um refrão cantado durante o trajeto.

Juntei, no número 2, a canga giratória, de que se servem os paulistas para domesticar os bois de carro, e a máquina hidráulica chamada *preguiçosa* ou *monjolo*, empregada em geral no Brasil para socar a farinha de mandioca ou de milho. Essa máquina existe em escala maior, abrigada sob um barracão fechado, com grades através das quais passa a calha para receber a água que move o moinho. No interior ouve-se de quando em quando o bater redobrado dos pilões. O mecanismo simples é o seguinte: a calha enche-se aos poucos e, ao chegar ao chão, se esvazia de repente, erguendo-se em virtude do contrapeso do pilão. Quando a queda da água é forte, entre cada batida decorre cerca de meio minuto, tempo necessário para encher a calha.

A cena aqui representada provavelmente ocorre no interior de uma propriedade. O negro que se dirige para o pilão carrega à cabeça um cocho cheio de grãos de milho.

Observei com espanto que, apesar dos imensos progressos da civilização na *capital,* se conservava, mesmo por ocasião de minha partida, algo da barbárie brasileira na maneira de matar o boi, crueldade rotineira que deve sem dúvida sua conservação à disposição interna do matadouro, pois na Praia Grande e nos estabelecimentos em que se prepara a carne-seca empregam-se outros meios infinitamente mais convenientes.

Esse verdadeiro massacre, que pode ser contemplado através das grades externas, consistia em fazer entrarem cerca de quarenta bois num corredor que dava para a rua e era arejado de dois lados por grades reforçadas. Introduzidos os animais, três ou quatro negros armados de machados se lançavam e os abatiam; os bois caíam sucessivamente, depois de se precipitarem uns contra os outros com a cabeça mutilada. Tratava-se em seguida de cortar-lhes a cabeça, escorchá-los e esquartejá-los a machadadas. Não era menos repugnante, depois dessa carnificina, observar os negros entrarem na venda, do outro lado da rua, ainda cobertos de sangue e de suor e arquejantes de sede, a fim de beber um copo grande de aguardente ou de sangria. Esses executantes nojentos em conversa com outros negros seus amigos constituíam um horrível espetáculo para o europeu, durante o quarto de hora de descanso empregado na lavagem do matadouro, que se enchia novamente de igual número de bois destinados à matança.

Prancha 29

Sapatarias

O europeu que chegasse ao Rio de Janeiro em 1816 mal poderia acreditar, diante do número considerável de sapatarias, todas cheias de operários, que esse gênero de indústria se pudesse manter numa cidade em que cinco sextos da população andam descalços. Compreendia-o entretanto logo, quando lhe observavam que as senhoras brasileiras, usando exclusivamente sapatos de seda para andar com qualquer tempo por cima de calçadas de pedras, que esgarçam em poucos instantes o tecido delicado do calçado, não podiam sair mais de dois dias seguidos sem renová-los, principalmente para fazer visitas. O luxo do calçado é elevado ao máximo sob o céu puro do Brasil, onde as mulheres, geralmente favorecidas por um lindo pé, desenvolvem, para ressaltá-lo, toda a faceirice natural aos povos do sul. As únicas cores usadas eram o branco, o rosa e o azul-céu; a partir de 1832 acrescentaram-se o verde e o amarelo, cores imperiais e usadas na corte.

Esse luxo, aliás, não é exclusivo dos senhores; ele obriga a brasileira rica a fazer calçarem-se como ela própria, com sapatos de seda, as seis ou sete negras que a acompanham na igreja ou no passeio. A mesma despesa tem a dona-de-casa menos abastada, com suas três ou quatro filhas e suas duas negras. A mulata sustentada por um branco faz questão também de se calçar com sapatos novos, cada vez que sai, e o mesmo ocorre com sua negra e seus filhos. A mulher do pequeno comerciante priva-se de quase todo o necessário para sair com sapato novo, e a jovem negra livre arruína seu amante para satisfazer essa despesa por demais renovada.

No entanto, essa faceirice só pode brilhar durante o trajeto da casa à igreja, pois aí, de joelhos sobre o tapete estendido no chão, a brasileira esconde escrupulosamente seus saltos com o vestido e só abandona essa posição para ir sentar-se à moda asiática, isto é, com as pernas encolhidas sob o corpo, hábito que se observa nas reuniões particulares das classes inferiores da população, as quais sentam sempre no chão.

É, portanto, exclusivamente nos dias de festa que se vêem no Rio de Janeiro mulheres de todas as classes calçadas de novo, pois, chegando a casa, os escravos guardam os sapatos e a criada de quarto somente conserva um par já velho, que usa como chinelas. O mesmo acontece na intimidade da maioria das famílias, onde as mulheres, quase sempre sem meias e sentadas em geral nas esteiras ou na sua marquesa, conservam habitualmente a seu lado um par de sapatos velhos, que servem de chinelas, para não andarem descalças dentro de casa.

Em resumo, esse desperdício de calçados, feito por mulheres que não os usam em casa, basta para sustentar os sapateiros, os quais, ademais, fabricam sapatos de seda muito finos e de cores extremamente sensíveis, como já vimos.

A anglomania portuguesa de alguns cortesãos vindos com o séquito do rei, e imitada a princípio pelos ricos negociantes do Rio de Janeiro, os levara a mandar vir os seus calçados de Londres. Mas logo que o Rio se tornou a capital do reino, aí se instalaram sapateiros e boteiros alemães e franceses, abastecidos com excelentes couros da Europa; como era de esperar, os trabalhadores negros ou mulatos empregados nessas sapatarias logo se tornaram rivais de seus amos, e hoje se encontra, nas lojas desses indivíduos de cor, toda espécie de calçados perfeitamente confeccionados.

Quando de nossa chegada, as sapatarias se situavam na pequena Rua dos *Barbeiros,* primeira travessa da Rua *Direita,* ao longo da *Capela do Carmo;* em menos de dois anos, o progresso dessa indústria levou-a até parte da Rua do *Cano,* quase contígua à dos *Barbeiros,* e hoje as sapatarias começam a se espalhar por outras ruas do Rio de Janeiro.

A distribuição interna dessas lojas e a harmonia do cenário não variam. O branco, o verde-claro e o rosa são as cores adotadas exclusivamente. As mais pobres, entretanto, privadas de armários envidraçados[1], apresentam um simples tabique no fundo, que serve também para esconder o leite e uma porta que comunica com um pequeno pátio onde se acham a cozinha e o local em que dorme o escravo do sapateiro.

O desenho representa a loja opulenta de um sapateiro português castigando seu escravo; a mulata, sua mulher, embora aleitando uma criança, não resiste ao prazer de espiar o castigo.

O instrumento de suplício de que se serve o sapateiro chama-se *palmatória,* espécie de férula com furos de modo a não comprimir o ar e dar maior força ao golpe. O castigo, dado de conformidade com a falta, vai de uma a três dúzias de *bolos* seguidos.

Os outros negros são diaristas, com os quais o sapateiro age do mesmo modo, quando necessário.

N.º 2 — Pareceu-me necessário dar os pormenores da planta que se vê enfeixada no primeiro plano da figura precedente e se encontra em todas as sapatarias, porque serve de *cola.*

Essa planta oleaginosa, da família dos *aloés,* chamada vulgarmente *grude de sapateiro,* tem apenas de três a quatro pés de altura; suas flores são de um amarelo cor de ouro, e as sementes, marrom-escuras; cresce tanto nos terrenos úmidos como nos arenosos.

O suco amargo e gomoso é empregado pelos sapateiros, seleiros e encaderna-

---

[1] *Vitrinas. (N. do T.)*

dores, de preferência a qualquer cola, por afugentar os insetos. Mas o preventivo é de pouco efeito nas bibliotecas, principalmente na do Rio de Janeiro, onde o governo mantém, em cada uma das salas, um empregado especialmente encarregado de espanar os volumes folha por folha, a fim de retirar os óvulos ou mesmo as larvas dos insetos. Essa medida é tanto mais indispensável quanto pude ver vários volumes atacados por um inseto pequeníssimo, da família das brocas, cujas folhas furadas, crivadas de pequeninos buracos, perfeitamente redondos, já não passavam de uma renda. O que dificulta a aplicação dos processos divulgados de conservação dos livros, no Brasil, é a carência de um preventivo suficientemente forte que não seja ao mesmo tempo nocivo à saúde dos leitores.

A facilidade de obter a qualquer momento uma cola sem preparo contribuiu não pouco para o emprego do *grude de sapateiro;* basta, com efeito, raspar-lhe o caule descascado para obter uma espécie de gelatina de um branco esverdeado que pode ser empregada imediatamente e que seca com rapidez.

Prancha 30

Casa para alugar, cavalo e cabra à venda

A população do Rio de Janeiro é hoje tão considerável, que raramente permanecem mais de vinte e quatro horas as folhas de papel branco coladas por fora das janelas de uma casa por alugar. Quando de nossa chegada, esse sinal de casa para alugar só se encontrava em casebres insalubres e úmidos, pois as casas eram alugadas com antecedência, antes de se esvaziarem.

Os proprietários aceitavam de bom grado a solução, para evitar a *aposentadoria real,* imposição feudal que obrigava o proprietário de uma casa por alugar a aceitar por inquilino qualquer indivíduo mandado pelo governo; essa obrigação acarretava a funesta conseqüência, no caso de não pagamento, de sonegar o inquilino privilegiado à execução, a qual só podia ser feita com autorização do Tribunal Real. A complacência deste multiplicava ao infinito o arquivamento das causas e desanimava o executante, muito feliz, ao fim de alguns anos, em ver o devedor mudar-se sem pagar.

Às vezes, mais insidiosamente ainda, alegava-se que o proprietário lesado recebera o aluguel das mãos de um agente do governo, o que tornava qualquer execução perigosa. Por isso, para evitar esse encadeamento de abusos, vários proprietários, e notadamente o de uma bela casa situada à entrada do Catete, deixaram em 1817 seus edifícios inacabados, na esperança de uma próxima revogação da aposentadoria real, praga esta que só cessou no Império (voltaremos ao assunto na terceira parte).

Com esse cruel costume, mostro aqui também mais um traço da vida brasileira na reprodução do antigo modo de indicar ao público das ruas o preço de um objeto à venda. Apresento dois exemplos em duas inscrições, uma na cabeça de um cavalo que dois transeuntes examinam e outra amarrada aos chifres de uma cabra nas mãos de uma escrava que carrega o cabrito. O traje esfarrapado da negra revela o estado de miséria dos amos, reduzidos à penosa solução de um último sacrifício.

O mesmo não se dá com o cavalo, cuja venda pode ter sido determinada por mil razões. Uma das mais comuns é a partida repentina do senhor, obrigado a embarcar; outra será talvez o seu desejo de se desfazer do animal por causa de alguns defeitos pouco aparentes. É evidente que o negro, encarregado de montar o cavalo à venda, é bastante bom cavaleiro para valorizá-lo ante o comprador, o qual tem entretanto o direito de fazê-lo experimentar ou de montá-lo pessoalmente durante alguns dias antes de pagá-lo, vantagem que acarreta sempre certa diminuição no preço.

Em geral pode-se obter um cavalo comum, às vezes cansado da viagem, mas suscetível de se refazer com o repouso, por um preço que varia de quarenta a setenta mil réis; um belo cavalo custa de seiscentos a oitocentos francos.

Vendedores de alho e cebola

A preocupação exclusiva do lucro e o hábito de basear o orçamento do Estado nas rendas da Alfândega fizeram com que coubesse a Lisboa e Buenos Aires o privilégio do abastecimento de cebolas graúdas, as únicas consumidas no Rio de Janeiro. De alguns anos para cá, entretanto, os estrangeiros introduziram a cultura da cebola no Brasil, e hoje se aproveitam até as cebolas de refugo, que começam a germinar, para plantá-las imediatamente. Faz-se mais ainda: a experiência provou que, repartindo o pedaço da cebola ligado às raízes, se obtêm tantas mudas quantos forem os pedaços plantados separadamente. A colheita, rápida e saborosa, é consumida quase toda ainda verde, e o recurso desse plantio é tanto mais lucrativo para o cultivador quanto lhe permite beneficiar-se da alta excessiva da indispensável cebola quando a chegada dos navios sofre algum atraso.

Quanto ao alho, são as províncias do interior do Brasil que abastecem a capital.

No Rio de Janeiro o alho e a cebola se encontram em algumas vendas do mercado de peixe; fazem-se tranças de palha para fixá-los e facilitar a distribuição aos revendedores.

Sendo necessário no Brasil, como em todos os países quentes, temperar fortemente os comestíveis, tem-se por hábito, nas cozinhas comuns e nas casas de pasto, empregar a lingüiça, espécie de salsicha muito seca, sem gordura e fortemente apimentada, que se combina com diferentes legumes e com a carne de vaca, para fazer o caldo gordo.

Um dos dois negros colocados no último plano à esquerda, e que é de supor pertença a um salsicheiro, traz suspensas a uma vara lingüiças para serem vendidas; o outro, de volta de um matadouro de porcos, transporta para a casa de seu dono tripas preparadas para servirem de invólucro às lingüiças, muito parecidas com as que se encontram na Itália, mas sem a folha de louro picada.

O lugar representa uma praça irregular na extremidade de um dos bairros do Rio de Janeiro.

Prancha 31

Moedas brasileiras

Estranharão sem dúvida que, no Brasil, a província das minas de ouro seja a única a não cunhar moedas. Com efeito, deve-se esse contra-senso local à entrada no território aurífero de especuladores estrangeiros, entre os quais aventureiros de má fé que desonram com seus crimes a indústria e o comércio.

É certo portanto que, entre todas as cidades do Brasil que possuem Casa da Moeda, a de Vila Rica teve de renunciar à cunhagem em conseqüência da falsificação das peças de ouro; essa fraude estrangeira, desacreditando essa moeda de um metal demasiado puro, interrompeu-lhe o curso em toda a província de Minas, onde circulava com caráter de exclusividade.

Admitiu-se posteriormente, no comércio, o emprego do ouro em pó, que, regulado por um padrão determinado, servia para as trocas; entretanto, essa medida exigia o emprego constante de uma balança, indispensável portanto ao viajante, e o ligeiro inconveniente deu origem a outro bem mais grave: o da falsificação dos pesos[1] por meio de uma areia fina chamada *angu*. O abandono desse metal, que levava os europeus à corrupção, provocou a instituição do *papel-moeda*. Criaram-se bilhetes ou notas, com o nome de *permuta*, numa escala de valor de um vintém ouro[2] (trinta e sete réis) a meia oitava. Casas de *câmbio* ou de *permuta* trocam essas notas por ouro em pó, mas unicamente até a importância de quatro oitavas. Para obter-se papel de maior valor é preciso solicitá-lo dos funcionários do governo, que o entregam mediante a cobrança do *quinto*.

Existe ainda nessa província, como valor monetário ou mercantil, a *barra de ouro*, fornecida pela Intendência da Cidade, e marcada com as armas do Brasil e a determinação de seu peso, e que se acompanha de uma guia necessária à sua circulação.

Como o governo brasileiro ganha vinte por cento sobre o ouro, ainda sobram aos fraudadores do ouro em pó dezoito por cento de benefício sobre essa moeda e mais dois por cento para a *prova*. Essa especulação alimenta o contrabando, a ponto

---

[1] *O ouro em pó é um composto de parcelas desse metal, um pouco menores do que grãos de alpiste e cuja forma irregular foi arredondada pela fricção da areia entre a qual elas rolam pelos rios que descem das montanhas auríferas. (N. do A.)*

[2] *O vintém ouro de Minas vale 37 réis ao passo que o de Portugal, que tem curso em todas as outras províncias, vale 20 réis. (N. do A.)*

de sonegar anualmente grandes importâncias aos direitos do governo, apesar da ativa fiscalização observada no interior e nas fronteiras da província de Minas.

Desejoso de dar aos leitores uma idéia da variedade de cor e qualidade do ouro explorado nas minas do Brasil, transcrevo aqui o resumo preciso e honesto de M. Denis: "As minas de Itabira, de Mato Dentro, fornecem ouro de todas as cores, desde o mais belo amarelo até o tom de chumbo; notável pela sua linda cor, é o da Vila do Príncipe e especialmente o de Araçuaí; o de Minas Novas é de um amarelo soberbo, mas, ao contrário, o de Cocais e de Inficionado é de um tom pálido que se aproxima às vezes do cobre. Quanto ao valor, o ouro de Minas Novas tem em geral vinte e quatro quilates; o das proximidades de Sabará é de vinte e dois a vinte e três quilates, média de Congonhas; o de Sabará mesmo é de dezoito a dezenove quilates e o de Vila Rica de vinte a vinte e três". Aqui, o escrupuloso historiador suspende sua descrição, sem esclarecer o milésimo do ouro das minas do Tijuco, Mato Grosso e Goiás.

Descrição da prancha

Observador sempre fiel dos progressos da colônia portuguesa no Brasil, reúno neste quadro uma série de moedas desde o reinado de Dom João V até o de Dom Pedro.

O sistema monetário brasileiro constitui-se de moedas ideais e de moedas metálicas com curso.

As primeiras, representadas em parte pelo papel-moeda, são: *conto de réis* (6 250 frs.); *mil cruzados* (2 500 frs.); *dobrão* (80 frs.); *cruzado* (2,50 frs.) e *real* (0,00625 frs.).

As segundas, moedas metálicas, são peças de ouro no valor de 4$000 (25 frs.), 2$000 (12,50 frs.) e 1$000 (6,25 frs.).

A moeda de prata se divide em 3 *patacas* (6 frs.), 2 *patacas*, 1 *pataca* e ½ *pataca*.

As de cobre são de 4 *vinténs*, 80 réis (50 cent.); 2 *vinténs*, 40 réis; *vintém*, 20 réis; ½ *vintém*, 10 réis e ¼ de *vintém*, 5 réis.

Seja-me permitido valer-me aqui da nomenclatura mais comum na avaliação das fortunas, para estabelecer uma relação entre as diferentes classes da população brasileira. Com efeito, num círculo de ricos negociantes brasileiros ou fazendeiros, depara-se a todo instante, na sua conversação, com o *conto de réis* multiplicado por cem, como base de suas especulações. Percorrendo-se por acaso a varanda do Palácio Imperial, ouve-se a todo momento a expressão *mil cruzados* multiplicada por cem reproduzir-se profusamente nas conversas do cortesão, para avaliar as rendas de um antepassado; aliás, entusiasmando-se à lembrança da mãe pátria, acaba ele multiplicando em altos brados os mil cruzados por um milhão a fim de dar uma idéia das antigas operações da *Companhia das Ilhas Portuguesas*.

Num salão, em meio às confidências da boa sociedade, o *dobrão* multiplicado por vinte e quatro ou trinta revela a aquisição de algumas fantasias como um cavalo, um belo negro, uma peça de musselina das Índias bordada ou *lamée,* jóias, etc. Quanto ao mil-réis, só é ele admitido multiplicado por cem na conversação dos ricos.

Finalmente, a pataca, que, multiplicada por doze, perde o seu nome e é substituída pela moeda de quatro mil-réis, e o modesto vintém, que, multiplicado por dezesseis, se confunde com a pataca, são relegados para a linguagem universal dos negociantes de varejo e dos consumidores de todas as classes.

No princípio do império, a penúria de moeda cunhada fez que se criasse no Rio de Janeiro um papel-moeda com uma série de divisões, desde o conto de réis até quatro mil-réis, e alguns vales aceitos voluntariamente nas casas de comércio ajudaram a vencer as dificuldades enquanto o governo tomava medidas mais enérgicas para a cunhagem de novas peças de cobre, inicialmente, e de prata, em seguida. Sua emissão diária facilitou o comércio, e o equilíbrio se restabeleceu pouco a pouco com a fiscalização mais severa da exportação do metal cunhado, exportação que fora a causa primeira da escassez momentânea (ver a terceira parte).

A linha número 1 apresenta duas moedas de cobre; a menor é de meio *vintém,* dez réis; abaixo desses algarismos vê-se o milésimo 1737. A legenda indica somente que a moeda portuguesa tem curso no Brasil; pelo escudo tem-se idéia da suntuosidade do reino de Dom João VI, rei de Portugal, a quem o Brasil, e principalmente o Rio de Janeiro, devem inúmeros monumentos e edifícios úteis.

A outra moeda, visivelmente brasileira e cunhada na Bahia, traz um *B,* sua letra inicial, colocado no centro da esfera armorial dessa colônia, e sua legenda atesta, a um tempo, a atividade da antiga capital do Brasil e suas relações comerciais com o resto do mundo. O valor indicado na outra face é de quarenta réis, dois *vinténs;* o milésimo é de 1762. Vê-se também que o gênio brasileiro, que presidiu à distribuição da legenda na moeda, timbrou apresentar com todas as letras o nome do rei Dom José I, bem como o do Brasil, limitando o restante a abreviações.

A número 2 apresenta igualmente duas moedas de cobre; a maior, de quatro *vinténs,* oitenta réis, cunhada no Rio de Janeiro, a julgar pelo *R* colocado no centro, e cujo milésimo é 1811, atesta a presença da corte nessa cidade, nessa época. Donde a maior elegância de fatura, resultante dos cuidados do Ministro Conde da Barca, esforçado protetor da indústria e das artes no Brasil.

A menor, de efígie, e com milésimo de 1813, de um caráter todo especial, revela mais ostensivamente o liberalismo desse ministro na redação da legenda que cerca o escudo embaixo do qual se encontra a indicação do valor (quarenta réis). A regularidade da inscrição, a forma do escudo, os pormenores das armas e a execução extremamente cuidadosa de todos esses detalhes, mostram que os ferros necessários à cunhagem desta moeda, feita no Brasil, foram gravados na Inglaterra; isso constitui mais um esforço do mecenas brasileiro em prol de uma perfeição maior da moeda.

N.º 3 — Esta linha compreende três moedas de prata de *meia pataca* cada uma.

A primeira, com milésimo de 1817, cunhada no Rio de Janeiro, teve sua composição e execução dirigidas por um gravador português, então chefe dos gravadores da Casa da Moeda e que fora comissionado pelo rei, em Londres, a fim de aperfeiçoar seus estudos. Traz no reverso um *R*, ao centro da esfera armorial do Brasil, e a cruz da Ordem de Cristo ao fundo, deixando ver, entre o intervalo da extremidade aparente de seus braços, esta nova legenda: *"Nata, stabat, subque signo"*, último período da regência de Dom João VI.

Tendo a morte da rainha dado origem ao novo Reino do Brasil, o governo adotou o desenho emblemático do Reino Unido e fê-lo gravar no Brasil, logo depois do reconhecimento pelas potências européias. É esse mesmo desenho que se vê na moeda central, aqui apresentado como reverso da terceira moeda.

Finalmente, a terceira peça, face principal da moeda precedente, traz uma indicação de valor de uma *pataca* e o milésimo de 1820, coroados e agrupados entre os dois ramos de louros; a legenda atesta o domínio de Dom João VI sobre seus estados, colocados na nova ordem que lhes foi assinada. A gravura e a composição graciosa dos ferros é da autoria de nosso colega Zépherin Ferrez.

N.º 4 — Esta linha compõe-se de três moedas de ouro, cada qual com seu reverso.

A primeira, de grande dimensão, representa, pela sua circunferência, *meio dobrão* (40 frs.) e oito mil-réis (48 frs.) a um tempo. A face armorial, adotada em 1818, encontra-se em todas as moedas cunhadas no reinado de Dom João VI.

Quanto à face em efígie, cujos ferros eram antes gravados na Inglaterra, foi ela pela primeira vez gravada e cunhada no Brasil pelo mesmo artista francês cujo nome citei, o que demonstrou a utilidade da presença no Brasil desses primeiros artistas chamados pelo governo português a fim de criarem uma Academia de Belas-Artes.

A segunda, de igual dimensão e valor, remonta, pelo seu milésimo, à época da fundação do Império Brasileiro, primeiro ano do governo de Dom Pedro, filho mais velho de Dom João VI.

A face armorial compõe-se de um escudo que encerra a cruz da Ordem de Cristo, ao centro da qual se encontra a esfera brasileira, ela própria cercada por uma faixa contendo dezenove estrelas, emblemas das dezenove províncias do Império Brasileiro; como suportes do escudo, dois ramos: um de fumo, à direita, e outro de café, à esquerda (emblema das produções do solo), unidos na sua extremidade inferior pela roseta nacional, o todo encimado pela coroa imperial. A indicação do valor, oito mil-réis, está feita de ambos os lados da coroa imperial, e a legenda é a seguinte: *"In hoc signo vinces"*.

Na outra face dessa outra medalha, vê-se a efígie do soberano em trajes imperiais e cercada pela inscrição: *"Petrus I, D. G. cons. imp. est Bras. def."* O milésimo 1822 acha-se colocado logo abaixo do busto.

A terceira, menor, é de quatro mil-réis, e só difere das outras pelas dimensões.

Nessa época, o artista francês *Zépherin Ferrez*, hábil estatuário e gravador, foi encarregado pelo imperador da execução do desenho e da gravura dos ferros de toda a série das novas moedas.

N.º 5 — Esta linha se compõe de moedas de prata denominadas *patacas*.

A primeira e a maior, chamada convencionalmente *peça de três patacas*, apresenta a face armorial geralmente adotada nas moedas do Império do Brasil e mostra, no reverso, a indicação do valor de novecentos e sessenta réis, equivalente a três patacas, colocada no meio de uma coroa de folhas e grãos de café; além disso, a invariável legenda: "Pedro I, pela graça de Deus, imperador constitucional e defensor perpétuo do Brasil", bem como o milésimo das precedentes.

A segunda, menor, chamada *peça de duas patacas,* só difere da primeira pela indicação do valor (seiscentos e quarenta réis).

E a terceira, *peça de uma pataca,* a menor de todas, distingue-se também pela indicação do valor (trezentos e vinte réis).

Falta aqui uma subdivisão, a moeda de *meia pataca* ou cento e sessenta réis.

N.º 6 — Moeda de cobre, múltiplos de vintém. Essas peças só diferem da precedente pelos algarismos romanos.

A primeira, *peça de quatro vinténs,* traz a indicação de oitenta réis.

A segunda, *peça de dois vinténs,* traz a indicação de quarenta réis.

A terceira, *peça de um vintém,* traz a indicação de vinte réis.

N.º 7 — Essas duas peças também de cobre, representam, ao contrário, a subdivisão do vintém.

A primeira, *meio vintém,* chamada vulgarmente *dez réis,* caracteriza-se pela pequena dimensão e pela indicação de dez réis.

A segunda, *quarto de vintém,* da mesma dimensão que a precedente, traz a indicação de cinco réis, insignificante na nossa moeda, mas bastante apreciada no Brasil como primeiro grau da multiplicação da moeda de cobre.

E o *real,* finalmente, cuja unidade é apenas um valor ideal acreditado desde muito entre os portugueses, serve ainda hoje de base ao sistema monetário brasileiro.

Prancha 32

Negras livres vivendo de suas atividades

Encorajado com o exemplo dos resultados das missões cristãs no Brasil, o governo português, embora legalizando a escravidão dos negros nas colônias americanas, sentiu a necessidade de abrandá-la com uma aparência que fosse de religião e humanidade. Por isso se observa, no primeiro artigo do texto dessa lei, que todo comprador de escravos é obrigado a instruí-lo na religião católica, para que seja batizado dentro de um determinado prazo, sob pena de expropriação. O segundo artigo, de ordem fiscal, determina a venda desses negros não-batizados em benefício do governo; mas o terceiro, realmente filantrópico, estabelece o tempo de escravidão depois do qual o escravo se torna livre.

Essa lei, como todas as leis iniciais, sofreu alterações, e seu terceiro artigo principalmente, pouco favorável aos proprietários de escravos, caiu de tal modo no esquecimento que hoje se encontra no Brasil grande quantidade de escravos com vinte a trinta anos de serviços. Mais ainda, nas grandes fazendas existem exemplos de uma quarta geração negra que se extingue muito cristãmente na cativdade. Em verdade, há muito poucos negros não-batizados. Outro artigo dessa lei, favorável aos negros, embora desobedecido, existia ainda no Rio de Janeiro em 1816 e foi posto novamente em vigor sob o Império. Eis o texto: "Depois de dez anos de serviço, todo escravo que possa oferecer a seu senhor a importância equivalente ao preço de sua aquisição *in loco* pode, mediante um requerimento entregue à aprovação do soberano, forçar seu amo a vender-lhe um certificado de alforria". Essa importância pode ser avaliada em mil e oitocentos a dois mil francos, às vezes mais, de acordo com a força e as habilidades do escravo. Somente o negro operário pode aspirar a essa felicidade, porquanto, colocado pelo seu senhor a serviço de um artífice qualquer, é-lhe possível interessá-lo pela sua habilidade e boa conduta e obter o adiantamento da importância necessária, constituindo-se, por escrito, seu escravo operário até que o número de dias, avaliado em determinado valor, amortize a dívida contraída.

O escravo de qualidade inferior, menos caro por conseguinte, encontra também esse recurso, a título de empréstimo ou de esmola, na generosidade de seus companheiros, que se unem para libertá-lo.

Em semelhantes circunstâncias, a negra tem sempre maior número de possibilidades, pois acha-se colocada sob a influência direta da generosidade de seu padrinho, não raro homem rico, dos filhos e amigos de seus senhores e finalmente de seus amantes, às vezes um branco que lhe adianta, a título de empréstimo, a importância necessária, constituindo-se legalmente seu senhor até reembolso da soma avaliada em determinado tempo de serviço.

Seria injusto não mencionar aqui que é costume no Brasil, entre os ricos generosos, conceder por testamento, e a título de recompensa, liberdade a um certo número de seus escravos de ambos os sexos. Esse ato de caridade é principalmente útil aos negros quando o senhor morre na flor da idade e suas disposições liberais se estendem até a doação de uma importância em dinheiro e a continuação de uma pequena pensão vitalícia.

O mesmo acontece com o artífice celibatário mais ou menos abastado, que, cheio de escrúpulos no momento da morte, dá religiosamente liberdade à negra favorita que lhe serviu de mulher.

Observa-se também que, na classe das negras livres, as mais bem-educadas e inteligentes procuram logo entrar como operárias por ano ou por dia numa loja de modista ou de costureira francesa, título esse que lhes permite conseguir trabalho por conta própria nas casas brasileiras, pois com o seu talento conseguem imitar muito bem as maneiras francesas, trajando-se com rebuscamento e decência.

Outras, que não dão para trabalhos de agulha, dedicam-se ao comércio de legumes e frutas, instalando-se nas praças; as mais ricas e donas de mercadorias chamam-se *quitandeiras*, situação que exige o ajutório de um mulato ou de um negro livre, operário, para o pagamento do aluguel e das roupas; a atividade da quitandeira deve conseguir o restante, e o lucro deve bastar ao abastecimento da mercearia e à aquisição de dois moleques que ela educa no trabalho ou no comércio de rua para, com seus salários, garantir os recursos da velhice. Em sua maioria, essas negras acabam casando com negros livres operários, com os quais vivem regularmente; muitas outras servem de mulheres a operários brancos, que nunca mais se separam delas.

Quanto às que se entregam à libertinagem, morrem cedo, vítimas do ciúme brutal dos seus amantes.

São comuns no Rio de Janeiro os exemplos de generosidade de artífices franceses que, de regresso à pátria, dão liberdade a seu escravo mais hábil, companheiro de destino, bem como à negra encarregada do cuidado de sua casa e que quase sempre serviu de ama a seus filhos. Educados com mais doçura e inteligência, como operários ou domésticos, esses negros, apenas libertados, eram procurados e assimilados aos brancos quanto ao salário.

N.º 2 — Vendedoras de aluá, de limões-doces, de cana, de manuê e de sonhos

Como é fácil de compreender, faz-se no Rio de Janeiro, durante o excessivo calor do verão, grande consumo de bebidas refrescantes, principalmente do econômico *aluá*, com arroz macerado e açucarado, néctar da classe baixa. Vêm em seguida a lima, o limão-doce e a cana-de-açúcar, vegetais bem aclimados e que nessa época se encontram em plena maturação. Essas substâncias refrescantes, indispensáveis durante os meses de setembro, janeiro e fevereiro, são vendidas nas ruas da capital por uma multidão de vendedoras, em sua maioria escravas de pequenos capitalistas, ou por negras livres.

Essas vendedoras de *aluá* são notáveis pela elegância ou, ao menos, pela limpeza de seus trajes, naturalmente proporcionais à fortuna dos senhores, sempre interessados em conseguir, assim, alguma vantagem na concorrência momentânea. Dessa preocupação se aproveita duplamente a negra, de natural faceira e interesseira, para travar novos conhecimentos lucrativos que ela cultiva durante o resto do ano mediante visitas furtivas que lhe dão algum dinheiro, a título de esmola ou de recompensa por pequenos obséquios prestados com condescendência.

O *aluá* é uma bebida muito fresca, composta de água de arroz fermentado, ligeiramente acidulada, embora açucarada, e muito agradável de beber-se. Para seu estabelecimento basta à vendedora possuir um pote de barro, um prato, uma grande xícara de porcelana e, finalmente, um coco de cabo de madeira, espécie de colher e ao mesmo tempo medida de capacidade que serve para tirar do pote a quantidade de bebida suficiente para encher a xícara, a qual é vendida a dez réis.

Pode-se ver, pelo desenho, que todo esse aparelhamento, solidamente amarrado e embrulhado numa toalha, é fácil de carregar à cabeça.

O *limão-doce (lima)* é uma espécie de bergamota cuja casca, muito grossa, contém grande quantidade de essência de um perfume forte e agradável; o miolo, inodoro e aquoso, é gostosamente açucarado, mas somente quando bem madura a fruta, pois, caso contrário, é insípido embora sempre refrescante. Os gomos muito pronunciados são separados por uma substância córnea.

As vendedoras vendem a fruta descascada não somente para conservar a casca a fim de fazerem doce, mas ainda para que o comprador possa desalterar-se mais rapidamente. Vendem até três limões por um vintém.

Quando a vendedora de *aluá* se dedica também ao comércio da cana-de-açúcar, ela a vende em pedaços (cana em rolos), o que permite obter-se com mais facilidade o caldo. Esse sistema consiste em cortar a cana em pequenos pedaços, do comprimento do intervalo entre dois nós; raspados em seguida, e inteiramente limpos de sua casca fibrosa, são mergulhados em água fresca e amarrados em pequenos feixes de sete ou oito pedaços, que se conservam debaixo de uma toalha molhada e são vendidos a dez réis cada um. Esses pequenos pedaços, de um verde esbranquiçado e transparente, convidam o transeunte a desalterar-se, pois a cada dentada enchem-lhe a boca de um suco abundante, inodoro e muito doce. As fibras aquosas, entretanto, oferecem certa resistência ao esforço dos molares, únicos dentes capazes de esmagá-las suficientemente para lhes extrair o suco. O bagaço que fica na boca não passa de um feixe de fibras, inaproveitável ao homem, mas que os cavalos, bois e burros apreciam ainda bastante.

Nas casas ricas e nos cafés, oferecem limonadas feitas com *limão-galego* ou com *caju*, fruta igualmente refrescante, mas de gosto bem diferente (ver a prancha das frutas). O xarope de orchata é também muito usado e é feito com a amêndoa da semente da melancia, que substitui em geral, no Rio de Janeiro, o fruto da amendoeira, a qual não é cultivada no Brasil. Recorre-se também ao miolo refrescante de certas frutas de verão, como a *melancia,* a *pitanga,* a *jabuticaba,* o *araçá* e a polpa de *tamarindo,* etc.

Em princípio de março, o número dessas vendedoras improvisadas diminui sensivelmente, ficando entregue às quitandeiras a venda da cana-de-açúcar durante o resto do ano.

Mas à voga das substâncias refrescantes sucede então o amor às guloseimas, mantido em apetite, sucessivamente, pelas vendedoras de *manuês,* de pastéis quentes, de sonhos, doces, etc., muito diferentes dos da Bahia.

O *manuê*[1] é um folhado recheado de carne, bastante suculento e bom para se comer quente; por isso a vendedora de manuê tem o cuidado de cobrir sempre o tabuleiro com uma toalha e uma coberta de lã. Como esse petisco burguês se faz com os restos do jantar do senhor, o escravo só o vende à noite; é, aliás, o prato favorito das negras das casas ricas ou das empregadas de loja, únicas capazes de pagar o preço exigido, pois cada pequena empada se vende a dois vinténs.

Os *sonhos* são fatias de pão passadas no melado e com certa quantidade de pevides por cima. Esse doce duro e um tanto insignificante, sempre cheio de poeira, porque se vende a descoberto e amontoado em pirâmides, a dez réis cada um, é particularmente apreciado pelas crianças, tão pouco exigentes no Rio de Janeiro, com seus sonhos empoeirados, quanto em Paris, com seus pães de mel mais empoeirados ainda.

---

[1] O Pequeno dicionário brasileiro da língua portuguesa *dá a seguinte definição da palavra "manuê": espécie de bolo feito com fubá de milho, mel e outros ingredientes. (N. do T.)*

Prancha 33

Cena de carnaval

O carnaval no Rio e em todas as províncias do Brasil não lembra em geral nem os bailes nem os cordões barulhentos de mascarados que, na Europa, comparecem a pé ou de carro nas ruas mais freqüentadas, nem as corridas de cavalos xucros, tão comuns na Itália.

Os únicos preparativos do carnaval brasileiro consistem na fabricação dos *limões-de-cheiro*, atividade que ocupa toda a família do pequeno capitalista, da viúva pobre, da negra livre que se reúne a duas ou três amigas, e finalmente das negras das casas ricas, e todas, com dois meses de antecedência e à força de economias, procuram constituir sua provisão de cera.

O *limão-de-cheiro*, único objeto dos divertimentos do carnaval, é um simulacro de laranja, frágil invólucro de cera de um quarto de linha de espessura e cuja transparência permite ver-se o volume de água que contém. A cor varia do branco ao vermelho e do amarelo ao verde; o tamanho é o de uma laranja comum; vende-se por um vintém, e os menores a dez réis. A fabricação consiste simplesmente em pegar uma laranja verde de tamanho médio, cujo caule é substituído por um pedacinho de madeira de quatro a cinco polegadas que serve de cabo, e mergulhá-la na cera derretida. Operada essa imersão, retira-se o fruto ligeiramente coberto de cera e mergulha-se em água fria, a fim de que se revista de uma película de um quarto de linha de espessura, bastante resistente, entretanto. Parte-se em seguida esse molde, ainda elástico, a fim de retirar a laranja, e, aproximando-se as partes cortadas, solda-se o molde de novo com cera quente, tendo-se o cuidado de deixar a abertura formada pelo pedaço de madeira para a introdução da água perfumada com que deve ser enchido o limão-de-cheiro.

O perfume de canela, que se exala de todas as casas do Rio de Janeiro durante os dois dias anteriores ao carnaval, revela a operação, fonte dos prazeres esperados.

Para o brasileiro, portanto, o carnaval se reduz aos três dias gordos, que se iniciam no domingo às cinco horas da manhã, entre as alegres manifestações dos negros, já espalhados nas ruas a fim de providenciarem o abastecimento de água e comestíveis de seus senhores, reunidos nos mercados ou em torno dos chafarizes e das vendas. Vemo-los aí, cheios de alegria e de saúde, mas donos de pouco dinheiro, satisfazerem sua loucura inocente com a água gratuita e o polvilho barato que lhes custa cinco réis.

Com água e polvilho, o negro, nesse dia, exerce impunemente nas negras que encontra toda a tirania de suas grosseiras facécias; algumas laranjas de cera roubadas aos senhores constituem um acréscimo de munições de carnaval para o resto do dia. Ao contrário, um tanto envergonhada, a infeliz negra despenseira, vestida voluntariamente com sua pior roupa, quase sempre azul-escura ou preta, volta para casa com o colo inundado e o resto do vestido marcado com o sinal das mãos do negro que lhe enlambuzou de branco o rosto e os cabelos. Quanto ao rosto, ela se apressou em limpá-lo, para evitar o moteio das companheiras, mas ainda permanecem desenhadas em branco as rugas dos trejeitos que fez para se lavar; e essa expressão fixa, dominando a mobilidade habitual de seus traços, dá a seu rosto uma feiúra monstruosa difícil de descrever[1]; por outro lado, a face achatada do negro, igualmente pintada de branco, perde suas saliências e sua expressão.

Nesses dias de alegria, os mais turbulentos, embora sempre respeitosos para com os brancos, reúnem-se depois do jantar nas praias e nas praças, em torno dos chafarizes, a fim de se inundarem de água, mutuamente, ou de nela mergulharem uns aos outros por brincadeira; a vítima, ao sair do banho, pula e faz contorções grotescas, com as quais dissimula às vezes o seu amor-próprio ferido. Quanto às negras, somente se encontram velhas e pobres nas ruas, com o seu tabuleiro à cabeça, cheio de limões-de-cheiro vendidos em benefício dos fabricantes.

Muitos negros de todas as idades são empregados nesse comércio até a hora da ave-maria, quando se suspendem os divertimentos.

Vi, durante a minha permanência, certo carnaval em que alguns grupos de negros mascarados e fantasiados de velhos europeus imitaram-lhes muito jeitosamente os gestos, ao cumprimentarem à direita e à esquerda as pessoas instaladas nos balcões; eram escoltados por alguns músicos, também de cor e igualmente fantasiados.

Mas os prazeres do carnaval não são menos vivos entre um terço, pelo menos, da população branca brasileira; quero referir-me à geração de meia-idade, ansiosa por abusar alegremente, nessas circunstâncias, de suas forças e sua habilidade, consumindo a enorme quantidade de *limões-de-cheiro* disponíveis.

Domingo ainda, mas depois do almoço, o vendeiro procura provocar o vizinho da frente com incidentes insignificantes, a fim de atraí-lo à rua e jogar-lhe o primeiro limão ao rosto. Alguns jovens franceses, empregados no comércio, passeiam como se fossem sentinelas avançadas, armados de limões, e aproveitam a oportunidade para inundar uma senhora, também francesa, ocupada no fundo da loja semifechada. Vêem-se também jovens negociantes ingleses, consagrando de bom grado doze a quinze francos a um quarto de hora de brincadeira lícita, passear com orgulho e arrogância, acompanhados por um negro vendedor de limões, cujo tabuleiro esvaziam pouco a pouco, jogando os limões às ventas de pessoas que nem sequer conhecem. Alguns gritos, entrecortados de gargalhadas, revelam ao locatário do primeiro andar, cujo cômodo da frente já foi esvaziado de seus móveis, por precaução, que chegou a hora de abrir as janelas, ou para evitar que se quebrem os vidros ou para

---

[1] *É sempre uma das mais velhas escravas que preenche essas funções.* (N. do A.)

se preparar ele próprio para a batalha de limões. Alguns curiosos assomam aos balcões e logo desapareçem, e a manhã toda decorre entre escaramuças.

Depois da refeição, entretanto, sentindo-se todos dispostos ao combate, correm às janelas e alegremente solicitam, de longe, e com gestos, licença para começar; ao mais ligeiro assentimento, alguns limões trocados com habilidade e pontaria dão o sinal do ataque geral; e, durante mais de três horas, vê-se grande quantidade desses projéteis hidróferos cruzando-se de todos os lados nas ruas da cidade e estourando contra um rosto, um olho ou um colo. A ducha decorrente, de mais ou menos um copo de água aromática, suporta-se agradavelmente, em vista do calor extremo da estação.

É natural que, após semelhante combate, toda a sociedade de um balcão, molhada como ao sair de um banho, se retire para mudar de roupa; mas logo volta com o mesmo entusiasmo. E uma moça sempre se orgulha do grande número de vestidos que lhe molharam nesses dias gloriosos para seus dotes de habilidade.

Se a batalha de limões, graças a essa familiaridade espontânea tolerada durante três dias seguidos, se torna muitas vezes a causa de novas relações entre beligerantes, é ela, por outro lado, motivo de isolamento para as pessoas tranqüilas, que se fecham em casa e não ousam sair à janela. Eis, em resumo, a história do carnaval brasileiro; quanto ao episódio aqui desenhado, eis a explicação: a cena se passa à porta de uma venda, instalada como de costume numa esquina. A negra sacrifica tudo ao equilíbrio de seu cesto, já repleto de provisões que traz para seus senhores, enquanto o moleque, de seringa de lata na mão, joga um jacto de água que a inunda e provoca um último acidente nessa catástrofe carnavalesca. Sentada à porta da venda, uma negra mais velha ainda, vendedora de limões e de polvilho, já enlambuzada, com seu tabuleiro nos joelhos, segura o dinheiro dos limões pagos adiantado, que um negrinho, tatuado voluntariamente com barro amarelo, escolhe, como campeão entusiasta das lutas em perspectiva. Perto deste e da porta pequena da venda, outro negro, orgulhoso da linha vermelha traçada na testa, adquire um pacote de polvilho a um pequeno vendedor de nove a dez anos; em cima, uma negra dispõe-se a vingar com um limão o punhado de polvilho que lhe recobre a face e parte do olho; ao lado da mesma porta, outro negro, grotescamente tatuado, está de tocaia. O vendeiro, tendo retirado precipitadamente todos os comestíveis que de costume expõe à sua porta, deixou tão-somente garrafas cobertas de palha trançada, abanadores e vassouras.

No fundo do quadro podem-se observar famílias tomadas da loucura do momento, uma vendedora ambulante de limões, negros lutando e um pacífico cidadão escondido atrás de seu guarda-chuva aberto e que circula por entre restos de limões de cera.

A ave-maria impõe uma trégua e algumas rondas policiais acabam por implantar a paz.

A venda muda então de aspecto; mal-iluminada e cheia de fumaça das fritadas, torna-se, como diariamente, aliás, o ponto de encontro de todos os negros, já mais calmos, que aí vêm, de prato na mão, comprar sardinhas ou peixes-galos servidos no vinagre, ceia comum às pessoas das classes pobres e aos escravos, e recurso muito procurado porque o vendeiro chega a vender seis peixes fritos por um vintém. No dia seguinte, para liquidar os restos da véspera, vende ele o dobro pela mesma importância.

Negra baiana, vendedora de ataçaça [1]

Com as perturbações políticas de 1822 na Bahia, teve-se no Rio de Janeiro uma imigração de inúmeros trânsfugas. Desde então apareceram entre as quitandeiras da cidade as negras baianas, notáveis pela sua indumentária e a sua inteligência, umas mascateando musselinas e xales, outras, menos comerciantes, oferecendo como novidade algumas guloseimas importadas da Bahia e cujo êxito foi grande. Entre estas figura a *ataçaça*, creme de arroz doce vendido frio dentro de um canudo de folha de bananeira, e bolos de *canjica*, pasta açucarada feita com farinha de milho e leite e vendida em folhas de mamoeiro. Elas introduziram também o uso de polvilho de forma, amido preparado em pequenos quadrados de uma polegada de espessura e próprios para engomar roupa.

A negra baiana se reconhece facilmente pelo seu turbante, bem como pela altura exagerada da faixa da saia; o resto de sua vestimenta se compõe de uma camisa de musselina bordada sobre a qual ela coloca uma baeta, cujo riscado caracteriza a fabricação baiana. A riqueza da camisa e a quantidade de jóias de ouro são os objetos sobre os quais se expande a sua faceirice.

Mostrei aqui um exemplo da gulodice de uma escrava infiel; ela retira do seio uma pequena moeda, benefício ilícito já auferido nas compras da manhã, e carrega suspenso ao braço o saquinho que contém o resto da importância destinada às compras do dia.

Negros calceteiros

A energia e o zelo desenvolvidos desde 1816 até 1818 em todos os setores da administração brasileira, a fim de atender-se dignamente à solenidade da coroação de Dom João VI, influíram igualmente na melhoria e na terminação do calçamento das ruas e praças da cidade velha tanto quanto da cidade nova, parte situada além do Campo de Sant'Ana. Tudo se fez, nessa circunstância, para pôr principalmente em bom estado o caminho que devia ser percorrido pelo cortejo real, desde São Cristóvão até a Capela. Isso obrigou a um novo nivelamento que facilitasse o escoamento das águas nas ruas da Cadeia, de São José e do Ouvidor, e a terminação do calçamento do Largo de São Francisco de Paula, onde se despejava então o lixo. Mas, em

---

[1] *A julgar pela descrição do manjar, só se pode tratar do "acaçá", angu de farinha de arroz e milho, ou "refrigerante de fubá mimoso, de arroz ou milho fermentado, com água e açúcar"* (Peq. dic. bras. da língua portuguesa). *(N. do T.)*

1822, o governo imperial, apreciando com razão a superioridade dos conhecimentos europeus, confiou a alguns estrangeiros a reforma do calçamento. Viu-se então surgirem os leitos calçados da Rua São Joaquim, até o caminho novo de São Cristóvão, e da rua que liga a ponte de madeira do mesmo caminho a Mata-Porcos. Tais obras serviram de modelo a muitas outras ruas que cortam, em diversas direções, o Campo de Sant'Ana.

Desde então, o calçamento, progressivamente prolongado até a extremidade dos arrabaldes e as ruas adjacentes, facilitou a circulação das carruagens na cidade, vantagem de primeira ordem para o transporte de materiais num momento em que a cidade crescia de todos os lados.

Emprega-se no calçamento um granito cinzento, bastante mole, única pedra de rocha que se encontra no Rio. As calçadas são lajeadas e o leito das ruas, pavimentado com pedaços de pedra irregulares, cujos interstícios são enchidos com pequeninos fragmentos.

São os negros ainda que se encarregam desses trabalhos, e eles o executam sob a fiscalização de feitores brancos.

Prancha 34

Família pobre em sua casa

Observando-se a decadência de uma família brasileira, caída da opulência na miséria, através de desastres sucessivos, sempre se encontra o velho escravo ainda válido, permanecendo sozinho junto de seus amos, prodigalizando-lhes os últimos recursos de suas forças quase esgotadas.

O homem rico, no Brasil como alhures, ao primeiro revés da fortuna suprime seus criados de luxo; supressão essa tanto mais fácil aqui, e eficiente, quanto os escravos desse tipo, inteligentes e de bom físico, se vendem caríssimo.

Esgotado esse recurso, o segundo revés impõe a dura necessidade de restringir o número de escravos úteis; finalmente, perseguido pela desgraça, o senhor se vê constrangido a livrar-se até dos seus mais antigos escravos, concedendo-lhes essa liberdade tardia que os reduz à mendicidade. Mas o negro menos caduco fica para servir seus senhores, e a estes obedece até morrer. E, dedicado e fiel, lamenta-se ainda, quando sente que vai morrer antes.

O desenho representa o interior da casa de uma viúva pobre que ficou no mundo unicamente com sua filha e uma negra velha.

O sistema de construção dessa cabana, imitado dos índios camacãs pelos primeiros colonos brasileiros, manteve-se desde então nas fazendas e ainda subsiste nas pequenas ruas desertas. Como todas as antigas construções, apresenta o inconveniente de se achar colocada abaixo do novo nível da rua. Ainda se reconhecem, no meio da extrema decrepitude, os restos de uma fechadura européia.

Modelo da mais mesquinha residência brasileira, o interior da casa da pobre viúva se compõe de duas peças de tamanhos diferentes; a menor, no fundo, deve ter servido de cozinha, a julgar pelo fogão, hoje inútil; a maior, única habitada, tem apenas, sobre o chão úmido, um estrado velho e quase podre, sobre o qual está sentada a velha mãe, ocupada em fiar algodão, último recurso compatível com sua idade. Soalho móvel, serve, de noite, de leito para a negra, que nele estende sua esteira. A rede, suspensa durante o dia para não impedir a passagem, é descida à noite para servir de leito comum às duas senhoras. O resto da mobília se restringe a um grande pote quebrado, utilizado para água, e uma lâmpada de lata, muito ordinária.

No primeiro plano, a moça, ainda na flor da idade, sentada numa esteira, emprega sua atividade na fabricação de rendas com cujo produto se veste; a negra velha, útil companheira de infortúnio, com seu barrilzinho à cabeça, passa o dia empregando-se como carregadora de água a fim de juntar diariamente de seis a oito vinténs com os quais devem viver essas três pessoas.

Escolhi para este desenho o momento do regresso da negra, que está entregando à sua ama o lucro do dia, do qual retirou o necessário para a aquisição de uma penca de bananas destinada à ceia frugal de todos os habitantes da casa.

Algumas galinhas de diferentes raças, criadas em liberdade dentro e fora da casa e alimentadas exclusivamente de insetos, tão abundantes no Brasil, constituem para esses indigentes uma especulação lucrativa, pois, oferecendo-as como presente a seus protetores, provocam gestos generosos nos dias de festas importantes. A galinha que se vê no meio do quarto é da raça das galinhas *surras*[1] (sem rabo; os galos são análogos); ao contrário, a que se vê perto da porta caracteriza-se pelas penas eriçadas e chama-se galinha de *pelúcia;* o galo tem o mesmo aspecto, mas a raça tem a vantagem de produzir uma variedade miúda, muito pequena e apreciadíssima como presente de luxo.

Terminarei a descrição da cena pelo resumo do emprego da módica importância que basta à alimentação diária dessa infeliz família: a despesa restringe-se, parece incrível, a quatro vinténs, assim distribuídos: um vintém de *feijão-preto;* um vintém de *toucinho;* dois vinténs de *farinha de mandioca.* Acrescenta-se ao capítulo das despesas extraordinárias um vintém de milho para alimentação diária e engorda das galinhas.

Assim é que a miséria consegue, no Rio de Janeiro, satisfazer às necessidades essenciais graças ao preço módico da farinha de mandioca, já substancial em si, e a alguns frutos nutritivos que a fertilidade da terra brasileira produz com abundância.

Marceneiro dirigindo-se para uma construção

Deve-se atribuir o estado estacionário da arquitetura no Brasil ao abuso rotineiro do emprego, nas obras de construção, de operários ainda xucros e sem energia; daí o preço excessivo dos materiais e a péssima construção das casas térreas que ainda hoje margeiam a quase totalidade das ruas do Rio de Janeiro.

Mesmo nas menores construções desse tipo, tudo se faz por dia e no próprio local, tanto em relação aos operários como ao empreiteiro. Este, de resto, muitas vezes proprietário de inúmeros negros, emprega os escravos como operários, a fim de receber seus salários no fim da semana. E, não satisfeito ainda com cobrar dos proprietários dos imóveis a aprendizagem de seus operários, abusa do privilégio de aproveitar até os próprios negros novos como ajudantes; estes, verdadeiros esqueletos ambulantes, ainda extenuados das fadigas da travessia, e de inteligência muito pouco desenvolvida, executam lentamente e de modo muito imperfeito o que lhes é exigido, a grandes chicotadas.

---

[1] "Suru" *é que deve ser: animal sem cauda. (N. do T.)*

Por seu lado, o carpinteiro, incapaz de calcular com eficiência a medida da madeira, desperdiça soberbas peças. Essa perda de tempo e de materiais, ruinosa para o proprietário, forçado a construir, é uma fonte de riqueza fácil para o mestre-de-obras, que assim se opõe seriamente a qualquer mudança de método, já por amor-próprio, já para evitar inovações no trabalho de seus operários, como ele rotineiros e incapazes, aliás, de acrescentar o que quer que seja ao que com tanta dificuldade aprenderam. E as casas, absolutamente idênticas, tanto interna como externamente, diferem apenas pelo número de janelas.

Entretanto, com a afluência de estrangeiros, a parte industrial, exercida em grande parte pelos franceses, já sofreu um progresso sensível no que concerne às construções: a rapidez, o bom gosto e a economia de mão-de-obra se acham agora reunidos.

Reservando-me para tratar dessa questão na terceira parte, limito-me aqui, em apoio de minha asserção, a observar que, a partir de 1822, sempre houve um número considerável de franceses empregados nos trabalhos do imperador.

Mostrei, no desenho, a vaidade do escravo operário de um homem rico, mandando carregar, por negros de ganho, seu banco de carpinteiro ao se encaminhar para o trabalho. Vê-se ao longe um esqueleto de edifício, já coberto, erguido às pressas para abrigar os operários.

Transporte de pau-pita (piteira)

Do outro lado e no último plano vêem-se grupos de piteiras, planta gigantesca, de oito pés de altura, que cresce bem, no Brasil, nas partes nuas dos rochedos, e cujas folhas enrugadas e negras são utilizadas, depois de bem secadas ao sol. Essas folhas são vendidas em maços pelas quitandeiras.

Sua utilização obedece ao seguinte processo: esmagam-se as folhas a cajadadas, dividindo-se depois em tiras de um dedo de largura, para subdividi-las em seguida em tiras menores, indefinidamente. Essas tiras mais finas podem então substituir a corda, o barbante e mesmo o fio, o qual, muito forte e ainda cheio de seiva, é de emprego generalizado e resiste perfeitamente à umidade.

Com o nome de pau-pita, usa-se ainda a haste fibrosa do cacto de raqueta, muito comum nas sebes; cortam-no quando atinge três a quatro pés de altura. Substância leve, feixe de filamentos sedosos e esbranquiçados, substitui as guarnições de cortiça nas caixas de insetos dos naturalistas. Os viajantes e os índios também o empregam para conservar o fogo durante vários dias.

Prancha 35

Negras cozinheiras, vendedoras de angu

É ainda na classe das negras livres que se encontram as cozinheiras vendedoras de *angu*. Para o exercício dessa indústria suplementar, bastam-lhes duas marmitas de ferro batido colocadas sobre fornos portáteis; um pedaço de pano, de lã ou de algodão, por cima da tampa de cada marmita, completa o aparelhamento culinário, a que se acrescentam duas grandes colheres de pau de cabo comprido. Conchas grandes e chatas e cacos de barro fazem as vezes de pratos para os transeuntes que se lembram de parar, e uma concha volumosa de marisco serve de colher.

O *angu,* iguaria de consumo generalizado no Brasil, e cujo nome se dá também à farinha de mandioca misturada com água, compõe-se, no seu mais alto grau de requinte, de diversos pedaços de carne, coração, fígado, bofe, língua, amídalas e outras partes da cabeça à exceção do miolo, cortados miúdo e aos quais se ajuntam água, banha de porco, azeite-de-dendê, de cor de ouro e com gosto de manteiga fresca, quiabos, legume mucilaginoso e ligeiramente ácido, folhas de nabo, pimentão verde ou amarelo, salsa, cebola, louro, salva e tomates; o conjunto é cozido até adquirir a consistência necessária. Ao lado da marmita do cozido, a vendedora coloca sempre uma outra para a farinha de mandioca molhada. A mistura, servida convenientemente, lembra, à primeira vista, um prato de arroz recoberto de um molho marrom-dourado de onde emergem pequenos pedaços de carne.

Eis a iguaria, aliás suculenta e gostosa, que figura, não raro, à mesa das brasileiras tradicionais de classe abastada, que com ela se regalam, embora entre chacotas destinadas a salvar as aparências e o amor-próprio.

Um operário de grande apetite contenta-se, para sua refeição, com uma porção de três vinténs, e pode-se comparar a menor porção, de um vintém, suficiente para um indigente ou um garfo menos respeitável, a duas colheradas comuns.

As vendedoras de *angu* são encontradas nas praças ou em suas quitandas, que também vendem legumes e frutas. A venda começa de manhã, lá pelas seis horas, e vai até as dez, continuando do meio-dia às duas, hora em que se reúnem em torno delas os operários escravos que não são alimentados por seus senhores. Vê-se também o escravo mais ou menos malvestido de uma família numerosa e pobre levar consigo, numa sopeira, uma porção de quatro vinténs recoberta por uma folha de couve ou de mamona. Acrescentando a esse prato suculento algumas bananas, tem-se, no Rio de Janeiro, alimento para cinco ou seis pessoas.

Quanto à ceia, já dela falamos quando descrevemos a venda num dia de carnaval.

Descrição da cena

Escolhi para cenário a praia do *mercado de peixes (praia do Peixe)*, naturalmente muito movimentada por se encontrar, além do mais, nas proximidades da *Alfândega*. Vê-se, ao fundo, a ilha das Cobras. E no plano recortado pode-se distinguir uma barca de pescadores, com um resto de peixes de qualidade inferior, e que serve de venda improvisada aos negros da barca, abastecendo com sua lamentável mercadoria as negras, os consumidores econômicos e os vendeiros (ver prancha 33).

São sete horas da manhã, hora propícia às vendedoras de *angu*, fornecedores privilegiados do vendeiro e do freqüentador nômade da praia do Peixe. As duas negras, que aqui se acham acampadas à sombra de seus xales estendidos sobre varas, servem no momento os fregueses de maior apetite, isto é, os negros da *Alfândega*. Um destes, sentado no primeiro plano, leva à boca um suculento bolinho de farinha de mandioca, previamente amassado entre os dedos; como o seu companheiro, teve o cuidado, cuja importância lhe é sempre lembrada, de preservar a cabeça dos raios do sol, a fim de evitar uma hemorragia ou um ataque de *febre quente*[1]. No mesmo plano, do outro lado, uma vendedora de tomates, freqüentadora assídua do mercado de peixe, de xale à cabeça e colher na mão, almoça com mais decência, sentada no seu banquinho.

Quanto às cozinheiras, aquela cuja farinha de mandioca está sendo mexida por um negro parece ser do Congo, a julgar pela cabeça raspada e a disposição particular do turbante; a outra, de origem mais distinta e de maior fortuna, ostenta o luxo de um turbante branco. Mais graciosa do que a companheira, apesar de sua dor de dentes, serve o *angu* dourado com notável destreza.

Entre os fregueses, um segura uma metade de cabaça, modesto recipiente a que se dá o nome de cuia, e um simples negro de ganho, chegado por último, aguarda pacientemente sua vez, com um cesto pendurado aos ombros.

Fornos de cal

A exploração da pedra calcária é tão negligenciada no Brasil, que citam como exceção a importada de uma pedreira situada numa das extremidades do platô que domina a cidade de São Paulo. Afirma-se que existem outras pedreiras nas altas montanhas de Minas. Mas o Rio de Janeiro e suas cercanias não possuem esse recurso. Remedeia-se essa carência com a fabricação de cal de conchas calcinadas; daí o fato de se verem de longe esses rolos de fumaça, provenientes dessas manufaturas, coroando as pequenas ilhas habitadas, que povoam tão pitorescamente o interior da baía.

---

[1] *Insolação.* (N. do T.)

O forno, de forma circular, e inteiramente construído de combustíveis, é formado pela superposição de inúmeras camadas alternadas de lenha e conchas. A camada de lenha é de dois palmos e meio de espessura, ao passo que a de conchas tem apenas dois palmos. Terminada a construção, põe-se fogo nela, e após a combustão resta apenas um enorme monte de cinzas brancas, misturadas no centro com alguns pedaços de carvão de fácil extração. Em relação à qualidade, os engenheiros franceses a serviço do imperador são de opinião que essa cal é superior à outra, feita de pedra e importada de Lisboa; e sem se deixarem influenciar pela opinião em contrário, mais acreditada no Rio de Janeiro, afirmam que, apesar do resfriamento provocado por uma primeira lavagem durante a fabricação, cozinhando novamente a cal, misturada a um pouco de argila ferruginosa, se obtém um cimento muito resistente cujos resultados felizes podem ser observados nas construções executadas para o imperador. Entretanto, é ela empregada em geral no Brasil de mistura com uma terra de um vermelho alaranjado com a qual se faz um primeiro reboque, o qual é recoberto em seguida com duas camadas de água de cal, operação esta mais economicamente realizada com a *tabatinga*. A cal de conchas vende-se em *molhos*, medida de capacidade que se divide em *alqueires*, pagos à razão de três a quatro mil-réis.

Os barcos empregados no transporte de cal têm sua capacidade calculada em *molhos* e seu ponto de descarga especialmente reservado em todos os portos da cidade.

Prancha 36

Negros carregadores de cangalhas

Os *cangueiros* ou carregadores de *cangalhas* têm seu nome ligado às cordas de gancho que se usam no Brasil para suspender as cargas, chamadas cangalhas, nos animais de carga. Esses carregadores empregam realmente essas mesmas cordas para suspender os fardos a uma enorme vara que carregam aos ombros. O método, considerado com razão o melhor para o transporte de móveis pesados e frágeis, cômodas, pianos, espelhos, é ainda empregado no transporte das pipas de aguardente e das caixas de açúcar.

O peso do fardo determina o número de carregadores, que varia de dois a oito. Andam a passos miúdos e sempre obliquamente, de modo a compensar os efeitos do balanceio da carga, a qual, sem essa precaução, levaria consigo os homens e lhes impediria de movimentarem o pé. Aliás, o refrão, cuja cadência regula seus passos, adverte de longe cocheiros e cavaleiros distraídos a que respeitem sua marcha penosa.

O transporte mais simples e mais curto, feito por dois homens, paga-se de dezesseis a vinte vinténs. Um escravo *cangueiro* deve trazer diariamente a seu amo, sob pena de castigo, de seis a oito francos. Encontram-se esses carregadores em certas praças da cidade; vê-se de longe a enorme vara com anéis de ferro nas extremidades e em cuja ponta se amarra a corda cuidadosamente enrolada.

Esse tipo de carregadores tão útil aos negociantes não o é menos ao artista, que encontra entre esses homens as formas atléticas mais puras, cujo estudo lhe é precioso.

A cena se passa no interior da Alfândega, perto dos armazéns em que são descarregados os líquidos.

Carregando os mais pesados fardos e por isso mesmo obrigado a descobrir, durante as horas mais quentes do dia, a parte superior do corpo, o *cangueiro* põe certa faceirice em dobrar em torno dos rins o resto de sua indumentária. Orgulhoso de sua força, não se esquece de enfeitar a cabeça com qualquer boné velho de uniforme militar, a fim de realçar a originalidade de sua vestimenta; mas é principalmente na peça principal, no peitilho estofado, que o luxo dos enfeites aparece. Essa indispensável almofada, que atenua a pressão da vara no ombro do carregador, é sempre ornamentada com uma franja velha de seda mandada ajustar cuidadosamente num albardeiro. Não satisfeito ainda com esses trapos, não raro de cores variegadas, acrescenta ele um pedaço de espelho, botões de metal, e pequeninas conchas.

A cabaça de aguardente e o saquinho de couro para o dinheiro completam o equipamento do *granadeiro* da Alfândega, título esplêndido com que o *cangueiro* foi distinguido entre os demais negros de ganho.

O grupo principal, que representa o transporte de uma pipa de aguardente, apresenta um quadro da variada indumentária que acresce ao pitoresco das cenas movimentadas do interior da Alfândega; o segundo grupo, mais simples, no fundo, dá uma idéia da corda de gancho.

Cabeças de negros de diferentes nações

É indubitável que o desejo, tão natural ao homem, de se diferenciar de seus semelhantes tenha inspirado aos povos que andam nus a arte da tatuagem. Assim é que os índios selvagens brasileiros, retirados em suas florestas virgens, se tatuam de diversas maneiras, e os escravos negros do Rio de Janeiro importam tatuagens variadas, que distinguem as diferentes nações.

A tatuagem é praticada de diversas maneiras, por incisões de inúmeras formas, gravuras pontilhadas ou simplesmente linhas coloridas. No Rio de Janeiro é esta a maneira mais comum e pode ser observada diariamente nas negras, a isso levadas pela saudade da pátria. Assim, de manhã, por exemplo, quando essas vendedoras se reúnem na praça do mercado de legumes, basta que uma das mais alegres entoe uma canção africana, balançando-se com gestos específicos, para que todas, subitamente eletrizadas e frenéticas, no auge do entusiasmo e procurando sobrepujarem-se uma às outras, lancem mão de tudo o que encontram para se tatuar, desde o simples barro até a cal. Mas a máscara grotesca que conservam o mais das vezes até a noite acaba eletrizando também os machos, do que elas se proveitam para conseguir o oferecimento de um ou mais cálices de cachaça ou algumas guloseimas; e é raro que tanto galanteio não termine em encontro noturno, momento delicioso que, quando demasiado prolongado, acarreta uma severa punição para a bela tatuada.

Junto aqui, à tatuagem peculiar às diferentes nações africanas, os penteados mais elegantes dos escravos de cangalhas, obras-primas dos barbeiros ambulantes já descritos em parte na prancha 12.

O número 1 é um negro *monjolo*, reconhecível pelas incisões verticais das faces. — O número 2 é um negro *mina*, de tez bronzeada, bastante clara; sua tatuagem constitui-se de uma série de pequenos pontos formados pelo inchaço das cicatrizes; destacam-se da pele pelo seu colorido violáceo. — Número 3, belo *moçambique do sertão*, é um negro de elite, empregado nos armazéns da Alfândega; é reconhecível não somente por causa do lábio superior e das orelhas furadas, mas ainda pela espécie de meia-lua na testa, marca feita com ferro quente nos negros vendidos na costa de Moçambique. — Número 4, outro *moçambique*, de menor estatura e tez mais clara, sobre a qual se destacam em preto-azulado as cicatrizes da tatuagem; a cor da pele indica que ele é do litoral. — Número 5, belo negro *banguela*, cujo penteado de detalhes requintados apresenta três matizes: o mais claro correspondendo às partes raspadas a navalha, o seguinte às partes cortadas rente com tesoura e o mais escuro à parte de cabelos cortados a uma polegada do couro cabeludo. — Número 6, mesmo sistema de penteado, porém de dois matizes unicamente. — Número 7, negro *calava* vendido na costa de Moçambique; tem cor de cobre avermelhado e as cicatrizes são de um preto azulado; o penteado, embora simples, apresenta um modelo de grande luxo, que consiste na fila de cabelos em cachos contornados à testa. Não tem o lábio superior furado, porém mostra um lábio inferior alongado, operação a que se procede na infância, comprimindo-se o lábio entre dois pedacinhos de tábua fortemente apertados. — Número 8, outro modelo de cabelos em diadema, separados por mechas longas, de cinco polegadas pelo menos. Durante o descanso, o *moçambique* ocupa-se em enrolar-lhes continuamente as extremidades. Os que não raspam nenhuma parte dos cabelos dividem-nos simplesmente em pequenas mechas, o que torna suas cabeças semelhantes ao invólucro espinhoso de um figo-da-índia. Pode-se observar aqui a analogia existente entre a mutilação da cabeça do botocudo e a do moçambique; mas este enfeita pelo menos suas orelhas com flores, folhas ou anéis, e aproveita muitas vezes as incisões para guardar seus cigarros[1]. Finalmente, o número 9 mostra um modelo do penteado mais simples no gênero e mais generalizado entre os elegantes carregadores de fardos, negros de cangalhas ou de carro.

A fim de evitar repetições, chamo a atenção do leitor, no que diz respeito à nomenclatura das raças, para a nota da prancha 22.

---

[1] *Embora use o autor a palavra "cigarre", correspondente a "charuto", trata-se aqui de "cigarro". Aliás, a palavra "charuto" é empregada adiante, em outra prancha, para diferenciar o fumo enrolado em folhas do fumo picado. (N. do T.)*

Prancha 37

Carruagens e móveis prontos para embarque

    Embora pareça estranho que neste século de luzes se depare ainda no Rio de Janeiro com o costume de transportar enormes fardos à cabeça dos carregadores negros, é indiscutível que a totalidade da população brasileira da cidade, acostumada a esse sistema que assegura a remuneração diária dos escravos empregados nos serviços de rua, se opõe à introdução de qualquer outro meio de transporte, como seja, por exemplo, o dos carros atrelados. Com efeito, a inovação comprometeria dentro de pouco tempo não somente os interesses dos proprietários de numerosos escravos, mas ainda a própria existência da maior classe da população, a do pequeno capitalista e das viúvas indigentes, cujos negros todas as noites trazem para casa os vinténs necessários muitas vezes à compra das provisões do dia seguinte. É esse meio de transporte, geralmente empregado, que enche as ruas da capital desses enxames de negros carregadores, cujas canções importunam freqüentemente o estrangeiro pacato, entregue a ocupações sérias nas suas lojas. Desde alguns anos, entretanto, um regulamento policial proíbe aos negros, nas ruas, exclamações demasiado barulhentas.
    O desenho representa os detalhes do transporte de uma carruagem desmontada, cujas partes separáveis estão, como as demais, embrulhadas em esteiras de palha, precaução usada para o embarque de objetos dessa natureza mandados do Rio de Janeiro para outras partes do Brasil. Esse sistema de embalagem, que resguarda suficientemente do sol e da umidade, é pouco dispendioso e representa a vantagem de, pela sua flexibilidade, tomar pouco espaço nas embarcações.
    A esteira de palha, fabricada no Brasil do mesmo modo que as palhaças pelos jardineiros em França, é também o leito habitual do negro e do indigente. Vende-se a cinco vinténs cada uma, mas comprando-se por dúzia o preço é apenas de quatro vinténs.
    O número de carregadores representados nesta cena dará uma idéia da quantidade de negros empregados na mudança de uma casa rica, em que cada móvel é carregado isoladamente. O transporte se efetua numa única viagem, a fim de tornar a fiscalização mais fácil. Por isso mesmo, quando se depara com semelhante cortejo, pode-se ter a certeza de que a longa coluna é sempre precedida por um ou dois criados brancos e comandada por um intendente, ou feitor, que a acompanha a cavalo. Esses fiscais, sempre de chicote na mão, mantêm severamente a ordem durante o trajeto.

É principalmente por ocasião do carregamento, entretanto, que pode ser comprovada a habilidade do feitor; é preciso que saiba aproveitar a força e a estatura dos carregadores a fim de colocar, a propósito, alguns homens corajosos e capazes de manter o equilíbrio constante durante a marcha, sem esquecer de ter sempre alguns negros à mão para substituir de quando em quando os mais fracos. Posta em movimento a coluna, tem ele que percorrer-lhe constantemente os flancos, distribuindo, de passagem, algumas chicotadas aos carregadores isolados e preguiçosos que pouco a pouco deixam o fardo que lhes foi confiado desequilibrar-se; ou, mais adiante, rivaliza em esperteza com o carregador malicioso, que, para descansar, simula o tremor nervoso precursor do esgotamento.

Finalmente, chegando ao seu destino, a caravana, inundada de suor, se coloca em uma única fila. Aí cada negro aguarda, de mãos abanando, o pagamento de seus serviços. Para evitar discussões, recebem todos salário idêntico, fixado em três a quatro vinténs para um longo trajeto e em dois vinténs para um trajeto dentro da cidade. Depois de pago, o negro é obrigado a se retirar, a fim de evitar qualquer pretexto para voltar à fila. Formam-se então alguns grupos de manhosos solicitadores de indenizações, mas estas são atendidas com ameaças de chicotadas, e os negros fogem correndo e rindo eles próprios do infeliz resultado de suas injustas reclamações.

Negras vendedoras de pó de café torrado

O uso do café é tão generalizado no Brasil, que, no Rio de Janeiro, uma família rica, que possua plantações, pode tirar a despesa da alimentação de seus escravos com o benefício diário da venda, nas ruas, do pó de café torrado. Esse comércio é também um recurso para a família indigente, quase sempre socorrida, em relação a essa espécie de provisão, por seus parentes e amigos, pois o mais insignificante proprietário brasileiro possui pelo menos uma modesta plantação de café.

Todos os dias, com efeito, inúmeras vendedoras de café torrado circulam nas ruas da capital, das seis às dez da manhã. As que pertencem a senhores opulentos ou cuidadosos vendem o café em pó dentro de pequenas latas com tampa, contendo cada uma três boas colheradas. As vendedoras, no seu giro, depositam em casa de cada assinante a respectiva latinha, e na volta juntam as latas vazias. Outras carregam apenas uma lata grande, também de tampa, donde tiram o café com uma medida pequena da capacidade das latinhas que acabo de descrever e que se vende a um vintém. As mais pobres vendedoras contentam-se com transportar o café em vasilhas de porcelana ou barro e medi-lo com uma colher de pau ou de estanho.

Finalmente, no interior, não há proprietário que não acrescente cada manhã, ao almoço de seus trabalhadores negros, uma infusão de café sem açúcar, como bebida tônica. Na falta de moinho de café, utensílio ainda pouco usado no Rio de Janeiro, o brasileiro faz moer o café torrado num grande pilão de madeira; esse processo rotineiro provoca uma grande perda do óleo essencial desse vegetal.

Transporte do café

O cafeeiro, esse útil arbusto conhecido há apenas sessenta anos no Rio de Janeiro, cultiva-se atualmente com cuidado no Brasil, tendo-se tornado, graças à sua boa qualidade, um excelente negócio para o fazendeiro, pois o café da província do Rio de Janeiro, principalmente, rivaliza com o moca no preço.

Quanto à sua cultura, é necessário, nas boas terras do Brasil, plantar as mudas a sete pés de distância umas das outras, para que não acabem se abafando mutuamente. Nas terras medíocres basta, porém, um espaço de quatro a cinco pés. Uma primeira colheita de alguns frutos pode ser obtida ao fim de quatro ou cinco anos, mas para isso é mister destruir continuamente as ervas daninhas, que não cessam de invadir as plantações novas. Por isso calcula-se ser necessário um negro para cada mil pés de café. A tarefa deste consiste em manter o arbusto livre das ervas daninhas que crescem em torno, em revolver a terra que cobre suas raízes várias vezes por ano e de um modo superficial, e em limpar os troncos do musgo que nele cresce espontaneamente.

Embora se observem flores e frutos durante todo o ano, a grande floração ocorre em agosto, e a colheita, que começa em março, prolonga-se até maio, época de maior abundância e de mais perfeita maturação do café; essa colheita é muitas vezes ameaçada pelas borrascas e chuvas freqüentes da estação (ver a nota da prancha 25 desta parte).

Depois de terminada a colheita, o fruto maduro é espalhado num terreiro bem seco ou em cima de esteiras e fica exposto diariamente aos raios do sol até perfeita secagem, isto é, até que a polpa se enrugue e se torne dura e quebradiça como madeira. Socam-no em seguida no pilão, dentro de grandes almofarizes de pau, a fim de partir o invólucro e provocar a separação dos dois lóbulos do grão. Em seguida é o grão joeirado e escolhido de modo a formar duas qualidades distintas, embora da mesma natureza.

A primeira, com efeito, se compõe de grãos perfeitos e inteiros, e a segunda, bastante desprezada no comércio, compõe-se de grãos quebrados. O café é conservado dentro de sacos cuidadosamente protegidos da umidade, última precaução do cultivador.

Os pesos e medidas empregados no Brasil, no comércio do café e do açúcar, são o alqueire (medida portuguesa) e a arroba. O alqueire pesa duas arrobas e a arroba, trinta e duas libras. O saco de café negociável pesa cento e vinte e oito libras e contém dois alqueires. O preço da arroba varia de vinte a trinta mil-réis.

Para facilitar ainda mais a venda do café, tão comum no Rio de Janeiro, existem armazéns bem abastecidos onde os compradores podem escolher e tratar com os proprietários ou os comissários.

Quanto ao transporte, penoso muitas vezes em virtude da extensão do trajeto, faz-se mister, para efetuá-lo sem inconvenientes, não somente um número de carregadores igual ao de sacos, mas ainda um capataz entusiasta, capaz de animar os homens com suas canções improvisadas. Em geral, o primeiro carregador é o porta-bandeira e se distingue por um lenço amarrado a uma vara. Toda a coluna é guiada pelo capataz, que costuma munir-se de um chifre de boi ou de carneiro; é este troféu, para ele, um talismã contra todas as infelicidades que poderiam ameaçar a marcha do grupo, um amuleto que alimenta sua verborragia, com a qual ele se impõe à superstição de seus soldados ocasionais. Entretanto, depois de a coluna chegar a seu destino e ser paga, a igualdade volta a imperar e a fraternização se faz na venda mais perto.

Prancha 38

Negros de carro

Carro é o nome genérico de várias carruagens do Brasil; aplica-se aqui a uma humilde carreta de quatro pequenas rodas cheias, de dezoito polegadas de diâmetro, construída com simplicidade e inteiramente de madeira. Constitui-se de uma tábua de quatro pés de largura por seis de comprimento, montada sobre dois pares de rodas cujos eixos giratórios executam seu movimento graças a um encaixe cômodo formado por enormes pinos, também de madeira e aderentes a ambos os lados do estrado. Uma argola de ferro em cada canto serve para a passagem das cordas da carreta, a qual não possui uma dianteira móvel e que para virar precisa ser puxada de um lado até que o estrado escorregue pouco a pouco sobre a ponta do eixo da frente, o qual, por isso, como o eixo de trás, aliás, ultrapassa de dezoito polegadas a largura da carreta. Ao chegar-se a uma esquina, ergue-se a frente da carreta e puxa-se até terminar a meia-volta, esfregando-se as rodas imóveis sobre o calçamento.

Seis negros são empregados no serviço de semelhante carro; quatro puxam à frente com corda e dois outros empurram por trás a massa rodante. A carreta e os seis negros pertencem ao mesmo proprietário, sendo cada viagem paga à razão de duas patacas e quatro vinténs.

Encontram-se inúmeros carros desse tipo junto ao muro que se prolonga até a porta da Alfândega. Aí, durante as horas de abertura do estabelecimento, parte dos negros descansa nas carretas, enquanto os camaradas espiam o negociante de quem esperam trabalho. Mas este deve também encarregar um fiscal de acompanhar o transporte das mercadorias, para evitar os roubos dos carregadores infiéis, efetuados durante as inevitáveis paradas do trajeto.

Eis um exemplo em apoio dessa afirmação. Um comerciante francês, à sua chegada ao Rio, foi obrigado a retirar da Alfândega uma partida de chapéus de feltro; organizou por isso uma fila numerosa de negros de ganho, cada um dos quais carregava à cabeça um cesto cheio de uma quantidade igual de mercadoria. Acompanhando sem grande desconfiança a marcha da coluna monótona, só percebeu ao chegar a casa a ausência de um dos carregadores. Já era demasiado tarde para procurar o ladrão, que sem dúvida aproveitara uma esquina para fugir da fila e se esconder em algum corredor, donde saiu em seguida para levar o produto do roubo a um comerciante interessado, que teve certamente o maior lucro. Aliás, o pior está na falta de ética de muitos negociantes, que encorajam esses crimes comprando a vil preço os objetos roubados por escravos infiéis.

Mais infeliz, entretanto, num segundo exemplo, acrescentarei que, tendo um negro oferecido numa loja francesa uma linda garrafa de cristal talhado, a preço excepcionalmente baixo, a dona da casa observou que para que tivesse valor seria necessário um par; encorajado, o negro prometeu trazer a outra no dia imediato, e deixou a primeira como penhor do negócio. Seguiu-se o negro até a sua casa e no dia seguinte, quando ele voltou, a negociante francesa mandou entregar o ladrão com as duas garrafas em casa de seus senhores, onde o negro recebeu, como se pensa, o castigo de seu crime.

Não direi o nome dessa honrada compatriota para que não creiam os leitores ser ela a única digna de citação.

Escravos preguiçosos e bêbados, muitas vezes libertinos, obrigados a trazer todas as noites, sob pena de castigo, uma determinada importância para seus senhores, os mais espertos desses negros de ganho se tornam quase sempre hábeis ladrões.

A cena se passa na Rua Direita, na altura da porta da Alfândega. Vê-se pela atitude diversa dos negros que puxam a carreta quais os que dirigem a marcha; são os que se colocam mais perto das argolas, ao passo que os dois outros, bem como os que empurram, servem apenas para multiplicar a força motriz.

É fácil ver que a pequena altura dos caixões, entreabertos e repletos de mercadorias, exige o maior cuidado da parte das pessoas encarregadas de escoltar o carro. Uma outra carreta, parada junto à porta da Alfândega, mostra a maneira de carregar uma pipa de aguardente. No fundo do quadro, vê-se o perfil da porta do Arsenal da Marinha, dominado pelo Convento de São Bento, que se situa na colina do fim da Rua Direita.

Pelota, embarcação brasileira

Percorrendo-se no Brasil a fértil província do Rio Grande do Sul, não raro entrecortado de lagos e rios, encontra-se o *rio das Pelotas,* nome tirado de uma espécie de bote improvisado, feito com um couro de boi, que é usado para se atravessar o rio durante as freqüentes cheias. É ao habitante do Rio Grande, sempre hábil na utilização dos couros dos seus enormes bois, que se deve essa feliz invenção, bem assim os aperfeiçoamentos da pelota. A *pelota* mais simples é aquela que o cavaleiro isolado faz com o couro da sela de seu cavalo e na qual ele encerra suas roupas. Lançando-se em seguida a nado, precedido por seu negro e por seu cavalo, reboca com o laço essa verdadeira *pelota* de couro impermeável, que flutua facilmente com ele.

A *pelota reboulha*[1], superior à precedente, destina-se especialmente ao viajante que carrega suas bagagens. É uma espécie de caixão feito com um couro de boi cujos bordos levantados são acertados nos cantos por meio de tiras. Essa jangada leve

---
[1] Deve ser "reboluda", isto é, de forma arredondada. (N. do T.)

pode transportar uma mulher e uma criança se necessário; nessas circunstâncias, porém, guarnece-se o fundo com palha.

Damos a seguir a *pelota* cuja forma mais se aproxima do bote. É um couro de boi dobrado na sua largura e cosido nas duas extremidades de maneira a formar um saco mais largo do que fundo, cuja abertura é mantida colocando-se solidamente dois pedaços de pau transversalmente, sete polegadas abaixo do bordo; o saco adquire assim, embora de um modo imperfeito, a forma alargada do bote na sua parte superior, podendo flutuar sem dificuldade; a parte mergulhada dentro da água, gradualmente afinada até a dobra que serve de quilha, mantém naturalmente o equilíbrio. Basta portanto ao viajante sentar-se a cavalo na sua bagagem, de modo a que os pés abertos se apóiem no fundo, servindo a um tempo de carga e de lastro dessa pequena embarcação improvisada.

Terminarei descrevendo o último aperfeiçoamento das *pelotas;* consiste ele em guarnecer a abertura com duas ripas muito flexíveis e cujo afastamento é mantido por uma larga travessa de madeira em forma de rabo de andorinha. Essa mesma travessa serve muitas vezes de banco para os que desejam manter-se a cavalo em vez de sentar simplesmente no fundo do bote.

Todas essas embarcações mais ou menos submersíveis são rebocadas por um nadador.

O viajante estrangeiro, guiado por um peão na travessia da província do Rio Grande, não precisa munir-se de *pelota,* porque no caminho, ao encontrar a passagem de um rio submersa, o companheiro de viagem toma, de conformidade com o hábito, o primeiro couro estendido que encontra à mão[1] e com o facão corta o número de tiras necessárias à confecção da *pelota,* e, assim, em menos de um quarto de hora está pronto para lançar-se a nado, rebocando o viajante estrangeiro dentro do bote portátil que vai servir-lhe até o fim da viagem.

O negociante brasileiro, ao contrário, nunca se põe a caminho sem carregar sua *pelota* dobrada na bagagem de um dos burros. Para utilizá-la, basta-lhe desdobrá-la e encaixar a travessa que serve de banco. Depois de cada passagem, ele torna a dobrar o bote, que na realidade não passa de um couro de boi fácil de carregar na bagagem da caravana.

Apresento, na litografia, o antepenúltimo modelo de *pelota* aperfeiçoada, utilizada por um *viajante paulista;* vai rebocada por um escravo.

---

[1] *Todos os campos da província do Rio Grande são cobertos de couros de boi estendidos para secar. (N. do A.)*

Prancha 39

Armazém de carne-seca

A carne-seca é um alimento de primeira necessidade no Brasil; prepara-se na província do Rio Grande do Sul, conhecida pelo número de *charqueadas,* situadas em grande parte à margem esquerda do rio *São Gonçalo,* rio que facilita a exportação considerável desse comestível, feita a bordo de iates e sumacas, pequenos navios de cabotagem empregados no abastecimento dos portos do Brasil e do Chile.

A *charqueada,* vasto estabelecimento em que se prepara a carne salgada e secada ao sol, reúne dentro de seus muros o *curral,* onde se mantêm os bois vivos, o *matadouro,* a *salgadeira,* edifício de forma oblonga, o *secadouro,* vasto campo eriçado de estacas entre as quais são esticadas cordas, e as *caldeiras,* bem como os fornos abrigados sob um barracão espaçoso. Toda essa fábrica é dominada por um pequeno platô no qual se ergue o edifício principal habitado pela família inteira do *charqueadeiro.*

O *curral* é um cercado de seis a sete pés de altura mais ou menos, formado pela reunião de uma grande quantidade de troncos de árvores plantados uns ao lado dos outros e no qual se abre uma entrada fechada por uma porteira. Um pequeno *corredor,* de doze pés de comprimento por quatro de largura, une o *curral* ao *matadouro;* as cercas, construídas da mesma maneira que as do cercado, mais espessas porém e com somente cinco pés de altura, servem de passagem elevada para o negro encarregado de jogar o laço nos chifres do boi que deve ser puxado para o corredor. A outra extremidade do laço, amarrada a uma manivela, força o boi a aproximar-se pouco a pouco do matadouro e a colocar a cabeça no lugar em que deve receber o golpe que o abate.

Já colocado sob o palanque de um guindaste giratório, o animal é suspenso imediatamente e levado para o local em que deve ser escorchado, operação preliminar depois da qual lhe retiram de cada lado e num só pedaço toda a parte carnuda, desde o maxilar até a coxa; essa parte é transportada em seguida para a salgadeira, juntamente com outros pedaços muito menores. O resto do boi, semidescarnado, é reservado a outro destino.

A salgadeira é um rés-do-chão bastante espaçoso, coberto, de forma oblonga, interiormente guarnecido, de cada lado e em todo o comprimento, por dois imensos balcões inclinados, sobre os quais se estendem os pedaços de carne a serem salgados. Calhas de madeira aderentes aos balcões recebem as águas da salgação e as conduzem a um pequeno esgoto descoberto, destinado ao escoamento do sangue; um filete de água viva lava continuamente esse pequeno canal que deságua no rio.

Passando pelo barracão das caldeiras, vimos, pela primeira vez, negras ocupadas nos trabalhos de *charqueada;* mas aí deparamos também com a carcaça do boi já citado, ainda amarrada à corda que servira para fazê-lo arrastar até os fornos onde outros açougueiros o esperavam para acabar de retalhá-lo. Finalmente, cortado em pedaços, foi o conjunto jogado na água fervendo das caldeiras, a fim de se escumarem as gorduras que vêm à tona e retirar assim o *sebo comum,* que se vende em pães.

Do outro lado e um pouco para trás, mostraram-nos outra espécie de gordura, de qualidade infinitamente superior, produzida pela medula e pelo miolo fervidos e que se escorre ainda líquida dentro de bexigas de boi; esse trabalho minucioso era confiado especialmente às negras. Os cozinheiros, encarregados de uma operação não menos delicada, têm por obrigação retirar das caldeiras todos os ossos à medida em que se descarnam e jogá-los nos fornos, à guisa de lenha, para alimentar assim o fogo necessário ao seu trabalho.

Assim desaparecem em um dia os restos do boi, cujo crânio, unicamente, conservado com seus chifres e no dia seguinte engenhosamente entrelaçado a milhares de crânios semelhantes, serve para a construção da cerca da *charqueada* brasileira.

Dirigindo-nos para o lado do rio, percorremos o terreno do secadouro, para onde se leva a carne depois de dois dias de salgação, sendo estendida nas cordas de couro esticadas entre as inúmeras estacas. Dobrando-se em virtude do peso sobre a corda que a sustenta, a carne salgada permanece assim exposta ao sol, até adquirir uma cor branco-amarelada. Reduzida então a meio dedo de espessura, e secada até a consistência do couro, é ela empilhada perto do rio sobre estrados de madeira. Essas pirâmides truncadas, recobertas de todos os lados por couros bem secos, servem de ponto de referência aos navegadores que desejam abastecer-se.

O comércio de couros de boi não deixa de constituir no Brasil um excelente negócio para o *charqueadeiro* do Rio Grande, habitante de uma província privilegiada pela sua raça gigantesca de bois, cujos cornos bem como a bela crina da ponta da cauda constituem um ramo de comércio explorado pelos negociantes franceses, como excelente mercadoria de troca apreciada nos portos do sul da França. Por outro lado, o couro mal curtido no Brasil dá uma possibilidade remuneradora à introdução dos couros da Europa, sempre procurados pela sua perfeição.

Explicação da prancha

Sentado dentro do armazém de carne-seca, perto da porta, dorme o negociante (1816), que, entre seus confrades modernos, figura hoje como um personagem grosseiro, português de baixa extração, que conserva no Brasil seus hábitos e sua indumentária. Pela sua lividez, verifica-se a influência malsã do ar corrompido do armazém, mais particularmente sensível durante a noite, no pequeno sótão em que dorme. Vêem-se a seu lado dois pedaços de carne-seca, de que ele extrai pequenas quantidades vendidas a varejo, desde um vintém até oito, mais ou menos. Esses pedaços dependurados aos batentes da porta mostram ao consumidor a qualidade da mercadoria. Outros pedaços inteiros, dobrados em seu comprimento e empilhados, formam no interior do armazém três massas quadradas bastante semelhantes, em ponto menor, às pirâmides truncadas precedentemente descritas.

No primeiro plano, à esquerda, quatro pães de *sebo comum* lembram a indústria dos operários das charqueadas; por detrás vê-se a extremidade superior de um monte de três pés de altura de peixe seco (*guarupá*)[1] preparado em Santa Catarina.

No primeiro plano, um pouco mais para a frente, um pedaço de toucinho ainda envolvido numa esteira e três outros a seu lado, amontoados simplesmente num estrado, dão uma idéia da indústria dos habitantes de São Paulo e de Minas. É o indispensável toucinho, de que um pequeno pedaço, do tamanho de um dedo, basta para a cozinha diária de grande número de brasileiros.

À esquerda e no fundo, toda uma série de prateleiras sustenta uma vasta provisão de gordura superfina dentro de bexigas; ademais, uma carreira de pacotes de velas dependuradas na beirada dessas prateleiras estabelece uma espécie de franja em torno do armazém[2].

Finalmente, línguas de boi salgadas e suspensas ao teto completam o sortimento desse armazém de comestíveis, de um cheiro repugnante.

Os armazéns dos negociantes de carne-seca acham-se reunidos em número bastante elevado, especialmente nas ruas antigas e estreitas das proximidades das praias de *Dom Manuel,* dos *Mineiros* e do *Peixe.* Aí vêm-se abastecer o capitão de navio, o chacareiro, o negociante de escravos, o intendente de casa rica, o simples particular e o pequeno capitalista.

Os mais recentes desses negociantes de carne-seca, todos parentes ou correspondentes dos charqueadeiros, recebem diretamente sua mercadoria nas embarcações que aportam exclusivamente no Rio de Janeiro, pretexto de que abusam às vezes para aumentar o preço desse gênero quando ocorrem atrasos nas entregas.

Viajantes da província do Rio Grande do Sul

O brasileiro do Rio Grande, essencialmente cavaleiro, dá grande importância à riqueza de seus arreios. Com efeito, quando nessa província o viajante se vê forçado

---
[1] Talvez garoupa. (N. do T.)
[2] *Essas velas são fabricadas em pequena quantidade por habitantes da cidade, que ensinam seus negros a fazê-las, num barracão situado num canto do pátio ou do jardim. A vela ordinária vende-se a um vintém, e a menor, de metade do tamanho, a dez réis. É esta empregada de preferência pelos operários. Fabricadas com sebo mole e pouco apurado, exalam uma fumaça espessa e um odor fétido; apesar de clarear bastante, duram pouco.*

No Rio de Janeiro, atualmente, muitos brasileiros e alguns alemães fabricam com perfeição lindas velas trabalhadas, que os escravos vendem nas ruas à razão de dois vinténs e dez réis cada uma e que se compram em meios pacotes de seis. São essas pequenas fábricas que abastecem o vendeiro e o negociante de carne-seca, onde se vende a vela a varejo. (N. do A.)

a parar numa fazenda, é à beleza de seus arreios que deve o acolhimento recebido, pois, em caso contrário, abrem apenas uma folha da porta, cortesia que o força a passar a noite num modesto abrigo perto das cocheiras.

É ainda às placas de prata do arreio de seu cavalo que o viajante deve a vantagem de ser admitido à mesa do estancieiro, o qual nunca se esquece de convidá-lo para a pousada, descanso acrescido de todos os encantos da hospitalidade e durante o qual o viajante não precisa ocupar-se com os seus criados, seus animais e seu cavalo. Finalmente, no momento da separação, a promessa de um novo encontro constitui a fórmula habitual.

Para compreender a importância dada no Brasil aos arreios dos cavalos é preciso ter em vista a organização militar de sua população do interior, comandada com efeito por chefes que ela escolhe entre os mais ricos proprietários. Em todo miliciano do interior que viaja ela vê um irmão de armas que tem o direito de contar no caminho com a assistência da hospitalidade mais cordial e considerações de acordo com o luxo aparente de sua montaria, luxo esse que faz supor um grau militar superior.

É por isso que todo estrangeiro recomendável pelo seu saber, que vem ao Rio de Janeiro com a intenção de percorrer o Brasil, recebe um passaporte no qual o governo lhe assina um posto militar suficientemente elevado para assegurar a consideração de todos os habitantes que ele tem de visitar nas suas excursões. Mas o médico botânico, suficientemente protegido pelo primeiro de seus títulos, é acolhido por toda parte com ofertas de pouso, que ele aceita para descansar, deixando sempre atrás de si a recordação de sua utilidade.

Mostro aqui o hábito do charqueadeiro, percorrendo sempre a galope os imensos campos que habita. Pode-se reconhecer na vestimenta do cavaleiro o manto espanhol adotado pelo rico habitante do Rio Grande, cujas terras confinam com o território de Montevidéu. Os estribos de madeira enfeitados de prata, bem como o resto do arreio do seu cavalo, são, ao contrário, de formas portuguesas importadas no Brasil. Quanto ao grande chapéu de palha, preso ao queixo por um cordão de pingentes, é ele usado por todos os viajantes da América do Sul. A senhora vestida à européia e montada à homem usa um chapéu de feltro, traje de amazona, calça de musselina e meias botas com longas esporas de prata; ademais, um lenço protege a boca contra a vivacidade do ar durante o galope. Os dois são acompanhados por seu escravo, novo Sancho Pança negro, coberto de um manto de fazenda comum, de botas porém, e montado numa besta. Carrega a tiracolo de um lado a espada do amo e de outro um enorme copo de prata suspenso a uma corrente do mesmo metal, utensílio sempre pronto para servir um grande gole de água durante o trajeto.

Prancha 40

Jangadas de madeira de construção

A madeira de construção usada no Rio de Janeiro vem em grande parte das províncias do sul do Brasil, em razão da facilidade de transporte que apresentam os inúmeros rios, mais ou menos navegáveis, que atravessam suas florestas virgens e vêm desaguar em seguida na baía. Por isso, feito o corte da madeira, é ela marcada e jogada no rio à beira do qual se encontra; a correnteza se encarrega de fazê-la atravessar as diferentes cataratas; recolhem-se os troncos na última parte do rio navegável, para com eles construir jangadas. Para ligar as diferentes peças de madeira umas às outras, o brasileiro utiliza uma palmeira cuja haste amassada logo se transforma num feixe de longos filamentos fibrosos. As jangadas de construção simples comportam um mastro e no centro uma grande piroga que serve de abrigo aos marinheiros que as conduzem ao porto da cidade. Os portos mais comerciais do Rio de Janeiro são os da praia Dom Manuel, Prainha, Saco do Alferes e outros.

É pela diferença de coberta das duas canoas brasileiras aqui reproduzidas, uma das quais é de esteira e a outra de couro de boi, que se reconhece a região donde vêm. Assim, a canoa amarrada perto do aterro vem indiscutivelmente das províncias de Santa Catarina ou Rio Grande do Sul, ricas de imensos rebanhos cujos couros constituem a base mais importante do comércio e da indústria dos habitantes do sul do país. Vê-se também o montículo de terra, ingênuo fogão improvisado pelos marinheiros.

Os buracos de cada extremidade das peças de madeira descarregada na praia e os laços esparsos no chão mostram de mais perto os detalhes da construção de uma jangada dessa espécie, detalhes da indústria indígena observados diariamente nas construções do Rio de Janeiro.

Entre as inúmeras espécies de madeira que crescem nas florestas virgens do Brasil, os construtores fizeram uma escolha que regula o abastecimento habitual do Rio de Janeiro, onde os negociantes de madeira oferecem à indústria do carpinteiro, do carroceiro, do torneador, do ebanista, do marceneiro, todos os recursos de sua flexibilidade, de sua dureza ou de suas dimensões colossais.

Citarei algumas espécies mais notáveis, tais como a *canela* marrom, preta ou cinza; o *ipê*, de cor vermelha e que não apodrece na água; o óleo, árvore do *copaú*[1],

---

[1] *Já anotamos a confusão entre copaú e copaíba. Pode-se tratar também do óleo-barrão conhecido como madeira de construção, ou do pau-de-óleo, nome dado no nordeste à copaíba. (N. do T.)*

empregado em construção para os caixilhos e batentes; a *grapiapunha*, de um amarelo esverdeado, empregada pelo carroceiro para cambas de rodas; o *garabu*, madeira roxa mais dura do que a precedente e empregada na fabricação de raios de roda ou de varais de carro; o *cipipira*, marrom-escuro, a mais forte e mais dura de todas, empregada especialmente nos eixos e braços de máquinas; o *vinhático*, com que se fazem pirogas, tetos, assoalhos e em geral as tábuas empregadas na marcenaria; a *caxeta*, madeira das mais comuns, que pode ser considerada madeira branca; o *jequitibá*, com o qual se fazem os mastros pequenos e que se emprega também, juntamente com o *óleo-vermelho* e o *jataí amarelo*, na fabricação das caixas para açúcar. A *sapucaia* serve para fazer quilhas e mastros, cabrestantes e bordagens. O marceneiro utiliza o *pequiá* e o *jacarandá*, de belas veias, para móveis preciosos. A *oiticica* é empregada nas polias e finalmente o *cedro*, nas peças esculpidas. As madeiras do Brasil, em geral pesadas, apresentam entre si diferenças, por pé cúbico, de duas arrobas e nove arráteis (sessenta e quatro libras) a uma arroba e cinco arráteis (trinta e duas libras mais ou menos).

Quanto à mão-de-obra, é a marinha que fornece, no Rio de Janeiro, carpinteiros para as construções civis. Passando então a ser dirigido pela estupidez rotineira do mestre-de-obras, o hábil trabalhador se sujeita cegamente a um velho método imperfeito, que o mantém na infância da arte. Para construir um soalho, fazem-no colocar a peça de madeira na altura prescrita, a fim de ser cortada no lugar, trabalho sempre perigoso e muitas vezes longo e difícil. Para fazer o encaixe, recomendam-lhe uma abertura maior do que a necessária, a fim de ter sempre o recurso de introduzir um calço para consolidar a colocação do macho. Outras vezes, renunciando a esse tipo de junção, fazem-no colocar simplesmente as peças completas. E nesse pé se encontrava a arte da carpintaria no Rio de Janeiro em 1816; mas ela progrediu sob o Império, com a chegada de alguns carpinteiros estrangeiros dirigidos por arquitetos franceses.

É preciso excluir dessa construção defeituosa os edifícios cujas pedras e vigamentos numerados foram mandados de Lisboa, exemplo que se encontra em todas as cidades importantes do litoral do Brasil.

É também com o comerciante de madeira de construção que o empreiteiro vem se abastecer de ripas; estas são feitas no Brasil com a madeira das palmeiras novas. Escolhem-se para essa fabricação os coqueiros esguios, que crescem na garganta das montanhas. As ripas têm três polegadas de largura por dezoito linhas de espessura e quinze a dezoito pés de comprimento. São os negros empregados na roça que as fabricam, por conta própria, nos dias disponíveis. Vão vendê-las em seguida nas feitorias situadas em diversos rios do interior. Cada feixe se compõe de doze a quinze ripas, e o preço varia de acordo com o comprimento. Chegam em embarcações, pelos rios afluentes da baía, e se encontram nos depósitos dos negociantes de madeiras de construção.

Carreta de madeira de construção

Observe-se no desenho da carreta a besta amansada pelo *paulista,* parada tranqüilamente na frente da extremidade da rédea largada a seus pés, hábito em uso entre os tropeiros da província de São Paulo. Podem-se observar também as correias largas que fixam a madeira carregada na carreta, processo importado da província de Santa Catarina.

No último plano, à esquerda, vê-se um carro de rodas maciças e eixos giratórios com quatro bois atrelados; transporta uma enorme viga na ponta da qual está sentado um negro, que serve de contrapeso.

Finalmente, no mesmo plano, porém à direita, vê-se grande número de negros transportando com dificuldade uma viga comprida, colocada diretamente sobre a cabeça; o cortejo é dirigido por um feitor a cavalo.

Prancha 41

Negociante de tabaco em sua loja

A maior produção de tabaco do Brasil vem da província de Minas; embora indígena, aí se cultiva a *nicociana* com cuidados particulares, o que dobra o rendimento e favorece o comércio, tão vantajoso, de sua exportação.

Eis o modo de cultura adotado em Minas: semeia-se primeiramente a *nicociana,* cujas mudas são plantadas em seguida; ao crescer, são cortados os brotos e é podada a parte superior. Privada assim de flores, toda a seiva se concentra na folha da planta, aumentando-lhe a espessura e o comprimento; a haste, também tornada mais fibrosa, adquire uma cor amarelo-avermelhada, e a planta se transforma em arbusto. As folhas colhidas são maceradas de mistura com o açúcar bruto e secadas em seguida ao sol. Após essa operação simples, resta apenas empilhá-las e comprimi-las dentro de barricas, para o embarque.

Acrescentamos aqui o segundo processo empregado pelo mineiro para a preparação do fumo.

Após um certo período de maceração, as folhas são besuntadas de melado, de aguardente de cana ou ainda de mel selvagem, substância de uma fermentação igualmente ativa. Amolecidas assim, forma-se com elas uma espécie de corda da grossura de um dedo, que é enrolada num pedaço de pau de três a quatro palmos de altura. Essa massa cilíndrica, de dois palmos de diâmetro por quatro de altura, é encerrada dentro de um jacá que se amolda à sua forma; esse modo de embalagem é adotado pela exportação feita no interior a lombo de burro.

O tabaco, ao chegar à cidade, à loja do varejista, é picado ou socado de acordo com a qualidade que se deseja: para cheirar ou para fumar. Essa indústria é muito lucrativa, porquanto não há brasileiro que recuse uma pitada de rapé.

Todas as negras fumam cachimbo, mas os negros preferem os cigarros de fumo picado. Muitas vezes fabricam esses cigarros com rapé enrolado em pequeno tubo de papel, distração que não prejudica em nada a de mascar, durante o resto do dia.

Encontra-se também o *charuto,* feito como o de Havana, com grandes folhas de tabaco enroladas numa pequena palha. Hoje em dia, os hispano-americanos, principalmente, instalados há cinco ou seis anos no Rio de Janeiro, fabricam excelentes *charutos.*

Nossa chegada ao Rio, assinalada por inúmeras inovações industriais, constituiu uma oportunidade para o aperfeiçoamento da fabricação do tabaco. Nosso péssimo cozinheiro de bordo, francês que embarcou no Havre, ao desembarcar afirmou-se fabricante de tabaco capaz de imitar no Brasil as diferentes qualidades apreciadas pelos mais finos paladares. E, com efeito, pouco tempo lhe foi necessário para fornecer a seus compatriotas a qualidade e a consistência desejadas, pois o tabaco brasileiro, extremamente fino, não agrada aos franceses. Após haver imitado com algum êxito outras espécies de tabaco, partiu ele para Minas, onde, infelizmente, morreu pouco depois. Mas hoje esse comércio e essa indústria nada deixam a desejar na capital.

As melhores tabacarias se encontram reunidas atrás do Carmo, onde cada loja, a exemplo da *Civette de Paris,* se distingue pela efígie de um animal recortada e colorida, com a diferença de que as do Rio de Janeiro, muito mal executadas, são de dimensões colossais, proporcionalmente ao tamanho do local decorado. É natural, aliás, que assim seja, pois o monstro suspenso no meio do teto da loja grava na memória do consumidor a lembrança do negociante que o serviu satisfatoriamente. Assim é que, apesar de não me interessar pelo assunto, eu me lembrava perfeitamente bem de um cavalo branco, de um grande cisne, de um leão e de um carneiro, todos de tamanho natural mas da espessura de uma folha de zinco, balançando por cima da cabeça do dono e perfeitamente destacados da cor uniforme das latas que enchem a tabacaria.

O negociante representado na loja é um português muito gordo, de lenço no pescoço para enxugar o suor que o inunda e servindo com a mesma indolência o forçado e o capitalista.

O negro apoiado ao balcão, primeiro da fila, foi encarregado dos negócios dos companheiros e da contabilidade da missão. Cada uma das latinhas representa uma encomenda. O segundo forçado, em vista do tamanho da corrente, vê-se obrigado a se manter de pé e imóvel, enquanto os demais companheiros, comodamente sentados em seus barris, conversam, oferecendo aos transeuntes trabalhos feitos de chifres de boi e cujo lucro é em grande parte entregue ao negociante de tabaco. Essa necessidade imperiosa de fumar leva os menos hábeis a pedir esmola de alguns vinténs aos passantes.

O guarda, durante esse momento de descanso, conversa com uma negra vendedora de legumes que carrega o filho à moda africana. No fundo, outra fila em marcha regressa com uma provisão de água. Empregam-se os forçados duas vezes por dia para abastecer de água as fortalezas; honrados com uma escolta, têm eles a prerrogativa de tomar conta das fontes e espalhar os negros vagabundos que aí se encontram sempre. O triunfo dessa canalha acorrentada repercute nos clamores dos descontentes que a cercam.

O policial que os conduz tem sempre à mão uma bengala, com a qual os instiga e afasta do caminho os amigos demasiado loquazes.

O negro trovador

Espantado à primeira vista com a multidão imensa de escravos espalhados pelas ruas do Rio de Janeiro, o observador mais calmo reconhece logo, pelo caráter particular da dança e do canto, cada uma das nações negras que aí se encontram confundidas.

É principalmente nas praças e em torno dos chafarizes, lugares de reunião habitual dos escravos, que muitas vezes um deles, inspirado pela saudade da mãe pátria, recorda algum canto. Ao ouvir a voz desse compatriota, os outros, repentinamente entusiasmados, se aglomeram em torno do cantor e acompanham cada estrofe com um refrão nacional ou simplesmente um grito determinado, espécie de estribilho estranho, articulado em dois ou três sons e suscetível, entretanto, de mudar de caráter.

Quase sempre esse canto que os eletriza se acompanha de uma pantomima improvisada ou variada sucessivamente pelos espectadores que desejam figurar no centro do círculo formado em torno do músico. Durante esse drama muito inteligível, transparece no rosto dos atores o delírio de que estão possuídos. Os mais indiferentes contentam-se com marcar o compasso por meio de uma batida de mãos de dois tempos rápidos e um lento. Os instrumentistas, também improvisados e sempre numerosos, trazem na verdade unicamente cacos de pratos, pedaços de ferro, conchas ou pedras ou mesmo latas, pedaços de madeira, etc. Essa bateria é, como o canto, mais surda do que barulhenta, e se executa em perfeito conjunto. Somente os estribilhos são mais forçados. Mas, terminada a canção, o encanto desaparece; cada um se separa friamente, pensando no chicote do senhor e na necessidade de terminar o trabalho interrompido por esse *intermezzo* delicioso.

Mais adiante, um grupo grande, de cerca de quarenta negros, de uma nação mais bárbara, contenta-se com um bater de mão geral, repetido em conjunto à perfeição e que substitui entre eles o encanto das palavras e da harmonia.

Ao contrário, os negros benguelas, de Angola, devem ser citados como os mais musicais e são principalmente notáveis pelos instrumentos que fabricam: a *marimba,* a *viola de Angola,* espécie de lira de quatro cordas, o *violão,* que é um coco atravessado por um bastonete que serve de cabo e no qual se amarra uma única corda de latão presa a uma cravelha e da qual, pela pressão alternada do dedo, tiram sons variados com uma espécie de arco pequeno; e finalmente o *urucungo,* aqui representado. Esse instrumento se compõe da metade de uma cabaça aderente a um arco formado por uma varinha curva com um fio de latão sobre o qual se bate ligeiramente. Pode-se ao mesmo tempo estudar o instinto musical do tocador que apóia a mão sobre a frente descoberta da cabaça, a fim de obter pela vibração um som mais grave e harmonioso. Este efeito, quando feliz, só pode ser comparado ao som de uma corda de tímpano, pois é obtido batendo-se ligeiramente sobre a corda com uma pequena vareta que se segura entre o indicador e o dedo médio da mão direita (ver a prancha dos instrumentos).

Esses trovadores africanos, cuja facúndia é fértil em histórias de amor, terminam sempre suas ingênuas estrofes com algumas palavras lascivas acompanhadas de gestos análogos, meio infalível para fazer gritar de alegria todo o auditório negro, a cujos aplausos se ajuntam assobios, gritos agudos, contorções e pulos, mas cuja explosão é felizmente momentânea, pois logo fogem para todos os lados a fim de evitar a repressão dos soldados da polícia que os perseguem a pauladas.

O desenho representa a desgraça de um velho escravo negro indigente. A cegueira provocou a sua libertação, generosidade bárbara e muito comum no Brasil por causa da avareza. Seu pequeno guia carrega uma cana-de-açúcar, esmola destinada à sua alimentação habitual.

O segundo músico toca *marimba* e, comovido com a harmonia musical, aproxima seu instrumento do de seu companheiro, sobre o qual deita um olhar fixo e delirante.

A *marimba*, espécie de harmônica, é feita de lâminas de ferro fixadas a uma prancheta de madeira e sustentadas por um cavalete. Cada lâmina vibra sob a pressão dos polegares do tocador, que a obriga a vergar, o que produz um som harmônico. Um pedaço enorme de cabaça colocado ao lado do instrumento dá-lhe um som muito mais grave e quase semelhante ao de uma harpa.

Vendedoras de pão-de-ló

De todos os doces brasileiros, cuja fabricação constitui excelente negócio no Rio, o *pão-de-ló* é sem dúvida o mais lucrativo, por causa do enorme consumo desse bolo leve que acompanha o café ou o chocolate.

O *pão-de-ló* é uma espécie de biscoito de Savóia fino, redondo, da largura de um pires comum. O preço dos menores é de um vintém, mas fazem-se outros do dobro ou do quádruplo do tamanho, cujo preço máximo é por conseguinte de quatro vinténs.

Afirmava-se que os principais fabricantes dessa guloseima eram membros de uma família numerosa, entregue a esse ativo comércio, e cujas negras, que percorriam a cidade duas vezes por dia, se reconheciam pelo traje. Saindo bem cedo de casa, essas vendedoras começavam abastecendo os cafés, e em caminho entravam nas casas de suas freguesas mais madrugadoras para entregar o *pão-de-ló* do almoço, à razão de um por pessoa. O negócio é tanto mais interessante quanto as famílias brasileiras são em geral numerosas. A venda nas ruas não é menos lucrativa, pois nem sequer o negrinho enviado a recado de manhã deixa de tirar do dinheiro que lhe é confiado o vintém necessário à aquisição do pão-de-ló; as quitandeiras não deixam tampouco de comprar um pão-de-ló para seus moleques; finalmente, a primeira despesa matutina da maioria dos operários consiste na compra do pão-de-ló, que eles consideram substancial e bom para o peito.

As negras vendedoras de pão-de-ló saem da casa de seus amos às seis horas da manhã e voltam às dez com uma certa quantidade de ovos. Descansam até duas horas da tarde e tornam a sair para voltar somente lá pelas seis e meia. A venda da tarde se destina às sobremesas do jantar e às provisões para o chá, refeição habitual servida em todas as casas da cidade entre oito e dez horas da noite.

Outras pessoas fazem o comércio em escala mais reduzida, procurando apenas com o lucro relativo pagar a alimentação diária de seus escravos. Nessas circunstâncias, a venda de pão-de-ló ocupa as negras tão-somente até dez horas da manhã; de regresso, elas são empregadas em serviços comuns da casa.

As negras andam sempre vestidas com muito asseio e às vezes elegância. Nossos ambulantes muito raramente lhes chegam aos pés.

Prancha 42

O colar de ferro[1], castigo dos negros fugitivos

O colar de ferro é o castigo aplicado ao negro que tem o vício de fugir. A polícia tem ordem de prender qualquer escravo que o use, quando encontrado de noite vagabundeando na cidade, e de deixá-lo na cadeia até o dia seguinte. Avisado então, o dono vai procurar o seu negro ou o envia, acompanhado por um soldado, à prisão dos negros no morro do Castelo.

A mesma medida é aplicada em todas as estradas fora da cidade pelos *capitães-de-mato*, guardas campestres sem uniforme, ajudados por negros a seu serviço. Assim, um proprietário que perde um escravo no Rio declara-o imediatamente à polícia, dando o nome e os sinais do fugitivo; a mesma declaração é feita aos diversos *capitães-de-mato* dos arrabaldes da cidade. Quando o fugitivo é preso, o *capitão-de-mato* o entrega acorrentado ao dono, recebendo a gratificação habitual de quatro mil-réis.

O colar de ferro tem vários braços em forma de ganchos, não somente no intuito de torná-lo ostensivo, mas ainda para ser agarrado mais facilmente em caso de resistência, pois, apoiando-se vigorosamente sobre o gancho, a pressão inversa se produz do outro lado do colar, levantando com força o maxilar do preso; a dor é horrível e faz cessar qualquer resistência, principalmente quando a pressão é renovada com sacudidelas[2].

Alguns senhores mais bondosos, ou no caso de uma jovem negra fugitiva, contentam-se da primeira vez em colocar o colar de ferro, pois, de costume, em semelhantes circunstâncias, aplicam-se previamente cinqüenta chicotadas, e o dobro em caso de reincidência. Pode-se aumentar o castigo acrescentando-se uma corrente de trinta a quarenta libras presa a uma argola fixada no tornozelo e a uma outra, à cintura. Sendo ainda criança o escravo, o peso da corrente é apenas de cinco a seis libras, fixando-se uma das extremidades no pé e outra a um cepo de madeira que êle carrega à cabeça durante o serviço. Todas essas precauções parecem entretanto inúteis, pois a ânsia de fugir é imperiosa entre os negros, como se verá pelos exemplos que vou citar.

---
[1] *Libambo, gorilha ou golilha. (v. Artur Ramos — Rev. do Arq. Municipal, n. XLVII, "Castigos de escravos", onde se estudam todos esses instrumentos de suplício e outros. (N. do T.)*
[2] *De acordo com a descrição, trata-se da gorilha ou golilha. (N. do T.)*

O primeiro exemplo, de que fui testemunha, refere-se a um belo negro, excelente cozinheiro de uma casa rica da cidade. Depois de ter sido preso e castigado várias vezes, sem que renunciasse ao desejo de fugir, pediu ao senhor que o fizesse acorrentar à mesa da cozinha, junto à qual vivia pacientemente há três anos.

O outro exemplo é o de um escravo que passou seis a sete anos carregado de ferros, a ponto de não poder correr. Ágil, porém, e de constituição robusta, continuava a trabalhar ativamente; comovido com o seu estoicismo, o amo começou a diminuir pouco a pouco o peso dos ferros, deixando afinal somente uma argola grossa em torno do pescoço e que podia ser escondida pela camisa. Tendo o senhor caído doente, nessa época o negro deu todas as provas de dedicação. Em vista disso, ao restabelecer-se, disse o senhor a seu escravo: "Vou tirar teu último ferro, mas, se fugires ainda, mando matar-te a chicotadas". Pois o infeliz negro não pôde resistir um mês inteiro ao funesto desejo de escapar, e, preso novamente, não sai mais sozinho nem sequer para um recado, embora carregado de um enorme peso de ferro que conservará provavelmente para o resto da vida.

É principalmente na Rua da Prainha, conhecida pelas suas serralherias, que se encontram certas lojas em que se fabricam esses instrumentos de punição, correntes, colares de todos os tamanhos, cangas em forma de compasso, botas de ferro e anjinhos com os quais se podem esmagar os polegares e de que se servem os *capitães-de-mato* para fazer o negro confessar o nome e o endereço do seu senhor.

Como todos os operários são escravos, esses aparelhos de suplício são forjados por eles próprios, que não raro já os usam. Assim, o escravo, tornado carrasco por desobediência ao senhor, mostra-se sem compaixão para com seus semelhantes, pois, em última análise, os negros não passam de grandes crianças cujo espírito é demasiado estreito para pensar no futuro, e indolente demais para se preocupar com ele.

O escravo tem apenas a inteligência do presente; é vaidoso, gosta de se distinguir por um enfeite qualquer: pena, folha. Embora com sentidos de uma agudeza perfeita, não é capaz dessa reflexão que leva a comparar as coisas e a tirar conclusões; um objeto que lhe repugna à vista provoca nele um arrepio generalizado e não raro uma risada nervosa e prolongada.

O negro é indolente, vegeta onde se encontra, compraz-se na sua nulidade e faz da preguiça sua ambição; por isso a prisão é para ele um asilo sossegado, em que pode satisfazer sem perigo sua paixão pela inação, tendência irreprimível que o leva a um castigo permanente.

O amor é menos uma paixão do que um delírio indomável que o induz muitas vezes a fugir da casa de seus senhores, expondo-se, subjugado pelos sentidos, aos mais cruéis castigos. Graças, porém, à mobilidade de suas sensações, ao entrar na prisão, ainda todo ensangüentado do castigo sofrido, esquece suas dores ao som do pobre instrumento africano com que acompanha algumas palavras improvisadas acerca de sua desgraça. Esse temperamento modifica-se, entretanto, nos crioulos, pois existem no Rio procuradores, capelães, antigos militares e musicistas negros, donos de um talento notável.

Transporte de telhas

O progresso das construções, que aumenta diariamente a extensão da cidade do Rio de Janeiro, provocou a criação sucessiva de inúmeras fábricas de telhas e tijolos (olarias), cuja produção tem mercado garantido. Algumas chegaram mesmo a um certo grau de perfeição na preparação do barro, cuja mistura, outrora composta com uma quantidade demasiada de areia, tornava o produto mole, esponjoso e pouco durável. Os oleiros, entretanto, mantêm o mau vezo de cozinhar pouco sua cerâmica.

As olarias, quase todas situadas à beira de pequenos rios afluentes da baía, possuem barcos e escravos marinheiros para a exportação de seus produtos. A telha, de forma cilíndrica, tem dois pés de comprimento por um pé e quatro polegadas de largura e é vendida na praia à razão de dezoito a vinte e cinco francos o milheiro. Do porto até o ponto das obras, o transporte se faz em pequenos carros ou, com mais segurança, à cabeça dos negros; por isso as ruas são muitas vezes obstruídas por filas de trinta a quarenta negros carregando cada um nove telhas.

Negros de recado em tempo de chuva

O negro, naturalmente sensível ao frio e à umidade, quando escravo de um senhor cuidadoso, usa para preservar-se da chuva essa vestimenta, importada, ao que se diz, de Portugal.

Esse manto, muitas vezes de capucho, é feito de tiras de palha de arroz solidamente amarradas pela extremidade superior a cordões horizontais, por sua vez fixados a intervalos a quatro ou cinco cordas perpendiculares, de acordo com o comprimento. Dessa maneira, a extremidade inferior de cada camada, flutuando por cima da parte que ela cobre, torna o invólucro impermeável e extremamente flexível. Existem também simples capuzes para os carreiros obrigados a longas marchas com o mau tempo.

O capote de pano grosso, também com capuz, é especialmente usado pelos tropeiros nas regiões frias do Brasil.

Prancha 43

Caça ao tigre

De todos os animais ferozes do Brasil, o tigre é aquele que o indígena combate mais sistematicamente, tanto para aproveitar a pele como para livrar-se de sua temível vizinhança.

As três maiores espécies conhecidas são o *jaguar* (onça-pintada), o *jaguaretê* (tigre negro) e o *cugar*[1], todos os três tigres pintados.

Esses animais ferozes vivem principalmente nas florestas do interior, mas encontra-se também o jaguar nos vastos campos de Curitiba. Certo de encontrar água nas capoeiras, aí numerosas, o jaguar nelas se esconde durante o dia, saindo somente à noite para as suas excursões, tão funestas aos animais que pastam em liberdade.

Em certas épocas do ano, a população dessa comarca da província de São Paulo organiza batidas com caçadores a pé e a cavalo, nas quais o *paulista,* cavaleiro intrépido tão hábil no manejo do fuzil como do laço, ataca corajosamente o tigre.

O animal, atingido na corrida pelo laço, pára repentinamente, com o pescoço cada vez mais apertado a cada esforço que faz para fugir, enquanto o segundo cavaleiro, valendo-se do estupor do prisioneiro, joga também o seu laço. Mantido assim a igual distância dos dois agressores, é o tigre atacado por quatro caçadores a um tempo. A essa manobra, o animal já não pode sequer se defender, e recebe o golpe mortal, dado muitas vezes por um caçador desmontado.

Essa caça, executada com tanto de bravura quanto de destreza, prolonga-se até que a capoeira esteja completamente limpa. Ao contrário, nas florestas virgens, o caçador, para perseguir o tigre, usa somente o fuzil e cães amestrados. O tigre aí se encontra em geral refugiado nas cavidades formadas por blocos de pedras perto das nascentes; é aí que o caçador o ataca com seus cachorros. O jaguar, como o gato, toma de início uma atitude defensiva, imóvel sobre as patas da frente, estendidas, e pronto para dar o bote contra os assaltantes. É nessa posição e graças à imobilidade do animal diante do latido dos cães, que o caçador, de tocaia, atira de perto, acabando de matá-lo, às vezes a golpes de facão (ver a nota da prancha 15 da primeira parte). Muitas vezes o tigre é escorchado imediatamente, sendo o corpo abandonado aos animais carnívoros. Tempos depois, restam apenas os ossos, indicando aos viajantes a vizinhança de algum covil perigoso.

---

[1] *Tigre vermelho, também chamado leão americano.* (N. do T.)

Prancha 44

Padaria

O emprego generalizado da farinha de mandioca em lugar da farinha de trigo fazia da profissão de padeiro uma indústria de luxo no Brasil, consagrada apenas à satisfação das necessidades de alguns portugueses e outros estrangeiros no Rio de Janeiro. Assim é que, em 1816, existiam no Rio de Janeiro somente seis padarias, todas de proprietários ricos, na praia de Dom Manuel e na dos Mineiros; nelas se abasteciam as equipagens dos navios mercantes. Essas padarias eram fornecedoras também de todas as vendas das vizinhanças dos portos.

Nestas se encontravam sempre pãezinhos de um quarto ou de meia libra, muito brancos, mas mal cozidos, como é costume no país. Esses pãezinhos podiam também ser obtidos com os vivandeiros, que vendiam, aos marinheiros das embarcações ancoradas no porto, laranjas, bananas e café quente. Esses fornecedores, entretanto, só circulavam das seis às dez da manhã.

Entretanto, dois anos após a coroação do rei, a afluência de estrangeiros, principalmente de franceses, foi tão considerável, que provocou o estabelecimento de inúmeras padarias francesas, alemãs e italianas, já abundantes na cidade em 1829. Esse comércio foi principalmente lucrativo para os primeiros capitalistas que a ele se dedicaram, pois alguns anos mais tarde muitos deles, enriquecidos, já se haviam retirado dos negócios.

Na época de nossa chegada, a cidade possuía apenas dois moinhos de vento, situados na montanha perto do Convento de São Bento, mas foram demolidos em 1820. Em verdade, havia vários moinhos movidos a água, perto da cidade, à beira do riacho alimentado pelas nascentes do Tijuca. Nosso mecânico aperfeiçoou várias dessas máquinas hidráulicas, principalmente o pequeno Moinho de *Joaninha,* de propriedade real, situado nos jardins do Palácio de São Cristóvão.

Quanto ao trigo, recebe-o a cidade do Rio da província do Rio Grande do Sul, cujos ativos habitantes embarcam o grão dentro de *surrões* feitos de couro de boi, simplesmente dobrados em dois e cosidos com tiras do próprio couro. A farinha vem da América do Norte, que a exporta para o Brasil dentro de pequenos barris de pinheiro.

Na capital, a libra de pão é paga a quatro vinténs, mas quando o preço da farinha aumenta o pão diminui, o que é tolerado até um certo ponto.

É preciso convir em que, se o padeiro brasileiro não dá grande importância à perfeição do pão que vende, brilha pelo menos na fabricação dos biscoitos salgados, roscas e bolachas, espécie de pão torrado açucarado e com erva-doce.

O desenho representa o interior de uma padaria, sempre igual em todos os estabelecimentos destinados a esse comércio. À direita se encontra o funil do moinho, cuja manivela não pode ser vista. Essa máquina, movimentada por um negro, incomoda com seu barulho os vizinhos e transeuntes grande parte do dia.

São sete horas da manhã e os negros do padeiro, reunidos em torno de uma mesa no fundo da padaria, descascam o trigo recém-desembarcado, uma parte do qual se percebe no *surrão*. Outro *surrão*, depositado no centro da padaria, dá uma idéia da forma desse saco no momento da expedição. Vê-se também a provisão de farinha dentro de sacos ou barris enfileirados perto da parede no fundo da padaria.

Um negrinho de uma casa rica acaba de encher um saco com uma provisão de pão para seus senhores, enquanto um moleque e uma negra compram o pãozinho de vintém indispensável ao almoço.

Colônia suíça de Cantagalo

Encorajado pela feliz influência das artes e da indústria reunidas em torno do trono brasileiro desde 1816, quis o governo português, poucos anos mais tarde, incentivar também a agricultura. *Nova Friburgo*, situada no distrito de Cantagalo, província do Rio de Janeiro, foi a primeira colônia suíça instalada no Brasil, no reinado de Dom João VI.

O rei entregou a direção geral dessa colônia a Monsenhor Miranda, eclesiástico português que visitou vários Estados importantes da Europa.

A partir de 1820 viu-se portanto surgir, como que espontaneamente, nas ruas do Rio de Janeiro, uma nova população cujos cabelos louros e pele branca contrastavam violentamente com a tez escura dos espectadores negros, espantados com a nova aparição.

Logo após o desembarque, o diretor-geral procurou dirigir esses ativos colonos para as terras que lhes eram concedidas, mas a carência de caminhos, que obriga ao transporte a lombo de burro, tornou-se um obstáculo funesto para os suíços, forçados a abrir suas bagagens a fim de reduzir-lhes o tamanho. Nessa operação bastante longa perderam eles coisas preciosas, como livros, instrumentos, utensílios especializados, etc., pois é preciso dizer que, nessas circunstâncias, os agentes subalternos se enriqueceram à custa do estrangeiro. Embora afligidos por esse contratempo, os colonos se resignaram e se puseram a caminho. Chefes de numerosa família em sua maioria, opunham filosoficamente sua coragem e sua atividade à influência momentânea de uma desgraça que parecia entravar-lhes a organização inicial e baseavam na sua capacidade a esperança de um futuro feliz. Finalmente, divididos em vários grupos, cada um dos quais formava uma vasta caravana, puseram-se a caminho, e após dez a doze dias de marcha sempre difícil, e não raro perigosa, chegaram à terra prometida, isto é, a um dos mais belos vales da comarca de Cantagalo, cujo solo é regado por um pequeno rio, dividido em vários riachos que contornam alguns morros cobertos de vegetação e dominados por diversas cadeias de montanhas.

Foi nesse vale fértil que os viajantes encontraram diversos casebres construídos à moda brasileira e já com as ferramentas e instrumentos necessários à cultura. O governo tivera também o cuidado de mandar para aí certo número de escravos de ambos os sexos, destinados a serem repartidos entre as famílias suíças. Um ano bastou para que Nova Friburgo revelasse aos brasileiros os recursos admiráveis da atividade européia desenvolvida sob todas as formas. Já se viam um moinho, várias casas de diferentes tamanhos, carros e carretas, teares mecânicos, móveis, etc., tudo com o caráter da pátria desses preciosos colonos. Faziam-se tentativas de novas culturas. Gado numeroso e outros animais pastavam em campos formados com sementes importadas e que prometiam uma feliz renovação das pastagens; e para completar a ilusão, de todos os lados se viam em Nova Friburgo animais domésticos obedecerem à linguagem ainda européia dos colonos. O governo, que mandara construir a princípio uma casa para o governador e uma capela, acrescentou, posteriormente, uma caserna e um hospital militar.

Tudo prosperava na colônia, a agricultura se estendia e a criação já podia ser considerada lucrativa; mas a rapidez do êxito revelou a imprevidência do governo, demasiado lento na abertura de estradas. Com efeito, percebeu ele, mas já muito tarde, que a serra do Mar, situada entre Nova Friburgo e o Rio de Janeiro, era uma barreira intransponível e desastrosa para a exportação dos produtos da colônia. Disso resultou que somente os cultivadores profissionais se contentaram provisoriamente em aumentar sua fortuna agrícola; o artífice, ao contrário, desanimado, resolveu atravessar a serra e vir exercer a sua profissão na capital. A partir de então, aumentou o número de ferreiros, marceneiros, carpinteiros, sapateiros, etc., cujas mulheres, habituadas aos trabalhos caseiros e de agulha, logo encontraram ocupação nas casas francesas e inglesas. Algumas entre as mais velhas foram mesmo logo consideradas excelentes enfermeiras.

É preciso dizer que esses efeitos da civilização foram em parte contrabalançados pelo abuso da bebida, vergonhoso exemplo até então desconhecido entre os artífices livres. E, como conseqüência inevitável dessa desordem, viram-se crianças de famílias alemãs arruinadas pedindo esmola nas ruas do Rio de Janeiro. Entretanto, a arquiduquesa austríaca Leopoldina, então princesa real na corte do Brasil, madrinha natural da colônia de Nova Friburgo, esvaziou várias vezes seus cofres pessoais para socorrer as viúvas e os órfãos (ver terceira parte). E assim foi possível organizar várias outras expedições alemãs, que chegaram sucessivamente ao Brasil. Mas, instaladas em três pontos do reino, não tiveram elas as mesmas vantagens na distribuição das terras, e muitas emigraram para as províncias do sul, de temperatura mais fresca e favorável às culturas européias.

Uma dessas colônias, embora cercada de tribos selvagens, começava a prosperar para além das terras já exploradas. Mas os indígenas hostis, ambicionando os despojos dos europeus, andavam sempre à espreita dos colonos. Até que um dia, verificando que os homens se haviam ausentado para ir vender seus produtos agrícolas numa pequena aldeia, a um dia de distância da colônia, sua audácia se manifestou. Aproveitaram-se da ausência de uma noite para atacar a aldeia e massacrar as mulheres e crianças, carregando consigo todos os instrumentos e utensílios encontrados.

Imagina-se facilmente o desespero dos colonos ao regressarem. Informada do desastre da colônia alemã, toda a população da comarca tomou armas e exterminou as tribos selvagens mais próximas. Depois dessa sangrenta expedição, encontrou-se na floresta a maior parte dos objetos roubados.

Esse desastre irreparável, verificado na província do Rio Grande do Sul, deu origem a medidas preventivas do governo, infelizmente tardias, como sempre. Assim, protegida por um cordão militar organizado a certa distância das propriedades, a colônia alemã não foi mais perturbada pelas excursões dos índios.

Entre os felizes resultados do progresso da cultura da colônia alemã de São Leopoldo[1], no Rio Grande do Sul, fundada em 1826, citava-se a importação do lúpulo, que já servia para manter uma fábrica de cerveja, bebida até então importada da Inglaterra. E como produto das artes mecânicas, citava-se a execução admirável de todas as obras de madeira de uma capela recém-construída em Porto Alegre pelo Visconde de São Leopoldo, historiador e escritor de renome e ex-ministro do Interior na corte do Brasil.

---

[1] *As terras cedidas a esta colônia alemã eram as de uma antiga fazenda real, cujo material foi transportado para a Fazenda de Santa Cruz, outra propriedade real, também imensa, que pertenceu outrora aos jesuítas. (N. do A.)*

Prancha 45

Aplicação do castigo do açoite

Embora seja o Brasil seguramente a parte do Novo Mundo onde o escravo é tratado com maior humanidade, a necessidade de manter a disciplina entre uma numerosa população negra levou o legislador português a mencionar no Código Penal a pena do açoite, aplicável a todo escravo negro culpado de falta grave: deserção, roubo, ferimentos recebidos em briga, etc.

Nessa circunstância, o senhor requer a aplicação da lei e obtém uma autorização do intendente da polícia, que lhe dá o direito de determinar, de acordo com a natureza do delito, o número de chibatadas que exige, de cinqüenta até duzentas. O máximo da pena é administrado em duas vezes com um dia de intervalo; o termo médio é o mais empregado. É, por conseguinte, de uso no Rio de Janeiro e nas grandes cidades do império que o senhor que deseja castigar o negro o faça conduzir por um soldado de polícia ao calabouço, para ser preso com a apresentação da autorização legal, em que se inscrevem o nome do delinqüente e o número de chicotadas que deverá receber.

Por isso, todos os dias, entre nove e dez horas da manhã, pode-se ver sair a fila de negros a serem punidos; vão eles presos pelo braço, de dois em dois, e conduzidos sob escolta da polícia até o local designado para o castigo, pois existem em todas as praças mais freqüentadas da cidade pelourinhos erguidos com o intuito de exibir os castigados, que são em seguida devolvidos à prisão.

Aí o carrasco recebe o *direito de pataca* por cem chicotadas aplicadas.

De regresso à prisão, a vítima é submetida a uma segunda prova, não menos dolorosa: a lavagem das chagas com vinagre e pimenta, operação sanitária destinada a evitar a infecção do ferimento. Se o negro é muito nervoso, é preciso sangrá-lo imediatamente, precaução que se toma sempre em relação às negras.

A lei permite ainda que o senhor deixe o escravo na prisão mediante o pagamento de uma pensão de dois vinténs por dia, ou para puni-lo ainda mais, ou para esperar o momento de vendê-lo.

Essas penas são rigorosas, mas há outras, bárbaras. Assim, a que condena à morte pelo açoite o negro *calhembor*[1], fugitivo preso como chefe de *quilombo*, isto é, chefe de um grupo de negros que constitui uma pequena aldeia escondida nas

---
[1] Canhembora *ou quilômbola. (N. do T.)*

florestas virgens, abastecendo-se por meio de roubos efetuados em excursões noturnas.

Esse condenado, cuja aparência inspira terror à multidão que o acompanha, sai da cadeia acorrentado com o carrasco; carrega um cartaz em que se escreve em letras grandes: *"Chefe de quilombo"*. A pena prevista é de trezentas chibatadas, dadas durante vários dias, com intervalos. No primeiro dia recebe ele cem, à razão de trinta de cada vez, em diferentes praças públicas, onde é exibido sucessivamente. Mas, naturalmente, a última execução abre novamente as chagas já profundas e ataca algumas veias mais importantes, provocando uma tal hemorragia que, regressando à prisão, o negro desmaia e sucumbe em meio a ataques de tétano.

O Código Criminal prevê também a condenação aos trabalhos forçados, aplicável aos negros cujos delitos são da alçada dos tribunais. Nesse caso, o senhor vê-se privado de indenização e perde o escravo; este é levado a uma das *presigangas* existentes na baía, cujos forçados desembarcam diariamente no Arsenal da Marinha, a fim de serem distribuídos como operários nas obras organizadas pelo governo.

Explicação da prancha

O povo admira a habilidade do carrasco, que, ao levantar o braço para aplicar o golpe, arranha de leve a epiderme, deixando-a em carne viva depois da terceira chicotada. Conserva ele o braço levantado durante o intervalo de alguns segundos entre cada golpe, tanto para contá-los em voz alta como para economizar suas forças até o fim da execução. Aliás, tem o cuidado de fabricar ele próprio seu instrumento, a fim de facilitar essa tarefa. Trata-se, com efeito, de um cabo de chicote de um pé de comprimento, com sete a oito tiras de couro bastante espessas e bem secas e retorcidas. Esse instrumento contundente nunca deixa de produzir efeito quando bem seco, mas, ao amolecer pelo sangue, precisa o carrasco trocá-lo, mantendo para isso cinco ou seis a seu lado, no chão.

O lado esquerdo da cena está ocupado por um grupo de condenados enfileirados diante do pelourinho, onde o carrasco acaba de distribuir quarenta ou cinqüenta chibatadas. É natural que, entre os assistentes, os mais atentos sejam os dois negros das extremidades do grupo, pois cabe-lhes em geral a um ou outro substituir a vítima mandada para o *pau de paciência,* como se chama o pelourinho; por isso suas cabeças abaixam à medida que as chicotadas aumentam.

É no pelourinho que se pode avaliar o caráter do negro castigado e o grau de irritabilidade de seu temperamento geralmente nervoso. Acontece mesmo que se modifique na execução o número de golpes, em vista do esgotamento das forças do indivíduo demasiado impressionável, o que me foi dado verificar com um jovem mulato, escravo de um rico proprietário.

Embora fortemente amarrado, como mostra o desenho, a dor dá-lhe energia suficiente para se erguer nas pontas dos pés a cada chicotada recebida, movimento convulsivo tantas vezes repetido que o suor da fricção do ventre e das coxas da vítima acaba polindo o pelourinho a certa altura. Essa marca sinistra se encontra em todos os pelourinhos das praças públicas. Entretanto, alguns condenados (e estes são temíveis) demonstram uma grande força de caráter, sofrendo em silêncio até a última chicotada.

Logo depois de desamarrado, é o negro castigado deitado no chão de cabeça para baixo, a fim de evitar-se a perda de sangue, e a chaga, escondida sob a fralda da camisa, escapa assim à picada dos enxames de moscas que logo se põem à procura desse horrível repasto. Finalmente, terminada a execução, os condenados ajustam suas calças e todos, dois a dois, voltam para a prisão com a mesma escolta que os trouxe.

Essas execuções públicas, restabelecidas com todo o rigor em 1821, foram suprimidas em 1829 e passaram a ser realizadas desde então num único lugar, íngreme e pouco freqüentado, à porta da prisão do Castelo, que substituiu a do Calabouço, demolida com a construção do Arsenal do Exército.

Negros no tronco

É de observar-se que, apesar da influência das idéias filantrópicas que honram as nações mais importantes do mundo, as leis sobre a escravidão, de origem remotíssima aliás, transmitiram de geração em geração uma série de privilégios e castigos que se encontram hoje quase sem alterações no Brasil, parte mais moderna do Novo Mundo.

Bastam-me, para estabelecer um paralelo entre os gregos e os romanos, por exemplo, e os brasileiros, o *regimento dos libertos*, o *açoite* e o *tronco* aqui representado. É comum encontrar-se em casa do fazendeiro brasileiro um *tronco*, antigo instrumento de castigo, formado por duas peças de madeira de seis a sete pés de comprimento, presas a uma das extremidades por uma dobradiça de ferro e munidas na outra de um cadeado cuja chave fica em mãos do feitor. O fim desse dispositivo é sobrepor as duas partes dos buracos redondos, através dos quais são passados punhos ou pernas e às vezes o pescoço dos torturados. O instrumento é em geral colocado num barracão fechado ou num sótão.

É nessa atitude incomodativa que se mantêm os negros fugitivos, a fim de esperar o castigo que devem receber mais tarde. Também se prende assim todas as noites o escravo excitado pelo desejo. O negro indisciplinado sofre constantemente essa tortura até ser vendido a um habitante das minas, que o emprega na sua exploração. Em geral, o negro, naturalmente apático e medroso, sofre pacientemente esse castigo, que ele sabe ser merecido, e se resigna sem grande dificuldade a um mal que participa mais do tédio que da dor.

Prancha 46

O cirurgião negro

O *cirurgião* negro, tão falante quanto os nossos brancos empíricos, aplica a sua habilidade em se tornar respeitado pelos seus compatriotas, que o veneram como um sábio inspirado, pois ele sabe emprestar a suas receitas um fundo misterioso e, mediante tais sortilégios, disfarça o simples curativo que os seus doentes já conhecem por tradição. Entretanto, como ele é *operador*, eu o mostro aqui aplicando ventosas.

Em cada bairro da cidade há um *cirurgião* africano, cujo gabinete de consulta, de nomeada, se acha instalado sem cerimônia à porta de uma venda. Consolador generoso da humanidade negra, ele dá suas consultas de graça, mas, como os remédios receitados comportam sempre alguma droga, ele fornece os medicamentos mediante pagamento. Vende ainda talismãs curativos sob forma de amuletos. Citarei aqui apenas o pequeno cone misterioso feito de chifre de boi, preciosa jóia de seis linhas de altura, que se pendura ao pescoço para preservar das hemorróidas ou das afecções espasmódicas, etc. Mas eu prefiro passar em silêncio outras propriedades do gênero.

Quando à colocação das ventosas, ciência positiva e de aplicação externa, ele a executa em plena rua, perto de uma casa, ou, mais comumente, numa pequena praça por onde não passem carruagens.

São, entretanto, somente os pobres que recorrem a esses charlatães, pois as pessoas mais abastadas mandam tratar seus negros pelo cirurgião da casa.

As doenças a que está mais sujeita a raça negra do Rio de Janeiro são os furúnculos, congestões, enfartamento ganglionar, a erisipela, o vírus venéreo, muitas vezes unidos a uma velha sarna malcurada ou inteiramente desprezada; essa complicação, passando para o sangue, produz uma degeneração leprosa e dá origem à elefantíase, acompanhada de congestionamento erisipelatoso do escroto, etc. Porém, o mais incurável desses flagelos que grassam entre os escravos masculinos é o abuso de aguardente, *cachaça*. Essa bebida, infelizmente de preço módico e com que se embebedam todos os dias, acaba por torná-los tuberculosos, ceifando grande parte deles.

Em última análise, portanto, o negro no Brasil é geralmente de uma compleição débil, mais linfática do que biliosa, e carente de tônicos.

A cena se passa perto da casa do cirurgião, situada nas proximidades de uma grande praça.

A negra, mulher do *sábio* colocador de ventosas, observa com sangue-frio o número de doentes que devem pagar; seus filhos brincam na soleira a cujos batentes estão pendurados chapéus de palha e cestos fabricados pelo *doutor* nos seus momentos de folga. O *operador,* grotescamente vestido, usa ao pescoço um pequeno cavalo-marinho, amuleto venerado que, para seus clientes supersticiosos, tem o dom de transformar o seu boné em chapéu de médico.

Açougue de carne de porco

No Brasil, como na Itália, consome-se muita banha e muita carne de porco; por isso, encontram-se nos bairros isolados do Rio de Janeiro inúmeros matadouros de porcos. Uma medida sanitária exige que o abastecimento dos açougueiros se renove duas vezes por dia, o que é feito às oito horas da manhã e às seis ou sete horas da tarde.

A todo instante vêem-se chegar numerosas porcadas, vindas em grande parte da província de São Paulo, principalmente da comarca de Curitiba, tanto mais favorável à criação desses animais quanto suas vastas planícies são cobertas de florestas de pinheiros, cujas árvores gigantescas produzem enormes *pinhas,* compostas de *pinhões* de uma polegada e meia de circunferência, que contêm uma substância farinhosa abundante, análoga, pelo gosto, à castanha.

Percorrendo-se em fins do outono essas imponentes florestas, não se pode deixar de admirar a prodigalidade da natureza, que revela suas liberalidades ao instinto desses animais, mesmo quando domesticados. Nessa época desertam eles às residências de seus donos para virem espontaneamente, de duas ou três léguas de distância, internar-se nas florestas de pinheiros e alimentar-se em liberdade de pinhões maduros, profusamente espalhados pelo chão.

Os proprietários desses animais domésticos, já acostumados a essa emigração anual e temporária, aguardam sossegadamente o regresso dos desertores, os quais, satisfeitos com a excursão, voltam de bom grado para a casa do dono, após uma ausência de mais de um mês.

De todos os armazéns da cidade, o do açougueiro de carne de porco é o mais repugnante, tanto pelo cheiro enjoativo que dele se exala como pela banha espalhada por todos os lados, até mesmo nos batentes da porta.

O açougueiro aqui representado veste, como todos os seus confrades, um roupão de algodão e usa chinelo; no momento, corta um pedaço de toucinho, que, retalhado miúdo, servirá de base para a módica refeição de um cidadão pobre. Um moleque parece encarregado da compra; a negra com a mão apoiada no balcão está adquirindo um soberbo lombo de porco, iguaria do cidadão mais rico. Aceita-se no Brasil o modo selvagem empregado pelo negro para cortar o pedaço da carne. Entretanto, para poder vencer a repugnância que provoca semelhante cena, é preciso apreciar cegamente os recursos apetitosos da arte culinária...

Nesses tipos de açougue, os ratos, pensionistas gratuitos, comem no balcão durante a noite e passam o dia de tocaia para apropriar-se dos pedacinhos de carne que caem no chão. Esses roedores, numerosíssimos no Brasil, atacam amiúde as casas da capital.

Dois carregadores a serviço de um matadouro de porcos vêm abastecer o açougue; o segundo é o que fechou a porta, o que explica as duas chaves suspensas ao focinho do porco. A posição do animal permite ver-se o tampo de palha que retém o sangue no ferimento produzido pelo instrumento que o matou.

Prancha 47

Pedreira

O granito é a única pedra de construção existente no Rio de Janeiro. Emprega-se em geral em pedaços de diferentes tamanhos, e só é talhada para se fazerem as pilastras de canto das casas importantes. Essa qualidade de pedra, que se liga mal ao cimento de cal geralmente usado, exige muros de grande espessura.

As pedreiras exploradas ao pé do Corcovado, nos morros que bordam o bairro do Catete, à direita, e ao pé do morro da Igreja de Nossa Senhora da Glória, perto do mar, constituem-se, segundo os naturalistas, de gnaisse porfírico, de veios de quartzo, de feldspato e de mica.

Outros morros isolados, em plena cidade, à direita do Campo de Sant'Ana, e que se estendem até a praia Formosa, na extremidade da cidade nova, são mais ou menos formados de gnaisse facilmente explorável e de granito cinza-azulado, mais duro, em geral empregado nas grandes construções.

O granito tirado da pedreira da Glória, além de ser o mais branco de todos, é também o mais tenro, o menos caro e o mais facilmente explorável. Emprega-se de preferência nas partes do edifício que devem ser esculpidas, nas balaustradas, nos vasos, etc. Entretanto, essa bela cor branca amarelece ao ar e acaba se tornando ocre sujo, ao passo que os mais duros, os granitos azul-violáceos, ou esverdeados, tornam-se apenas mais escuros e podem ser polidos.

Não é de espantar que a pedra se pague tão caro no Rio de Janeiro, pois isso se deve à lentidão da mão-de-obra, abuso esse que não poderá ser reprimido enquanto esse duro trabalho, que repugna aos brancos, for executado sem abrigo contra raios do sol e unicamente por negros escravos, que não têm nenhum interesse em apressá-lo.

O desenho representa a exploração de uma pedreira ao pé do morro da Glória.

No último plano, alguns bois de carro erram em liberdade pela praia, perto dos barracões reservados aos pedreiros. Na parte mais recuada da pedreira, vê-se explodir uma bomba; os negros deitados a certa distância procuram garantir-se contra os estilhaços. Mais perto e no flanco do mesmo morro, outros operários negros, armados de compridas barras de ferro pontiagudas, fazem buracos, ora oblíquos, ora perpendiculares, destinados a conter certa quantidade de pólvora cuja explosão fragmentará o rochedo.

Um carro para o transporte, à direita, no caminho, já está quase cheio de blocos de pedra, colocados entre ramos de árvores destinados a preservar as arestas, que, com as sacudidelas do carro, poderiam partir-se durante o trajeto. Os dois jugos do primeiro plano destinam-se aos bois que serão atrelados de madrugada, para evitar o calor. Do lado esquerdo, negros carregam grandes blocos de granito num carro atrelado por quatro bois, que partirá à noite.

Passagem de um rio vadeável

A passagem de um rio é uma das ocorrências perigosas de uma viagem no interior do Brasil e exige do guia toda a solicitude, principalmente quando se atravessam florestas virgens, onde se tem ainda a temer um possível encontro com os índios. Obrigado a percorrer caminhos sempre difíceis, principalmente para bestas carregadas, não pode o guia alcançar a margem escarpada de um rio por entre florestas impraticáveis; deve procurar as ravinas, cujas sinuosidades mais ou menos profundas são, entretanto, obstruídas pelos ramos das árvores ou por troncos caídos. É preciso que o viajante conheça exatamente o lugar vadeável dos rios que lhe cabe atravessar, para que possa aproveitar as picadas preparadas de antemão. Chegando embaixo, à beira da água, inicia-se o descarregamento das bagagens e faz-se passar uma das bestas mais acostumadas para reconhecer o vau, tomando logo depois o cavaleiro a mesma direção[1]. Este, como uma sentinela, espera do outro lado a chegada dos escravos, que transportam as bagagens amontoadas em padiolas carregadas à cabeça; os guias a cavalo os acompanham. Tudo transportado para a outra margem e guardado por homens armados, transportam-se os animais em fila uns atrás dos outros, e os senhores, escoltados por seus escravos, fecham a marcha. Basta em seguida tornar a carregar os animais para continuar a viagem.

A cena se passa no *Jaguari Catu,* na província de Curitiba. Entretanto, os outros rios que atravessam os imensos campos dessa mesma província são tão fáceis de atravessar, que o *gaúcho* e o tropeiro, encarregados de conduzir a seu destino certo número de bovinos, efetuam a passagem do rio sem outra precaução a não ser a de seguir na frente para indicar o vau ao rebanho que o acompanha.

O gaúcho é cavaleiro nômade, habituado a montar cavalos semi-selvagens e que viaja acompanhado de sua família. Por isso, vemo-lo nessa circunstância seguido de sua mulher, montada à homem e amamentando o filho; as outras crianças menores, penduradas como macacos à crina do cavalo, vão escoltadas pelos irmãos maiores, já melhores cavaleiros. Desse modo constitui-se a intrépida escolta do chefe dessa expedição.

Existe um terceiro tipo de passagem de rio, em contraste com os precedentes, graças às medidas de precaução tomadas na passagem efetuada no rio São Gonçalo por uma colônia suíça, enviada para a província do Rio Grande, a fim de cultivar

---

[1] *Os homens da escolta usam fuzil, duas pistolas, espadas e facão. (N. do A.)*

uma terra mais favorável do que as que haviam sido concedidas anteriormente em outro ponto do Brasil.

O rio foi atravessado em grandes barcas e uma sumaca, entre as quais se repartiram as famílias. Presas à última embarcação, vinham boiando as carruagens e carretas de tipo europeu. Mais adiante, alguns homens, dentro de grandes embarcações, puxavam pela rédea os cavalos que os seguiam a nado; e de ambos os lados do ponto de passagem duas filas de canoas estacionavam, cujos marinheiros armados de grandes varas retinham os bois levados pela correnteza e os forçavam a seguir o vau. Graças a esses cuidados, chegaram todos sem acidentes à outra margem do rio, onde os imigrantes trataram de acertar os seus trastes para continuar o caminho para a província do Rio Grande, já encorajados por uma temperatura e um solo mais convenientes ao seu gênero de cultura.

A direção central dessa colônia se encontra numa antiga propriedade dos jesuítas, muito bem situada no centro de imensos campos regados por inúmeros rios. Aí se vê hoje, em pleno progresso, como na Europa, a cultura do lúpulo, e fabrica-se cerveja com toda a perfeição (ver nota da prancha 44).

Prancha 48

Lavadeiras à beira-rio

É de 1816 que data a inovação, no Rio, da indústria da lavagem de roupa. Essa época coincide também com a chegada de inúmeros estrangeiros à capital. Esse novo ramo de atividade, pouco a pouco desenvolvido, já tomara grande incremento em 1822, graças à presença, no momento, de uma multidão de indivíduos atraídos pela solenidade da sagração do imperador. Com efeito, antes da implantação dessa indústria européia, o brasileiro de todas as classes fazia, como ainda hoje, lavar sua roupa pelo seu escravo.

Uma família rica tem sempre negras lavadeiras e uma mucama encarregada especialmente de passar as peças finas, o que a ocupa pelo menos dois dias por semana, pois uma senhora só usa roupa passada de fresco e renova mesmo sua vestimenta para sair uma segunda vez de manhã. Mas as casas pobres, que só possuem um negro, mandam-no lavar roupa nos chafarizes da cidade, principalmente no da Carioca ou no do Campo de Sant'Ana, ambos cercados de vastos tanques especialmente destinados a esse fim. Por isso aí se encontram dia e noite lavadeiras, cujo bater de roupa se ouve de longe.

Essas empresas devem seu êxito e seus lucros, aliás grandes, não somente à presença dos estrangeiros residentes no Rio, mas ainda às casas de cômodos inglesas e francesas, quase sempre cheias de viajantes.

A indústria importada da Europa tornou-se uma fonte de recursos para algumas famílias brasileiras da classe média; assim, por exemplo, a viúva de um funcionário com vários filhos, cuja módica pensão não basta; assim a mulata viúva de um artífice, que não pode manter seu estabelecimento com operários pouco habilidosos; a solteirona, etc. E como os indivíduos que compõem essa classe possuem em geral um certo número de escravos de ambos os sexos, torna-se vantajoso alugar uma chácara perto de um rio, a fim de empregar as negras como lavadeiras; uma ou duas das mais inteligentes são encarregadas de passar a roupa, e a digna de maior confiança vai entregá-la na cidade e receber o pagamento.

Graças a esse clima feliz, vêem-se as negras reunidas diariamente à beira do mesmo riacho límpido, ocupadas em corar a roupa ao lado das que a ensaboam de um modo infinitamente econômico, servindo-se unicamente de vegetais saponáceos, como a folha de *aloés* e a folha da árvore chamada *timbubá*[1], bem como as

---
[1] *Deve ser timboúva. (N. do T.)*

de muitas outras. Assim, as lavadeiras deixam aos citadinos a despesa bastante onerosa do sabão estrangeiro, pois o que se fabrica no Brasil é de cor escura e impróprio para a roupa fina. Quanto às musselinas, que não poderiam suportar a fricção de uma folha sem se esgarçarem, são lavadas estendendo-se sobre a grama, ao sol, e regando-se constantemente, à medida em que secam. Esse tipo de lavagem em geral adotado é muito cômodo e economiza bastante a roupa.

Emprega-se também a bosta de cavalo e o suco de limão, este para fixar as cores do algodão estampado. As lavadeiras brasileiras, aliás muito mais cuidadosas que as nossas, têm a vaidade de entregar a roupa não somente bem passada e arranjada em ordem dentro de uma cesta, mas ainda perfumada com flores odoríferas, tais como a *rosa de quatro estações* (única no Rio de Janeiro), o *jasmim* e a *esponja*, florzinha cujo cheiro forte seria desagradável em grande quantidade; especialmente destinada a esse fim, vendem-na nas ruas em pequenos ramalhetes com cerca de quarenta flores arranjadas em torno de uma vareta. A esponja, flor flosculosa, de um dedo de grossura, floresce numa árvore da família das acácias *(mimosas)*, cultivada em todas as chácaras [1].

---

[1] *O que é mais apreciável ainda para o estrangeiro, no Rio de Janeiro, é que sua roupa-branca lhe é devolvida não somente admiravelmente limpa mas ainda consertada pela lavadeira, cujo trabalho, de resto, se paga assaz caro, principalmente por causa de ser cuidadosamente passada. Por isso mesmo, não foi esse recurso econômico negligenciado, e algumas francesas, mães de família, mulheres de artífices, dele se valem com lucros. (N. do A.)*

Prancha 49

Negociantes paulistas de cavalos

O paulista e o mineiro são, como já dissemos, os especialistas brasileiros em negócios de cavalos. Vão anualmente comprar cavalos novos e bestas, principalmente nos campos de Curitiba, trazendo-os para as suas províncias, onde os ensinam, para vendê-los em seguida na capital.

Apreciam-se também os cavalos da província de Minas, mais *barbes*[1] do que árabes; valentes, mostram-se excelentes nos caminhos montanhosos. Mas os cavalos das planícies do Rio Grande, de sangue andaluz, mostram-se melhores nas corridas, divertimento muito apreciado no interior do Brasil. Nos confins do Paraguai encontra-se o grande cavalo espanhol, perfeito de formas, mas difícil de conservar-se durante mais de quatro ou cinco anos no Rio de Janeiro.

O cavalo mais robusto é o preto ou o alazão queimado, de ancas manchadas com pequenas pintas brancas perto da cauda. São notáveis pela crina espessa, a cauda excessivamente comprida, olhar vivo e as ventas dilatadas.

Existe uma raça cruzada, estranho produto, chamado em português *cavalo petiço,* cuja forte corpulência não está de acordo com os membros extremamente curtos (metade dos membros normais), o que torna o seu andar muito vagaroso. Essa monstruosa singularidade se encontra também nas bestas.

Cria-se ainda, nesses mesmos campos, uma raça de cavalos nanicos, que se encontram também na *Córsega* e em *Oissan,* e que são chamados pelos ingleses e franceses *"poneys"* e pelos brasileiros "piquiras". Bem-proporcionados, apesar de sua pequena estatura, e corajosos, sustentam uma longa marcha acompanhando um cavalo comum; e, caprichosos, procuram não raro desmontar os cavaleiros, cujos pés, felizmente, sempre encostam no chão.

Nas cocheiras do rei e nas dos senhores da corte, conservam-se duas raças de cavalos portugueses de aspecto muito agradável: uma café-com-leite, de crina preta, e outra cor de camurça, de crina branca.

O preço dos cavalos é no Rio de Janeiro de trinta a quarenta mil-réis para os de tamanho médio, e de oitenta a cem mil-réis para os maiores, entre os quais se escolhem os de luxo, de valor puramente estimativo.

---

[1] *Não tem tradução em português. Trata-se de uma raça de cavalos muito comum no Marrocos. (N. do T.)*

Os negociantes brasileiros de cavalos têm o costume de guarnecer as patas dianteiras do cavalo com pulseiras de bolas pesadas de madeira para tornar o passo mais nervoso e alto, com o casco virado para fora, de modo a fazê-lo marchar, o que é muito apreciado no Brasil.

A sela francesa de picadeiro, chamada na França *"selle à piquet"*, usada para montar um cavalo saltador em liberdade, é absolutamente igual à sela do tropeiro ou à do cocheiro que conduz bestas atreladas. A sela usada pelos fazendeiros do interior é a sela rasa européia, à exceção do *cochonilho,* que é às vezes de pele de onça, de lontra ou de lã, pintada de azul, de vermelho ou simplesmente branca. Os estojos para as pistolas são, nas selas burguesas, recobertos de pele de macaco, de onça ou de serpente *(surucucu).*

A sela do mineiro, no gênero da sela de cossaco, compõe-se de cinco peças diferentes (ver prancha 14 da primeira parte).

Finalmente, a sela inglesa é adotada pelos particulares e pelos militares.

Encontram-se também no Brasil os diversos tipos de estribos outrora trazidos de Portugal. O estribo de luxo, chamado *caçamba,* é um tamanco de madeira guarnecido de enfeites de ferro ou de cobre. O estribo militar é de ferro ou de bronze, com uma guarnição de dois a quatro pezinhos do mesmo metal; o mais simples de todos, o do *paulista,* é de ferro.

Quanto à ferradura, quando os tropeiros brasileiros chegam com seus cavalos do interior, mandam ferrá-los com ferraduras de rompão nas quatro patas. Essa precaução se justifica pelo fato de tornar mais firme o passo do cavalo nas montanhas íngremes que ele tem que subir e descer sucessivamente. Com efeito, caminhando sempre em um plano inclinado, o rompão torna horizontal a posição das patas traseiras, sobre as quais recai todo o peso do corpo do cavalo quando sobe. E quando ele desce, os quatro rompões, ao contrário, o impedem de escorregar. Entretanto, logo depois de vendidos, ferram-nos à inglesa, e dois dias mais tarde já eles marcham com facilidade em terreno plano. Os tropeiros de São Paulo, quando conduzem suas tropas para o Rio de Janeiro, ferram as bestas somente ao pé da subida de *Guaratinguetá,* e ainda assim exclusivamente as patas dianteiras; outros nem sequer tomam essa precaução.

Resumo sucinto da influência da agricultura e da indústria sobre o comércio brasileiro, base da propriedade dessa bela região da América Meridional

Deve-se atribuir o estado estacionário da indústria e do comércio brasileiro durante mais de três séculos unicamente à sujeição dessa rica colônia ao domínio português, pois este, até 1808, proibiu a entrada de estrangeiros. Nessa época, a instalação da corte no Brasil mudou a face das coisas, e Dom João VI, príncipe regente, concluiu com as grandes potências marítimas tratados de comércio que favoreceram o aumento da importação e da exportação.

Com os primeiros decretos beneficiou-se a Inglaterra muito mais do que a França, pois, de acordo com o tratado concluído em 1810, que deveria expirar somente em 1825, os ingleses, únicos privilegiados, pagavam apenas quinze por cento de direitos sobre as suas mercadorias, com a vantagem de avaliarem-se as faturas pelo seu próprio cônsul; ao contrário, as outras nações pagavam um direito de vinte e quatro por cento sobre o valor das faturas, cuja avaliação era feita pelos funcionários da Alfândega brasileira. Acontecia assim que, em virtude de arbitrariedade, muitas vezes as mercadorias francesas chegavam a pagar até oitenta por cento de direitos, o que acarretava a ruína do comércio francês, constituído não raro de objetos de luxo.

Felizmente, uma justa representação, feita em 1824 pelos negociantes franceses residentes no Rio, sob a presidência do Conde de *Gestas,* provocou um entendimento que restabeleceu o equilíbrio dos direitos de importação francesa com os de nossos aliados de ultramar. Tais eram os obstáculos opostos ao desenvolvimento do comércio; os que entravam a agricultura não são menos graves e duram ainda.

O primeiro deles é a desigualdade incrível existente entre as duas classes de cultivadores da colônia. Ainda se observa aqui, com efeito, mesmo hoje, uma primeira classe, completamente feudal, composta de ricos proprietários, senhores de engenho, chamados morgados. Em sua maioria descendentes dos primeiros colonos, herdaram, juntamente com imensas terras escolhidas em lugares mais férteis, o privilégio revoltante de serem inacessíveis judiciariamente aos seus credores.

A segunda classe, ao contrário, constituída de pobres cultivadores arrendatários, está sujeita à opressão arbitrária dos senhores de engenho e reduzida a regar com seu suor a derrubada e a cultura de terras que lhes são concedidas mediante o pagamento de cinqüenta a sessenta francos, e sem outra garantia de prazo de concessão a não ser uma simples autorização verbal do grande proprietário, o qual tem o direito de recuperar suas terras quando já convenientemente tratadas e de fácil exploração pelos seus escravos. Desanimados com isso, sem futuro, sem apoio na justiça, esses escravos brancos, verdadeiros cultivadores no entanto, únicos artífices de todo o progresso da agricultura no Brasil, vegetam nas suas choças cercadas de bananeiras e se limitam, com razão às vezes, a cultivar para a subsistência de sua família um pouco de mandioca ou de cana-de-açúcar, reduzidos por uma lei iníqua a uma posição muito mais precária que a do selvagem brasileiro, o qual conserva pelo menos o direito imprescritível de disputar pela força a posse de sua terra natal.

É muito natural, sem dúvida, encontrarem-se aqui propriedades colossais, pois o governo português, no princípio da colonização brasileira, teve que estender e simplificar o mais possível o sistema de concessões aos primeiros cultivadores dispostos a trabalhar nas terras incultas. Conta-se a propósito, e o Sr. de Saint-Hilaire o repete, que outrora se concedia isenção de impostos a quem se comprometesse a cultivar terras incultas, e não raro bastou ao antigo colono brasileiro subir num morro e exclamar "a terra que eu descortino me pertence" para fundar e limitar uma propriedade cuja transmissão hereditária foi quase sempre confirmada pelo tempo.

Mas é de 1808 que data a época moderna das numerosas concessões feitas no

Brasil por Dom João VI, então príncipe regente, e na obrigação, nessa circunstância, de criar novas fortunas para os cortesões devotados que haviam abandonado suas propriedades portuguesas a fim de acompanhar a família real e fixar-se com ela no Rio de Janeiro. Entretanto, com a afluência dos portugueses, a raridade das terras, principalmente na província do Rio de Janeiro, forçou o governo a restringir as concessões, e, no Império, já se concedia apenas, e no máximo, uma légua de terra para desbastar, com a condição de fazer-se o desbastamento dentro do prazo de três anos, sob pena de expropriação das partes abandonadas pelo cultivador.

Quanto aos terrenos vagos dentro da cidade, a nova legislação do rei obrigou o proprietário a construir fachadas com portas e janelas quando os terrenos davam para as ruas, autorizando-os, entretanto, a terminarem as construções mais tarde e tolerando o fechamento provisório das aberturas desses princípios de andares térreos.

Entretanto, com o regresso do rei, e mais tarde a independência do Brasil tendo favorecido o regresso à Europa dos nobres portugueses da corte, as propriedades passaram, dentro de pouco tempo e por transações voluntárias, às mãos dos naturais do país.

É provável que a Assembléia Legislativa brasileira, considerando as vantagens do direito de arrendamento, tal como existe na Europa, o adote para fomento da agricultura, fonte fecunda da indústria e do comércio.

Outro abuso não menos nocivo à prosperidade do país está nos antigos privilégios concedidos a certas companhias, como outrora o monopólio da venda do sal, gênero dos mais preciosos no Brasil não somente por causa da alimentação dos animais, mas ainda para o comércio de importação de couros do interior e o preparo da carne-seca, alimento básico da população do Brasil e do Chile. Mas de sete anos para cá a legislação moderna libertou de tal praga esse ramo da indústria, e o sal, bem como muitos outros gêneros de primeira necessidade, pagam agora um imposto suportável.

Digamos, com convicção, que o Brasil, país quase inteiramente privado de indústrias, pelo menos até o momento presente, deve concentrar todos os seus esforços no aperfeiçoamento da agricultura, cujo rendimento se torna dia a dia melhor em virtude da abolição do *dízimo do clero*. Por outro lado, certos impostos outrora consideráveis, que alimentavam o Tesouro do Estado, por sua própria natureza diminuem diariamente. Assim o *quinto*, por exemplo, lançado sobre o ouro explorado das minas; com efeito, o esgotamento destas já é de se prever, caso não se descubram outras; em verdade, novas e ricas minas acabam de ser descobertas na parte sul do Brasil e excelentes resultados podem ainda ser esperados, embora temporários[1].

Assim, apesar de apreciar em seu justo valor os recursos imensos do Brasil em

---

[1] *Em 1822, uma companhia inglesa obteve o privilégio de explorar uma mina de ouro, e a atividade dessa pequena população estrangeira deu ao governo, após um mês de exploração, uma importância de impostos equivalente à de nove meses de extração pelos processos brasileiros.* (N. do A.)

minas e florestas, basta-nos considerar o solo variado de cada capitania para nos convencermos de que os progressos da agricultura garantirão sozinhos a prosperidade futura.

Reproduzo aqui as informações de nossos sábios viajantes, todas as quais coincidem e cuja fidelidade dispensa quaisquer acréscimos. A província do *Rio Grande do Sul,* dizem eles, situada na parte mais temperada, fornece ao consumo interno e mesmo à exportação grande quantidade de couros; é ainda ela que exporta a maior parte das carnes-secas e salgadas ditas do sertão e que constituem o alimento de toda a população negra ou indigente.

As do *Paraná* e do *Uruguai* cultivam com êxito o arroz, o trigo, as árvores frutíferas, macieiras e pessegueiros.

Na província de *São Paulo,* pátria dos valentes brasileiros que descobriram as minas, o centeio, o trigo, o milho, a mandioca, a batata-doce dão bem, e a própria vinha começa a produzir melhores resultados do que nas outras partes do império. Dados também à indústria, os habitantes fabricam tecidos de algodão, grosseiros em verdade, mas de fácil aperfeiçoamento.

Santa Catarina, mais próxima do trópico[1], produz arroz e café de qualidade superior; o indigueiro, a pimenta, a baunilha, o óleo de copaíba também são produzidos. Exploram-se para a capital as mais belas espécies de madeiras de construção, e de alguns anos para cá fabricam-se queijos reputados, novo ramo de comércio importante.

Rio de Janeiro, território fértil, em situação admirável, ponto central da indústria nascente que se irradiará para o resto do Brasil, território principalmente adequado à cultura do café, cujos progressos aí foram espantosos, vê prosperarem também as especiarias no Jardim Botânico, próximo da capital; e uma plantação de chá, formada com êxito no mesmo local, é presságio de futura transplantação dos produtos mais variados do globo.

Das três províncias do interior, *Minas Gerais* produz ouro, diamante, pedras preciosas, bem como a maior parte dos produtos comuns às províncias meridionais da Espanha e de Portugal; os habitantes alimentam-se de milho e trigo. Não longe, as minas de *Monte Rodrigo* abundam em salitre.

As partes povoadas de *Mato Grosso*[2] e de *Goiás,* imensas províncias onde o ouro era explorado outrora em grande quantidade, fornecem hoje apenas madeiras de construção nas suas florestas e preciosas pastagens nos seus imensos campos.

Para o lado da costa oriental, encontram-se as mais belas florestas do mundo; todas as madeiras de marcenaria e de carpintaria aí existem em abundância, nas províncias do *Espírito Santo* e de *Porto Seguro.* O próprio *ibirapitanga,* que já quase não se acha em Pernambuco, e que é uma árvore indispensável às manufaturas da Europa, aí se explora.

---

[1] *O engano é evidente, pois São Paulo é que se acha sob o Trópico. (N. do T.)*
[2] *Mato Grosso vê prosperarem as árvores e plantas principais de primeira necessidade e as do Peru. (N. do A.)*

Ilhéus e os territórios adjacentes fornecem grande quantidade de farinha de mandioca, e o coqueiro cresce nessa região sem ser cultivado.

A *Bahia* se ocupa especialmente da cultura da cana, e novas máquinas destinadas a facilitar-lhe a exploração são instaladas todos os dias; o tabaco aí prospera e sua colheita dá resultados muito lucrativos; embora sua cultura seja passível ainda de progresso, a mandioca fornece abundante alimentação aos habitantes da província e poderá constituir mais tarde um ramo de exportação. E já agora, a julgar pelo grande número de operários existentes na Bahia, é provável que, com o encorajamento do governo, interessantes manufaturas se instalem.

Pernambuco, bem como as províncias vizinhas, cultiva o mais belo algodão da América Meridional; manufaturas de fiação aí poderiam se estabelecer tanto mais facilmente quanto a classe operária se constitui de inúmeros indivíduos livres, capazes de compreender todo o aperfeiçoamento da indústria; e, melhor do que em qualquer outro lugar, o pau-brasil dá nessa região excelentes resultados; mas ele já começa a faltar, e o comércio muito breve não terá mais grandes lucros na sua exportação, outrora tão importante. Esse empobrecimento é aliás devido exclusivamente aos brasileiros, que confiam demasiado na fertilidade de seu solo para a multiplicação das árvores úteis e se persuadem com facilidade de que a arte não pode ajudar a natureza, o que os faz abandonarem a criação de sementeiras, esse grande progresso da agricultura.

Ceará, Piauí e *Paraíba* são menos férteis do que as capitanias de que acabamos de falar; mas os inúmeros rebanhos aí constituem um ramo de comércio suscetível de melhorar a indústria.

As riquezas vegetais do *Maranhão* e do *Pará* são incalculáveis e mais cedo ou mais tarde atrairão uma grande população. O algodão é excelente; os cacaueiros cobrem as margens de certos rios; certas especiarias peculiares ao clima crescem espontaneamente nas florestas. Entre as madeiras preciosas encontra-se o famoso pau *citrin*[1], reservado aos móveis de luxo. Grande número de vegetais, cuja utilidade se começa apenas a suspeitar, contribuirá para tornar essas capitanias as mais prósperas do império, quando a população estiver em relação com os recursos naturais. E, para não falar desses úteis vegetais que constituem uma vantagem local em cada capitania, limitar-me-ei a mencionar ainda a bananeira e seus espantosos resultados na América. Essa planta cresce em toda a extensão da costa e seu fruto é o alimento habitual dos habitantes do interior. O Sr. de Humboldt verificou que uma jeira de terra de bananeira produz vinte vezes mais substância alimentar do que o mesmo espaço semeado com cereais; e outro viajante célebre assegura que um canavial de sete léguas quadradas produz anualmente uma quantidade de açúcar suficiente para o consumo anual da França. Para dar uma idéia da importância dessa cultura bastará dizer que em certas regiões do Brasil o açúcar bruto constitui a alimentação habitual da população; e, aperfeiçoando-se os métodos de destilação da cachaça, pode-se conseguir uma produção muito maior.

---

[1] *Não encontramos em nenhum dicionário. (N. do T.)*

O Brasil possui imensos recursos alimentares, principalmente para os seus habitantes, que são extremamente sóbrios. O povo contenta-se com carne-seca, farinha de mandioca, bananas e diferentes frutas produzidas em quantidade pela terra fértil; sua alimentação está por conseguinte assegurada com pouca despesa, e, aumentando as necessidades, a natureza pode não somente satisfazê-las pela sua fecundidade mas ainda atender ao próprio supérfluo das mesas européias.

Os brasileiros, naturalmente perspicazes, sentem vivamente os vícios da administração interna; mas cabe a eles próprios tentar melhorá-la, exigindo a exploração de certas terras férteis que permaneceram incultas nas partes povoadas, como resultado inevitável das propriedades grandes demais.

Que propaguem, nas províncias que lhes convêm, esses úteis vegetais exibidos no Jardim Botânico como objetos de curiosidade; que transportem para as províncias do norte a caneleira, o goiveiro, a moscadeira; que reservem para as do sul o chá e os vegetais exigentes de calor menos forte, e a América Meridional logo substituirá a Índia e a China nos mercados da Europa.

Embora nos primeiros tempos os produtos sejam provavelmente de qualidade inferior, uma cultura orientada com cuidado trará um aperfeiçoamento infalível. Sem desejar desanimar os cultivadores de vegetais indígenas, úteis ao comércio, devo observar com melancolia que a anileira, que cresce espontaneamente em certas capitanias, é mal tratada e produz muito pouco índigo; assim também o cacto, necessário à cochinilha, que cresce perfeitamente no Rio de Janeiro e foi outrora utilizado, é quase desconhecido hoje. Penso, finalmente, que, se se percorressem as florestas do Brasil com sábios brasileiros e estrangeiros, encontrar-se-iam mil recursos conhecidos e o comércio se enriqueceria com tudo isso que a ignorância despreza; e esse sentimento, eu o compartilho com inúmeros viajantes que admiram o Brasil.

Quanto à indústria manufatureira, antes inexistente no Brasil, seus imensos progressos datam apenas de dez ou doze anos e foram coroados pela criação de uma sociedade de incentivo à indústria, fundada no Rio de Janeiro em 1831. Até agora, entretanto, quase todos os produtos químicos vêm da Europa.

Apesar da colheita abundante de algodão, como matéria-prima de excelente qualidade, somente em algumas províncias se fabricam tecidos grosseiros, que não podem ser comparados aos nossos.

Um jovem francês, hábil tintureiro, veio estabelecer-se no Rio de Janeiro em 1821 e aí cultivou com êxito uma arte ainda na infância nas principais cidades do Brasil; dois outros compatriotas aí se dedicavam à mesma indústria em 1831.

Os couros brutos, tão apreciados na Europa, dão no Brasil resultados insuficientes, o que se pode atribuir não somente à substituição do tanino europeu pela casca do mangue, mas ainda à permanência insuficiente nas covas. Um curtidor francês, instalado em São Cristóvão em 1822, provou os resultados dessa imprevidência.

A arte de fabricar carruagens e carroçarias não se aperfeiçoou ainda. O Rio de Janeiro possui uma fundição, principalmente para sinos, uma fábrica de armas bastante boa, situada na Fortaleza da Conceição, e que ocupa duzentos operários.

Fizeram-se até agora tentativas infelizes para a instalação de vidrarias e de fábricas de porcelanas, o que constitui um incentivo para a exportação européia. São ainda os indígenas que fabricam a cerâmica. Os tijolos e telhas são em geral de boa qualidade. A cal faz-se quase sempre com conchas calcinadas. O carvão de madeira, muito suscetível de aperfeiçoamento, é feito de preferência com a *boapeba*, o *arco-de-pipa*, o *tapinhoã*, e a *graúna;* esse carvão é empregado com êxito numa fábrica de pólvora para canhão, situada nas cercanias do Rio de Janeiro. Mas o carvão pesado, empregado nas forjas, fabrica-se como em França e se vende trinta por cento mais caro que o outro.

Deve-se confessar, entretanto, que os caldeireiros, os serralheiros e os ferreiros brasileiros rivalizam com os da Europa, embora seus produtos se paguem muito mais caro.

Há alguns anos não era possível encontrar no Brasil um espelheiro capaz de estanhar um espelho, nem no Rio de Janeiro, nem na Bahia, nem em Pernambuco.

Lapida-se o diamante no Rio de Janeiro, mas ninguém se ocupa da lapidação das outras pedras preciosas, que são geralmente enviadas brutas para a Europa, perdendo assim muito de seu valor.

Encontra-se nas grandes cidades certo número de ourives e joalheiros hábeis, bem como alguns relojoeiros, cuja arte foi muito aperfeiçoada na convivência com operários franceses e ingleses. Deve-se mencionar a habilidade dos bordadores e passamaneiros. A marcenaria, muito limitada na sua aplicação, é executada entretanto com extremo cuidado. Os violeiros fabricam unicamente violões de cordas metálicas. Os inúmeros pianos vêm todos da França ou da Inglaterra. A arte do perfumista, ainda pouco desenvolvida no Rio de Janeiro e na Bahia, produz apenas uma água de flor de laranjeira bastante apreciada. A fabricação de geléias reputadas no país é da alçada quase exclusiva dos conventos de freiras e constitui uma indústria cuja exportação poderá ser um dia considerável. É ainda nos conventos de freiras (da Bahia) que se fabricam as flores de plumas, enfeite das brasileiras.

Passando aos engenhos de açúcar, verifiquemos o aumento considerável do número de moendas, que pode ser atribuído aos progressos da cultura da cana; isso representa uma riqueza incalculável, avaliável pelo fato de em 1819 alguns engenhos terem produzido anualmente até cinco mil arrobas[1] de açúcar, independentemente da aguardente extraída da mesma planta. Ultimamente, em diversos distritos do litoral, começava-se a adotar nos engenhos de açúcar o sistema das máquinas a vapor. Mas essa indústria progressiva precisa ainda aperfeiçoar a fabricação do açúcar. Começa-se a verificar também certo progresso na destilação da cachaça, o que deve ser atribuído a um contato mais comum com estrangeiros exigentes.

Os mais belos cafezais são os da província do Rio de Janeiro, e também os que produzem o melhor café. Ante a importância das exportações de café dessa província, pode-se estranhar que esse gênero de cultura somente tenha sido intro-

---

[1] *A arroba pesa trinta e duas libras. (N. do T.)*

duzido aí há cerca de sessenta anos; ele o foi por um magistrado cujo nome se ignora e que vivia no governo do Conde de Bobadela. Infelizmente colhe-se e seca-se o café de um modo errado, o que faz com que perca a cor por falta de cuidado; demais, usam-se pilões e almofarizes em vez de máquinas para descascá-lo, o que provoca a quebra de grãos e a formação de uma qualidade inferior.

De todas as máquinas de beneficiamento, a mais simples é sem dúvida o *monjolo* ou *preguiça,* tanto mais comum no Brasil quanto sua construção é pouco dispendiosa[1]; uma gangorra posta em movimento por uma queda de água: eis essa máquina, que serve em geral para descascar o milho. Pode-se colocar dentro do mesmo grau de simplicidade o batedor, que serve para debulhar o milho[2]. Existem vários moinhos movidos a água perto do Rio de Janeiro, mas a imperfeição da moagem é causada pela impropriedade das mós. Outra imperfeição igualmente prejudicial é a que se observa nas máquinas de que se servem para separar o algodão do caroço; a insuficiência do rendimento não poderá ser tolerada muito tempo ainda. É uma máquina portátil, composta de dois mourões a que se prende igual número de cilindros; esses cilindros canelados, de mais ou menos um pé de comprimento, são da grossura de um dedo e muito apertados um contra o outro. Os caroços envolvidos no algodão são colocados num dos lados dos cilindros, que se movimentam em sentido contrário por meio de uma manivela. Puxado pelos cilindros em rotação, o algodão larga o caroço, que não pode passar com ele. Usa-se em seguida um pequeno arco para cardar o algodão, processo mais rápido do que os dos pentes empregados por nós, porém de resultados mais imperfeitos. É preciso também que se aperfeiçoem as prensas empregadas na compressão do algodão, a fim de facilitar a embalagem nos *surrões,* espécie de sacos de couro reservados a esse tipo de exportação.

O solo do Brasil fornece à indústria enorme quantidade de madeiras próprias para construção e marcenaria. Pude ver vários belos navios construídos no Brasil com madeiras indígenas e notáveis pela solidez, como o *Dom João VI,* o *Pedro I,* as fragatas *Paulista* e *Campista,* etc. É de notar também o espantoso comprimento das canoas empregadas na navegação dos rios e na pesca ao longo da costa, e, se tivermos em vista que cada uma dessas embarcações gigantescas foi escavada num só tronco, isso nos levará a crer que efetivamente os antigos brasileiros possuíam algumas podendo conter até cento e cinqüenta guerreiros.

Uma das qualidades das madeiras do Brasil usadas na construção está em serem a um tempo muito compactas, muito duras e quase incombustíveis, observação essa que pode ser feita nos princípios de incêndio.

Entrando algumas léguas no interior do país, ao longo da costa oriental, não se pode deixar de deplorar a imensa perda anual de madeiras de construção e de marcenaria, ocasionada pelos incêndios com que se prepara o terreno para a cultura.

Finalmente, a atividade comercial sustentada no Brasil pela agricultura e a in-

---

[1] Ver prancha 28. (N. do A.)
[2] Nota da prancha 20. (N. do A.)

dústria alimenta, por sua vez, o Tesouro do Estado. Assim é que no Rio de Janeiro os direitos de alfândega servem para pagar os funcionários[1].

O comércio de cabotagem, muito ativo ao longo das costas do Brasil, é feito em grande parte com sumacas. Consiste em mandioca, milho, arroz, feijão, carne-seca, peixe salgado, aguardente de cana, madeira de construção e de tinturaria, etc., e se estende ainda às mercadorias européias transportadas dos portos para as aldeias do litoral. Longe dos grandes rios, entretanto, o comércio do interior com o litoral se torna muito difícil, pois há poucas comunicações por terra; esse comércio só se pode fazer subindo os rios, muitas vezes entrecortados de cataratas, ou por meio de caravanas de bestas acostumadas a esses caminhos perigosos. São esses os únicos meios de fazer chegarem alguns objetos de utilidade ou de luxo às províncias de Minas, Goiás e Mato Grosso, em troca de ouro, pedras preciosas e algodão. Como é natural, o comércio entre brasileiros civilizados e selvagens só pode ser muito reduzido; consiste ele, com efeito, em simples trocas, variáveis de acordo com as regiões. Consegue-se, ainda assim, algumas redes de algodão, um pouco de cera, ipecacuanha e alguns animais vivos, e, dos índios civilizados, excelentes cerâmicas.

Quanto ao contrabando, são os navios ingleses ou americanos que o praticam, operando com madeiras de tinturaria ou de construção. O comércio exterior aumentou sem cessar desde 1816[2], e observa-se ainda nele o uso de pesos e medidas empregados em Lisboa, conseqüência da qualidade de antiga colônia.

O comércio de exportação do Brasil consiste em produtos indígenas, e já expe-

---

[1] *Os direitos cobrados pela Alfândega em 1816 elevaram-se a 6 670 878 francos e 63 cêntimos e a 6 842 577 francos e 82 cêntimos em 1817. Em 1819, o número total de navios portugueses e brasileiros entrados no Rio de Janeiro atingia 1 313 e o número dos que tinham saído era de 1 250. Em 1820, essas cifras pouco aumentaram, atingindo respectivamente 1 311 e 1 287. No momento em que escrevo, documentos brasileiros afirmam que, para 1834, essa cifra será de mais de 9 000.*

Há ainda o direito de baldeação, que é de dois e meio e às vezes quatro por cento sobre as mercadorias cuja introdução é proibida e que devem ser reexportadas.

Finalmente, o direito de ancoragem para os navios estrangeiros parados dentro da barra exterior do Rio de Janeiro é de 1 000 réis por dia. (N. do A.)

[2] *Consignaremos aqui como objetos de importação para o Rio de Janeiro e outras capitais do Brasil os seguintes: ferro em barras e aço (artigos cuja importação cessará brevemente, atendendo-se à exploração dia a dia mais importante das minas brasileiras), cobre, estanho, armas de guerra e de caça, quinquilharias, chumbo sob diversas formas, tecidos de lã comum, casimiras, tecidos de algodão (enorme quantidade fornecida pelos ingleses), linho (da França e da Holanda), tecidos de seda, chapéus, botas, sapatos para homens e mulheres, bonés de seda e de algodão, modas e fantasias (em geral de fabricação francesa), vestimentas para marinheiros, porcelana fina e comum, vidraria e cristais, baixelas de estanho, utensílios de cozinha de cobre, zinco ou ferro, carne e peixes secos ou salgados, vinhos e vinagre, aguardente, cerveja em garrafas (Inglaterra), sidra em garrafas (de França), queijo e manteiga (manteiga da Irlanda), cereais, farinha e biscoitos, azeites e cera, sal (do Cabo Verde, mas já se fabrica no país), móveis, espelhos, guarda-chuvas, medicamentos, tintas para pintura, terebintina, gomas, ácidos, plaquês de prata e ornatos de igreja, relógios, óculos, almofarizes de mármore, selaria comum, couros (os da Europa são mais apreciados no país), livros e papel (as obras francesas são preferidas às de outras literaturas: a lista das obras solicitadas varia pouco e se fixa em geral na maioria dos autores do século XVIII, bem como nos tratados científicos bem mais recentes), algumas munições navais, mastros, cordas, velas de tela, alcatrão e resina seca. (N. do A.)*

rimentou, de 1816 a esta data, um aumento contínuo na quantidade de açúcar e café exportada anualmente para a Europa[1].

O sistema financeiro comporta o *Banco do Rio de Janeiro,* fundado no reinado de Dom João VI[2] e colocado desde então sob a proteção do imperador.

Em 1820 esse estabelecimento possuía um capital de sete milhões e quinhentos mil francos. O banco emprestava ao governo dinheiro a seis por cento, mas esse desinteresse aparente é bem recompensado por favores clandestinos.

A capital tem várias companhias de seguros autorizadas pelo governo[3].

Apesar do juro legal do dinheiro de cinco por cento, o do comércio atinge às vezes doze a dezoito por cento; embora enorme e vago, a lei o tolera em razão dos grandes riscos das operações na costa de Moçambique, da Índia e da China[4].

Existiam no Brasil somente algumas tipografias com caracteres pouco variados. Em 1816 havia no Rio de Janeiro apenas a Imprensa Real, onde era publicada uma folha periódica intitulada *Gazeta do Rio de Janeiro*. Mas desde então esse ramo de indústria progrediu de tal maneira que, em princípios de 1831, já se contavam na capital do império, independentemente das tipografias particulares a serviço de diversos periódicos, as de três livreiros franceses. Nessa época o número de jornais atingia quinze; entre esses, destacavam-se a *Aurora,* em português, o *Courrier du Brésil,* em francês, e o *King Herald,* em inglês.

Com as vantagens embora do progresso moderno, uma estada de vinte e quatro horas no Rio de Janeiro basta para verificar a inteira analogia de costumes com a antiga Lisboa. As práticas religiosas se misturam aos prazeres da sociedade, o comércio aparenta certa simplicidade e a ostentação toma ares de humildade no exercício da caridade.

Acorda-se em geral às cinco horas da manhã, com a salva das fortalezas, que serve igualmente de sinal para a atividade da marinha, e o toque da ave-maria, repetido pelo grande sino de cada uma das igrejas da cidade e a que se ajunta não raro o primeiro estampido de foguetes e de bombas soltados do pórtico de uma igreja em que se festeja o dia do padroeiro. Às seis horas os esmoleiros de diversas irmandades religiosas, espalhados pelas ruas, importunam o habitante com pedidos reiterados ou com a batida de seu bordão às portas ou diante das vendas, obtendo oferendas quase forçadas, mas que os estrangeiros evitam facilmente. Surgem em seguida os carregadores de água e de leite e as vendedoras de pão-de-ló. Das seis às sete horas encaminham-se sossegadamente para o centro da cidade os negros de ganho; uns preparam durante o caminho folhas de palmeiras para a confecção de

---

[1] *Os produtos exportados são: açúcar bruto, café, cacau, algodão, madeiras de construção e de marcenaria, ipecacuanha, quina, salsaparrilha, óleo de copaíba do Peru, tabaco, pequena quantidade de índigo a 320 réis a libra, cocos, diamantes brutos, pedras preciosas (os belos topázios e as esmeraldas são raros; as outras pedras preciosas de baixo preço), couros brutos, peles, chifres de boi, sebo, cochinilha, etc.; é provável que o número de artigos cresça com a indústria. (N. do A.)*
[2] *O dividendo do banco foi em 1816 de vinte por cento. (N. do A.)*
[3] *Os seguros para a Inglaterra, a França e a Espanha são de quatro e meio a seis por cento em tempo de paz. Entretanto, há alguns anos, o pagamento era objeto de freqüentes demandas. (N. do A.)*
[4] *Calcula-se em geral um lucro de dezoito a vinte e quatro por cento para a costa de Moçambique e de dezoito a vinte por cento para a Índia e a China. (N. do A.)*

chapéus, enquanto outros, menos ativos, acertam sossegadamente o passo ao som da *marimba* (ver prancha 41). Na mesma hora, isto é, das seis às oito, os mercados situados nas praias de desembarque, já abastecidos pelas embarcações chegadas de madrugada, apresentam um movimento generalizado de quitandeiras, que se encontram durante o resto do dia nas ruas ou nos mercados internos da cidade. Das oito ao meio-dia, os cafés das grandes praças ou das imediações da Alfândega tornam-se o ponto de encontro dos comerciantes vindos do interior a negócios. Das oito às onze, vêem-se as tropas chegadas de São Paulo e Minas estacionarem na Rua Direita, na altura da Igreja da Cruz, descansando da última marcha noturna, depois de descarregada a mercadoria. Das dez às duas da tarde, há um grande movimento de negócios. Às duas horas fecham-se a Alfândega e as demais repartições públicas, últimos movimentos precursores da calma sensível que vai reinar na cidade até às quatro horas da tarde, momento em que tornam a aparecer nas ruas as vendedoras de pão-de-ló para a hora do chá. No mesmo momento aparecem também as vendedoras de velas; outras vendem doces, sonhos, etc.; estas últimas se dirigem para o **Largo do Palácio**, onde se reúnem das quatro às sete os pequenos capitalistas e negociantes. Às sete horas o canhão anuncia o fechamento dos portos, e o seu troar junta-se ao toque da ave-maria. Das sete às dez, ouve-se nas ruas o pregão dos vendedores de amendoim torrado, de milho assado, pastéis quentes, pastéis de palmito, pudim quente, *manuê,* etc., iguarias todas de grande procura. A esses pregões, vindos de todos os lados, se une o ruído dos fogos de artifício, acessórios noturnos da festa iniciada às seis da manhã. Pouco mais longe, o carrilhão singular de outra igreja anuncia a chegada do cortejo fúnebre de um *anjinho;* e o transeunte deve-se dar por muito satisfeito se a curiosidade não o obrigar a participar do enterro, pois durante a sua marcha lenta e silenciosa certas pessoas munidas de um pacote de enormes círios apresentam-nos acesos aos estranhos, convidando-os a se juntarem a uma das duas imensas filas que acompanham o cortejo de ambos os lados da rua; o transeunte caminha assim até a igreja designada, onde o aguarda uma excelente música, espécie de ópera, ou melhor, de apoteose executada com grande orquestra e em meio a brilhante iluminação. No meio do coro, grupos de círios acesos, colocados em profusão sobre uma elegante peça, fazem brilhar as flores e os vidrilhos, entre os quais quase não se distingue o pequeno embrião fantasiado de anjo e deitado num pequeno leito de tafetá branco, rosa ou azul-céu guarnecido com debruns de prata. O rosto descoberto é pintado das mais vivas cores, e o penteado consiste numa pequena peruca loura, bem empoada, coroada por uma enorme auréola feita de plaquê de ouro e prata. Terminada a música, retomam o círio e tudo se apaga na igreja; mas quase sempre, em outro catafalco maior, decorado de ouro e negro e a certa distância do precedente, cercado de oito a dez círios apenas, outro defunto, que não é mais anjo porém, espera; e alguns minutos mais tarde os sinos, tomando então acentos realmente lúgubres, anunciam o segundo cortejo fúnebre. Só estão presentes os convidados natos, em duas filas, de pé, e segurando grandes círios acesos, cuja extremidade inferior se apóia no chão. Após o *Libera* e o *De profundis,* acompanham o corpo até as catacumbas, sempre atinentes à igreja; em seguida todos se retiram. Finalmente, das sete às dez, vêem-se circular nas ruas filas de velas acesas, às vezes interrompidas na sua marcha pelos despejos nauseabundos, obstáculo vencido entretanto pelas famílias brasileiras, que nessa hora visitam as lojas de modas e novidades francesas para fazer suas compras[1]. Às oito horas começa o espetáculo, e à meia-noite terminam as brilhantes funções do teatro e da igreja. A essa hora recomeça instantaneamente nas ruas da cidade o movimento de carruagens e de inúmeras pessoas a pé, elegantemente vestidas e ainda entusiasmadas com as reuniões suntuosas de onde vêm.

Assim termina no Rio de Janeiro, como em Paris, um dia favorável à indústria pela provocação de um luxo coligado às vaidades mundanas e religiosas, apanágio de todas as capitais do mundo, porém mais agradáveis ainda sob a doce influência do lindo clima do Brasil.

Anexo de documentos atuais tirados dos relatórios brasileiros

Essa era a situação do Brasil por ocasião de minha partida para a França; considero entretanto um dever consignar aqui diversos melhoramentos recentes introduzidos no Rio de Janeiro.

Assim, entre essas inovações, que datam apenas de cinco anos, já existem reconstruções louváveis por todos os aspectos, erguidas no lugar de certos edifícios cuja forma perdida para sempre para o viajante de 1836 se encontra fielmente traçada nos desenhos que apresento aos meus leitores. Estão nesse caso a *Fonte da Carioca,* o *Mercado de Peixe,* etc.

Convencido do zelo e da exatidão de meus talentosos correspondentes, espero dar, no fim da terceira parte, desenhos de alguns edifícios modernos, assinados pelos seus autores. Como se verá também na terceira parte, por ocasião da coroação de Dom Pedro II fixou-se para o ano de 1835 a redução do número de membros do Conselho da Regência Provisória[2]; nesse mesmo ano deveria ser posto em vigor o novo sistema constitucional federativo, as *Províncias Unidas do Império Brasileiro,* o que faria com que a cidade do Rio de Janeiro, que continua capital do império, se tornasse o lugar de reunião dos governadores de província ou, em outras palavras, do Congresso brasileiro[3]. Com esta modificação, a cidade de *Praia Grande,* situada na baía do Rio de Janeiro, toma o nome de *Niterói* e se torna a capital da província do Rio de Janeiro. Essa nova cidade, situada numa soberba posição e com um futuro garantido desde 1831, tornou-se, a partir desse momento, um objeto de especulação para os capitalistas, aos quais deve hoje seus progressos e suas lindas cons-

---

[1] *Hábito europeu introduzido há pouco tempo. (N. do A.)*
[2] *Perdoar-me-ão, sem dúvida, que sacrifique aqui a especialidade da segunda parte à importância do assunto, comunicando que o Conselho de Regência brasileiro, decretado pela Assembléia Constituinte em 1831 e composto então provisoriamente de três membros, cujo número deveria reduzir-se a um só em fins de 1835, é exercido hoje pelo consciencioso deputado* Padre Feijó, *pormenor que será anexado à terceira parte. (N. do A.)*
[3] *Textual. (N. do T.)*

truções modernas, dignas de seu novo título de capital. Uma arborização bem compreendida e abundante facilita, durante o ardor do sol, a circulação dos habitantes, que encontram todo o conforto necessário à sua existência. A cidade possui também um teatro, etc.

Quanto ao Rio de Janeiro, a falta de água verificada em 1830 provocou, no lugar da insuficiente Fonte da Carioca, a construção provisória de um reservatório de madeira, cujas bicas, em número de cem, facilitam a distribuição da água tão necessária a uma população dia a dia mais numerosa. Em conseqüência dessa previdência, existe hoje, no mesmo lugar, um grande chafariz com repuxo, construído de granito e cujos vastos tanques podem conter toda a água escorrida durante a noite.

Cita-se também a reconstrução, em granito, e numa arquitetura de bom gosto, do mercado de peixe antigamente constituído por duas fileiras de barracas de madeira.

Um pouco mais adiante, na *Praça da Alfândega,* a vista se compraz agradavelmente nas colunas do novo edifício da *Bolsa*. Este prédio, que se caracteriza pela pureza de sua construção, honra o belo talento de nosso colega Grand-Jean, professor da Academia Imperial de Belas-Artes e que acumula hoje a função honrosa de arquiteto da cidade.

Existe, do mesmo autor, um belo projeto de praça pública, recomendável pela sua utilidade e pela sua disposição e que deverá ser executado no Campo de Sant'Ana, a fim de unir a cidade antiga à cidade nova; esta já apresenta construções bastante numerosas, de muito melhor gosto arquitetônico.

Outra inovação muito importante, e para cuja execução já existem fundos, é a construção, já iniciada, dos muros da cidade e a terminação do canal que desde há muito acompanha em parte o novo caminho de São Cristóvão e que deve atravessar o resto da cidade para desaguar na praia de Santa Luzia, ao pé do morro dos Sinais, promontório que deverá ser demolido para saneamento da cidade, privada do ar da barra por esse obstáculo.

Finalmente, é de crer, a julgar pelos preparativos, que muito proximamente as ruas da cidade, bem como a estrada de São Cristóvão, serão iluminadas a gás.

Em resumo, tudo progride nesse país, onde a independência trouxe consigo a nobre emulação de distinguir-se pela ciência, as artes e o luxo.

Possa este rápido progresso da civilização não alterar nunca a antiga hospitalidade brasileira, que caracterizou durante vários séculos esse povo naturalmente bom e digno de figurar em primeiro plano entre as nações generosas de que a Europa se pode vangloriar.

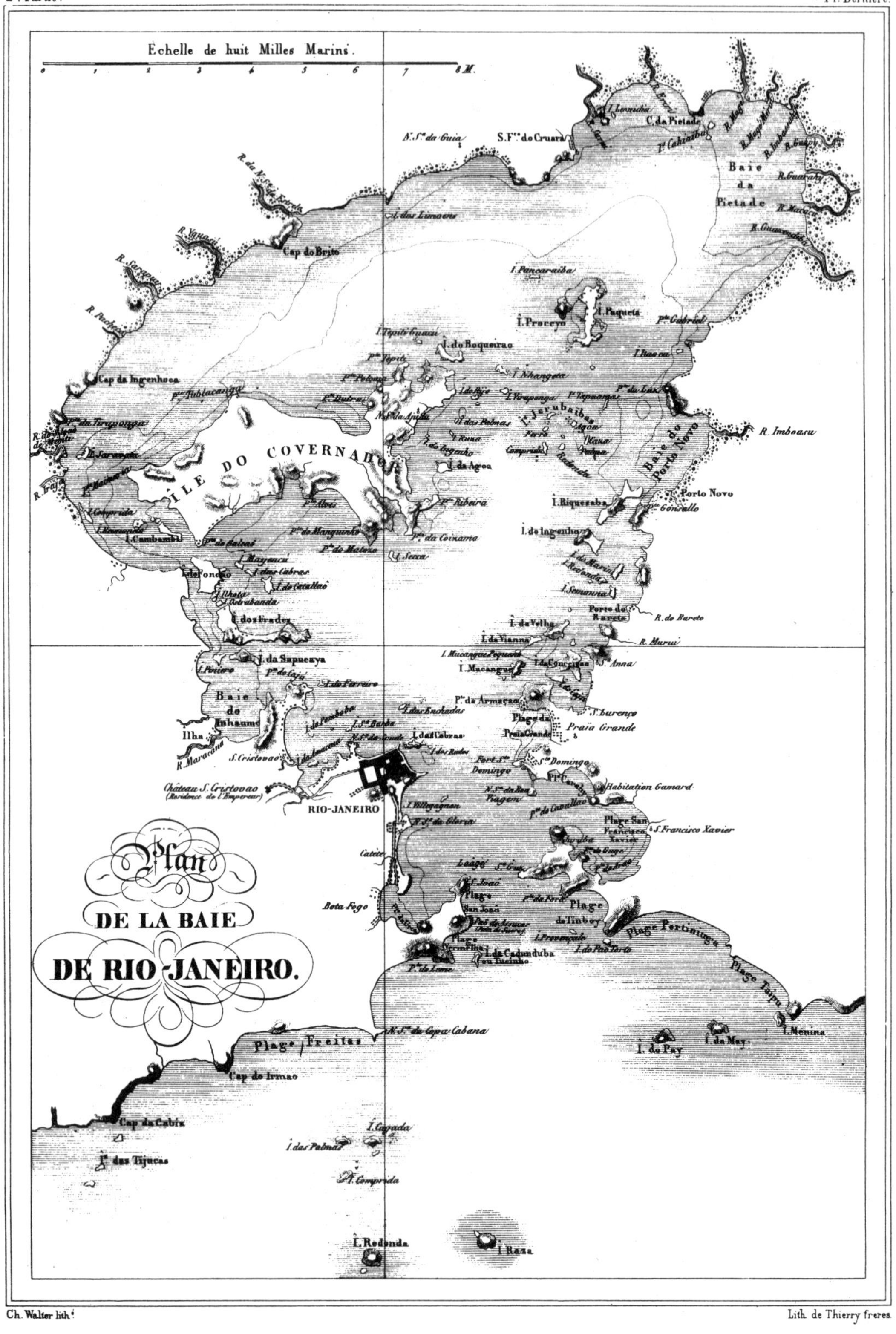

Ch. Walter lith.e Lith. de Thierry freres

TOMO TERCEIRO

TOMO TERCERO

Introdução

Depois de ter descrito na primeira parte a situação dos índios brasileiros, cujo caráter primitivo já foi tratado com irrepreensível exatidão por sábios viajantes europeus, reuni, na segunda parte desta obra, detalhes mais raros e quase ignorados da atividade do povo civilizado do Brasil, sujeito ao jugo português. Essa atividade, que, a princípio, destinando-se a bastar às primeiras necessidades da vida, só diferia da primitiva pelas fórmulas impostas na troca comercial dos produtos indígenas contra instrumentos agrícolas e tecidos grosseiros fabricados na Inglaterra e importados através de Portugal, deveria apresentar mais tarde forte interesse, graças a seu desenvolvimento, apressado pela grande afluência de estrangeiros.

Finalmente, a terceira parte, de que me ocupo agora, a da história política e religiosa sujeita ao reflexo das combinações diplomáticas da Europa, continuamente agitada desde 89, constitui um quadro interessante, rico de episódios colhidos *in loco* e cujo encadeamento contribuirá para restabelecer os traços já quase apagados dos primeiros passos que trouxeram à civilização esse povo recém-regenerado.

É preciso acrescentar, para ser justo, que o brasileiro, vaidoso de seu primeiro impulso, soube sustentar desde então as felizes conseqüências dele, com uma energia sabiamente orientada, penhor indiscutível de um glorioso futuro. Tenho, por conseguinte, que descrever, antes de mais nada, o Brasil de 1816, pois neste belo país, como em toda parte aliás, os rápidos progressos da civilização modificam dia a dia o caráter primitivo e os hábitos nacionais; o brasileiro sente-se humilhado hoje por ter sido durante tanto tempo o escravo da arbitrariedade e da opressão dos governos portugueses.

Entretanto, por um singular contraste, foi um rei português que acordou o brasileiro depois de três séculos de apatia, quando, fugindo da Europa, veio erguer seu trono à sombra tranqüila das palmeiras, embora abandonasse mais tarde essa obra de regeneração, inspirada pela necessidade. Mas a civilização germinara, e o Brasil, compreendendo seu futuro, conservou o filho primogênito do inconstante protetor, transformando-o em imperador independente cuja autoridade soberana anulou definitivamente as pretensões de Portugal sobre as suas antigas colônias da América. Assim emancipada, a terra de Álvares Cabral se governa a si própria e deve às suas próprias luzes a sua prosperidade sempre crescente.

Na narrativa dos acontecimentos históricos acumulados em quinze anos e cujo resultado pode entretanto comparar-se ao de vários séculos em outros países, não será sem dúvida indiferente encontrar os nomes das personagens portuguesas e brasileiras que figuraram em primeiro plano nas revoluções feitas para substituir o poder nacional ao poder estrangeiro, informações esquecidas em parte ou já gravemente alteradas pela má fé. Cabia-me, pois, como testemunha estrangeira e como pintor de história, colher dados exatos e de primeira ordem a fim de servir a uma arte dignamente consagrada a salvar a verdade do esquecimento.

Com efeito, a suntuosidade das festas, a hierarquia dos dignitários, as singularidades do antigo cerimonial religioso vão mostrar de relance, graças à litografia, mil detalhes que escapam a uma descrição escrita, a qual, para não ser aborrecida, não pode deixar de ser sucinta.

Encontram-se, finalmente, na parte relativa ao estado das belas-artes no Brasil, os documentos concernentes à honrosa missão que nos foi confiada e a prova autêntica dos resultados dos nossos esforços consagrados a um tempo ao progresso dos artistas brasileiros e à reputação dos professores franceses da Academia Imperial de Belas-Artes do Rio de Janeiro.

Chegada da corte de Dom João VI ao Brasil — sua instalação no Rio de Janeiro

Em vão Portugal se esforçava em 1807 por permanecer neutro na grande luta travada entre a França e a Inglaterra; repugnava-lhe secretamente romper suas relações íntimas com o governo de Londres e continuava a recolher e a abastecer nos seus portos da Europa e da América as esquadras inglesas em ação contra a França e a Espanha, sua aliada. Nessas circunstâncias, o governo exigiu do regente português uma explicação clara e precisa; mas todas as respostas do regente eram evasivas e as suas promessas, ilusórias; continuava, com efeito, em segredo, a concluir tratados positivos com a Inglaterra, cujo apoio desejava. A corte de Lisboa embaraçou-se nessas postergações e viu-se de repente ameaçada de uma invasão francesa. O embaixador francês exigiu seus passaportes e retirou-se; o perigo era realmente iminente: de um lado o exército francês nas fronteiras de Portugal, de outro a esquadra do Comodoro Sidney Smith bloqueando rigorosamente a foz do Tejo. Lorde Strangford, embaixador inglês, deixou ao regente a alternativa de entregar a esquadra à Inglaterra ou empregá-la imediatamente no transporte da família de Bragança para o Brasil, a fim de sonegá-la à influência do governo francês. Era um momento decisivo para a monarquia; fazia-se necessário optar entre Portugal invadido e o Brasil intacto. Semelhante situação sugerira o mesmo meio de salvação ao Ministro Pombal, quando da invasão dos espanhóis, no reinado de Dom José I.

A força das circunstâncias venceu o temperamento habitualmente tímido e circunspeto do regente e fê-lo tomar a resolução de promulgar, por decreto real, seu projeto de partida para o Rio de Janeiro, até a conclusão da paz na Europa. Nomeou em seguida uma regência para administrar seus negócios durante sua ausência e ordenou o embarque dos arquivos, do tesouro e dos bens mais preciosos da coroa. Enfim, em meio às demonstrações de tristeza e de fidelidade de seu povo, que se comprimia à sua partida, o regente, acompanhado de sua família, deixou o solo natal para embarcar na sua frota, que se compunha de quatro grandes fragatas, vários *bricks, sloops,* corvetas, e navios mercantes, num total de trinta e seis unidades. A 29 de novembro de 1807, pela manhã, a frota real encontrou a esquadra inglesa, a que salvou com vinte e um tiros de canhão; a salva retribuída, as duas esquadras se reuniram. Assim, a frota real alcançou o mar alto escoltada pela esquadra britânica do Comodoro Moore. Após uma travessia feliz, chegou ela a 19 de janeiro de 1808 à Bahia. O desembarque da família real foi para os habitantes da cidade uma oportunidade memorável de manifestar sua alegria e sua fidelidade ao soberano. As festas magníficas que prepararam ostentavam um luxo e um esplendor reveladores de sua elevação de alma e de sua fortuna. Desejosos ainda de dar uma prova mais palpável e durável de seu devotamento ao monarca, votaram unanimemente uma soma de doze milhões de francos para a construção de um palácio destinado à família real, caso o príncipe concordasse em fixar residência na Bahia; razões políticas, entretanto, impediram o regente de aceitar o oferecimento.

Os habitantes do Rio de Janeiro foram mais felizes. A 19 de março de 1808 receberam eles, em meio a um entusiasmo geral, o regente e a sua família, que desembarcavam na cidade para nela fixar residência[1].

Sem dúvida, a segurança da soberba enseada contribuiu muito para a preferência, pois os títulos políticos da Bahia eram evidentes[2].

A presença da corte provocou grandes melhoramentos nos edifícios públicos. O pequeno palácio do vice-rei foi acrescido de todo o vasto edifício do Carmo[3],

---

[1] *A família real compunha-se de onze pessoas: a tia do regente,* Dona Maria Benedita, *viúva do Príncipe Dom José.* Dona Maria I, *rainha de Portugal, que, em conseqüência de alienação mental, transmitira seus direitos a seu filho Dom João VI, o regente.* Dona Carlota, *filha do rei da Espanha, esposa do príncipe regente, falecida em Portugal mais tarde. Da união nasceram sete filhos, dois meninos e cinco meninas.* Dom Pedro de Alcântara, *príncipe. Ficou no Brasil com o título de príncipe regente, depois da partida da corte para Portugal.* Dom Miguel, *infante; voltou para Portugal com o rei.* Dona Maria Teresa, *a mais velha das princesas, casada no Rio de Janeiro com o infante da Espanha, vindo com a corte de Portugal para o Brasil e aí morrendo após dois anos de casados. Existe um filho dessa união. Em 1821, depois do regresso da família real para Portugal, a viúva e o infante voltaram à Espanha para reivindicar seus direitos.* Dona Maria da Assunção. *Foi para a Espanha em 1817 para desposar o Rei Fernando; morreu poucos anos depois.* Dona Maria Isabel, *que voltou para Lisboa com a corte. Após a morte do rei, foi nomeada regente do reino por Dom Pedro, seu irmão, então primeiro imperador do Brasil, e que abdicara em favor de sua filha mais velha,* Dona Maria da Glória II, *nomeada rainha de Portugal. Poucos anos após, a regente retirou-se para a ilha Terceira em conseqüência dos acontecimentos políticos ocorridos em Lisboa.* Dona Maria Francisca *voltou para Portugal, onde ficou com sua mãe,* Dona Carlota. Dona Isabel Maria. *Voltou para Portugal. Esposou em Lisboa o filho do marquês de Olei, esteve em França e voltou para o Rio em 1829, com sua sobrinha Dona Maria II, no séquito da Princesa de Leuchtenberg, segunda imperatriz do Brasil, aí esperada para a celebração de suas núpcias. Em 1831, essas três pessoas voltaram para a França com Dom Pedro, ex-imperador do Brasil.* (N. do A.)

[2] *A cidade da Bahia tinha direito, em vista de suas tradições e de seus edifícios públicos, de tornar-se a residência da corte; aí residira o governador-geral do Brasil, desde 1531 até 1773. Somente ela fora erigida em arcebispado.* (N. do A.)

[3] *Aproveitaram o convento para a instalação dos serviços comuns do palácio. O corredor existente no primeiro andar foi conservado para comunicação do palácio com a capela. É ele, ainda hoje, utilizado para passagem da corte quando o soberano precisa aparecer na tribuna da Capela Imperial a fim de assistir ao ofício nos dias de festas religiosas.* (N. do A.)

cuja igreja foi transformada em Capela Real sob a proteção de São Sebastião[1]; imediatamente ao lado, encontra-se a Igreja Metropolitana dos Carmelitas Calçados[2]. O conjunto desses edifícios forma a fachada do Largo do Palácio, paralela ao mar.

Percebeu-se a necessidade de criar, para a educação dos jovens oficiais, uma escola com o nome de *Academia Militar*. Mas a falta de local disponível forçou o governo a apropriar-se de uma bela igreja[3], iniciada no Largo São Francisco de Paula; essa grande construção pertencia a uma confraria de negros, que a mantinha com as esmolas arrecadadas entre os compatriotas africanos. As paredes já se achavam prontas até a altura do teto. Toda a fachada da igreja foi conservada, mas a demolição de uma das divisões internas e de um dos lados da mesma forneceu os materiais necessários à construção do Teatro Real de São João[4], que ainda existe no Largo do Rocio.

---

[1] *A decoração interior da Capela Real é quase sempre rica de ornatos, esculpidos em madeira e dourados inteiramente. Mas na época da coroação do imperador conservaram-se os fundos brancos, redourando e brunindo todos os ornatos. Eis, em poucas palavras, a disposição interna do edifício: à direita, no coro, encontra-se a grande tribuna da corte. À esquerda, acha-se o trono episcopal, e a seu lado ergue-se o do soberano, quando necessário para as grandes cerimônias nacionais. O quadro do altar-mor era um ex-voto da família real: nele se representara a rainha mãe, Dona Maria I, ajoelhada juntamente com a Princesa Carlota, mulher do regente, sobre almofadas de veludo; do lado oposto, o regente e seu filho, Dom Pedro, invocam a Virgem do Monte Carmelo, figurada no alto e de pé sobre nuvens, e estendendo seu manto como que para cobrir e proteger a família real, cujos olhos se erguem para ela. Mas, após a abdicação de Dom Pedro I, suprimiram-se as personagens ajoelhadas, que foram substituídas por um simples terreno, figurando o cume do monte Carmelo. O quadro foi pintado e retocado posteriormente pelo mesmo artista brasileiro (José Leandro), autor de inúmeros outros quadros que decoram a capela. A cidade do Rio de Janeiro foi erigida em bispado no ano de 1669. O bispo tem o título de capelão-mor, e o capítulo compõe-se de vinte e oito cônegos, oito dos quais com o título de monsenhor. O conjunto musical da capela é constituído de excelentes artistas de todos os gêneros, virtuoses castrados e cantores italianos. A parte instrumental é magnífica, com dois maestros. Avaliam-se em trezentos mil francos os vencimentos dos artistas que a compõem. (N. do A.)*

[2] *A bela Igreja do Carmo encontra-se sob a proteção de Nossa Senhora do Monte Carmelo. O interior e as capelas anexas são extremamente ricas de ornatos esculpidos e dourados. As diversas construções são de arquitetura italiana. Suas catacumbas são notáveis. Sua biblioteca é constituída, ao que se diz, de oitenta mil volumes, e tem o título de Biblioteca Imperial; é bastante espaçosa e bem-cuidada; as duas salas principais, cujos tetos são ricamente decorados, foram compostas e executadas quanto à pintura por um artista brasileiro chamado Francisco Pedro do Amaral, que morreu em 1830. Existe aí um busto de Dom João VI e uma estátua de Pedro I, mármore assaz medíocre, esculpido na Itália. A Irmandade de Nossa Senhora do Carmo é uma das mais ricas e mais bem constituídas. Os Carmelitas Calçados, que a administram, residem no pequeno Convento de Nossa Senhora da Lapa, situado perto do Jardim Público. (N. do A.)*

[3] *Em 1816 ainda se podiam ver, intactos, todo o lado esquerdo interno da igreja, como, na sua parte superior, os corredores e as tribunas, que se aproveitaram para uma galeria dividida em salas de aula. A fachada estava conservada até o alto do pórtico central. Por cima das duas portas laterais, um pouco menores, viam-se troféus africanos, esculpidos em baixo-relevo, atestando a origem dos fundadores desse monumento religioso. Em 1826, foi ele mutilado e demolido em parte para terminação da Academia Militar, de acordo com um projeto novo do Sr. Pezerat, artista francês, aluno da Escola Real de Arquitetura de Paris e da Escola Politécnica. Esse jovem e inteligente artista era, no Rio de Janeiro, arquiteto particular de S. M., o Imperador. A fachada, construída de acordo com a nova planta, já se achava pronta, mas os trabalhos foram interrompidos em 1831, em conseqüência dos acontecimentos políticos. (N. do A.)*

[4] *Em 1808 só havia, no Rio, um teatro muito pequeno e muito mesquinho. Teve-se que pensar então em substituí-lo por uma bela sala de espetáculos, digna da presença da corte, a qual, de*

Preparou-se para a família real uma residência permanente, a da Quinta da Boa Vista[1], situada perto da pequena aldeia de São Cristóvão, a três quartos de légua

---

acordo com os costumes portugueses, devia assistir em trajes de gala a representações extraordinárias e faustosas em diferentes épocas do ano. Entrementes, apresentou-se um português, José Fernandes de Almeida, *que nada tinha de empreiteiro, nem de diretor de teatro, e não passava de um simples Fígaro, sem um vintém, mas capaz de tirar partido das circunstâncias. Tivera em verdade a sorte de vir de Portugal com a corte a serviço particular do ministro do Interior; criado de quarto de S. E., bafejado pela sorte, diretamente protegido pelo ministro do Interior, era ainda afilhado do ministro da Polícia, protetor legal do novo estabelecimento. Tendo-se tornado, pela sua ousadia, uma personagem necessária, cujo zelo agradava à corte, o crédito lhe estava aberto; disso se aproveitou com habilidade para abrir uma subscrição pela qual, mediante um adiantamento, cada subscritor se tornava proprietário de um camarote no teatro. Para favorecer a especulação, cada fileira de camarotes tinha um nome especial e subdivisões internas diferentes. Bom psicólogo, soube, por instinto, tirar partido do entusiasmo do momento, do amor-próprio dos ricos e da vaidade dos ambiciosos, e seu êxito foi completo. Pouco tempo depois, teve a satisfação de abrir, como diretor, o belo* Teatro Real de São João, *solidamente construído, cujas pedras nada lhe haviam custado, porque pagara somente as diárias dos operários. Devia aos empreiteiros a madeira, a cal, as telhas, os ferros, os vidros, as tintas, etc., pois reservara seus fundos para o arquiteto, os pintores, os artistas, os cantores italianos, os dançarinos, os músicos e tudo o mais que deveria ser pago no correr do ano. Protegido pelo ministro da Polícia, obtinha do rei somas anuais bastante consideráveis, a título de subvenção para as despesas extraordinárias exigidas pelo luxo das grandes representações dadas nos dias de festas, São João, São Pedro, etc. Essas vantagens não o impediram de realizar vários empréstimos com os bancos, dando em hipoteca a totalidade do edifício. O teatro incendiou-se em 1825, mas, sempre menos infeliz do que outros, conseguiu salvar a fachada inteira e as principais paredes, tendo obtido autorização do imperador para quatro loterias anuais em benefício do teatro, graças ao quê, pôde reabri-lo no fim de um ano. Apesar de crivado de dívidas, conseguira contratar em Lisboa artistas de comédia portugueses, cantores italianos e um corpo de bailado, que chegaram ao Rio no momento em que falecia, no ano de 1828. Barbeiro na mocidade, não morreu Fígaro, mas cavaleiro da Ordem do Cruzeiro e comandante da Ordem de Cristo. (N. do A.)*

[1] *O entusiasmo e o orgulho de possuírem a residência do soberano português provocavam, diariamente, novas manifestações de generosidade dos habitantes do Rio de Janeiro; todas as manhãs podia o soberano escolher entre os inúmeros convites de passeios pelas imediações da baía, tanto por mar como por terra. Lugares de descanso se achavam preparados e refrescos eram servidos com luxo e profusão. Foi assim que Dom João VI começou a conhecer os belos recantos da capital do Brasil. Quando uma fazenda, pela sua situação, parecia convir à corte, era ela posta à disposição do monarca no dia seguinte, sem pedido de indenização; e assim se adquiriram várias residências reais, pagas pelo soberano unicamente com honrarias concedidas aos proprietários.*

A Quinta da Boa Vista ou Palácio de São Cristóvão era uma das casas de recreio mais belas que existiam então nos arrabaldes do Rio; pertencia a um negociante muito rico, que a doou ao rei; como recompensa, foi condecorado com o título de comandante da Ordem de Cristo. O edifício forma um retângulo e tem sua fachada num dos grandes lados. Está construído num platô isolado, ao qual dá acesso um jardim ligeiramente inclinado. A ala esquerda do palácio é dominada por uma agradável colina e a ala direita dá para um jardim extenso, plantado num terreno baixo e plano em que corre um riacho, cujas águas puras descem cascateando das montanhas da Tijuca, que se vêem ao longe. O portão principal do jardim foi construído em 1808 por José Domingos Monteiro, engenheiro arquiteto português. Na mesma época, o Sr. Manuel da Costa, português, arquiteto e decorador, foi encarregado de uma reforma nesse novo palácio, decorou as salas do Conselho e do Trono, bem como o interior da galeria aberta, que ocupa a fachada inteira.

Em 1816, já existia uma fachada lateral, decorada em estilo gótico, por um arquiteto inglês da corte. Este, que acabara de preparar um apartamento para o príncipe real, cujo casamento deveria realizar-se muito breve, fez também outras obras no palácio e, imediatamente após as festas que se realizaram em 1817 por ocasião do casamento, continuou, de acordo com a planta adotada, a construção de um dos quatro pavilhões góticos, que deviam ser acrescentados aos ângulos exteriores do edifício principal. Em 1822, o telhado do novo pavilhão cedeu consideravelmente, por

da cidade; outro ponto de residência foi organizado na ilha do Governador[1], a pequena distância de São Cristóvão, e mais um em Santa Cruz[2], antigo convento e fazenda dos jesuítas, situado num morro no centro de um imenso campo, a doze léguas do Rio de Janeiro, na estrada de São Paulo.

---

causa da má construção do vigamento, mas, como o arquiteto inglês deixara o Brasil, o imperador chamou Manuel da Costa e o nomeou seu arquiteto particular, encarregando-o das restaurações e das reformas que se tornavam necessárias com o aumento da família imperial. Manuel da Costa suprimiu o estilo gótico da decoração exterior, substituindo-o por detalhes de um estilo mais moderno, embora ainda extravagante e pesadamente mouresco. A escadaria principal, pela qual se alcança a galeria, foi reconstruída em semicírculo com duplo corrimão. A decoração interna foi inteiramente modificada; finalmente, estavam acabando os alicerces do segundo pavilhão, na face principal, quando Manuel da Costa morreu, deixando sua obra por terminar. Em 1826, S. M. I. contratou o jovem Pezerat, artista francês, para substituir Manuel da Costa. Este restaurara realmente o Palácio de São Cristóvão. Em 1829 o novo pavilhão, paralelo ao antigo, foi terminado, e o bom gosto da arquitetura fez com que se pudesse augurar o feliz resultado da restauração completa do novo palácio imperial. O mesmo ocorria com as obras executadas nos jardins, e tudo tomava um aspecto de perfeição, quando o imperador deixou o Brasil em 1831. O jovem arquiteto acompanhou SS. MM. e regressou à França abandonando a um sucessor incerto a continuação das obras de restauração. (N. do A.)

[1] *A ilha do Governador é uma das principais ilhas da baía; suas terras são férteis e ela possuía uma casa de residência muito confortável. A família real aí passava parte da quaresma, e daí saía o rei para o retiro da Semana Santa, num convento de franciscanos situado numa pequena ilha vizinha. Os campos e florestas da ilha do Governador fazem dela um lugar de caça; bastante espaçosa, divide-se em várias propriedades, a mais bela das quais pertence ao Barão de Rio Seco. Em 1809 o rei iniciou a cultura do chá, com chineses que mandou vir para esse fim. Em 1826, S. M., a Imperatriz Carolina Leopoldina aí mantinha um pequeno jardim zoológico, com animais vindos de diversas partes do mundo. (N. do A.)*

[2] *O Convento de Santa Cruz, antiga propriedade dos jesuítas, era reputado com razão pela extensão imensa de sua fazenda. Essa residência real está situada numa espécie de platô que domina vastos campos férteis, limitados ao longe por florestas virgens, por cima das quais se eleva, entre a névoa, a serra de Parati. O convento e os edifícios dependentes foram reformados às pressas para servirem de casa de campo à família real. Mas, em 1817, por ocasião do casamento do Príncipe Real Dom Pedro com a Arquiduquesa Carolina Leopoldina, o Rei Dom João VI ordenou ao Visconde de Rio Seco que mandasse reformar e decorar convenientemente o Palácio de Santa Cruz, até então constituído por antigas celas, com as quais se contentava o regente, em virtude de sua simplicidade e de seu espírito religioso. Desde então, toda a corte passou a fazer todos os anos uma estada de seis semanas pelo menos no palácio, donde o rei voltava para a festa de São João. Essa residência tornara-se um lugar delicioso para os jovens príncipes e princesas, por causa de sua beleza e de sua extensão, que favoreciam os passeios em inteira liberdade. Os abusos tolerados na corte por Dom João VI, já por munificência, já por fraqueza de caráter, tornavam essa viagem muito dispendiosa para o governo e, pessoalmente, para os ministros, que se viam obrigados a alugar casas nas proximidades, a fim de ficarem perto do rei e formarem seu Conselho de Estado. Somente os fornecedores ganhavam, e muito, o que era dividido em seguida com os intendentes do palácio. Sob o reinado do imperador, que se iniciou com toda a economia possível, as viagens da corte se tornaram muito mais freqüentes e aos poucos menos custosas, porque os comerciantes fundaram, pela estrada, estabelecimentos cômodos para os viajantes, os quais até então eram forçados a levar provisões de toda espécie. Em 1825, o imperador, desejando organizar e explorar a fazenda, mandou proceder a um levantamento geral da propriedade, confiando-o ao seu engenheiro-chefe. No entanto, como as operações preliminares eram fatigantes, surgiram mil dificuldades, lembradas para atrasar a execução. Mas, em 1826, o engenheiro francês Pezerat, admitido a serviço particular do imperador como arquiteto, satisfez em menos de três semanas os desejos do monarca, com grande escândalo dos velhos engenheiros da corte. Esse primeiro êxito deu-lhe a confiança do imperador, o qual lhe entregou todo o serviço de reformas. Pezerat empregou imediatamente certos meios rápidos e engenhosos na fabricação das telhas e dos tijolos e conseguiu uma grande economia nas construções, suprimindo todos os empreiteiros, mestres e*

Um rico proprietário de Praia Grande doou-lhe, ainda, a mais bela casa da aldeia de *São Domingos*[1].

Os habitantes do Rio de Janeiro mostraram idêntica generosidade em relação aos demais membros da corte, bem como aos ministros; suas residências não foram todas pagas com muita exatidão, porque os grandes da corte, que haviam abandonado repentinamente suas propriedades da Europa, se achavam privados de suas rendas. As principais famílias eram as dos duques de *Cadaval*, primos do regente, dos condes da *Ponte* e de *Belmonte*, do Visconde da *Seca*, do Marquês de *Angenja, dos Lobos,* etc. Uma das famílias brasileiras mais generosas, a dos Carneiro, foi recompensada com honrarias que se tornaram ainda maiores no Império[2].

As propriedades em Portugal sofreram muito enquanto durou a guerra na península, porque a presença das tropas inglesas, que aí ficaram como aliadas, foi mais onerosa do que a das francesas, que evacuavam então o país; para compensar essas desgraças, o governo do Brasil concedeu às famílias nobres terras em diferentes pontos das cercanias da cidade. O Visconde da Seca obteve grande parte das montanhas da *Tijuca* e das colinas que descem até a cidade. Essas famílias já haviam, em 1816, utilizado suas novas propriedades.

A chegada sucessiva de grande número de portugueses, que não sabiam onde

---

contramestres, e fazendo executar o trabalho, com a ajuda de um único fiscal francês, construtor também, por negros escravos da própria fazenda. O imperador, satisfeito, tomou gosto na gestão da propriedade, fundou aí um haras, encheu os imensos campos de animais e de criações de todo gênero. A capela foi interiormente restaurada, acrescentando-se uma nova ala ao palácio; projetava-se mesmo a abertura de um canal de navegação, quando o imperador deixou o Brasil. Entretanto, esses melhoramentos provocaram alguns abusos; cortesãos ligados ao poder e desejosos de agradar ao imperador exigiram à sua revelia favores injustos e prejudiciais de muitos proprietários. Essas famílias, desesperadas, aproveitaram uma mudança de ministério para apresentar suas reclamações legalmente; tudo se esclareceu, e S. M. I. ordenou a restituição dos bens usurpados contra a sua vontade.

Dom Pedro, ao ser aclamado imperador, deu liberdade a inúmeros antigos escravos que lhe pertenciam quando era apenas príncipe real; ademais, doou a cada um deles um lote de terra perto do Palácio de Santa Cruz, para construção de residências destinadas a suas famílias. Assim nasceu a aldeia que se vê hoje ao pé do platô. Duas grandes ruas a atravessam; algumas casas bem-construídas e lojas de artífices se erguem, e a aldeia serve de lugar de repouso para os viajantes que vêm de São Paulo. (N. do A.)

[1] *A aldeia de São Domingos compunha-se de algumas casas reunidas em torno da igreja do mesmo nome, edificada quase à beira de uma enseada bastante extensa; uma das suas extremidades se limita com a Fortaleza da Gravata e a outra vem alcançar a Armação, edifício construído à beira-mar para a extração do óleo de baleia. A casa doada ao Regente Dom João VI, de um andar apenas, era a mais bela e se situava numa pequena praça atrás da igreja. O imperador fez construir algumas dependências, separadas do edifício, para a criadagem e as estrebarias. Em 1830 novas divisões tinham sido feitas e procedera-se a uma reforma interna da decoração dessa casa de campo, reservada especialmente às pequenas princesas, filhas do imperador. A pequena aldeia, que progrediu com o correr do tempo, foi erigida em 1809 à categoria de Cidade Real de Praia Grande, e em 1831 transformada em capital da província do Rio de Janeiro, título que só se tornou realidade a partir de 1835 (ver a última nota da segunda parte). É ela hoje muito povoada e procurada pelos habitantes do Rio de Janeiro, durante o verão. (N. do A.)*

[2] *Carneiro (Leão), rico proprietário, era coronel da Cavalaria de Milícia e camarista do imperador. Os Carneiro (de Campos) foram ministros; um deles foi ministro das Relações Exteriores e o outro duas vezes ministro do Interior, além de membro da Regência Provisória, após a abdicação de Dom Pedro I. (N. do A.)*

se hospedar, obrigou o governo a pôr em vigor a lei despótica da *aposentadoria real*[1]. Esta forçava o proprietário a alugar sua casa à pessoa designada pelo governo.

Em 1816 essa lei opressiva pesava ainda sobre os proprietários, que não ousavam sequer colocar o sinal exterior de "casa para alugar", a fim de evitar alugá-la contra a vontade a empregados do governo. Mas o artifício não iludia a polícia, e foi graças a essa lei que nós pudemos encontrar casa imediatamente, por ocasião do nosso desembarque. Meses após, recebendo nossos vencimentos anuais, cada um de nós mudou de residência e entrou em acordo com o seu proprietário.

O temor a essa lei era de tal ordem, que chegamos a ver nos mais belos arrabaldes, e mesmo no centro da cidade, inúmeras casas inacabadas, que os proprietários abandonavam propositalmente nesse estado, à espera de uma revogação dessa lei despótica importada de Portugal. Mas a lei só foi suprimida no Império.

Em 1817, a fim de atenuar nas ruas o efeito dos terrenos vagos em conseqüência do prolongamento dos jardins, fez-se uma lei induzindo os proprietários a construírem um andar térreo, embora de madeira, com portas e janelas cujas aberturas podiam ser fechadas e cuja terminação podia ser adiada por tempo indeterminado. E, em caso de reforma urgente da fachada, era o proprietário obrigado a construir um primeiro andar, ainda que unicamente para um sótão.

Em 1819, já não havia mais ruas dentro da cidade em que se encontrassem simples muros; e existiam muitas casas de três andares, o que dava à cidade um verdadeiro aspecto de capital.

Instrução pública

A cidade do Rio de Janeiro, metrópole do Brasil a partir de meados do século XVIII, teve, desde então, os recursos necessários à glória de seu título. Assim, já nessa época, o Bispo *Guadalupe* fundava os seminários de *São José* e *São Joaquim*, no intuito não só de contribuir para a educação dos jovens brasileiros como para formar os eclesiásticos cuja indigência dificultava os estudos.

O Seminário de *São José* está situado no fim da Rua da *Ajuda*, ao pé do morro do Castelo, sobre o qual se ergue a antiga Catedral de São Sebastião, padroeiro da cidade. O estabelecimento, que se acha sob a proteção do bispo do Rio de Janeiro, aufere suas rendas de donativos. O curso completo compõe-se atualmente das seguintes disciplinas: gramática latina, lógica, metafísica e moral, retórica, francês, inglês, grego e geometria[2]. Os professores são eclesiásticos, e alguns jovens pen-

---

[1] *Para a aplicação dessa lei, bastava, em caso de recusa ao pedido espontâneo, que o ministro da Polícia mandasse um dos seus agentes riscar um grande P. R. (Príncipe Regente) na porta exterior da casa designada; com essa formalidade, o proprietário era legalmente obrigado a cedê-la; o novo locatário, protegido, instalava-se então, e o governo ficava responsável pelo pagamento, mas a garantia era ilusória, porque era impossível processar um empregado do governo ou oficial superior sem obter inicialmente uma autorização do príncipe regente ao tribunal. (N. do A.)*
[2] *Havia outrora um curso de desenho em ambos os seminários, mas foi suprimido com a criação da Academia de Belas-Artes. (N. do T.)*

sionistas destinam-se ao estado eclesiástico; outros pagam sua pensão, e outros são mantidos pelo governo. Aceitam-se também externos. Os recursos desse estabelecimento são tão grandes, que nas províncias do Brasil basta aos rapazes pobres que desejem dedicar-se à carreira religiosa fazerem um requerimento ao bispo do Rio de Janeiro para conseguirem com essa proteção todas as vantagens dos mais ricos internos.

O regime da casa determina que os alunos executem, como prova de humildade, todo o serviço interno do seminário. Os jovens pensionistas eclesiásticos usam batina, manto comprido e boné quadrado roxo. Nas grandes funções religiosas na Capela Imperial são eles aproveitados no coro. A distribuição dos prêmios é feita no estabelecimento, na presença do bispo, que oficia pontificalmente nesse dia. O público é admitido a visitar a escola, no dia de São José.

O Seminário de *São Joaquim,* anexo à bela igreja do mesmo nome, está situado numa pequena praça formada por três ruas: a do Valongo, a de São Domingos e a de São Joaquim, larga e reta, que conduz ao Campo de Sant'Ana[1].

Esse estabelecimento destina-se especialmente à educação gratuita dos órfãos; por isso, os do asilo das crianças abandonadas são aceitos de direito, vantagem de que participam também, mediante módica retribuição, os filhos dos militares. O curso compõe-se do ensino de primeiras letras pelo método de Lencastre, de gramática latina, lógica, metafísica, moral, inglês e francês. O estabelecimento foi ocupado por algum tempo pelo ministro da Guerra, com o intuito de transformá-lo em quartel, mas foi devolvido a seus primitivos fins no lmpério. O monarca compareceu com toda a solenidade à cerimônia da reinstalação e desde então honrou com sua presença todas as distribuições de prêmios efetuadas durante o seu reinado[2].

Esse seminário encontra-se sob a proteção imediata do governo e é sustentado por donativos.

Educação das mulheres

Desde a chegada da corte ao Brasil, tudo se preparara, mas nada de positivo se fizera em prol da educação das jovens brasileiras. Esta, em 1815, se restringia, como antigamente, a recitar preces de cor e a calcular de memória, sem saber escrever nem fazer as operações. Somente o trabalho de agulha ocupava seus lazeres, pois cuidados relativos ao lar são entregues sempre às escravas.

Os pais e maridos favoreciam essa ignorância a fim de destruir pela raiz os meios de correspondência amorosa. Essa precaução, tão nociva aliás ao desenvolvimento da instrução, levou as brasileiras a inventarem uma combinação engenhosa

---
[1] *Essa praça passou a ser chamada* Campo da Aclamação *a partir do governo do imperador, que aí foi aclamado, e, depois de sua abdicação, mudou de nome para* Campo da Honra, *porque serviu de acampamento aos cidadãos armados durante a crise política.* (N. do A.)
[2] *Note-se aqui o nome do* Irmão Joaquim, *fundador de um colégio em Santa Catarina, ao qual consagrou todo o seu patrimônio; ele criou outro na Bahia e um terceiro na ilha Grande. Existem ainda um seminário e um colégio em Pernambuco.* (N. do A.).

de interpretação simbólica das diferentes flores¹, construindo uma linguagem, de modo que uma simples flor oferecida ou mandada era a expressão de um pensamento ou de uma ordem transmitida, aos quais podiam ligar conseqüências diversas pela adição de inúmeras outras flores ou de simples folhas de certas ervas convencionadas de antemão. Pensamentos suaves, cólera, hora do dia, lugar de encontro, tudo se exprimia da maneira mais simples. Mas como a chave dessa correspondência era entregue ao rapaz que devia responder, essa ciência, transmitida assim de geração a geração, tornou-se um objeto de mofa quando os progressos da educação feminina a substituíram pela escrita.

O culto religioso, considerado no Brasil pretexto de reuniões públicas, nas quais o amor-próprio rivaliza com a devoção, dá origem antes de tudo a que se ensine a ler às moças nos breviários, de modo a poderem utilizar o livro de orações, que, magnificamente encadernado, se transforma num novo acessório a seus adornos. Com efeito, uma moça bem-educada tem o cuidado, hoje em dia, de mostrar o seu livro de missa durante o trajeto para a igreja. Tornando-se assim orgulhosamente devota, ela despreza o terço, que passa para as mãos das velhas beatas.

Em 1816 havia apenas dois colégios particulares; pouco mais tarde, algumas senhoras portuguesas e francesas, com a ajuda de um professor, já se comprometiam a receber em suas casas, a título de pensionistas, moças que quisessem aprender noções da língua nacional, de aritmética e de religião, bem como de bordados e costura. Alguns franceses também, forçados a tirar partido de sua educação, davam lições de língua francesa e de geografia, em casas de pessoas ricas.

A partir de 1820 a educação começou a tomar verdadeiro impulso e os meios de ensino multiplicaram-se de tal maneira de ano para ano que, já hoje, não é raro encontrar-se uma senhora capaz de manter uma correspondência em várias línguas e apreciar a leitura, como na Europa.

A literatura francesa contribuiu bastante para isso, mediante uma seleção agradável de nossas obras morais, traduzidas para a língua portuguesa; esses livros, que se tornaram clássicos, interessam pela sua novidade, ornam o espírito e formam o coração das jovens alunas brasileiras. Os progressos a esse respeito são tão sensíveis que, dezesseis anos antes, um brasileiro se envergonhava de mandar seu filho a uma escola pública, e hoje, ao contrário, um pai já não tem escrúpulos em, ao partir para o escritório, conduzir sua filha pela mão até a porta do colégio que ela freqüenta como externa. Outros negociantes ricos ou jurisconsultos que residem nos belos arrabaldes do Catete e Botafogo, bastante afastados do centro da cidade, levam seus filhos de carro, pela manhã, até a porta do colégio; e, à noite, a carruagem vai buscá-los com um criado de confiança. Hoje, como na Europa, encontram-se nesses colégios todos os professores de artes. Os dotes mais apreciados na sociedade

---

¹ *Transcrevo aqui alguns fragmentos desse dicionário erótico:* rosa, amor; viola-tricolor, *amor perfeito;* espora, *tristezas em geral, em razão de sua forma, que apresenta na extremidade inferior uma espécie de ponta recurvada que pode ser comparada a um espinho; a escabiosa exprime a saudade; a alfazema fresca, a ternura e a alfazema seca, o ódio; certa fruta cujo nome é cajá, pela reunião das duas sílabas* cá *(aqui) e* já *(imediatamente) quer dizer* venha imediatamente, *etc. (N. do A.)*

são os de dança e de canto, porque permitem brilhar nas reuniões. Na alta sociedade exige-se também música, principalmente piano, bem como o conhecimento das línguas francesa e inglesa e do desenho. As moças aprendem com facilidade a traduzir e a escrever a língua francesa, mas encontram em geral certa timidez em falá-la.

A partir de 1829, depois do segundo casamento do imperador com a Princesa Amélia de Leuchtenberg, filha do Príncipe de Beauharnais, passou a ser de bomtom falar unicamente francês na corte, principalmente junto à imperatriz; o imperador dava o exemplo. A novidade foi desagradável para os cortesãos, imitadores dos senhores, que se esforçavam continuamente por descobrir na sua memória algumas palavras francesas e construir apressadamente frases muito pouco francesas. Mas a indulgente amabilidade da nova imperatriz e seus rápidos progressos na língua portuguesa trouxeram logo um paliativo a essa incômoda situação.

Entretanto, o móvel mais forte da reorganização da instrução pública foi a declaração da independência brasileira, que, dando aos brasileiros uma nacionalidade, os tornou ansiosos por ilustrar sua pátria, libertada legalmente em 1822 do domínio português[1]. Até então, com efeito, os melhores empregos nas administrações estavam entregues a portugueses, cuja educação européia servia de pretexto para justificar a escolha do governo. Esses abusos tinham como conseqüência impedir o progresso da civilização brasileira; e o Rio de Janeiro, capital do reino e residência da corte de Portugal, via crescer o luxo mas não as verdadeiras riquezas, isto é, os conhecimentos intelectuais, incentivo precioso e necessário aos naturais do país.

Os rapazes, anteriormente, só podiam se distinguir nos cursos instituídos nas escolas militares, cujos prêmios, mais ou menos merecidos, se concediam ainda por proteção. Só lhes restava então cultivar suas disposições naturais, das mais felizes em verdade, para a poesia, a música e os exercícios do corpo, como a dança ou a equitação. Mas essa aplicação frívola de seus meios, que os fazia brilharem na sociedade como poetas improvisadores, cantores agradáveis, bons músicos, dançarinos elegantes ou cavalheiros intrépidos, ocupava todos os seus lazeres; e sua educação, falsamente orientada desde o início, os expunha a ignorarem durante toda a vida a felicidade a que teriam direito quando, na qualidade de cidadãos virtuosos e esclarecidos, fossem chamados a consagrar seus talentos à prosperidade do solo nativo, sobre o qual a glória dos nomes criadores se reflete sempre.

O sistema liberal da constituição outorgada pelo imperador aos brasileiros e jurada solenemente a 25 de março de 1824, no Rio de Janeiro, dera grande impulso ao desejo muito louvável de brilhar na carreira política. A partir desse momento todos pensaram em ir buscar suas luzes nos anais europeus, principalmente franceses, e a vantagem de consultá-los na língua original criou a necessidade de aprender o idioma, razão pela qual se exige o conhecimento da língua francesa nos estabelecimentos de instrução pública.

---

[1] *A 9 de janeiro de 1822, o Príncipe Regente Dom Pedro tomou a resolução de ficar no Brasil. A 13 de maio do mesmo ano foi ele declarado defensor perpétuo do país. A 12 de outubro foi proclamado imperador e coroado a 1.º de dezembro na Capela Imperial, sendo reconhecido por seu pai e pelas outras potências européias a 29 de agosto de 1825. Ele nomeara embaixadores na Itália, na França, na Inglaterra, na Alemanha, nos Estados Unidos, etc. (N. do A.)*

Já as escolas militares, a da Marinha e a Escola de Medicina e Cirurgia, tomaram novo impulso com a admissão de professores nacionais[1] recém-chegados da Europa e cujo patriotismo e entusiasmo exploram, em benefício de seus alunos, os progressos que com tão bons resultados colheram nos autores modernos.

Nas aulas de cirurgia, de medicina, de geometria, de física, etc., vêem-se diariamente esses entusiásticos professores, identificados com as belezas de uma preciosa obra francesa, improvisar a tradução de maneira clara e precisa a um tempo. Muitos começaram mesmo traduções destinadas à impressão. Por outro lado, numerosos alunos vão para seus cursos munidos de edições francesas de Lacroix, Legendre, Thenard e outros ilustres professores.

Em 1831 a Academia da Marinha foi unida à Academia Militar, situada no Largo São Francisco de Paula. O ensino da Escola de Marinha compõe-se de aritmética, geometria, álgebra, navegação, astronomia, construção naval, desenhos de paisagem e exercícios militares; na Escola Militar os cursos comportam ciências naturais, diferentes divisões de engenharia militar, com suas aplicações especializadas de artilharia e fortificação. Essa escola fornece oficiais para a infantaria e a cavalaria. O estabelecimento possui um observatório comum às duas academias. O curso completo de cada uma delas é de três anos.

Não era menos importante insuflar novas forças na quase moribunda antiga Academia de Medicina e Cirurgia; esta foi, com efeito, reorganizada em 1826 por decreto imperial no ministério de José Feliciano, Visconde de São Leopoldo[2]. Essa academia tem o privilégio exclusivo de conceder o título de doutor aos brasileiros que se dedicam à medicina. Tem um presidente, seis professores e um secretário.

Curso de higiene	Vicente Navarro, Barão de Inhomerim — presidente
Curso de partos[3]	Silveira
Curso de anatomia	Joaquim José Marques
Clínica geral	Mariano do Amaral
Curso de fisiologia	Domingos de Guimarães Peixoto
Curso de clínica cirúrgica	José Maria Cambuci do Vale
Curso de patologia	Antônio Américo de Uzedo
Repetições	Moura

Em 1821, sob o ministério *Tomás Antônio*, a Academia Real de Belas-Artes foi instituída por decreto de Dom João VI. Esse estabelecimento, que se tornou imperial, começou a funcionar sob Dom Pedro, primeiro imperador, que assistiu à inauguração a 5 de novembro de 1826. Uma medalha de ouro, cunhada para a cir-

---

[1] *Com efeito, a partir de 1816, jovens brasileiros espalhados pela Europa se distinguiram pela rapidez de seus progressos nos diversos setores dos conhecimentos humanos, aos quais continuaram a dedicar-se em sua pátria. (N. do A.)*

[2] *O mesmo ministro reorganizou na mesma época a Academia de Medicina e Cirurgia da Bahia. (N. do A.)*

[3] *De "parto", no original, pois a palavra "obstetrícia" é de emprego muito recente. (N. do T.)*

cunstância, foi apresentada no mesmo dia ao imperador pelo ministro do Interior [1]. Desde então, as artes começaram a ser aí cultivadas com regularidade, e os progressos rápidos dos alunos evidenciaram-se nas exposições públicas de 1830 e 1831 [2].

Existiam, entretanto, escolas preparatórias de desenho no Brasil, na Bahia, em Pernambuco, no Pará, em Minas e em São Paulo. Em 1826 fundou-se uma em Porto Alegre, cujo funcionamento só se iniciou em 1831. É ainda ao *Visconde de São Leopoldo* que a província do Rio Grande deve essa criação.

Em 1823 o governo estabeleceu no Rio de Janeiro uma Escola Normal. O ministro da Guerra protegeu particularmente esse empreendimento, cedendo um local no edifício da Escola Militar. Seu primeiro professor foi um francês chamado *Renaud*. Mais tarde sucedeu-lhe um jovem militar, que ainda professava, por ocasião de minha partida; sua dedicação e sua inteligência haviam formado certo número de professores, que ensinaram mais tarde nas escolas das diferentes províncias.

Sociedade de encorajamento

Pouco tempo depois da chegada do rei ao Brasil, o Conde da Barca, ministro das Relações Exteriores, organizou uma *sociedade de encorajamento à indústria e à mecânica*. Nessa época, a dedicação ao bem do país e o desejo de agradar à corte reuniram facilmente um número suficiente de homens de boa reputação no comércio ou em outras classes da sociedade. Mas, como nada se faz de graça entre um povo de comerciantes, teve-se o cuidado de fixar vencimentos para um número restrito de indivíduos que compunham a diretoria da sociedade, acrescentando-se uma importância anual para as recompensas. A sociedade, que se reduzia na verdade a uma simples comissão, permaneceu em completa apatia durante mais de doze anos, apenas conhecida do pagador da Tesouraria Real, que fornecia os fundos consumidos anualmente sem outro resultado senão o de manter as aparências.

No entanto, em 1822, a partida da corte deixou o governo do Brasil em situação deplorável; não havia, no Tesouro Público, nem ouro, nem diamantes, nem dinheiro. As caixas de assistência aos órfãos e da Misericórdia estavam vazias. O novo tesouro, organizado às pressas, acompanhara o rei. Essa dificuldade exigiu uma reforma geral, a que não podia escapar a sociedade de encorajamento. Para conservar seus vencimentos, alguns dos membros apressaram-se em procurar os meios de melhorar a organização, e foram buscar, nos estatutos das sociedades francesas análogas, um projeto mais favorável ao Brasil. Este foi apresentado pelo Sr. *João Rodrigues*, presidente da comissão. A sociedade, entretanto, composta em grande parte de negociantes portugueses, rejeitou inicialmente um projeto que determinava não somente a gratuidade dos serviços prestados pelos associados, mas ainda a obrigação de uma cotização para alimentar a caixa de socorro. Transigiram afinal,

---

[1] *Foi um artista francês, pensionista do Rei Dom João VI, Sr. Zépherin Ferrez, escultor e gravador, que gravou os ferros e que a cunhou ele próprio na* Casa da Moeda. *(N. do A.)*
[2] *Voltaremos a este assunto. (N. do A.)*

ficando entregue ao governo a obrigação de atender aos pagamentos dos prêmios. Essa concessão patriótica, feita pelo governo em um momento difícil, não foi recompensada pelos resultados; houve, com efeito, muito poucos prêmios concedidos. Contudo, como era de esperar, o sistema liberal, que parecia ligar-se à forma de governo, animara muitos estrangeiros a apresentarem invenções úteis à indústria brasileira, e, em verdade, quando consultavam cada um dos membros em particular, davam-lhes sempre a segurança de uma futura aprovação unânime; mas a resposta definitiva da assembléia vinha em geral contrária. Usava-se a forma seguinte: "...que um dos membros observara que a invenção apresentada não era nova", ou: "...que as vantagens alegadas se tornavam duvidosas na prática", atendendo-se à inépcia dos negros que deviam pôr em movimento a máquina proposta.

Dessa maneira, a importância doada pelo governo permanecia quase sempre intacta até o fim do ano e era absorvida em despesas de administração, etc.

Tudo continuou assim até o regresso do Sr. *José Silvestre Rebelo,* antigo diretor da Biblioteca Imperial, que fora nomeado, em 1822, encarregado de negócios do Brasil nos Estados Unidos, donde voltou em 1830, trazendo uma coleção interessante de modelos de diferentes sistemas de mecânica, além de um conjunto de diversos instrumentos agrícolas em ferro fundido e tamanho reduzido, aquisição que esse patriota devotado tivera a generosidade de fazer por sua própria conta.

As esperanças do governo viram-se com isso fortalecidas, e uma sala interna do museu foi cedida, a fim de se destinar não somente à conservação e exposição dos modelos mecânicos, mas ainda às assembléias particulares da sociedade e aos cursos gratuitos que aí deviam ser dados.

O sentimento nacionalista, provocando o 7 de março[1] de 1831, e tornando o brasileiro exclusivamente responsável pelo destino do Império, pôs em evidência a necessidade imperiosa de multiplicar os conhecimentos na medida do possível e, já no mês de agosto seguinte, a sociedade de encorajamentos à indústria nacional, presidida pelo Sr. José Silvestre Rebelo, contava em seu seio a quase totalidade dos brasileiros que se haviam distinguido por sua instrução e seu civismo.

Sociedade de Medicina do Rio de Janeiro

A fundação dessa sociedade deve-se ao devotamento filantrópico e ao patriotismo de seis ou sete médicos recomendáveis pelo seu saber, que se reuniram para redigir os estatutos[2]. Seu funcionamento foi aprovado e autorizado por decreto imperial de 15 de janeiro de 1830, assinado por Dom Pedro I, e a sua instalação pública ocorreu a 24 de abril do mesmo ano, sob a presidência do ministro do Inte-

---

[1] *Naturalmente 7 de abril. (N. do T.)*
[2] *Entre os primeiros fundadores havia três médicos estrangeiros: dois franceses, um dos quais* Sigaux, *que é redator do jornal dos trabalhos da sociedade, e um italiano,* Luís Vicente de Simoni, *que era ainda secretário em 1822. (N. do A.)*

rior, Marquês de Caravelas. A sessão pública de seu primeiro aniversário foi presidida pelos membros da Regência Provisória.

A sociedade se divide em quatro sessões: de vacinação, de consultas gratuitas, de doenças repugnantes e de higiene geral da cidade do Rio de Janeiro. Ela mantém correspondência permanente com as sociedades sábias da Europa. As assembléias particulares realizam-se uma vez por semana; dois dias são consagrados às consultas gratuitas, dadas em sua sede aos indigentes que se apresentam e cujos medicamentos são fornecidos gratuitamente por um farmacêutico, membro honorário da sociedade.

A sociedade se ocupa com perseverança da análise racional e das propriedades particulares de uma infinidade de plantas indígenas, a fim de aproveitá-las na terapêutica. Além disso, criou medalhas de emulação e prêmios pecuniários, distribuídos em sessões públicas a nacionais autores de novas descobertas na arte de curar; para provocá-las, a sociedade publica no fim de cada ano o programa do concurso de emulação do ano seguinte. Na lista dos membros honorários figuram brasileiros dos mais distintos na sociedade e nas ciências físicas. O programa distribuído no fim da sessão pública de 1831 comportava três medalhas de ouro, de diferentes valores, para as três melhores memórias a respeito das medidas sanitárias em geral.

Um prêmio de cinco mil francos era também prometido ao autor de memória que determinasse, com observações clínicas gerais baseadas em casos particulares e principalmente autópsias, a natureza, as causas e o tratamento de qualquer moléstia endêmica no Brasil.

Nomes dos fundadores da sociedade

Foi em casa do Sr. *Sigaux* que se reuniram os senhores *Meireles, Faivre, Jobin* e *Simoni*. Nessa primeira sessão, o Sr. Simoni redigiu, como secretário provisório, a ata da resolução de formar uma sociedade de medicina no Rio de Janeiro, e o Sr. Sigaux foi encarregado da redação dos estatutos. Na segunda reunião, a que compareceram mais dois novos membros, *José Mariano da Silva* e *Rui*, o trabalho do Sr. Sigaux foi submetido a discussão. Essa primeira tentativa, muito satisfatória e por todos apoiada, deu origem a uma associação muito mais numerosa, composta dos senhores *Joaquim José da Silva, Antônio Américo de Uzedo, José Maria Cambuci do Vale, Otaviano Maria da Rosa, José Augusto César Mineres, Cristóvão José dos Santos* (grande operador), *Fidélio Martins Bastos, Antônio Joaquim da Costa Sampaio* e *Antônio Martins Pinheiro,* todos com reputação de excelentes médicos e cirurgiões, títulos a que acrescentaram outro, muito honroso e que constitui um exemplo de generosidade, de desinteresse e de patriotismo, o de fundadores da Sociedade de Medicina do Rio de Janeiro.

Organização judiciária do Brasil

Tribunais ordinários

Os *juízes ordinários,* escolhidos, como os dos nossos tribunais de comércio, pelos habitantes do país, entre os cidadãos respeitáveis, e os *juízes de fora,* nomeados pelo imperador, julgam em primeira instância as causas civis. Apela-se de suas decisões para os *ouvidores,* magistrados nomeados e pagos pelo governo e que residem na capital da comarca; a cada ouvidor cabe um *escrivão de ouvidoria.* Existem ainda, nas grandes cidades como Bahia e Pernambuco, cortes de justiça, chamadas de *relação.* Das decisões destas, apela-se para a *Corte Suprema* do Rio de Janeiro, chamada *Casa da Suplicação,* que conhece a última instância de todas as causas civis e militares. A Casa da Suplicação compõe-se de um presidente, regedor da justiça, de um chanceler e de dezoito magistrados, designados pelo título geral de *desembargadores.* Oito destes são chamados *agravistas* e os demais, *extravagantes.*

Tal é a organização da justiça ordinária, muito semelhante à organização judiciária francesa: tribunais de primeira instância, cortes de apelação e corte de cassação. Ao lado do tribunal superior, devemos colocar a *mesa de desembargo do Paço,* tribunal supremo e especial, que conhece em última instância dos negócios judiciários de todos os processos dos cidadãos, quer civis, quer militares. Esse tribunal está encarregado de expedir indultos e privilégios, de conceder a revisão dos processos, de emancipar os menores e de fazer devolver às vítimas os bens de que tenham sido despojadas.

Tribunais administrativos e mistos

Como chefe civil e militar a um tempo, existe um *capitão-mor,* preenchendo funções análogas às dos nossos *maires;* também existe um *corregedor,* espécie de juiz ordinário encarregado de inspecionar as aldeias sujeitas à sua jurisdição e de zelar pela aplicação da justiça. Esses dois magistrados julgam separadamente.

Coloco em seguida, julgando em conjunto, o *Senado da Câmara,* que pode ser comparado às nossas municipalidades; os camaristas são eleitos pelos cidadãos; os tesoureiros têm o título de *procurador* e três camaristas, o de *vereadores.* Suas funções consistem em recolher e mandar educar as crianças abandonadas, em manter em bom estado os caminhos, em zelar pela construção das pontes e das grandes estradas, despesas a que a Câmara atende mediante certos impostos cedidos pelo governo. Suas decisões tornam-se executivas por intermédio dos *juízes de fora.*

Registros do estado civil

O registro do estado civil era outrora confiado ao poder eclesiástico, mas foi entregue posteriormente ao poder civil.

Os tribunais que estão em relação mais íntima com a administração são o *erário régio*, o *conselho da fazenda*, encarregado principalmente da administração dos bens da coroa, bem como da cobrança das dívidas passiva e ativa, a *junta de comércio, agricultura, fábricas e navegação*, que reúne todas as atribuições do tribunal de comércio e cujos membros são escolhidos entre os magistrados e os principais negociantes.

Tribunais militares

Há muita analogia entre o código militar brasileiro e o nosso, com esta diferença, entretanto, de que, em caso de demanda civil ocorrida entre um simples cidadão e um oficial da milícia burguesa, é indispensável conseguir autorização prévia e formal de *conselho militar* para executar em caso de urgência o oficial perante os tribunais ordinários. Em geral tudo o que se relacione ao Exército e à Marinha é levado ao *Conselho Supremo Militar*, tribunal instalado em 1808 e que conhece igualmente das presas. Para julgar, solicita ele, muitas vezes, a colaboração de um magistrado superior.

Tribunais eclesiásticos

Em primeiro lugar coloca-se a *junta da bula da cruzada*, que percebe a importância das dispensas eclesiásticas; vem em seguida a *mesa da consciência e ordens*. Este tribunal possui uma jurisdição civil confiada ao clero, na pessoa de um padre com o título de *vigário de vara*. Pode-se apelar das decisões do vigário para o vigário-geral. Quando, num processo entre um padre e um leigo, o leigo é o demandista, a causa se julga pelo juízo eclesiástico que acabamos de nomear. O vigário de vara é também *juiz dos casamentos*. Ninguém pode casar sem seu consentimento. Embora as partes estejam perfeitamente de acordo, diz o Sr. de Saint-Hilaire, de quem reproduzimos esse precioso documento, é necessário um processo que passa pelo vigário de vara e cujo resultado consiste numa provisão de mais ou menos doze mil-réis e que autoriza o cura a casar as partes. Às vezes tais despesas sobem a cinqüenta mil-réis ou mais. O sábio viajante observa, com justeza, que, em virtude dessa legislação absurda, os indigentes são obrigados a viver em culposa desordem [1].

---

[1] *Eufemismo, muito do estilo da época, para dizer "em estado de concubinato". (N. do T.)*

Vencimentos

Não ignoramos que houve algumas reformas nesse setor da administração, mas, havia alguns anos apenas, os juízes, cumulando vários empregos na magistratura, auferiam uma renda muito mais considerável do que a de seus vencimentos. Um juiz de fora, simplesmente na sua qualidade de juiz, recebe apenas quatrocentos mil-réis; no entanto, a renda total do de *Vila Rica* alcançava outrora oitocentos mil cruzados. Os vencimentos de um ouvidor são de quinhentos mil-réis, mas a sua renda efetiva é quatro vezes maior.

Os camaristas devem desempenhar suas funções gratuitamente, mas com o nome de *propina* é-lhes concedida uma gratificação, retirada das rendas da Câmara e que varia de acordo com os distritos. Assim, por exemplo, os camaristas da *Vila do Príncipe* recebem quarenta mil-réis, os de *Caeté* sessenta mil-réis. Cada Câmara tem um escrivão remunerado, sem voz no conselho; o ofício é um dos que, de três em três anos, são postos em leilão em *Vila Rica*.

Legislação sobre os índios

A fim de precisar a complexidade dos diferentes tribunais, pensei que seria de interesse para os leitores saber qual foi, desde a época da conquista do Brasil, o estado civil dos aborígines.

Nos primeiros anos da conquista, nenhum dispositivo preciso emanou da metrópole para proteger os índios ou opor-se à sua destruição. Durante suas guerras com os portugueses, eram eles freqüentemente escravizados e enviados de uma capitania para outra num intuito de segurança, o que pode ser considerado uma espécie de tráfico. Muitas tribos desapareceram com esse regime. Em 1570, uma ordem régia de Dom Sebastião tentou modificá-lo, declarando-os índios livres, mas a ordem não foi executada. Em 1595 outra ordem régia, de Filipe II, reduziu para dez o número de anos de cativeiro imposto aos índios condenados à escravidão. Em 1605 novo regimento declarava livres os índios. O ano de 1609 vê surgirem novas ordens régias em seu favor. Em 1611 penas graves são impostas aos que se encontrem em contradição com as leis favoráveis aos indígenas; mas foi somente em 1755, sob o ministério de Pombal, que os índios foram declarados inteiramente livres; o privilégio não foi respeitado pelos duros portugueses governadores de províncias, que se mantinham mais ou menos dentro de um espírito de hostilidade aos índios, mas tornou-se eficaz depois de 1822, quando o mesmo poder foi confiado pelo imperador a brasileiros capazes de estimular a civilização a fim de utilizar prontamente esses braços aclimados, tão preciosos para a agricultura, de cuja prosperidade depende a de sua pátria.

Culto religioso

Procissões

As cerimônias da religião católica, introduzidas no Brasil pelos missionários portugueses, conservaram seu caráter bárbaro, isto é, o exagero de que fora preciso revesti-las para impressionar os índios, apresentando-lhes imagens esculpidas e coloridas de gigantescas proporções. Esses missionários sentiram, com razão, que o aspecto dessas figuras humanas, seres intermediários entre o homem e a divindade, faria nascer na imaginação dos selvagens a idéia da grandeza e da força extraordinária do novo deus imposto.

Daí a origem das procissões brasileiras, imitadas das espanholas. Essa espécie de cerimônia religiosa tornou-se, para a cidade do Rio de Janeiro, uma oportunidade de luxo e de divertimento público, e de exibição de trajes elegantes para todas as senhoras, as quais aproveitam a festa para se mostrar nos balcões à passagem do cortejo. Observe-se também a vaidade das irmandades religiosas de cada igreja, cujo orgulho faz com que procurem se distinguir exibindo nesses passeios a extrema riqueza dos ornatos que mantêm com grandes despesas, sem, entretanto, tentar atenuar-lhes o mau gosto.

Há no Rio de Janeiro oito procissões principais: a de *São Sebastião,* a 20 de janeiro, dia do santo [1]; a de *Santo Antônio,* no dia das Cinzas, às quatro horas da tarde; a de *Nosso Senhor dos Passos,* na segunda quinta-feira da Quaresma; a do *Triunfo,* na sexta-feira que precede o *Domingo de Ramos;* a do *Enterro,* na Sexta-feira Santa; a do *Corpo de Deus,* que se repete na oitava, e finalmente a da *Visitação de Nossa Senhora,* a 2 de julho.

Procissão de São Sebastião (primeira do ano)

A procissão instituída em honra de São Sebastião, padroeiro da cidade do Rio de Janeiro, realiza-se a 28 de janeiro, oito dias após o dia do santo. Sai às quatro horas da tarde da Capela Imperial e termina na *Velha Sé,* considerada a mais antiga igreja da cidade. A Igreja de São Sebastião, situada no *morro dos Sinais,* é a primeira que se percebe ao entrar na baía.

O cortejo constitui-se de um destacamento de cavalaria, que abre a marcha; seguem-se, em fila, os estandartes de todas as irmandades, precedendo suas numerosas deputações; em seguida vêm as pessoas da corte imperial, os membros da Câmara Municipal com seu estandarte e, esculpida em madeira colorida, a imagem de São Sebastião, representado de pé e amarrado a um tronco de árvore [2]. A estátua

---
[1] *A data consignada na descrição da procissão, poucas linhas adiante, não confere com esta. (N. do T.)*
[2] *Seu tamanho é de mais ou menos três pés. (N. do A.)*

do santo, inteiramente nua, traz a fita e a condecoração guarnecida de diamantes de comandante da Ordem de Cristo. Os vencimentos de sua patente são empregados na manutenção da capela.

A imagem, erguida num andor ricamente enfeitado, é carregada pelos membros do *Conselho Municipal;* vem, em seguida, todo o clero das igrejas do Rio de Janeiro, precedendo, com o da Capela Imperial e os músicos da mesma, o pálio sob o qual caminha o bispo do Rio de Janeiro, na qualidade de capelão-mor; seguem-se alguns dignitários, ministros, presidentes das câmaras e outros; finalmente, fecha a marcha um imponente destacamento de infantaria de linha com sua banda.

O cortejo entra no interior da Igreja de São Sebastião e coloca no altar-mor a pequena imagem do santo; a tropa, que ficou de fora, faz três descargas de mosquetões e se retira. Esse sinal é o da separação dos membros do cortejo. Imediatamente, todas as ruas adjacentes se enchem de carruagens conduzindo de regresso as mais ricas personagens, enquanto os de fortuna medíocre retiram sua vestimenta de cerimônia e a entregam a seus escravos, que os acompanham com o precioso pacote.

O clero separa-se em grupos de dois ou três indivíduos, encontrados carregando para a sua casa o enorme círio dado a título de ficha de presença. Outros membros subalternos do clero acompanham os negros que carregam à cabeça enormes tabuleiros cheios de diversos acessórios religiosos, recobertos com pequenas toalhas de musselina bordada, guarnecida de rendas. Mas, no meio dessa multidão, os mais embaraçados são os que carregam cruzes e candelabros e que se esforçam naturalmente para regressar o mais depressa possível e sem cerimônia a suas respectivas igrejas.

Finalmente, após essa jornada de fadigas, no dia seguinte, à hora habitual da abertura das igrejas, pode-se ver a pequena imagem de São Sebastião ressurgir no altar-mor da Capela Imperial, para onde voltou incógnita.

Procissão de Santo Antônio (segunda do ano)

A imensa procissão de Santo Antônio compõe-se de doze grupos de figuras colossais; em verdade, somente as cabeças, os pés e as mãos são de madeira esculpida e colorida, o resto do corpo não passando de um manequim leve, vestido de veludo ou seda.

Esses grupos imponentes, resplendentes de tule dourado e prateado figurando nuvens e raios, muitas vezes semeados de cabeças de querubins, apresentam-se como enormes massas fixadas em estrados ricamente recobertos de veludo vermelho com galões e franjas de ouro. São carregados, de acordo com o peso, por quatro ou seis homens em uniforme da irmandade da paróquia.

Descrição da procissão

A vanguarda é constituída por um suboficial e quatro cavaleiros da guarda da polícia; vem, em seguida, um grupo de anjos grotescamente vestidos, no gênero dos que desenhou Albrecht Dürer; acompanham-nos o cruciferário e os portadores de candelabros, com grandes círios guarnecidos de flores de cera colorida, de pássaros e de pequenas cabeças de querubins, da mesma matéria, agrupados e sustentados por cabos elásticos. O primeiro grupo representa um rei e uma rainha, de pé, vestidos com grandes túnicas de um verde claro um tanto esbranquiçado, cada um deles com um terço na mão. Cada grupo é precedido por um menino, ou menina, vestido de anjo, carregando um cartaz explicativo, fixado na extremidade superior de um bastão prateado. O segundo grupo compõe-se de um Santo Antônio de pé e de um Cristo também de pé, vestido com uma túnica de seda verde-clara; o Cristo carrega uma cruz de madeira larga e Santo Antônio, uma outra de madeira redonda, muito fina e inteiramente dourada. O terceiro grupo representa um concílio presidido por um papa sentado sob um pequeno dossel de encosto e diante de uma mesinha redonda coberta com um tapete de veludo vermelho sobre o qual se encontra um papel com uma inscrição; quatro cardeais sentam-se igualmente em torno da mesa, e um religioso franciscano mantém-se de joelhos[1]. O quarto grupo mostra um rei e uma rainha, de pé; o quinto representa um *São Benedito* negro, também de pé, vestido de túnica preta, amarrada na cintura por um cordão branco, e tendo na mão um pequeno crucifixo, que ele parece adorar. O sexto grupo é formado por uma *Nossa Senhora da Conceição,* de pé, envolvida em nuvens de tule prateado cheias de cabeças de querubins. O sétimo representa uma Madalena arrependida, de joelhos, diante de um pequeno crucifixo fincado no chão e com um círio na mão. O oitavo mostra um Cristo crucificado, com o braço direito solto e o resto do corpo inclinado para um *Santo Antônio* de joelhos e em adoração. O nono representa um São Tiago, de pé, com um cão à esquerda, carregando um pãozinho na boca. O décimo mostra um São Luís, rei de França, de pé, tendo na mão os *três pregos* e a coroa de espinhos, cuja parte inferior é envolvida num pedacinho de damasco vermelho com galões de ouro. Veste um manto azul-estrelado e usa peruca de médico e bigodes à espanhola; tem diante dos pés um banquinho, onde se acham colocados o cetro e a coroa. O décimo primeiro representa uma *Santa Isabel,* rainha de Portugal, de pé, enfeitada com um manto amarelo e uma coroa de ouro, e, finalmente, o décimo segundo é um Cristo crucificado, ao pé do qual se encontra um Santo Antônio em êxtase, de joelhos. Esse último grupo é acompanhado pelos monges, pelo dossel e pela banda militar da infantaria, que forma a retaguarda.

Esta procissão, que tem a reputação, aliás justa, de apresentar aos fiéis o maior número de imagens esculpidas, dura quatro horas; regressa noite fechada e o seu

---
[1] *Imagine-se esse grupo, de tamanho maior que o natural, colocado em seu estrado e ter-se-á uma fácil idéia da fadiga dos que carregam o andor. Com efeito, os irmãos, já agora menos fervorosos, pagam soldados de linha, a quem emprestam suas vestimentas, para que carreguem os grupos mais pesados, nessa longa e penosa marcha. (N. do A.)*

percurso se enche, sem descontinuar, de uma multidão de espectadores nacionais e estrangeiros.

Os devotos consideram essa festa o primeiro dia de Quaresma, e os incrédulos a continuação do Carnaval. Entretanto, tudo se passa na maior ordem. A marcha é interrompida para muitas paradas, porque o peso enorme de alguns dos andores impede os irmãos de carregá-los durante mais de trezentos a quatrocentos passos sem descansar os ombros, machucados a despeito da espessura do estofamento das pontas dos varais e da multiplicidade dos revezamentos. Acrescente-se a essa primeira causa de fadiga a dificuldade de descer, conservando o equilíbrio dessas enormes massas, o declive rápido e prolongado que se encontra à saída do Convento de Santo Antônio.

Por esse motivo, na volta da procissão, a fadiga geral e a obscuridade justificam certa desordem; o clero e os dois primeiros grupos retomam gravemente o caminho da subida, mas os demais grupos tomam outra direção, para subir pelas diferentes portas, separadas por uma série de belas escadarias laterais de pedra, e chegam assim mais facilmente em cima. Essa parte da procissão apressa-se em voltar, com a precipitação que inspira a felicidade de libertar-se de uma penosa tarefa.

Finalmente, todos esses grupos, simetricamente arranjados sobre seus pedestais, permanecem expostos à adoração dos fiéis, que, com sua afluência, vêm aumentar o calor abafante provocado pela enorme quantidade de círios acesos, que parecem incendiar a Igreja de Santo Antônio.

Terminado o arranjo dos grupos, os irmãos, ainda cobertos de suor, reúnem-se alegremente em uma das salas do consistório, onde os espera um lauto banquete. E, sozinhos na sala, entregam-se livremente, ao mesmo tempo em que reparam suas forças, a pilhérias sobre o ridículo de sua tarefa, que os diverte de costume, mas que agora lhes inspira certa vergonha e por isso mesmo provoca seus sarcasmos.

Entretanto, essa impressão das gigantescas imagens coloridas apresentadas em procissão conserva ainda hoje seu prestígio entre a classe baixa da população e entre as mulheres livres ou escravas. Ajoelhadas, cheias de compunção, ousando apenas erguer o olhar para a imagem de madeira de um santo cuja proteção imploram de acordo com o caráter dos poderes que lhes são especialmente inerentes, redobram suas preces a fim de conseguir, com a ajuda de sua interferência eficaz, o perdão dos pecados cujas conseqüências temem, ou obter resultados que desejam ardentemente. Essa credulidade é, em verdade, estimulada há três séculos pelos clérigos, interessados em manter uma correspondência devota por intermédio das missas votivas.

Procissão de Nosso Senhor dos Passos (terceira do ano)

No segundo dia da Quaresma, o soberano, os nobres da corte e os ministros reúnem-se na Capela Imperial do Carmo, entre sete e oito horas da noite, para carregar em procissão uma imagem, esculpida, do Cristo ajoelhado com a cruz às costas, do dobro do tamanho natural. A imagem é colocada num andor cheio de esculturas e de tapeçarias com franjas de ouro, todo recoberto por um baldaquim fechado por quatro cortinas, amarradas com laços de fitas. Todas as tapeçarias são de brocado roxo-escuro e ouro.

A túnica de Nosso Senhor é de sarja roxo-escura e amarra-se à cintura por um cordão cujos nós são combinados artisticamente. O grupo assim encerrado dentro do baldaquim deixa ver apenas três pés da cruz, cuja extremidade inferior ultrapassa a parte traseira do andor[1]. Oito pessoas carregam essa massa: o imperador, à direita, e o seu capitão de guarda, à esquerda, sustentam nos ombros os varais da frente, e as personagens mais distintas se colocam sob os outros varais.

Às nove horas, mais ou menos, o sino da Capela Imperial anuncia a saída da procissão, que, depois de meia hora de marcha entrecortada de paradas indispensáveis, chega à *Igreja da Misericórdia,* onde se encontra outro pedestal, preparado para receber o fardo sagrado. O imperador, depois de colocá-lo em sua nova base, sobe na carruagem e desaparece; os outros fazem a mesma coisa, e os curiosos ficam na Igreja.

Descrição do cortejo

Um destacamento de cavalaria da guarda da polícia abre a marcha, precedendo o estandarte da confraria de *Nosso Senhor dos Passos.* Esse estandarte, de seda roxa muito escura e bordado com galões e franjas de ouro, é carregado e escoltado pelos membros da mesma confraria, cuja vestimenta, mais simples, é da mesma cor. Uma dupla ala de guardas do palácio acompanha a imagem de Nosso Senhor dos Passos, escondida debaixo do baldaquim e cercada de dezesseis lanternas acesas, fixadas nas extremidades de grandes varas pintadas de roxo e salpicadas de ouro; essas lanternas são carregadas por simples particulares, em sinal de devoção. Seguem-se o clero da Capela Imperial, alguns cantores do coro e o dossel sob o qual caminha o bispo, carregando nas mãos uma cruz em que não mais figura o corpo de Cristo; e finalmente vêm os ministros e grandes dignitários do Estado. Um destacamento da milícia fecha a marcha.

Dissolvido o cortejo, os membros da confraria descobrem o rosto e os devotos do bairro vêm, até meia-noite, beijar os pés de *Nosso Senhor dos Passos,* bem como a extremidade do cordão da cinta.

A igreja, nessa noite, fica resplendente de luzes. Dois irmãos imóveis ajoelham-se no primeiro degrau do altar-mor, cada um com um círio aceso nas mãos, até que dois outros os venham revezar, cerimônia que se renova de quarto em quarto de hora, até o dia seguinte à tarde; nova procissão vem, então, às quatro horas, a fim de levar de novo a imagem de Nosso Senhor dos Passos para a capela abandonada na véspera.

Na sexta-feira, dia seguinte ao da procissão, desde madrugada até quatro horas da tarde, a *Igreja da Misericórdia* permanece cheia de devotos curiosos, que, depois

---

[1] *A imagem é exposta antes da procissão, durante duas ou três horas, sobre um pedestal, no meio do coro da Capela Imperial. (N. do A.)*

da prece, vão beijar humildemente o calcanhar do pé esquerdo da imagem; em seguida, colocam uma esmola na imensa salva de prata junto do pedestal. Um estrado colocado atrás da imagem facilita essas demonstrações públicas de humildade. A atitude a que os fiéis são forçados para chegarem até o calcanhar do Cristo é muito penosa, embora o mais alto degrau do estrado alcance o nível da prancha que suporta a imagem. A tradição prescreve, com efeito, que os fiéis se ajoelhem para dar o beijo; por isso, a pessoa que deseja cumprir fielmente essa obrigação religiosa precisa apoiar primeiramente ambas as mãos no mesmo plano e alongar extremamente o pescoço, a fim de atingir o enorme calcanhar do Cristo, que só deve ser tocado pelos lábios.

Nessa atitude difícil, as brasileiras, à sombra da devoção, encontram um meio a mais para exibir publicamente sua graça natural, talvez um pouco estudada, que lhes inspira o desejo de agradar aos inúmeros espectadores, reunidos para render homenagem à flexibilidade e à faceirice da pantomima.

As pessoas mais devotas das classes baixas têm por hábito, ao descerem do estrado, ir fazer outra genuflexão diante do pedestal, para beijar ainda um nó colocado na ponta da corda que forma a cinta da túnica de Cristo; esse nó venerado encontra-se, por comodidade, apenas a dois pés e meio do solo. Os mais pobres contentam-se com este último consolo, e uma grande multidão de homens e mulheres de todas as idades e cores espera com paciência o momento de beijar gratuitamente a ponta do cordão de *Nosso Senhor dos Passos*, o que se verifica até o regresso da santa imagem à Capela Imperial. Nesse mesmo dia, pelas quatro horas da tarde, os sinos da *Igreja da Misericórdia* anunciam a saída da procissão de regresso à capela.

Como de costume, alguns cavaleiros da guarda da polícia abrem a marcha; vem em seguida o estandarte da Irmandade de *Nosso Senhor dos Passos;* logo após, incorporados, os membros da confraria formada por empregados de diversas categorias a serviço particular do palácio imperial; seguem-se uma deputação da Irmandade da Misericórdia e a imagem carregada a descoberto pelos cantores da Capela Imperial. A imagem vem enfeitada com uma enorme coroa e um imenso ramalhete de flores naturais. As lanternas são então carregadas pelos principais empregados eclesiásticos, civis ou militares a serviço da corte. Acompanham-nos a música da capela, seu clero, o dossel, os membros da Câmara Municipal, os ministros e grandes dignitários, tudo ladeado por duas filas de soldados de infantaria com sua banda.

De regresso, o cortejo desce a Rua da *Misericórdia,* faz a volta do *Palácio Imperial* e segue pelas mesmas ruas. Afinal, após várias horas de marcha, interrompida por diferentes paradas, chega à Capela de Nosso Senhor dos Passos pela Rua *Direita.* Todo o cortejo entra então na Capela Imperial, sendo somente a imagem levada para a sua capela particular, situada ao lado[1]. Essa sala, consagrada a Nosso Senhor dos Passos, é bem pequena e não pode conter a invasão de curiosos. Por isso

---

[1] *A entrada principal da Capela de Nosso Senhor dos Passos dá para a praça; compõe-se de duas portas envidraçadas pertencentes ao pequeno edifício que separa a Capela Imperial da torre; tem duas outras portas internas que comunicam com o claustro e com a capela. (Ver prancha 1.)* (N. do A.)

fecham-se as portas, abrindo-se somente um quarto de hora depois, quando já instalada a imagem no seu pedestal, ao qual se adaptam dois degraus reunidos por um estrado, combinação que permite subir e descer comodamente. No mesmo pedestal, perto do pequeno estrado, acha-se colocada a salva de prata para as esmolas, tão numerosas nessa ocasião que é preciso esvaziá-la de quarto em quarto de hora. Nesta sala repleta de devotos e curiosos, a elite da sociedade vem exibir o luxo com que a tradição permite às senhoras embelezarem a sua religião. Aí também, até meianoite, os curiosos se agrupam para esperar as amáveis visitantes que chegam de todos os lados, levadas, ao que se diz, pela única intenção de beijar humildemente o calcanhar e o cordão da cinta de Nosso Senhor dos Passos.

Finalmente, nesse pedestal, transformado durante horas em verdadeiro teatro de sociedade, figura o amor-próprio de todas as idades e de todas as condições. Entretanto, é preciso confessá-lo, uma sensação dolorosa domina o prazer de contemplar o ridículo, quando se consideram os esforços de uma velha senhora brasileira, que, com ajuda de seu criado, tenta uma penosa genuflexão; o que outrora lhe valeu merecidos elogios, sua sincera devoção hoje lhe impõe como um dever de humildade; seu fiel servidor, colocado no último degrau, atrás de sua ama, apressa-se em suprir com seus cuidados as forças que lhe faltam para levantar-se e a ajuda a descer lentamente pelo outro lado, deixando atrás de si uma fila imponente de mulheres desejosas de fazê-la esquecer.

Felizmente sucede-lhe uma *rica brasileira*, já madura, afetando uma dignidade deslocada, no intuito de esconder a dificuldade de utilizar o resto da desenvoltura, que os múltiplos entraves imaginados pela sua costureira, para comprimir a gordura em benefício da elegância, ainda lhe permitem.

Muda a cena; chegam as moças e distingue-se a *jovem noiva,* cujo porte, mais desembaraçado, enobrece a atitude mística recomendada pelo confessor. Brilhando com suas graças naturais e preocupada com a felicidade que ela espera, vemo-la, no momento de levantar-se, deitar um olhar furtivo, mas sempre cândido, ao admirador presente, que pode mostrar ao mundo como objeto de sua escolha. Até a própria negra, acompanhando a ama na qualidade de criada de quarto, imita jeitosamente nessa ocasião os gestos adequados, pois vem vestida com as roupas elegantes que a ostentação de sua senhora lhe permite e com as jóias que suas docilidades condescendentes obtêm dos filhos da casa ou dos rapazes que a freqüentam.

Finalmente, a *prostituta*[1] não teme mostrar-se. É ela facilmente reconhecível pela sua vestimenta muito rica, mas exagerada, e cujo mau gosto, embora rebuscado, revela a classe obscura a que desonra. Veste em geral uma blusa de seda de cor viva, sobrecarregada de cordõezinhos e pingentes de seda ou de fitas estreitas de cores berrantes; juntados de maneira estranha, esses enfeites são sempre chocantes, pela falta de harmonia com o fundo em que assentam. Uma guarnição mais ou menos semelhante sobrecarrega o babado de uma saia branca de magnífica musselina das Ilhas; meias de seda branca e sapatos de tela de seda azul-céu, rosa, amarelo-clara ou verde completam a indumentária. Quando rica, ela usa a saia de renda preta bordada,

---
[1] *Pertence, em geral, à classe das mulatas ou negras livres. (N. do A.)*

destacando-se por transparência da saia de baixo, de seda branca, rosa ou amarela, às vezes mesmo preta, com fitas de cor passadas nas guarnições. A atitude ríspida que mantém em público encobre felizmente o abandono libidinoso com que se apresenta em sua própria casa. Em verdade, se as prostitutas freqüentam assiduamente as igrejas do Brasil é porque não existem outros lugares de reuniões públicas.

Em resumo, o estranho espetáculo termina à meia-noite, e, logo após o fechamento das portas, o tesoureiro coloca nos cofres a totalidade das abundantes esmolas da noite; e, fechados estes, apressa-se em voltar para casa, a fim de descansar de suas exaustivas funções, que o obrigaram a ficar de pé oito horas seguidas.

Há na cidade uma outra Capela de *Nosso Senhor dos Passos,* pequenina igreja que dá nome à rua em que se encontra; aí a irmandade de igual nome conserva durante o resto do ano tudo o que pertence ao culto da imagem. Aí se encontram os grandes armários que se destinam à guarda das diferentes partes desmontáveis da imagem colossal, bem como seus enfeites e acessórios, consagrados pelo uso. Quando se arma essa imagem, são as senhoras dos grandes dignitários da irmandade que se encarregam de vesti-la e de fornecer-lhe a enorme coroa e o imenso ramalhete de flores naturais de que falamos.

Procissão do Triunfo (quarta do ano)

Na sexta-feira que precede o *Domingo de Ramos,* das quatro às cinco horas da tarde, a população do Rio de Janeiro se reúne para ver sair da Capela do Carmo a procissão do *Triunfo,* isto é, dos sofrimentos e humilhações que compõem o conjunto da Paixão de Nosso Senhor e cujas cenas esculpidas são carregadas em procissão.

Como nas precedentes procissões, a guarda da polícia abre o cortejo; vem em seguida o estandarte roxo no meio do qual há a inscrição "S. P. Q. R." (Senatus Populusque Romanus) bordada a ouro; segue-se um anjo carregando uma cruz de madeira preta com filetes de ouro, sobre a qual são pregadas duas palmas cruzadas encimadas por uma inscrição com letras douradas.

Jesus Cristo constitui o assunto de cada um dos grupos executados em relevo e em tamanho natural. O primeiro representa o Cristo ajoelhado, vestido com uma túnica roxo-escura; o segundo, o Cristo de pé, de mãos atadas e com uma túnica semelhante; o terceiro, Jesus flagelado, de pé e inteiramente nu; o quarto, Jesus já flagelado, sentado com um caniço na mão e com as costas cobertas por um pequeno manto de brocado vermelho e ouro; o quinto representa ainda Jesus flagelado, de pé e com um manto semelhante, porém mais comprido; o sexto figura Jesus com um joelho no chão, carregando a cruz e vestido com uma túnica roxa lisa, apertada na cinta por um cordão com uma ponta caída; o sétimo, finalmente, mostra Jesus crucificado, com o rosto cercado de enormes raios dourados. Este último grupo é escoltado por seis grandes círios de cera escura, retorcidos em espiral. Entre cada imagem esculpida caminham anjos carregando os diferentes acessórios da paixão. Um dossel roxo é suspenso a oito varais vermelhos e dourados e escoltado por oito lanternas. Segue-se outra imagem esculpida, a da *Virgem das Dores:* veste um manto roxo-escuro e tem as mãos cruzadas sobre o peito; oito espadas nuas, dispostas em círculo, parecem fixar-se no seu seio; uma grande auréola dourada cerca-lhe os cabelos.

A dupla ala que ladeia a procissão compõe-se dos membros da Irmandade da Capela do Carmo e dos monges da mesma ordem. A retaguarda é constituída por um destacamento de infantaria, precedendo a banda, que executa marchas fúnebres. Os soldados carregam o fuzil em funeral.

No regresso do cortejo, colocam-se as imagens nos seus pedestais, arranjados em duas filas de cada lado da nave. Aí ficam elas expostas aos fiéis, que vêm durante todo o dia seguinte beijar-lhes os cordões da cinta.

Procissão do Enterro (quinta do ano)

A procissão do Enterro, introduzida no Brasil pelos portugueses, saía regularmente da Capela do Carmo, no Rio de Janeiro, na Sexta-Feira Santa, entre oito e nove horas da noite; mas desde 1831 sai de dia, às quatro horas da tarde. Essa mudança de hora, que se tornou necessária por causa dos motins populares ocorridos na cidade, teve por fim evitar um pretexto de aglomeração noturna que poderia ser prejudicial à segurança pública e à decência religiosa.

A princípio, como dissemos, ela saía imediatamente após o fim do ofício das trevas, cantado na Capela Real com o intuito de aproveitar os chantres que figuram no cortejo da procissão do *Enterro,* como parte tanto mais essencial quanto lhes cabe carregar e acompanhar o sarcófago com o cadáver de Cristo.

Antes da partida da procissão, a *Igreja do Carmo* enche-se de curiosos, que aguardam o sinal de abertura das enormes cortinas de damasco vermelho, feitas para toda a entrada do coro. Por efeito desse sinal, que pode ser comparado ao que se chama no teatro uma mudança de cenário, apresenta-se à admiração dos presentes embasbacados o rico espetáculo de um imenso grupo composto de todas as principais personagens que figuraram nessa cena histórica, vestidas a caráter e sem que lhes falte o mais ínfimo acessório. Acompanham o cortejo como se assistissem ao enterro de Jesus Cristo, cerimônia que deu nome a essa brilhante procissão.

Entretanto, examinando de sangue-frio todos esses detalhes, não se pode deixar de verificar o estilo bárbaro, e já agora grotesco, do século que os criou. Como não sorrir ante essas incoerências ridículas tão religiosamente conservadas, se esquecemos que os inventores dessas cerimônias foram forçados a tais exageros para impressionar os povos ignorantes, que julgavam apenas com os olhos? Entretanto, por ora, não seria talvez prudente reformar esse exagero, aceito pela população brasileira, composta, como é atualmente, de negros, de mulatos eminentemente supersticiosos e de brancos, em parte (os velhos e os homens maduros) com sua educação atrasada. Em resumo, devotos todos, por hábito tanto quanto por vocação, têm necessidade de todo esse prestigioso aparato e considerariam uma profanação ao culto religioso qualquer modificação mais razoável a que se procedesse nessas estranhas cerimônias. No espírito do ancião brasileiro, toda idéia de inovação é desprezada primeiro e rejeitada em seguida.

Mas o progresso da civilização, que já hoje se observa no Brasil, levará insensivelmente os brasileiros a dispensar pouco a pouco o estranho, o pitoresco e o supérfluo do culto católico, a um tempo tão simples e tão nobre.

Vejamos, entretanto, de uma maneira pormenorizada, como se constitui essa pomposa procissão.

Após um destacamento de cavalaria da polícia, vem um trombeteiro a pé, metido num dominó roxo-escuro [1]. Um irmão, figurando um levita, acompanha-o com a cabeça coberta por um grande véu branco [2]. Esse irmão, assim fantasiado, carrega nas mãos uma cruz de madeira fina, de seis polegadas de largura e de seis pés de altura, pintada de preto e com um santo sudário ensangüentado [3]. O cruciferário é escoltado por dois acólitos, segurando cada qual um grande círio retorcido, pardo e dourado, à ponta de uma vara. Segue-se um irmão em traje comum, carregando um enorme estandarte romano, isto é, apoiando no ombro direito a ponta do estandarte, de maneira a que o pano arraste pelo chão juntamente com o pau. Um anjo, rapaz de dezoito anos, carrega do mesmo modo outra pequena insígnia romana e precede três grandes indivíduos que marcham juntos, envolvidos cada qual, da cabeça aos pés, numa túnica negra com uma cauda de mais ou menos quatro pés, arrastando pelo chão; só lhes é possível ver através de dois pequenos buracos abertos à altura dos olhos. Vem em seguida um grupo de uma quinzena de anjos carregando diversos acessórios da Paixão, em tamanho reduzido, e marchando por dois, a grande distância um do outro, a fim de permitir que um irmão possa andar livremente entre cada par. Esses anjos são representados por meninos e meninas de sete a onze anos [4].

---

[1] *Essa personagem está envolvida da cabeça aos pés numa grande túnica de penitente feita de sarja fina, roxa e lisa; dois buracos são abertos para os olhos. O instrumento está igualmente fechado numa capa da mesma fazenda e da mesma cor, de modo que, cada vez que ele leva a corneta à boca, a capa em forma de saco se enche imediatamente, acidente que em geral faz rir a multidão.* (N. do A.)

[2] *Esse ornamento, de luto, ao que se diz, compõe-se de um grande véu branco, que em grande parte cai para trás, descobrindo o rosto do levita; o pedaço da corda que lhe cinge a cabeça dá ao conjunto, visto de frente, o aspecto de um boné de senhora.* (N. do A.)

[3] *O centro do santo sudário é suspenso em semicírculo, sendo as extremidades sustentadas pelos dois braços da cruz.* (N. do A.)

[4] *Esses anjos usam todos pequenas perucas retorcidas e empoadas, com um enorme diadema barato e coroadas de um ramalhete de flores ou de penas bem grandes, fixado no alto da cabeça. O resto do traje, lembrando um pouco o de Luís XVI, compõe-se de uma túnica amarrada à cintura, de veludo vermelho ou azul-rei, com galões ou rendas de ouro e prata. A barra da saia, meio aberta na forma e com franjas, é guarnecida de um arame grosso para conservar a forma arredondada, à exceção de alguns cantos, arregaçados, para dar a idéia do efeito do vento. Um véu de tule prateado, armado também com arame grosso, forma uma nuvem em torno da cabeça, arquitetada no intuito de dar à fisionomia certa espiritualidade. Essa cousa informe, que de longe parece um fole amarrado às costas do anjo, quase esconde as duas asas de cisne que completam a indumentária. Esses anjos usam ainda meias de seda branca; as botinas de veludo vermelho ou verde com galões de ouro sobem até a metade da perna; enormes girândolas penduradas às orelhas e grandes chapas de diamantes falsos, formando pulseiras ou broches, enfeitam o infeliz anjo, que a passos lentos e compassados zela pelo movimento de todas essas saliências redondas ou pontudas, a fim de conservar certa dignidade durante as duas ou três horas que dura o seu papel singular (ver prancha 25 deste volume).* (N. do A.)

Os anjos menores são conduzidos pela mão de confrades que não os largam e que são em geral os pais das crianças, ou simples amigos da família. Chega, finalmente, o palanquim funerário, carregado por quatro diáconos; dentro, distingue-se o corpo de Nosso Senhor, de madeira esculpida e colorida, recoberto inteiramente por um véu transparente, bordado a ouro. A imagem deitada é carregada num leito encimado por um baldaquim e que só pela riqueza difere dos que as irmandades empregam nos enterros. Precede-o um grupo de chantres e músicos da capela imperial, vestidos de levitas[1]. Os diáconos só se distinguem dos levitas pela estola de crepe usada a tiracolo, da esquerda para a direita. Dos dois lados do palanquim, colocam-se em alas os irmãos que carregam as lanternas. Vem logo em seguida, sem dar sinal da menor aflição, uma Madalena[2], *rapaz* de quinze a dezesseis anos. Ao lado marcha um São João, também de ótima aparência, com a mesma vestimenta, às exceção da peruca, que é de cabelos curtos; carrega debaixo do braço um livro grosso, sem dúvida para completar a ilusão de São João Evangelista[3]. Seguem-se oito soldados romanos, completamente armados, com alabardas na mão; atrás, um enorme centurião, de capacete ricamente enfeitado, com uma fita vermelha de franjas de ouro a tiracolo, segura uma pesada alabarda, com a qual, a cada passo, bate fortemente no chão. Quatro outros gigantes, também grotescamente fantasiados, representam os *príncipes dos padres*[4]. Dois destes, menos brilhantes do que os seus colegas, carregam aos ombros uma escada pequena pintada de vermelho. Esse grupo é seguido por um anjo, já grande, que segura um pano enrolado, com um rosto santo, pintado em vermelho, o qual desenrola no momento de entoar o cântico, em cima de um pequeno estrado, a cada parada da procissão. O canto, extremamente lento, perde um instante sua monotonia para tornar-se agudíssimo, voltando insensivelmente ao tom primitivo. Este está de acordo com o estilo dolente das duas ou três palavras que compõem o canto, difíceis de se compreender porque o prolongamento dos sons as confunde. A última imagem da procissão é a de *Nossa Senhora das Dores,* cujo andor é enfeitado de ciprestes. A marcha é fechada por um destacamento de infantaria, cuja banda executa de quando em quando marchas fúnebres; o cortejo religioso é escoltado por uma dupla ala de irmãos e de carmelitas descalços da Capela da Congregação.

Após mais de duas horas de marcha, o cortejo volta para a capela de onde saiu, e os grupos esculpidos, recolocados em seus pedestais, permanecem até meia-noite

---

[1] *Vestem uma sobrepeliz branca, lisa, ligeiramente franzida na cintura por um cordão, e têm a cabeça coberta por véu branco, seguro por uma tirinha. (N. do A.)*
[2] *Este homem, que aqui representa uma mulher, tem o rosto pintado e usa enorme peruca loira, empoada, cujos cabelos lisos caem abundantemente até a barriga da perna; uma tirinha os prende à testa. A túnica branca é bordada a ouro e o manto, bastante amplo, é de seda verde-clara e ricamente bordado de rendas e franjas de ouro. As botinas de veludo alcançam a metade da perna. Carrega à mão um pequenino vaso de tampa falsa, esculpido em madeira dourada. (N. do A.)*
[3] *São João usa uma peruca empoada cujos cabelos, geralmente curtos, formam, entretanto, quatro cachos bem compridos em torno do rosto. (N. do A.)*
[4] *Usam à cabeça enormes bonés de papelão, de forma piramidal, recobertos com papel dourado e prateado colado em espiral, de modo a deixar perceber a cor natural do fundo. Os olhos se escondem atrás dos cabelos, que caem sobre o nariz, e o resto do rosto é ridiculamente coberto por uma barba postiça. (N. do A.)*

expostos à adoração dos fiéis. Desde o regresso da procissão até essa hora, tanto a porta de igreja como o largo se enchem de curiosos. Dos dois lados da escadaria, exibe-se uma dupla fila de negras vendedoras de doces, sentadas no chão, o que, juntamente com a iluminação agradável, atrai os transeuntes. Esse segundo objetivo modifica de repente o caráter da cena de dor a que sucede; todo mundo pensa então em presentear-se com guloseimas. Assim passa metade dessa noite agradável, protegida pela doce temperatura do Rio de Janeiro, e todos se separam, marcando encontro para o dia seguinte, durante a brilhante festa do sábado de Aleluia [1].

Procissão do Corpo de Deus (sexta do ano)

Existe no Rio de Janeiro, como em outras cidades do Brasil, uma pequena capela consagrada a *São Jorge,* considerado defensor de Portugal e do Brasil. Essa capela, no dia da festa do Corpo de Deus, torna-se o ponto de reunião do povo, que, desde nove horas da manhã, aflui para ver sair o cortejo grotesco acompanhando a imagem do santo, de tamanho natural e feita de papelão coberto de pano. Colocam-na sobre um belo cavalo branco, conduzido pela rédea por um picador da Casa Imperial. Mas o que mais diverte o enxame de mulatinhos e negrinhos que o acompanham são os foguetes que o negro fogueteiro, marchando à frente, solta durante o trajeto da Capela de São Jorge até a Capela Imperial.

É aí que o santo a cavalo espera, diante do pórtico, a saída da grande procissão que ele encabeça.

Lá pelas dez horas da manhã, o carrilhão da Capela Imperial, três girândolas soltas no Largo do Palácio, e as salvas de artilharia de quatros peças de campanha, colocadas diante da fachada do palácio, anunciam a saída do cortejo. O mesmo barulho se renova à saída do pálio.

O fogueteiro negro marcha a uma grande distância na frente do cortejo, parando nas encruzilhadas, onde o aguardam alguns camaradas que entregam os foguetes necessários, transportados por uma besta das estrebarias imperiais. Um piquete de cavalaria vem atrás, seguido por um picador a cavalo, vestido com a libré de gala da casa dos soberanos. Segue-se um grupo de oito a dez músicos negros, que compõem a orquestra de São Jorge [2], a qual se constitui de flautas, trompas, trombetas, e um tambor. O repertório comporta uma única marcha, repetida sem interrupção até o regresso da procissão, e cujo estilo monótono evidencia a mediocridade do compositor.

Logo em seguida vem São Jorge a cavalo. O manequim, de tamanho e cores

---

[1] *Ver em Mello Morais Filho* (Festas e tradições populares do Brasil) *a descrição da procissão do Enterro, com outras variantes. (N. do T.)*

[2] *A indumentária desses músicos negros consiste em um enorme chapéu de feltro amarelado, de forma redonda e de grandes abas descidas, e de uma casaca de comprimento médio, com meias mangas cobrindo a parte superior das mangas mais compridas. A vestimenta é de sarja vermelha com um largo galão de lã amarela; a calça é de algodão branco; os sapatos brancos, de couro de veado, são enfeitados com rosetas vermelhas. (N. do A.)*

naturais, é ricamente vestido e armado de um escudo e de um pequeno estandarte; usa o grande cordão da Ordem de Cristo[1]; seu cavalo branco é magnificamente ajaezado, sendo conduzido pela rédea por um picador a pé[2]. Dois outros lacaios marcham ao lado do cavalo para segurar as pernas do cavaleiro de papelão, que mantém com dificuldade seu equilíbrio durante a marcha. Atrás do santo vem um picador particular[3], a cavalo, precedendo outro cavaleiro, armado dos pés à cabeça, porém com seu animal menos ajaezado[4]. A cavalgada termina com doze cavalos riquissimamente ajaezados e conduzidos pela rédea, de dois em dois[5], por picadores a pé. Acaba assim o cortejo de São Jorge.

Começam a surgir então os doze estandartes e as deputações das doze irmandades, seguidas pelos dignitários e cavaleiros de Cristo, com trajes de professos, e pelo clero das diferentes igrejas. No meio de uma dupla ala de guardas do palácio, escolta habitual do imperador, vem a orquestra da Capela Imperial e o clero da mesma, e finalmente o pálio, sustentado por oito varas; a primeira, à direita, é carregada por S. M. I., e a da esquerda, por seu capitão da guarda; os grandes dignitários carregam as outras. Agrupados atrás, seguem todos os indivíduos a serviço do palácio junto ao imperador, o juiz da corte real, e finalmente o comandante das armas, este a cavalo e cercado de seu estado-maior. Um destacamento de infantaria de linha fecha a marcha, como de costume.

Antes de regressar, a procissão faz a volta do palácio do imperador, o qual, nesse momento, aparece ao balcão (?) com toda a sua família.

---

[1] *Seu capacete, de mau gosto, é de papelão dourado e encimado por um grande penacho de três lindas penas brancas. A couraça é de lambrequins verdes, coberta de ricos enfeites de ouro; as coxas e as pernas, que se supõem couraçadas, são cobertas de veludo preto liso com as juntas desenhadas por galões de ouro. Seu manto, mesquinhamente ajustado, é de veludo verde com ricos bordados de ouro. Usa a tiracolo a condecoração de comandante da Ordem de Cristo com diamantes e grande cordão. O braço esquerdo sustenta um escudo de tamanho médio, sobre o qual estão pintadas as armas imperiais brasileiras; na mão direita segura a bandeira nacional, virada em sinal de humildade; a lança, também abaixada, apóia-se no pé direito, preso ao estribo. (N. do A.)*

[2] *A imagem é fixada solidamente na sela. A coberta e a manta são igualmente verdes e com bordados de ouro. Em torno da cabeça, da crina e da cauda, enormes laços de fitas de diversas cores flutuam ao vento. (N. do A.)*

[3] *O picador, usando a libré comum do palácio, carrega na mão uma pequena lança, na ponta da qual está amarrada uma fita verde e amarela; à cintura, usa uma espada, e monta um cavalo enfeitado de fitas, como os outros. (N. do A.)*

[4] *Esse enorme cavaleiro porta-estandarte veste uma armadura completa, sem nenhum ornamento dourado; usa capacete com a grade da viseira descida. Felizmente tudo é de papelão pintado, imitando ferro, pois, apesar da leveza da indumentária, o ardor do sol provoca gotas de suor que escorrem pelo queixo, única parte do rosto descoberta. Há dez anos que o mesmo indivíduo representa a mesma personagem, escravo de seu físico gigantesco, considerado ideal para o papel que lhe cabe na palhaçada; carrega um grande estandarte, no centro do qual estão pintadas as armas do Brasil. Seu cavalo é inteiramente coberto por um manto de couro amarelo cor de camurça e a cauda é igualmente colocada dentro de uma bolsa da mesma cor. (N. do A.) O Ferreiro ou Homem de Ferro, segundo Mello Morais Filho, op. cit. (N. do T.)*

[5] *Admite-se que esses cavalos ricamente ajaezados carreguem cada qual um pequeno cofre chato, de forma oval, que encerra os tesouros e bagagens do santo protetor. A caixa é, aliás, escondida por um magnífico manto de veludo verde com ornamentos de prata. Um escudo grande guarnece a plataforma; os cantos pendentes são ornados de pequenos troféus militares e o fundo, semeado de grandes estrelas. (N. do A.)*

Sentinelas da milícia e do exército são colocadas de distância em distância, formando ala, em todas as ruas percorridas pelo cortejo; reúnem-se em seguida na Praça da Capela.

Três girândolas soltas no Largo do Palácio anunciam a entrada do pálio sob o pórtico da Capela Imperial, sinal a que respondem as salvas de artilharia dos fortes e da marinha de guerra.

Três descargas de mosquetões, dadas pelos pelotões reunidos perto da igreja, anunciam o fim do serviço divino. O comandante das armas desce então do cavalo e a tropa se retira para seus quartéis.

Oitava festa do Corpo de Deus

No dia da oitava, a procissão sai somente às quatro horas da tarde, limitando-se a dar a volta do Largo do Palácio. Os estrangeiros aproveitam a oportunidade para ver a família imperial, que permanece longo tempo no balcão do palácio. Só se emprega a tropa necessária para formar a dupla ala que mantém livre o espaço destinado à passagem do cortejo. Soltam-se entretanto os foguetes habituais, mas tudo termina em uma hora.

Procissão da Visitação de Nossa Senhora (oitava do ano)

A festa da *Visitação de Nossa Senhora,* que ocorre a 2 de julho, é especialmente celebrada na Santa Casa de Misericórdia. Os membros da Câmara Municipal, incorporados, dirigem-se para a Capela Imperial às oito horas da manhã, a fim de assistir à missa que precede a procissão.

Daremos aqui uma simples nomenclatura da composição do cortejo, que começa, como de costume, pelos soldados da guarda da polícia; seguem-se o estandarte e uma deputação da Irmandade de Nossa Senhora da Conceição, acompanhada de seu clero, outra de São Francisco de Paula e uma terceira dos Carmelitas; em seguida vêm os membros da Câmara Municipal, precedidos de seus três bedéis[1], bem como de seu estandarte, carregado pelo *procurador,* os outros dignitários, os vereadores, os alcaides[2], o desembargador[3] e o clero da Capela Imperial. O pálio é carregado por mem-

---

[1] *Esses bedéis, que a princípio eram lacaios armados, usam hoje uma vestimenta civil. A maça, de dois palmos e meio de altura, é de cobre prateado; tem a forma de um pequeno braseiro fechado, fixado na extremidade de um cabo de grossura média. (N. do A.)*

[2] *Esses alcaides, como na Espanha, usavam a princípio grandes varetas brancas, mas hoje carregam bengalas de cinco pés de altura e de uma polegada de diâmetro, em sua maior parte douradas, e na extremidade das quais se reservou um espaço para se pintarem as armas do Brasil. O título de vereador vem do verbo "verear" ("governar"). (N. do A.)*

[3] *O traje do presidente é um manto espanhol preso a uma batina, tudo de seda negra. Carrega um bastão branco de madeira, de duas polegadas de diâmetro e de seis palmos de altura. O presidente é jurisconsulto porque a Câmara Municipal exerce autoridade judiciária em matéria de polícia. (N. do A.)*

bros da Câmara Municipal, marchando debaixo dele um cônego da Capela Imperial, que tem o título de monsenhor; usa mitra e vestimentas pontificais, carregando nas mãos uma pequena imagem de dois palmos de altura, esculpida em madeira e colorida, representando a *Virgem criança*. O cortejo dirige-se para o Hospital da Misericórdia, de onde a irmandade sai processionalmente da igreja para encontrar-se, a pequena distância, com o cortejo da Capela Imperial. Assim é que o cortejo, saído da Capela Imperial, acompanhando a imagem da jovem Virgem visitante, e o da Misericórdia, trazendo consigo a imagem de Santa Isabel, que se supõe ir ao encontro de Maria, a poucos passos de sua casa, completam a cena da Visitação [1].

A fim de que não subsista nenhuma dúvida acerca dessa pantomima, no momento do encontro das duas procissões tudo pára. Então o portador de Santa Isabel avança gravemente sob o pálio da virgem, a fim de aproximar-se tanto quanto necessário para efetuar a representação da cena afetuosa; as duas pequenas imagens se abraçam com o ajutório dos dois servidores, que se prestam à demonstração da maneira mais digna possível. Todos se dirigem em seguida para a *Igreja da Misericórdia*.

O antigo cerimonial determinava que o portador de Santa Isabel ficasse na frente, embora sob o mesmo pálio, a fim de deixar o lugar de honra para a Virgem durante o trajeto restante. Mas hoje ambos se colocam lado a lado, ficando apenas a Virgem à direita, e entram assim na Igreja da Misericórdia, até ao pé do altar-mor, sobre o qual colocam definitivamente as duas imagens juntas.

Descrição do interior da igreja

A descrição interna da igreja é a repetição do que se faz alhures em semelhantes circunstâncias; a única diferença está na riqueza das tapeçarias, sempre vermelhas, e na largura dos galões, empregados em maior ou menor profusão.

Aqui, os muros internos da igreja são inteiramente recobertos de uma tapeçaria de damasco vermelho, pregada pelos armadores para servir de fundo a seus trabalhos; nela desenham em seguida, com galões de ouro e prata, os ornatos arquitetônicos, painéis, molduras, pilastras, capitéis, etc., tudo complicado, em verdade, mas de muito mau gosto. Em geral uma sanefa estendida em festões orna a parte inferior da cornija que contorna a igreja; essa sanefa é de pano vermelho ou de tule prateado.

A igreja é ricamente iluminada; os lustres, os candelabros e um número considerável de castiçais isolados, colocados nas saliências das cornijas, bem como em quaisquer outras, comportam imensa quantidade de círios, cuja luz produz o mais imponente efeito.

---

[1] *A pequena imagem de Santa Isabel é representada com o busto para a frente e de braços abertos. Em 1816 essa cerimônia atraía grande número de fiéis, que aguardavam pacientemente na Rua da Misericórdia; mas hoje o pequeno grupo de espectadores, aí se reunindo, prova que os habitantes do Rio de Janeiro, mais esclarecidos, embora não menos religiosos, renunciariam de bom grado a essa cerimônia bem pueril. (N. do A.)*

O altar-mor não é menos luxuoso do que as capelas laterais; os sete degraus que se erguem em toda a largura do retábulo são recobertos de tecidos prateados, guarnecidos de candelabros bem próximos uns dos outros; o conjunto forma uma pirâmide ardente [1], à sombra da qual se coloca o grupo da Virgem e de Santa Isabel, cujas cabeças se ornam de auréolas douradas e enfeitadas de diamantes. Finalmente, essa massa resplendente, que ocupa todo o fundo da igreja e se ergue até quase a abóbada [2], é coroada por um dossel de seda vermelha ou de outro tecido prateado.

Cobrem o chão da igreja tapetes juncados de folhas de mangueira e ervas odoríferas, desaparecendo logo sob a indumentária das brasileiras de todas as idades e de todas as cores, que, apertadas umas contra as outras, aí vêm sentar-se à moda asiática. E nessa posição, entre elas familiar, permanecem imóveis durante quatro ou cinco horas seguidas, para satisfação de seu amor-próprio, exibindo sua riqueza e sua elegância com modas inteiramente francesas. É justo, entretanto, convir em que a forte compleição, a vivacidade natural dos lindos olhos negros, o sorriso agradável mostrando a brancura dos dentes bem alinhados, constituem incontestavelmente um apanágio nacional.

As senhoras que enchem as tribunas, bem como as que ocupam, embaixo, os lugares reservados em torno das capelas laterais ou muito próximos do coro, são em sua maioria membros da irmandade ou parentes dos irmãos [3].

Reunida na igreja, antes do início do ofício divino, a diretoria anual da Santa Casa de Misericórdia, confiada a membros da irmandade de igual nome, presta contas de sua gestão, pública e solenemente, relatando as diferentes ocorrências ligadas a essa associação beneficente; a formalidade é honrada com a presença dos membros da Câmara Municipal, para os quais existe um lugar de honra reservado à entrada do coro, à direita, ao passo que os membros da confraria, sentados sobre simples bancos, ocupam o lado oposto. Um único irmão mantém-se de pé no primeiro degrau do coro, com o rosto virado para o público e pronto para falar. Trata-se do tesoureiro da comissão, que, restabelecido o silêncio, faz a leitura do resumo das receitas e despesas do ano precedente, bem como da nova lista de membros diretores para o ano corrente, e, por fim, dos falecimentos e admissões ocorridos no ano anterior.

Após essa formalidade, exclusivamente civil, entra o clero, e o ofício começa; é uma missa cantada com música de grande orquestra da Capela Imperial [4], excelente concerto espiritual, que termina mais ou menos às três e meia da tarde. O ofício da noite começa às cinco horas: é um *Te Deum* com música e dura mais ou menos uma hora; em seguida os padres se retiram.

---

[1] *Um intervalo de um palmo e meio é reservado, entre cada degrau, aos vasos dourados, com flores artificiais, representando o Paraíso. (N. do A.)*
[2] *Essas pequenas escadas comunicam com as portas laterais pelas quais passam, para apagar ou acender os círios do altar-mor, bem como para atingir a extremidade superior dos degraus quando se expõe o Santíssimo Sacramento ou qualquer outra imagem. (N. do A.)*
[3] *Os homens, ao contrário, mantêm-se de pé, principalmente os rapazes, que contemplam com muito interesse a vasta tribuna gradeada onde se reúnem durante o ofício as alunas órfãs da Santa Casa, pois a faceirice das maiores já começa a dissimular-lhes o infortúnio. (N. do A.)*
[4] *Suprimiu-se a música em 1829, por se considerar a despesa excessiva; a economia beneficia a caixa de assistência, no que é muito bem empregada. (N. do A.)*

Ficam então, na igreja, apenas os curiosos, que entram e saem para admirar a iluminação e o toalete das senhoras, as quais, de bom grado, permanecem mais um pouco conversando, no ambiente voluptuoso do perfume de incenso e das flores naturais de seus penteados. Somente o calor excessivo perturba esse prazer, mas as senhoras remedeiam o mal com o leque ou o lenço, cujos movimentos calculados adquirem nas suas mãos expressões inteligíveis e variadas, verdadeira correspondência telegráfica, que se continua até dez horas da noite, ao fechar-se a igreja[1].

Visita pública à instituição

Em 1816 era permitido ao público, no dia da *visitação,* entrar no estabelecimento de dez horas da manhã até dez horas da noite. Mas, a partir de 1828 esse hábito foi modificado pelos médicos que ainda hoje aí clinicam e que demonstraram a absoluta necessidade de se fecharem as portas às cinco horas e meia, porquanto o vaivém da multidão dos curiosos e a elevação da temperatura dentro das salas, durante doze horas seguidas, agravavam grandemente o estado dos doentes. Desde então a prudência venceu o hábito e oito horas somente passaram a ser concedidas à curiosidade pública para visitar o hospital.

No andar térreo encontram-se as enfermarias, entregues especialmente aos cuidados dos cirurgiões, os laboratórios e a farmácia, as cozinhas, os refeitórios, as celas para loucos, abertas dos dois lados do corredor abobadado que conduz a imenso pátio onde se situam a secção de dissecação e a porta interna do cemitério comum do estabelecimento, pois a irmandade se encarrega dos enterros gratuitos e da inumação dos cadáveres encontrados pela polícia ou executados por ordem da justiça[2].

As salas do primeiro andar destinam-se ao tratamento dos doentes em observação especial. O andar se divide em seis grandes salas principais: três maiores para os homens e três menos espaçosas para as mulheres. Contém ainda celas para os loucos e uma cozinha.

Asilo para as crianças abandonadas

O público é também admitido a visitar, na mesma época, o pequeno asilo para as crianças abandonadas, situado na mesma praça, em frente à Igreja da Misericórdia. Esse pequeno edifício de um pavimento é de arquitetura regular. A torre acha-se no meio da fachada, num corpo um pouco afastado, que se assemelha a uma porta falsa. Uma escada estreita, de cada lado do edifício, leva ao primeiro andar, composto de três salas, unicamente destinadas ao aleitamento das crianças. Aí se encon-

---
[1] *Efetivamente, é fácil, para o espectador iniciado no mistério, descobrir que a mulher, fixada com interesse, responde fingindo passar devagar e repetidamente o lenço pelos lábios e dirigindo-lhe um olhar de inteligência, que incita à correspondência. Essa inocente demonstração pode revelar, entretanto, desde a provocação infantil até os ademanes da prostituta. (N. do A.)*
[2] *O enforcamento é o único meio de execução da pena de morte. (N. do A.)*

tram três filas de berços guarnecidos de baldaquins brancos uniformes, enfeitados com fitas, e cujas cortinas abertas e levantadas permitem que se vejam os recém-nascidos, enfaixados com a elegância brasileira e expostos sobre a colcha. Quando muito pequenos ou gêmeos, são colocados à razão de dois por leito. A ama senta-se no chão, com as pernas cruzadas, ao lado do berço. A vestimenta dessas mulheres, sempre muito limpa, varia entretanto quanto à elegância e à riqueza, pois são em geral negras alugadas pela administração, que entrega os salários aos senhores. Por isso, pela elegância das negras se pode ajuizar da fortuna dos senhores a que pertencem.

Muitos órfãos, ao sair da adolescência, são entregues a artífices reputados, aos quais pagam com sua atividade a alimentação e os cuidados recebidos[1]. Mais ou menos no fim da oitava desta festa, um dia é reservado aos dotes anuais criados em favor das órfãs em idade de casar[2].

Situação do grande hospital

O edifício, encostado à montanha, tem um dos lados privado de ar; em compensação, recebe do outro a *viração* do mar, que vem do largo pela barra, diante da qual se acha situado. O maior inconveniente está na umidade constante, resultante de sua situação. A diretoria, sempre animada por sentimentos filantrópicos, já solicitou em diversas épocas projetos de reconstrução num terreno mais favorável que tem a seu dispor. Até agora, entretanto, esses projetos foram julgados insuficientes.

Para remediar, porém, tanto quanto possível, a insalubridade da exposição, a diretoria mandou fazer grandes melhoramentos em 1822. Testemunha ocular, devo render homenagem à verdade e ao mérito, mencionando aqui o nome do Sr. *Fabrégas,* membro da irmandade, cujo zelo e talento permitiram fosse o hospital muito saneado, tanto pelas transformações operadas na construção como pelas modificações introduzidas em detalhes internos, o que facilita hoje o tratamento e a cura das doenças. Pude vê-lo dirigir e inspecionar pessoalmente a terminação dessas grandes e úteis obras.

Alguns restos ainda reconhecíveis do antigo andar térreo bastavam para provar que essas salas, primitivamente privadas de luz e ar, assemelhavam-se antes a celas para condenados à morte por asfixia do que a um asilo aberto aos pobres doentes pela caridade pública.

Hoje essas salas são claras e arejadas; demais, na extremidade de cada uma delas encontra-se um tabique, construído a meia altura e aberto à moda mourisca, dando ao enfermeiro-chefe que aí passa a noite todos os meios de fiscalização.

---

[1] *Há exemplos de pessoas respeitáveis, e de certa fortuna, que, não tendo filhos, adotam esses infelizes; podem citar-se alguns que pertencem hoje à boa sociedade. (N. do A.)*
[2] *Os jornais tornam conhecidos aos pretendentes os meios de obterem informações indispensáveis na circunstância. (N. do A.)*

Os amigos da humanidade devem render homenagem a essa corporação, entre as mãos da qual a caridade não se desperdiçou, pois a confraria soube juntar importâncias consideráveis e empregá-las com verdadeiro êxito em prol da humanidade sofredora.

Origem da Santa Casa da Misericórdia

A Santa Casa da Misericórdia deve sua existência a um brasileiro falecido no Rio de Janeiro, mais ou menos em 1730. Foi por devoção que ele acrescentou ao terreno a doação de sua fortuna, suficientemente considerável para que se empreendesse a construção de uma igreja e de uma prisão para mulheres. As esmolas permitiram terminar-se o que fora começado pela caridosa intenção do doador.

O edifício, demasiado espaçoso para o número, felizmente restrito, de detidas, foi transformado pelo governo em hospital militar, no qual se admitiram também alguns doentes pobres, sendo mais tarde a prisão das mulheres transferida para um convento num dos promontórios que formam a entrada da baía.

A prosperidade crescente da cidade do Rio de Janeiro aumentou-lhe a população a ponto de o hospital não poder mais atender a seu duplo objetivo. Isso determinou o transladamento do Hospital Militar para o antigo convento dos jesuítas, situado no *morro do Castelo*. O primeiro hospital viu-se assim enriquecido com todos os melhoramentos realizados pela administração militar e tornou-se bastante importante para ser objeto de uma administração especial, cujo encargo entretanto o Estado não podia tomar.

O exemplo do primeiro fundador inspirou então um segundo impulso caridoso, que bastou para prover a todas as necessidades. Um casal, num movimento de generosidade simpática, consagrou a totalidade de uma fortuna colossal à fundação de uma irmandade da Misericórdia, que existe ainda hoje nas bases da antiga organização. As cláusulas de admissão à confraria consistem na doação prévia de uma importância determinada e na obrigação de pagar uma contribuição anual prevista nos estatutos; o espírito de associação e o amor-próprio fazem o resto.

É isso o que excita a generosidade do homem rico quando sua vaidade devota pode deixar vestígios de uma caridade que afirmam admirável; outro mais cristãmente injusto não tem escrúpulo em frustrar seu legítimo herdeiro a fim de legar ao hospital somas consideráveis, para redimir-se de pecados que acredita indignos de perdão; finalmente, o celibatário devoto, isento pelo menos de remorsos testamentários, atenua a amargura de sua última hora pensando que a doação de seu patrimônio vai, dentro de alguns instantes, aumentar o dos infelizes que sua mão já fria não pode mais socorrer. Quaisquer que sejam os motivos secretos influindo no ânimo dos irmãos, um fato é evidente: ruas inteiras existem cujas casas pertencem à irmandade. Uma simples inscrição uniforme, colocada em cima da porta, revela-o ao público; agentes do hospital recebem os aluguéis e providenciam os consertos urgentes. Outras propriedades estão disseminadas em diferentes bairros da cidade. As importâncias legadas em dinheiro são entregues a uma caixa, que deve empregá-las. Por ocasião da chegada de Dom João VI ao Brasil, a confraria obteve do monarca a concessão para duas loterias anuais em seu benefício, com o nome de *Loterias da Misericórdia;* o produto líquido dessas loterias atinge cerca de duzentos e cinqüenta mil francos.

A corporação goza também do antigo privilégio de poder solicitar do trono a graça para ao menos um condenado à morte; imediatamente após a sentença, a irmandade nomeia uma deputação encarregada de escolher entre seus membros um orador dedicado, cuja reputação e eloqüência possam, a pretexto de obra de caridade, empregar até os escrúpulos da superstição para abalar a justa firmeza do monarca.

As prerrogativas pessoais de um irmão comportam assistência em caso de infortúnio e, na prosperidade, uma proteção eficaz para a venda dos produtos de sua indústria; ademais, tem ele direito a um lugar, de acordo com a sua antiguidade, nas assembléias públicas, à inumação nas catacumbas, a um enterro gratuito e finalmente à conservação de seus ossos dentro de uma urna mais ou menos luxuosa e exposta publicamente todos os anos, nas catacumbas, durante o dia de Finados.

Coisa mais agradável de ver é a coleção dos retratos a óleo de diferentes benfeitores da Santa Casa, desde a época de sua fundação. Esses retratos, de tamanho uniforme, são encomendados e pagos pela irmandade; só se executam depois da morte do indivíduo, o que parece singular à primeira vista, mas se explica facilmente pelo fato de serem as doações em sua maioria feitas por testamentos. Porém os parentes e amigos apressam-se em fornecer os documentos necessários ao pintor, como sejam um retrato ou um busto mandados executar em vida para a circunstância prevista. Todos esses retratos são de corpo inteiro, inscrevendo-se em cima a data da morte do indivíduo representado; nos mais antigos, uma vista da Santa Casa, no estado em que então se encontrava, constitui o fundo do quadro. A composição e execução ingênua dos mais antigos retratos atestam a singeleza dos habitantes da cidade do Rio de Janeiro; pouco a pouco, e na medida em que as datas se fazem mais recentes, observa-se uma progressiva influência da escola italiana. Encontra-se em seguida, nas pinturas executadas entre 1800 e 1822, uma técnica cuidadosa, procurando, embora timidamente, uma perfeição que parece ter-se desenvolvido de maneira rápida e contínua durante os últimos anos anteriores a 1831.

Os primeiros fundadores, cujo traje é representado com exatidão, aparecem modestamente de chapéu na mão, apoiados às vezes às suas bengalas ou de pé no meio da rua; os últimos, executados com mais talento, são representados de casaca de veludo ou seda, escrevendo ou apoiados a uma secretária sobre a qual se vêem papéis arranjados de maneira a mostrar, em caracteres ou algarismos, a importância do legado feito à Santa Casa. Citarei principalmente, por ordem de data, os nomes dos senhores *José Leandro* e *Simplício de Sá,* artistas nacionais que se distinguem nessas últimas produções.

Pode-se ver também, numa das salas do Asilo dos Órfãos, o retrato de corpo inteiro do fundador do estabelecimento, cujo uniforme revela o posto por ele ocupado na milícia. É de estranhar-se que nenhum dos confrades seja representado com o traje solene inerente às suas funções públicas. Quiseram, provavelmente, evitar a mesquinha uniformidade da vestimenta da irmandade, a fim de melhor honrar a memória dos ricos doadores, que, orgulhosos de seu lugar na sociedade, teriam se sentido envaidecidos em conservar no retrato póstumo os vestígios daquilo que foram em vida. Por esse meio, aliás, conserva a confraria a boa vontade das famílias ricas em vista de uma possível herança.

Pode-se observar, pela reeleição da diretoria anual de 1831, a influência do patriotismo na escolha dos membros dessa nova administração temporária, cuja integridade e filantropia, de há muito reconhecidas, prometem melhoramentos e economias. Os nomes dos senhores *Peixoto,* talentoso professor de cirurgia, e *Evaristo Ferreira da Veiga,* escritor, deputado e presidente da diretoria, bastam para justificar essa esperança. Com efeito, ainda no decorrer desse ano (1831), a prosperidade da caixa já permitira suprimirem-se os donativos impostos aos novos irmãos. Bastar-lhes-á doravante dar gratuitamente ao hospital a assistência de seus conhecimentos, na medida em que sua fortuna o consinta, o que acarretará sem dúvida uma enorme economia, garantindo serviços gratuitos em diferentes ramos da administração.

A irmandade da Misericórdia conta cerca de seiscentos membros, em sua maior parte renovados no princípio de 1831.

O grande hospital de caridade nas cidades do Brasil é em geral colocado sob a proteção de Nossa Senhora da Misericórdia, título esse que equivale ao de *Hôtel-Dieu* dado a esse tipo de estabelecimento em França.

O Rio de Janeiro conta vários hospitais civis, particulares, como os de *São Francisco de Paula, Santo Antônio, Nossa Senhora do Parto.* Esses hospitais estão abertos gratuitamente aos membros de suas irmandades respectivas, mas aceitam também estrangeiros mediante retribuição[1].

O título comum desses hospitais é o de *hospital civil de caridade,* sob a proteção da Virgem. Entretanto, venera-se também um Nosso Senhor dos Passos, que sempre se encontra na capela. O hospital da cidade de *Desterro* (capital de Santa Catarina) é citado como um dos mais belos; foi fundado pelo Irmão *Joaquim,* que tinha cerca de setenta anos em 1831. Esse velho franciscano, afastado de sua família desde a idade de dezesseis anos, depois de abandonar sua parte de herança, foi a Roma como romeiro, visitando no caminho as casas de caridade e os colégios. Voltou depois ao Brasil para fundar em sua pátria estabelecimentos úteis ao alívio dos infelizes e à propagação da instrução pública.

Em *Porto Alegre,* capital da província do *Rio Grande,* o hospital civil de caridade foi fundado há vinte e dois anos pelo advogado *Joaquim Francisco,* nativo de Minas Gerais, e continuado pelo magistrado *Luís Correa Teixeira,* de *Bragança,* rico fazendeiro, juntamente com *José Feliciano Pinheiro,* hoje Visconde de São Leopoldo[2].

---

[1] *Essa admissão foi estabelecida para gozo de certos privilégios concedidos aos hospitais públicos. (N. do A.)*
[2] *Deputado pela sua província e mais tarde senador pelo Rio de Janeiro, onde morreu em 1826.* José Feliciano *esteve em Lisboa, como deputado pelo Rio Grande, nas Cortes. Voltou em*

O estabelecimento pôde começar a receber doentes a 1.º de janeiro de 1826, e a transladação destes foi edificante para o povo. Formou-se uma piedosa procissão, que se dirigiu do Hospital Militar, onde se encontravam os doentes, ao novo edifício, sendo cada doente envolvido em sua rede, transportado por um irmão. A multidão desses dolorosos fardos, transportados com todos os cuidados devidos à humanidade sofredora, constituiu para os generosos transportadores ocasião para completar sua obra de caridade; avançando entre bênçãos e lágrimas de reconhecimento oferecidas à sua comovente filantropia, encontravam a cada passo uma recompensa para seus méritos. O hospital civil de Porto Alegre, um dos mais belos do Brasil, é notável pelas suas instalações espaçosas, que dão a cada doente um quarto particular com entrada para o corredor largo e bem iluminado. Tem três andares e está situado no ponto mais elevado da cidade.

Novo hospital militar

Quase ao lado do hospital civil, construiu-se, pouco depois, um novo hospital militar em terreno um pouco menos elevado, mas de saudável exposição. O edifício, de forma quadrada, tem três andares bem distribuídos e perfeitamente arejados. O conjunto é entretanto menor que o do hospital da caridade. Os trabalhos foram apressados pelo Brigadeiro *Salvador José Maciel,* presidente da província, e o estabelecimento pôde ser utilizado a partir de 1828. Merece, pelas felizes inovações, todo o reconhecimento dos militares brasileiros.

Finalmente, a maioria dos hospitais novos do Brasil pode rivalizar, por mais de um aspecto, com os de França, e tem a vantagem da escolha da localização, que concilia em geral as necessidades dos doentes com as exigências da salubridade pública.

Superstições conservadas no Brasil

Fácil se torna, a um povo de temperamento sutil e ardente a um tempo, encontrar alimentos para a sua superstição, principalmente vivendo num clima extremo e por isso mesmo debilitante. A atividade de sua imaginação, crescendo em sentido

---

1822 para a sua pátria, então independente; foi aí nomeado presidente de sua província (dignidade correspondente à de prefeito de França). Nomeado mais tarde ministro do Interior, veio ao Rio de Janeiro em fins de 1826, sendo escolhido para membro do Conselho e senador; deixando a pasta, voltou para Porto Alegre, onde se tornou um dos fundadores dedicados do hospital, chegando a vestir o uniforme de governador para esmolar em benefício da irmandade. Seu retrato, de corpo inteiro, se encontra, juntamente com o de Correa, de Bragança, exposto na sala do Conselho, como fundador do hospital. Sua dedicação não terminou aí; fundou em 1830 a capela do Santíssimo Sacramento, contígua à paróquia da mesma cidade. É de se admirar a perfeição com que foram executadas as obras alemãs da colônia de São Leopoldo, fundada pelo mesmo José Feliciano em 1826, perto de Porto Alegre. (N. do A.)

inverso de sua energia física, domina o resto de suas faculdades enervadas. É por essa razão que no Brasil se vêem muitos homens, tornados preguiçosos em conseqüência da prostração de suas forças físicas, escolherem para base de sua crença o fanatismo, justificativa mais adequada ao estado de miséria em que vegetam por indolência. Outros, menos indolentes, porém mais pobres, e suscetíveis também do temor dos remorsos, tornaram-se fanaticamente devotos, na esperança de esconder um crime com a ajuda da assistência divina ou, às vezes, alcançar uma injusta vingança.

Em resumo, no Brasil vemos reproduzir-se, sob todas as suas formas, a fraqueza supersticiosa, filha do Demônio e da esperança. Acrescente-se o fato de, durante três séculos, a população brasileira se ter formado sucessivamente da mistura dos europeus com a crédula raça indígena, civilizada tão-somente à custa de mistificações misteriosas inventadas pelos missionários[1], e ninguém mais se espantará de encontrar ainda no espírito de grande número de habitantes puerilidades transmitidas por tradição até os nossos dias.

Mas, no Brasil, como entre todos os povos ignorantes, essas práticas supersticiosas foram impostas pelo homem esclarecido, que, impondo-as, procurou preservar os habitantes de abusos prejudiciais. Assim é que, ainda hoje, se procura fazer crer às recém-casadas brasileiras deverem elas evitar cuidadosamente cheirar uma rosa, pois o seu perfume, afirmam, pode ser nocivo à concepção. Essa proibição, que visava inicialmente proteger a delicadeza do sistema nervoso, tão sensível aos odores, teve mais tarde maior rigor em virtude do cálculo dos maridos ciumentos, os quais procuravam assim, de antemão, desacreditar as primeiras tentativas simbólicas dos conquistadores que procurassem cortejar-lhes as mulheres. Bastou a confirmação das sogras para fortalecer a superstição no espírito das jovens esposas. Assim, por amor materno antecipado, sacrificavam religiosamente, no dia seguinte ao do casamento, essa rosa que haviam adorado até a véspera. Nessa jovem senhora, entretanto, a superstição nasce da candura e não pode ser considerada, em verdade, senão como um delírio de virtude que todos se comprazem em respeitar.

Confessemos, entretanto, ser apenas recomendável hoje em dia essa proibição às mulheres nervosas, na verdade em grande número no Rio de Janeiro. Quanto aos maridos ciumentos, estão condenados pelo progresso a ver nascerem e morrerem rosas entre as mãos de suas esposas grávidas, quase todas livres desse preconceito, que prejudicaria uma cortesia de bom-tom na boa sociedade.

Passemos ao domínio de São João, cujo culto se deve em grande parte à vantagem que ele teve de ser o padroeiro de Dom João VI, rei de Portugal e fundador da prosperidade do Brasil.

---

[1] *Foi em 1550 que os jesuítas chegaram ao Brasil, desembarcando em Pernambuco, então governado por Tomé de Sousa. Encontraram também um protetor em Álvares, chefe de uma tribo de índios. (N. do A.)* Há engano, como se vê, pois os jesuítas desembarcaram na Bahia e vieram com o próprio Tomé de Sousa. O Álvares citado é Diogo Álvares Correa, o Caramuru. (N. do T.)

Efeito salutar da oração dirigida a São João

A superstição consiste em encontrar-se a pessoa, na véspera de São João, à beira-mar, preparada para tomar um banho à meia-noite em ponto; entra de costas na água, molhando-se até a cintura e dirigindo a seguinte prece ao santo do dia: "São João, bota na água salgada..." O resto é subentendido.

Essa purificação religiosa [1], instituída há mais de duzentos anos no Brasil pelos missionários, ainda é praticada pontualmente por muitas mulatas e negras livres, que, vivendo de intrigas amorosas, estão continuamente expostas a perder suas aventuras e sua saúde; muito felizes ainda se consideram quando sua estrela lhes deixa a alternativa de uma das desgraças somente. Sua vida angustiada muito contribui para manter vivo o fervor da superstição. Por isso observam-se, na véspera de São João, inúmeras banhistas desse tipo em todas as praias.

Essa prática se repete com uma fórmula diferente de oração: *tomar fortuna* [2]. Pede-se ao santo felicidade. O banho religioso, nessa circunstância, não visa propriamente purificar dos pecados; a devoção que a prática exprime é a dos corações mais puros, que solicitam do santo apenas uma felicidade lícita e reclamam a sua proteção.

Nessa época observa-se, nas residências à beira-mar, muita gente reunida para tomar parte nesse divertimento noturno, cuja forma, apenas, persiste, pois é hoje de bom-tom desprezar-se ostensivamente o intuito. Entretanto, presos intimamente à tradição religiosa, os atores em sua maioria se entregam, furtivamente, a uma invocação secreta. Os mais expansivos afixam certa hipocrisia, articulando as palavras em voz alta e com afetação; muitos outros, menos escrupulosos, entremeiam essas palavras com grandes gargalhadas; no fundo, dissimulando embora por diversos meios a prática religiosa que os tranqüilizou em relação a seu futuro, tudo esperam do santo, entregando-se em seguida, sem reservas, às demonstrações de uma folia barulhenta e variada, que dura o resto da noite.

A mesma superstição atribui também benéficos efeitos à *raiz* da *arruda,* arrancada na véspera de São João, ao bater meia-noite [3].

A educação religiosa de uma brasileira revela-lhe uma grande quantidade de preventivos e curativos misteriosos nos diversos vegetais. Por exemplo, é sob a proteção de São João Batista que se coloca a *arruda,* a que a superstição atribui uma influência universal sobre a felicidade. Essa planta maravilhosa costuma ser respeitosamente cultivada nos jardins, e seu grande consumo faz dela um objeto infalivelmente lucrativo. Na classe média, uma boa mãe de família, por amor a seus inúmeros descendentes, nunca se esquece de correr ao jardim na véspera de São

---

[1] *Suprimindo-se o que há de místico nesse hábito, dito religioso, resta apenas, no fundo, um banho muito saudável, tomado de noite e de um modo prudente, porquanto se prescreve que se evite, ao entrar na água, o choque da onda. Não há, por conseguinte, nenhuma razão física que possa desacreditar esse prazer. (N. do A.)*

[2] *Em português no texto; por isso foi a expressão mantida, embora não deva representar exatamente a forma da oração. (N. do T.)*

[3] *Como se vê das considerações seguintes, o autor confunde arruda com guiné. (N. do T.)*

João, à meia-noite em ponto, para arrancar uma raiz de arruda, que é cuidadosamente conservada até secar de todo. Com ela se fazem, mais tarde, esses pequenos antebraços de punho fechado e que têm em geral uma polegada de comprimento.

Depois de fazê-los benzer, a boa senhora os distribui a seus filhos e netos. As crianças de peito, principalmente, usam às vezes cinco ou seis pendurados ao mesmo colar.

Esses amuletos têm o nome genérico de *figas,* porque a princípio esculpiam-se pequenas peras ou figos consagrados ao mesmo uso. A superstição recomenda que, no momento de pendurá-los ao pescoço da criança, se reze uma oração a São João, o qual indubitavelmente preservará o pequeno de todas as desgraças.

O luxo, desprezando a *raiz* da *arruda,* e prendendo-se exclusivamente à forma do talismã, faz com que as senhoras ricas usem figas de coral, ouro ou malaquita, presas a brincos ou a colares. Entre as figas de ouro, existem algumas infinitamente pequenas, seguras a uma pequena corrente do mesmo metal, e que se usam como anéis, pulseiras, brincos ou colares.

É raro que uma vendedora negra ambulante se mostre na rua sem seu pequeno amuleto ao pescoço, o que não a impede de usar também dois outros à cintura, de cambulhada com cinco a seis talismãs, de forma e natureza diferentes[1].

Mencionemos agora a influência do tiro de fuzil dado à meia-noite em uma mangueira. A ingenuidade supersticiosa do fazendeiro, para conseguir uma colheita feliz durante o ano, implora a proteção de São João dando um tiro de fuzil numa mangueira, à meia-noite em ponto, na véspera do dia do santo protetor. Para justificar essa superstição, parece que existe apenas a vantagem de fazer cair certa quantidade de frutos, beneficiando assim os que tiverem escapado ao chumbo da espingarda; talvez essa vantagem seja a de afugentar, pelo estampido, os malandros que se dedicam ao roubo noturno.

E termino com a moedinha jogada no braseiro, na véspera de São João.

A cena se passa sempre à meia-noite, mas, desta feita, na rua, diante de uma dessas pequenas fogueiras acesas na frente das casas particulares habitadas por pessoas que tenham o nome do santo. À devoção das moças, que no mundo inteiro se reduz a pedir aos céus a conservação dos pais, a posse de um namorado fiel e um casamento vantajoso, se ajunta, no Brasil, a inapreciável prerrogativa de uma correspondência direta com São João, cuja resposta é dada por meio de certa prática supersticiosa. Esta consiste em jogar um vintém no braseiro ardente, *à meia-noite em ponto,* retirar em seguida a moeda, depois de apagado o fogo, e conservá-la cuidadosamente até o ano seguinte, para dá-la ao primeiro pobre que se apresente *na*

---

[1] *Entre os pobres, como entre os selvagens, a superstição atribui uma influência salutar aos resíduos naturais. Conservam religiosamente uma fava vermelha de uma polegada de diâmetro, outra preta do mesmo tamanho, uma terceira amarelo-clara, um pequeno cone de madeira ou de chifre, uma espora de galo, etc. Todos esses presentes, dados de boa fé e recebidos com credulidade, devem, de acordo com suas propriedades específicas, preservar dos males tão numerosos que ameaçam a humanidade. Uma ama negra ou mulata procura com superstição obter uma grande pérola redonda, de esmalte azul-céu, de cinco ou seis linhas de diâmetro, a fim de pendurá-la ao pescoço, pois empresta-lhe a propriedade de melhorar o leite, donde o nome de* pedra de leite. (N. do A.)

mesma época à meia-noite. Pergunta-se a esse homem o seu nome, o qual, por analogia, deve indicar infalivelmente o do futuro marido que o céu destina à jovem crente.

Para julgar das probabilidades desse cálculo supersticioso, é preciso ter em vista que o nome do brasileiro se acompanha sempre de vários prenomes, que começam, entretanto, naturalmente, por João, José, Antônio ou Pedro; a vulgaridade desses nomes abre vasta perspectiva para as moças em relação à assiduidade dos rapazes de sua sociedade.

Essa ingênua superstição, baseada em nomes de santos, alimenta em segundo lugar, e sem grande mal, a esperança das moças, as quais são levadas assim a favorecer sem remorsos as efusões dos pretendentes escolhidos de acordo com o oráculo do ano. Acrescente-se a essas circunstâncias que é costume no Brasil chamar as pessoas unicamente pelo primeiro nome de batismo, de maneira que na conversação os nomes de João, José, Antônio e Pedro precedem todas as interpelações. Por isso, como é deliciosa a manhã de São João! Visitas, encontros, adeuses, tudo provoca uma suave emoção na jovem supersticiosa, que conserva no coração o número premiado dessa loteria mística, inventada com tanta felicidade a fim de dar-lhe perspectiva de namorados e maridos. Essa doce ilusão durante muito tempo ainda induzirá as moças, principalmente na classe média, a jogar anualmente um vintém no fogo, na véspera de São João.

Antiga crença na transformação do ouro em pó em pequenos crucifixos de cobre

Na província de Minas, no século XVI, os jesuítas, para expandir e valorizar os milagres da religião cristã, reuniam diversas famílias de índios católicos e as induziam a enterrar em pequenas covas todo o ouro que pudessem conseguir durante um dia ou dois; coberto o depósito, recebiam elas ordem de não voltar mais ao lugar antes de quarenta e oito horas. No dia indicado, os índios voltavam e, após uma curta invocação cristã, tornavam a abrir as covas, onde encontravam apenas pequenos crucifixos de cobre (supostos de ouro), que levavam entusiasmados, admirando a transformação milagrosa.

Influência milagrosa atribuída a Santo Antônio

Em 1650, o porto e a cidade da Bahia aguardavam com temor o desembarque dos holandeses após um combate naval em perspectiva. O governador militar, depois de ter tomado as últimas disposições para a defesa, foi devotamente jogar-se aos pés da imagem de Santo Antônio, que se encontra na capela do convento dessa ordem religiosa, situado à entrada da barra. Começava ele a orar, quando uma terrível tempestade desabou, obrigando a esquadra a fazer-se ao largo e dispersar-se, libertando-se assim a cidade, que não mais a reviu. O governador, transbordando de fé e de alegria, foi o primeiro a proclamar o milagre; repetiram-no os religiosos, aproveitando-se do entusiasmo geral para fazer crer ao povo que haviam visto no mesmo dia Santo Antônio voltar ao convento *ainda molhado pelas águas do mar.* A proteção milagrosa do santo libertador fez com que lhe concedessem, a título de recompensa, o cargo de *governador-geral da província,* cujo vencimento anual ele recebe e é empregado no seu culto particular. A generosidade devota dos habitantes da cidade apressou-se em conseguir os meios necessários à reedificação da Igreja de Santo Antônio, onde se vê hoje a estátua do santo segurando o bastão de governador.

Com o triunfo, a imaginação dos irmãos do Convento de Santo Antônio tomou novo impulso e, tendo afirmado haverem visto o santo voltar molhado do mar, não hesitaram em supô-lo percorrendo as ruas à noite, à caça dos negros fugidos. Para tornar crível o milagre, cuidaram de mandar todas as noites um ou dois frades prender efetivamente negros fugidos que erravam pela cidade. Quando um frade pegava um negro, amarrava-lhe as mãos com o cordão de seu hábito e o intimava a indicar a casa do seu senhor. Aí chegando, o monge batia à porta e entregava o escravo *em nome de Santo Antônio,* cujo papel desempenhava, na escuridão da noite, e desaparecia logo em seguida, dizendo, num tom misterioso: "Santo Antônio lhe devolve seu escravo fugido". Os reverendos padres sabiam de antemão que essa santa generosidade seria recompensada no dia seguinte pelo proprietário do escravo, o qual não hesitava em vir ao convento encomendar pelo menos uma missa e entregar alguma esmola em ação de graças; levado pelas aparências da véspera, aumentava ainda o número de supersticiosos tributários de Santo Antônio, que, em circunstâncias difíceis, se mostram sempre dispostos a comprar-lhe a proteção eficaz. Essas especulações dos frades tornaram o santo tão temível aos negros, que o seu nome se tornou, para eles, uma exclamação familiar nos momentos de pavor.

Pequena imagem de Santo Antônio conservada para proteger a casa

Mas Santo Antônio nem sempre representa um papel tão admirável, e não raro o venerado padroeiro se torna vítima de seus adoradores decepcionados; isso acontece mais de uma vez, quando a proteção do santo é invocada a título exclusivo. Todo brasileiro, um pouco supersticioso, conserva em sua casa uma pequena imagem de madeira colorida representando um Santo Antônio carregando um Menino Jesus nos braços. No dia do santo, arranja-se um pequeno altar sobre o qual se coloca a imagem, ridiculamente enfeitada com fitas de várias cores. Cercam-na de uma multidão de velas acesas, ao pé das quais se distribuem as flores trazidas pelos convivas. A iluminação do altar começa entre os mais devotos na véspera da festa, às oito horas da noite, e continua sem interrupção durante vinte e quatro horas. Mas, acontecendo uma desgraça na casa, o primeiro castigo que se inflige ao Santo é a privação do Menino Jesus, o qual lhe é imediatamente retirado dos braços. Se a desgraça se repete ou se torna mais grave, retiram-se todas as fitas e amarra-se a imagem, que é assim mergulhada num poço, de maneira a ficar com os pés molhados. A pequena imagem fica nesse estado até a primeira prova de melhoria manifestada, e que é atribuída à influência das preces que o santo dirige a Deus para se libertar da situação incômoda em que o colocaram. Se, ao contrário, a infelicidade persiste, mergulham a pequena imagem mais profundamente na água até o queixo. E, em continuando ainda as calamidades, retira-se o santo do poço, abandonando-o com desprezo num recanto qualquer, até que uma nova desgraça reanime a superstição do dono da casa, que, dominado pelo hábito, implora espontaneamente a milagrosa proteção do santo, a quem se restituem todas as honras devidas a seu culto.

O despertar do santo na véspera da festa

A necessidade, natural ao homem, de tudo dispor para um futuro feliz introduziu no Brasil, há mais de dois séculos, o costume de se soltarem bombas e foguetes nas ruas, na suposição de que o ruído desperte para o dia de sua festa o santo padroeiro, que se imagina adormecido durante o resto do ano.

Por esse motivo, na véspera das festas de São João, Santo Antônio, São Pedro e São José, queimam-se fogos de artifício nas ruas e praças, bem como diante da porta da igreja do santo cuja festa se celebra, a fim de forçar o homenageado a tomar parte ativa nas manifestações de seus devotos. Reiniciam-se os festejos ao raiar do dia da festa, prolongando-se os mesmos durante os intervalos entre as cerimônias religiosas, até oito ou nove horas da noite, em meio a fogueiras, girândolas e iluminações. O grande divertimento noturno consiste em jogar punhados de bombas no meio das fogueiras acesas em todas as ruas da paróquia, bem como diante das casas particulares de outros bairros da cidade. Esse crepitar de estampidos mistura-se aos ruidosos vivas a São João e Santo Antônio, etc., repetidos confusamente pela multidão branca e preta, que se diverte em pular as fogueiras semi-extintas.

O que explica o motivo interessado dos primeiros crentes, esforçando-se por acordar o santo na véspera da festa, encontra-se ainda hoje no fato de que, para ridicularizar a falta de generosidade de um homem levado a receber mesquinhamente seus amigos no dia de seu aniversário, se afirma que seu santo padroeiro *ainda está dormindo*.

Deixo de detalhar um milhão de puerilidades consagradas por tradição a manter viva a superstição e termino pela enumeração das dignidades militares concedidas a Santo Antônio em diferentes províncias do Brasil. É pouco provável que Santo Antônio, simples e virtuoso anacoreta que se recusou a comparecer na corte de Constantino, que durante cento e cinqüenta[1] anos viveu voluntariamente na mais profunda humildade, imaginasse figurar militarmente um dia no Novo Mundo como *marechal dos exércitos do rei e comandante da Ordem de Cristo,* na Bahia; como *coronel e grão-cruz de Cristo,* no Rio de Janeiro; ou mesmo, mais modestamente, como simples *cavaleiro da Ordem de Cristo,* no Rio Grande, recebendo os vencimen-

---
[1] *Tradução literal do texto francês. (N. do T.)*

tos em todas essas dignidades. A simplicidade de seu hábito contrasta de maneira singular com o brilho de um enorme crachá e outras condecorações, cheias de diamantes, que se penduram ao pescoço de sua imagem e berram sobre o fundo marrom de sua túnica grosseira.

Notas relativas à cerimônia do desembarque de Dom João VI no Brasil e às festas que se seguiram

Às cinco e meia da tarde do dia 19 de março de 1808, o Príncipe Regente Dom João VI, a princesa sua esposa Dona Carlota Joaquina, as princesas suas filhas Dona Maria Teresa, Dona Maria Isabel, Dona Maria Assunção e Dona Maria de Jesus, o Príncipe Dom Pedro, o Infante Dom Miguel e o infante da Espanha, Dom Pedro Carlos, desembarcaram do escaler real — a Rainha Dona Maria I, mãe do regente, gravemente enferma, foi transportada em cadeirinha diretamente para o palácio, onde um apartamento lhe estava reservado. Acompanhavam-na o Marquês de Angeja pai e o Marquês de Pombal[1]. Vieram com a corte os seguintes dignitários: Marquês de Valadas, Marqueses de Belas, pai e filho, Conde de Viana, Conde de Figueira, Conde de Belmonte, Marquês de Barca, Marquês de Alegrete, Marquês de Lavradio, Conde Barreiro, Visconde de Vila Nova, Conde de Anadia, Marquês de Aguiar, Condes de Linhares, pai e filho, Dom João, Dom Francisco, Visconde de Majé, Visconde de Andaluz, esmoler-mor, prelados Monsenhor Almeida e Monsenhor Nóbrega, Marquês de Torres Novas, Conde de Valadares, Joaquim José de Sousa Lobato, pai e filho, camareiros-mores.

A corte foi recebida pelo Conde dos Arcos, vice-rei e governador da capitania do Rio de Janeiro, pelos ministros, cônegos da catedral, chefes das ordens religiosas, oficiais superiores de mar e terra e todas as pessoas gradas da cidade, cercadas pelo povo, que se atulhava no Largo do Palácio, bem como nas ruas por onde devia passar o cortejo.

Na extremidade superior da rampa em que o príncipe desembarcou, erguera-se um altar com todos os acessórios religiosos; o príncipe se ajoelhou diante dele, juntamente com toda a família. Então o alto clero da catedral, vestido com os grandes ornamentos sacerdotais e assistido pelos cônegos, procedeu à benção, de acordo com o cerimonial católico romano, dando o crucifixo a beijar aos ilustres hóspedes. Toda a família real levantou-se em seguida; as princesas subiram nas carruagens da corte, bem como a viúva do Príncipe Dom José, Dona Maria Benedita, e sua irmã, a Infanta Dona Maria Ana, que haviam desembarcado dois dias antes e já residiam no palácio com as mais jovens princesas reais, Dona Maria Francisca e Dona Isabel Maria. Juntas dirigiram-se para a Catedral da *Velha Sé,* para aguardar a chegada do resto do cortejo, que vinha a pé.

---

[1] *Não confundir com o célebre Marquês de Pombal, ministro de Dom José I e reconstrutor de Lisboa, que faleceu em 1782. (N. do T.)*

O príncipe regente, seus dois filhos e seu sobrinho foram conduzidos sob um pálio carregado pelos vereadores da Câmara do Rio de Janeiro; os demais membros acompanhavam com o estandarte. O cortejo dirigiu-se pelo Largo do Palácio até a Rua Direita e tomou depois pela do Rosário até a igreja da catedral, que se encontra no fim. O pálio acompanhou os príncipes até a tribuna de honra que lhes fora preparada no coro e à esquerda do altar-mor. Em seguida, após o *Te Deum,* o cortejo voltou pelo mesmo caminho, reconduzindo os príncipes ao palácio.

A tropa abria alas dos dois lados das ruas percorridas pelo cortejo, nas quais todos os balcões se achavam decorados com tapeçarias de seda; os espectadores cobriam de flores o pálio durante o caminho. Foi, portanto, em meio às ovações e entre os perfumes das flores e folhagens odoríferas espalhadas sob seus passos, que o Príncipe Regente Dom João e seus dois filhos entraram pela primeira vez em seu palácio no Rio de Janeiro. Essa entrada solene foi anunciada pelos sinos de todas as igrejas da cidade e por salvas de artilharia das fortalezas e dos navios de guerra ancorados na baía do Rio de Janeiro. À noite houve iluminação geral e salvas repetidas a intervalos.

Festas dadas por ocasião do casamento da Princesa Real Dona Maria Teresa

As conveniências políticas determinaram, em fins de 1810, o casamento da Princesa Dona Maria Teresa, filha mais velha de Dom João VI, com o Infante Dom Carlos da Espanha, seu primo, vindo com a corte para o Brasil; e o Rio de Janeiro, rival de Lisboa desde então, viu por essa ocasião exibir-se tudo o que o gênio português se esforçou para prodigalizar em vista da ilustre união[1]. Ergueu-se um circo para touradas e cavalhadas. Houve representação de gala no teatro real e profusa iluminação em toda a cidade.

Cerimônia do bando

Este ato civil, que precede de oito dias a celebração do casamento, é da competência exclusiva da autoridade municipal e tem por fim proclamar os casamentos ou nascimentos dos príncipes de sangue. O cortejo compõe-se exclusivamente de cavaleiros e conserva na marcha a seguinte ordem: piquete de cavalaria da guarda real da polícia, músicos, oficiais de justiça, almotacéis, membros do Senado da Câmara, precedidos de seu presidente; seguem-se os cavalos ricamente ajaezados das reais cavalariças, conduzidos pela rédea por lacaios vestidos com a grande libré da corte, uma banda militar e um destacamento de cavalaria da polícia; fecham a marcha os lacaios de libré, a cavalo, como seus amos.

---

[1] *O jovem esposo, de compleição fraca, morreu dezoito meses depois do casamento, deixando um filho de seu nome. (N. do A.)*

Vestem os membros da Câmara Municipal casaca preta, colete e adornos brancos bordados de ouro e prata, meias de seda branca, capa de seda preta com gola e abas brancas bordadas com ouro e prata; o chapéu preto levantado na frente à Henrique IV é guarnecido de penas brancas, três das maiores recaindo sobre a dobra do chapéu; o botão e a presilha são de diamante; os cavalos usam nas crinas laços de fitas soltos.

Durante a marcha, o cortejo é precedido por um negro fogueteiro, que solta foguetes em cada encruzilhada do caminho percorrido, e assim se passa o dia nas diversas paradas de cada bairro da cidade; a primeira proclamação foi feita antes das oito horas da manhã, no Palácio São Cristóvão, debaixo das janelas dos futuros esposos, sendo repetida pelo povo em meio ao ruído das fanfarras executadas pelos músicos do cortejo; tudo se pôs em seguida novamente em marcha.

Quanto aos preparativos da festa, apresentaram eles dificuldades tanto maiores na sua execução quanto nessa época as artes ainda estavam na infância, no Brasil, e só havia no Rio de Janeiro alguns tímidos pintores de retratos. *Manuel da Costa,* artista português, arquiteto e decorador do teatro da corte, tinha apenas sob suas ordens alguns rapazes especialmente empregados no serviço do palácio, que os absorvia e não lhes dava grande folga para os imensos trabalhos em preparação de todos os lados. Diante da penúria aflitiva, o ministro da Polícia, cortesão dedicado, confiando no seu poder despótico, imaginou fazer pintores como se fazem soldados. E viram-se, na circunstância, guardas da polícia parar os transeuntes brancos ou pretos e perguntar-lhes a profissão; como só havia alfaiates, barbeiros ou sapateiros, ordenavam-lhes que se tornassem pintores sob pena de cadeia e conduziam-nos ao circo. Os pobres miseráveis escravos, presos a pretexto de se tratar de pintores de mármores, de ornatos ou molduras e tendo no seu cativeiro a obrigação de pintar de qualquer jeito, mediante um salário diário, empregavam o dobro do tempo e das tintas, fazendo e desfazendo, por obediência, o que deles se exigia. A medida absurda teve por efeito unicamente a produção de cenários informes e de alguns pobres enlambuzadores, que, seis anos mais tarde, por ocasião de nossa chegada, ganhavam a vida ofendendo impunemente a vista e o bom senso pela insuficiência de sua pincelada ignorante.

Casamento do Príncipe Real Dom Pedro com a Arquiduquesa Leopoldina Carolina

Preparativos para as festas de recepção da arquiduquesa

Uma das princesas reais brasileiras acabava de chegar a Madri para casar com o rei da Espanha, e os ecos das festas que aí se realizaram incitaram os negociantes brasileiros, no Rio de Janeiro, a rivalizarem com os espanhóis; resolveram por isso erguer arcos de triunfo para a passagem da arquiduquesa, que deveria desembarcar no Arsenal da Marinha. Essa resolução tardia deixava apenas doze dias para se erguerem os arcos de triunfo, um primeiro à entrada da Rua Direita, perto da Rua dos Pescadores; outro mais ou menos no meio, e o terceiro no fim, perto da Capela do Carmo. Apesar da incerteza de se poderem terminar as obras encomendadas, trabalhou-se com grande atividade, e, felizmente, tudo se achava pronto a 12 de novembro de 1817, dia em que o navio *Dom João VI,* a bordo do qual viajava a arquiduquesa, foi assinalado à altura do cabo Frio. Entrou na barra do Rio de Janeiro, com as duas embarcações nacionais que o escoltavam, às cinco horas da tarde, por tempo fresco, e foi salvado com vários tiros de canhão ao passar pelo primeiro forte. Chegando diante da ilha das Cobras, foi novamente salvado por todos os navios de guerra de todas as nações que aí se encontravam.

Apenas o navio ancorou na ponta inferior da ilha, percebeu-se a galeota real que vinha de São Cristóvão buscar a rainha e as princesas suas filhas, cuja carruagem parara no ponto de desembarque do Arsenal da Marinha. Da galeota saiu o príncipe real, a fim de receber a rainha e as princesas, colocando-se estas no cubículo envidraçado onde se mantinha o rei, seu filho Dom Miguel e a jovem viúva, sua filha. O escaler partiu para ir visitar a arquiduquesa a bordo, onde a família real permaneceu até as nove horas da noite.

No dia seguinte, ao raiar do sol, as salvas de artilharia anunciaram a solenidade da festa. Às dez horas a galeota real, resplendente de ornatos dourados e escoltada por duas outras embarcações quase tão ricas, voltou ao mesmo ponto da véspera para buscar a rainha e as princesas, cujo embarque foi mais cerimonioso, porque toda a casa do rei se achava reunida sob o pequeno pórtico preparado no local pelo corpo de engenharia marítima. A família inteira dirigiu-se para o navio; a arquiduquesa desceu e foi conduzida ao som da música que se misturava ao ruído da artilharia e aos vivas dos marinheiros trepados nos mastros de todas as embarcações paradas ao redor do ponto de desembarque.

Os oficiais da casa do rei desceram em primeiro lugar; vinham a seguir as jovens princesas, a princesa viúva, o Infante Dom Miguel, o príncipe real conduzindo a arquiduquesa, a rainha conduzida pelo seu escudeiro-mor, e o rei.

A carruagem de cerimônia aguardava as quatro personagens mais augustas da festa, e os dois outros coches que a acompanhavam se encheram com príncipes e princesas da família real. Uma longa fila de outras elegantes carruagens formava um brilhante cortejo fechado por um destacamento de cavalaria ligeira, que se dirigiu para o palácio, saindo pela porta do Arsenal e percorrendo a Rua Direita em todo o seu comprimento, passando por conseguinte sob os arcos de triunfo, junto aos quais se haviam construído anfiteatros para os músicos. Os balcões e janelas de todas as casas estavam enfeitados com tapeçarias de seda vermelha, e as mulheres agitavam seus lenços em sinal de alegria, enquanto outras aguardavam a passagem da carruagem para cobri-la de pétalas de flores jogadas a mancheias. Perfumes, orquestras, dísticos colocados à passagem do cortejo e o ruído contínuo dos vivas, repetidos de todos os lados, nada afinal se esqueceu para dar realce à recepção da arquiduquesa austríaca. O rei galantemente fazia observar à sua nova filha que os aplausos lhe eram exclusivamente destinados.

A família real desceu diante do palácio e dirigiu-se para a capela. Depois da missa e do *Te Deum,* a corte voltou a seus aposentos para participar de um banquete suntuoso. Após a refeição, surgiu novamente ao balcão, entre os vivas do povo, desejoso de ver a jovem esposa; em seguida, todas as tropas reunidas no Largo do Palácio desfilaram em ordem com suas bandas, em continência à nova princesa real brasileira. Com o cair da noite, a corte retomou as suas carruagens e voltou entre luminárias pelo caminho percorrido de manhã. Chegando ao Arsenal, embarcou na galeota real, escoltada por cem outras embarcações; e a pequena frota, toda ornamentada de lanternas, dirigiu-se para São Cristóvão, em cujo palácio, inteiramente iluminado, já se encontravam as pessoas que o serviço e o cerimonial deviam aí reunir.

Um exemplo da solicitude paterna de Dom João VI evidenciará sua bondade de alma. Quando os jovens esposos chegaram ao Palácio de São Cristóvão, o rei disse à princesa, conduzindo-a aos seus aposentos: "Espero que este aposento, embora mobiliado ainda simplesmente, vos seja agradável"[1]. Com efeito, a primeira coisa por ela observada foi o busto do imperador da Áustria, seu pai, que o rei mandara vir de Viena. Vendo-o, a princesa não pôde reter lágrimas de alegria; então o rei, tomando-lhe a mão, disse: "Como vós sois muito instruída, não tenho a pretensão de oferecer-vos algo inédito; estou persuadido entretanto de que tereis prazer em percorrer esse volume, que vos peço aceitar". A princesa, ainda comovida com o busto do pai, abriu o livro; era uma soberba coleção de todos os retratos de sua família, encomendada em Viena juntamente com o busto. Cedendo aos seus sentimentos de gratidão, a princesa precipitou-se sobre a mão do rei, que lhe disse ainda: "Minha querida filha, a felicidade de meu filho está assegurada, bem como a de meus povos, pois terão um dia, como rainha, uma boa filha, que não pode deixar de ser uma boa mãe". Cena comovente, que coroou esse belo dia.

A corte passou o dia seguinte em São Cristóvão, onde houve beija-mão pela manhã e concerto à noite. No outro dia, terceiro de luminárias, a corte foi ao teatro, e o espetáculo só terminou às duas horas da madrugada. Em seguida, a corte não mais deixou São Cristóvão, onde a sociedade se tornara muito agradável, principalmente com a presença constante dos embaixadores estrangeiros.

Festa particular em São Cristóvão, a 22 de janeiro de 1818, aniversário do nascimento da princesa real

O desejo que tinha o rei de festejar a nova princesa real fê-lo preparar para 22 de janeiro, aniversário de nascimento da arquiduquesa, uma festa particular no Palácio de São Cristóvão, a fim de não antecipar as da aclamação, que, em virtude de seu caráter político, deveriam ser celebradas com mais amplitude e fausto, na capital.

A corte encarregou, portanto, *Manuel da Costa,* arquiteto, pintor e decorador

---

[1] *O rei encomendara a Jacó, em Paris, uma admirável mobília, que chegou mais tarde por causa da difícil travessia, de quatro meses, do navio que a transportava: o* Dauphin. *(N. do A.)*

do palácio, de organizar uma festa em São Cristóvão, a exemplo das que se dão na Europa. Como arquiteto, aproveitou-se de três quartos do pátio para construir um circo de tábuas e transformou toda a varanda aberta da fachada em camarotes. Com essa combinação engenhosa, sem nada modificar na parte interna do palácio, todas as pessoas convidadas encontraram ótimos lugares para assistir às touradas e aos bailados. O espaço remanescente, do lado da grade de entrada, foi reservado aos fogos de artifício, e nos jardins do castelo outros dispositivos análogos se observaram para os diferentes folguedos que se deviam realizar. *Louis Lacombe,* diretor de bailados do teatro, foi encarregado da organização das danças de caráter, variadas de acordo com os locais que lhes eram destinados. Para o circo, reservou ele danças entremeadas de uma maneira agradável com as evoluções militares, terminando por uma descarga geral de mosquetões. O efeito foi tão feliz que fizeram repeti-las a cada representação. Durante esses três dias de festas, houve touradas levadas a efeito por hispano-americanos vindos de Montevidéu, e que ficaram no Rio até as festas da aclamação. Somente a chuva transtornou um pouco as luminárias e o fogo de artifício do último dia.

Desde a chegada da princesa, tanto as estradas como as avenidas de São Cristóvão se encheram de magníficos cavalos de sela e de elegantes carruagens estrangeiras; e tudo adquiriu então um aspecto francamente europeu no Rio de Janeiro.

Festas dadas no Rio de Janeiro por ocasião da aclamação de Dom João VI, rei do Reino Unido de Portugal, Brasil e Algarves

Com algum ajutório da indústria européia, desenvolvia-se, no Rio, grande atividade para terminar os preparativos das festas da aclamação, esperadas há mais de um ano; por isso, com grande satisfação, viu-se a 5 de fevereiro de 1818, terceiro dia da proclamação, o cortejo do bando percorrer durante a tarde as ruas e praças da capital, onde tudo se achava pronto para a solenidade do dia seguinte.

Efetivamente, no dia 6, ao raiar da alvorada, as salvas de artilharia das fortalezas e dos navios de guerra ancorados na barra anunciaram o início das cerimônias desse dia memorável para o Brasil, porque o elevavam à categoria de reino.

Para celebrar a proclamação de Dom João VI[1], construiu-se uma galeria aberta, de madeira, junto ao edifício[2] que ocupa toda a fachada da praça, desde o palácio até a Capela Real. Erguia-se essa galeria até a altura do primeiro andar do palácio, comunicando com ele pelo lado esquerdo, e pelo direito com a Capela Real. A entrada pública se fazia por esse lado, achando-se o trono colocado na extremidade oposta.

---

[1] *Dom João VI não apareceu com a coroa na cabeça; ela se encontrava sobre uma almofada ao lado dele, pois desde a morte do rei Dom Sebastião, em combate na África em 1578, a coroa e o manto real ficaram em poder dos mouros, senhores do campo de batalha. O orgulho português supõe que Dom Sebastião, salvo por Deus, deve voltar trazendo a coroa de Portugal. Por isso, ainda hoje, certos portugueses abrem religiosamente as janelas durante as tempestades, na esperança do regresso do rei. Esses supersticiosos são chamados* sebastianistas. *(N. do A.)*

[2] *Antigo Convento do Carmo, segundo Luís Gonçalves dos Santos. (N. do T.)*

Toda a galeria era iluminada por dezoito arcadas; no meio da fachada do edifício, construíra-se um pavilhão, em cujo frontispício sobressaía uma estátua da Glória. O resto da parte superior era igualmente encimado por troféus militares e estátuas colocadas nos ângulos. Internamente, tudo estava forrado de veludo vermelho com galões e franjas de ouro; o teto, dividido em nove painéis, decorava-se de quadros alegóricos alusivos às virtudes do monarca. As tribunas ligavam-se ao edifício; a maior era a da família real, junto ao trono, e as outras quatro eram menores e todas do mesmo tamanho. O estrado comportava dois degraus, e o trono era ricamente esculpido e dourado, em cima do qual havia uma coroa real sustentada por dois gênios agrupados na parte superior do dossel.

Às nove horas da manhã as salvas da artilharia e as girândolas anunciaram a chegada da corte à Capela Real para assistir à missa do Espírito Santo, a qual foi dita com grande pompa; toda a família real estava resplendente de diamantes, e todas as vestimentas da corte eram notáveis pela riqueza e pela elegância. O sermão foi digno da circunstância pela eloqüência política e religiosa. A corte jantou no Rio de Janeiro.

Às três horas da tarde as forças militares tomaram posição no Largo do Palácio[1]. Reuniram-se aí duas brigadas: a primeira, composta do 1.º Regimento de Infantaria de Linha e dos 11.º e 15.º de Infantaria de Polícia, comandada pelo brigadeiro de cavalaria Luís Paulino de Oliveira Pinto[2]; a segunda, composta da cavalaria da milícia e do 2.º Batalhão de Caçadores e Granadeiros, comandada pelo Brigadeiro Veríssimo Antônio Cardoso; juntaram-se ainda oito peças de canhão da artilharia montada. A tropa tinha por comandante-em-chefe o General Luís Inácio Xavier Palmerim. Havia ainda duas guardas de honra, uma junto da galeria e outra perto da Capela Real. Colocara-se na Praça do Rocio um corpo de reserva composto de cavalaria de polícia, infantaria de linha e artilharia, comandado pelo Brigadeiro José Maria Rebelo de Andrade Vasconcelos.

Às quatro horas, as girândolas, os sinos da capela real e as salvas de artilharia dos fortes e da marinha deram o sinal, entre aclamações do povo que atulhava o Largo do Palácio; nesse momento surgiu o rei, saindo dos seus aposentos para entrar na galeria. Acompanhavam-no grandes dignitários seculares e eclesiásticos, bem como oficiais de sua casa; e o cortejo avançou na seguinte ordem: em primeiro lugar os maceiros e passavantes, os três arautos, os bedéis da Câmara, os vereadores, os nobres da corte e outros titulares, os bispos, os oficiais da Casa Real com as insígnias da realeza, marchando no centro do cortejo; seguiam-se o ministro do Interior, Tomás Antônio de Vila Nova Portugal, o Conde de Viana como meirinho-mor, com sua vara branca, o capelão-mor, Conde de Barbacena, carregando o estandarte real; em seguida o capitão da Guarda Real, Marquês de Belas, o sereníssimo Infante Dom Miguel, carregando a espada de condestável, e finalmente o príncipe real e o rei.

---

[1] *Esse largo era chamado na época Terreiro do Paço. (N. do T.)*
[2] *Luís Gonçalves dos Santos apresenta outra organização das brigadas, completamente diferente. Quanto ao comandante, é Oliveira Pinto de França e não Pinto. (N. do T.)*

Os brasileiros admiravam Dom João VI, vestido pela primeira vez com o soberbo manto real de veludo carmesim semeado de castelos e quinas, emblemas das armas de Portugal, e guarnecido com a esfera celeste, emblema do Brasil; o manto era seguro por uma presilha de brilhantes (ver prancha 9). O Conde de Parati carregava a cauda na qualidade de camareiro-mor.

O rei, sentado no trono, recebeu o cetro de ouro das mãos do Conde de Parati, ao qual fora o mesmo entregue pelo Visconde de Rio Seco. À direita do trono mantinha-se de pé o Príncipe Dom Pedro, com a cabeça descoberta, e mais adiante o Condestável Dom Miguel, de espada na mão. Assistiam Sua Majestade três gentis-homens do rei: *Conde de Parati, Nuno José de Sousa Manuel e Marquês de Torres Novas*. No grande degrau do trono, à direita, achava-se S. E., o capelão-mor, e atrás dele vários outros bispos; no mesmo degrau, do lado esquerdo, via-se o Marquês de Angeja, mordomo-mor; em seguida o ministro do Interior, o meirinho-mor da Câmara e, enfileirados, os condes, viscondes, barões e oficiais da Casa Real. Do mesmo lado, isto é, no canto esquerdo do degrau superior do grande estrado, via-se o alferes-mor, com o estandarte real enrolado; no segundo degrau se mantinham os ministros do Senado formando o corpo da Câmara; atrás deles a *mesa do Desembargo do Paço, e da Consciência e Ordens,* o Conselho de Direção da Alfândega e a *Casa da Suplicação,* o Conselho Supremo Militar, a *Real Junta do Comércio,* a Junta dos Arsenais, a da Bula, a do Real Erário, e finalmente os representantes da Universidade de Coimbra. Nos mesmos degraus, do lado direito do trono, colocavam-se por ordem hierárquica os prelados das ordens religiosas. Na parte mais baixa, antes do primeiro estrado do trono, viam-se os arautos, os passavantes, os maceiros e os convidados de destaque. Todas essas disposições haviam sido tomadas pelo Visconde de Asseca, como mestre-sala.

A primeira tribuna à esquerda do trono fora reservada para a família real; via-se a rainha em primeiro lugar, mais perto do trono; em seguida a princesa real e mais adiante as princesas filhas do rei; todas essas senhoras usavam penas vermelhas, à exceção da princesa real, que as usava brancas. Atrás delas, reservaram-se lugares um pouco mais elevados, no fundo da mesma tribuna, para as damas de honra. As outras três tribunas eram ocupadas por damas da corte e a quarta, um pouco mais longe, fora reservada ao corpo diplomático.

Eis agora a cerimônia da aclamação. O rei, de pé, de cetro na mão, saudou a rainha e as princesas reais e sentou-se no trono. Imediatamente o primeiro-ministro fez sinal ao rei das armas, que, colocando-se no centro da sala, debaixo do grande estrado, dirigiu à assembléia estas palavras, pronunciadas em voz alta: "Ouvide, ouvide, ouvide, estai atentos"[1]. O desembargador do paço foi então introduzido sobre o estrado perto dos degraus do trono e dirigiu uma oração ao rei, na qual exprimiu os votos do povo e disse as conseqüências felizes que este esperava no reinado de sua augusta pessoa, unanimemente escolhida pelos seus súditos, ao que o

---

[1] Ver Luís Gonçalves dos Santos, Memória para servir à história do Brasil, *vol. II, pp. 226 e segs.* (N. do T.)

rei respondeu: "Aceito para felicidade dos meus povos". O desembargador retirou-se em seguida, saudando o rei.

Os gentis-homens de serviço apressaram-se em colocar aos pés do rei um escabelo e ao lado um banquinho, guarnecido com uma almofada rica de brocado vermelho e dourado, sobre a qual o bispo, capelão-mor, colocou o missal aberto com um crucifixo por cima. Ajoelharam-se então o rei, o capelão-mor e dois outros bispos, o de Azoto, prelado de Goiás, e o do Leontopoli, prelado de Moçambique e rios de Sena; estes dois últimos como testemunhas do juramento de S. M. O primeiro-ministro aproximou-se do rei e se ajoelhou ao lado dele para ler a fórmula do juramento, que o rei repetiu. S. M. passou o cetro para a mão esquerda, a fim de colocar a direita sobre o missal e o crucifixo, enquanto pronunciava o juramento. Terminada a cerimônia, tornou a sentar-se o rei, e as outras pessoas voltaram para os seus lugares; somente o primeiro-ministro continuou no meio do grande estrado para ler à assembléia a fórmula do juramento que devia ser prestado perante o soberano. Em seguida o reposteiro-mor e o bispo capelão-mor colocaram o banquinho e o missal mais para a esquerda do trono, para que os dois príncipes reais pudessem jurar obediência. A mesma cerimônia recomeçou para o juramento do bispo, do ministro, e dos príncipes Dom Pedro e Dom Miguel. O Príncipe Dom Pedro, depois de jurar obediência, de acordo com a fórmula indicada pelo ministro, levantou-se para beijar a mão do rei e voltou para seu lugar. O Príncipe Dom Miguel fez o mesmo, depois de ter passado para a mão esquerda a espada que segurava, a fim de poder colocar a direita em cima do missal e do crucifixo para o juramento; foi também, como seu irmão, beijar a mão do rei e voltou para seu lugar. Todos os presentes o imitaram.

Nesse momento o alferes-mor desfraldou o estandarte real dizendo em voz alta: "Real, real, real, pelo muito alto e muito poderoso Sr. Rei Dom João VI, nosso senhor", o que repetiram os reis de armas e as pessoas presentes na galeria, e constituiu sinal para as bandas reunidas nos largos executarem os hinos. Depois dessa primeira proclamação interna, o porta-estandarte desceu do estrado, após saudar o rei, e foi conduzido ao balcão central da galeria pelos maceiros, passavantes, arautos e reis de armas. Aí se encontrava preparado um pequeno estrado de três degraus, sobre o qual subiram o porta-estandarte e o rei de armas; depois das três saudações da bandeira, repetiram eles ao povo a mesma proclamação, a que todos os presentes responderam com demonstrações de alegria e vivas que se confundiram com a música das bandas, os sinos, os estrondos das girândolas e as salvas de artilharia dos fortes e da marinha.

Depois dessa proclamação, o rei de armas, novamente no interior do palácio, notificou a partida do rei; o cortejo se formou e a marcha se iniciou ao som da música das bandas reunidas na praça. Os vivas repetiram-se com entusiasmo a cada parada do rei nas arcadas para saudar o povo. Chegando ao centro da fachada, o rei se apresentou ao balcão, tendo à sua direita seus dois filhos e à esquerda o porta-estandarte real e o capitão da guarda. Depois de ter saudado o povo várias vezes, continuou sua marcha para entrar na Capela Real, o que suspendeu durante certo tempo as demonstrações de alegria pública.

O bispo, capelão-mor, acompanhado de seu clero, aguardava o rei à porta interna da capela, para espargi-lo de água benta e dar-lhe a beijar a relíquia do Santo Lenho; o rei foi em seguida conduzido sob o dossel até o lugar reservado no coro para assistir ao *Te Deum,* executado com grande orquestra, e no fim do qual o bispo distribuiu uma tríplice bênção com essa mesma relíquia magnificamente incrustada numa grande cruz de ouro maciço e brilhantes.

Terminado o ofício divino, o cortejo pôs-se novamente em marcha, e atravessou de novo a galeria da aclamação, reconduzindo o rei a seus aposentos; eram então sete horas da noite.

Após uma hora de repouso, a corte tornou a aparecer no balcão, com os membros do corpo diplomático, a fim de apreciar as iluminações do Largo do Palácio, da ilha das Cobras e de todas as embarcações de guerra no porto, cujas lanternas, habilmente combinadas, formavam desenhos variados. Esses contornos luminosos ligavam-se insensivelmente, graças ao efeito do recuo, ao clarão das fogueiras acesas do outro lado da baía, indicando os diferentes planos do terreno ocupado pelas propriedades rurais de Praia Grande, somente perceptível em virtude do colorido vigoroso das montanhas, que fecham o horizonte desse lado.

Iluminações dos dias 6, 7 e 8

À beira do cais, bem em frente da estrada principal do palácio, a Câmara fez erigir, a suas expensas, um templo em relevo consagrado a Minerva e dedicado ao rei. Esse monumento tinha oitenta palmos de altura, duzentos e noventa de fachada e um terço mais ou menos de profundidade. Constituía-se de um vasto envasamento sobre o qual se erguia um templo quadrado de arquitetura dórica, com doze colunas estriadas; no centro, internamente, estava colocada uma estátua colossal de Minerva e, debaixo de sua égide, o busto do Rei Dom João VI, sobre um pedestal. Atingia-se o templo por uma escadaria de largos degraus salientes, cujos pilares serviam de pedestais a duas grandes estátuas da Poesia e da História. O baixo-relevo da empena representava os rios das quatro partes do mundo oferecendo ao rei os diferentes produtos do comércio. Outra estátua, da Fama embocando a trombeta, coroava a extremidade superior do frontão. No friso havia a seguinte inscrição: "A el-rei, o Senado e o povo".

O monumento estava colocado no meio de um semicírculo formado por uma fileira de colunas coroadas por uma arquitrave e um ático. Entre as colunas havia guirlandas penduradas; tripés colocados na base de cada coluna produziam no ático pontos luminosos, pitorescos e majestosos.

A iluminação, executada com inteligência e profusão, punha em relevo todos os detalhes dessa elegante composição arquitetural, inteiramente em estilo grego.

Arco de triunfo erguido em frente da Galeria da Aclamação

No centro do pedaço de cais defronte do palácio, diante do chafariz, a Junta Real mandara erigir um arco de triunfo de sessenta palmos de altura por setenta de largura, com todas as saliências de suas quatro faces inteiramente em relevo. O monumento triunfal era erguido em honra do soberano recém-aclamado e unia à severidade de seu estilo brilhantes acessórios. As duas principais faces do arco eram ornadas de quatro colunas coríntias sobre pedestais; os espaços entre as colunas eram utilizados com nichos em que se encontravam as estátuas de Minerva e Ceres, alusivas às ciências e ao comércio. Embaixo dos nichos, viam-se baixos-relevos, um dos quais representando o desembarque do rei, no momento em que a cidade do Rio de Janeiro lhe entrega as suas chaves, e outros mostrando o rei coroado acolhendo as artes e o comércio, prosternados a seus pés. As colunas e as arquitraves suportavam imagens alegóricas, isoladas, das quatro partes do mundo. Entre os diversos baixos-relevos que ornavam a parte superior do monumento, via-se o escudo das armas do reino, sustentado por dois gênios; e, finalmente, coroando o arco de triunfo, apresentava-se um grupo escultural de belo e rico movimento, formado por dois rios (o *Tejo* e o *Rio de Janeiro*), apoiando-se às armas coroadas do Reino Unido de Portugal, Brasil e Algarves. No friso lia-se esta inscrição: "Ao libertador do Comércio". Todos os baixos-relevos desse monumento foram executados em transparentes, de maneira a produzir efeito satisfatório mesmo durante o dia. O resto das esculturas isoladas pintara-se sobre superfícies recortadas.

No mesmo plano do monumento, havia, de cada lado, um pedestal suportando um mastro grande, na extremidade do qual flutuava o pavilhão dos reinos unidos; duas colunas isoladas, com as armas de Dom João VI, foram colocadas no intervalo entre os mastros e o arco, a que se uniam por guirlandas de folhagens. A iluminação era igualmente feliz e tão variada no seu gênero quanto a do templo, embora de estilo mais severo.

Obelisco do centro do largo

Esses mesmos negociantes haviam mandado erigir no centro do largo um obelisco de estilo egípcio. A pintura externa imitava o granito vermelho; o envasamento e a balaustrada que o cercava estavam em completa harmonia com o caráter do monumento. A iluminação[1], extremamente brilhante, clareava toda a praça, mostrando a rica oposição dos estilos grego, romano e egípcio.

---

[1] *Era a primeira vez que os brasileiros viam uma iluminação com lampiões de zinco. A execução dos três monumentos foi confiada aos cuidados dos senhores Grandjean, arquiteto, Debret, pintor de história, e Taunay, estatuário, todos os três franceses, pensionistas do governo português e mais tarde professores da Academia de Belas-Artes do Rio de Janeiro. (N. do A.)*

Festa dada no dia 7 no Campo de Sant'Ana

Sua Exa., o intendente-geral da polícia, protetor e diretor das festividades, mandara transformar uma grande parte do vasto Campo de Sant'Ana em um jardim muito espaçoso, cercado de uma sebe e de um fosso. Abriram-se quatro entradas comunicando com o ponto central, onde terminavam grandes alamedas cortando o terreno diagonalmente. Na extremidade norte construíra-se um palacete de estilo ligeiramente mourisco, com varandas nas duas faces principais, uma do lado interno e outra do lado externo do jardim; destinavam-se elas a servir de tribuna para as pessoas da corte, por ocasião das festas a se realizarem nesse jardim improvisado.

Nos quatro cantos do jardim construíram-se, com armações e tábuas, quatro fortins, armados cada um com vinte e quatro canhões de pequenino calibre, em sua maioria simplesmente de madeira. A plataforma desses fortins servia de coreto para uma banda militar, e o corpo do edifício fazia as vezes de café, com a entrada para a parte interna do jardim e com distribuição gratuita de refrescos durante as horas de iluminação.

Dezesseis estátuas ornavam um recinto circular no centro do jardim, no meio do qual havia um tanque pitoresco, perfurado em rochedo artificial, do qual jorrava um repuxo bastante elevado, perpendicularmente. Sessenta e quatro termas e cento e duas pirâmides luminosas repartiam-se pelas diferentes alamedas. Foram necessários cinco mil lampiões para as festas noturnas, repetidas três dias seguidos.

A oeste erguera-se um pequeno teatro, no centro de um bosque de palmeiras, coqueiros e acácias floridas de diversas espécies.

A artilharia dos quatro fortins deu a primeira salva no dia 6, às nove horas da manhã, no momento em que o cortejo da corte, chegando de São Cristóvão, atravessou a praça para alcançar a Capela Real; e às sete horas da noite a segunda salva uniu-se às de toda a artilharia da baía para anunciar o momento da aclamação do Rei Dom João VI.

No dia 7, às quatro horas da tarde, as salvas dessa pequena artilharia anunciaram a chegada da corte, que vinha visitar pela primeira vez o interior desse jardim plantado como por encanto e no qual se haviam preparado divertimentos variados, prolongando-os até o fim do dia. Constituíram-se eles de uma série bastante complicada de evoluções militares entremeadas de danças, reunindo a nobreza à graça, e de diversas outras danças grotescas; seguiu-se um espetáculo dado no pequeno teatro improvisado. Antes de se erguer o pano, poetas e oradores recitaram uma infinidade de versos, reproduzindo sob várias formas exagerados elogios, que muito envaideceram o rei. Após três quartos de hora de saudações, entrecortadas de vivas a *el-rei, nosso senhor,* o pano se ergueu, mostrando o palco ocupado pelos atores da companhia italiana, que cantaram em português as estrofes do hino nacional, acompanhados por grande orquestra. Em seguida os artistas de comédia, portugueses, representaram um elogio, espécie de prólogo feérico; o espetáculo terminou com um bailado alegórico, cujo último quadro mostrava a reunião dos três reinos personificados. Para demonstrar o bom gosto e a graça desses diferentes divertimentos bastará dizer que foram executados por *Louis Lacombe,* diretor dos bailados do teatro real, já citado na descrição das grandes festas nacionais.

No dia seguinte, 8[1], mais ou menos às seis horas da tarde, toda a corte e as pessoas convidadas vieram percorrer as alamedas do jardim e subiram ao terraço do palacete para apreciar algumas distrações que aí tinham sido preparadas; às nove horas a detonação de cento e uma bombas anunciou ao povo uma nova distração. A esse sinal toda a corte se transferiu para as varandas da fachada da face norte, a fim de contemplar um enorme fogo de artifício que durou mais de duas horas. O último número, como de costume, apresentava uma fachada de templo desenhada em fogos fixos, com intervalos preenchidos por pinturas transparentes; coroava o conjunto uma figura da Fama, e no centro aparecia, em letras de fogo branco, a inscrição "Viva el-rei".

Às onze horas o soberano e sua família subiram nas carruagens da corte, fizeram a volta do largo e empregaram uma parte da noite a percorrer todas as ruas da cidade, não só por curiosidade como para dar uma demonstração de gratidão pessoal à generosa dedicação que os habitantes do Rio de Janeiro alardeavam por toda parte.

A casa do intendente de polícia, situada num dos cantos do *Campo de Sant'Ana,* salientava-se por sua brilhante iluminação. Uma grande pintura transparente, colocada no centro, representava alegoricamente os três reinos unidos, de joelhos, coroando o busto de S. M., Dom João VI. A extremidade superior da decoração era encimada pelas armas coroadas do Reino Unido; inúmeros emblemas elogiosos juntavam-se a essa pomposa iluminação variada com vidros de cor. O ministro organizara também orquestras. A composição e a execução tinham sido confiadas aos senhores Bouche e Debret.

O Conselheiro Amaro Velho da Silva quis demonstrar sua dedicação ao rei por meio de uma bela iluminação, que atraía de longe a multidão de curiosos para a sua residência na Rua da Glória. Uma multiplicidade de dísticos, notáveis pela sutileza do pensamento, desenhados sobre fundos transparentes, enchiam, juntamente com figuras alegóricas, os intervalos de uma decoração arquitetural resplendente de lampiões. A composição era da lavra de *José Domingos Monteiro,* engenheiro e arquiteto português.

O Comandante Joaquim José de Siqueira, residente em Mata-Porcos, no caminho de São Cristóvão, mandou erguer por sua conta, diante de sua casa, um arco de triunfo de noventa e oito palmos de altura para a passagem do rei. Era de forma antiga, e todos os baixos-relevos, de grandes dimensões, haviam sido pintados com pintura transparente. A inscrição dizia: "Ao pai do povo; ao melhor dos reis". Esse monumento era coroado por um grupo de três Hércules suportando um globo, no qual se podiam ver as terras de Portugal e do Brasil. Seis mil lampiões de cores contornavam o monumento, de ambos os lados, marcando a arquitetura. A composição era do Sr. Bouche e a execução dos transparentes do Sr. Debret.

---

[1] *No dia 8, à uma hora da tarde, S. M., sentado no trono do palácio da cidade, recebeu as felicitações do corpo diplomático, dos gentis-homens da corte e de inúmeras pessoas que tiveram a honra de beijar-lhe a mão. (N. do A.)*

Os três arcos de triunfo erguidos na Rua Direita, por ocasião do desembarque da Arquiduquesa Leopoldina, foram conservados e iluminados de novo durante esses três dias.

Observava-se ainda a feliz influência da escola francesa nas agradáveis proporções do cenário da iluminação, que ornava a fachada da residência do Conde de Barca, antigo ministro das Relações Exteriores e da Guerra, falecido no intervalo entre os preparativos e as festas da aclamação. Seu irmão, entretanto, tudo fez para pôr em evidência a dedicação ao rei desse ilustre protetor das artes.

A composição geral representava um templo devassado, através de cujos pilares se viam o busto coroado de Dom João VI, sobre um pedestal, e as estátuas alegóricas da Agricultura, do Comércio, das Artes e da Navegação, rendendo homenagem ao soberano. Todo o conjunto arquitetural se desenhava por meio de uma iluminação formada de pequenos lampiões de zinco, muito perto uns dos outros, e as figuras de cor natural, bem como o fundo, eram pintadas em transparente[1]. O monumento tinha vinte e dois pés de largura. A composição e a execução haviam sido confiadas aos senhores Grandjean e Debret.

Templo do Largo do Rocio

Em frente do teatro, no Largo do Rocio, podia-se admirar uma bela iluminação ornada de retratos de corpo inteiro das personagens mais importantes da família real, executados em transparentes pelo Sr. *José Leandro,* pintor brasileiro. Em cima de um envasamento, erguia-se um pavilhão octógono de estilo mouresco, formado de oito arcadas sustentadas por colunas; a arquitrave era coroada por um ático encimado por uma cúpula. Pequenas pirâmides assentavam em cima de cada coluna, e uma maior, erguida no centro da cúpula, dominava o monumento. Quatro dos oito transparentes, os maiores, representavam os retratos, de corpo inteiro, de Dom João VI, vestido com o manto real, da Rainha Carlota, das AA. RR. Príncipe Dom Pedro e Princesa Leopoldina e do Infante Dom Miguel; os outros quatro, menores, representavam as quatro partes do mundo. Uma balaustrada cercava o monumento.

Todas as residências dos ministros, os grandes estabelecimentos públicos, as casas dos maiores negociantes da cidade e mesmo de simples particulares resplandeciam à luz das luminárias e embelezavam todos os bairros da capital do novo reino brasileiro.

A calma de um belo luar e a tranqüilidade pública só foram felizmente perturbadas, durante essas três noites memoráveis, pelos vivas unânimes repetidos à passa-

---

[1] *Não sabemos exatamente em que consistiam esses "transparentes". Luís Gonçalves dos Santos também alude a esses efeitos como a uma "pintura transparente". Nesse caso seria uma pintura a água qualquer, aquarela ou outra. Mas Debret emprega muitas vezes a palavra "transparente" como substantivo e fala de "um transparente" e de pinturas "feitas em transparente". Segundo outros autores, os "transparentes" seriam executados sobre vidros, e iluminados internamente. (N. do T.)*

gem do cortejo real. As gazetas publicaram mesmo que não houvera nenhum motivo de prisão durante esses três dias de folguedos populares.

Foi somente a 13 de maio seguinte que se realizou, no teatro, a grande representação suspensa durante a quaresma. Entretanto, o comércio mandara construir, a suas expensas, um imenso circo no *Campo de Sant'Ana*[1] para a realização de cavalhadas. Os preparativos, bem como a terminação de um chafariz, no mesmo campo, fizeram adiar as grandes festas para o mês de outubro do mesmo ano.

Os preparativos das cavalhadas foram naturalmente demorados, pois era necessário mandar convites a certo número de pessoas, que, habitando as províncias do interior, concordaram em vir figurar à sua própria custa e contribuir assim, de bom grado, para os prazeres da corte. Era preciso ainda tempo para mandar buscar touros selvagens, que só podiam ser encontrados na província de *Curitiba*.

Foi, por isso, somente a 15 de outubro que se iniciaram as grandes festas, as quais duraram seis dias, com toda a solenidade possível. Seis representações consecutivas foram realizadas no grande circo, a elas assistindo toda a família real e os estrangeiros de categoria, e todas as noites as iluminações se repetiram.

Danças e diversões no grande circo

Da reunião dos diversos corpos de ofícios nasceram as danças de caráter. Todas haviam sido especialmente ensinadas por professores pagos pelos dançarinos. Eram esses pequenos elencos em número de cinco. O primeiro compunha-se de jovens comerciantes fantasiados de antigos guerreiros espanhóis; o segundo, de ourives vestidos de asiáticos; o terceiro, de marceneiros fantasiados de curlandeses; o quarto, de sapateiros fantasiados de espanhóis modernos, e as mulheres de ninfas; e o quinto, de caldeireiros vestidos de *caboclos*. Cada corpo de dança tinha seu carro e sua música de acordo com o caráter de sua indumentária.

Ordem da marcha e das entradas

O primeiro a entrar foi o carro de Netuno; nele podia-se ver, pintada de cor de carne, a estátua colossal do deus, sentado no centro de uma enorme concha prateada, sustentada por animais marinhos, que, jorrando água de todos os lados, regavam perfeitamente o terreno percorrido. Dois cavalos grotescamente ajaezados puxavam a passo essa máquina hidráulica, cujas rodas se escondiam mais ou menos entre grinaldas de tule prateado. Acompanhava-o um cortejo dançante de caboclos, cobertos de enormes toucados de penas. O carro, depois de atravessar a arena várias vezes e de esvaziar o seu reservatório, desapareceu majestosamente. Preparado assim o terreno, viram-se entrar, sucessivamente, os carros todos, formando uma fila que se

---

[1] *Magnífica praça, cercada de casas e duas vezes maior que o Champ de Mars de Paris. Separa a antiga da cidade nova.* (N. do A.)

dirigiu para o lado direito do recinto a fim de dar-lhe a volta. Cada conjunto de dançarinos, acompanhado de seus músicos, agrupava-se no seu carro respectivo e saudava mais particularmente a corte ao passar pelo camarote em que ela se encontrava. Tendo percorrido toda a arena, colocaram-se todos em ordem de batalha e avançaram de frente até o meio do circo, onde pararam; a esse sinal, os dançarinos desceram e marcharam alinhados até o camarote real para a saudação. Os músicos, permanecendo atrás, executavam o hino nacional, enquanto o corpo de bailado, que se mantivera de joelhos, representava o primeiro quadro. Depois de se levantar, os dançarinos organizaram quadrilhas separadas, dispostos de maneira a que cada elenco viesse, por sua vez, executar um solo em frente do rei; os pormenores, engenhosamente combinados, faziam ressaltar a variedade das vestimentas. Depois de terminar as danças com nova saudação, cada elenco subiu no seu carro, e o cortejo retirou-se em ordem.

Depois desse número, deu-se a entrada dos escudeiros, em marcha semelhante à dos carros; formando linha de batalha, avançaram de frente, para executar a saudação da lança. Logo em seguida se iniciaram as evoluções da cavalaria. Para os outros exercícios dividiram-se todos em dois grupos, donde os indivíduos saíam alternadamente. Esses senhores, ricamente vestidos, carregavam uma grande lança com uma ponta numa das extremidades e, na outra, uma pequena bola de chumbo feita unicamente para tocar os objetos.

O primeiro exercício consistia em tocar com a lança, a galope, numa pequena barquinha cheia de água, suspensa, a doze pés de altura, a uma corda esticada e amarrada pelas pontas a dois postes entre os quais passava o cavaleiro. Um golpe bem dado devia esvaziar a barquinha. O segundo exercício consistia em quebrar com a lança um pote de barro pequeno, suspenso do mesmo modo, e dentro do qual havia um pássaro que, libertado, erguia vôo fazendo flutuarem as fitas amarradas nas suas patas. O terceiro exercício consistia em enfiar a lança numa argola, também pendurada à mesma altura dos objetos precedentes. No quarto exercício o cavaleiro servia-se da ponta da lança para espetar uma cabeça de papelão, colocada numa pequena bandeja à altura de um homem. No quinto, com um tiro de pistola carregada somente com pólvora, fazia ele saltar uma cabeça igual, na mesma posição que a outra. O sexto consistia em erguer do chão uma cabeça de papelão na ponta de uma espada. Esse gênero de exercícios precedia outro, que consistia no encontro de dois cavaleiros correndo a galope. Em primeiro lugar era preciso cortar com um golpe de espada uma cana-de-açúcar jogada pelo adversário mais ou menos à altura da cabeça do rival. Essa luta de habilidade era repetida alternadamente em número igual de vezes por ambos os adversários, a fim de estabelecer-se um termo de comparação. Em segundo lugar devia-se correr, com um pequeno escudo no braço, e aparar com destreza laranjas de cera cheias de água, jogadas pelo adversário no momento do encontro; esse exercício se repetia como o primeiro. Para mostrar ao espectador afastado a eficiência do golpe da laranja, em vez de enchê-la de água, faziam-no às vezes com polvilho, plumas coloridas ou apenas papel branco picado. Os diferentes modos de manejar a lança e a pistola foram empregados com habilidade a fim de se variarem as seis representações sucessivas. No fim do exercício, os cavaleiros, avançando de frente, vinham saudar com a lança, diante do camarote do rei, e retiravam-se a galope, em seguida, cobertos de poeira e suor. A representação diária terminava com exercícios dos toureiros espanhóis, toureando touros selvagens a pé e a cavalo.

No fim do sexto dia, após a última representação, os cavaleiros e diretores dos corpos de ofícios, que haviam contribuído para a organização da festa, foram introduzidos no camarote do rei e tiveram a honra de beijar a mão de SS. MM. e das princesas.

Os cavaleiros vestiam uniforme completo à francesa, casaca de veludo bordado a ouro, chapéu de três bicos guarnecido de penas brancas, bolsa [1] para cabelos, meias de seda branca, sapatos de fivela. Montavam magníficos cavalos inteiros, fogosos, perfeitamente ajaezados, cobertos de mantas de veludo com galões de ouro e prata e com as crinas enfeitadas de fitas de cores, de guisos, etc. Usavam somente estribos de madeira, de acordo com a moda portuguesa, porém ricamente enfeitados de guarnições de prata.

Nascimento de Dona Maria da Glória, filha de Dom Pedro [2]

A 7 de maio de 1819, às cinco horas da tarde, três grandes girândolas soltas no *morro do Castelo* anunciaram aos habitantes do Rio de Janeiro o nascimento de Dona Maria da Glória, hoje conhecida como *Dona Maria II, rainha de Portugal*.

Logo em seguida as salvas de artilharia da marinha e dos fortes, a que se juntaram os carrilhões de todas as igrejas, confirmaram a notícia do parto feliz da Princesa Real Leopoldina.

O caminho de São Cristóvão logo se encheu das carruagens dos grandes dignitários e das autoridades constituídas, que iam cumprimentar a corte. A recém-nascida foi batizada sem cerimônia por S. E., o bispo capelão-mor, e imediatamente apresentada por seu pai, Príncipe Dom Pedro, ao cardeal núncio do papa. Houve três dias de festas na corte e luminárias na cidade: dois dias de recepção em São Cristóvão e o terceiro dedicado às felicitações dos corpos militares de linha e das milícias.

Seis semanas mais tarde, aí se celebrou a cerimônia do batismo da pequena princesa. A 23 de junho, véspera do aniversário do rei, tudo estava preparado no Rio de Janeiro para a cerimônia de batismo da nova princesa; decorara-se o interior e o exterior da Capela Imperial; dois coretos para a orquestra haviam sido construídos nas extremidades da escadaria, a que se chegava por um caminho coberto e assoalhado, atravessando a praça diagonalmente até a porta principal do palácio, ao lado da qual se havia também reservado lugar para a orquestra. O caminho, com

---
[1] *Em francês "bourse à cheveux". Ignoro o que seja exatamente. (N. do T.)*
[2] *As datas aqui referidas não conferem com as de Luís Gonçalves dos Santos. Este indica os dias 3 de maio e 27 de junho, respectivamente, como de nascimento e batismo da princesa. (N. do T.)*

oito a dez pés de largura, era tapeçado em todo o seu comprimento e fechado de cada lado por muros de quatro pés de altura, cobertos de damasco carmesim e galões de ouro. De distância em distância, havia postes sustentando lanternas que serviram para iluminar o caminho à volta do cortejo.

Às cinco e meia o cortejo saiu da porta principal do palácio e seguiu pelo caminho preparado. Um grupo de cem guardas abria a marcha; vinham em seguida os maceiros, os passavantes, os camareiros-mores, todas as personagens marcantes do comércio, os empregados civis e militares, os oficiais da Casa Real; o rei, com seus ministros, acompanhava o pálio, sob o qual marchava a aia da princesa real com a criança nos braços, toda coberta de brocado vermelho e ouro; as varas do pálio eram sustentadas pelos oito primeiros nobres da corte. Vinham em seguida o príncipe real, com a princesa real à esquerda e o Infante Dom Miguel à direita, a rainha, as princesas e o seu séquito.

A criança foi batizada pelo bispo capelão-mor; o rei e a rainha serviram de padrinho e de madrinha, e o cortejo regressou ao palácio às nove horas da noite. O pórtico e o campanário da Capela Real estavam iluminados com lanternas; todas as janelas da praça, ornamentadas com tapeçarias vermelhas e com lanternas, eram ocupadas por grande número de damas muito bem vestidas e quase todas com toucados de penas brancas. Às dez horas e um quarto, queimou-se o fogo de artifício que fora preparado no Largo do Palácio, perto do cais. As diferentes bandas militares tocavam alternadamente, o que dava ao ambiente um ar de festa e atraía para o Largo do Palácio inúmeras pessoas.

Voltando para São Cristóvão, a família real percorreu a passo parte da cidade para ver as luminárias, algumas das quais enfeitadas com transparentes, outras, mais numerosas, sobrecarregadas de inscrições.

Assim se passou esse dia, que deu a essa princesa criança um nome tanto mais difícil de sustentar quanto muitas grandezas vieram ligar-se a ele sete anos mais tarde, sendo-lhe a dignidade real disputada e retirada pelo Príncipe Dom Miguel, seu tio, considerado desde então um usurpador do trono português, contra a vontade de Dom Pedro, que dele dispusera em benefício de sua herdeira presuntiva, *Dona Maria da Glória*.

Aclamação de Dom Pedro, imperador constitucional do Brasil

Tendo o Senado do Rio de Janeiro comunicado ao povo a necessidade de erigir o reino em império independente, a fim de escapar ao domínio português, foi a sua resolução transmitida às províncias do interior, que a ela aderiram por escrito; cada uma dessas províncias elegeu um procurador-geral, encarregado de trazer a determinação assinada de todos os municípios respectivos e de as representar, pessoalmente, no Rio de Janeiro, por ocasião da aclamação solene do imperador.

Cerimônia da aclamação de S. M., o Príncipe Dom Pedro,
imperador constitucional e defensor perpétuo do Brasil, a 12 de outubro
de 1822, no Rio de Janeiro, capital do império

Escolheu-se para a cerimônia da aclamação do imperador o palacete situado no meio do Campo de Sant'Ana, erguido por ocasião das festas da aclamação de Dom João VI. Foi ele reconstituído solidamente e dentro de um melhor estilo arquitetônico, conservando-se apenas uma varanda para o lado do sul. A parte interna foi decorada com pinturas de acordo com o fim visado, e todas as janelas foram guarnecidas nesse dia com cortinas de veludo e de damasco carmesim agaloado de ouro.

Às oito horas da manhã, reuniram-se em torno do Campo de Sant'Ana o 1.º e o 2.º Regimento de Linha, bem como a tropa da guarnição com sua artilharia. O povo, desde cedo aglomerado no vasto recinto, atulhava o lado sul, ocupando todo o terreno até a varanda no palacete e aguardando com impaciência o momento da aclamação do primeiro imperador do Brasil.

Já se havia reunido na varanda o corpo do Senado, com seu novo estandarte de veludo verde, em que apareciam as armas do império. Essa bandeira cívica era carregada pelo Procurador *Antônio Alves de Araújo,* junto ao qual se encontravam o presidente, juiz de fora, *José Clemente Pereira* e os vereadores *João Soares de Bulhões, José Pereira da Silva,* etc.

Às dez horas chegaram com grande pompa SS. MM., numa elegante carruagem, com criados de libré verde e ouro, cores nacionais recém-adotadas.

Os dignitários, bem como todos os convidados, que se encontravam nos aposentos do palacete, desceram para receber o soberano e o conduzir à varanda. S. M. I. colocou-se no centro do balcão, bastante em evidência; tinha à sua esquerda o presidente e os membros do Senado da Câmara; à sua direita, um pouco mais para trás, achavam-se S. M., a imperatriz, e a pequena Princesa Dona Maria da Glória; viam-se em seguida os ministros e os gentis-homens da corte. Todas as demais pessoas de destaque formavam uma segunda fila mais para trás. Esse primeiro aparecimento provocou aclamações unânimes do povo reunido no largo.

O presidente da Câmara avançou até S. M. e deu o sinal de silêncio. Restabelecendo-se a calma, usou ele da palavra em nome do povo e dirigiu ao príncipe um discurso, no qual, entre as expressões de respeito e de estima para sua augusta pessoa, manifestou o desejo unânime de celebrar esse dia para sempre memorável, oferecendo-lhe, por aclamação do povo, o título de *Imperador constitucional e defensor perpétuo do Brasil.* S. M. assim se dignou responder: "Aceito o título de imperador constitucional e defensor perpétuo do Brasil, porque, tendo ouvido meu Conselho de Estado e meus procuradores-gerais, examinei as representações das Câmaras Municipais das diferentes províncias, que me convenceram da vontade geral"

Logo em seguida o presidente comunicou ao povo a resposta do imperador e deu sinal dos diferentes *vivas,* pronunciados na seguinte ordem e repetidos com entusiasmo: "Viva nossa santa religião; viva o Sr. Dom Pedro, primeiro imperador constitucional do Brasil, e seu defensor perpétuo; viva a imperatriz constitucional do Brasil e a dinastia de Bragança imperante no Brasil; viva a Independência do Brasil; viva a Assembléia Constituinte e Legislativa do Brasil; viva o povo constitucional do Brasil".

Impressa em folhas avulsas, foi a resposta do imperador distribuída em profusão ao povo pelas pessoas que se encontravam colocadas nas extremidades da varanda e nos balcões das janelas laterais do Palacete da Aclamação. O último *viva* dado pelo presidente constituiu o sinal para a tropa iniciar as três descargas e os cento e um tiros de canhão, última salva militar da cerimônia da aclamação do imperador do Brasil, no Campo de Sant'Ana.

As tropas desfilaram em seguida, a fim de formar alas à passagem do cortejo, o qual atravessou a pé as ruas da cidade, passando sob os arcos de triunfo que haviam sido erguidos.

À frente do cortejo marchava a artilharia; vinham em seguida um numeroso destacamento de cavalaria, várias companhias de infantaria de linha e de milícia, bedéis e meirinhos do Senado da Câmara e o procurador porta-bandeira do mesmo; os demais senadores acompanhavam em fila do lado do pálio; o imperador, em uniforme militar, de chapéu na mão, marchava sob o pálio, cujas varas eram carregadas pelo presidente e vereadores do Senado da Câmara; vinham depois os ministros, os fidalgos da corte, os procuradores-gerais das províncias e os notáveis da cidade; uma companhia de infantaria fechava a marcha, e atrás dos soldados se comprimia um séquito numeroso de povo que vinha acompanhando o cortejo desde o Campo de Sant'Ana e que, aumentando a cada passo, prolongava tumultuosamente o eco dos *vivas* que se sucediam durante o trajeto. Assim chegou o cortejo à capela; esta já estava repleta de uma multidão de patriotas brasileiros atraídos por uma religiosa gratidão. Dom Pedro, conduzido somente até os primeiros degraus do coro, sentou-se pela primeira vez no trono imperial e assistiu ao *Te Deum* celebrado em ação de graças pela fundação do Império do Brasil, do qual acabava de ser proclamado defensor perpétuo.

No interior da igreja cada qual se sentia como que eletrizado pela imponência da novidade. Os músicos e os cantores da capela rivalizaram entre si em talento e entusiasmo para completar o efeito do belo conjunto musical a que se haviam acrescentado alguns novos solos. Em resumo, tudo no templo parecia adquirir energia e nobreza, coisa até então desconhecida aos olhares dos brasileiros, os quais se retiraram comovidos a um tempo de orgulho e de esperança.

O imperador saiu pela passagem interna, que conduz da capela ao palácio, e dirigiu-se para a sala do trono, onde se realizou o primeiro *beija-mão* imperial. As fanfarras e as salvas de artilharia anunciaram o fim da recepção de gala. Um instante depois, o imperador surgiu no balcão para receber a saudação das tropas, que desfilaram em continência e voltaram às suas casernas. A corte regressou a São Cristóvão escoltada por um forte destacamento de cavalaria de São Paulo e Minas, a serviço junto do imperador. À noite houve representação de gala no teatro e brilhantes luminárias na cidade, as quais se repetiram seis noites consecutivas.

Coroação de Dom Pedro, imperador constitucional e defensor perpétuo do Brasil, celebrada na Capela Imperial a 1.º de dezembro de 1822

Na véspera dessa cerimônia, o *cortejo civil do bando* percorrera as praças e ruas da capital, a fim de anunciar a cerimônia da sagração e coroação do imperador, a realizar-se no dia seguinte, 1.º de dezembro de 1822, na Capela Imperial. Com efeito, a 1.º de dezembro, ao nascer do sol, as salvas de artilharia de todas as fortalezas anunciaram o dia solene em que se ia confirmar por ato religioso o título político recém-conferido a Dom Pedro e à sua dinastia brasileira.

Às seis horas da manhã, os postos militares da polícia foram ocupados pelos seus soldados. O novo batalhão da cavalaria da guarda de honra dirigiu-se para São Cristóvão a fim de escoltar o imperador e sua família.

Às nove e meia, viu-se chegar pelo Campo de Sant'Ana o magnífico cortejo, cujo luxo igualava o que fora exibido em Lisboa[1] durante a coroação dos soberanos portugueses. O povo acompanhava com admiração essa imponente marcha triunfal, que se dirigiu majestosamente, a passo, até o palácio, entre as aclamações repetidas de todos os lados, atravessando os seis arcos de triunfo erguidos à sua passagem.

Ornamentação do Largo do Palácio

As três janelas e o pórtico da capela foram guarnecidos de tapeçarias carmesins, agaloadas de ouro.

O mesmo gênero de decoração enfeitava todas as janelas do palácio imperial. Abria-se um caminho de tábuas para comunicar o palácio com a capela, atravessando diagonalmente a praça que os separa e absolutamente semelhante ao já citado na cerimônia do batismo da Princesa *Dona Maria da Glória*.

Distribuição da tropa

Às oito horas da manhã o Batalhão de Granadeiros, ao qual cabia o lugar de honra, ocupou o espaço diante da Capela do Carmo. O 2.º Batalhão de Caçadores colocou-se entre o palácio e a Capela Imperial. O resto da tropa formou duas brigadas: a primeira, comandada pelo Marechal *Marcelo Joaquim Mendes*, compunha-se do 1.º e do 3.º Batalhão de Caçadores, do 1.º Regimento de Reserva e da Brigada de Artilharia Montada; a segunda, comandada pelo Marechal *José Maria Pinto Peixoto*,

---
[1] *Conservavam-se em Lisboa as carruagens de gala da corte de Dom João V. Eram de fabricação francesa e haviam sido pintadas por Martin, em Paris. Transportadas mais tarde para o Rio de Janeiro, foram os painéis retocados por Manuel da Costa, pintor português a serviço da corte, por ocasião da cerimônia da aclamação de Dom João VI; permanecendo no Brasil, foram elas restauradas e inteiramente repintadas pelos artistas da Academia de Belas-Artes, por ocasião da aclamação do Imperador Dom Pedro (voltaremos ao assunto no capítulo referente às belas-artes). (N. do A.)*

compunha-se do Regimento de Caçadores de São Paulo, do 4.° Batalhão de Caçadores do Imperador, do 3.° e do 4.° Regimento de Infantaria de Reserva e do 1.° Regimento de Cavalaria de Linha.

Marcha do cortejo desde o palácio até a capela

Os convidados se haviam dirigido para o palácio desde as dez horas e aí aguardavam o imperador; permitindo-se-lhes circular nas salas ricamente preparadas, compraziam-se em admirar a nova decoração, cujos detalhes de gosto moderno exibiam muito ouro, dominando com elegante magnificência a cor verde.

Logo após a chegada da corte procurou-se organizar a marcha do cortejo, que deveria acompanhar o imperador, a pé, até a capela. Cada funcionário foi, por isso, receber instruções do mestre-sala e ocupar o lugar que lhe estava reservado. O sinal da partida foi dado às onze horas e um quarto.

O cortejo saiu do palácio na ordem seguinte: um destacamento da Guarda dos Archeiros, com sua banda, abrindo a marcha; vinham em seguida os convidados. Estes, que se distinguiam pela nobreza e a fortuna, destacavam-se pelo seu aspecto brilhante; vinham depois o rei de armas e seus dois arautos, os homens de armas, os maceiros, os fidalgos camareiros e os oficiais da Casa Imperial; os procuradores-gerais carregavam as insígnias da soberania imperial, colocadas em cima de ricos tabuleiros com alças para facilidade de transporte. A espada, o bastão e as luvas, colocados no mesmo tabuleiro, eram carregados por Suas Eminências, o Vigário-Geral *Antônio Vieira da Soledade* e *Manuel Clemente Cavalcanti de Albuquerque,* acompanhados pelos fidalgos *Manuel Jacinto Navarro de Sampaio e Melo* e *José Fortunato de Brito.* O manto imperial era levado por SS. Exas., *Manuel Ferreira,* da Câmara, e *Dom Lucas José Obes,* acompanhados dos fidalgos *Antônio Maria Pereira da Cunha* e *João Inácio da Cunha.* O cetro era carregado por S. Exa., *Antônio Rodrigues Veloso de Oliveira,* acompanhado do fidalgo *Brás Carneiro Nogueira da Costa e Gama.* A coroa era carregada por S. Exa., *José Mariano de Azevedo Coutinho,* acompanhado dos fidalgos *Leonardo Pinheiro da Cunha e Vasconcelos* e *Luís José de Carvalho e Melo;* seguia-se S. Exa., o *Barão de Santo Amaro,* mestre-sala, acompanhado pelos mestres-salas *Inácio Alves Pinto de Almeida* e *José Caetano de Andrade.*

Em seguida, vinham os oito procuradores-gerais segurando as varas do pálio: a primeira, do lado direito, segurava-a S. Exa., *Manuel Martins do Couto Reis;* a segunda, *Vieira de Matos;* a terceira, *Francisco Gomes Brandão Montezuma;* e a quarta, *José de Sousa e Melo.* Do lado esquerdo caminhavam SS. Exas., *Estêvão Ribeiro de Rezende,* segurando a primeira vara; *José Antônio dos Santos Xavier,* a segunda; *João de Bittencourt Pereira Machado,* a terceira; e *José Francisco de Andrade Almeida Mogiordim,* a quarta.

Sob o pálio, S. M. I., Dom Pedro, de uniforme militar, marchava de cabeça descoberta.

À direita, um pouco adiante do pálio, caminhava S. Exa., o *Conde de Palma*, carregando a espada desembainhada de condestável, e logo em seguida S. Exa., *José Bonifácio de Andrada e Silva*, mordomo-mor; acompanhavam-no S. Exa., *Dom Francisco da Costa de Macedo*, camareiro-mor, e S. Exa., *João José de Andrade*, capitão da guarda.

Do lado esquerdo, perto do pálio, achava-se S. Exa., o *Barão de São João Marcos*, camareiro de S. M. nas funções de camareiro-mor, e S. Exa., *Luís de Saldanha da Gama*, como reposteiro-mor. Atrás do pálio vinha o corpo do Senado da Câmara do Rio de Janeiro.

Duas filas de archeiros abriam alas ao cortejo, e um destacamento de guardas fechava a marcha.

O clero da Capela Imperial, com grande pompa, aguardava sob o pórtico da igreja, juntamente com S. E., o bispo capelão-mor, assistido por SS. EE., os bispos de *Mariana* e de *Kerman*. Recebida pontificalmente, S. M., após a bênção, foi conduzida em procissão à igreja, parando na Capela do Santíssimo Sacramento.

Descrição do interior da igreja

De cada lado da nave colocara-se uma dupla fila de compridos bancos para os convidados; a fila mais próxima do centro, à direita, devia ser ocupada pelo Senado do Rio de Janeiro; a da esquerda estava reservada aos ministros e personagens da corte não obrigados a figurar junto do trono durante a cerimônia; colocavam-se em seguida os procuradores-gerais das províncias e todos os convidados que haviam participado do cortejo.

As tribunas do lado direito da nave estavam ocupadas por damas da corte e as da esquerda pelas senhoras dos grandes dignitários e demais convidados. As tribunas do coro estavam reservadas, como de costume, ao corpo diplomático e aos oficiais de serviço junto à imperatriz, cuja tribuna se achava colocada mais baixo, dentro do coro, à direita e em frente do trono.

O trono, colocado no coro, à mesma altura do do bispo, ocupava o centro do lado esquerdo; o envasamento constituía-se de um estrado grande, com três degraus para um estrado menor, sobre o qual assentava a poltrona imperial. O baldaquim e as demais partes eram cobertos de veludo vermelho com galões e franjas de ouro.

Cerimônia da sagração e a da coroação

Depois de uma curta oração na Capela do Santíssimo Sacramento, o cortejo conduziu o imperador até o primeiro degrau do altar-mor; aí parou S. M. I., escoltado à direita pelo condestável, pelo mordomo-mor e pelo primeiro-oficial da Casa Imperial e tendo à esquerda seu camareiro-mor, seu reposteiro-mor, os ministros do Interior e da Justiça e o capitão da guarda. O mestre-sala se mantinha na frente.

O imperador, cercado pelos bispos, permaneceu de pé durante o começo das preces; trouxeram-lhe em seguida uma poltrona, e ele sentou-se para ouvir as palavras do bispo, que começavam assim: *"Cum hodie, etc."* Terminada a oração, S. M. ajoelhou-se e, colocando as duas mãos sobre o missal, prestou o juramento, cuja fórmula era lida pelo ministro, ajoelhado à esquerda do imperador. O oficiante disse mais uma prece, e S. M. se ergueu e, acompanhado do seu cortejo, passou para o cubículo preparado atrás do altar-mor a fim de envergar a vestimenta destinada à cerimônia da unção.

S. M. voltou depois para o coro e, prosternado ao pé do altar, recebeu a unção com a cerimônia habitual. Terminada essa primeira formalidade, voltou para o vestiário, donde saiu, desta feita, coberto com o manto imperial. Depois das saudações de rigor, voltou a sentar-se no trono, de onde assistiu ao ofício até o penúltimo versículo do *gradual;* nesse momento o mestre-sala veio buscá-lo e o conduziu ao pé do altar-mor, onde ele recebeu das mãos do bispo a espada, a coroa e o cetro.

Revestido de todas as insígnias imperiais, Dom Pedro voltou solenemente ao trono, acompanhado pelo bispo oficiante à sua direita e pelo de Mariana à esquerda; assim entronizado, o imperador permaneceu de pé, enquanto se cantou o *Te Deum;* sentou-se depois, e, pela primeira vez, ocupou o trono imperial do Brasil, com a coroa à cabeça e o cetro à mão.

Foi o célebre orador Padre *Francisco de Sampaio* que pronunciou o sermão, e basta essa indicação para se ter uma idéia da eloqüência da oração.

Depois do ofício religioso, o primeiro-oficial da Casa Imperial veio colocar ao pé do trono um tamborete com o missal aberto; o ministro da Justiça, de pé sobre o estrado do trono, voltou-se para o povo e leu em voz alta a fórmula do juramento que S. M. I. iria prestar, o que foi feito em latim. Eis a tradução: "Eu, Pedro I, imperador do Brasil pela graça do Deus e vontade unânime do povo; juro observar e manter a religião católica apostólica romana; juro observar e fazer observarem constitucionalmente as leis do império; juro defender com todas as minhas forças a conservação de sua integridade, e juro-o sobre os santos evangelhos".

Tendo o imperador prestado o juramento, o alferes-mor porta-bandeira imperial, precedido de um cortejo composto de uma vanguarda de archeiros do rei de armas e seus dois arautos, dos homens de armas e dos maceiros, foi conduzido até a tribuna erguida exteriormente, perto de uma das portas da Capela Imperial, a fim de fazer a proclamação pública da coroação do imperador, cujas formalidades são as seguintes: após as advertências habituais[1], feitas pelo rei de armas, o porta-estandarte, desfraldando a bandeira para a continência militar, pronuncia as seguintes palavras em voz alta: "O muito augusto Imperador Pedro, primeiro imperador constitucional e defensor perpétuo do Brasil, está coroado e entronizado; viva o imperador". A essas palavras, responderam as salvas de artilharia dos fortes e da marinha, as descargas de mosquetões das tropas reunidas no Largo do Palácio, os sinos das igrejas e as estrondosas aclamações do povo atulhado diante da Capela Imperial.

---
[1] *A fórmula das advertências é a mesma que se observou na cerimônia da aclamação do Rei Dom João VI. (N. do A.)*

O cortejo voltou, e introduziram-se no recinto do coro os procuradores-gerais das províncias, o Senado da Câmara do Rio de Janeiro e os representantes dos demais corpos, organizando-se uma fila para passar ao pé do trono, diante do qual cada um, de joelhos, com a mão colocada sobre o missal, prestava o juramento, cuja fórmula era lida pelo ministro da Justiça, que se achava colocado sobre o estrado do trono. Eis as palavras, que eram pronunciadas em voz alta: "Em nome do povo que representamos, juramos observar e manter nossa santa religião católica apostólica romana; juramos obediência às leis; juramos obediência ao nosso legítimo imperador constitucional, defensor do Império do Brasil, Pedro I, reconhecendo com os mesmos títulos seus sucessores da dinastia brasileira, de acordo com as leis que serão estabelecidas pela Constituição do Império".

Todos pronunciavam unicamente "juro-o" e se retiravam, saudando o imperador. Terminado o juramento, o cortejo imperial pôs-se novamente em marcha para voltar ao palácio na mesma ordem. Em seguida, trajado a rigor, Dom Pedro atravessou o largo em meio às aclamações do povo, que se precipitava de todos os lados para contemplar o seu novo imperador.

Assinaturas das atas de juramento

Às cinco e meia, o imperador, chegando à sala do trono, nele tomou assento, cercado de todo o brilho de sua corte. O mestre-sala introduziu os membros do Senado da Câmara do Rio de Janeiro[1], que se mantiveram perto do trono enquanto o ministro da Justiça fez leitura da ata de juramento prestado pelo imperador; após a formalidade, foi a ata apresentada a S. M., que a assinou no mesmo instante.

Em seguida, o presidente do Senado da Câmara procedeu ele próprio à leitura da fórmula de seu juramento e passou logo depois para a sala do dossel, a fim de assinar a ata e apresentá-la aos membros presentes para a assinatura. Depois desses compromissos recíprocos e autênticos, iniciou-se a cerimônia do beija-mão, cujo fim foi anunciado no vestíbulo do palácio pela reunião de todas as bandas militares executando o hino nacional brasileiro.

O imperador e os grandes da corte apareceram nos balcões, e as brigadas, reunidas, desfilaram em ordem diante de SS. MM. II.

O povo, atraído pela curiosidade e pela admiração, comprimia-se em torno das magníficas carruagens da corte, que tinham vindo se colocar diante da principal porta do palácio, em frente da qual se reunira o elegante Batalhão de Cavalaria da Guarda de Honra[2], cujos capacetes, inteiramente dourados e encimados por penachos vermelhos, acrescentavam mais uma novidade ao luxo da corte imperial.

Ao sinal de partida, o longo cortejo resplandecente avançou devagar através da multidão, tornando a passar sob os diferentes arcos de triunfo e atravessando a cidade entre vivas e saudações, que lhe davam ainda aspecto mais majestoso.

---

[1] *Corpo dos vereadores municipais. (N. do A.)*
[2] *Guardas de corpo sem soldo. (N. do A.)*

A corte retornou a São Cristóvão e só voltou ao Rio de Janeiro à noite, para apreciar as luminárias e assistir à representação de gala que fora preparada no teatro. As festas noturnas repetiram-se durante seis noites consecutivas. Os detalhes dos arcos de triunfo se encontram na explicação das pranchas.

Segundo casamento de Dom Pedro, primeiro imperador constitucional do Brasil, com uma princesa da Baviera

A jovem Princesa *Amélia de Leuchtenberg,* nascida em Milão a 31 de julho de 1812, era filha do Príncipe *Eugênio de Beauharnais,* então vice-rei da Itália, que, após a abdicação de Napoleão, se retirara para a Baviera. Tornara-se nessa época príncipe de Leuchtenberg, morrendo em Munique muitos anos antes do casamento de sua filha.

Foi nessa capital que a jovem Princesa Amélia de Leuchtenberg recebeu o título de *Imperatriz do Brasil,* por ato assinado diplomaticamente a 2 de agosto de 1829. Chegou ao Rio de Janeiro, em companhia do Marquês de Barbacena, a 28 de outubro do mesmo ano, com o jovem *Príncipe de Leuchtenberg,* seu irmão, a jovem rainha de Portugal, e a *Marquesa de Olei,* irmã do imperador, bem como algumas pessoas de sua intimidade.

O segundo casamento de Dom Pedro veio reavivar no Rio de Janeiro a gloriosa recordação das festas da aclamação de Dom João VI e da chegada da arquiduquesa austríaca *Maria Leopoldina José Carolina,* que, nove anos antes, ao falecer, deixara saudades em todos os seus súditos e inconsoláveis os que haviam tido a felicidade de conhecê-la de mais perto.

Entretanto, o imperador, ainda na flor da idade, já com uma família numerosa e com a educação dos filhos apenas em início, desejava ardentemente um novo casamento, que trouxesse para os príncipes uma nova mãe e para o Brasil uma jovem imperatriz, cujas qualidades pessoais deveriam ornar o trono imperial. Os cortesãos, compartilhando a esperança, atarefavam-se diariamente em imaginar e propor algumas surpresas agradáveis; falaram em cunhar uma medalha e em outros projetos muito diferentes; o tempo corria e a indecisão aumentava ainda a dificuldade da execução; finalmente, o que prevaleceu foi a idéia de criar-se *uma nova ordem da rosa.*

Os progressos sempre crescentes da civilização brasileira serviram então os desejos de Dom Pedro, permitindo dar-se aos aposentos imperiais toda a elegância de detalhes que encantam nos hábitos europeus.

O comércio também participou ativamente das demonstrações de alegria pública; os negociantes brasileiros, ingleses, franceses e alemães, bem como os militares da Guarda de Honra, da marinha e do exército contribuíram com uma subscrição para erguer, principalmente nas praças públicas, monumentos de muito bom gosto, cuja iluminação engenhosa atraiu a atenção durante as seis noites consecutivas de festejos variados. Voltarei ao assunto ao analisar os detalhes dos monumentos mais importantes dessas últimas festas.

Acontecimentos políticos

A grande e fértil colônia do Brasil iria, após vários séculos de existência, ocupar um lugar entre os reinos, e mais tarde, com o nome de império, aumentar a importância da América do Sul.

Em 1808, a chegada da corte de Portugal ao Rio de Janeiro acordou no coração dos brasileiros a esperança de grande prosperidade, a qual só se realizou em parte. Entretanto, o soberano assinalou seus primeiros atos por felizes inovações. Assim, doze dias após a sua chegada, prometeu solenemente não deixar estabelecer-se a Inquisição no Brasil, e manteve a sua palavra. Abriu os portos ao comércio estrangeiro, criou escolas militares. Mas o monarca chegava cercado por uma corte envelhecida, que trazia a um povo todas as suas fraquezas e todos os abusos de um governo despótico e degenerado.

Dom João VI, filho carinhoso e respeitoso, tivera um irmão que se destinava a ocupar o trono de Portugal, como herdeiro presuntivo da coroa; por isso, desde a sua mocidade resignou-se a nada ser, o que era atenuado pela sua vocação religiosa. Foi por pendor que se entregou ao retiro claustral. Mas a morte repentina do irmão forçou-o a abandonar a cela a fim de ocupar seu aposento no palácio dos reis, na qualidade de príncipe herdeiro e regente de Portugal, mais tarde chamado a regenerar a bela colônia do Brasil. Como homem, foi sem dúvida dotado de algumas qualidades apreciáveis num simples particular, mas como rei não tinha a menor noção da ciência de governo. As circunstâncias tornavam-se tanto mais difíceis para a sua autoridade quanto os seus ministros, acostumados aos efeitos desorganizadores do sistema colonial, deixaram subsistir a desunião que reinava entre as províncias e, escravos da rotina, não souberam discernir imediatamente que o estabelecimento do novo reino exigia uma administração diferente, porquanto sua força era inerente à união de todas as partes a um centro comum, donde deveria partir, por sua vez, um impulso geral que as vivificasse todas.

Seria injusto fazer-se essa observação de ordem geral sem render um tributo de elogios merecidos às qualidades particulares que distinguiram diferentes ministros. Honrosas e raras exceções! Entre estas sublinhe-se a de *Dom Rodrigo, Conde de Linhares*[1]*,* dotado de uma grande alma e de uma integridade inalterável, que levava até a extrema rudeza; concebendo, entretanto, imensos projetos, com cuja execução se impacientava, foi às vezes vítima de charlatães, que, para lisonjear sua imaginação transbordante, lhe prometiam resultados demasiado rápidos e incompatíveis com os meios de execução existentes. Anote-se também a exceção do antigo secretário do rei, Dom José, *Cavaleiro de Araújo, Conde da Barca,* nomeado ministro das Relações Exteriores e da Guerra, e cuja atividade foi empregada durante muito tempo na

---

[1] *Foi governador no interior e voltou a Portugal pouco antes da partida da corte. (N. do A.)*

diplomacia, onde, pela sua afabilidade e cultura, conquistou a estima das cortes estrangeiras; verdadeiro amigo do progresso do Brasil, foi ele quem mandou vir ao Rio de Janeiro agricultores chineses para as plantações de chá, e habitantes do Porto e da ilha da Madeira para a cultura da vinha. Deve-se-lhe também a criação de uma sociedade de encorajamento à indústria e de uma cadeira de química. Atribui-se ainda a seu senso político o casamento do Príncipe Real *Dom Pedro* com a arquiduquesa da Áustria, *Leopoldina José Carolina*. Foi ele quem pôs em prática o projeto de uma Academia de Belas-Artes, mandando vir, a expensas do governo, um grupo de artistas franceses e constituindo-se seu protetor.

Ao lado dessas exceções, coloca-se a do *Marquês de Aguiar*, ministro do Interior, notável principalmente como legislador, e que morreu em 1818[1]. O ministro da Polícia, *Paulo Fernandes Viana*, mostrou-se dedicado partidário do novo reino brasileiro; homem fino, ativo, enérgico e mesmo déspota, organizou muito bem seu ministério, nele introduzindo entretanto alguns abusos herdados da antiga tirania portuguesa; seu poder era tanto maior quanto gozava da inteira confiança do soberano.

Tomás Antônio de Vila Nova Portugal foi o último ministro a servir Dom João VI no Brasil, como soberano absoluto; considerado em geral como um homem de bem, unia a seus conhecimentos de direito os de economia política[2] e tentou em vão incentivar a agricultura, cercado por malandros e traído pelos dilapidadores. Ademais, escravo tímido dos antigos princípios, não compreendeu a energia nem os meios que se fazia necessário desenvolver para conservar o poder do soberano nas circunstâncias que provocaram a revolução de Portugal e a emancipação do Brasil. Bem-intencionado, mas pouco capaz, mostrou-se sempre abaixo dos acontecimentos, e, permanecendo português, acompanhou o seu rei de regresso a Lisboa.

Com mais energia e maior entendimento, sabendo pôr-se à altura das circunstâncias, teria sido fácil ao governo fundar ele próprio o Império do Brasil. Os nacionais, independentes de Portugal e desejosos de fazer desaparecerem até os últimos vestígios do sistema colonial, teriam colocado com entusiasmo a coroa imperial sobre

---

[1] *A Sra. Marquesa de Aguiar, viúva do ministro, muito apreciada na corte pelo seu nascimento e pelo seu mérito pessoal, foi nomeada pelo rei governanta dos filhos do Príncipe Real Dom Pedro, cargo honroso que ela conservou no Brasil até princípios de 1831, quando obteve do imperador a licença de retirar-se para Portugal. (N. do A.)*

[2] *Ao Ministro Tomás Antônio deve-se a construção do museu; desejava ele fazer desse o edifício principal de um instituto real: uma ala ficou por acabar. Foi ele quem fez assinar o decreto de organização da Academia de Belas-Artes, que devia constituir uma seção do instituto. Nessa mesma época já havia ele fundado no Brasil uma colônia suíça com o nome de Nova Friburgo, no distrito de Cantagalo. Os fundos consagrados a essa operação foram confiados a uma comissão especial nomeada pelo governo; importâncias consideráveis, nem todas beneficiando os colonos, foram nisso empregadas, o que era inevitável num país onde os velhos hábitos justificavam os abusos. Houve uma desordem muito censurável durante o transporte das bagagens dos colonos. Infelizmente para estes, foi indispensável tirar todos os objetos dos grandes caixotes que traziam, porque a caminhada devia ser feita a lombo de burro; das circunstâncias se aproveitaram os subalternos, entregando-se indecentemente à rapacidade. Os pobres estrangeiros viram-se reduzidos a deplorar em silêncio a perda de uma infinidade de coisas preciosas à sua existência. Tendo o governo negligenciado a abertura de estradas, os colonos continuam privados até hoje dos benefícios da exportação de seus produtos agrícolas. (N. do A.)*

a cabeça de Dom João VI, que eles ainda idolatravam. E teria sido uma vantagem para o novo imperador reinar sobre súditos acostumados, por tradição, a se submeterem ao jugo do despotismo, admirando em seu soberano uma afabilidade natural, tanto mais agradável a seus olhos quanto contrastava de modo absolutamente inédito com a arrogância dos antigos governadores portugueses, alguns dos quais ainda tiranizavam certas províncias do país.

Não foi o que aconteceu. O rei bonachão iria, mais cedo ou mais tarde, ser vítima de uma intriga urdida há mais de oito anos pela nobreza portuguesa que o cercava[1]. O fim dessa conspiração era o regresso do soberano a Portugal e a recolonização do Brasil; os absolutistas esperavam que sua presença provocasse a volta da antiga ordem social; os mais liberais desejavam fazer dele um rei constitucional, e para alcançar seu objetivo deixaram prevalecer a opinião dos primeiros, que constituíam a maioria da corte. Os emissários da revolução de Portugal vieram esquentar os espíritos no Brasil; alguns dos mais íntimos nobres do Palácio de São Cristóvão[2] sentiram-se ameaçados de vingança pública. O rei, tomado de terror pânico, esqueceu a felicidade de reinar sossegadamente na América, e, dominando a repugnância supersticiosa de uma segunda travessia, de que era tomado, consentiu finalmente embarcar. A nobreza deveria acompanhá-lo e assim o encorajava ainda, fazendo-o crer que sua presença em Lisboa iria trazer a calma e a obediência[3]. Tudo se preparou para a viagem. A noite anterior à véspera da partida foi empregada na trasladação para bordo dos restos mortais de Dona Maria I (rainha de Portugal e mãe de Dom João VI, falecida no Rio de Janeiro a 21 de março de 1816), que se encontravam no Convento de Nossa Senhora da Ajuda. O cortejo funerário pôs-se em marcha e parou diante do Convento de Santo Antônio, a fim de receber igualmente os restos do infante de Espanha[4], que veio com a corte para o Rio de Janeiro e morreu em 1810, dezoito meses depois de seu casamento com a mais velha das princesas reais.

O rei e a jovem viúva sua filha, acompanhados do jovem infante seu filho, assistiram à cerimônia e tomaram parte no cortejo, acompanhando-o até o ponto de embarque no Largo do Palácio. Um escaler aguardava os restos a fim de transportá-los a bordo da fragata especialmente preparada para esse fim; nela foram os restos venerados, conservados durante toda a noite, no centro de uma câmara ardente.

---

[1] *Em 1816 toda a nobreza portuguesa que se aborrecia no Rio de Janeiro confiava no regresso da corte para Portugal. Os duques de Cadaval para aí voltaram em 1818, abandonando os honorários que o rei lhes distribuía. Lembravam sempre ao rei a promessa feita em Portugal de voltar imediatamente após a conclusão da paz entre as potências beligerantes. (N. do A.)*

[2] *O Visconde de Vila Nova, guarda dos diamantes da coroa; o Visconde de Parati, camareiro-mor, que em virtude de injusta preferência permanecia sempre a serviço junto do rei. (N. do A.)*

[3] *O Ministro Tomás Antônio passara parte da noite em São Cristóvão, redigindo uma proclamação real a ser dirigida aos habitantes de Lisboa por ocasião da chegada de Dom João VI; tivera-se o cuidado de embarcar um pequeno prelo portátil para imprimi-la a bordo. (N. do A.)*

[4] *Após a morte do infante de Espanha mandou-se vir, em 1812, um belo túmulo de mármore branco que fora encomendado em Lisboa e colocado numa capela da igreja do Convento de Santo Antônio. Aí se inumaram mais tarde os restos do jovem príncipe primogênito de Dom Pedro I. (N. do A.)*

Foi com a mais viva demonstração de alegria que a rainha, ao subir na galeota, disse adeus a seus partidários, que se aglomeravam junto ao parapeito da praça.

Quanto ao tímido monarca, embarcou em São Cristóvão às seis horas da manhã, no próprio dia da partida, acompanhado de Dom Miguel e da jovem viúva; seu escaler manteve-se constantemente ao largo, de modo a evitar ser visto até chegar ao navio que estava ancorado ao longe. O Príncipe Regente Dom Pedro e sua família encontravam-se a bordo para receber o rei e apresentar suas despedidas. O príncipe só deixou seu pai quando o navio atingiu a saída da barra. A flotilha compunha-se de cinco embarcações portuguesas. Às oito horas e três quartos do dia 22 de abril de 1821, as salvas de artilharia dos fortes da baía anunciaram aos habitantes do Rio de Janeiro a partida definitiva do soberano fundador do reino do Brasil.

Após uma feliz travessia, o panorama consolante da Torre de *Belém* já reanimava sua alma abalada ainda pelos perigos da navegação; mas uma prova bem cruel o aguardava. A frota parou nas águas do Tejo por ordem das cortes, e o rei, como um simples particular de quarentena, foi obrigado a obedecer. Vítima dos diversos interesses que o cercavam, sentiu então, porém já tarde, a falsa posição em que o haviam colocado. Impuseram-lhe condições rigorosas, entre as quais a primeira consistia em aceitar a supremacia das leis constitucionais como preço de um desembarque a ser efetuado na hora que lhe indicassem.

Déspota, tinha ele duas coroas; escravo das circunstâncias, fizeram-no abandonar a do Brasil para vir pagar bem caro a de Portugal, que, no íntimo, devia considerar já bem gasta. Morreu infeliz[1].

Não podia deixar de vir ao espírito das Cortes o desejo de recolonizar o Brasil, cujas vantagens pecuniárias e políticas lhe feriam a um tempo o orgulho e os interesses. Escondendo desajeitadamente sua perfídia, publicaram um decreto determinando ao jovem príncipe real, casado há quatro anos e pai de família, que regressasse à Europa a fim de realizar uma viagem de estudos sob a orientação do Reverendo Padre *Antônio de Arabida*.

O regente deveria ser substituído por um simples governador-geral, que, com a ajuda das tropas portuguesas, seria obrigado a pôr em vigor o decreto de recolonização.

Governando havia cerca de um ano, o novo regente desenvolvia dia a dia as virtudes de um príncipe reformador; revoltado desde a idade da razão contra os abusos da velha corte de seu pai[2], quis, logo de início, tudo ver com os próprios olhos. A cavalo desde cedo, viam-no, quando menos esperavam, parar à porta de uma repartição pública para verificar o desleixo dos funcionários; outras vezes era na Alfândega, cujas falhas conhecia, que se apresentava. Passando pelo Largo do Rocio na hora de uma parada militar, comandava pessoalmente a manobra; viam-no

---
[1] *A opinião pública atribui a uma causa sobrenatural o seu falecimento, pois, subitamente indisposto, só sucumbiu após dois dias de luta contra acessos de cólicas. (N. do A.)*
[2] *Esse princípio de eqüidade, que revelou desde a infância, unido à sua franqueza natural, explicará por que Dom João VI, escravo de seus cortesãos, manteve continuamente seu filho Dom Pedro afastado dos negócios, até o momento de encarregá-lo da Regência. (N. do A.)*

igualmente visitar os hospitais civis e militares, bem como os arsenais, em que fez várias reformas. Tudo isso indicava nele o futuro protetor do Império do Brasil.

A natureza, que foi pródiga para com Dom Pedro, dotara-o de duas qualidades importantes: o espírito e a memória. Tinha uma alma elevada, muita retidão e o desejo sincero de fazer o bem, por amor e por amor-próprio; uma grande força física, uma fisionomia expressiva e grave, uma certa petulância na franqueza de seus modos, em verdade amáveis, uma maneira de exprimir-se viva e fácil, uma conversação cheia de observações e de bom senso. Infelizmente, a volubilidade de seu espírito foi um joguete da vaidade e dos interesses dos intrigantes, que foram os primeiros a sacrificá-lo.

Enquanto isso, os amigos do príncipe regente, que desejavam conservá-lo no Rio de Janeiro, conseguiram demonstrar-lhe a nulidade do papel para ele reservado na Europa e a inevitabilidade da emancipação do Brasil durante a sua possível ausência. Assim persuadido, aceitou o título de defensor perpétuo do Brasil, a 13 de maio de 1822. Pouco depois, uma fragata portuguesa, encarregada de levar o príncipe para a Europa, veio trazer a Dom Pedro, oficialmente, o decreto de recolonização, expedido pelas cortes; mas o ato impolítico, já então inaceitável, revoltou os espíritos em vez de consterná-los. Unindo-se imediatamente para vingar a ofensa comum, os brasileiros incitaram Dom Pedro a desobedecer. Este, com o título de defensor perpétuo do Brasil, põe-se à sua frente, expulsa as tropas portuguesas e proclama a independência do território brasileiro.

O jovem e inexperiente soberano de vinte e cinco anos, casado há quatro anos e pai de família, nomeado regente em 1821, atingia assim o poder supremo sem ter tido jamais a oportunidade de assistir ao Conselho de Estado de seu pai[1].

Não havia ainda Constituição no Brasil; foi Dom Pedro, primeiro imperador, que, a 3 de maio de 1823, reuniu no Rio de Janeiro os deputados das diferentes províncias de seu império para essa tarefa. Dois sentimentos distintos se manifestaram entre os representantes da nação: o de expulsar os portugueses do território brasileiro e o de proclamar a república. Como ambas as soluções eram igualmente prejudiciais à sua pessoa, o imperador, que nascera em Lisboa, imaginou dever salvar o seu poder, em perigo pela dissolução da Assembléia Constituinte e o exílio de vários membros notáveis pela sua cultura e sua eloqüência, entre os quais *José Bonifácio*[2], o mais firme esteio dos seus primeiros êxitos políticos.

O golpe de Estado audaz aumentou momentaneamente o poder do imperador, mas ao mesmo tempo o isolou do povo, estupefato e alarmado por se ver repentinamente privado da dedicação patriótica que tentara e conseguira a independência do território nacional.

---

[1] *Sob o título de* Cartas do Brasil, *reuni uma série de notas muito mais detalhadas e escritas in loco. (N. do A.)*

[2] *A desgraça estendeu-se a seus dois irmãos* Carlos e Martim Francisco, *além do brasileiro da* Rocha, *nomeado, depois da abdicação de Dom Pedro I, ministro encarregado de negócios em França. Achava-se em Paris em 1831 quando aí chegou o ex-imperador, em visita diplomática, a 7 de abril do ano seguinte, a fim de enviar a seu filho Pedro II suas felicitações pelo primeiro aniversário da sua elevação ao trono. (N. do A.)*

Entretanto, fiel à sua promessa e ao desejo de tornar seu povo livre, Dom Pedro redigiu uma *Carta Constitucional,* baseada nos princípios de um liberalismo justo e largo a um tempo e contendo alguns artigos dignos de grandes elogios. Ofereceu-a à nação a 11 de dezembro de 1823, mas o povo, desconfiando com razão de uma nova dissolução arbitrária da Assembléia Legislativa, solicitou, por intermédio das Câmaras Municipais, que a Carta fosse convertida em *pacto fundamental,* e a 25 de março de 1824 jurou-se a nova Constituição. As duas Câmaras convocadas iniciaram então seus trabalhos.

A vaidade portuguesa, já então dominante em todas as classes da sociedade brasileira, juntamente com a ignorância de uma multidão de homens nascidos no servilismo, provocou um amálgama de estranhas combinações, resultado inevitável de uma tomada inopinada do poder. Daí a ascensão de tantos indivíduos incapazes e sua disposição para se prestarem às mais desastrosas combinações; daí ainda o zelo excessivo sempre em luta contra o temor, que nas primeiras deliberações das Assembléias Nacionais destruiu as vantagens do governo representativo. Foi assim que a vergonhosa servidão provocou, inicialmente, uma revolta, e que a liberdade da imprensa se assinalou por panfletos repugnantes das mais grosseiras personalidades, felizmente desprezadas por um povo dócil e generoso.

Em 1828, as eleições gerais apresentaram resultados infinitamente superiores aos precedentes; e os novos representantes revelaram uma vontade firme de manter o verdadeiro regime constitucional. Já havia então no Parlamento muitos deputados jovens, filhos de famílias ricas, que contribuíam para as deliberações com os recursos de uma educação aperfeiçoada na Europa. As sessões de 1830 e 1831 foram notáveis pelas eloqüentes discussões de vários oradores, dignos não só pela sua erudição como pela pureza de seus princípios patrióticos.

Entretanto, Dom Pedro, mal cercado, procurou em vão fazer prosperar o Brasil; mudando de ministros, encontrava sempre homens fracos ou corrompidos, igualmente perigosos; os incapazes assumiam sucessivamente o poder e só se justificavam pela ambição. O governo, indeciso, passava alternativamente do rigor à fraqueza, e decaía diariamente na consideração do povo. Os descontentes acusavam o imperador de perfídia e de má fé, mas ele era somente culpado de excesso de confiança. Cansado de governar entre intrigas contínuas, desconfiando da conduta de seus ministros, Dom Pedro, isolado, restringiu-se a um pequeno círculo íntimo de alguns servidores obscuros e sem educação; esse comportamento escandalizou ainda mais os brasileiros, principalmente por serem os novos confidentes portugueses em sua maioria.

Mas, a 2 de agosto de 1829, um novo casamento o tirou dessa triste situação e fê-lo apreciar durante algum tempo a felicidade da vida européia junto de uma jovem princesa, cujas virtudes e perfeita educação deram ao palácio imperial novo encanto. Isso constituiu uma nova oportunidade para os cortesãos portugueses, vaidosos de seu país, exagerarem as delícias da Europa a fim de desgostar o imperador de sua permanência no Brasil. Entretanto, os próprios brasileiros começavam a se afastar do soberano. A influência dos libelos que alimentavam cotidianamente a fermentação dos espíritos preparava uma catástrofe; a desgraça de um ministro acelerou-a [1].

Como os escritores ultraliberais se multiplicassem e repetissem em surdina idéias de federalismo, o imperador sentiu a necessidade de tentar um novo esforço em prol do poder constitucional. Não havia um instante a perder. Confiando, com razão, no espírito de ordem dos mineiros, resolveu fazer uma nova viagem à província de Minas, para se fortalecer com o apoio de seus habitantes, cuja constância e coragem haviam sustentado a grande obra da independência brasileira. Acompanhado da imperatriz e de um séquito pouco numeroso, efetuou a viagem em meio às contrariedades da estação chuvosa.

A presença da jovem soberana causou a melhor impressão possível. SS. MM. receberam por toda parte, e principalmente em *Vila Rica,* demonstrações de sincera e veemente alegria. O imperador, tendo-se hospedado em uma de suas propriedades, não demorou em ser vítima da inépcia de seus cortesãos, cuja susceptibilidade ridícula foi causa do afastamento do presidente da província. O soberano apressou-se em reparar a inconveniência política distribuindo uma proclamação favorável ao governo constitucional, que reanimou os mineiros. Dispunham-se estes a oferecer-lhe novas festas, quando ele partiu, ao ter notícias alarmantes acerca das disposições de espírito do povo do Rio de Janeiro. Forçando a marcha, chegou a São Cristóvão num momento em que ainda o acreditavam a oito dias de distância. Ao entrar na cidade, houve algumas demonstrações de entusiasmo, mas o povo delas não participava; só se entregavam às manifestações os servidores do soberano, os cortesãos e os portugueses. Os partidários do imperador, indignados com a frieza dos brasileiros, esforçaram-se durante vários dias seguidos por contrariá-la com demonstrações de exagerada alegria, o que, como é natural, provocou distúrbios. Quebraram-se os vidros das casas iluminadas e muitas pessoas foram feridas ou mortas. Todos se queixavam abertamente da influência usurpadora dos portugueses no Brasil. Dom Pedro pensou restabelecer a calma nomeando um ministério inteiramente composto de deputados liberais, mas era tarde e as desordens não cessaram. Ao fim de dez dias de tentativas inúteis, o imperador censurou-lhes a inação e os substituiu por outros, absolutistas. Foi o sinal da desordem geral: bandos de mulatos percorreram as ruas da cidade de armas na mão; algumas pessoas foram mesmo assassinadas. O comandante militar da praça, *Lima,* veio, em nome do povo, solicitar do imperador a reintegração do ministério patriótico; Dom Pedro achou mais digno recusar e preferiu abdicar em favor de seu filho, que lhe sucedeu no trono do Império do Brasil com o nome de *Pedro II.* Era mais de meia-noite; o imperador convocou os

---

[1] *Foi a do ministro brasileiro Felisberto Caldeira Brant, Marquês de Barbacena, homem fino, hábil e, em virtude de felizes circunstâncias, um dos mais ricos da Bahia. Fixou-se no Rio de Janeiro em fins de 1822, em seguida a uma viagem que fez para assistir à coroação do imperador, ocasião em que se tornou notável pela primeira vez, na cidade e na corte, graças ao luxo de uma anglomania rebuscada. (N. do A.)*

Há uma confusão nesta nota. O Marquês de Barbacena era mineiro. Foi seu filho, Visconde de Barbacena, que nasceu na Bahia. (N. do T.)

encarregados de negócios da Inglaterra e da França, aos quais comunicou sua decisão, solicitando assistência para seu regresso à Europa.

Os chefes da revolução aceitaram imediatamente a abdicação, e, a 7 de abril de 1831, Dom Pedro embarcou em São Cristóvão com a imperatriz, a jovem rainha de Portugal, uma de suas irmãs e certo número de pessoas de seu séquito. Subiu a bordo do navio capitânia inglês, que dominava a barra, e apenas embarcado escreveu a José Bonifácio para oferecer-lhe a tutela de seus filhos[1]. Na escolha, deu prova de justiça e gratidão. *José Bonifácio de Andrada* foi quem conduziu o Brasil à emancipação e foi quem ergueu o trono imperial para nele colocar Pedro I. Deixou-o afastar-se como português, mas José Bonifácio, mais do que ninguém, era capaz de amar e defender a dinastia imperial brasileira. Tinha motivos para se queixar do imperador; continuando porém generosamente seu amigo, aceitou sem hesitar, a fim de dar uma prova autêntica de sua afeição. Essa luta de generosidade tanto honra o súdito como o soberano.

Dom Pedro embarcou na corveta inglesa *Volage,* que deixou o Rio de Janeiro a 13 de abril de 1831, entre sete e oito horas da manhã, desembarcando a 9 de junho do mesmo ano, ao meio-dia, no porto de Cherburgo. Aí foi recebido pelo prefeito marítimo e pelo coronel da Guarda Nacional, na qualidade de príncipe itinerante de Bragança. A pequena Rainha Dona Maria II, que passara para bordo da corveta francesa *La Seine,* desembarcou quase no mesmo dia em Brest, onde foi recebida como rainha de Portugal, de acordo com instruções dadas pelo governo francês.

Logo após a abdicação, organizou-se uma Regência Provisória, composta de três membros; o novo triunvirato distinguiu-se na sua gestão mais pela moderação do que pela capacidade transcendente. No mesmo dia 7 de abril, foi o jovem Dom Pedro proclamado segundo imperador do Brasil, entre demonstrações generalizadas de alegria, e as poucas desordens que ainda se verificaram não passaram de incidentes normais em um golpe de Estado. Acertaram-se medidas mais prudentes para acalmar a efervescência nacional e tudo se normalizou de novo.

A nomeação da regência permanente acordou as pretensões dos espíritos dominadores. O republicano que afirmava acreditar na igualdade não se mostrava o último a ambicionar um lugar de regente no Rio de Janeiro, esquecendo por ora o de presidente de uma província do Brasil, ainda ilusório.

A maioria dos deputados liberais constitucionais, satisfeita com o afastamento do partido português, aderiu sinceramente, a fim de escapar a uma nova tirania, desta feita brasileira; houve muita prudência na escolha dos três membros para constituir um poder que fosse a um tempo moderado, justo e enérgico. Procedeu-se por isso à reunião de três homens capazes de alcançar esse resultado, o que fez com que

---

[1] *Dom Pedro deixou no Brasil quatro filhos: um menino e três meninas. Nascidos brasileiros, tinham todos direito igual de reinar por ordem de idade. Foi portanto para obedecer à* Carta Constitucional *que o imperador se privou de levá-los consigo. O mesmo motivo fez com que a Câmara de Deputados usasse do direito de anular a nomeação do tutor, por ter sido feita por um soberano destituído; mas a Assembléia, reconhecendo a alta capacidade de José Bonifácio, o reelegeu em nome da nação, o que constituiu para o patriota um duplo triunfo. (N. do A.)*

se afastassem nomes célebres, que a Assembléia judiciosamente desejava reservar para outros cargos igualmente importantes.

No primeiro momento a escolha pareceu estranha, mas logo se verificou a felicidade com que fora feita. Teve-se portanto uma Regência Permanente composta dos senhores General *Francisco de Lima e Silva, José da Costa Carvalho* e *João Bráulio Muniz,* os dois últimos, jurisconsultos. A Regência Permanente procedeu a uma modificação no ministério, que ficou constituído dos senhores *Lino Coutinho,* ministro do Interior (deputado), *Diogo Antônio Feijó,* ministro da Justiça (deputado), *João Fernandes de Vasconcelos,* ministro das Finanças (deputado), *Lima,* ministro de Guerra (irmão do regente), *Francisco Carneiro de Campos,* ministro das Relações Exteriores (senador).

Imediatamente formaram-se no Brasil, como entre todos os povos em revolução, quatro partidos diferentes: o *Constitucional,* o *Republicano,* o *Monarquista,* aguardando sempre o regresso do soberano ausente, e o quarto, dos descontentes, homens sem caráter ou dispostos a tudo por instinto ou ambição.

Através do fogo das intrigas, alimentado pelos ambiciosos de todas as cores e raças, egoístas ignorantes que só viam no movimento revolucionário do Brasil a vantagem dos lugares vagos, a que imaginavam ter o direito de aspirar, o espírito constitucional dominou as diferentes autoridades brasileiras; reunidas, conseguiram elas manter a tranqüilidade aparente, até fins de setembro de 1831, época em que o Partido Republicano, acreditando-se já bastante forte, tentou um golpe de Estado.

De 5 para 6 de outubro iniciaram-se as protestações, seguidas de ajuntamentos sediciosos; no último dia houve motins de elementos que, reunidos à entrada do teatro, provocaram a Guarda Cívica. A ordem foi restabelecida. No dia seguinte, 7, ao cair da noite, pequenos destacamentos de soldados da artilharia e da marinha, aquartelados na Fortaleza da Ilha das Cobras, desembarcaram às sete horas no cais do Arsenal e se reuniram na praia, exigindo, de armas na mão, a destituição do regime e a proclamação da República. Ante a intimação, todos acorreram às armas, e o destacamento, rechaçado, tornou a embarcar às pressas; o resto dos artilheiros fez fogo, dos fortes, contra os habitantes armados que perseguiam os soldados republicanos em diversas embarcações. O fogo durou toda a noite, organizando-se o plano de ataque, e no dia 8 de madrugada as forças militares se colocaram em posição. O regimento de oficiais, à testa da Guarda Cívica Municipal, desembarcou na ilha das Cobras e, embora debaixo do fogo das baterias da fortaleza, tomou o forte de assalto, desarmando os revoltosos da artilharia da marinha. O Marechal *José Maria Pinto Peixoto* (deputado pelo Rio de Janeiro), comandante-geral da Guarda Municipal, foi o primeiro a dar o assalto; o movimento durou do dia 7 ao dia 9. Mil homens do batalhão dos oficiais e dezesseis cidadãos da Guarda Municipal tomaram parte na luta, tendo havido grande número de feridos. Os amigos da ordem e do trono constitucional brasileiro tiveram a lamentar a morte do patriota *Chaves,* caído no ataque da ilha das Cobras. Seu corpo foi trazido para o Rio de Janeiro e inumado na Igreja de São Francisco de Paula; a Regência acompanhou o enterro, que foi seguido por seis mil pessoas.

Dias mais tarde, chegou ao Rio de Janeiro um reforço de mil quatrocentos e quinze homens da cavalaria de São Paulo, com sua caixa militar, cujos fundos, obtidos por subscrição voluntária, atingiam oitenta e cinco mil francos.

E os dois relatórios acerca das memoráveis jornadas de 7, 8 e 9 de outubro de 1831, lidos na Câmara dos Deputados pelos ministros do Interior e da Justiça, obtiveram todos os elogios que mereciam pela sua eloqüência e pela sua energia.

Texto da abdicação de Dom Pedro I, imperador do Brasil

"Usando do direito que a Constituição me concede, declaro que hei mui voluntariamente abdicado na pessoa de meu muito amado e prezado filho, o Sr. Dom Pedro d'Alcântara.

Boa Vista, 7 de abril de 1831, décimo da Independência e do Império.

Pedro"

Carta de despedida do ex-imperador do Brasil

"Não sendo possível dirigir-me a cada um dos meus verdadeiros amigos em particular, para me despedir e lhes agradecer ao mesmo tempo os obséquios que me fizeram, e outrossim para lhes pedir perdão de alguma ofensa que de mim possam ter, ficando certos que se em alguma coisa os agravei foi sem a menor intenção de ofendê-los; faço esta carta para que, impressa, eu possa deste modo alcançar o fim que me proponho. Eu me retiro para a Europa, saudoso da pátria de meus filhos e de todos os meus verdadeiros amigos. Deixar objetos tão caros é sumamente sensível, ainda ao coração mais duro; mas deixá-los para sustentar a honra não pode haver maior glória. Adeus pátria, adeus amigos e adeus para sempre.

Bordo da nau inglesa *Warspite*, 12 de abril de 1831.

Dom Pedro de Alcântara de Bragança e Bourbon"

Adeuses da Imperatriz Amélia ao menino imperador adormecido

"Adeus, menino querido, delícias da minha alma, alegria dos meus olhos, filho que meu coração tinha adotado! adeus para sempre! adeus!

Oh! quanto és formoso neste teu repouso. Meus olhos chorosos não se podem fartar de te contemplar! a majestade de uma coroa, a debilidade da infância, a inocência dos anjos cingem tua engraçadíssima fronte de um resplendor misterioso, que fascina a mente.

CARTA
DE DESPEDIDA,
do Ex Imperador do Brasil.

Não sendo possivel dirigir-me a cada hum dos meus verdadeiros Amigos em particular, para me despedir, e lhes agradecer ao mesmo tempo os obsequios, que me fizerão, e outro sim para lhes pedir perdão de algumas offensas, que de mim possão ter, ficando certos que se em alguma coisa os agravei, foi sem a menor intenção de offendel-os; faço esta carta para que, impressa, eu possa d'este modo alcançar o fim a que me proponho. Eu me retiro para a Europa, saudoso da Patria, dos filhos, e de todos os meus verdadeiros Amigos. Deixar objetos tão charos he summamente sensivel, ainda ao coração mais duro; mas deixal-os para sustentar a honra não pode haver maior gloria. Adeus Patria, adeus amigos, e Adeus para sempre. Bordo da Náu Ingleza Warspite 12 de Abril de 1831.

D. Pedro de Alcantara de Bragança e Bourbon

Eis o espetáculo mais tocante que a terra pode oferecer. Quanta grandeza, quanta fraqueza a humanidade encerra, representadas por uma criança! uma coroa e um brinco; um trono, e um berço!

A púrpura ainda não serve senão para estofo, e aquele que comanda exércitos, e rege um império, carece de todos os desvelos de uma mãe.

Ah! querido menino, se eu fosse tua verdadeira mãe, se minhas entranhas te tivessem concebido, nenhum poder valeria para me separar de ti! nenhuma força te arrancaria dos meus braços. Prostrada aos pés daqueles mesmos que abandonaram meu esposo, eu lhes diria entre lágrimas: não vede mais em mim a imperatriz, mas uma mãe desesperada. Permiti que eu vigie vosso tesouro. Vós o quereis seguro e bem-tratado; e quem o haverá de guardar e cuidar com maior devoção? Se não posso ficar a título de mãe, eu serei sua criada, ou sua escrava.

Mas tu, anjo de inocência e de formosura, não me pertences senão pelo amor que dediquei a teu augusto pai; um dever sagrado me obriga a acompanhá-lo no seu exílio, através os mares, às terras estranhas! adeus pois, para sempre! adeus!

Mães brasileiras! vós que sois meigas, e afagadoras dos vossos filhinhos a par das rolas dos vossos bosques, e dos beija-flores das campinas floridas, supri minhas vezes; adotai o órfão coroado, dai-lhe todas um lugar na vossa família, e no vosso coração.

Ornai o seu leito com as folhas do arbusto constitucional! embalsamai-o com as mais ricas flores da vossa eterna primavera! entrançai o jasmim, a baunilha, a rosa, a angélica, o cinamomo para coroar a mimosa testa, quando o pesado diadema de ouro a tiver machucado.

Alimentai-o com a ambrósia das mais saborosas frutas; a ata, o ananás, a cana melíflua; acalentai-o à suave entoada das vossas maviosas modinhas.

Afugentai longe de seu berço as aves de rapina, a sutil víbora, as cruéis jararacas, e também os vis aduladores, que envenenam o ar que se respira nas cortes.

Se a maldade, e a traição prepararem ciladas, vós mesmas armai em sua defesa vossos esposos com a espada, o mosquete, e a baioneta.

Ensinai à sua voz terna as palavras de misericórdia que consolam o infortúnio, as palavras de patriotismo que exaltam as almas generosas, e de vez em quando sussurrai ao seu ouvido o nome da sua mãe de adoção.

Mães brasileiras, eu vos confio este preciosíssimo penhor da felicidade de vosso país, e de vosso povo; ei-lo tão belo e puro como o primogênito d'Eva, no paraíso. Eu vo-lo entrego; agora sinto minhas lágrimas correr com menos amargura.

Ei-lo adormecido. Brasileiras! Eu vos conjuro que o não acordeis antes que me retire. A boquinha, molhada no meu pranto, ri-se à semelhança do botão de rosa ensopado com o orvalho matutino. Ele ri, e o pai e a mãe o abandonam para sempre.

Adeus, órfão imperador, vítima da tua grandeza antes que a saibas conhecer. Adeus, anjo de inocência, e de formosura! adeus! toma este beijo! e este... e este último! adeus! para sempre! adeus!"

"Rio de Janeiro, tipografia de R. Ogier, Rua da Cadeia, n.º 142, 1831."

Estado das belas-artes do Brasil

Membro do Instituto Histórico e admirador interessado dos progressos das belas-artes do Brasil, estimo-me feliz em reproduzir o texto de documentos originais, cuja exatidão vem desenvolvida com uma sagacidade eminentemente notável por três jovens brasileiros meus colegas, dupla homenagem de minha gratidão e admiração por esses preciosos historiadores do novo mundo.

Resumo da história da literatura, das ciências e das artes do Brasil

(Por três brasileiros membros do Instituto Histórico)

Entre os estrangeiros que o amor ao estudo trouxe à França e que freqüentam os bancos do Instituto Histórico, três jovens brasileiros, *Domingos José Gonçalves de Magalhães, Francisco de Sales Torres Homem* e *Araújo Porto Alegre,* pagaram sua recepção com curiosos detalhes acerca da história da literatura, das ciências e das artes de sua pátria.

"O prêmio que obtive antes de luta", disse o Sr. Magalhães, membro da terceira classe, "serviu-me de incentivo para terminar uma empresa difícil, a que me dediquei de há muito: a de escrever a história literária do Brasil. Os documentos esparsos que me cabe consultar, por não existir nenhuma história literária do país, exigem muito tempo e estudo para que possam ser reunidos e comparados e para que se tire deles alguma coisa nova. O Brasil, tão fértil em produtos naturais, não o é menos em talentos raros. Teve seus poetas, essa nação nascida ontem; aliás, o brasileiro nasce poeta e músico. À sombra de suas altas palmeiras, ao som agreste do violão, sua imaginação se expande em acordes melodiosos como a brisa de suas florestas virgens. Mas essa majestosa poesia, muitas vezes monótona, sempre desprovida de tradições, não podia satisfazer espíritos ávidos de glória; as velhas divindades da Grécia e de Roma atravessaram o Atlântico. O estudo das duas sublimes línguas por elas inspiradas, a introdução das obras-primas de Portugal e da França, o conhecimento variado da história antiga, tudo infelizmente fez com que se sacrificassem as belezas de uma natureza original em benefício de ficções, sublimes sem dúvida, mas já bastante corriqueiras.

É somente do último século que datam os melhores escritores do Brasil. *Durão,* no seu *Caramuru;* Basílio da Gama, no seu *Uraguay,* cantam como Homero sem deixar de ser brasileiros. O infeliz *Gonzaga,* menos original e mais clássico, ressuscitou Anacreonte, imitando-o. *Caldas,* filósofo, orador e poeta, retira da harpa de Davi novos sons religiosos. *São Carlos* celebra a assunção da Virgem e descobre no coração do homem segredos que haviam escapado a Dante.

A carreira que tenho a percorrer não é longa, mas será difícil; antes de terminá-la permiti que vos ofereça, senhores, as poesias de minha mocidade. Estava moribundo, quando meus amigos as fizeram imprimir, a fim de suavizar a melancolia da passagem e consolar de algum modo os últimos lampejos de minha existência. Queriam adormecer minha alma embalando-a, mas ressuscitaram-na; este livro foi a minha salvação. Devo-lhe ainda hoje a honra de sentar entre vós, de poder cedo ou tarde prestar alguns serviços à vossa bela instituição."

"Imaginai", disse o Sr. Torres, membro da segunda classe, "uma nação obrigada a permanecer imóvel nos seus elementos de humanidade e se absorver profundamente na unidade de um despotismo sistematicamente opressor, e compreendereis qual tenha sido o estado das ciências no Brasil durante três séculos. Nenhuma academia, nenhuma instituição literária, no meio desse mutismo da inteligência popular, no seio desse torpor com que o despotismo da metrópole gravava todos os espíritos; somente a poesia se fazia ouvir. A natureza exibe todas as suas maravilhas debaixo do lindo céu da América Meridional; sua contemplação inflamou desde logo a imaginação dos brasileiros. A partir do século XVII tiveram eles seus poetas, poetas infelizes a quem se proibia chorar os tormentos da pátria ou entoar cantos de liberdade; a vara de ferro do vice-rei e dos capitães-mores se erguia permanentemente sobre suas cabeças a fim de abafar os suspiros imprudentes.

Entre esses poetas citarei *Bento Teixeira,* autor da *Prosopopéia, Bernardo Vieira,* um dos defensores do Brasil na sua luta contra a Holanda; *Manuel Botelho,* que publicou a *Música do Parnaso,* dividida em coros de versos portugueses, espanhóis, italianos e latinos; *Brito de Lima,* que compôs a *Cesaréia* em honra do governador de Pernambuco, *Fernandes César;* e *Salvador de Mesquita,* poeta latino que escreveu um drama intitulado *O santo sacrifício de Jeftá.*

O começo do século XVIII viu surgir *Francisco de Almeida,* que publicou na língua de Virgílio seu *Orfeu* brasileiro. O *Parnaso americano* e a *Brasileida,* ou Descoberta do Brasil, são também produções da mesma época. Por certo essas obras e outras de menor importância, que deixo de mencionar, não são obras-primas; mas servem pelo menos para fixar o ponto de partida de uma literatura que não é sem futuro.

Com efeito, no último século vemos aparecer o *Caramuru,* poema nacional de *Durão,* consagrado às aventuras do jovem *Diogo,* largado nas praias de São Salvador; o *Uraguay,* ou Guerra das Missões, rica concepção de *Basílio da Gama; Marília,* cantos elegíacos de Gonzaga, poeta infeliz que o patriotismo fez morrer nas galeras da África. Que direi do *Padre Caldas,* chantre religioso de tão belo talento, improvisador tão comovente quando aborda o púlpito cristão!

No princípio do século XIX, a Revolução Francesa, que modificava a face da Europa, teve alguma repercussão no Brasil. Os reis tremiam em seus tronos: Dom João VI, fugindo do palácio de seus antepassados, foi procurar na América um abrigo contra a tempestade. A travessia de um só homem coroado inverteu as posições respectivas de Portugal e do Brasil; o primeiro deixou de ser metrópole; o segundo deixou de ser colônia: os papéis foram trocados. Dessa época data o aparecimento das ciências no Brasil; médicos, matemáticos, naturalistas, literatos para aí afluíram de todos os pontos de Portugal. Dom João VI, embora amoldado ao padrão dos antigos reis, incentivava a emigração para o Brasil; em 1808, ano de sua chegada, transferiu para o Rio de Janeiro a Academia da Marinha, consagrada às ciências matemáticas e físico-matemáticas e ao estudo da artilharia, da navegação e do desenho; três anos mais tarde, atendendo aos conselhos do *Conde de Linhares,* seu ministro, fundou na mesma cidade uma Academia Militar com um curso de sete anos, em que se ensinavam as ciências matemáticas, militares e naturais; finalmente, anos depois, duas escolas de medicina e cirurgia foram criadas no Rio de Janeiro e na Bahia. Desde então a mocidade brasileira, sem atravessar o Atlântico, sem esgotar seus recursos em uma longa viagem e numa estada mais longa e mais onerosa, pode dispor, dentro de sua própria pátria, de alguns meios de instrução, imperfeitos sem dúvida, mas que poucas fortunas podiam antes, no regime degradante dos vice-reis, ir buscar em Portugal.

Nessa época, em que alguma proteção é concedida ao mérito, enche-se o Brasil de cientistas. Citarei, entre os mais notáveis, *José Bonifácio de Andrada,* filólogo e mineralogista, que escreveu curiosas monografias; *Melo Franco,* autor de importantes trabalhos de medicina apresentados na Academia das Ciências de Lisboa; *Irmão Leandro,* botânico ilustre, a quem deve o Brasil a cultura do chá; *Silva Lisboa,* homem de imensa erudição, autor de diversos trabalhos sobre legislação comercial. E os padres *São Carlos* e *Sampaio*[1]*,* que podem ser comparados, pela sua eloqüência, aos melhores modelos conhecidos.

Dom João VI, embora criando no Brasil alguns estabelecimentos de instrução pública, temia as conseqüências do progresso cultural do país; daí o projeto de mantê-la estacionária no ponto a que havia chegado. Mas um país cuja configuração e natureza geográfica demonstram a divisão, a variedade, a agitação e a vida não entrega sem resistência seus filhos ao torpor, à uniformidade do despotismo oriental. Treze anos apenas após a chegada da corte de Portugal, já a nação repelia o sistema estreito de Dom João VI; o afastamento da metrópole, a ruptura, a emancipação, foram resultado infalível de novas exigências; terceiro e último período da história das ciências do Brasil.

---

[1] *Frei Francisco de São Carlos (1763-1829), que foi lente de retórica no Rio de Janeiro e pregador de merecimento, apelidado na época a "Sereia do Púlpito", e Frei Francisco de Santa Teresa de Jesus Sampaio (1778-1830), que ocupou diversos cargos importantes e foi diretor de vários periódicos políticos, tais como o* Regulador Brasileiro *e o* Diário Fluminense. *(N. do T.)*

Cinco ou seis anos após o triunfo da independência, duas escolas de direito foram fundadas, em *São Paulo* e *Pernambuco;* mais de quatrocentos alunos aí se entregam anualmente ao estudo do direito romano, do direito público, constitucional e internacional, do direito civil, penal e comercial e da economia política.

As duas antigas academias de Medicina e Cirurgia estavam organizadas dentro de um plano absurdo. Quando já de há muito as principais escolas européias haviam renunciado a qualquer distinção entre a medicina e a cirurgia, os doutores da corte de Dom João VI estabeleciam, entre essas disciplinas, inadmissíveis limites, a fim de favorecer os médicos formados por Coimbra, universidade célebre entre os portugueses, mas muito pouco conhecida do resto da Europa. As Assembléias Legislativas de 1832 acabaram com essas defeituosas academias, e duas novas faculdades de medicina foram fundadas de acordo com a de Paris. Cadeiras de literatura[1] foram também criadas em todos os recantos do império, com excelentes resultados para a civilização do país.

Hoje em dia, salvo raras exceções, os sábios brasileiros adotam as doutrinas francesas, e as variações que as idéias científicas experimentam em França refletem-se exatamente no Brasil. Seja-me permitido criar dois exemplos: há poucos anos *Locke* era autoridade indiscutível nas escolas do Brasil. Os rudes golpes dados contra a doutrina das sensações por *Maine de Biran, Royer-Collard* e seus discípulos aí repercutiram. A revolução médica passou pelos mesmos períodos; à queda do velho ontologismo sucederam inicialmente os excessos da irritação, e em seguida um justo equilíbrio entre os diversos sistemas. Finalmente, na legislação, na filosofia, na medicina, nas ciências sociais, físicas ou matemáticas, o gênio natural do povo brasileiro, livre dos entraves durante tanto tempo opostos a seu desenvolvimento, e incitado pela luz vivificante da liberdade, realiza dia a dia mais as esperanças prometidas. Ainda alguns anos e essa parte da América do Sul nada terá a invejar à América Setentrional."

"Permiti", disse o Sr. Araújo, membro da quinta classe, "que deite um olhar para o Brasil; deixai-me mergulhar no passado e contemplar de relance a marcha das artes em minha pátria.

Apesar do romantismo em que se compraz a credulidade européia, os índios não têm em geral esse tipo de originalidade poética que vós lhes emprestais de tão bom grado. Para a satisfação de suas necessidades primordiais bastam-lhes um arco, flechas, uma cabana e um pote de barro. Algumas nações, entretanto, mostram certo pendor industrial; citarei os *cavaleiros,* com os seus tecidos de penas, com seus capacetes encimados por figuras de animais, trabalho grosseiro, sem dúvida, mas que não deixa de apresentar certa semelhança com as obras egípcias da infância da arte.

---

[1] *O que se entendia então por cadeira de literatura ou de belas-letras era o que hoje chamaríamos de cursos preparatórios. A terminologia pedagógica da época não tem o menor sentido hoje, e uma transposição pura e simples de vocábulos seria insuficiente para torná-la compreensível, porque também as próprias disciplinas ensinadas e os métodos de ensino já nada têm de parecido com os de outrora. (N. do T.)*

Passando para a parte civilizada, vemos as artes chegarem com os colonos, e a literatura, mais tarde, com os jesuítas. A construção das igrejas, a necessidade das representações religiosas obrigaram os padres a trazer alguns artistas. Vi os restos da conquista das Missões do Paraguai; admirei seus colossos de ouro e prata, seus quadros esparsos, seus baixos-relevos, seus zimbórios e suas naves solitárias; e assim como o viajante indaga da coluna mutilada do deserto qual a mão que a ergueu, qual a mão que a destruiu, assim também me vi perdido na incerteza entre todos os emblemas de uma força que já não existe. Em verdade, tudo o que me cercava não revelava, entretanto, a infância de uma arte. Portugal, no século XVI, já estava em relações íntimas com a Itália, donde tirava os seus artistas. Todo o estilo arquitetural desse período revela, no Brasil, o pendor pela nova escola romana de *Bramante*, de *Buonarroti*. Não se encontra aí um só edifício gótico dessa época; por toda parte, em seus monumentos, adotaram os jesuítas um tipo intermediário entre o romano e o gótico[1].

Dois séculos se passaram sem que as artes saíssem do convento. O governo português as circunscrevia nesses recintos. Imensos templos foram desenhados e executados em Portugal, e em seguida, pedra por pedra, transportados para a América, onde tudo chegava numerado; cabia apenas aos brasileiros acertarem as peças, sendo-lhes proibido aplicar as suas faculdades intelectuais às artes mecânicas, mesmo às mais grosseiras.

Entretanto, os colonos portugueses traziam consigo milhares de africanos, serviam-se de seus braços para extrair o ouro das minas e se enriqueciam assim. Sob um céu ardente, sentiam logo a necessidade do luxo, e, para satisfazê-la, ensinavam a seus escravos a música e a pintura, talentos de que sua ambição ainda tirava alguma renda. Certos senhores mandaram seus negros estudarem na Itália; um desses pretos, *Sebastião,* decorou a Igreja de São Francisco no Rio de Janeiro. Vislumbra-se um gênio no zimbório desse edifício; admira-se como que um reflexo longínquo dos admiráveis frescos do Vaticano.

Os conventos também tiveram os seus escravos artistas; e a posteridade livre que se aglomera hoje sob os seus peristilos não imagina sequer que foram erguidos por mãos acorrentadas. A tomada de Pernambuco aos holandeses, a derrota do infeliz Villegaignon são quadros encomendados pelos monges a gênios que se colocavam no nível do animal. O artista mais inspirado não passava a seus olhos de uma máquina mais bem organizada do que outras máquinas; usavam-na com desprezo, enquanto o mais ignóbil traficante recebia todas as homenagens; era honroso receber o resultado do vil comércio, mas o valor do trabalho mais sublime se colocava abaixo de uma esmola.

Entretanto, apesar dos esforços dos portugueses, a luz começava a dissipar as trevas. Brasileiros vieram a Lisboa organizar o melhor dicionário de língua portuguesa; os melhores professores da Universidade de Coimbra eram brasileiros; e à margem do Tejo as jóias de ferro, que o mulato *Manuel João* fabricava nos confins da província de Minas Gerais, eram disputadas.

---

[1] *É ao estilo barroco que o autor quer referir-se. (N. do T.)*

Lá pelo ano de 1772, o vice-rei do Brasil, *Vasconcelos,* quis dotar o Rio de Janeiro de um passeio público; a seu apelo, homens que ganhavam a vida talhando grosseiras imagens transformaram-se como que por encanto em hábeis estatuários. Admira-se ainda nesse passeio um grupo de dois crocodilos entrelaçados, engenhosos na sua forma colossal, com um tanque de granito recebendo a água que jorra de suas bocas. Os dois quiosques etruscos recobertos de conchas e plumas e de cores variegadas é um conjunto harmonioso que domina o mar e se casa aos rochedos vizinhos. Nada é medíocre, tudo revela a mão do artista.

Essas obras e muitas outras deram impulso ao gênio nacional; a despeito do governo, as artes não tornaram a adormecer e estavam preparadas para o congresso, quando Dom João VI desembarcou nas costas do Brasil. Foi esse o reflexo da Revolução Francesa nessa parte da América: os portos se abriram afinal para o estrangeiro, e com o estrangeiro o país reconquistou a liberdade individual; segundo período da história das artes no Brasil.

Os artistas que acompanhavam Dom João VI não iam além da mediocridade, e no entanto era o que Portugal tinha de melhor... *Vieira* morrera na ilha da Madeira; *Siqueira* encontrava-se em terras estrangeiras. Os recém-chegados acharam entre os nacionais homens muito mais hábeis do que eles, entre outros *José Leandro,* que obteve o primeiro prêmio no concurso para o grande quadro do altar-mor da Capela Real. A afluência dos estrangeiros e os livros apressaram ainda o desenvolvimento dessas disposições naturais.

A poesia e a música marchavam juntas no caminho do progresso. A poesia entregou-se à imitação da Antiguidade; a música seguiu outro caminho. Encontrou ela na sua passagem um talento de doze anos, cuja primeira produção foi uma missa com grande orquestra; a corte, surpreendida, chamou *Marcos Portugal;* esse chegou e encontrou o rival imberbe, que nunca vira a Itália e nem mesmo a Europa. A luta começou, a inveja fermentou no coração dos portugueses, mas o gênio do brasileiro colocava-se tão alto, suas composições se multiplicavam com tanta rapidez, que a opinião pública se pronunciou em seu favor. Marcos entretanto tinha talento, mas seu estilo era mesquinho e a sua música, idêntica no teatro e na igreja. *José Maurício,* ao contrário, era dotado de uma requintada sensibilidade; a natureza parecia chorar nas suas notas melodiosas, e ainda hoje acordam na alma toda a emoção que ele experimentou ao escrevê-las.

De 1815 a 1816 os músicos chegados da Itália elevaram a cinqüenta o número de cantores e a cem o de instrumentistas da orquestra da capela. É nesse ramo das artes que o Brasil possui maiores talentos. Muitos compõem ainda; devo citar entre outros *Francisco Manuel* e *Cândido Inácio da Silva.* Já *Caldas* e *São Carlos* brilhavam na poesia e na arte oratória; *Sampaio* lembrava aos brasileiros Massillon; *Mont' Alverne* ressuscitava Bossuet; a supremacia dos brasileiros sobre os portugueses não era mais contestável, e a Universidade de Coimbra o provava em seus cursos.

O governo, resolvido a fixar-se na América, sentia cada vez mais a necessidade de incentivar as belas-artes. Voltou-se para a França, e o Sr. de Araújo solicitou ao Marquês de Marialva, embaixador de Dom João VI em Paris, uma colônia de artistas franceses. Sua voz foi ouvida: o Sr. *Lebreton,* antigo secretário perpétuo da classe de belas-artes do Instituto de França, partiu para o Brasil, acompanhado dos senhores *Debret,* pintor de história; *Taunay,* paisagista; seu irmão, escultor; *Grandjean,* arquiteto; *Ovide,* mecânico; irmãos *Ferrez,* escultores e gravadores de medalhas; *Pradier,* gravador, e *Newcom,* músico. Os artistas chegaram ao Rio de Janeiro na véspera da coroação.

Novo futuro se abre; o Rio de Janeiro se enfeita com ornatos de uma outra Atenas; a arte dos David e dos Percier encontra dignos intérpretes, galerias, arcadas, arenas erguem-se, e os monumentos inspirados pelos *Le Brun* e os *Bernini* são eclipsados. Quem poderia imaginar então que um tal desenvolvimento não fosse ilimitado? Isso não aconteceu entretanto; a intriga logo se esforçou por barrar a carreira ao talento; discussões políticas atrasaram a instalação da academia; um sistema soporífico e medíocre minou as bases do belo edifício. Araújo morreu, Lebreton logo o acompanhou ao túmulo, e àquele sucedeu um ministro que, em virtude de compromissos antigos, entregou a direção da academia a um pintor português, Henrique José da Silva. Foi o golpe mortal nas belas-artes do Brasil. Newcom regressou à França, Taunay, o paisagista, o acompanhou; Taunay, o escultor, morreu; os outros esperam ainda, enquanto Debret toma a direção das obras de pintura do Teatro São João, renovando os prodígios dos *Daguerre,* dos *Ciceri.*

As comoções políticas continuam; o rei volta a Portugal, outro governo se instala; sua marcha é, no início, incerta, mas a independência brilha enfim. Novos projetos então se preparam, novos trabalhos se executam, a capital se torna mais bela ainda, e o brasileiro, reconhecido, descobre em seu coração uma nova e mais viva simpatia pela França.

Apesar dos entraves, os alicerces da academia se erguem. Debret e Grandjean, como infatigáveis atletas, combatem incansáveis, uma a uma, as intrigas que são suscitadas. Meus elogios estão abaixo da verdade. Apesar das perseguições inauditas, apesar das dificuldades incríveis, abre-se a academia, tendo para abrigar-se um edifício de granito que pode ser considerado com razão a mais bela jóia do Rio de Janeiro.

A 5 de novembro de 1826, em presença do imperador e da família imperial, é o corpo acadêmico instalado; uma medalha é cunhada para conservar a recordação desse acontecimento. Entretanto, existe uma lacuna nos estatutos, e a academia apresenta uma tendência para, por vias escusas, anular os progressos da juventude. O ministro, *Visconde de São Leopoldo,* laborou em erro sob a influência do diretor Henrique José da Silva, e os novos métodos de ensino foram enxertados no sistema defeituoso do antigo regime. Uma multidão de rapazes se apresenta, em verdade, às portas da academia, mas deve-se convir em que tais pretensões não podem todas dar bom resultado...

Permiti, senhores, que silencie aqui certos atos que desonram a humanidade porque tendem a sustar o desenvolvimento da inteligência. O Sr. Debret persistia em continuar a ensinar; doze alunos freqüentavam seus cursos, e durante quatro anos aqueles cuja fortuna não permitia uma assiduidade suficiente encontraram nesse francês dedicado e honrado um pai que lhes deu generosamente seu apoio, que lhes ofereceu pincéis, tintas, telas e não raro até recursos de natureza mais íntima; em resumo, um coração prenhe desse amor pela humanidade, tão raro entre os homens. O exemplo passou do mestre aos discípulos, e nada mais igualou sua união a não ser o respeito que todos demonstravam pelo benfeitor.

Três exposições públicas foram realizadas; a primeira foi pouco freqüentada; a segunda viu acorrerem mais de dois mil curiosos e os jornais mostraram interesse pelos trabalhos dos alunos; mas a terceira, que durou oito dias, foi realmente notável; visitantes afluíram, as salas se revelaram pequenas demais e o público manifestou sua admiração por obras de diversos gêneros. O gabinete de história natural teve um pintor recomendável no reino vegetal e animal; o teatro, dois pintores; a Academia de Marinha, dois; a Academia Militar, um; e finalmente a história nacional foi traduzida em poesia muda pelos alunos do Sr. Debret. Os que mostraram maiores possibilidades foram *Francisco Pedro do Amaral,* pintor e arquiteto, que decorou os palácios imperiais e executou os belos frescos da sala dos filósofos na Biblioteca Nacional, bem como os arabescos do palácio de Dona Maria; *Cristo Moreira,* pintor de marinha e professor de construção naval; *Simplício,* professor dos príncipes, excelente retratista; *José dos Reis Carvalho,* paisagista e professor de desenho na Escola Militar, e *José dos Reis Arruda,* secretário da Academia de Belas-Artes. E talvez me seja permitido colocar-me entre os meus condiscípulos, eu, que vim a Paris para aperfeiçoar-me.

Nessa época uma prodigiosa revolução se verificou nas idéias do povo brasileiro; os pintores, que não eram até então apreciados, foram admitidos nas sociedades mais brilhantes, gozam agora da estima e da consideração geral. O imperador manda parar sua carruagem na rua para conversar com pintores; deixando um deles cair o pincel num momento de inspiração, o imperador se abaixou, ergueu-o e o devolveu. Finalmente, as belas-artes se introduzem no seio das famílias, e raras são hoje aquelas em que o desenho e a música não entrem no programa da educação das crianças.

Esse desenvolvimento rápido deu a *Cláudio Luís da Costa* a feliz idéia de escrever um tratado de anatomia fisiológica para uso dos pintores. É um belo trabalho de artista, de sábio e de poeta, de quem terei a honra de oferecer um dos principais quadros ao Instituto de História.

A escola de Grandjean não se mostrava menos próspera do que a do Sr. Debret; podiam-se observar nas exposições públicas trabalhos de seus alunos, que não teriam ficado deslocados nas exposições de Paris. A prática segue de perto a teoria; seus edifícios, de um estilo puro, provocando a admiração dos habitantes, fizeram com que a cidade logo se cobrisse de outros; graças a essa ardente mocidade, ganha ela cada dia mais elegância e regularidade.

Em resumo, senhores, posso dizer-vos com orgulho que as belas-artes encontraram no Brasil um solo fértil; a escola do Rio de Janeiro, filha legítima da escola de Paris, terá muito breve filhos dignos dela. Por toda parte há uma sede de instrução que só se pode desalterar nas próprias fontes da ciência. Por isso é que se vê hoje a juventude correr para as praias do oceano, solicitar o exílio como um favor, enfrentar as tempestades para atingir o solo da França e, voltando ao trabalho com novo ardor, consultar dia e noite os preciosos tesouros que vossa hospitalidade oferece a todas as nações do globo.

Deixei o Brasil após a abdicação de Pedro I. O entusiasmo pela literatura, as ciências e as artes era geral. Não creio que tenha diminuído desde então. As Câmaras aumentaram o número de escolas e de academias; os vencimentos dos professores também foram melhorados. Levam eles hoje uma existência honesta e podem dedicar-se sem medo aos trabalhos penosos do ensino. Passou para não mais voltar a época funesta em que os honorários dos professores eram insuficientes para pagar o aluguel da escola."

Música

Apresento ao leitor mais um exemplo do tato e da erudição do mesmo autor neste precioso trecho sobre a música, tirado de um artigo inserto no primeiro número da interessante *Revista Brasileira*[1], periódico transbordante de imaginação e de profundeza a um tempo.

"O caráter da música brasileira deve sua melodia não somente à harmonia da língua nacional, mas ainda à imaginação tão sensível desse povo que nasceu músico. Entretanto, como por toda parte, nesse paraíso terrestre o caráter musical está submetido à influência do caráter particular dos habitantes de cada uma das províncias do império.

A música da *Bahia* (província situada no oriente) explica essa diferença, quando comparada com a de uma província do norte do Brasil; assim também a música de *Minas* (no ocidente) contrasta sensivelmente com a do sul do Brasil. A música da Bahia é o *lundu,* cuja melodia excessivamente voluptuosa regula o ritmo de uma alemanda dançada por um homem e uma mulher. A música de Minas é a *modinha,* romance sentimental, cheia de pensamentos delicados e que é cantada com acompanhamento muito cromático. Na Bahia tudo é doce, a terra produz o açúcar, e, se o habitante se estimula a si próprio com alimentos apimentados, é unicamente para manter sua lasciva indolência.

É certo que no Brasil a cabana e o palácio são o berço comum da música. Por isso ouve-se dia e noite o som da marimba do escravo africano, do violão ou do cavaquinho do homem do povo, e a harmonia mais sabida do piano do homem rico. *Santa Catarina* e *Pernambuco* se ufanam do gênio musical de seus habitantes, e, como na Alemanha, nas escolas primárias de Santa Catarina ensina-se o á-bê-cê juntamente com o dó-ré-mi, vantagem que produz muitos compositores, entre os quais distingue-se hoje o célebre Dom Francisco de Oliveira Coutinho. É de lamentar-se

---

[1] *Trata-se da revista* Niterói, *publicada em Paris por Araújo Porto Alegre e outros. Hoje raridade bibliográfica. (N. do T.)*

que um tão grande gênio definhe escondido nos rochedos que cercam a cidade de *Desterro,* capital da ilha de Santa Catarina, pois merece com justiça o título de excelente professor; discorrendo sobre a sua arte, ele a pratica com filosofia.

Estranha-se, entretanto, que os brasileiros, apaixonados pela música, conservem certo desprezo pelos músicos de profissão, a ponto de um homem rico, que paga generosamente a lição de seu professor, se mostrar intimamente envergonhado de sua amizade. Não porque não sejam os músicos em geral dignos de estima, mas porque são pobres e, num povo de comerciantes, isso constitui um grave defeito. Deve-se entretanto excetuar a boa sociedade da capital, que acolhe com afabilidade e trata com distinção os virtuoses de todas as províncias do Brasil que aí vêm exibir o seu talento.

A Capela Real vangloriava-se de ser o melhor conservatório de música e de possuir a melhor orquestra no gênero; com efeito, o *Miserere* de Pergoletti, que encanta os estrangeiros em Roma, era executado com a mesma perfeição no Rio de Janeiro durante a Semana Santa. Essa capital reunia uma ópera italiana das mais bem montadas, uma capela real com virtuoses tais como *Fascioti, Tannis, Maggiamarini* e outros, que reproduziam as mais belas composições da Europa, na igreja e no teatro, vantagem que devia provocar indiscutivelmente um caráter musical misto, feito de estilo italiano e de estilo mineiro, essencialmente espanhol. Existem no Brasil inúmeras composições de *Marcos,* maestro de capela, e de *Maciotti,* seu colega, de *Pedro Teixeira* e de *Francisco Manuel. Marcos,* dotado de um talento brilhante, não soube diferençar o estilo de teatro do de igreja, e *Pedro Teixeira,* discípulo da escola de Rossini, caiu no mesmo erro; esses dois grandes talentos, que não souberam harmonizar o colorido com o assunto do quadro, conservaram entretanto brilhante reputação entre nós. Francisco Manuel formou-se sozinho, por isso permaneceu original e se caracteriza por muitos pensamentos brilhantes; mas, ainda moço, já está atingido pela apatia artística de nossa pátria, ora dominada pela política. Para dar uma idéia da superioridade dos meios dos nossos cantores citaremos um *João dos Reis,* que dava facilmente o fá de baixo com toda a sua pureza e alcançava as notas mais altas do tenor; um *Cândido Inácio da Silva* e um *Gabriel,* tenores, ambos de Minas Gerais, fecunda em belas vozes.

Mas com que dor, ao regressar ao Brasil, procuraremos em vão o braço do maestro Marcos ou de José Maurício, dirigindo o conjunto maravilhoso e os acordes mágicos de um *Glória* ou de um *Credo,* executado pela orquestra imponente de cento e cinqüenta artistas de valor. Como executar hoje o *Miserere* ou a *Missa de Santa Cecília,* essa imortal composição de José Maurício, o Mozart brasileiro?

Infelizmente, entre nós a arte da música caminha para a decadência em que a jogou o nosso governo, desmantelando a orquestra da Capela Imperial, única flor digna rival da Europa e que nos distinguia na América inteira. Mas vivemos encerrados dentro de um sistema de reformas e economias; o abismo das necessidades está aberto e exige ouro. Derruba-se o muro, cujos destroços hoje esparsos esterilizam o terreno que cobrem...; mas voltemos ao nosso assunto.

Apesar da concorrência italiana e alemã, temos uma música brasileira com caráter bem particular, da escola de José Maurício. Seu gênio extraordinário afasta-se da linha dos outros músicos; sua musa prefere a harpa do santuário à do teatro; suas composições são numerosas, como seus discípulos. Foi um astro que brilhou sucessivamente na colônia, no reino e no império e iluminou com sua preciosa luz os brasileiros dedicados à música. Sempre forte, sempre grandioso, morreu pobre.

Sim, *novo Mozart,* exaltado por um sentimento cristão, José Maurício, no momento de compor seu *Réquiem,* segue o impulso do seu gênio, que o dirige através das frias moradas da morte; levanta então a pedra de um túmulo, desce, medita e chora sobre as cinzas da humanidade. Sai em seguida cheio de terror e, vendo a luz, ajoelha-se diante do Senhor do Universo, que lhe aparece sentado no trono da eternidade, acima da abóbada estrelada do firmamento; e suplica-lhe uma inspiração. Voltando a ser homem, toma do fiel negro da tristeza e o mistura com suas lágrimas para escrever uma música em que a suavidade penetrante põe na alma uma inefável melancolia que eletriza delicadamente o coração do homem sensível.

Gênio divino! Embora a morte tenha sustado tua brilhante trajetória, paralisando a um tempo tuas mãos sábias e tuas sublimes inspirações místicas, serás imortal! Percorrerás o mundo, e tuas obras esparsas na sociedade hão de ressuscitar-te diariamente até que toda a Europa te ouça e todo o universo te aplauda."

Apreciação feita no Instituto Histórico acerca do primeiro número da "Revista Brasileira"

Valho-me aqui, para exprimir meu pensamento, de um texto da apreciação feita na segunda classe do Instituto Histórico pelo nosso secretário perpétuo, Sr. Eugênio de Monglave. Sua indulgente amizade me perdoará, espero, os grandes cortes a que fui obrigado para reproduzir suas expressões, as quais assim ficam desprovidas do encanto do encadeamento geral.

"Alguns jovens brasileiros", diz ele, "nascidos em diversos pontos desse imenso império, unem-se para publicar uma obra em sua língua natal e lançá-la à sua pátria através do oceano... O primeiro fascículo, que tenho diante de mim, apareceu, não faz ainda um mês, com doze folhas in-oitavo, bem variadas, cheias de pensamentos e fatos... Na hora em que escrevo, não existe mais nenhum exemplar... O que impressiona, inicialmente, ao percorrer-se o volume, é o encanto musical dessa língua de Camões, transportada para outra extremidade do globo, onde encontra tais intérpretes... Os redatores dizem, no primeiro fascículo, que se ocuparão de economia, ciências, literatura e belas-artes; é muito; mas eles cumpriram a promessa... Um primeiro artigo de *D. M. de Azevedo Coutinho,* sobre os cometas, pareceu-me rico de observações... Há muita atualidade nos dois eruditos artigos de *F. S. Torres Homem,* intitulados respectivamente *Considerações econômicas acerca da escravidão* e *Reflexões a propósito do crédito público.* São ambos tratados com uma erudição e uma profundeza que os tornam dignos de figurar, em destaque, nos melhores periódicos da Inglaterra e da França... *D. J. G. de Magalhães,* o poeta criança do Brasil, num artigo modestamente intitulado *Ensaio sobre a história da literatura do Brasil* revela-nos um mundo poético que a França não suspeitava... O brasileiro sacudiu o jugo imposto à sua inteligência; seus cantos não tardarão a chegar à velha França... O deserto foi vencido; Magalhães e seus amigos conduzem o povo à terra prometida. *Araújo Porto Alegre* é, para as artes, o que Magalhães é para a poesia; ambos são igualmente artistas e igualmente poetas, ambos falam igualmente aos olhos e ao espírito... Dos quatro redatores desse primeiro fascículo, três pertencem ao Instituto Histórico: *Torres Homem, Magalhães* e *Araújo Porto Alegre*. Orgulhamo-nos da escolha..."

Sincero apreciador do gênio brasileiro e assim desculpável pela parcialidade possível na redação de um artigo que exaltasse meu entusiasmo pela sua especialidade, acho-me feliz em aproveitar o eco das elogiosas expressões de nosso secretário perpétuo, Sr. de Monglave, proferidas numa sociedade a que me ufano de pertencer.

História da Academia de Belas-Artes

A corte de Portugal chegou ao Rio de Janeiro em 1808, e o desejo de aí se fixar determinou, oito anos depois, a fundação do reino do Brasil. Nessa ocasião o Sr. Marquês de Marialva, embaixador português na corte de França, e residindo em Paris, entendeu-se, em 1815, com o Sr. Conde da Barca, então ministro das Relações Exteriores do Rio de Janeiro, no sentido de criar uma academia de belas-artes, no modelo da de França. Conseguintemente, em fins do mesmo ano, o Sr. *Lebreton,* secretário perpétuo das classes de belas-artes do Instituto de França, obtendo uma licença, foi encarregado pelo governo português de reunir alguns artistas franceses de diferentes gêneros que se dispusessem a acompanhá-lo ao Brasil a fim de constituir o núcleo da academia. Esse grupo compôs-se dos senhores *J. B. Debret,* pintor de história, aluno de David; *A. Taunay,* membro do instituto, pintor de paisagens e quadros de gênero, que embarcou com a sua família; *Auguste Taunay,* escultor, irmão do presidente; *A. H. V. Grandjean de Montigny,* arquiteto, que levou consigo a sua família e dois alunos; *Simon Pradier,* gravador; *François Ovide,* professor de mecânica; e *François Bonrepos,* ajudante do Sr. Taunay. O Sr. *Newcom,* compositor, veio com o Duque de Luxemburgo, embaixador extraordinário da corte de França no Rio de Janeiro.

O embaixador português entregou ao Sr. *Lebreton* a importância de dez mil francos para o pagamento das passagens dos artistas franceses, os quais, partindo de França em janeiro de 1816, chegaram ao Brasil no começo do mês de março do mesmo ano, esperados ansiosamente pelo ministro, Conde da Barca, que os apresentou à corte, onde foram bondosamente acolhidos. Ficaram todos provisoriamente hospedados a expensas do governo. No mesmo ano, um decreto real assinado pelo Marquês de Aguiar, ministro do Interior, concedeu vencimentos de cinco mil francos para cada um dos artistas, a título de pensão alimentar, com a obrigação, entretanto, para eles, de ficarem no Brasil pelo menos seis anos, a fim de participarem da organização da academia. Os honorários do Sr. Lebreton foram fixados em doze mil francos, na qualidade de diretor (título que ele aceitou provisoriamente, prevendo sua próxima destituição do Instituto de França, o que se deu, de fato, pouco tempo depois).

Por ocasião de nossa chegada ao Brasil, acabava de falecer Dona Maria I, rainha de Portugal, mãe de Dom João VI, então príncipe regente, e que devia suceder-lhe na qualidade de herdeiro presuntivo da coroa. Por esse motivo, o governo já se ocupava dos projetos de festas relativas à circunstância e que, por conveniência política, deveriam não somente servir à aclamação do soberano do novo Reino Unido de Portugal, Brasil e Algarves, mas ainda ao casamento do Príncipe Real Dom Pedro, seu filho, com uma arquiduquesa de Áustria; e o Conde da Barca, desejoso de utilizar os artistas franceses, encarregou-os da composição e da execução dos cenários dessa cerimônia solene.

Nesse meio tempo chegaram os dois irmãos *Ferrez,* escultores franceses e discípulos de Roland, membro do Instituto de França, ambos estatuários e peritos em decoração e gravação. Foram eles empregados, inicialmente, como ajudantes do Sr. Taunay, mas seus talentos os tornaram logo pensionistas do rei. Após a apresentação dos artistas à corte, o Conde da Barca encomendou ao arquiteto Grandjean o projeto de um palácio para a Academia de Belas-Artes, projeto que foi aceito pelo rei, e iniciaram-se imediatamente os alicerces desse edifício, confiado à proteção especial do ministro das Finanças, *Barão de São Lourenço.* Infelizmente, perdemos o Conde da Barca no mês de junho de 1816, tendo o nosso protetor morrido sem apreciar a terminação dos preparativos das festas, que só se realizaram no ano seguinte. Mas o ministro das Finanças ficava encarregado da construção do palácio; ademais, esse ministro, todo-poderoso, honrava o Sr. Lebreton com sua estima e amizade particular. A construção continuou, pois, sem interrupção, mas muito lentamente (durou dez anos). Em 1826, somente o andar térreo estava acabado, quando, de acordo com o projeto, deveria ter dois andares destinados à residência dos professores. Entretanto, o edifício foi reduzido a um simples andar térreo, por medida de imediato aproveitamento e economia.

Durante a construção do palácio da academia, os artistas dedicaram-se a obras particulares. O pintor de história, entretanto, fez o retrato do rei, de corpo inteiro, e com o traje da aclamação; o quadro passou imediatamente para as mãos do gravador Pradier, o qual, depois de fazer a água-forte, obteve do rei autorização para regressar à França, a fim de terminar a gravura a buril, porque no Brasil não havia ainda impressor e nem mesmo papel conveniente. O mesmo pintor, Sr. Debret, executou em seguida o quadro do desembarque da arquiduquesa no Brasil, igualmente gravado por Pradier. Utilizou-se o pincel desse pintor de história nos cenários das representações teatrais a que assistia a corte em diversas épocas do ano[1]. Entretanto, o Sr. Lebreton, acabrunhado com a morte do Conde da Barca e com algumas intrigas feitas em torno de sua pessoa, aborreceu-se na cidade e foi morar na *praia*

---

[1] *Nesses cenários trabalhei durante sete anos. (N. do A.)*

do Flamengo. Aí viveu retirado, ocupando-se de uma obra de literatura, até o seu falecimento, em maio de 1819. Os artistas, privados então de seu diretor, ficaram apenas com o apoio do ministro das Finanças, pois em geral os outros membros do governo pouco se interessavam por um estabelecimento que não existia em Portugal. Foi quando, percebendo a vaga resultante da morte do Sr. Lebreton, o Barão de São Lourenço se lembrou de um protegido, artista português que vegetava em Lisboa, pintor medíocre e pai de numerosa família. Fê-lo vir ao Rio de Janeiro e, graças a um projeto de organização da academia, redigido à nossa revelia e apresentado apressadamente pelo ministro do Interior ao rei, nomeou-o professor de desenho e diretor das escolas[1]. Esse mesmo projeto outorgava-lhe um secretário português em substituição ao nosso, destituído sem motivo.

Aqui começam as intrigas portuguesas contra os acadêmicos franceses, inevitável conseqüência da introdução inconveniente de dois portugueses no corpo acadêmico composto essencialmente de franceses[2]; o erro foi reconhecido pelo ministro, após a nossa instalação, mas já nesse momento nosso colega Taunay, membro do instituto, resolvera prudentemente voltar para a França.

O ministro do Interior, *Tomás Antônio,* confiando no Barão de *São Lourenço,* ignorava absolutamente essa intriga e, depois de ter feito o rei assinar o decreto de organização da academia, ficou muito espantado de só encontrar no projeto apresentado pelo diretor elementos de um curso de desenho, a exemplo do de Lisboa. Revelando sua surpresa a Grandjean, nosso arquiteto, pediu-lhe que perguntasse a cada um de nós os detalhes da organização de nossos cursos, a fim de remediar a imperfeição do trabalho do diretor antes da entrada em vigor do regulamento[3]. As informações, entregues ao primeiro-ministro poucos dias depois, passaram oficialmente às mãos do diretor, mas este evitou executar pontualmente as ordens recebidas, que transtornavam para sempre seus projetos hostis; e, confiando no tempo, manteve-se na mais completa inação, evitando a presença do ministro até o mês de março de 1821, em que ocorreu a partida da corte e do primeiro-ministro para Lisboa. Durante esse tempo, os dois intrusos portugueses, por meio de astuciosas confidências, procuraram desanimar-nos dizendo saber muito bem que o governo, dia a

---

[1] *Muito abaixo do cargo, o pintor português, saindo pela primeira vez da capital, soube apenas reproduzir, ainda assim mesquinhamente, os estatutos da Academia de Lisboa, título pomposo dado em Portugal a um curso de desenho no qual se alternavam o estudo da figura com o da arquitetura. O projeto acarretava uma economia baseada na supressão de parte dos artistas franceses: dois alunos do arquiteto, o professor de mecânica, o de gravura a buril, nessa época ausente em licença, para terminar duas pranchas em Paris, e finalmente o nosso secretário, injustamente destituído. Aliás, o déspota português mantinha-se em profundo silêncio em relação aos outros cursos e colocava os professores numa falsa posição, prelúdio da eliminação definitiva; para contrabalançar a injustiça, admitia três pensionistas nacionais e um secretário português com metade dos vencimentos do nosso.* (N. do A.)

[2] *Esse erro, cujas conseqüências funestas se prolongaram demasiadamente, resulta, em princípio, de um motivo humanitário da parte de um ministro que, na circunstância, desejava apenas dar uma colocação a um artista infeliz, pai de doze filhos e a ele vagamente aparentado; em segundo lugar, procurava dar um meio de vida a um velho abade português, filho de franceses, mau poeta satírico, parasita teimoso e aborrecido, que o importunava diariamente.* (N. do A.)

[3] *Isso ocorreu em fins de 1820.* (N. do A.)

dia menos apreciador das belas-artes, parecia dever contentar-se com uma simples escola de desenho, suficiente em verdade para um país novo como o Brasil; por outro lado, desmoralizavam-nos, junto aos membros do governo, com calúnias de todos os gêneros, assustando-os com o exagero das despesas de nossa futura instalação.

O Barão de São Lourenço deixou o Brasil, e nós perdemos assim o protetor. Mas um novo movimento político, provocado pela partida da corte, mudou o destino do Brasil, e Dom Pedro, príncipe regente, foi coroado imperador no ano seguinte. O diretor, novamente apavorado com a circunstância favorável às artes, viu, sem nada poder modificar desta feita, a pintura, a escultura, a arquitetura e a gravura de medalhas, praticadas por professores franceses, rivalizarem entre si para maior glória nacional.

Tínhamos então, como primeiro-ministro, José Bonifácio de Andrada, patriota brasileiro, esteio do trono imperial, protetor das artes, amigo dos franceses e partidário da instalação de nossa academia. Nosso diretor, desesperado, arrastado pelo movimento, fingiu o mais sincero interesse, e, valendo-se de seu título, obteve o favor de pintar o retrato do ministro; mas, encontrando nele um sábio europeu, refreou prudentemente suas manobras no sentido de multiplicar as dificuldades de nossa dispendiosa instalação e limitou-se a um adiamento provisório, como paliativo.

A crise era porém decisiva, e, tendo esse ministro erudito posto em concurso programas de reformas úteis e gloriosas, na luta (em que o título do diretor se viu constantemente comprometido pela sua mediocridade), os talentos variados dos professores franceses realizaram as esperanças dos brasileiros.

Entretanto, algumas confidências indiscretas escapadas aos nossos intrigantes, acerca de sua idéia fixa de liquidar com a nossa academia, me esclareceram. Repugnando-me porém regressar à França, após oito anos de residência no Brasil, sem ter alcançado o objetivo de minha missão, resolvi, a fim de deixar ao menos vestígios de nossa utilidade, solicitar do imperador a concessão provisória de um dos ateliers já disponíveis da academia, a fim de executar um quadro de grandes dimensões, representando a cerimônia de sua coroação, e ao mesmo tempo iniciar a educação pictórica de sete indivíduos, já dedicados à arte, e que desejavam ardentemente aproximar-se de mim para ter as noções teóricas, cuja necessidade compreendiam. Para evitar quaisquer despesas, limitei-me a solicitar a simples posse da chave do local desocupado.

Minha dedicação foi acolhida com satisfação pelo imperador e os dois Andradas, ministro do Interior e ministro do Tesouro respectivamente. Entretanto, parece incrível, essa vontade unânime e soberana foi paralisada durante mais de seis meses pelas hábeis manobras do nosso ardiloso diretor, cuja orgulhosa mediocridade se achava sempre em perigo[1]. Os alunos, desesperados com a indecisão, já se achavam

---

[1] *Começou por embrulhar os dois ministros acerca da vantagem do local, demonstrando ao ministro do Interior que esse início de edifício, de um acabamento longo e dispendioso, pertencendo por aderência ao edifício da Tesouraria, conviria de preferência para a Casa da Moeda, e que a academia se poderia instalar quase imediatamente numa belíssima casa situada no Campo de*

dispostos a alugar um local para servir de escola, quando um golpe de Estado derrubou repentinamente o ministério e deu a pasta do Interior a *Carneiro de Campos*, brasileiro e protetor das ciências [1].

Sem perda de tempo, um dos jovens alunos explicou os motivos de sua ansiedade ao novo ministro, o qual deu imediato despacho favorável ao meu requerimento; só restava procurar o depositário da chave. Qual não foi a surpresa dos alunos ao saberem que se encontrava nas mãos de nosso silencioso diretor [2]! Acuado, o astucioso hipócrita soube, ao entregá-la, fingir lamentar ter ignorado tudo o que se passara com referência à minha solicitação.

Colocados assim sob a proteção imediata do soberano, o zelo e os progressos dos alunos erguiam uma primeira barreira inexpugnável às intrigas da má fé do diretor, privado até então de poderes legalizados pela assinatura de um ministro [3]. O secretário, mostrando-se mais esperto e menos insolente, sentia-se comprometido com o exagero das calúnias. Mas isso tudo não passava do prelúdio das atribuições que iriam assaltar, dia a dia mais, os nossos dois detratores; *Carneiro de Campos* passou a ocupar outro cargo e *João Severiano, Marquês de Queluz*, brasileiro muito culto, então ministro do Interior, foi o primeiro a enxergar através de suas vergonhosas fisionomias e a deslindar suas intrigas [4]. Convocou ele, com efeito, uma reunião geral dos acadêmicos, presidida por ele próprio em sua casa, e na qual nos

---

Sant'Ana, perto do museu; assim, considerava ele prudente sustar, por ora, o despacho dado à minha solicitação, aliás muito louvável. Muito ocupado com meu trabalho no teatro, e convencido da boa vontade do governo, só ocasionalmente reiterei a minha solicitação, endereçada alternativamente a ambos os ministros, ambos indecisos sobre a sua alçada no caso, pois o ministro da Fazenda era o protetor do edifício, e ao ministro do Interior cabia proteger os artistas. E essa indecisão, mantida nas repartições pela tagarelice do secretário, durou até a mudança do ministério. (N. do A.)

[1] Carneiro de Campos *foi, posteriormente, ministro várias vezes. Deve-se-lhe a instalação da Sociedade de Medicina do Rio de Janeiro. Foi mais tarde um dos membros da Regência Provisória. (N. do A.)*

[2] *Fora encarregado de conservar, nessa sala, uma coleção de quadros trazida pelo Sr. Lebreton e que mais tarde, adquirida pelo Barão de São Lourenço, ficou depositada provisoriamente numa das salas da Tesouraria, que se tornou necessário afinal desembaraçar. Nosso trêfego secretário, a fim de tornar-se importante, dirigiu a operação e mandou colocar, desastradamente, os quadros no chão dessa sala, ainda úmida por ter servido de atelier de escultura. Fechados, sem ar, durante seis meses, os quadros foram encontrados quase apodrecidos. Pois bem, esse ato de vandalismo, que deveria acarretar a demissão do diretor, valeu-lhe, ao contrário, grandes vantagens; à sombra da restauração dessa infeliz coleção, obteve a permissão de residir no museu, além de uma gratificação como restaurador dos quadros da coroa. Quanto ao secretário, reduzido à metade dos vencimentos de seu predecessor, nada perdeu tampouco, porquanto o Barão de São Lourenço criou para ele um lugar de capelão da Tesouraria, onde vinha diariamente dizer a missa, regalando-se em seguida, na repartição, com denegrir-nos aos olhos dos funcionários mediante calúnias atrozes. (N. do A.)*

[3] *Isso ocorreu no mês de janeiro de 1824. A produção dos três primeiros meses impressionou tão fortemente o imperador, pela sua perfeição, que o governo determinou a instalação da Academia das Belas-Artes. (N. do A.)*

[4] *Avisado por um artista português, chamado Antônio, momentaneamente no Brasil, amigo e admirador de meus alunos, que costumava visitar o ministro, já desanimado com a multiplicidade dos obstáculos apresentados pelo diretor, mas encantado com a instalação do meu curso, quis ver-me, e numa curta entrevista me observou a que ponto achava nulo o trabalho apresentado; perguntou-me o motivo do atraso na instalação de nossa academia, tão desejada no Rio de Janeiro. Expli-*

foi determinado que apresentássemos no menor prazo possível um projeto de organização completa, o qual lhe foi submetido no fim do mês seguinte. Mas, entre as mãos do diretor, o projeto perdeu-se do mesmo modo que as nossas primeiras observações, solicitadas por *Tomás Antônio*. Entretanto, o diretor via com desespero os progressos de minha classe, em plena atividade, bem como do projeto de instalação das sete classes, pois a partir desse momento os ministros que se sucederam ocuparam-se todos da abertura da academia, sempre entravada pelas manobras do diretor e do secretário. O Ministro *Resende, Barão de Valença,* sucedendo ao *Marquês de Queluz,* mandou continuar as salas de estudo, e finalmente o Ministro *Visconde de São Leopoldo* presidiu a instalação da academia, que se realizou a 5 de novembro de 1826. S. M. I., Dom Pedro I, assistiu a essa inauguração, no fim da qual o ministro apresentou-lhe uma medalha de ouro, cunhada para esse fim e gravada inteiramente por Zépherin Ferrez, gravador de medalhas e pensionista da academia.

---

quei-lhe que o orgulho e a mediocridade do diretor, bem como os interesses do secretário, se uniam para os afastar de qualquer maneira, e trabalhavam no sentido de paralisar nossos talentos, de impedir nosso contato com a autoridade, a fim de nos transformar em pensionistas inúteis ao Estado. Encontrando-o com boa vontade, sugeriu-lhe a convocação de uma assembléia-geral de professores; ele aceitou a sugestão, fixando um dia de reunião na sua casa e me pedindo que avisasse o diretor. Nada foi mais cômico que o efeito de minha missão junto ao diretor, estupefato e reduzido ao silêncio pela ausência de seu secretário, em verdade difícil de encontrar, pois esse parasita verboso vivia (juntamente com seu cavalo) à custa das pessoas que ele divertia diariamente com anedotas escandalosas. Deixei pois o pobre diretor resolvido a ir pessoalmente desculpar-se pela impossibilidade de avisar com suficiente rapidez os acadêmicos todos e solicitar um adiamento de oito dias, o que o clarividente ministro concedeu caridosamente. O secretário, temeroso das censuras, evitou comparecer e encarregou o diretor de desculpá-lo junto ao ministro. Assim começaram nossos desastrados adversários, com evidente falta de zelo e de generosidade, no sentido de atender à rápida instalação desejada pelo chefe do governo. O secretário acabou de perder-se na opinião do ministro, por ter-me denunciado, numa entrevista em casa de terceiros, como um intrigante insubordinado que dava lições de pintura antes da abertura da academia, respondendo o ministro que, ao contrário, o governo só tinha elogios a fazer-me; e nosso inimigo, desarmado, desapareceu precipitadamente, enquanto o Marquês de Queluz nos afirmava que o homem mais deslocado do corpo acadêmico era na sua opinião o secretário. Reunimo-nos duas vezes; o secretário não compareceu à primeira reunião, que se realizou dentro do protocolo acadêmico e na qual nos foi dado conhecer pela primeira vez o projeto misterioso, lido enfaticamente pelo diretor. Constituía-se esse projeto unicamente de detalhes minuciosos de um curso de desenho dividido em cinco anos. Não podendo mais conter o riso provocado por esse amontoado de puerilidades, completamos a sua derrota observando por unanimidade que essa algaravia não tinha sentido, e adiamos a sessão para dois dias mais tarde, a fim de podermos trazer nossas observações especializadas. O diretor, naturalmente, ao voltar para sua casa, despejou a bílis no secretário, culpado de tê-lo abandonado sozinho entre os professores franceses. Por isso, já na segunda sessão, compareceu também o secretário, reunindo-nos assim juntamente com os dois funcionários portugueses. Chegou-se então a um acordo, convindo-se estabelecer as bases de nossa organização; após a leitura do trabalho completo, de que me ocupara antes, ficou resolvido submetê-lo ao ministro, perfeitamente senhor da nossa língua. Aterrado ante a resolução, de olhos fixos no secretário, o diretor pedia socorro "telegraficamente". Inspirado pelo perigo iminente, o secretário, fingindo-se entusiasmado, apossou-se das duas primeiras folhas do meu trabalho a fim, disse, de traduzi-las. Com esse subterfúgio, terminou a sessão em meio a uma satisfação geral aparente; mas, a par de seus expedientes contemporizadores, recopiei as duas folhas e levei, nessa mesma noite, o manuscrito completo ao ministro, que se mostrou encantado com a nossa celeridade; guardou o manuscrito para ler e marcou-nos nova entrevista. Muito satisfeito conosco, o ministro censurou a lentidão do tradutor, mas o pintor português, que me acompanhava, ofereceu-se logo para substituí-lo, sendo aceito, pois a proposta reunia a dupla vantagem de uma rápida tradução e um perfeito

Graças a dois anos de estudos antecipados, a classe de pintura apresentou ao público, no dia da abertura da academia, uma exposição muito interessante, que impressionou pelas produções, tão perfeitas quão variadas, pois constituía-se de diferentes gêneros, retratos, paisagens, marinhas, arquiteturas, animais, flores e frutas.

Persistindo na sua primeira idéia, sem entretanto conseguir evitar as sete classes de que se compunha a academia, de acordo com o projeto dos professores, o diretor valeu-se de um último ardil para pelo menos paralisar-lhes a atividade no momento da inauguração: com a ajuda da retórica astuciosa de seu secretário, persuadiu o ministro de que, num país novo em matéria de arte, era prudente abrir unicamente o curso de desenho, como introdução necessária aos outros cursos, o que dava ao curso de desenho o privilégio da matrícula dos alunos, obrigados a seguir aulas preparatórias de desenho durante cinco anos. Justo em princípio, esse argumento era falso na aplicação, pois anulava a atividade das outras classes, devendo, naturalmente, desgostar os professores e talvez provocar a sua demissão por inúteis.

---

entendimento com o autor do trabalho. Dois dias bastaram para terminar a tradução desse projeto, que dava afinal a nosso protetor a gloriosa possibilidade de instalar a Academia de Belas-Artes, há tanto tempo entravada. Por outro lado mandava ele acabar com urgência a construção das salas de estudo, mediante aplicação da verba para esse fim reservada. E descobrindo na ausência do diretor uma razão criminosa, o ministro determinou-lhe apresentasse imediatamente o trabalho de que se achava incumbido. Este se desculpou, alegando as dificuldades de um trabalho a que se devia acrescentar a legislação portuguesa. Mas a má fé, já desvendada em parte, foi totalmente esmagada pelo repentino aparecimento de uma tradução completa, entregue ao ministro, o qual o intimou a voltar o mais brevemente possível com o trabalho, revestido das formalidades legais. Este acréscimo, além de superior às forças do secretário, comprometia a ambos; desde então, principiaram a vociferar contra a minha "traição", dedicando-me um ódio implacável. É que existia no meu projeto um conselho diretor composto dos diretores da instrução dos príncipes, da Biblioteca Imperial e do museu, conselho este que se colocava acima do poder tirânico do diretor português, em benefício do estudo e em detrimento da funesta oposição de nossos dois inimigos. Favorecido pelos acontecimentos do sul, que preocupavam então todos os espíritos, o diretor continuou impunemente inativo durante algum tempo. Mas a nomeação do Marquês de Queluz para o Ministério das Relações Exteriores provocou novo incidente, que podia acarretar a exigência da entrega do trabalho ao novo titular, dentro de um prazo de vinte e quatro horas. O perigo desmascarou por completo a mediocridade do secretário, tendo o diretor recorrido a um amigo português, que se dizia arquiteto, recentemente chegado de Lisboa e já em excelentes relações com as autoridades. Em uma noite, o "salvador" organizou uma salada absurda de nosso trabalho com as pretensiosas atribuições do diretor português, a qual foi, pelo desastrado cortesão, entregue ao imperador; e o trabalho passou assim às mãos do novo ministro, já chocado com a falta de delicadeza do diretor. Informado, ademais, da existência de nosso projeto, solicitou-me um exemplar para comparar com o outro, e apressou o acabamento das salas da academia. Entrementes, o novo intrigante de Lisboa, nomeado arquiteto oficial, valendo-se de seu título e apoiando-se nas calúnias do diretor contra Grandjean, teve a indecente audácia de fazer com que o encarregassem de acabar a Escola de Belas-Artes. Para demonstrar seu zelo, propôs astuciosamente a abertura provisória e econômica do curso de desenho, apoderando-se da sala onde eu começara meu quadro e me deixando uma espécie de corredor escuro para o curso de pintura: golpe tríplice habilmente dado nas atribuições de nosso arquiteto, na minha atividade como pintor de história e professor, e que estabelecia, com o curso de desenho, a autoridade de diretor professor, posto em atividade provisória sem que a academia sancionasse o plano de organização. Mas as desastrosas conseqüências desse gesto, desmascaradas pelos nossos amigos poderosos, foram sustadas; considerado entretanto como um simples excesso de zelo pelo ministro, não impediram que o arquiteto usurpador continuasse os trabalhos de comum acordo com o diretor, investido antecipadamente de autoridade. (Esse arquiteto efêmero perdeu progressivamente todas as suas atribuições; reduzido a vencimentos medíocres, deixou o Brasil em 1832.) Voltando de uma viagem ao sul, o imperador trouxe

Era essa a idéia fixa de nosso perseguidor português. Mas o êxito da classe de pintura punha os jovens pintores, já formados, acima dessa lei adicional, que não podia ter efeito retroativo, e o golpe falhou. O ministro foi aliás o primeiro a infringir a autoridade do diretor, mandando matricular-se na minha classe um de seus jovens parentes, *Araújo Porto Alegre,* dotado das mais felizes qualidades e que já vencera todas as dificuldades do desenho durante três anos de estudos em minha classe.

Este exemplo de rapidez e de progresso deu lugar a inúmeras representações dirigidas aos diferentes e sucessivos ministros, provocando a matrícula ilegal de alunos na minha classe, que assim se manteve brilhantemente durante os três primeiros anos da instalação, ao passo que o curso de desenho, no mesmo período, não produziu nenhum desenhista capaz de seguir os altos estudos.

Por mais estranho que pareça, a idéia do diretor era desencorajar na sua classe os melhores alunos, por meio de cópias repetidas à saciedade, de modo a revoltá-los e a justificar a sua expulsão como insubordinados, conservando alguns medíocres

---

consigo José Feliciano Fernandes Pinheiro, *mais tarde Visconde de São Leopoldo, brasileiro dedicado, homem probo, historiador erudito, que tomou posse imediata da pasta do Interior, mas que, infelizmente para nós, fora colega do secretário na Universidade de Coimbra. Entretanto, a instalação dos sete cursos já se achava demasiado avançada para que fosse suprimida do ensino, embora nesse momento difícil o triunvirato português desenvolvesse habilíssima manobra para enganar o honesto ministro. Embriagado pelo incenso dos detratores, veio ele de boa fé, na véspera da instalação da academia, pedir-nos que não erguêssemos nenhum obstáculo à grande obra, a fim de não deixar pretextos à oposição. A instalação efetuou-se portanto no dia seguinte, com toda a pompa portuguesa, e sob a direção de nosso adversário; em cima da porta de cada sala, a indicação da especialidade prometia aos brasileiros e aos professores resultados em geral satisfatórios. Mas, no dia seguinte, o público veio a saber com espanto que quem desejasse entrar para a academia como aluno deveria matricular-se no curso de desenho, com a obrigação de seguir as aulas durante cinco anos antes de passar para outro curso. Assim, os demais cursos, fechados, possuíam entretanto professores sem alunos, obrigados a vir todos os dias aí e passar três horas de braços cruzados. Esse absurdo resultado fora atenuado perante o ministro com explicações como a seguinte: "...que, cumprida essa simples formalidade, o resto se faria de conformidade com os progressos do aluno...", etc., o que nos foi aliás repetido pelo diretor no dia seguinte ao da abertura. Concordei em mandar matricular somente três de meus novos alunos, já desenhistas, mas que ainda não pintavam, porquanto essa lei não podia ter efeito retroativo sobre os meus alunos pintores, que freqüentavam a minha classe. Mas o diretor, insolente, acreditando-me um meticuloso, esperava livrar-se muito breve de mim por meio de minúcias incríveis. Quanto a Grandjean, que o novo arquiteto português do governo contava afastar o mais rapidamente possível, tinha ele, em virtude de sua especialidade, o privilégio de dar diariamente uma aula de duas horas apenas aos alunos do diretor que se destinavam à arquitetura. Assim ressurgia no Brasil o sistema da Academia de Lisboa. O ministro, cumulado de novas honras, deixou a pasta, entregando-a a um jovem brasileiro de grande mérito. Mostrei-lhe em poucas linhas a falsa orientação dada aos estudos pictóricos, demonstrando que o desenho, considerado básico na arte da educação, o era em princípio, mas que o axioma se tornava necessariamente falso em sua aplicação absoluta; que cada um dos professores das classes especializadas conhecia indiscutivelmente essa primeira parte de sua especialização, mas de par com ciências análogas, esteios indispensáveis à rapidez dos progressos dos alunos. Provei também, por experiência, que três anos de curso de desenho dado pelo diretor, de uma maneira lenta e desprovida de interesse, provocavam apenas o desânimo num povo como o brasileiro, vivo e perspicaz, e que o pequeno número de indivíduos apáticos a isso submetidos produziria tão-somente artistas medíocres. Essa representação tão simples, feita a jovens ministros pouco versados na cultura das belas-artes, foi qualificada por nosso diretor de charlatanismo e de insubordinação contra um excelente método de ensino, respeitado em Lisboa. Acrescentava ele, confidencialmente, que nosso sistema consistia em tudo subverter para satisfazer nossa inveja contra seu talento, e arrancar-lhe o lugar sem consideração pelos seus doze filhos.*

copistas, pouco desejosos ou incapazes de passar para os outros cursos. Esperava ele assim provar ao governo que ainda não se estava na época de contratar inúmeros professores sem alunos. Ao contrário, constante esteio dos êxitos da academia, usei eu de meu direito de professor e da boa vontade do imperador no sentido de realizar anualmente uma exposição pública, o que foi posto em execução pelo Ministro *José Clemente*, que destruiu todos os projetos de nosso mesquinho diretor, homem cruel por vaidade mal-entendida. Esse honroso incentivo alimentou o progresso de estudo nas classes de pintura e arquitetura, que produziram as duas belíssimas exposições de 1829 e 1830, cujos catálogos, impressos a expensas do professor de pintura, foram distribuídos gratuitamente nas salas[1], sendo dois exemplares depositados na Biblioteca Imperial do Rio de Janeiro[2]. Nessas exposições, a classe de desenho, dirigida pelo diretor, provou o mau gosto de sua escola, e, desmoralizada sucessivamente de ano em ano, viu matricular-se apenas um aluno em 1831.

Após esse sucesso, só nos restava vencer ainda o obstáculo da privação do direito de matricular os alunos diretamente nas nossas classes (obstáculo que os impedia de receber prêmios); mas, de cambulhada com as novas nomeações e os acontecimentos políticos, nossos requerimentos mal conseguiam chegar às mãos dos ministros, os quais não tinham tempo sequer de despachá-los. Entretanto, em fins de 1830, o interesse da Assembléia Nacional fez com que se intimasse o diretor a entregar as reclamações parciais de cada um dos professores da Academia de Belas-Artes; não me foi permitido porém ver os resultados, pois, em 1831, apresentando três alunos de minha classe, que já se haviam distinguido em quadros de história, e sentindo alterar-se a minha saúde, solicitei da Regência autorização para regressar por algum tempo à minha pátria, após quinze anos de estada no Brasil, e obtive uma licença de três anos, posteriormente prolongada por motivos justificados. Deixei por conseguinte minha classe, a qual, durante minha ausência, foi dirigida por meu assistente e aluno *Simplício Rodrigues de Sá*, excelente retratista.

Vim a saber, posteriormente, que as observações dos professores, dirigidas à

A frase, insinuada ao chefe da repartição e repetida a cada novo ministro, protegeu sua aristocracia devastadora até os anos de 1830 e 1831, em que a Assembléia Legislativa tomou conhecimento do caso. Entretanto, o êxito de nossas classes valeu-nos algumas concessões, tais como as exposições públicas já citadas e a admissão de diversos alunos, protegidos por personagens importantes. A classe de pintura, que sempre constituiu o objetivo dos nossos opressores, manteve-se sem nenhum apoio do governo: telas, tintas, pincéis, modelos, tudo se obteve por meio de privações ou de generosas doações. Quanto a mim, apoiado na minha consciência e na minha experiência, nessa luta de amor-próprio e de pérfidas mesquinharias, que não me parece comparável senão ao incômodo passageiro da picada dos insetos dos trópicos, encontrei um esteio nos rápidos sucessos dos meus alunos, meus amigos. Nada alterou em mim a consciência da minha utilidade, nem o entusiasmo que me inspirou o cultivo da minha arte sob um céu tão puro e num país onde a natureza ostenta, aos olhos do pintor filósofo, a profusão de uma riqueza desconhecida do europeu, fonte inesgotável de recordações deliciosas que encantarão o resto dos meus dias. (N. do A.)

[1] *Nada podia lisonjear mais os parentes e amigos dos expositores e envaidecê-los do que esse gesto patriótico, porque lhes permitia levar para casa os nomes impressos desses artistas apreciáveis. (N. do A.)*

[2] *Vários exemplares se acham hoje depositados em Paris, nas bibliotecas e no Instituto Histórico, juntamente com o projeto dos professores, impresso no Rio de Janeiro em 1827. (N. do A)*

Assembléia, provocaram reformas provisórias em 1832, as quais melhoraram os estudos nas altas classes [1].

Em resumo, a constante firmeza por mim desenvolvida, em meio às intrigas contra a nossa academia, tinha por fim provar ao governo que o gênio brasileiro, preciosamente dotado para o cultivo das belas-artes, podia e devia produzir, indiscutivelmente, uma escola capaz de um paralelo vantajoso com as que florescem na Europa, asserção esta confirmada por todos os estrangeiros que vieram visitar nossas duas exposições públicas.

Só me resta, para terminar a história da academia, desincumbir-me do dever muito agradável de registrar aqui os nomes dos alunos fundadores que ilustraram sua instalação, a 5 de novembro, com uma interessante exposição de suas obras, fruto admirável de dois anos de estudos.

Relação dos alunos fundadores da escola de pintura

Simplício Rodrigues de Sá (português), pensionista da academia.	Hoje cavaleiro das ordens de Cristo e do Cruzeiro, pintor da corte imperial, professor de pintura de SS. AA. II., substituto da classe de pintura da Academia de Belas-Artes.
José de Cristo Moreira (português), pensionista da academia.	Cavaleiro de Cristo, pintor e desenhista de paisagens, professor de desenho na Escola Imperial da Marinha (falecido em 1830).
Francisco Pedro do Amaral (brasileiro), pensionista da academia.	Pintor, diretor das obras de pinturas para a decoração dos palácios imperiais e da Biblioteca Imperial (falecido em 1831).
Manuel de Araújo Porto Alegre (brasileiro).	Pintor de história; veio a Paris com o Professor Debret a fim de continuar seus estudos na academia, sendo admitido entre os alunos do Barão *Gros*. Esteve em seguida na Itália, voltou à França e regressou ao Brasil estimado por todos os que o conheceram na Europa.
De Sousa Lobo, de Minas (brasileiro).	Professor de desenho e de pintura no Brasil, pensionista graças à generosidade do *Conde de Palma* e de *Monsenhor Miranda,* cujo gesto se escondeu modestamente aos olhos do público.

---

[1] *Há pouco tempo, um brasileiro, chegado do Rio de Janeiro, comunicou-me que, na mesma época mais ou menos, nosso velho poeta satírico, privado de amigos e de assistência, fora encontrado morto na sua enxerga, em um humilde rés-do-chão, onde apenas havia algumas galinhas catando insetos em torno dele e um cavalo magro que, por falta de forragem, começava a roer o colchão do dono moribundo! Triste fim da abusiva profissão de falar mal com arte e de caluniar agradavelmente! Quanto ao diretor português, infinitamente mais estimável como chefe de família, atacado um ano mais tarde por uma doença grave, mas cercado de cuidados dedicados, expirou nos braços que lhe eram caros, lamentando sem dúvida ter mal compreendido seus deveres e entravado durante tanto tempo o progresso das artes de um povo que lhe dera hospitalidade. (N. do A.)*

José Carvalho de Reis (brasileiro).	Pintor de flores e decorador, professor de desenho na Escola Imperial da Marinha na vaga de *José de Cristo*, falecido.
José da Silva Arruda (brasileiro).	Pintor de história natural (zoologia), substituto do professor de pintura de paisagem e secretário da Academia de Belas-Artes (falecido em 1832).
A. Falcoz (francês).	Pintor de história, ensinou provisoriamente desenho e pintura em Porto Alegre; de regresso à França, desde 1835 continua em Paris, com distinção, sua educação pictórica entre os alunos de *Coignet,* um dos nossos melhores pintores de história.

Se silencio os nomes dos outros que hoje figuram nas províncias do Brasil, é porque me restringi à época da fundação do estudo antecipado. A relação dos expositores indicará os seus nomes.

Catálogo da exposição de 1829

(Terceiro ano da instalação da academia)

Dez composições do Professor Debret

Simplício Rodrigues de Sá	Retrato de corpo inteiro e busto de S. M. I., vários outros retratos de personagens importantes.
José de Cristo	Vista da esplanada da Igreja de Nossa Senhora da Glória; figura histórica, marinha e paisagens.
Sousa Lobo	Estudos históricos e retratos.
Manuel de Araújo	Desenhos, retrato de corpo inteiro do bispo do Rio de Janeiro, muitos outros bustos. Estudos históricos.
José dos Reis	Cenários de teatro pintados a óleo. Cópias de marinhas, flores e frutas.
José da Silva	Cabeças copiadas a óleo, vaso de flores, estudos de zoologia, miniaturas copiadas a óleo, cabeças de estudos de modelo vivo.
Alphonse Falcoz	Quadros a óleo, conjuntos de cabeças antigas copiadas de gessos. Mesmo gênero, figuras de corpo inteiro. Estudos de anatomia copiados de modelos vivos; retratos e esboços. Desenhos.
João Clímaco	Desenhos. Estudos a óleo do antigo.

Augusto Goulart — Estudos anatômicos, pintados segundo modelos de gesso. Desenhos.

Ao todo quarenta e sete produções.

ESCULTURA

Marcos Ferrez, substituto — Busto do Príncipe Eugênio de Beauharnais; três retratos de mulheres; bustos em gesso.

CLASSE DE ARQUITETURA

Quinze desenhos do Professor *Grandjean de Montigny*.

Job Justino de Alcântara — Catorze desenhos de estudos de arquitetura, projetos, cortes e elevações, detalhes ornamentais, etc.

José Correia Lima — Dois desenhos, grandes detalhes copiados.

Frederico Guilherme Briggs — Quatro desenhos, projetos, fachadas e grandes detalhes.

Antônio Dâmaso Pereira — Onze desenhos, *idem*.

Marcelino José de Moura — Sete desenhos, *idem*.

Joaquim Lopes de Barros — Dez desenhos, *idem*.

João Zeferino Dias — Oito desenhos, *idem*.

Francisco José da Silva — Doze desenhos, *idem*.

Joaquim Francisco — Cinco desenhos, *idem*.

Jacinto — Três desenhos, *idem*.

Manuel de Araújo Porto Alegre — Seis desenhos, *idem*.

João Clímaco — Três desenhos, *idem*.

CLASSE DE PAISAGEM

(sem alunos)

Quatro quadros, vistas do país, do Professor *Félix Taunay*.

Exposição de 1830

(Quarto ano da instalação da academia)

CLASSE DE PINTURA

Quatro quadros do Professor Debret.
Retratos de corpo inteiro e busto do substituto *Simplício Rodrigues de Sá*.

Manuel de Araújo Porto Alegre	Um quadro de história, instalação da Academia de Medicina no Rio de Janeiro, doze quadros, retratos e estudos de modelo vivo.
Francisco de Sousa Lobo	Três novos quadros e alguns estudos.
José dos Reis	Paisagens, ruínas, alegorias.
José da Silva Arruda	Cinco quadros, retratos e estudos de modelo vivo. Retratos em miniatura e alguns estudos de zoologia.
Alphonse Falcoz	Oito produções; um quadro de história de estilo grego. Cópia de um esboço de Rubens, vários retratos, academia pintada de modelo vivo.
Domingos José Gonçalves de Magalhães (amador)	Desenhos, copiados de modelos de gesso; pintura, alegoria funerária sobre a morte do R. P. M. S. Carlos, poeta célebre. Diversas cópias e estudos pintados por Araújo Porto Alegre.
Antônio Pinheiro de Aguiar	Cópias pintadas de modelos antigos de gesso e retratos de Araújo Porto Alegre.
Marcos José Pereira	Desenhos de modelos de gesso, estudos pintados *idem*, cópias de cabeças de estudo.
José Correia de Lima	Estudos pintados de anatomia, composições de grupos de estudos, figuras antigas; um retrato copiado de Araújo Porto Alegre.
José Clímaco	Cópias de diferentes estudos, desenhos, esboço de um quadro e alguns outros anteriormente expostos.

CLASSE DE PAISAGEM

Alguns estudos pintados do Professor *Félix Émile Taunay*.

Frederico Guilherme Briggs	Cinco estudos de quadros do professor.
José Justino de Alcântara	Cinco estudos, *idem*.
Joaquim Lopes de Barros	Dois estudos, *idem*.

CLASSE DE ESCULTURA

(Aberta no mês de outubro desse ano)

João Joaquim Alão, professor

José Jorge Duarte	Cabeça de criança, copiada das coleções de gesso da escola, mão de homem. *Idem* terracota.
Xisto Antônio Pires	Mão de mulher, pé copiado de Bernini, pé de mulher (terracota).
Cândido Mateus Farias	Braço de criança, mão de homem, pé de mulher (terracota).
Manuel Ferreira Lagos	Mão de mulher, braço de criança (terracota).
Manuel de Araújo Porto Alegre	Pé esquerdo de Laocoonte, maior do que o original (terracota).

Adjuntos ou professores desta classe

Irmãos Ferrez, escultores, ocupados nos baixos-relevos e nos ornatos que decoram o Palácio das Belas-Artes, acabado pelo arquiteto Grandjean após a instalação da academia.

CLASSE DE ARQUITETURA

Catorze novos desenhos do Professor *Grandjean de Montigny.*

Job Justino de Alcântara	Quinze desenhos, estudos copiados do professor.
Antônio Dâmaso Pereira	Uma elevação geométrica de um hospital, composição; treze desenhos, estudos copiados.
Miguel Francisco de Sousa	Projeto, corte e elevação de uma capela sepulcral, composição; treze desenhos, estudos copiados.
Frederico Guilherme Briggs	Sete desenhos, estudos copiados.
Joaquim Lopes Barros	Vinte desenhos, *idem*.
Carlos Luís Nascimento	Seis desenhos, *idem*.
José Correia de Lima	Seis desenhos, *idem*.
Joaquim Francisco Pereira	Dez desenhos, *idem*.

O grande número de produções aqui anotadas é um índice elogioso da atividade dos expositores.

Decreto real consignando uma pensão vitalícia aos artistas

Atendendo ao bem comum que convém aos meus fiéis vassalos de se estabelecer no Brasil uma escola real de ciências, artes e ofícios, em que se promova, difunda a instrução e conhecimentos indispensáveis aos homens destinados não só aos empregos públicos de administração do Estado, mas também ao progresso da agricultura, mineralogia, indústria e comércio de que resulta a subsistência, comodidade e civilização dos povos, maiormente neste continente, cuja extensão não tendo ainda o devido e correspondente número de braços indispensáveis ao amanho e aproveitamento do terreno, precisa de grandes socorros da estética para aproveitar os produtos cujo valor e preciosidade podem vir a formar do Brasil o mais rico e opulento dos reinos conhecidos. Fazendo-se portanto necessário aos habitantes o estudo das belas-artes com aplicação e referência aos ofícios mecânicos, cuja prática, perfeição e utilidade dependem dos conhecimentos teóricos daquelas artes e difusivas luzes das ciências naturais, físicas e exatas. E querendo para tão úteis fins aproveitar desde já a capacidade, habilidade e ciência de alguns dos estrangeiros beneméritos que têm buscado a minha real e graciosa proteção para serem empregados no ensino e instrução pública daquelas artes: hei por bem, e mesmo quanto às aulas daqueles conhecimentos, artes e ofícios que eu houver de mandar estabelecer, se paguem anualmente por quartéis a cada uma das pessoas declaradas na relação inserta neste meu real decreto e assinada pelo meu ministro e secretário de Estado, dos Negócios Estrangeiros e da Guerra, a soma de oito contos e trinta e dois mil-réis, em que importam as pensões de que, por um efeito da minha real munificiência e paternal zelo pelo bem público deste reino, lhes faço mercê para a sua subsistência, pagar pelo real erário, cumprindo desde logo cada um dos ditos pensionários com as obrigações, encargos e estipulações que devem fazer base do contrato que ao menos pelo tempo de seis anos hão de assinar, obrigando-se a cumprir quanto for tendente ao fim da proposta instrução nacional das belas-artes aplicadas à indústria, melhoramento e progresso das outras artes e ofícios mecânicos.

O Marquês de Aguiar, do Conselho de Estado, ministro assistente ao despacho do gabinete e presidente do meu real erário; o tenha assim entendido, e o faça executar com os despachos necessários, sem embargo de quaisquer leis, ordens ou disposições em contrário.

Palácio do Rio de Janeiro, em 12 de agosto de 1816, com a rubrica de el-rei, nosso senhor.

R.

O Marquês de Aguiar.

Relação das pessoas a quem por decreto desta data manda Sua Majestade
dar as pensões anuais abaixo declaradas

Ao cavaleiro Joaquim Lebreton	1,600,000 réis
Pedro Dillon	800,000
João Batista Debret, pint. hist.	800,000
Nic. Ant. Taunay, pintor	800,000
Aug. Taunay, escultor	800,000
A. H. V. Grandjean, arquiteto	800,000
Simão Pradier, gravador	800,000
Francisco Ovide, prof. de mecânica	800,000
C. H. Levavasseur	320,000
L. Simp. Meunié	320,000
F. Bonrepos	192,000
Somam as onze parcelas oito contos e trinta e dois mil-réis	8,032,000

Rio de Janeiro, em 12 de agosto de 1816,

O Marquês de Aguiar.

Decreto de organização da academia

Tendo determinado que se estabelecessem algumas aulas de belas-artes, e pensionado a alguns professores beneméritos para se promover a instrução pública, enquanto não se podia organizar uma escola real de ciências, artes e ofícios, de que as mesmas aulas houvessem de fazer uma parte integrante; e sendo conveniente para esse fim que algumas das classes dos referidos estudos entrem já em efetivo exercício: hei por bem determinar que com o nome de Academia das Artes principiem as aulas de pintura, desenho, escultura e gravura, para as quais nomeio os professores que vão declarados na relação que baixa com este decreto e que vai assinada por Tomás Antônio de Vila Nova Portugal, do meu conselho, ministro e secretário de Estado dos Negócios do Reino; assim como são nomeados os mais oficiais que são necessários para o dito estabelecimento. Outrossim, ordeno que estabeleçam também as aulas de arquitetura e de mecânica, e que as duas aulas que já se acham estabelecidas, de botânica e química, continuem, na forma que tenho ordenado: destinando-se-lhe por ora o local que for mais conveniente para o cômodo do público, e para o meu serviço; constituindo porém todas elas uma parte integrante da sobredita escola real, gozando dos mesmos privilégios, e observando os estatutos abaixo assinados pelo mesmo ministro do Estado, que assim o tenha entendido e faça executar; expedindo as ordens necessárias para esse fim.

Palácio do Rio de Janeiro, em 23 de novembro de 1820.

Com a rubrica de el-rei, nosso senhor.

Cumpra-se e registe-se. Rio de Janeiro, 25 de novembro de 1820.

O Ministro *Tomás Antônio de Vila Nova Portugal.*

Relação das pessoas empregadas na academia e escola real estabelecida na corte do Rio de Janeiro por decreto de 23 de novembro de 1820

Lente de desenho, Henrique José da Silva, vence de ordenado anual	800,000
E como encarregado da diretoria das aulas	200,000
Secretário da Academia e Escola Real, Luís Rafael Soye	480,000
Lente de pintura histórica, J. B. Debret	800,000
idem de pintura de paisagem, N. A. Taunay	800,000
idem de escultura, Augusto Taunay	800,000
idem de arquitetura, A. H. V. Grandjean	800,000
idem de mecânica, F. Ovide	800,000

Pensionados

Pensionado pintor Simplício Rodrigues de Sá	300,000
idem pintor José de Cristo Moreira	300,000
idem pintor Pedro do Amaral	300,000
idem escultor Marcos Ferrez	300,000
idem gravador de medalhas Zépherin Ferrez	300,000

Tomás Antônio de Vila Nova Portugal

Produção dos artistas franceses no Rio de Janeiro, desde 1816 até 1831 inclusive

Pintura

Debret

Dois quadros para o rei, representando um deles uma revista de tropas portuguesas na *Praia Grande*, em presença da corte; e o outro, o embarque dessas mesmas tropas para Montevidéu. — Retrato de corpo inteiro do Príncipe Real Dom Pedro. — Retrato do rei. — O desembarque da Arquiduquesa Leopoldina: uma repetição do mesmo assunto para a princesa, de outro ângulo. — Grande número de figuras, baixos-relevos, transparentes, para as festas da coroação do Rei Dom João VI. — Aclamação do rei, quadro de pequena dimensão. — Teto e frisos de uma galeria num aposento da coroa, sendo o resto da decoração interrompido pela partida do rei. — Retratos (busto) do imperador e da imperatriz, para serem gravados. — Composição e execução de cinco arcos de triunfo (no Império). — Cenários do Teatro Imperial. — Pano de boca, quadro histórico. — Cerimônia da coroação do imperador, quadro de grande dimensão. — Cerimônia da aclamação do imperador no Campo de Sant'Ana, menor. — Cerimônia do segundo casamento do imperador com a Princesa Amélia de Leuchtenberg, pequena dimensão. — Alegoria sobre o mesmo assunto, pequena dimensão. — Duas alegorias relativas ao autor da *Flora Brasileira*, o R. P. Veloso, pequena dimensão. — Outra alegoria para a Sociedade de Medicina. — Quadros religiosos, de dimensão média. — Esboço para a decoração do teto da sala da Assembléia do Palácio das Belas-Artes, etc. — Estudos deixados por diferentes alunos.

Taunay, pintor, membro do instituto

Várias vistas (paisagens) do Palácio de São Cristóvão e da cascata da Tijuca. — Um quadro, gênero histórico (pequena dimensão) da aclamação do rei de Portugal, Dom João VI. — Alguns retratos, etc.

Gravura a buril (Talho-doce)

Simon Pradier

Dois retratos (bustos) do príncipe e da princesa real. — Retrato de corpo inteiro do Rei Dom João VI. — Desembarque da Princesa Leopoldina. — Retrato de Marcos Portugal, compositor da corte (todas essas obras foram gravadas segundo Debret). — Retrato (busto) do Príncipe da *Barca;* — do Marquês de Marialva; — e do Conde de *Palma* (copiadas de miniaturas). Esse útil e habilíssimo artista foi suprimido da lista dos professores pensionados (em 1820), após a morte de Lebreton, por injustiça do novo diretor português.

Gravura de medalhas

Zépherin Ferrez

O escultor *Zépherin Ferrez*, gravador de medalhas, modelou, fundiu em bronze e cinzelou uma estátua de corpo inteiro do Imperador Dom Pedro I, de dois pés e meio de altura. Foi ela enviada para Roma, como modelo, para uma cópia livre, feita (em mármore) por um aluno de Canova, destinada a decorar a Biblioteca Imperial; o modelo ficou em Roma com o encarregado dos negócios do Brasil. — O mesmo artista gravou, fez os ferros e cunhou as medalhas abaixo mencionadas, as primeiras a sê-lo no Brasil:

1 — Para a aclamação do Rei Dom João VI (com sua efígie). 2 — Prêmio de encorajamento nacional. 3 — Coroação do imperador (com efígie). 4 — Fundação da escola de ensino mútuo (prêmio). 5 — Reorganização da Escola Imperial de Me-

dicina e Cirurgia (com efígie). 6 — Fundação da Sociedade de Medicina (figura alegórica). 7 — Inauguração da Academia das Belas-Artes (com efígie). — Ocupava--se ele, por ocasião de minha partida, de diferentes técnicas de fundição. Continuando escultor, executou o baixo-relevo (terracota) do frontispício do Palácio da Academia de Belas-Artes e muitos outros trabalhos.

Escultura

A. Taunay

Augusto Taunay, estatuário, executou o retrato do rei (busto em terracota); a cabeça de Camões, poeta português; vários grupos de figuras colossais para as festas, etc.

Escultura, retratos e ornatos

Marcos Ferrez

O escultor *Marcos Ferrez,* irmão do precedente, executou o retrato do rei (busto de gesso); — o da princesa real, viúva do infante de Espanha; — o do imperador; — o Barão de São Lourenço; — o do imperador da Rússia (cópia); — o do Príncipe Eugênio de Beauharnais (cópia), e os de várias personagens importantes, obras em gesso, de um acabamento precioso. — Figuras (baixos-relevos, terracota) para decorar a fachada da academia. — Figuras executadas em madeira para o interior do mesmo palácio; — uma pequena figura do imperador, de corpo inteiro (modelo em gesso). — Os dois irmãos uniram seus talentos para executar uma figura colossal da *América* (terracota), colocada no vestíbulo da academia; — e um berço, suspenso a uma guirlanda de flores sustentada por duas esfinges, escultura em madeira dourada, presente que ofereceram ao rei, por ocasião do nascimento da Princesa Dona Maria da Glória, primeira filha do Príncipe Real Dom Pedro. Essa obra-prima de delicadeza de execução e de zelo valeu-lhes a pensão de que gozam.

Arquitetura

Grandjean de Montigny

Nosso hábil arquiteto *Grandjean de Montigny* não se distinguiu menos nas composições ricas e variadas dos templos, dos arcos de triunfo, etc., com que se engrandeceram as festas da coroação do rei e, mais tarde, do imperador, bem como do segundo casamento deste. Deve-se-lhe a construção do edifício da Bolsa de Comércio; são ainda de sua autoria muitas residências da cidade e dos arrabaldes, pertencentes a ricos negociantes do Rio de Janeiro; belos projetos (desenhos) para o embelezamento da Praça da Aclamação, com uma figura eqüestre no centro; diversos outros projetos para a cidade e o Largo do Palácio; a construção do Palácio das Belas-Artes, etc.

Mecânica

F. R. Ovide

Os obstáculos oriundos da má direção do curso de desenho privaram a classe de mecânica da atividade que deveria ter; e, sem alunos, o Professor *Francisco Ovide* pôde ficar no campo, em casa de ricos fazendeiros, dirigindo a construção ou as reformas das serrarias e outras máquinas usadas no país. Terminou, para a corte, o moinho tocado a água do parque do Palácio Imperial de São Cristóvão, que permanecera inacabado; fez também construir uma máquina hidráulica capaz de fazer funcionarem cascatas em altura elevada numa rica residência nos arrabaldes da cidade; morreu no Rio de Janeiro em fins de 1840.

Por ocasião de minha partida do Rio de Janeiro, o progresso, dia a dia mais sensível, dava a meus colegas uma possibilidade de aumentarem a série de suas obras artísticas, o que se confirma em parte pelos importantes trabalhos iniciados agora. Tudo leva a crer que os jovens viajantes brasileiros, já recomendáveis nas ciências e nas artes pelos seus êxitos na Europa, sustentarão brilhantemente, ao regressarem, esse primeiro impulso de sua jovem pátria, que para eles apela agora como professores.

Prancha 1

Vista do Largo do Palácio do Rio de Janeiro

O Príncipe Regente Dom João VI, timidamente refugiado no Rio de Janeiro, habitava a contragosto o palacete do vice-rei, situado quase no centro da cidade e que fora antes a *Casa da Moeda*; por isso, logo se apressaram em satisfazer seus desejos, oferecendo-lhe a chácara de *São Cristóvão,* a três quartos de légua da capital, para que fizesse dela sua residência habitual. E o palácio do vice-rei, outrora tão freqüentado, tornou-se apenas um edifício de luxo, utilizado pela corte, durante algumas horas, nos domingos e dias de beija-mão.

Entretanto, a Princesa *Carlota,* esposa do regente, especialmente encarregada da educação de suas filhas, não deixou a cidade e ocupou permanentemente os aposentos que lhe eram reservados no centro da fachada lateral do palácio, do lado da grande praça. Seguindo-lhe o exemplo, o jovem Príncipe Dom Pedro ocupou, com o seu preceptor, o pequeno edifício que termina essa mesma fachada do lado da Capela Real.

A Sala do Trono, instalada no canto da fachada principal, do lado do mar, é iluminada pelas duas últimas janelas, à direita do espectador, e pelas quatro outras, que dão para a grande praça. Os aposentos de honra ocupam o resto da mesma fachada principal.

Durante o reinado de Dom João VI, a última janela à esquerda abria-se para a capela particular do rei. Posteriormente, esse cômodo foi anexado aos aposentos da imperatriz, paralelos à Sala do Trono. Os aposentos do imperador ocupam todas as janelas do centro. É no balcão do meio que aparece o imperador. Foi daí também que Dom Pedro anunciou ao povo a Independência do Brasil, reconhecida por Portugal, e a ratificação da suspensão do tráfico dos negros. Mais foi, ao contrário, da segunda janela que dá para a praça, na qualidade de vice-rei, que anunciou a aceitação da Constituição portuguesa, enquanto o Rei Dom João VI, sozinho na primeira janela do mesmo lado, sancionava em voz alta o que o filho dizia, com as seguintes palavras: "Sou por tudo o que acaba de dizer o meu filho"; foi essa a última vez que o rei apareceu às janelas do palácio do Rio de Janeiro.

Mais tarde, ainda desse mesmo balcão, o príncipe real, nomeado regente com a partida da corte para Lisboa, notificou o povo de que aceitava o título de *Defensor Perpétuo do Brasil,* comprometendo-se a residir no país.

Finalmente, o povo e os estrangeiros podem ter a certeza de ver a família imperial ocupar sucessivamente todas as janelas nos dias de festa, quando as procissões fazem a volta do largo antes de entrar na Capela Imperial.

No tempo do vice-rei, uma passagem coberta, à altura do primeiro andar do palácio, comunicava uma das janelas do lado esquerdo do edifício com a sala de espetáculos, construída no edifício colocado no ângulo oposto da rua que o isola desse lado. Esse pequenino teatro, mesquinho de todos os pontos de vista, era o único que a cidade do Rio de Janeiro possuía. Foi suprimido em 1809 e substituído por uma enorme sala, que ainda existe hoje no Largo do Rocio, com o título de *Teatro Real de São João*.

Toda a parte do fundo da praça, constituída pelo antigo Convento do *Carmo* e sua capela claustral, foi utilizada como anexo ao palácio do rei por ocasião da chegada de Dom João VI ao Rio de Janeiro. O ângulo de que foi desenhada a vista esconde ao espectador a passagem sustentada por duas arcadas, praticada à altura do primeiro andar do palácio e destinada a atravessar a distância que separa o palácio do grande edifício onde um corredor conduz às tribunas, dispostas na Capela Real para os príncipes e seu séquito. O segundo andar, reservado ao serviço do palácio, é dividido em pequenos aposentos para as pessoas da corte. No andar térreo e nos pátios, colocaram-se as despensas, as cozinhas e os aposentos da criadagem empregada no serviço de boca, bem como no transporte das provisões.

O frontispício da Capela do Carmo, ainda inacabado em 1808, foi simulado com tábuas para coroar provisoriamente o pórtico da nova Capela Real, sendo substituído mais tarde, em 1823, por um frontispício muito rico, solidamente construído e com as armas imperiais fundidas em bronze. Deve-se a essa restauração da Capela Imperial a construção de uma nova escadaria muito mais apresentável, com uma grade de ferro em lugar da antiga balaustrada de madeira, de bastante mau gosto (ver a prancha da entrega da nova bandeira).

Em fins de 1818, acrescentou-se ao carrilhão da Capela Real um belo sino grande, cujo som grave se ouve muito bem do Palácio de São Cristóvão. Esse belo sino, fundido no Rio de Janeiro, foi solenemente batizado na Capela Real com toda a pompa exigida pela presença do rei, seu ilustre padrinho. Derrubaram-se as duas pequenas arcadas do andar superior da torre da Capela, para se construir uma única, proporcional ao novo sino.

Toda a parte esquerda da praça, formada por uma série de casas uniformes, solidamente construídas, era, por ocasião de minha chegada, habitada em grande parte por negociantes portugueses fornecedores da corte e empregados particulares do rei; mas, já em 1818, com a afluência dos estrangeiros, vários proprietários transformaram os portões em lojas, alugando-as a uns franceses donos de cafés, que logo utilizaram o primeiro andar para bilhares e mais tarde o resto do edifício para casas de cômodos. Elegantes tabuletas bem pintadas e vitrinas com colunas de mármore, vindas de Paris, enfeitam hoje esses estabelecimentos, procurados pelos estrangeiros que desejam passar um momento na cidade ou se hospedar de modo a comunicar-se facilmente com seus navios. Vê-se, no mesmo lado, uma galeria (passagem muito freqüentada) que conduz a pequenas ruas muito antigas, onde se encontra o tipo primitivo do albergue português, cujo balcão se orna de uma enorme lanterna de zinco enfeitada com folhagens do mesmo metal e artisticamente pintada de cor-de-rosa ou verde. A lanterna encima um braço de ferro ao qual se suspende uma tabuleta onde se destaca, em fundo branco, a efígie colorida de um animal cujo nome se inscreve ainda embaixo, nos seguintes termos: "Isto é um gato, um leão, uma cobra", inscrição ingênua, que bem demonstra a ingenuidade do quadro.

Essas hospedarias, destinadas aos habitantes do interior e situadas perto dos lugares de desembarque, comportam armazéns para depósito provisório das mercadorias e se assemelham bastante às da Itália. Vê-se na cidade o mesmo gênero de tabuleta, sem a lanterna, à porta das *casas de pasto.*

Todo o andar térreo das casas do lado do mar é ocupado por armazéns de secos e molhados, ao passo que a outra extremidade dessa face, que forma o começo da Rua Direita (verdadeira Rua Saint-Honoré, de Paris), é ocupada pelas lojas dos ricos negociantes do Rio de Janeiro.

O chafariz luxuoso que decora o cais do Largo do Palácio destina-se não somente ao abastecimento de água do bairro, mas ainda ao dos navios ancorados na baía; escadarias paralelas, abertas de ambos os lados do maciço avançado que lhes serve de base, constituem dois pontos de desembarque, pouco freqüentados porém; à esquerda vemos o mais belo trecho desse cais, sobre o qual, de longe, parece assentar a fachada do palácio e cuja escadaria aqui visível é a da direita; a escadaria da esquerda, que não se vê na prancha, não passa a bem dizer de um declive suave, ponto de desembarque efetivo, conhecido pelo nome de *Rampa do Largo do Palácio,* onde as pirogas não têm o direito de acostar.

Foi nessa rampa que, a 16 de setembro de 1815, se imprimiram os primeiros passos da corte de Portugal; ponto de desembarque em que, mais tarde, a 22 de abril de 1820, iriam também se imprimir os últimos passos da Rainha Carlota e suas três filhas; mas esses vestígios logo seriam apagados pela multidão de portugueses apressados em voltar para Lisboa.

N.º 2 da primeira prancha

Reproduzo aqui em grande escala a vista geral do Rio de Janeiro, perceptível no panorama do interior da baía, já apresentado em prancha da segunda parte. Pintada da *ilha dos Ratos,* muito próxima da *ilha das Cobras,* foi-me fácil, desta vez, precisar a posição e a forma exata de todos os detalhes, tal como se apresentavam em 1831.

Essa parte primitiva e principal da cidade, do lado do mar, situada numa enseada, mostra dois arsenais nas duas extremidades igualmente salientes, e o Largo do Palácio no centro. O último plano, que fecha o horizonte, é constituído à esquerda pela serra chamada do *Corcovado,* cujo prolongamento para a direita vai alcançar o grupo de montanhas da *Tijuca,* coroado pelo pico do *Bico de Papagaio.* Nesse fundo, mais próximos porém do espectador, desenham-se os dois morros que servem por assim dizer de limite à parte mais habitada da cidade. O morro da esquerda é o dos *Sinais* ou do *Castelo,* em que existe realmente uma fortaleza com mastros para os sinais. O corpo principal do edifício do forte era, no reinado de Dom João VI, a residência do governador militar da cidade; hoje, entretanto, parte desse edifício serve de cadeia para os negros fugidos, que aí recebem também o seu castigo.

Observando-se o morro paralelo, no mesmo plano do lado direito, vê-se a casa do bispo com sua capela. Finalmente, ainda nesse plano, no fim do lado direito, vê-se a Fortaleza da *Conceição,* cujo edifício principal abriga atualmente uma manufatura de armas bastante reputada. Sempre do mesmo lado, a encosta do morro da Conceição conduz ao pé do morro *São Bento,* sobre o qual se encontram o convento e a igreja do mesmo nome. Esse edifício de arquitetura romana, ricamente decorado na parte interna, situa-se no fim da *Rua Direita,* fechando-o majestosamente e dominando ao mesmo tempo o Arsenal da Marinha, último ponto avançado à direita da enseada, que cerca a cidade desse lado; ao contrário, o Arsenal do Exército ocupa e defende com seus baluartes a extremidade oposta da cidade, mais próxima da entrada da baía. O corpo principal do edifício que domina essas fortificações é uma espécie de museu onde funciona uma pequena escola de artes e ofícios, para formação dos jovens infelizes, protegidos pelo governo. Esses alunos recebem uma remuneração módica e seguem em parte o curso de belas-artes alternadamente com outro de ofícios, fundição, etc., de modo a saírem do estabelecimento com habilitações para ganhar a vida na cidade ou no Arsenal. O primeiro campanário à direita é o da Santa Casa da Misericórdia; seguindo a praia, vê-se a longa série dos quartéis de infantaria que formam o Largo do Quartel. Foi este um dos pontos de desembarque de Duguay-Trouin, e aí começa a praia chamada *praia de Dom Manuel,* ponto de desembarque também e belo mercado que se prolonga até o *porto das madeiras de construção,* contíguo ao cais do Largo do Palácio. Imediatamente após o cais, percebem-se dois conglomerados de barracas formando o *mercado de peixe* e dando nome à praia que se prolonga até os trapiches da Alfândega, onde descarregam os navios mercantes; a esses quatro trapiches se liga o edifício principal da Alfândega, outrora da Bolsa, e perto do qual principia a praia dos *Mineiros,* rico mercado de cereais, cerâmica, bananas e lenha. Acima dessa praia comercial ergue-se a bela igreja moderna da Candelária.

Finalmente, o primeiro plano representa a parte baixa da *ilha das Cobras,* cujas praias do lado da cidade são ocupadas por armazéns, e o cume, por uma fortaleza que serve de prisão de Estado, cobrindo os seus baluartes todo o platô. O primeiro plano esconde a ponta direita do Arsenal da Marinha, onde desembarcou a Arquiduquesa Leopoldina, primeira imperatriz do Brasil.

Prancha 2

Vista da cidade, desenhada do Convento de São Bento

Para dar uma idéia exata e geral do Rio de Janeiro, precisei acrescentar à vista apanhada de frente, do lado do mar, uma segunda vista de perfil, que mostra a extensão da cidade do lado da terra. Vê-se aqui, no plano mais afastado, a extremidade da enseada formada pelo Arsenal do Exército que se liga ao promontório do Hospital Militar e ao morro do Castelo, onde se acham os mastros de sinais e o telégrafo. No último plano, ao centro dessa primeira massa, percebe-se o pico do Pão de Açúcar, limite da barra. Voltando à beira-mar e seguindo a praia interior da enseada, distinguem-se, sucessivamente mais próximos, os pontos de desembarque da *praia Dom Manuel,* um trecho do *Cais do Palácio* e os trapiches mais avançados da *Alfândega;* mas os primeiros trapiches permitem ver por cima do telhado o ponto piramidal do chafariz, paralelo ao largo e ao edifício do palácio. Por cima da segunda massa de trapiche, vê-se boa parte do edifício da Bolsa, onde hoje se acha instalada a Alfândega[1]. O espaço que a separa do lado da terra é a *praia dos Mineiros.* Os armazéns desse mercado ocupam o andar térreo dos edifícios que, pela sua outra face, formam uma parte do lado oriental da *Rua Direita,* a qual vai do Largo do Palácio até a rampa do *Convento de São Bento,* na extremidade do Arsenal da Marinha, cuja entrada e parte do interior do primeiro pátio se vêem aqui. A pequena construção de quatro janelas, em continuação ao trapiche das embarcações da corte, serve de residência aos índios remadores das canoas imperiais.

O primeiro plano comporta o telhado das diversas oficinas; seguindo-se a linha do quadro, vê-se a capela do estabelecimento e o telhado comprido das oficinas encostadas ao muro de fecho interrompido pela porta de entrada, de forma semicircular, e que dá para a Rua Direita. Foi por essa porta que passou o cortejo formado por ocasião da chegada da Arquiduquesa Leopoldina. Voltando a um plano mais afastado, vemos recortar o horizonte a *serra do Corcovado;* mais adiante ainda ligam-se a ela as montanhas da *Tijuca,* dominadas pelo *Bico de Papagaio.* Reportando-nos ao ponto central do desenho, temos, na massa do terreno cultivado que se pode descortinar no plano mais afastado, o morro da *praia do Flamengo,* no fim do bairro de *Botafogo.* Logo abaixo e um pouco mais perto do espectador, ergue-se a Igreja de *Nossa Senhora da Glória,* cuja esplanada coroa todo o platô da montanha do mesmo nome. Dessa

---
[1] *A nova Bolsa, construída com mais luxo, encontra-se na mesma praia, muito perto da Alfândega e mais próxima do espectador. (N. do A.)*

esplanada desenhei a segunda vista aqui registrada sob número 3. O grupo de casas que parecem constituir a base do morro é formado pelas residências do bairro da *Glória* e da *Lapa,* cortadas aqui pela bela Igreja da *Candelária,* cujo telhado parece alcançar o morro sobre o qual está construído o *Convento de Santo Antônio,* com as duas capelas de *Santo Antônio* e *São Luís.* Perpendicularmente, mais abaixo, vê-se o zimbório da igreja do *Hospício da Conceição,* e mais à direita o pórtico e as duas torres da bela Igreja de *São Francisco de Paula.* À direita do cipreste reconhece-se o telhado do teatro à dupla fila de águas-furtadas; imediatamente após vê-se a *Igreja de São Pedro,* reconhecível pelas formas arredondadas. Os edifícios que terminam o último plano da cidade, recortando-se sobre as montanhas, são casas à beira do *Campo de Sant'Ana;* o museu, a Prefeitura, etc. cortadas pelas torres de *São Joaquim.* Um plano muito mais aproximado mostra a ladeira por onde se vai à casa do bispo, notável pela capela que a domina. Essa construção ergue-se numa das saliências do morro da *Conceição,* no qual se acha a fortaleza do mesmo nome. Mais adiante ainda ergue-se um dos moinhos colocados no prolongamento do *morro de São Bento;* e, finalmente, a esplanada da igreja e do Convento dos *Beneditinos.* O parreiral e a árvore pertencem aos jardins cultivados do convento, fechados pelo muro da rampa que chega até o princípio da Rua Direita.

Prancha 3

Vista da cidade desenhada da Igreja de Nossa Senhora da Glória

A vista da cidade, do lado da esplanada da Igreja de *Nossa Senhora da Glória*, ao interesse dos pormenores ajunta o pitoresco do efeito do sol poente, que, ao desaparecer, colore de roxo-avermelhado, extremamente vaporoso, a serra do Mar, ponto extremo da baía. Parte dessas montanhas, cuja silhueta parece denteada, chama-se *serra dos Órgãos*. No fundo da baía, alguns rios navegáveis são utilizados no transporte de diversos produtos do interior, tais como madeira de construção, etc. Reportando-nos à extremidade do lado esquerdo do desenho, vemos o morro dito de *Santo Antônio*, bela propriedade cultivada junto ao convento dessa ordem, e as duas capelas de *Santo Antônio* e de *São Luís*, erguidas na esplanada embaixo da qual se situa o chafariz da *Carioca*. A água excelente dessa fonte é trazida por um aqueduto, cuja linha vem juntar-se aos arcos mais próximos do espectador e que recebe os condutos da montanha de *Santa Teresa*, nome tomado ao convento de freiras de que vemos aqui somente a ponta do campanário com um canto do claustro. As aberturas dessas arcadas se vêem ao mesmo tempo de passagem para o bairro de *Mata-Cavalos*, do lado do *Largo da Lapa*, onde se encontra a Igreja do Carmo, reconhecível por uma de suas duas torres, ainda inacabada. No convento contíguo a essa igreja residem hoje os carmelitas, que, outrora, antes da chegada do rei, ocupavam o grande edifício situado no fundo do Largo do Palácio[1]. É no largo da *Igreja da Lapa* que começa o *Cais da Glória*, correspondente, deste lado, ao bairro do mesmo nome. A enseada da *Glória* e da *Lapa*, inabordável pelos seus baixios, é muito piscosa, fornecendo a alimentação da classe indigente[2].

Reportando-nos ao pé da esplanada da *Capela de Santo Antônio*, vemos o mar perto da *Prainha*, pequena praia muito freqüentada, que serve de mercado e de ponto de desembarque junto a uma das extremidades do Arsenal da Marinha. Aí começa o *morro de São Bento*, coroado pelos seus dois moinhos, e cujo prolongado conduz à igreja do convento do mesmo nome, donde desenhei a vista da prancha número 2. O convento contíguo à mesma igreja é escondido aqui pelas torres da Candelária, que permitem ver, mais à direita, a extremidade da montanha e do *Forte da Conceição*. Muito mais para diante ergue-se o *morro do Castelo*, coroado pelos baluartes dessa

---
[1] *São os mesmos religiosos que servem a paróquia do Carmo e sua bela igreja ao lado da Capela Imperial, no começo da Rua Direita. (N. do A.)*
[2] *Peixe-galo e sardinha, ambos muito suculentos. (N. do A.)*

fortaleza reconhecível pelos mastros de sinais. Numa colina mais próxima do espectador, vê-se a *Basílica de São Sebastião,* padroeiro da cidade. Mais à direita, no alto do declive, está o Hospital Militar; embaixo, situa-se a Santa Casa de Misericórdia, a que se liga o Arsenal do Exército, formando desse lado a ponta da enseada. Voltando à beira-mar, encontra-se a *praia de Santa Luzia,* onde se acha situada a igreja consagrada à santa do mesmo nome, venerada como protetora dos olhos e cujos amuletos são pequenas placas de prata com a marca dos dois olhos. Inúmeros *ex-votos* depositados no altar-mor testemunham a fé dos cristãos que a imploram. Outra capela, à esquerda da mesma igreja, atrai número igual de devotos: a de *Nossa Senhora dos Navegantes,* padroeira dos marinheiros. Mais à esquerda, percebe-se a armação isolada do carrilhão da igreja. Imediatamente após, junto à extremidade mais próxima, um muro de fecho forma um recinto onde se conservam os bois destinados ao matadouro, o qual se acha instalado no grande edifício do segundo grupo de casas. O resto das construções mais à esquerda ergue-se na praça do *Convento da Ajuda,* do lado do mar, ao passo que o correr de casas encostadas ao pé da montanha forma o fim do lado direito da bela Rua da *Ajuda*. O grande convento que lhe empresta o nome acha-se situado aqui na extremidade esquerda dessa mesma embocadura. A igreja, bem no ângulo, prolonga-se bastante pela rua transversal. No coro claustral, cujas janelas dão para o mar, foram depositados provisoriamente os restos de Dona Maria I, rainha de Portugal, mãe de Dom João VI, relíquias substituídas mais tarde pelos despojos mortais da Imperatriz Leopoldina. O convento forma o resto da fachada do lado do mar. Um correr de lojas e armazéns no andar térreo, alugados em benefício das religiosas, aumenta a sua renda, constituída pela venda de doces e guloseimas de toda espécie, que as tornam célebres. Elas mantêm ainda um internato e um retiro para as senhoras casadas ou celibatárias que desejam afastar-se do mundo. Embora através de duplas grades, podem-se entrever as celas recém-pintadas das enclausuradas mais opulentas, cujas fitas, penduradas fora, servem de sinais para sua correspondência mundana com os transeuntes assíduos que estacionam nos jardins públicos diante das entradas que dão para o largo do convento. Mais adiante e à beira-mar, ergue-se a esplanada desse mesmo jardim público, cuja reforma recém-terminada durou vinte anos. Um dos paredões, fazendo ângulo deste lado, termina o muro que forma parte do Largo da Lapa, o qual, do lado oposto, é fechado por um grupo humilde de casas do bairro do mesmo nome.

Prancha 4

Coleta de esmolas para as irmandades

O tiro de canhão da manhã, que anuncia a abertura dos portos às cinco e meia, como já o dissemos antes, põe em circulação nas ruas da cidade todos os irmãos pedintes das confrarias, já certos de encontrar devotos a caminho da primeira missa, marinheiros, não menos religiosos, abastecendo-se, e vendedores instalados nos pontos de desembarque, dispostos a sacrificar alguns vinténs na esperança de um dia feliz. O resultado desse hábito de caridade interessada, que se observa em todas as negras velhas, constitui as primeiras esmolas recolhidas.

Um pouco mais tarde, abrindo-se sucessivamente as lojas e as portas das casas burguesas, mais fácil e lucrativa se torna a última coleta, que termina em geral lá pelas onze horas da manhã.

O subsídio é tanto mais necessário quanto se empregam no Brasil somas importantes no aparato do culto religioso, especialmente a cargo das irmandades, cuja dedicação pode ser comparada à dos primeiros capelães esmoleres da Igreja Católica em França. Mas o ritual da devoção, importado na América pelos jesuítas, uniu aos sacrifícios pecuniários a prática da humildade e impôs a obrigação da coleta, que ainda hoje se efetua pontualmente em cada paróquia do Rio de Janeiro, sobretudo no momento das grandes solenidades cristãs.

Apesar da severidade de regra constitutiva dessas corporações, onde somente a honra dos empregos deve indenizar a perda de tempo, os irmãos que os desempenham, por devoção tanto quanto por amor-próprio, foram obrigados a criar lugares de coletores, entregando-os a homens salariados, habituados a servir alternativamente as irmandades opulentas. Esses empregados, cuja remuneração é proporcional ao produto da coleta, tornam-se especuladores e variam com habilidade sua linguagem nas ruas, a fim de exercer certo domínio sobre os transeuntes, sabendo também provocar um bom acolhimento nas casas de gente rica e generosa.

As duas coletas comuns que os ocupam anualmente em algumas paróquias são a da quinta-feira, *para o repouso das almas do purgatório,* e a do sábado, *para o ofício do Santíssimo Sacramento.* A primeira é aplicada em missas da paróquia e a segunda, empregada na compra de círios largamente usados na cerimônia. É fácil reconhecer-se, mesmo de longe, pela cor da vestimenta do pedinte, o fim de sua missão, pois usa a opa verde para as almas do purgatório e a vermelha para o Santíssimo Sacramento. Cada paróquia tem sua irmandade do Santíssimo, que acompanha o padre encarregado de levar os santos óleos.

Mas no Brasil, país novo, a astúcia desenvolveu-se com a civilização, principalmente na classe baixa, e hoje vêem-se homens perversos valer-se sem remorsos de subterfúgios criminosos à sombra de inocentes preconceitos antigos. Em apoio dessa asserção, citarei o *emprego conscienciosos do pedinte salariado,* dando origem, em 1829, ao abuso sacrílego do *pedinte malandro,* vestido como o outro e arrecadando em seu benefício as esmolas destinadas ao santo patrão que finge servir.

O primeiro vigarista encontrou logo grande número de imitadores, cuja atividade prejudicou de tal maneira as coletas lícitas que essa especulação religiosa quase desapareceu por completo. A novidade, inquietante para as confrarias, também alertou a polícia, e num só dia prenderam-se no Rio de Janeiro mais de vinte falsos pedintes, todos desconhecidos das irmandades da cidade, pois vinham em sua maioria das aldeias vizinhas.

Quanto à verdadeira humildade, se nem sempre predomina no exercício dos deveres de uma confraria religiosa, encontra-se entretanto sempre fervorosa entre as pessoas da sociedade, no cumprimento da promessa bastante comum de oferecer à igreja uma missa paga com esmolas recolhidas nas ruas da cidade. Esse ato de humilhação cristã costuma ser dirigido a Deus em ação de graças por uma convalescença inesperada ou como invocação à clemência celeste, a fim de conseguir a cura de um doente em risco de perder a vida. Essa espécie de coleta é feita principalmente por uma mulher; se esta é de classe abastada, vemo-la, bem-vestida e acompanhada de um ou dois escravos, impor-se a mortificação de sair descalça com uma bandeja de prata recoberta por uma rica toalha, solicitando com gratidão o vintém de caridade do mais grosseiro comerciante. Quando se trata da classe indigente, é em geral uma moça ou uma criança acompanhada de parente que pede a esmola. Esta última classe não é menos caridosa no Brasil; compõe-se em sua maioria de negros livres e pobres, vivendo de seu trabalho, mas sempre dispostos a auxiliar seus parentes menos afortunados ainda.

Explicação da prancha das pedintes

A litografia mostra no grupo do primeiro plano uma pedinte descalça, cujo traje revela tratar-se de pessoa remediada; ela se humilha recebendo a esmola de um *açougueiro de carne de porco,* comerciante em geral pouco estimado. No segundo plano coloquei, ao contrário, uma negra velha com uma menina de cor, cuja indigência forçou a solicitar de uma vizinha caridosa uma toalha e a bandeja de estanho, necessárias à coleta. Estas duas pedintes de classes bem distintas cumprem a mesma promessa. Se a inocência da mais jovem agrada mais ao Criador, não se pode deixar de reconhecer no fervor da humildade da mais rica uma obra talvez mais meritória ainda.

Irmãos pedintes

Embora cada uma das irmandades subordinadas às inúmeras igrejas do Rio de Janeiro se dedique à manutenção do culto religioso e ao auxílio dos indigentes, algumas, entretanto, são mais particularmente notáveis pela assistência que prestam: assim a *Santa Casa da Misericórdia,* que pertence à confraria do mesmo nome, estabelecimento mais antigo da cidade. Essa associação religiosa, cuja imensa renda provém de donativos acumulados há séculos, é constituída ainda hoje de pessoas quase todas ricas, descendentes de seus fundadores. Salas franqueadas aos doentes, tratados em pé de igualdade, apesar da diferença de cor, por hábeis médicos; inumação gratuita de cadáveres recolhidos pela polícia; salas dedicadas ao estudo da cirurgia; celas especiais para os insanos; e mil outros socorros distribuídos por pura filantropia dão a essa respeitável associação privilégios que ela se vangloria de não ter abolido até hoje e que lembrarei mais tarde.

Citarei, entre outras obrigações, a missão temporária do pedinte da irmandade que, na manhã de um dia de execução, solicita dos transeuntes uma esmola para as missas pelo repouso da alma do condenado à morte. Esses irmãos misericordiosos, espalhados desde madrugada pelas ruas da cidade, principalmente no lugar de passagem do condenado, pedem com insistência uma *esmola para a alma do irmão padecente.* Terei oportunidade mais tarde de me referir a todos os deveres religiosos dos irmãos da Misericórdia, nessa lúgubre circunstância, felizmente muito rara no Rio de Janeiro.

O outro pedinte, colocado no último plano, é membro da irmandade de *São Benedito,* santo negro como os irmãos que lhe são devotados e moderno protetor da raça preta, pois foi canonizado há pouco[1].

Explicação da prancha 4

A cena se passa na *Rua da Ajuda,* no Rio de Janeiro, e representa algumas ocupações da manhã. O canto esquerdo da gravura mostra uma parte da única porta de entrada de um humilde rés-de-chão, *grande fábrica de rebuçados,* que são vendidos sob forma de *balas,* da grossura de um dedo. Essas balas são vendidas embrulhadas em uma folha de papel cortada de modo a se torcerem as pontas e formar-se um terço de quatro a oito papelotes, cujo número, subordinado ao tamanho, dá sempre o mesmo peso por um vintém.

Às seis horas da manhã, o beato que já volta da primeira missa de Santo Antônio ou do Parto, o transeunte desocupado, satisfeito com o ar fresco da barra que respirou durante uma hora na grande praça do *Convento da Ajuda,* e o pai de família que deseja regalar seus filhos, têm por hábito passar pela fábrica de balas.

---
[1] *Existem outras duas confrarias negras: a do* Rosário *e a do* Parto. *A irmandade dos mulatos é a de* Nossa Senhora da Conceição. *(N. do A.)*

Sem nenhum charlatanismo, uma simples negrinha, sempre sentada diante de um banquinho de madeira em que se amontoam as balas, serve de tabuleta para esse confeiteiro, cujo comércio de rebuçados é considerado e apreciado na melhor sociedade da capital. Mas é principalmente nos dias de festa que o estabelecimento se vê assaltado desde madrugada pelas negras revendedoras de balas que aí vêm se abastecer. Nesses dias extraordinários, de atividade ininterrupta, os empregados da casa, exaustos ao cair a noite e sem tempo sequer para embrulhar as balas, aumentam o grupo de negras sentadas à porta a fim de satisfazer a multidão de compradores, que, na sua impaciência, compram a crédito esses confeitos ainda quentes; e a atividade lucrativa prolonga-se até meia-noite.

O lampião colocado ao lado da fábrica de balas recebe nessa hora os cuidados diários de limpeza, confiados a empregados subalternos, cujo cheiro infecto revela aos transeuntes tratar-se de negros a serviço do empreiteiro da iluminação da cidade. Não é menos útil evitar-se, igualmente, no correr do dia, a proximidade dos armazéns da administração, que constituem, nas horas de abertura, um foco de emanação dos miasmas perniciosos do azeite de baleia. Esses armazéns, bastante acanhados, formados por tabiques térreos, localizam-se ao lado de um dos muros laterais da escola militar, edifício isolado, que forma um dos cantos da praça muito freqüentada de São Francisco de Paula.

O grupo do centro é constituído por uma negra velha entregando religiosamente seu vintém, a fim de ter o privilégio de beijar o vidro de um pequeno relicário com a imagem em cera de *Nossa Senhora da Conceição,* apresentada por um velho. Este octogenário, ainda válido, honesto mendigo recolhido à Santa Casa, usa devotamente uma vestimenta de cor azul-clara, na qualidade de membro da irmandade de *Nossa Senhora da Conceição.*

Finalmente, o espaço que resta a descrever está preenchido por um pedinte salariado, conhecido na cidade pelas suas facécias, e que neste momento dá provas de presença de espírito, estendendo o guarda-chuva entreaberto para receber uma esmola jogada por uma senhora, da janela do sobrado.

Prancha 5

Primeira saída de um velho convalescente

Submetido desde a infância às práticas religiosas, é o brasileiro naturalmente levado pela devoção, quando atacado de doença grave, a fazer uma promessa em benefício da igreja, a fim de merecer a convalescença; essa promessa devota é aprovada pelo confessor e o convalescente apressa-se em cumpri-la imediatamente após a sua cura. Mas, em virtude de um sentimento mundano que se ajunta ao dever religioso, esse ato de humildade e de gratidão para com o Criador adquire, no homem rico, um caráter de ostentação que eclipsa diariamente, aos olhos do povo, a mesma promessa do pobre, cuja oferenda modesta, mas igualmente meritória, apenas se nota ao ser levada ao pé do altar.

Essas promessas consistem em velas, cujo número e tamanho aumentam de acordo com as posses do doador, isto é, *desde uma até cem*. O mérito maior para o homem rico consiste em apresentar-se na igreja descalço, sob o peso de seu volumoso presente; quando demasiado enfraquecido, ou menos resignado, fá-lo carregar por um dos escravos que o acompanham. Os pobres, entretanto, pensam ser mais agradável a Deus receber seu módico presente das mãos de uma criança. Mas as dádivas da vaidade cristã não se limitam a simples presentes e, não raro, imóveis importantes são legados por proprietários ricos a certas confrarias. Esses imóveis reconhecem-se pela inscrição colocada em cima da porta de entrada e que designa a irmandade a que pertencem por herança. Podem-se citar as da *Misericórdia*, de *Santo Antônio*, de *São Francisco de Paula* e do *Santíssimo Sacramento* como possuindo ruas inteiras. Em resumo, os santos protetores da humanidade sofredora são mais bem pagos no Brasil do que os médicos, instrumentos imediatos da cura dos doentes.

Explicação da prancha

O grupo principal do desenho representa um velho convalescente descendo de sua carruagem e sustentado pela filha e pelo genro ao entrar na igreja descalço, a fim de depositar parte de seu pesado presente, cujo resto é carregado pelo escravo. A dádiva, como em geral tudo o que se oferece à igreja, é toda enfeitada de fitas.

Num plano mais afastado, mas na mesma escadaria, uma negra, entrando pela segunda porta, segura nos braços uma criança, encarregada de entregar a vela prometida. Um pouco mais longe, embaixo da escadaria, uma velha negra indigente, antes de entrar com sua vela, dá um vintém de esmola a outra mais pobre ainda. Essa verdadeira compreensão da caridade cristã observa-se diariamente na classe indigente.

Senhora na sua cadeirinha a caminho da missa

A *cadeirinha,* importada de Lisboa, é usada no Brasil como a liteira em França. Serve comumente para as senhoras irem à missa. A *cadeirinha* do Rio de Janeiro é reconhecível pela sua cobertura, sempre enfeitada de ornatos mais ou menos dourados, ao passo que a da Bahia, com a parte superior lisa, é em geral menor e mais levemente construída, o que se pode observar ainda hoje nas ruas do Rio de Janeiro. Se na capital o uso da cadeirinha só se verifica entre as velhas senhoras brasileiras que não possuem carruagens, o mesmo não ocorre na Bahia; nesta cidade, construída em anfiteatro e pouco favorável à circulação das carruagens atreladas, é necessário, ao contrário, o uso das cadeirinhas para percorrer facilmente as ruas, quase todas íngremes. Por isso, o habitante da cidade só sai de cadeirinha ou se faz acompanhar por ela caso deseje andar momentaneamente a pé. Aliás, encontram-se em determinadas praças cadeirinhas de aluguel, como os cabriolés em Paris.

A circulação das cadeirinhas de aluguel, preciosas pela vantagem que oferecem de poderem entrar em todos os andares térreos com as cortinas fechadas, dissimulando aos olhos dos passantes o sexo e o rosto do visitante interessado em conservar-se incógnito, explica-se na Bahia, em grande parte, pela intensidade da vida amorosa.

A cadeirinha do Rio de Janeiro, aqui representada, pertence a uma pessoa rica e de boa sociedade, que se faz conduzir por escravos de libré. Pode-se opor-lhe o luxo de algumas mulatas concubinas, que aproveitam os dias de festas para exibir na igreja todo o ridículo de sua faceirice de mau gosto, em geral desajeitada e exagerada, e que ostentam mesmo nas ruas cadeirinhas suntuosas com coberturas sobrecarregadas de ornatos, de execução muito delicada em verdade, e profusamente douradas; o mesmo rebuscamento dispendioso se verifica nas cores brilhantes das cortinas de veludo ou de seda, sempre agaloadas e enfeitadas com lindos laços de fitas.

A *mulher honesta,* ao contrário, conserva fechadas as cortinas, reservando-se a possibilidade de mostrar-se entreabrindo-as com as mãos. Uma de suas criadas de quarto marcha ao lado da cadeirinha para carregar a bolsa e o livro de missa e transmitir suas ordens aos outros escravos, que acompanham a poucos passos de distância.

A cadeirinha, como o balcão, é um palco de faceirice; nela também o primeiro gesto gracioso de uma senhora brasileira consiste em agitar o leque fechado. Quanto mais vivos e reiterados os movimentos, mais amável e condescendente é o acolhimento, sobretudo quando se acompanha de um sorriso afetuoso, hábito que se observa igualmente em Lisboa e Madri.

Algumas senhoras, para sua distração durante o trajeto, fecham as cortinas de um dos lados da cadeirinha, formando com habilidade, à altura dos olhos, uma pequena mas deselegante abertura, no intuito de não serem reconhecidas pelos transeuntes.

Finalmente, ao chegar a casa, é a cadeirinha despojada de suas cortinas e coberta com uma tela grosseira que a preserva da poeira, durante o tempo em que não é utilizada. Suspendem-na em seguida ao teto do corredor de entrada, bem junto ao muro, a fim de dar passagem aos barris dos negros carregadores de água.

As funções da cadeirinha não se limitam aos curtos passeios; tornaremos a encontrá-la figurando vantajosamente nas diferentes cerimônias religiosas.

Prancha 6

Vendedor de flores à porta de uma igreja, no domingo

O hábito brasileiro de enfeitar os cabelos com flores naturais pôs na moda o cravo, entre as pessoas ricas; independentemente de sua raridade, em comparação com a rosa das quatro estações, tem ele a vantagem de um nome de duplo sentido, pois *cravo,* em português, quer dizer também *prego.* É pois como símbolo e como galanteio requintado que se manda um cravo a uma senhora, significando-lhe com isso que ela soube prender um coração. O presente, colocado à cabeça da senhora, serve também como resposta de um penhor de fidelidade. Os homens que recebem semelhante presente usam-no à lapela; sendo este sempre caro, constitui uma cultura muito lucrativa.

Apresento aqui um criado de uma casa rica, parado à porta de uma igreja, no domingo, para vender essas flores em benefício do patrão, enquanto acrescenta por conta própria a venda a varejo de pedaços de coco, iguaria econômica da classe média. Observe-se ainda o cuidado com que o vendedor mantém a frescura dos cravos, fincando-os num talo de bananeira, que serve ao mesmo tempo de bandeja.

A senhora, saindo da missa, escolhe uma dessas flores, que será paga pela negra, sua criada de quarto, permanecendo as outras duas pacientemente imóveis.

A cena é real. A vestimenta das mulheres que sobem pela rampa de acesso à igreja é de baeta, traje muito generalizado.

A vestimenta da senhora apresenta um exemplo dos trajes usados nas cerimônias de igreja; o chapéu, elegante ou simples, é em geral proscrito; por isso, não é raro verem-se inglesas, mulheres de oficiais superiores da marinha, entrarem de chapéu na mão nos templos católicos.

Uma senhora de boa sociedade ajusta aos cabelos um lindo véu bordado, preto ou branco, que cobre ao mesmo tempo a parte superior do corpete mais ou menos decotado. A saia de filó preto bordado, usada por cima de um forro branco ou de qualquer outra cor clara, constitui o traje rico mais decente; um calçado elegante completa a indumentária da devota, rebuscada nos seus enfeites.

Ex-voto de marinheiros salvos de um naufrágio

É comum presenciar-se essa cena de devota gratidão dos marinheiros salvos de naufrágios. Passa-se a cena aqui à porta da Igreja de *Santa Luzia,* onde se encontra a Capela de Nossa Senhora dos Navegantes. Essa pequena igreja acha-se situada à beira-mar, diante da barra da baía do Rio de Janeiro. Vê-se, no fundo, a continuação da praia do mesmo nome, que conduz, desse lado, à *Santa Casa de Misericórdia,* ao pé do *morro de São Sebastião,* de cuja igreja se percebe aqui o telhado. Embaixo da palmeira encontrava-se outrora a forca, hoje transportada para a *Prainha,* ponto de desembarque situado numa das extremidades do Arsenal da Marinha. Vê-se à direita o Forte de *Villegaignon,* onde se acham enterrados os restos do irmão de *Sully*[1], cuja morte ocorreu antes da evacuação do Rio de Janeiro pelos franceses.

Vi esses marinheiros, desembarcados na *Prainha,* atravessarem a cidade inteira para ir, descalços, depositar na Igreja de *Santa Luzia* a vela que os salvara do naufrágio[2]. A vela, colocada ao pé do altar de Nossa Senhora dos Navegantes, é primeiramente benzida, e, após algumas preces e uma oblata pecuniária à soberana protetora, levam-na com a mesma solenidade. A tripulação desse pequeno navio de cabotagem compunha-se do capitão, de seu segundo e seu chefe de equipagem, todos brancos, e de dois marinheiros negros. As botas penduradas na frente diferenciam bem ostensivamente o calçado do capitão; as outras botinas pertencem às duas personagens brancas.

---

[1] *Ministro de Henrique IV. (N. do T.)*
[2] *A redação do texto original não permite saber-se se se trata da vela da embarcação salva do naufrágio ou por meio da qual se salvaram os marinheiros. (N. do T.)*

Prancha 7

Mulata a caminho do sítio para as festas de Natal

As festas do *Natal* e da *Páscoa,* sempre favorecidas no Brasil por um tempo magnífico, constituem épocas de divertimentos tanto mais generalizados quanto provocam mais de uma semana de interrupção no trabalho das administrações e nos negócios do comércio; o descanso é igualmente aproveitado pela classe média e pela classe alta, isto é, a dos diretores de repartições e dos ricos negociantes, todos proprietários rurais e interessados, portanto, em fazer essa excursão em visita às suas usinas de açúcar ou plantações de café, a sete ou oito léguas da capital.

Quanto aos artífices, reunidos na casa de seus parentes ou amigos, proprietários de sítios vizinhos da cidade, aproveitam essas festas para gozar em liberdade os prazeres que essas curtas e pouco dispendiosas excursões lhes permitem. Basta-lhes, com efeito, mandar levar sua esteira e sua roupa pelo seu escravo. À noite, à hora de dormir, as esteiras desenroladas no chão, cada qual com seu pequeno travesseiro, formam leitos de emergência, distribuídos pelas três ou quatro salas do rés-do-chão, que constituem uma residência desse tipo. No dia seguinte, ao romper do dia, ergue-se o acampamento, e os mais ativos se separam para ir passear ou banhar-se nos pequenos rios que descem das montanhas vizinhas. O exercício da manhã abre o apetite; volta-se para almoçar, mas inventam-se divertimentos mais tranqüilos para o momento do sol forte, até uma hora da tarde, quando se janta. Das quatro às sete dorme-se e, depois da ave-maria, dança-se durante toda a noite ao som do violão. Deliciosos momentos de fresca, empregados pelos velhos na narrativa de suas aventuras do passado e pelos moços em dar origem a alguns episódios felizes, cuja recordação encantará um dia a sua velhice.

Este ligeiro esboço dá entretanto apenas uma pobre idéia das brilhantes recepções realizadas na mesma época nas imensas propriedades dos ricos, que, por vaidade, reúnem numerosa sociedade, tendo o cuidado de convidar poetas sempre dispostos a improvisar lindas quadrinhas e músicos encarregados de deleitar as senhoras com suas *modinhazinhas.* Os donos da casa também escolhem, por sua vez, alguns amigos distintos, conselheiros acatados do proprietário na exploração da fazenda, que visitam demoradamente com ele, ao passo que, ao contrário, os jovens convidados, ágeis e turbulentos, entregam-se a essa louca alegria sempre tolerada no interior. Aí, todos os dias começam, para os homens, com uma caçada, uma pescaria ou um passeio a cavalo; as mulheres ocupam-se de sua toalete para o almoço das dez horas. À uma hora todos se reúnem e se põem à mesa; depois de saborear, durante quatro a cinco horas[1], com vinhos do Porto, Madeira ou Tenerife, as diferentes espécies de aves, caça, peixes e répteis da região, passam aos vinhos mais finos da Europa. Então o champanha estimula o poeta, anima o músico, e os prazeres da mesa confundem-se com os do espírito, através do perfume do café e dos licores. A reunião prossegue em torno das mesas de jogo; à meia-noite serve-se o chá, depois do qual cada um se retira para o seu aposento, onde não é raro deparar com móveis, perfeitamente conservados, de fins do século de Luís XIV.

No dia seguinte, para variar, vai-se visitar um amigo numa propriedade mais afastada; tais cortesias aumentam ainda os prazeres dessa semana, que sempre parece curta demais. Alguns amigos íntimos, que dispõem de seu tempo, ficam com a dona da casa, cuja estada se prolonga durante mais de seis semanas ainda, em geral, depois do que todos tornam a encontrar-se na cidade.

A mulata representada aqui é da classe dos artífices abastados. Sua filhinha abre a marcha conduzindo pela mão um negrinho, bode expiatório a seu serviço particular; vem em seguida a pesada mulata, em lindo traje de viagem, que se dirige a pé para o sítio situado num dos arrabaldes da cidade; a negra criada de quarto a acompanha carregando o pássaro predileto. A mulata contenta-se com uma criada de quarto preta a fim de não comprometer a própria cor[2]. Vem logo depois da primeira negra de serviço, com o *gongá,* cesto em que se coloca a roupa-branca. A terceira negra carrega o leito da *senhora,* elegante travesseiro enrolado numa esteira de *Angola* (bastante bem imitada na Bahia). A quarta, encarregada de trabalhos grosseiros, lavadeira quase sempre grávida, carrega os trastes das outras companheiras; e a negra nova acompanha humildemente o cortejo, carregando a provisão de café torrado e a coberta de algodão com que se envolve à noite para dormir.

Concurso de composições entre os escolares no dia de Santo Aleixo

No dia de Santo Aleixo, padroeiro dos alunos de escolas primárias no Brasil, realiza-se um concurso anual de composição, do qual resulta a eleição de um novo imperador, talentoso escritor e digno sucessor do destronado. Com isso se enchem as ruas, desde a manhã até o meio-dia, de um enxame de meninos espalhados pelas proximidades das escolas e que assaltam os passantes a fim de forçá-los a se pronunciarem acerca de suas composições. Os concorrentes, reunidos em grupos, cercam

---

[1] *Quatro a cinco horas de permanência à mesa para o jantar ou a ceia parece cousa pelo menos fantasista; assim também os "saborosos" répteis... Compreende-se, diante de alguns dos detalhes de certas descrições do autor, que o Instituto Histórico Brasileiro, de ânimo irritado, julgasse a sua obra caricatural e de "pouco interesse" para o Brasil... Tais detalhes pitorescos empanam o rigor de muitas páginas preciosas de informações realmente objetivas. (N. do T.)*

[2] *Era costume, entre as pessoas mais abastadas, o emprego das mulatas no cargo de criada de quarto ou camareira. Em se tratando, entretanto, de uma senhora mulata, naturalmente se impunha a escolha de uma negra para o cargo... et pour cause, como frisa ironicamente o autor. (N. do T.)*

os transeuntes com algazarra, e o juiz, impedido de continuar o seu caminho, logo dá a sua sentença escolhendo o vencedor, que se apressa em picar com o alfinete a folha premiada e, fugindo logo em seguida, abandona o lugar a outros camaradas mais encarniçados ainda. Esses pequenos triunfos, conseguidos em meio aos empurrões dos juízes e aos clamores dos concorrentes vitoriosos, provocam na aula a decisão definitiva do professor; a nomeação do imperador é feita na base estrita do maior número de furos de alfinete, atestando cada qual uma vantagem sobre um adversário.

O mesmo não ocorre nas classes das moças; aí ninguém sai à rua; tudo se mantém cuidadosamente fechado. Mas o luxo já revela sua influência, e as composições são todas enfeitadas com vinhetas coloridas à mão. A mérito igual, dá-se a preferência à concorrente que apresenta uma folha ornada com uma imagem colorida de Santo Aleixo adormecido nos degraus da escadaria, executada por um hábil pintor.

E em virtude de uma corrupção que atinge as menores coisas, a professora despreza a eqüidade pela vantagem de conferir o título de imperatriz a uma de suas mais ricas alunas, na esperança de que a nova majestade imperial dê um esplêndido jantar às suas jovens companheiras de classe. Esse banquete, a que já presidem a vaidade e o ciúme, termina com um baile e um chá a que comparecem alguns parentes dos laureados.

Prancha 8

Negras novas a caminho da igreja para o batismo

Embora tenha caído em desuso o artigo da primitiva lei sobre a escravidão, que prescrevia aos brasileiros mandarem batizar seus negros novos dentro de um determinado prazo, deixou, entretanto, vestígios de seu objetivo moral no coração dos proprietários indígenas. É raro, com efeito, encontrar-se hoje em dia um negro que não seja cristão; por outro lado, do ponto de vista político, esse freio de uma religião tão tolerante torna-se também uma garantia para os senhores obrigados a dirigir uma centena de escravos reunidos. A observância desse costume é tanto mais fácil para o citadino quanto circulam nas ruas alguns velhos negros livres, corretores de profissão, professores dos princípios da religião católica e que são principalmente apreciados porque têm a vantagem de falar várias línguas africanas, o que facilita os progressos dos novos catecúmenos. Basta uma simples instrução preliminar acerca de crença religiosa para satisfazer a exigência do padre encarregado de batizar um negro novo. É em geral o escravo mais antigo que serve de padrinho, e nas casas ricas concede-se essa honra ao mais virtuoso. Entretanto, isso não acarreta nenhuma obrigação em relação ao escravo, e o senhor se desobriga de seus escrúpulos mediante uma simples esmola oferecida à igreja. Existem algumas igrejas servidas por padres negros; a *Velha Sé,* no fim da Rua do *Rosário;* a *Lampadosa,* perto do *Tesouro,* e a de *São Domingos,* perto de *São Joaquim.*

De acordo com a antiga tradição brasileira, a exagerada cerimônia do batismo exige, mesmo atualmente, que se jogue um enorme volume de água sobre o catecúmeno com uma imensa concha de prata. Nesse momento o padre, ou o padrinho, empurra com força o pescoço do negro, pois este quase nunca ousa adiantar-se suficientemente para receber o jato de água benta que lhe escorre pela cabeça e o peito antes de tornar a cair, em cascata, na pia batismal. Essa cena, embora bem cristã, deixa uma impressão de barbárie no estrangeiro, já desconcertado com o colorido uniformemente preto de todos os assistentes. Alguns desses negros, mais inteligentes ou simplesmente mais idosos e envergonhados com a sua fantasia, em que a calça contrasta de maneira ridícula com a elegante túnica que lhes cobre os rins, procuram, durante o trajeto, colar-se aos muros das casas, a grande distância de seus padrinhos.

O padrinho, vestido, nesta gravura, cerimoniosamente, usa uma calça de seda herdada de seu senhor, chapéu e bengala, e se apresenta respeitosamente a seu compatriota capelão, grande amador de rapé, que o recebe com a dignidade do cargo. A atitude da madrinha é de reserva discreta, inspirada pela proximidade da igreja, e a das catecúmenas, de resignação.

Uma das maiores dificuldades encontradas na educação cristã do negro está na prática do sinal-da-cruz, reconhecida de tanta utilidade na Espanha, em Portugal e mais recentemente no Brasil. Deve ele, a exemplo do senhor, começar sua prece por esse sinal religioso, com o polegar erguido, e levado até o meio da fronte; desce-o depois ao longo do nariz e recomeça à altura da boca, terminando com um terceiro sinal no peito; concomitantemente deve dizer: "Que o sinal-da-cruz nos livre de nossos inimigos". Depois do quê, com a mão aberta, recomeça, fazendo desta vez o sinal-da-cruz usado entre nós e pronunciando estas palavras: "Em nome do Pai, do Filho e do Espírito Santo", que se terminam beijando o polegar da mesma mão.

Na sua primeira saída diária, deve ele também implorar com esse gesto a proteção divina; se se torna comerciante, faz, com a primeira moeda recebida, o sinal de devota gratidão; se boceja, recomendam-lhe fazer apressadamente vários sinais-da-cruz sobre a boca ainda aberta; como desaprovação, deve o sinal ser acompanhado imediatamente de uma invocação: "Ave Maria" ou "Deus me livre". Ao contrário, quando se trata de um juramento, beijam-se os dois índex cruzados sobre a boca. Esse juramento se faz também com o mesmo gesto e as mãos afastadas na frente do corpo. Esse sinal religioso e protetor anima igualmente o comediante e o dançarino ao entrarem no palco.

A negra católica que goza de liberdade e se acha estabelecida como quitandeira não esquece nunca, ao abrir a sua quitanda, de colocar uma pequena cruz de madeira no meio de sua banca, na convicção de com isso realizar bons negócios; dois passos adiante, uma matrona, sua compatriota, assinala a sua casa por uma cruz de madeira, de mais ou menos dois pés e meio de comprimento, pintada de preto e vermelho e pregada ao muro exterior, junto da porta.

A *ave-maria* impõe igual número de obrigações religiosas ao negro católico. Por ocasião da *ave-maria* da manhã, deve ele fazer o sinal-da-cruz, repetindo o mesmo gesto na *ave-maria* da noite, mas com a obrigação de apresentar-se ao seu senhor a fim de desejar-lhe *boas-noites,* recebendo em troca um sinal de aprovação manifestado por um simples movimento de cabeça. E deve-se sentir muito feliz se nessa circunstância não lhe infligem o castigo preparado desde manhã. Cabe-lhe ainda dizer uma oração em comum antes de ir deitar-se.

Prescrevem-lhe também a saudação religiosa ao branco encontrado no caminho ou com quem tenha que falar, solicitando-lhe no caso a bênção prévia. Nessa circunstância, o negro inclina o busto, avança a mão direita bem fechada em sinal de saudação e murmura humildemente: "A bênção, meu senhor", recebendo a resposta carinhosa: "Deus te faça santo" ou mais laconicamente: "Viva".

Entre si, entretanto, os negros não ousam fazer a mesma saudação; limitam-se a desejar ao outro que se torne branco, o que dizem engrolando as palavras: "Deus te faz balanco". Finalmente, "a bênção, meu senhor" é a fórmula que a negra ensina a seus negrinhos, mesmo aos de peito, para os quais ela própria pronuncia as pala-

VOYAGE

PITTORESQUE ET HISTORIQUE

AU BRÉSIL,

OU

Séjour d'un Artiste Français au Brésil,

DEPUIS 1816 JUSQU'EN 1831 INCLUSIVEMENT,

Époques de l'Avènement et de l'Abdication de S. M. D. Pedro Ier,
Fondateur de l'Empire brésilien.

Dédié à l'Académie des Beaux-Arts de l'Institut de France.

PAR J.-B. DEBRET,

PREMIER PEINTRE ET PROFESSEUR DE L'ACADÉMIE IMPÉRIALE BRÉSILIENNE DES BEAUX-ARTS DE RIO-JANEIRO, PEINTRE
PARTICULIER DE LA MAISON IMPÉRIALE, MEMBRE CORRESPONDANT DE LA CLASSE DES BEAUX-ARTS DE L'INSTITUT
DE FRANCE, ET CHEVALIER DE L'ORDRE DU CHRIST.

TOME TROISIÈME.

PARIS,

FIRMIN DIDOT FRÈRES, IMPRIMEURS DE L'INSTITUT DE FRANCE,
LIBRAIRES, RUE JACOB, N° 56.

M DCCC XXXIX.

J. B. DEBRET.

Premier Peintre et Professeur de la classe de peinture d'histoire de l'Académie Impériale des Beaux-Arts de Rio de Janeiro. Et Peintre particulier de S. M. l'Empereur du Brésil. Membre Correspondant de la classe des Beaux-Arts de l'Institut royal de France, et Chevalier de l'ordre du Christ.

E.2. - Auto-retrato do Autor

E.99. P.l. - Vista do Largo do Palácio do Rio de Janeiro - Vista geral da cidade do lado do mar

E. 100. P.2 e 3. - Vista da cidade, desenhada do Convento de São Bento - Vista da cidade, desenhada da Igreja de N.S. da Glória

E.101. P.4. - Coleta de esmolas para as irmandades - Irmãos Pedintes

E.102. P.5. - Primeira saída de um velho convalescente - Senhora na sua cadeirinha a caminho da missa.

E.103. P.6. - Vendedores de flores à porta de uma Igreja, no domingo - Ex-voto de marinheiros salvos de um naufrágio

E.104. P.7. - Mulata a caminho do sítio para as festas de Natal - Concurso de composição entre escolares no dia de Santo Alexis

E.105. P.8. - Negras novas a caminho da Igreja para o batismo - Uniforme de gala dos cavaleiros de Cristo

E.106. P.9. - Retratos do Rei Dom João VI e do Imperador Dom Pedro I

E.107. P.10. - Condecorações Brasileiras - Manto real nº1 - O Cetro e a Coroa - Manto Imperial nº2 - Coroa e Cetro.

E.108. P.11. - Vendedor de arruda - Cavaleiro de Cristo exposto em seu ataúde

E.109. P.12. - Extrema-unção levada a um doente - Transporte de uma criança branca para ser batizada

E.110. P.13. - Retrato da Arquiduquesa Leopoldina, primeira Imperatriz do Brasil - Retrato da Rainha Carlota, mãe de Dom Pedro - Retrato da Princesa D. Amélia Leuchtenberg, segunda Imperatriz do Brasil

E.111. P.14. – O portão de uma casa rica - O bando

E.112. P.15. - Casamento de negros escravos de uma casa rica - Enterro de um negrinho

E.113. P.16. - Enterro de urna negra - Enterro do filho de um Rei negro

E.114. P.17. - Primeiras medalhas cunhadas no Brasil

E.115. P.18 e 19. - Uniforme dos Ministros – Alto personagem brasileiro beijando a mão do Imperador, o qual conversa com um Oficial de sua guarda

E.116. P.20 - Quinta Real da Boa Vista ou Palácio de S. Cristovão (Quinta da Boa Vista) de 1808 a 1831

E.117. P.21. - O judas no sábado de aleluia

E.118. P.22. - Víveres levados à cadeia pela irmandade do Santíssimo Sacramento - Guarda de honra do Imperador - Uniforme dos Archeiros

E.119. P.23. - Embarque na Praia Grande das tropas destinadas ao sítio de Montevidéu

E.120. P.24.- Frutas do Brasil

E.121. P.25. - Presentes de Natal - Vestimenta de um anjo voltando da procissão

E.122. P.26. - Diversos tipos de esquifes - Enterro de um membro da irmandade de Nossa Senhora da Conceição

E.123. P.27. - Uniforme dos Desembargadores - A estátua de São Jorge e seu cortejo precedendo a procissão do Corpo de Deus

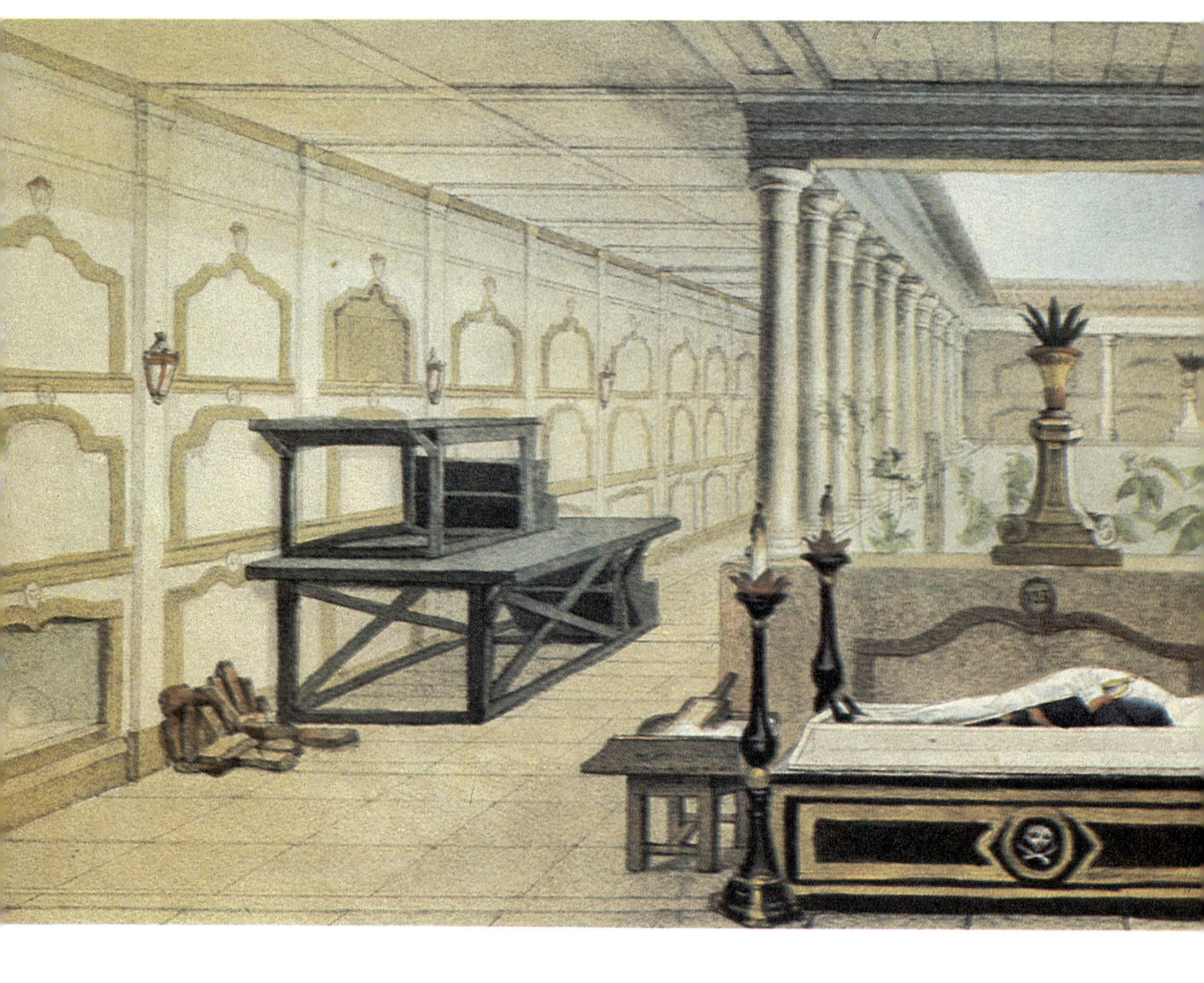

E.124. P.28. - Catacumbas - Sarcófagos

E.125. P.29. - Folia do Divino - Bandeira e Pavilhão Brasileiros

E.126. P.30. - Cortejos funerários - Coleta para a manutenção da Igreja do Rosário por uma irmandade negra.

E.127. P.31. - Manhã de quarta-teira santa - Cavalhadas

E.128. P.32. – Desembarque da princesa real Leopoldina

E.129. P.33. - Vista do castelo imperial de Santa Cruz - O Rochedo dos Arvoredos

E.130. P.34. - Monumento funerário em que estão encerrados os restos da primeira Imperatriz do Brasil - Organização do Cortejo

E.131. P.35 e 36. - Vestimenta das damas de honra da corte - Uniformes militares

E.132. P.37. - Aclamação do Rei Dom João VI

E.133. P.38. - Vista do Largo do palácio no dia da Aclamação de Dom João VI

E.134. P.39. - Bailado Histórico

E.135. P.40. - Retratos dos Ministros, 1. Conde da Barca; 2. O Marquês de Marialva; 3. José Bonifácio de Andrada; 4. José Clemente Pereira; 5. Bispo Capelão-Mor do Rio de Janeiro, José Caetano da Silva Coutinho.

E.136. P.41. - Academia Imperial de Belas Artes

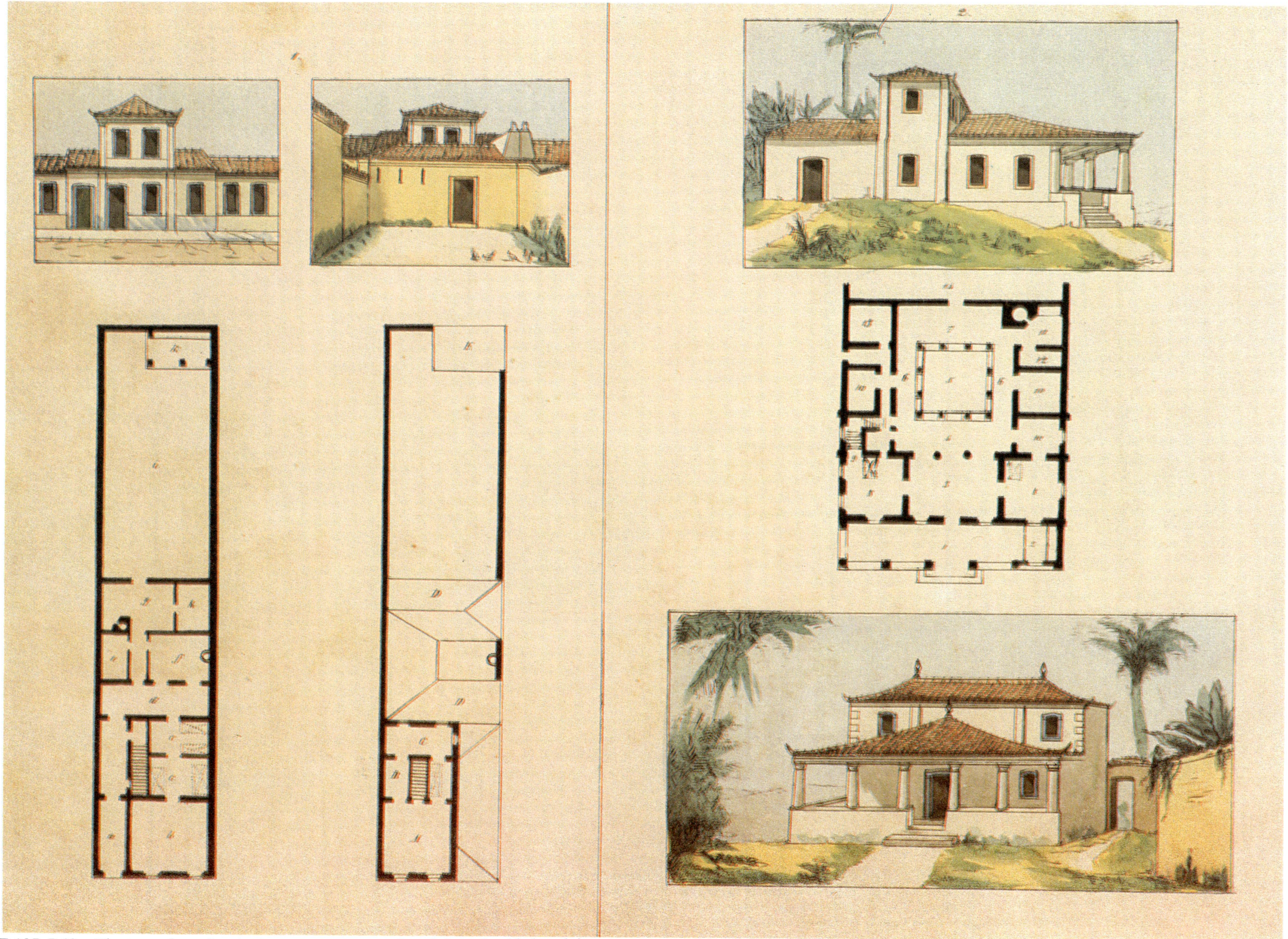

E.137. P.42. - Plantas e elevações de duas pequenas casas brasileiras, de cidade e de campo.

E.138. P.43. - Plantas de duas grandes casas, de cidade e de campo

E.139. P.44. - Cortejo do batismo de Dona Maria da Glória, no Rio de Janeiro

E.140. P.45. - Aceitação provisória da constituição de Lisboa

E.141. P.46. - Partida da Rainha para Portugal

E. 142. P. 47. - Aclamação de Dom Pedro I no Campo de Sant'ana

E.143. P.48. - Coroação de Dom Pedro, Imperador do Brasil

E. 144. P.49. - Pano de boca executado para a representação extraordinária dada no Teatro da Corte por ocasião da coroação de Dom Pedro I, Imperador do Brasil

E.145. P.50. - Segundo casamento de S.M.D. Pedro I com a Princesa Amélia de Leuchtenberg

E.146. P.51. - Aclamação de Dom Pedro II, segundo Imperador do Brasil

E. 147. P. 52. – Panoramas do interior da Baía do Rio de Janeiro

E.148. P.53. - Continuação dos panoramas da Baía do Rio de Janeiro

E.149. P.54. - Continuação dos panoramas da Baía do Rio de Janeiro

CARTE DU BRÉSIL.

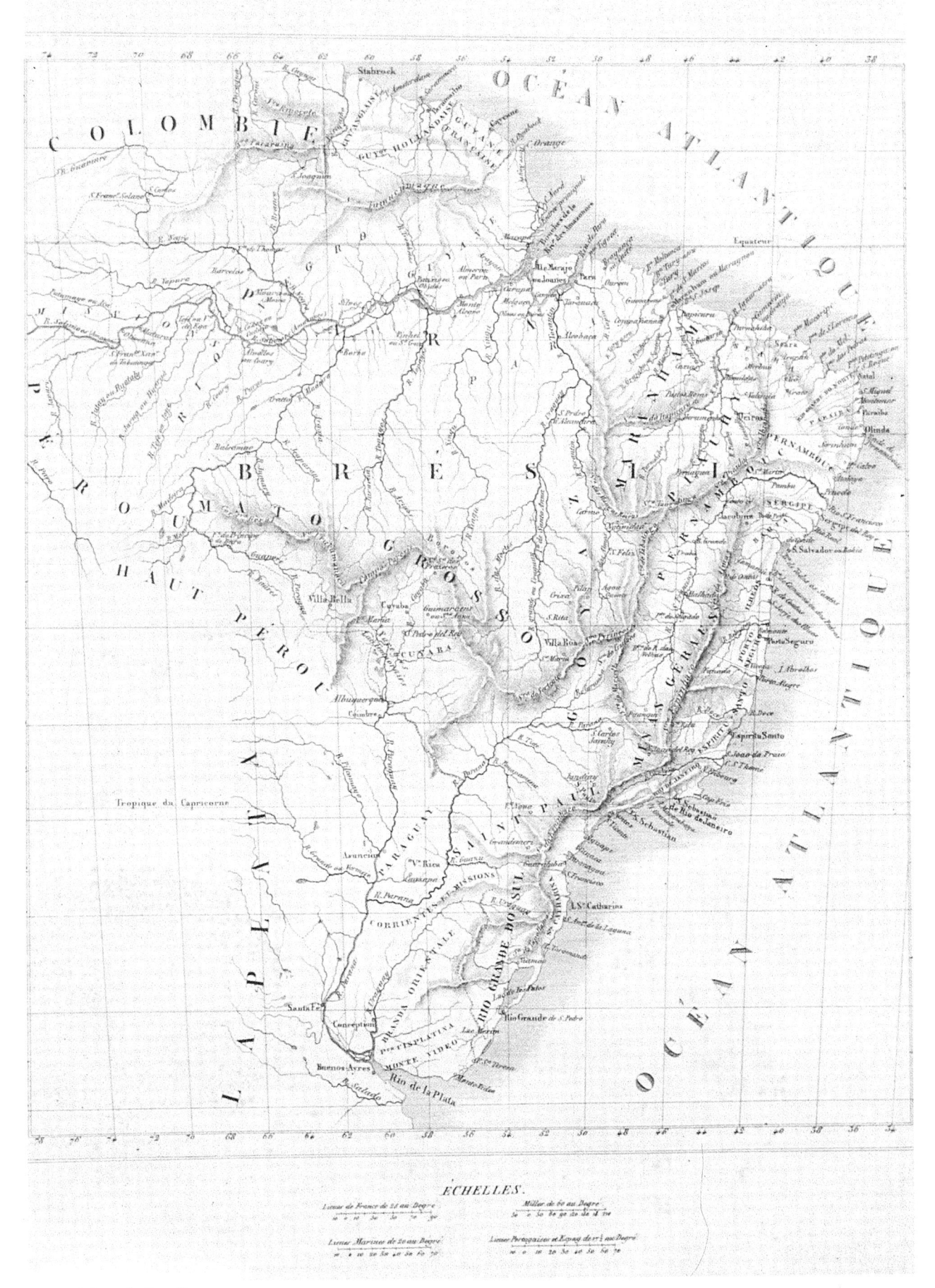

ÉCHELLES.

E.51. - Mapa do Brasil

vras, estendendo-lhe o bracinho. Em resumo, é para o negro uma demonstração de respeito e dedicação.

Uniforme de gala dos cavaleiros de Cristo

O uniforme de gala dos cavaleiros de Cristo nas cerimônias religiosas constitui-se unicamente do manto da ordem com o crachá do lado esquerdo do peito; essa condecoração compõe-se de uma grande cruz branca, muito estreita, colocada no campo vermelho de outra mais larga, de metal. O conjunto é cercado de raios de prata e encimado por um coração envolvido numa coroa de espinhos com uma pequena cruz vermelha. Esse acessório pertence somente aos dignitários. O manto, fechado na frente por alamares, desce apenas até o estômago, deixando de fora a metade dos braços. Embora de fazenda extremamente leve, pois é feito de crepe branco, usa-se para maior comodidade toda a parte inferior enrolada sobre o peito com uma cinta de algodão branco (cordão), cujas enormes borlas pendem na frente. Toda essa passamanaria é cuidadosamente trabalhada. Essa ordem, sem os seus acessórios militares, é igualmente usada pelas diversas classes.

A cena representada aqui dá idéia da disposição do manto sobre os trajes de um monsenhor da Capela Real, de um marechal, de um coronel de cavalaria ligeira e de um oficial da Casa Real.

As reuniões solenes dos cavaleiros, comendadores e grão-cruzes realizam-se no dia da exaltação da *Santa Cruz,* na Igreja da *Cruz* (capela da ordem) e na Capela Imperial, no dia da festa do *Sagrado Coração de Jesus* e nas duas festas do Corpo de Deus [1].

---

[1] *Essa ordem foi criada em 1317 por Dom Diniz, rei de Portugal. (N. do A.)*

Prancha 9

Retratos do Rei Dom João VI e do Imperador Dom Pedro I

Para evitar repetições acerca da história dos príncipes, já tão detalhada sob várias formas, fui obrigado a restringir-me à simples indicação de alguns pontos principais de referência; o leitor há de desculpar-me, portanto, por lhe dizer laconicamente: *Dona Maria I, mãe de João VI, reinou em Portugal com a idade de trinta e quatro anos e morreu no Rio de Janeiro, em 1816, com setenta e três anos; Dom João VI, nascido em Lisboa em 1767, desposou a infante de Espanha, Dona Carlota, foi regente de Portugal com a idade de trinta e oito anos e aclamado, no Rio de Janeiro, soberano do Reino Unido de Portugal, Brasil e Algarves com quarenta e nove anos; perdeu, em seguida, a coroa do Brasil com cinqüenta e cinco anos e morreu em Lisboa, em 1825, com cinqüenta e oito anos.*

Esse soberano só usou o seu uniforme real de gala no dia de sua aclamação, ainda assim sem a coroa, em virtude do costume estabelecido desde a morte do Rei Dom Sebastião, na África, em 1580. Dom Sebastião, dizem, foi levado ao céu com a coroa à cabeça e deve trazê-la novamente a Lisboa. Por isso foi colocada ao lado de Dom João VI, sobre o trono[1].

O rei, bom cavaleiro na mocidade, tornando-se obeso no Brasil, abandonou a equitação. Era de temperamento sanguíneo e de pequena estatura; tinha as coxas e as pernas extremamente gordas e as mãos e os pés muito pequenos.

Parcimonioso para consigo mesmo, mostrou-se, ao contrário, generoso para com seus servidores. A timidez de seu caráter muito prejudicou a sua bondade e a sua afabilidade, e no entanto ela atingia a superstição.

Muito devoto e amador de música, levou o compositor *Marcos,* seu maestro da capela, a misturar à música religiosa o brilho da ópera-bufa, para maior encanto de suas beatas distrações.

Ciumento e rancoroso por vaidade portuguesa, não perdoou nunca a seu camareiro predileto, *José Egídio* (Barão de Santo Amaro), o fato de ter abandonado o navio real durante a viagem, para ir, noutra embarcação, tratar da baronesa, cuja saúde alterada exigia seus cuidados na travessia; toda a sua afeição reverteu desde então em benefício do *Conde de Parati,* que foi o único camareiro a seu serviço

---

[1] *Criou a Ordem* da Torre e Espada, *ao chegar ao Rio de Janeiro, para condecorar os que o acompanharam ao Brasil. Restabeleceu, no dia de sua aclamação, a Ordem da* Conceição, *protetora do Reino Unido. (N. do A.)*

durante a sua permanência no Brasil, em detrimento mesmo dos outros camareiros da corte. Estendeu também sua graça particular ao seu reposteiro-mor *Lobat,* que cumulou de empregos lucrativos e transformou em guarda dos diamantes da coroa. Esses dois favoritos, alvos da inveja, foram ameaçados pelo povo nos útimos momentos de sua permanência no Rio de Janeiro. Digamos a verdade, todos os abusos de uma velha corte os acompanharam até a sua saída do Brasil.

Dom Pedro de Alcântara, filho de Dom João VI, *príncipe do Brasil,* nascido em Portugal a 12 de outubro de 1798, chegou ao Rio de Janeiro com a idade de dez anos; com dezenove, desposou a Arquiduquesa Leopoldina, da Áustria. Nomeado vice-rei do Brasil com vinte e três anos, foi em 1822, com vinte e quatro, proclamado *defensor perpétuo e primeiro imperador.* Entretanto, somente quatro anos mais tarde foi reconhecido por Portugal como aliado. Abdicou, finalmente, com trinta e quatro anos e morreu três anos depois, vencedor em Lisboa, em 1835[1].

O imperador usava seu grande uniforme anualmente na abertura das Câmaras, e, de acordo com o cerimonial adotado, pronunciava seus discursos com a coroa na cabeça; tanto a sua entrada como a sua saída comportavam certo aparato.

Criou a *Ordem do Cruzeiro* no dia de sua coroação; mais tarde, a do *Dragão,* unicamente usada por sua família, e, por ocasião de seu segundo casamento, a da *Rosa,* que mal teve tempo de ser posta em vigor.

Dom Pedro I, forte e de grande estatura, era de um temperamento bilioso e sanguíneo; já em fins de sua estada no Brasil começava a engordar excessivamente, principalmente nas coxas e nas pernas, espécie de deformidade comum aos descendentes da família da *casa de Bragança.* Mas, sempre espartilhado com arte, era de aparência nobre e extraordinariamente asseado.

De natural pouco generoso, era igualmente econômico na sua maneira de viver. A boa fé fez dele um reformador cuidadoso dos abusos que o haviam revoltado desde a infância na corte de seu pai. Deu o exemplo das privações durante a sua regência e no começo de seu reinado, tempos difíceis em que revelou todas as qualidades dignas de um soberano regenerador, conservando todavia uma paixão marcada pelo fausto exterior do trono[2]. Entretanto, no teatro, tal qual Dom João VI, voltava não raro as costas ao público, fazendo pouco, assim, da cortesia dos soberanos, necessariamente atenciosos para com os espectadores, que se mantém respeitosamente de pé durante os intervalos. Após seu segundo casamento, adotou, porém, as maneiras francesas, chegando a encorajar a representação, no Teatro Imperial, de alguns lindos *vaudevilles* franceses representados por atores amadores da mesma nacionalidade, desejosos de se tornar agradáveis à boa imperatriz, que a muitas outras

---
[1] *Sustentando uma guerra contra o partido de Dom Miguel, acabava de restabelecer no trono de Portugal sua filha Dona Maria I. (N. do A.)*
[2] *No teatro, durante uma representação de gala, deu ele um exemplo dessa paixão: percebendo um de seus çamareiros escondido num camarote em trajes burgueses, ergueu-se e, chamando-o pelo nome, perguntou-lhe em voz alta se esquecera o motivo da representação daquela noite. O camareiro desapareceu e logo voltou vestido com o uniforme exigido. (N. do A.)*

qualidades juntava a que lhes parecia mais recomendável, de filha do Príncipe Eugênio de Beauharnais.

A idéia fixa da economia, que lhe era imposta pelo seu mau estado das finanças, ao tomar as rédeas do governo, fê-lo aproveitar todas as oportunidades para entesourar; graças a essa prudência, pôde, ao que se diz, depositar alguns fundos em bancos estrangeiros. Esse sistema de previdência permitiu-lhe levar alguns valores por ocasião de sua partida do Brasil, feliz por não se ver reduzido, nessa crise política, a confiar nos subsídios incertos que lhe deviam ser concedidos no seu exílio voluntário.

Prancha 10

Condecorações brasileiras

Evitarei estender-me acerca da antiga ordem portuguesa da *Torre e Espada,* restabelecida no Rio de Janeiro por Dom João VI, para comemorar sua vinda para o Brasil, pois data de 13 de maio de 1808, e, quando de nossa chegada, todos os súditos que haviam acompanhado o regente português na sua travessia de Lisboa para o Rio de Janeiro se achavam condecorados.

Ordem Militar de Nossa Senhora da Conceição

A condecoração ou estrela designada pelo número 1 pertence à *Ordem Militar da Conceição,* criada por Dom João VI para comemorar sua aclamação como rei de Portugal, Brasil e Algarves, realizada no Rio de Janeiro a 6 de fevereiro de 1818.

"A sede da ordem", diz o texto do decreto, "fica instituída na Capela de Nossa Senhora da Conceição de Vila Viçosa, na província do Alentejo."

Foi ela consagrada à Virgem, na qualidade de protetora do reino de Portugal, em 1707, pelo Rei Dom João V, predecessor e avô de Dom João VI, o qual a renovou, com aumento de patentes, cento e onze anos mais tarde, no Brasil. Para colocá-la em pé de igualdade com as ordens militares, o rei é seu fundador e grão-mestre. O segundo destes títulos passa a seus sucessores com o poder de conferi-la aos súditos mais dignos. Por devoção e gratidão pela eminente proteção da Virgem a toda a família real, o rei nomeia grão-cruzes efetivos todas as pessoas de ambos os sexos que a compõem. Após esses grão-cruzes efetivos, vêm os doze honorários, em seguida quarenta comendadores e cem oficiais e, finalmente, sessenta cavaleiros. Estas duas últimas classes podem ser aumentadas. Todos os dignitários gozam de honras, privilégios e isenções iguais aos das outras ordens militares. Os grão-cruzes e os comendadores têm direito de usar um crachá bordado em ouro sobre o uniforme. A comenda é uma fita de chamalote azul-celeste com duas orlas brancas, que os grão-cruzes usam a tiracolo, da esquerda para a direita; os comendadores usam-na de largura média, pendente do pescoço. Quanto aos cavaleiros, é na lapela do lado esquerdo que a colocam. *Cruz:* a maior é usada pelos grão-cruzes e comendadores; a menor, nos dias comuns. Esta se destina aos oficiais e aos cavaleiros, sendo inteiramente de prata para estes.

Ordem Imperial do Cruzeiro

N.ᵒˢ 2 e 3 — Esta ordem foi criada a 1.º de dezembro de 1822, ano da independência do Brasil, dia da coroação de Dom Pedro, *seu primeiro imperador e defensor perpétuo.*

A fórmula desta ordem alude à posição geográfica desta parte austral da América, em que se encontra a grande constelação do Cruzeiro; foi criada igualmente em comemoração do nome primitivo do império (época do descobrimento), quando foi batizado por Cabral de *Terra de Santa Cruz.*

Eis o texto do decreto que criou a ordem:

Decreto [1]

Desejando Eu assinalar por um modo solene e memorável a época da minha aclamação, sagração e coroação como Imperador Constitucional do Brasil, e seu perpétuo defensor, por ser a mais importante para esta monarquia, acabando de firmar a sua Independência, representação política e futura grandeza e prosperidade, manifestando-se assim ao mesmo tempo à face das Nações o brio, amor e lealdade do grande povo, que me elevou, por unânime espontaneidade, ao grau sublime de seu Imperador Constitucional; e sendo prática constante e justa dos Augustos Imperantes, e particularmente dos senhores Reis meus predecessores, criar novas ordens de cavalaria, para melhor perpetuarem as épocas memoráveis de seus governos, e com especialidade de meu augusto pai, o Sr. Dom João VI, Rei de Portugal e Algarves, que, pela sua feliz chegada às plagas deste Império, renovou e ampliou a antiga Ordem da Torre e Espada, em treze de maio de mil oitocentos e oito; e alguns anos depois criou, no dia seis de fevereiro de mil oitocentos e dezoito, em que fora aclamado na sucessão da coroa, a Ordem Militar da Conceição. Por todos estes ponderosos motivos; e por querer outrossim aumentar com a minha imperial munificência os meios de remunerar os serviços que me têm prestado e houverem de prestar os súditos do Império, e os beneméritos estrangeiros, que preferem estas distinções honoríficas a quaisquer outras recompensas; e também para poder dar uma prova de minha alta consideração e amizade às personagens da maior hierarquia e merecimentos que folgarem com este meu sinal de estimação:

Hei por bem (em alusão à posição geográfica desta vasta e rica região da América Austral, que forma o Império do Brasil, onde se acha a grande constelação do Cruzeiro, e igualmente em memória do nome, que teve sempre este Império, desde o seu descobrimento, de Terra de Santa Cruz): criar uma nova ordem honorífica, denominada *Ordem Imperial do Cruzeiro,* a qual será governada e regulada inteira-

---

[1] *O texto citado pelo autor é um resumo do presente decreto. Pareceu-nos mais interessante dá-lo por inteiro de preferência a uma tradução forçosamente infiel. (N. do T.)*

mente pelos artigos seguintes, que servirão de base aos estatutos gerais e permanentes que se hajam de fazer para o futuro.

I. A Mim, e aos Imperadores que Me sucederem no Trono do Brasil, pertence o título, e autoridade de Grão-Mestre desta Ordem Imperial.

II. O expediente dos negócios da Ordem é confiado a um chanceler, que despachará imediatamente comigo.

III. A ordem constará:

1.º — de *Cavaleiros,* cujo número será ilimitado.
2.º — de duzentos *Oficiais* efetivos, e cento e vinte honorários.
3.º — de *Dignitários,* dos quais serão trinta efetivos e quinze honorários.
4.º — de oito *Grão-Cruzes* efetivos, e quatro honorários.

IV. As pessoas da minha Imperial Família e os estrangeiros a que, por sua alta hierarquia e merecimentos, Eu houver por bem conferir as condecorações desta Ordem, serão reputados supranumerários, e não prestarão juramento.

V. Os membros honorários da Ordem, de qualquer dos graus, não poderão passar ao grau superior, antes de serem efetivos nos antecedentes.

VI. Depois da primeira promoção, cujas nomeações dependem da Minha imperial escolha e justiça, ninguém poderá ser admitido a Cavaleiro, sem provar ao menos vinte anos de distinto serviço militar, civil ou científico, exceto nos casos de serviços extraordinários e relevantíssimos que mereçam da Minha Imperial Munificência dispensa neste artigo fundamental.

VII. Estabelecida regularmente a Ordem, nenhum *Cavaleiro* poderá passar a *Oficial* sem contar quatro anos de antiguidade no seu grau; para poder este ser promovido a *Dignitário,* deverá ter três anos de *Oficial;* e para *Grão-Cruz,* cinco anos de *Dignitário.* Aos militares, porém, estando em campanha, cada ano de guerra lhes será contado por dois de serviço ordinário para este fim.

VIII. A insígnia desta Ordem será, para os simples *Cavaleiros,* uma estrela da forma que mostra o padrão, que com este baixa; esmaltada de branco e decorada com a Coroa Imperial, e assentada sobre uma coroa emblemática das folhas de tabaco e café, esmaltadas de verde. Terá no centro, em campo azul-celeste, uma cruz formada de dezenove estrelas esmaltadas de branco, e na circunferência deste campo, em círculo azul-ferrete, a legenda *"Benemerentium Premium"* em ouro polido. A medalha do reverso, em lugar da cruz, terá a Minha Imperial Efígie em ouro e campo do mesmo metal, com a seguinte legenda no círculo azul-ferrete: *"Petrus I, Brasiliæ Imperator D."* Os *Oficiais* da Ordem, os *Dignitários* e *Grão-Cruzes* usarão também a chapa, que se observará no padrão número 1, e da forma abaixo prescrita.

IX. Os *Cavaleiros* usarão da insígnia ou Venera enfiada em fita azul-celeste, atada em uma das casas do lado esquerdo do vestido ou farda de que usarem, como se pratica na Ordem de Cristo. Os *Oficiais* usarão, além da chapa no vestido ou farda, a insígnia pendente de fita larga ao pescoço. Finalmente, os *Grão-Cruzes,* além da chapa, trarão a tiracolo as bandas ou fitas largas de cor azul-celeste com a medalha da Ordem.

X. Nas funções solenes da Ordem, virão todos os membros dela ornados de manto branco com cordões, e alamares de cor azul-celeste, e com a insígnia bordada sobre o ombro esquerdo, no manto, conforme as suas graduações.

XI. Esta Ordem gozará de todos os privilégios, foros, e isenções de que goze a Ordem de Cristo, ou que não for contrário à Constituição do Império.

XII. Aos *Grão-Cruzes* da Ordem competirá o tratamento de Excelência, quando já o não tenham pelas graduações em que estiverem; assim como, aos *Dignitários,* o tratamento de Senhoria.

XIII. Aos *Grão-Cruzes* que falecerem se farão as honras funerais militares que competem aos Tenentes-Generais; aos *Dignitários,* as dos Brigadeiros; aos *Oficiais,* as dos Coronéis; e, finalmente, aos *Cavaleiros,* as dos Capitães. E, quando vivos, se lhes farão as continências militares correspondentes às graduações acima mencionadas.

XIV. No primeiro dia de dezembro, aniversário da minha coroação, haverá, na Capela Imperial da Corte, a festa da Ordem; e no mesmo dia se publicarão as novas promoções da mesma. A esta festa assistirão todos os membros da Ordem que se acharem dentro de três léguas da Corte.

XV. Esta Ordem Imperial, para prêmio dos serviços dos seus membros, e para conservação do seu esplendor e dignidade, terá uma dotação proporcionada aos seus nobres e importantes fins, estabelecendo-se um número certo de tenças e comendas de diversas lotações, na forma que deliberar a Assembléia Legislativa do Império do Brasil.

XVI. Todos os que forem promovidos aos diferentes graus desta Ordem prestarão juramento solene, nas mãos do chanceler da Ordem, de serem fiéis ao Imperador e à pátria, do que se fará assento em um livro destinado para este fim.

XVII. As nomeações serão feitas por decretos, assinados pelo Grão-Mestre e referendados pelo Chanceler da Ordem, que expedirá depois um competente diploma para servir de título ao agraciado, o qual terá prestado previamente o juramento acima mencionado, por si, ou, no caso de legítimo impedimento, por seu bastante procurador, depois de obtida para isso a licença necessária; do que tudo se fará assento tanto no livro da matrícula como no reverso do diploma.

XVIII. Na Chancelaria da Ordem não se levarão emolumentos alguns, mais do que o feitio e registo dos diplomas. Ficam porém obrigados os agraciados a dar uma jóia qualquer, a seu arbítrio, para dotação de uma caixa de piedade, destinada para mantença dos membros pobres da Ordem ou que, por acasos fortuitos ou desgraças, caírem em pobreza.

XIX. Finalmente, todo e qualquer membro desta Ordem que cometer, o que Deus não permita, algum crime contra a honra e contra o juramento prestado, será expulso da Ordem. Perderá todos os foros, privilégios e isenções, e ficará inibido para sempre do uso da insígnia da mesma Ordem, havendo sentença condenatória pelo Juiz competente.

O Chanceler da Ordem Imperial do Cruzeiro, os meus Ministros e Secretários de Estado das diferentes repartições e todas as autoridades constituídas, a quem o conhecimento e a execução deste Meu Imperial decreto possa pertencer, assim o tenham entendido e façam cumprir e executar.

Palácio do Rio de Janeiro, em o 1.º de dezembro de 1822. 1.º da independência e do Império.

Com a rubrica de Sua Majestade Imperial.

José Bonifácio de Andrada e Silva.

Ordem Imperial do Dragão

N.º 4 — A *Ordem Imperial do Dragão,* que lembra à primeira vista a da *Coroa de Ferro,* compõe-se emblematicamente de um dragão (suporte das armas da família de Bragança), tendo ao pescoço um escudo com as iniciais de Pedro I (P. I.) e descansando as asas semi-abertas no centro de uma coroa semelhante à do reino de Milão; a coroa imperial do Brasil encima um grupo que é rodeado por um ramo de loureiro ou de tabaco.

A legenda traz: "Fundador do Império do Brasil". A fita, de chamalote verde-escuro, é orlada de branco. Com efeito, essa composição, alusiva à dinastia imperial de Bragança, explica o objetivo de seu fundador, que a criou especialmente para condecorar sua família, concedendo-a exclusivamente a um número muito reduzido de dignitários.

N.º 7 — O crachá compõe-se do grupo já descrito, rodeado de uma legenda circular no centro de uma estrela encimada pela coroa imperial. Grupos de raios guarnecem o espaço entre as pontas da estrela. O fundo desta e da pequena coroa de lanças é branco; o campo da legenda, do escudo e das folhas é verde; o resto é dourado.

O número 5 é uma espécie de cruz que foi distribuída aos soldados brasileiros após a expedição militar que reprimiu os motins suscitados em Pernambuco, em 1824, pelos inimigos do governo[1]. Essa condecoração é de cobre para o soldado e de ouro para os oficiais. Tem no centro um medalhão com a efígie do imperador e, no interior dos braços, a data de sua criação: $18\genfrac{}{}{0pt}{}{17}{9}24$, que se lê como um sinal-da-cruz, começando pelo 17 (em nome do Pai) do nono mês (do Filho), de 18 centos (e do Espírito) e 24 (Santo).

Existe outra cruz de forma oval, criada para comemorar o êxito da expedição da Bahia e a evacuação das tropas portuguesas.

---

[1] *A rebelião era chefiada por Manuel de Carvalho Pais de Andrade e tinha intenções federativas. O decreto que instituiu essa medalha é de 20 de outubro de 1824. (N. do T.)*

Ordem Imperial da Rosa

Termino esta série pela descrição da *Ordem da Rosa,* instituída galantemente pelo imperador para comemorar a celebração do seu segundo casamento.

Sob essa denominação harmoniosa criou-se um novo acessório extremamente precioso para a elegante vestimenta da jovem Imperatriz Amélia, no dia de sua ascensão ao trono do Brasil. A condecoração foi usada também por personagens da mais alta distinção no país.

A *Ordem Imperial da Rosa* foi criada por Dom Pedro I, imperador do Brasil, a 16 de outubro de 1829, a fim de comemorar seu casamento com a Princesa Amélia de Leuchtenberg. Seu regulamento é semelhante aos precedentemente descritos. A comenda consiste numa estrela branca de seis pontas, envolta em coroa de rosas esmaltadas de cor natural, e toda encimada por uma coroa imperial de ouro. A legenda, em letras douradas sobre fundo azul-celeste, diz: "Amor e fidelidade".

A fita é de chamalote branco com uma larga lista cor-de-rosa entre duas outras mais estreitas da mesma cor.

Ordem efêmera, precursora infeliz da sinistra catástrofe que, dezoito meses mais tarde, anulou sua existência e os direitos da interessante imperatriz, objeto de sua criação, obrigando essa ilustre esposa a compartilhar o exílio voluntário que se impôs Dom Pedro, fundador dessas primeiras ordens brasileiras! *Preciosas condecorações,* que fizeram palpitar de entusiasmo o coração dos brasileiros, orgulhosos de contemplar a regeneração de sua pátria ainda pouco afeita ao título de império independente! Possam as gerações do futuro recolher o fruto dessa brilhante conquista, a qual ainda honra com uma recordação os esforços generosos dos primeiros brasileiros que para ela contribuíram![1]

---

[1] *A título de curiosidade, transcrevemos aqui o texto do decreto que criou a Ordem da Rosa. (N. do T.):*

"Querendo perpetuar a memória do Meu Faustíssimo Consórcio com a Princesa Amélia de Leuchtenberg e Eichstadt por uma Instituição útil, que, assinalando esta época feliz, a conserve com glória na lembrança da posteridade. E tendo sido em todos os tempos as distinções honoríficas sabiamente consideradas não só como dignas recompensas de ações ilustres, mas como eficazes estímulos para empreendê-las, e merecer por elas o reconhecimento público: Hei por bem criar uma Ordem, militar e civil, com a denominação de Ordem da Rosa. Nela serão admitidos os beneméritos, tanto nacionais como estrangeiros, que se distinguirem por sua fidelidade à Minha Augusta Pessoa e serviços feitos ao Império, sendo regulada a sua organização pela maneira seguinte:

Art. 1. O Imperador do Brasil é e será sempre o Grão-Mestre da Ordem; e o Príncipe Imperial, Herdeiro Presuntivo da Coroa, Grão-Cruz, e Grande Dignitário Mor. Os outros Príncipes da Família Imperial serão todos Grão-Cruzes.

Art. 2. Pelas classes em que é dividida, terá a Ordem:

1.º Dezesseis Grão-Cruzes; oito efetivos e oito honorários. Nos lugares dos efetivos que vagarem por morte, entrarão por antiguidade os honorários. Ninguém será nomeado Grão-Cruz sem ter já por algum título o tratamento de Excelência.

2.º Dezesseis Grandes Dignitários, com o tratamento de Excelência.

3.º Trinta e dois Dignitários. Só o poderá ser quem tiver já por algum título o tratamento de Senhoria.

4.º Os Comendadores, Oficiais e Cavaleiros que Eu for servido Nomear; gozando os 1.ºs do tratamento de Senhoria; os 2.ºs das honras e continências que competem aos Coronéis e os 3.ºs às dos Capitães.

Manto real n.º 1 — o cetro e a coroa

O respeito à tradição portuguesa, a repugnância desse povo pelas inovações e a consolante compensação de reproduzir no Brasil o simulacro das antigas maravilhas da metrópole constituíam as mais seguras garantias da exata imitação da forma e dos detalhes das insígnias reais a que se acrescentou apenas, desta feita, um lugar mais digno para a humilde esfera, antigo emblema da colônia brasileira.

Esse tema indispensável orientou, pois, o gosto e a habilidade na execução dos detalhes, amiúde entravados pela censura dos minuciosos e trêfegos cortesãos. Mas tudo se resolveu a contento geral.

Graças ao nosso título e às recomendações escritas, pudemos ver e admirar à vontade essas insígnias, muito antes do dia da cerimônia da aclamação.

Não podemos deixar de louvar a delicadeza e a precisão da execução do cetro e da coroa. O *cetro,* de ouro maciço e de forma elegante, termina muito dignamente por uma esfera celeste rendada. A coroa real, também de ouro maciço, bastante semelhante na sua forma real às dos reis de França, apresenta na interseção de seus braços uma flor-de-lis de quatro faces que suporta uma bola de ouro encimada por uma cruz. Esse modelo da habilidade é guarnecido internamente por um gorro pregueado de veludo vermelho, obra de um talentoso mulato brasileiro a serviço de um joalheiro da corte (português).

O manto real que vimos em casa de pessoa de confiança, encarregada de sua guarda, pareceu-nos de uma execução tão perfeita quanto a dos europeus. Tem a forma de um manto de cauda com gola dobrada; é de veludo vermelho forrado de pano prateado. Magnífica presilha enfeitada de enormes diamantes fecha o manto no peito. O fundo, de veludo vermelho, enriquece-se, à maneira espanhola, de quantidade de pequenos escudos alternados, acessórios emblemáticos dos três reinos unidos: a torre bordada a ouro, a esfera celeste também bordada a ouro sobre o fundo

---

5.º As insígnias que tocam às diferentes classes são as dos desenhos anexos; e a fita, cor-de-rosa e branca.

Art. 4. Os Grão-Cruzes efetivos usarão de bandas da referida cor por cima da casaca ou farda, com um colar formado de rosas de ouro e esmalte, nos dias de Corte e Grande Gala. Nos mais dias trarão só as bandas por cima da veste, como os Grão-Cruzes das outras Ordens. Os Honorários usarão do mesmo, sem colar.

Art. 5. Os Grandes Dignitários e os Dignitários trarão a medalha pendente ao pescoço, e chapa na casaca; com a diferença de não ter coroa a medalha e chapa dos segundos.

Art. 6. Os Comendadores e Oficiais usarão da medalha e chapa na casaca; com a mesma diferença de não ter coroa a medalha e chapa dos segundos.

Art. 7. Os Cavaleiros trarão a medalha como usam os das outras Ordens.

Art. 8. O despacho e expediente da Ordem fica pertencendo à Secretaria de Estado dos Negócios do Império.

José Clemente Pereira, do Meu Conselho, Ministro e Secretário de Estado dos Negócios do Império, o tenha assim entendido, e faça executar. Palácio do Rio de Janeiro, em 19 de outubro de 1829, 8.º da Independência e do Império.

Com a rubrica da Sua Majestade Imperial.

José Clemente Pereira.

azul-celeste e o escudo de igual fundo sobre o qual se vêem as cinco quinas. Uma larga barra ricamente bordada contorna o enorme manto e ostenta, de um modo agradável para o espectador, o ouro, a prata e as pedras de aço polido aplicadas com toda a perfeição da agulha nesse veludo e no pano de prata do forro.

Em escala maior, dão uma idéia exata dos detalhes, os acessórios do desenho do bordado.

Manto imperial n.º 2 — o cetro e a coroa

A escolha do verde americano para a cor do manto imperial brasileiro justifica-se pela sua própria denominação, a qual lhe garantia de antemão direitos incontestáveis à decoração do novo trono do Brasil. Com efeito, sob o nome de cores imperiais do Brasil entende a união do verde ao amarelo, matizes prodigalizados pelo patriotismo desde o palácio do soberano até ao armazém do negociante.

Quanto à forma do manto imperial, talvez um pouco estranha para o europeu, já se achava ela nacionalizada no Brasil há três séculos, pois é imitada do *ponche,* único manto usado em toda a América do Sul. Nada há a contestar, por conseguinte, na forma e na cor do manto imperial aqui desenhado. Este é de veludo verde, bordado a ouro e forrado de seda amarela, a fim de evitar outra qualidade de forro, que seria insuportável com o calor. Suas dimensões são mais ou menos de quatro pés por oito. O mantéu forrado de seda amarela que guarnece os ombros e esconde a abertura do manto é feito de plumas de *tucano,* cuja cor alaranjada se harmoniza perfeitamente ao resto do uniforme. O bordado de estilo largo lembra, pela sua forma, grupos de folhas de palmeira e frutos da mesma árvore; grandes estrelas de oito pontas, semeadas no fundo, completam a riqueza desse manto cuja execução merece justos elogios.

Coroa e cetro

A coroa imperial, de braços fechados e de forma elíptica, é de grandes proporções. A base é guarnecida de escudos com as armas do Brasil, alternados com florões. O ponto de interseção dos braços apresenta uma esfera celeste rendada encimada por uma cruz de quatro faces. Cada um dos braços representa uma palma fina e longa que se ergue do centro de cada escudo. A coroa é de ouro maciço e os nervos das palmas, o centro dos florões, o círculo do zodíaco da esfera celeste e a cruz são de diamantes escolhidos. A coroa é avaliada mais ou menos em oitenta mil cruzados (duzentos e vinte e cinco mil francos). Um gorro de veludo verde guarnece a parte interna da coroa.

O cetro, igualmente de ouro maciço e de forma elegante, cujo cabo tem seis pés de comprimento por dezoito linhas de diâmetro, é encimado por um dragão sentado num pedestal quadrangular, sustentado por um fornilho alongado, de saliências sucessivamente diminuídas. A construção é combinada de maneira a desmontar-se o conjunto em várias peças. O lavor dessas duas insígnias imperiais não fica abaixo das demais obras descritas anteriormente.

Prancha 11

Vendedor de arruda

É a superstição que mantém em voga a *erva de arruda,* espécie de amuleto muito procurado e vendido todas as manhãs nas ruas do Rio de Janeiro. Todas as mulheres da classe baixa, da qual constituem as negras cinco sextos, a consideram um preventivo contra os sortilégios, por isso têm sempre o cuidado de carregá-las nas pregas do turbante, nos cabelos, atrás da orelha e mesmo nas ventas. As mulheres brancas usam-na em geral escondida no seio. A acreditar-se na credulidade generalizada, essa planta, tomada como infusão, asseguraria a esterilidade e provocaria o aborto, triste reputação que aumenta consideravelmente a sua procura.

Vêem-se comumente, nas ruas, negras com cestos de frutas à cabeça exclamar ao encontrarem uma vendedora que supõem sua inimiga: "Cruz, Ave Maria, arruda", colocando subitamente os dois índices sobre a boca. Para resguardar de um perigo iminente, elas dizem: "Toma arruda, ela corrige tudo".

Essa planta odorífera, de pequeninas folhas finas e compridas e cujo tronco fibroso e ramalhudo ergue-se a três ou quatro pés de altura, cresce nos jardins por assim dizer sem cuidados e vende-se a dez réis o galho, o que é suficiente para cinco ou seis pessoas. Usam-na com êxito sob forma de fumigação contra as dores reumatismais, ou ainda como fricção, esquentando-se as folhas previamente sobre a brasa.

A cena passa-se no Rio de Janeiro e mostra um vendedor de arruda, escravo de uma rica fazenda, trazendo dos arrabaldes da cidade enorme quantidade desses galhos conservados frescos dentro da água contida na vasilha que leva à cabeça. À esquerda, uma negra bem-vestida, de *samburá* no braço, já fez sua provisão de arruda e guarda uma parte para uma amiga; encarregada das compras para a cozinha de seus senhores, prudentemente começou por comprar o talismã, a fim de ver favorecido, sem dúvida, o lucro ilícito que ela pensa tirar das aquisições do dia. A segunda, à direita do vendedor, filha de uma negra quitandeira livre, compra ingenuamente certa quantidade para repartir com sua mãe, ao passo que a terceira, ao contrário, mais faceira e dada a aventuras, como bem se vê por seu vestido, procura cobrir-se de arruda, introduzindo-a nas pregas do turbante, nos cabelos, nas orelhas e no nariz. De pito na mão, a *intrigante quitandeira,* confiante nos seus ademanes, conta já agora com um dia feliz.

Cavaleiro de Cristo exposto em seu ataúde

Os brasileiros têm por hábito expor o defunto em suas casas, durante um dia ou mais, deitado, completamente vestido, no caixão aberto e colocado sobre um estrado fornecido pelo *armador*. Fecha-se o caixão no momento de retirar o corpo para transportar para a igreja, onde é novamente aberto.

O cavaleiro de Cristo aqui desenhado está colocado na essa fornecida pela Igreja para o ofício funerário. Suprimi os enormes candelabros que a cercam.

Como irmão professo da ordem, está o defunto vestido com a indumentária completa, a qual se compõe de um manto de crepe branco, capacete com penacho branco e botas de marroquim vermelho. O uniforme de baixo revela seu posto militar. É somente no momento de fechar definitivamente o caixão, o que se faz nas catacumbas, que o *armador* volta à posse do capacete de papelão dourado e das botas alugadas. Estas, a fim de serem mais facilmente retiradas, são abertas por trás, de modo a se colocarem apenas por cima das pernas do defunto.

Prancha 12

Extrema-unção levada a um doente

Em um país como o Brasil, submetido desde o princípio à influência das hierarquias civis ou militares de seus conquistadores, coube naturalmente ao clero católico instituir, por analogia, uma série de subdivisões no cerimonial religioso, a fim de tornar diversamente tributárias a vaidade mundana e a devoção fervorosa, sistema comum a todos os cultos desde a mais alta antiguidade.

A administração da extrema-unção não é menos importante do ponto de vista pecuniário. Com efeito, quase sempre considerada como sinistra precursora da destruição de um ser querido, ela impõe, religiosamente, sacrifícios de dinheiro feitos até com ostentação, na esperança de consolar a alma do moribundo ou retê-la ainda, milagrosamente, durante mais alguns instantes na terra. A caridosa convicção de um filho virtuoso ou a simples demonstração puramente formal e hipócrita são igualmente tributárias desse culto mais ou menos pomposo.

Na sua maior simplicidade consiste essa cerimônia em um irmão carregando uma sineta e seguido de dois soldados de cabeça descoberta, com a arma virada em sinal de luto; vêm em seguida quatro outros irmãos, precedendo o padre, que caminha sob um pálio quadrado sustentado por um braço de ferro recurvado, preso a uma vara carregada por um irmão marchando imediatamente atrás do eclesiástico. Uma ou duas pessoas acompanham esse modesto cortejo. O *segundo,* um pouco mais nobre, difere apenas pelo pálio maior, de veludo carmesim com franjas de ouro. No *terceiro,* finalmente, o pálio é sustentado por seis varas, havendo também músicos negros e uma retaguarda militar.

Cada paróquia tem sua irmandade do Santíssimo, encarregada de escoltar o padre no momento de levar a extrema-unção a um doente. Essa assistência religiosa é solicitada na sacristia, onde se encontra sempre um irmão de plantão, a quem cabe despachar imediatamente um sineiro, que percorre as ruas adjacentes e reúne os irmãos disponíveis para esse dever religioso. Não conseguindo número suficiente, apelam para os soldados do posto militar mais próximo, o que faz com que a cruz, os candelabros e o pálio sejam quase sempre carregados por soldados vestidos momentaneamente com a opa carmesim. O cortejo mais decente comporta sempre um destacamento militar de oito homens mais ou menos, comandados por um oficial, todos de boné na mão, precedidos por um tambor e uma trombeta ou de um pífaro, conforme a arma. Quando, por acaso, isso ocorre num dia de festa celebrada especialmente na igreja cuja assistência é solicitada, o cortejo é acrescido solenemente da banda de música de negros, estacionada fora do pórtico e que se transforma então numa vanguarda composta de duas clarinetas, um triângulo, uma trombeta, um tambor e um bumbo. Nesse caso o destacamento militar fecha a marcha.

Sigamos agora o cortejo.

É difícil, confesso, ter uma idéia da horrível algazarra produzida pela música estridente e desafinada desses seis negros executando com entusiasmo valsas, alemandas, lundus, gavotas, recordações de baile, militarmente entrecortadas pela trombeta da retaguarda, que domina tudo com uma marcha cadenciada. A esse conjunto revoltante de melodias e ritmos contrários, junta-se ainda o movimento mais lento de um coro de vozes esganiçadas e fanhosas de uns trinta negros devotos, entoando as litanias intermináveis da Virgem. Essa inexplicável e indecisa mistura de instrumentos e vozes humanas acompanha-se ainda de um baixo contínuo de outro gênero: o carrilhão de cada uma das igrejas diante das quais passa o cortejo, ruído que se extingue aos poucos, gradualmente, na medida em que os sineiros perdem de ouvido o som da sineta argentina do irmão encarregado de dar uma dupla badalada de minuto em minuto. Em resumo, esse inexprimível imbróglio de estilo e de harmonia, que tanto de perto como de longe irrita o sistema nervoso com sua barbárie revoltante, imprime com efeito um sentimento de pavor no coração do homem, mesmo bem-disposto; efeito calculado, sem dúvida, no rito primitivo, mas que hoje ridiculariza essa cerimônia e retira dela qualquer dignidade religiosa.

O cortejo chega finalmente à porta da casa do doente; permite-se a entrada somente às pessoas necessárias. Os portadores encostam no muro o pálio dobrado e a cruz; a escolta militar enfileira-se do outro lado da rua. A música dos negros e os cantores colocam-se de lado e recomeçam com todas as forças a executar suas contradanças, enquanto outros cantam ao mesmo tempo as litanias da Virgem. Afirma-se que muitas vezes a eloqüência feliz e caridosa do padre vale-se desse barulho, embora bárbaro, para persuadir o moribundo de que já o céu se abre para recebê-lo e os anjos o anunciam com seu concerto harmonioso!

Doce ilusão, que embala a credulidade cristã de alguns. Terminado o ato religioso, o cortejo volta na mesma ordem, acrescido apenas de um parente próximo ou de um amigo que se une aos irmãos, de vela na mão, para acompanhar o cortejo até a sacristia. As pessoas da casa, ainda sufocadas pela fumaça do incenso, fecham as portas, e o moribundo expira na calma dessa atmosfera aromática. Mas essa lúgubre solenidade, em geral tardia, serve apenas de sinal para os preparativos do enterro.

Transporte em carruagem

Se o tempo é chuvoso ou se se faz necessário ir longe da paróquia, o padre e um jovem sacristão sobem numa sege. A carruagem vai a passo; o cocheiro a conduz de cabeça descoberta; a seu lado, a pé, um negro a acompanha com um sino na mão, badalando três vezes de quarenta em quarenta passos. O sacristão carrega uma cruz a que se adaptou um cabo e, com a mão esquerda, segura uma enorme lanterna quadrada, toda prateada, com uma vela acesa. O padre carrega o sacramento numa pequena caixa redonda e chata, de esmalte, pendurada ao pescoço por duas largas fitas vermelhas ou brancas ricamente bordadas a ouro. As famílias ricas mandam sua carruagem com um criado buscar o padre e o seu acólito, o que não exclui o negro sineiro, a serviço da irmandade, que vai na frente, a pé, durante todo o caminho.

A Casa Real, no tempo de Dom João VI, fornecia uma carruagem decorada de acordo com esse fim; ia escoltada por três criados de libré, carregando a cavalo os dois candelabros e a sineta. Esse cortejo particular servia o padre da Igreja de São José, encarregado de administrar os Santos Óleos às pessoas da corte. No mês de maio de 1829, ao se suprimirem as velhas carruagens da Casa Imperial, foi essa vendida para ser desmontada, e esse luxo real, já provisoriamente suspenso desde a partida da corte portuguesa, foi assim definitivamente suprimido.

Do mesmo modo que no cortejo a pé, cada igreja avisada pela sineta do negro toca o carrilhão à passagem da procissão. À noite, cada cidadão, ao ouvir o sinal, acende luzes na janela, retirando-se depois de passar o cortejo.

Transporte de uma criança branca para ser batizada na igreja

O antigo hábito de chamar matronas para a operação do parto conservar-se-á ainda muito tempo nas duas classes inferiores da população brasileira; com efeito, por ocasião da nossa chegada, contava-se apenas um pequeno número de famílias distintas no Rio que se valiam do parteiro e ainda assim por ostentação ou em casos difíceis. É, pois, em virtude dessa confiança que o filho de um branco é entregue aos cuidados de uma parteira mulata ou preta, para ser levado à pia batismal.

Na classe média é a pé, ou melhor, em liteira de aluguel, ou de empréstimo, que a parteira leva o recém-nascido à igreja, para onde o padrinho tem o cuidado de dirigir-se, por seu lado.

Quando a família é mais opulenta, vê-se a matrona grotescamente enfeitada com as cores mais disparatadas, eriçada de adornos de mau gosto e sobrecarregada não somente com as jóias que possui, mas ainda com muitas outras emprestadas por amigas. Quem não se riria ao aspecto desse ridículo colosso negro, inchado de vaidade, que a cadeirinha mal pode conter gemendo sob o seu peso, e que provoca o suor dos carregadores exaustos? Entre os ricos, entretanto, o batismo é administrado no oratório da casa por um eclesiástico amigo da família [1]; neste caso essa cerimônia religiosa constitui um pretexto para uma reunião brilhante, realizando-se por isso somente à tarde. As visitas feitas ao recém-nascido permitem uma alegre noitada, que termina por um magnífico chá.

---

[1] *O oratório é um aposento estreito na extremidade de um corredor e no qual um altar é erguido, dissimulado atrás de painéis aparentando um armário que se abre de maneira a constituir o altar; este é cercado de gavetas suscetíveis de conter os acessórios necessários à celebração da missa. (N. do A.)*

Prancha 13

Retrato da Arquiduquesa Leopoldina, primeira imperatriz do Brasil

Por um estranho capricho, o Império do Brasil, situado na zona tórrida, foi buscar suas duas primeiras imperatrizes nos Estados do norte da Europa e suas primeiras colônias modernas constituíram-se de emigrantes suíços.

Foi assim que vimos chegar em 1817, ao Rio de Janeiro, a Arquiduquesa Leopoldina José Carolina, reconhecida oficialmente em Viena como *princesa real do Brasil*. Seu séquito compunha-se de dois fidalgos de sua corte, uma dama de honra, um médico, um eclesiástico e um pintor de flores. Mas a vida da corte brasileira, relegada no Palácio de São Cristóvão com seus grupinhos e suas intrigas, logo desagradou aos bons alemães; um ano mais tarde só restava junto da princesa real o pintor de flores, já bastante valetudinário e que não sobreviveu muito tempo à partida de seus compatriotas.

Assim isolada, a arquiduquesa, de gênio sossegado, sensível e generoso, custou sem dúvida a adaptar-se às maneiras violentas e quase selvagens de seu jovem esposo. Todavia, a bondade paterna e as delicadezas do rei compensavam, no coração de Leopoldina, essa carência aflitiva de costumes europeus; e, mãe de numerosa família, não lhe faltava onde gastar toda a sua afeição.

Amadora das belas-artes e, principalmente, de história natural, além de boa cavaleira, suas excursões matinais davam-lhe ensejo a abundantes colheitas de plantas e flores, de que mandava cuidadosas cópias a seu pai e sua irmã Maria Luísa, por quem tinha predileção. Fui encarregado de executar-lhe graciosamente alguns desses desenhos, o que ela ousava pedir, afirmava, unicamente em nome de sua irmã, ex-imperatriz dos franceses. Essa correspondência científica tornara-se para ela o único divertimento, a que se entregava diariamente, acompanhada apenas por um eclesiástico dedicado e bondoso, emigrante francês [1], capelão particular do imperador, cargo que bem merecia pela sua respeitosa dedicação.

---
[1] *O jovem Abade Boiret, quando ainda cura, escapou ao regime do Terror na França e emigrou para Portugal com um amigo do seminário. Foi acolhido nessa terra hospitaleira como professor de francês e recebido em algumas casas fidalgas; essas primeiras vantagens levaram-no a igual cargo na corte de Dom João VI, regente. Estimado pela Princesa Carlota, mulher do regente, acompanhou seus jovens alunos ao Brasil. Dom Pedro, assumindo a regência, nomeou-o professor de sua família, cargo a que acrescentou mais tarde o de capelão particular do imperador. Nessas circunstâncias, constantemente a serviço, não mais deixou a família imperial, nem em seus passeios nem em suas viagens. Entretanto, seu coração permanecera francês, procurava sempre auxiliar seus compatriotas; fez muita caridade. Foi mesmo graças a seus cuidados assíduos que um dos filhos*

Infelizmente, contrariedades domésticas, que entre particulares seriam de molde a provocar o divórcio, entristeceram e preocuparam a imperatriz durante os últimos anos de sua vida.

Em estado de gravidez, sucumbiu ela a um tratamento demasiado violento (um vomitório), que provocou um aborto, em conseqüência do qual, atacada de tifo, expirou nas angústias de uma crise inflamatória; estimada e pranteada por seus súditos, deixou inconsoláveis todos os que a haviam conhecido.

Seus admiradores lamentavam que a longa série de desgostos tivesse alterado nela as graças de seu sexo. Quase sempre vestida de amazona, com um chapéu de feltro, mal se podia perceber a alvura de sua tez, que rivalizava com o brilho de seu vestido imperial nas festas da corte.

Retrato da Rainha Carlota, mãe de Dom Pedro

A Rainha Dona Carlota, filha do rei da Espanha e mulher de Dom João VI, era de pequeníssima estatura e mesmo um tanto contrafeita; sua fisionomia expressiva e a vivacidade de seus olhos negros revelavam sua origem espanhola. Aliás, cheia de dotes, cercava-se de gente fina e intelectual, vivendo separada do rei, no palácio do Rio de Janeiro, ocupada especialmente com a educação das filhas, que não a deixavam nunca. Todos os dias, às nove horas da manhã, a rainha, acompanhada pelas princesas reais, apresentava-se em São Cristóvão e ouvia a missa com o rei, voltando com elas para a cidade; todavia, estas jantavam com o soberano, em família. Somente às quatro horas da tarde começava o passeio. A carruagem da rainha saía em primeiro lugar, e alguns minutos mais tarde partia o rei, numa sege descoberta, com sua filha mais velha, já viúva. Dom Pedro e Dom Miguel ocupavam os lugares da frente na carruagem. A rainha tinha uma casa de campo em *Mata-Porcos,* nas cercanias de São Cristóvão, onde passava o verão. Mas, dois anos antes de sua partida, comprou ela outra no Catete, num lindo vale ao pé do Corcovado. Essas duas casas eram o objetivo dos seus passeios da tarde. A rainha visitava diariamente sua amiga íntima, a *Viscondessa de Vila Nova,* mulher de sua idade e de uma das melhores famílias de Lisboa (o Visconde de Vila Nova era reposteiro-mor e confidente do rei).

Quanto ao rei, seus passeios se prolongavam desde a ilha do Governador até Botafogo; voltava em seguida a São Cristóvão, para as recepções da noite, que eram numerosas e às quais a rainha não assistia.

A idéia fixa de regressar a Lisboa muito contribuiu para desgostar da rainha. Com efeito, ao partir, ela manifestou sua louca alegria, de uma maneira injuriosa para os brasileiros, exclamando: *"Vou voltar afinal para uma terra habitada por homens".*

Tolhida em Lisboa pelo sistema constitucional, viram-na logo após a morte do

---

de Taunay conseguiu o favor de suceder a seu pai, como professor da classe de pintura de paisagem, privilégio consagrado em Lisboa como uma justa homenagem à memória de um artista recomendável. (N. do A.)

rei, rancorosa e vingativa, insuflar continuamente a violência de Dom Miguel, seu discípulo. Morrera antes do regresso de Dom Pedro a Portugal.

Retrato da Princesa de Leuchtenberg, segunda imperatriz do Brasil

Assim como a nobre e elegante estatura da Princesa de Leuchtenberg seduziu o imperador e os brasileiros, suas maneiras afáveis, sua perfeita educação, a suavidade de seus pensamentos, expressos com tanta graça, tornaram-se no palácio o exemplo da civilização européia, que, imperfeita ainda, já se refletia em torno dela. Também se conhecia na capital o sistema regular estabelecido pela imperatriz no Palácio de São Cristóvão. Certas horas eram dedicadas a determinados estudos; outras cabiam aos cuidados maternos que ela consagrava à sua família adotiva; outras ainda, a seus divertimentos. E os europeus, admiradores da influência da nova soberana, louvavam com entusiasmo algumas primeiras reformas realizadas nos serviços internos do palácio. Graças a ela haviam desaparecido certas formas deprimentes, tanto para o caráter político do ministro como para a posição elevada do general. Não pôde ela, com efeito, tolerar o hábito português que os sujeitava às funções de camareiros, obrigando-os, nessa qualidade, a servirem o imperador à mesa, apresentando cada prato após uma profunda genuflexão. Dom Pedro aprovou as nobres representações da filha do Príncipe Eugênio de Beauharnais; entretanto, muitas dessas reformas, ainda prematuras, foram insensivelmente postas de lado pelo hábito do sistema português. Deve-se ainda a esse segundo casamento o restabelecimento, no palácio, da ordem devida à dignidade do trono, que fora sensivelmente perturbada durante a viuvez do imperador.

Todas essas qualidades sociais não conseguiram, porém, dominar a rudez natural de Dom Pedro, a qual se manifestou, mesmo aos olhos dos franceses durante sua estada em Paris, principalmente numa recepção nas Tulherias. Conversando familiarmente com a imperatriz *(Duquesa de Bragança),* deixou escapar por hábito um epíteto grosseiro, que, embora pronunciado em voz baixa e em português, foi compreendido por Luís Filipe. O rei, para fazer-lhe sentir a inconveniência, dirigiu-lhe, instantes após, algumas palavras em português. Estupefato e humilhado por ter sido compreendido, percebeu, tarde demais, que se achava em presença de um monarca considerado com razão o mais escrupuloso observador das virtudes conjugais.

A interessante Princesa Amélia de Leuchtenberg parece destinada a não conhecer realmente a felicidade na vida. Ainda jovem, vê seu pai abandonar o trono de Milão a fim de socorrer Napoleão, que o arrasta na sua queda. Na flor da idade, apenas imperatriz, já lhe é necessário abandonar o Brasil e acompanhar seu esposo em França como Duquesa de Bragança; apenas esposa, vê morrer Dom Pedro em Portugal antes de consolidar a vitória. Um consolo surge na união de seu irmão com sua enteada, Dona Maria; mas, menos de um ano após, a jovem rainha já está viúva. Entretanto, sempre nobre e generosa, na grandeza como na adversidade, nunca desmentiu essa bela filosofia que enriquece os Leuchtenberg com as virtudes do Príncipe Eugênio de Beauharnais. Tal foi, até 1835, a carreira política dessa augusta princesa, ligada às glórias e às vicissitudes de um trono nos dois hemisférios.

Prancha 14

O portão de uma casa rica

Ninguém é mais feliz do que o escravo de uma casa rica no Brasil. Dedicando-se a um serviço especial, a ele se limita e goza tranqüilamente suas horas de lazer. Vemos aqui o negro encarregado da limpeza da carruagem e que, dono de seu tempo, principalmente quando a carruagem não sai, se dedica no momento à sua atividade particular, em verdade restrita à fabricação de chapéu de palha; esse comércio, bastante lucrativo, proporciona-lhe os meios de se divertir com seus amigos e ainda de sustentar suas amigas, cuja faceirice e gulodice não deixam de ser muito dispendiosas.

Pode-se julgar, pela distribuição desse rés-do-chão, da entrada das casas ricas com portão e pátio, no Rio de Janeiro. O uso de cordões de campainha, ainda desconhecido, faz com que subsista o antigo costume asiático de bater palmas para anunciar a presença; a esse sinal, desce o criado negro, a quem cabe introduzir o visitante ou despachá-lo, quando necessário.

A única particularidade que distingue a casa de um ministro de uma outra é o soldado de plantão à porta do pátio, sempre em comunicação com o criado de quarto; esse soldado merece ser muito bem tratado para evitar voltar-se mil vezes em vão (o ministro adota em geral um soldado de cavalaria, que serve de ordenança e que, bom fisionomista, logo descobre no rosto do visitante se se trata de uma pessoa generosa ou não).

O vestíbulo, ligado ao portão, serve de cocheira, dando a segunda porta, colocada sob a escadaria, para as estrebarias, que se encontram num pátio interno em geral contíguo ao jardim.

A pessoa introduzida aqui pelo criado é um homem de posição, enquanto a outra parece um astuto fornecedor, habituado aos epítetos humilhantes que, não raro, recebe juntamente com suas faturas, sobre as quais ele se reservou um lucro notável, apesar da margem enorme de redução que satisfaz o amor-próprio do devedor. Em resumo, tudo se arranja no Brasil como nos bons hotéis de Paris.

bando

Observa-se neste exemplo do mais simples cortejo a indumentária das principais personagens que compõem o bando, cerimônia exclusivamente municipal a que já nos referimos anteriormente, ao descrever o casamento do príncipe real.

O costume prescreve a repetição do cortejo, durante os três dias que precedem uma cerimônia muito solene: nascimento, casamento ou morte de um príncipe, circunstâncias em que os cidadãos mais importantes disputam a honra de figurar no bando.

Cita-se o bando que anunciou a coroação do imperador como tendo sido o cortejo mais numeroso que percorreu as ruas do Rio de Janeiro.

Admirou-se essa imponente cavalgada ruidosamente precedida de negros fogueteiros, soltando rojões nas encruzilhadas, e de uma vanguarda composta de um destacamento de cavalaria de polícia seguido pela banda de uma legião da milícia burguesa; vinham atrás os meirinhos do Senado da Câmara. Um destes era encarregado da proclamação do ato oficial. Marchavam todos logo à frente do corpo do Senado, com seu presidente, e seu procurador carregando a bandeira; misturavam-se a esse grupo os homens bons da cidade, em trajes de gala, seguidos pela banda da polícia, atrás da qual vinham os criados; fechando a marcha, um segundo destacamento da cavalaria da polícia. Uma multidão acompanhava o cortejo, cercando-o a cada parada, no momento da promulgação, que se terminava sempre por um: "Viva nosso imperador constitucional, defensor perpétuo do Brasil", repetido por todas as pessoas presentes.

O juiz presidente do Senado reconhece-se pela *vara* branca; os vereadores usam uma *vara* mais fina, preta, enfeitada com as armas do Brasil e com vários ornatos de cores ou dourados; o resto do traje é comum a todos os senadores ou burgueses de certa posição. O bofe de renda, a presilha e o botão de diamante, os ricos bordados de ouro, prata ou seda de várias cores, indicam, pela sua qualidade, o grau de fortuna do funcionário. O burguês rico exibe o seu luxo na escolha de sua montaria, magnificamente ajaezada. Na circunstância em questão, a besta, carregada de foguetes, conduzida por dois criados de libré de gala, provinha das estrebarias do imperador.

Prancha 15

Casamento de negros escravos de uma casa rica

É igualmente decente e de bom-tom, nas casas ricas do Brasil, fazer casarem-se as negras sem contrariar demasiado suas predileções na escolha de um marido; esse costume assenta na esperança de prendê-los melhor à casa.

Naturalmente apaixonados, é, com efeito, somente em detrimento do serviço que os criados pretos conseguem visitar suas amigas, o que leva os mais ousados a pernoitar escondidos, fora de casa; essa primeira indisciplina os arrasta não raro ao roubo, a fim de se mostrarem amantes generosos. É para evitar essas conseqüências funestas que, na alta sociedade, quase sempre se obriga a criada de quarto da senhora a casar com o cocheiro do amo; e o mesmo ocorre com as outras negras, empregadas no serviço interno, que são casadas com os criados de confiança do dono da casa. Assim, mais especialmente protegidos, esses casais legítimos podem esperar presentes por ocasião do nascimento de cada um de seus filhos, de modo que, não raro, quando são metódicos, juntam algum dinheiro graças aos benefícios realmente consideráveis que devem a seus senhores ou aos inúmeros amigos da casa. O crioulo orgulha-se de ter nascido de pais casados. Na cerimônia do casamento, é o criado de categoria superior que serve de padrinho ao inferior, e *Nossa Senhora* é a madrinha de todos. Para evitar repetição monótona do nome da Virgem, o rito católico apresenta no Brasil uma escolha muito variada entre a multidão de outros nomes acrescentados ao da mãe de Deus. Tem-se assim *Maria da Conceição, Maria do Carmo, Maria da Boa Morte, Maria da Glória, Maria dos Prazeres, Maria dos Anjos,* etc.

É digno de observar-se que a negra, extraordinariamente sensual, embora fiel e casta no casamento, não resiste ao desejo de conquistar o amor do dono por meio de cuidados particulares e tocantes atenções escondidas sob a aparência da humildade; deve-se dizer que essa artimanha dá excelentes resultados em todas as circunstâncias.

Explicação da prancha

A cena se passa à entrada da nave de uma igreja; observa-se, como em todas as outras, a segunda porta isolada (espécie de paravento de madeira), vendo-se um pouco mais adiante parte de dois modilhões que sustentam a tribuna da orquestra, onde se encontra o órgão. Embaixo desses suportes, iniciam-se balaustradas que separam de ambos os lados as capelas laterais, correndo até o estrado do altar-mor. O chão é guarnecido de tábuas cobrindo os túmulos destinados ao sepultamento dos irmãos. As faixas de pedra mostram a espessura do muro que divide os túmulos, em geral de seis a oito pés de profundidade e nos quais se coloca certa quantidade de terra, seis polegadas mais ou menos, para recobrir o corpo e isolá-lo. Faz-se a inumação, por ordem numérica sucessiva, e é costume desenterrar os ossos no fim de um ano a fim de abrir vagas. Os ossos são conservados em urnas amontoadas num carneiro situado num pátio contíguo à igreja.

A esse antigo costume sucedeu a construção de catacumbas em galerias abertas anexas à igreja, sendo a inovação multiplicada ao infinito a partir de 1816. Mas, em 1830, uma lei de salubridade pública proibiu a inumação dos corpos dentro das igrejas e estabeleceu a criação dos cemitérios no gênero dos de França.

Desse grupo de novos esposos, o casal do primeiro plano é aquele cujo físico denuncia qualidades morais superiores, e o do segundo plano o menos bem-dotado. A atitude das negras é imitada da de suas senhoras; como elas, seguram um leque embrulhado num lenço branco.

O momento representado é o da bênção do laço conjugal, cujo cerimonial consiste em o futuro esposo colocar a mão sob a extremidade da estola apresentada pelo padre, e a noiva colocar a sua por cima, sendo ambas envolvidas pela fita, no momento da bênção.

Para abreviar a cerimônia, o oficiante faz uma exortação geral e dá em seguida a bênção nupcial a cada grupo em particular. O padrinho (cocheiro) assiste a uma distância respeitosa.

Enterro de um negrinho

Esta prancha apresenta dois tipos de enterro de negrinho; o mais luxuoso, que ocupa o centro da gravura, exige locação temporária não somente da cadeirinha forrada de damasco, mas ainda do pequeno caixão enfeitado com ramalhetes de flores artificiais e da coroa de folhas fornecida pelo *armador*. Terminado o enterro, todos os acessórios são devolvidos ao armador e pagos à razão de dois a quatro mil-réis, conforme o estado de conservação dos objetos; o salário dos portadores fica a cargo dos parentes do defunto. Mas esse luxo é em geral reservado às casas ricas, onde se deseja praticar dignamente uma obra de devoção em benefício do anjinho[1]. A negra livre, remediada, sempre membro de uma irmandade religiosa, não hesita em realizar essa despesa, que considera um dever.

O segundo enterro é infinitamente mais simples e exige apenas um carregador para o caixão, ao preço de oito francos no máximo; entretanto, para o indigente que utiliza o seu tabuleiro recoberto por uma toalha de renda, a fim de nele depositar o

---

[1] *A negra que acompanha é uma das escravas mais antigas da casa, o mais das vezes madrinha do negrinho. (N. do A.)*

corpo, o enterro custa apenas a remuneração do carregador, quando não é este pedido de empréstimo ao vizinho, último recurso da extrema pobreza.

Se a perda dessa criança escrava dá à dona da casa a consolante esperança de um anjinho que por ela interceda no céu, sente-a também o senhor, privado de um capital de dois mil francos talvez, que representaria esse imóvel vivo.

No Brasil, entretanto, a mortalidade dos negros, geralmente bastante grande, é compensada pela espantosa fecundidade das negras, dotadas por outro lado de uma constituição física favorável ao parto, o qual é ainda facilitado pela extrema pequenez do crânio do negro. O negrinho, ao nascer, é vermelho-amarelado; percebe-se somente em torno das unhas dos pés e das mãos e das partes genitais um matiz um pouco mais escuro, que invade em oito dias o resto do indivíduo.

Vê-se, portanto, que não é o ardor do sol na terra africana que dá a cor preta à pele do negro; sabe-se, com efeito, que esse matiz escuro provém do tecido mucoso e reticular malpighiano sob a epiderme. Este é uma congregação da mucosidade malpighiana que transpira continuamente pelos vasos do córion e forma esse pigmento escuro e oleoso da pele do negro. A cor amarelada do negrinho recém-nascido escurece pouco a pouco, em algumas semanas, e cada vez mais, à proporção que o negro cresce, tornando-se de um preto luzidio na força da idade e embaçando e mesmo empalidecendo na caducidade, época em que os cabelos também se tornam grisalhos. Quando o negro está doente, descolora-se e se torna lívido. Mais ainda, a transparência do tecido é de tal ordem que um olho prático percebe o negro corar ao ser repreendido.

Embora não sejam todas as raças igualmente pretas, os indivíduos que se tornam mais escuros dentro de cada uma são também os mais robustos, os mais ativos, os mais viris; ao contrário, os que ficam somente pardos ou marrons são fracos e degenerados. A cor preta do negro não se limita à pele, encontra-se por toda parte; o sangue é mais escuro, a carne é de um vermelho mais carregado, a parte cortical do cérebro é também mais escura, a medula alongada é de uma cor amarelo-acinzentada; a bílis é também de matiz mais carregado, etc. Examinando-se as proporções da cabeça, encontra-se uma face excessivamente desenvolvida em comparação com o estreitamento do crânio, em geral um nono menor do que o do europeu, diferença que se verifica enchendo-se ambos de um líquido e que explicaria a inferioridade de suas faculdades mentais reconhecida entre nós. A fisiologia atribui à espessura da medula espinhal do negro sua extrema predisposição para sensações e excitações nervosas, flagelo a mais na sua escravidão. As cicatrizes ficam cinzentas e as queimaduras são marcadas por um rosa esbranquiçado. Pela maior alvura da pele reconhece-se igualmente a palma das mãos de uma negra lavadeira e a planta dos pés de um negro marchador.

Em resumo, os sábios naturalistas concordam em que o negro é uma espécie à parte da raça humana e destinada, pela sua apatia, à escravidão, mesmo em sua pátria.

Prancha 16

Enterro de uma negra

A única diferença que existe entre o acompanhamento do enterro de uma negra e o de um homem da mesma raça reside no fato de o cortejo se constituir unicamente de mulheres, à exceção de dois carregadores, de um mestre-de-cerimônias e do tambor. Este carrega um caixote de madeira de tamanho médio, sobre o qual executa de vez em quando uma espécie de rufo lúgubre com as palmas das mãos; como esse caixote é carregado debaixo do braço, o tambor vê-se obrigado a agachar-se de quando em quando e colocá-lo sobre os joelhos para poder agir. Mas, assim que o cortejo o alcança, ele se lança de novo para a frente, a fim de ganhar terreno, o que explica os intervalos entre os rufos, preenchidos aliás pelas salmodias do cortejo feminino, cujos clamores mágicos incitam inúmeras compatriotas a se unirem ao enterro. Entre os *moçambiques,* as palavras do canto fúnebre são especialmente notáveis pelo seu sentido inteiramente cristão, pois, entre os outros, limitam-se a lamentações acerca da escravidão, ainda assim grosseiramente expressas.

Dou aqui o texto moçambique em português: "Nós estamos chorando o nosso parente, não enxerguemos mais; vai embaixo da terra até o dia do juízo, hei de século seculorum amém."

Quando a defunta é de classe indigente, os parentes e os amigos aproveitam a manhã para transportar o corpo numa rede e depositá-lo no chão, junto ao muro de uma igreja ou perto da porta de uma venda. Aí, uma ou duas mulheres conservam acesa uma pequena vela junto à rede funerária e recolhem dos passantes caridosos módicas esmolas para completar a importância necessária às despesas de sepultura na igreja ou, mais economicamente, na Santa Casa de Misericórdia, onde esse tipo de inumação custa três patacas, ficando o transporte por conta da instituição.

Essa exposição pública atrai infalivelmente os curiosos, sobretudo compatriotas da defunta, que também contribuem para o enterro. Pobres como ela, dão apenas, o mais das vezes, uma moeda de dez réis, a menor moeda em circulação. Mas o número supre a modicidade do óbolo, pois não há exemplo de indigente moçambique que fique sem sepultura por falta de dinheiro.

A cena se passa diante da *Lampadosa,* pequena igreja servida por um padre negro e assistida por uma confraria de mulatos.

O mestre-de-cerimônias, negro, com uma vara na mão, vestindo uma dupla cota formada por lenços de cor e com sua rodilha à cabeça, faz parar o cortejo diante da porta, que só é aberta no momento da chegada, a fim de evitar a entrada da multidão de curiosos, seus compatriotas. O tambor aproveita essa parada para fazer rufar seu instrumento, enquanto as negras depositam no chão seus diversos fardos, a fim de acompanhar com palmas os cantos fúnebres em honra da defunta transportada na rede e acompanhada por oito parentes ou amigas íntimas, cada uma das quais pousa a mão sobre a mortalha.

A essa ruidosa pompa funerária junta-se o som de dois pequenos sinos, quase coberto pelo ranger dos gonzos enferrujados que os suportam. E a sombra da noite cobre todos esses detalhes com um véu fúnebre, pois a cerimônia, de acordo com os costumes brasileiros, só começa no fim do dia.

Enterro do filho de um rei negro

Não é extraordinário encontrarem-se, entre a multidão de escravos empregados no Rio de Janeiro, alguns grandes dignitários etiópicos e mesmo filhos de soberanos de pequenas tribos selvagens. É digno de nota que essas realezas ignoradas, privadas de suas insígnias, continuem veneradas por seus antigos vassalos, hoje companheiros de infortúnio no Brasil. Esses *homens de bem,* que na sua maioria prolongam sua carreira até a caducidade, morrem em geral estimados por seus senhores.

É comum, quando dois pretos se encontram a serviço na rua, o súdito saudar respeitosamente o soberano de sua casta, beijar-lhe a mão e pedir-lhe a bênção. Dedicado, confiando nos conhecimentos de seu rei, consulta-o nas circunstâncias difíceis. Quanto aos *escravos nobres,* graças à sua posição, conseguem de seus súditos os meios suficientes para comprar a própria liberdade; e desde então empregam escrupulosamente toda a sua atividade no reembolso da dívida sagrada.

Retirado economicamente no porão de um beco qualquer, cobre com seus andrajos a sua grandeza e, revestido de suas insígnias reais, preside anualmente, no seu pobre antro, as solenidades africanas de seus súditos. Ao morrer, ele é exposto estendido na sua esteira, com o rosto descoberto e a boca fechada por um lenço [1]. Quando não possui nenhuma das peças de seu traje africano, o mais artista de seus vassalos supre a falha traçando no muro o retrato de corpo inteiro e de tamanho natural do *monarca defunto no seu grande uniforme embelezado com todas as suas cores,* obra-prima artística ingênua, servil imitação que estimula o zelo religioso de seus súditos, solícitos em jogar água benta sobre o corpo venerado. O mais difícil para eles está em saírem, depois, do porão repleto de gente, e atravessarem a multidão de curiosos que estaciona à porta.

O defunto é visitado também por deputações das outras nações negras, representadas cada qual por três dignitários: o *diplomata,* revestido de um colete, calças pretas, chapéu de bicos bastante seboso e mais ou menos rústico; o *porta-bandeira,* segurando um varapau comprido no alto do qual se desfralda um trapo de cor; e o *capitão*

---

[1] *A necessidade de envolver a parte inferior do rosto com um lenço atado se explica pelo hábito que os pretos têm de colocar uma moeda na boca do defunto. (N. do A.)*

da guarda, armado de uma vareta enrolada numa fita estreita ou simplesmente enfeitada com um laço, limitando-se o uniforme militar a uma simples calça para esconder a nudez. Cada deputação, ao chegar, é introduzida pelo seu capitão da guarda, que faz uso da arma para abrir passagem através da multidão; a delegação torna a sair da mesma maneira.

Embora nenhum ornamento funerário designe a porta da casa do defunto, pode ela ser reconhecida, mesmo de longe, pelo grupo permanente de seus vassalos, que salmodiam, acompanhando-se ao som de instrumentos nacionais pouco sonoros, mas reforçados pelas palmas dos que os cercam. Estas constituem-se de duas batidas rápidas e uma lenta ou de três rápidas e duas lentas, geralmente executadas com energia e conjunto. A esse ruído monótono, que se prolonga desde o amanhecer, mistura-se por intervalos a detonação das bombas, e isso dura até seis ou sete horas da noite, quando se inicia a organização do cortejo runerário.

A procissão é aberta pelo mestre-de-cerimônias. Este sai da casa do defunto fazendo recuar a grandes bengaladas a multidão negra que obstrui a passagem; erguem-se o negro fogueteiro, soltando bombas e rojões, e três ou quatro negros volteadores, dando saltos mortais ou fazendo mil outras cabriolas para animar a cena. A esse espetáculo turbulento sucede a saída silenciosa dos amigos e das deputações, escoltando gravemente o corpo, carregado numa rede coberta por um pano mortuário. Finalmente, a marcha é fechada por alguns outros ajudantes, armados de bengala, que constituem a retaguarda e têm por fim manter a distância respeitosa os curiosos que a acompanham. O cortejo dirige-se para uma das quatro igrejas mantidas por irmandades negras: a *Velha Sé, Nossa Senhora da Lampadosa, Nossa Senhora do Parto* ou *São Domingos.*

Durante a cerimônia do enterro, o estrondo das bombas, o ruído das palmas, a harmonia surda dos instrumentos africanos acompanham os cantos dos nacionais, de ambos os sexos e todas as idades, reunidos na praça diante do pórtico da igreja.

Finalmente, terminada a cerimônia, os soldados da polícia dispersam a chibatadas os últimos grupos de vadios, para que tudo termine dentro das normas brasileiras.

Prancha 17

Primeiras medalhas cunhadas no Brasil

É ainda à colônia de artistas franceses chamados ao Rio de Janeiro em 1816 que se deve a primeira produção numismática gravada e cunhada no Brasil, monumento duradouro e autêntico da época de sua elevação a *reino unido,* título que permutou mais tarde pelo de *império independente.*

Com efeito, no decorrer de 1816, primeiro ano dos preparativos dessa grande obra política que deu origem, sob todas as formas, a monumentos de gratidão e dedicação, sentiu o Senado da Câmara do Rio de Janeiro a necessidade imperiosa de consagrar uma medalha à glória do novo reino brasileiro.

Apelou-se para os gravadores da *Casa da Moeda,* mas estes só foram capazes de copiar, ainda assim imperfeitamente, os ferros, já de si informes, importados de Inglaterra para cunhar as moedas de ouro. Mais de um ano já decorrera de infrutíferos ensaios, quando um francês, gravador de medalhas, chegou ao Rio de Janeiro, e o feliz acaso reanimou as esperanças do Senado. O artista iniciou a gravura da efígie real, enquanto *Grandjean,* nosso arquiteto, se ocupava por seu lado da composição do reverso, representando um templo dedicado a Minerva, onde se via um busto do rei coroado pela deusa. O programa foi o mesmo estabelecido pelos senadores para as luminárias que pretendiam organizar a suas expensas. Todas as dificuldades de execução pareciam aplainadas, quando, infelizmente, ao fim de alguns meses de trabalho, o gravador foi atacado de alienação mental, o que o obrigou a deixar o Brasil; e pela segunda vez foi a confecção dos ferros adiada indefinidamente.

Com efeito, somente em 1820, época da organização da Academia de Belas-Artes, a classificação dos professores distinguiu como gravador de medalhas um dos irmãos *Ferrez,* estatuário. Passando então para as suas atribuições a gravação da efígie real, fez ele o motivo de uma primeira medalha, que apresentou ao rei. Esse êxito completo, tanto quanto inesperado e rápido, tranqüilizou o Senado acerca da realização de seus desejos; e, graças à atividade do gravador, viu-se aparecer no mesmo ano a medalha há tanto tempo desejada, consagrada à ascensão ao trono de *Dom João VI, fundador do Reino Unido de Portugal, Brasil e Algarves.*

Esses dois primeiros monumentos numismáticos ocupam a primeira linha, a qual apresenta, no centro, a efígie do rei, comum a ambos.

As duas medalhas cunhadas no império encontram-se na segunda carreira, cujo centro é também ocupado pela efígie imperial, que lhes é igualmente comum. A primeira é consagrada à fundação do Império do Brasil e a segunda, à inauguração da Academia Imperial de Belas-Artes, no Rio de Janeiro.

Finalmente, as duas últimas, na terceira linha, são a medalha com efígie imperial cunhada para comemorar a reorganização da Academia de Medicina e Cirurgia do Rio de Janeiro (decreto imperial de 1826), e a medalha da instalação da Sociedade de Medicina do Rio de Janeiro, realizada a 24 de abril de 1830 em obediência a um decreto imperial.

Existem várias outras medalhas, tais como as da instituição do ensino mútuo, do encorajamento à indústria nacional, etc. Todas elas foram gravadas e cunhadas pelo mesmo autor *Zépherin Ferrez,* nosso colega[1].

---

[1] *A coleção da Biblioteca Real de Paris possui provas dessas três primeiras medalhas.* (N. do A.)

Prancha 18

Uniforme dos ministros

Justificando a analogia entre o uniforme dos ministros e a indumentária dos camareiros na corte do Rio de Janeiro, pode-se observar que o antigo sistema de servidão generalizada, estabelecido em Portugal, autorizava o rei a classificar igualmente entre seus camareiros os súditos da mais alta nobreza, os diplomatas ou os militares de maior mérito. É natural encontrar-se o reflexo desses costumes no Brasil, governado pela corte de Lisboa[1].

O pequeno uniforme aqui representado apresenta bordados apenas na gola e nos enfeites, com o mesmo caráter de desenho desse grau, ao passo que o grande uniforme tem bordados em todas as costuras. A casaca é de lã verde forrada de seda; a calça é de casimira branca, as meias, de seda da mesma cor; e o chapéu, guarnecido de plumas.

Outrora, cada ministro tinha um soldado de cavalaria a seu serviço, mas a partir de outubro de 1825, entrando para o ministério o *Visconde de Barbacena,* foram os soldados substituídos por contínuos de gabinete, ou melhor, correios dos ministros. Trajam estes contínuos casaca azul com gola e ornatos vermelhos agaloados de ouro, calça azul guarnecida de couro, botas de montaria, chapéu encerado. O correio acompanha a carruagem de seu senhor. O ministro intendente da polícia é o único a ser escoltado por um soldado de cavalaria da polícia. É o correio, estacionado diante da porta de entrada do ministro, que se deve procurar ao entrar.

---

[1] *Não parece sem interesse para a história portuguesa consignar-se aqui a firme decisão dos dois jovens duques de Cadaval de fugir a esse jugo humilhante, recusando qualquer emprego na corte de Dom João VI, seu primo, a fim de conservarem o nobre privilégio de trocar visitas com o rei, seu parente, sem a obrigação do beija-mão. Esse ato de independência feriu profundamente a vaidade real no Rio de Janeiro. (N. do A.)*

Prancha 19

Alta personagem brasileira beijando a mão do imperador, o qual conversa com um oficial de sua guarda

Dom Pedro, logo que assumiu a regência, desenvolveu brilhantemente todas as qualidades de um soberano regenerador; acima de tudo amigo da retidão e desejoso de conhecer pormenorizadamente as necessidades de seus súditos, consagrou paternalmente um dia da semana a uma audiência pública, no Rio de Janeiro. Todos os sábados, das nove horas da manhã às duas da tarde e em seguida das quatro às seis e meia, a qualquer cidadão era permitido falar-lhe, dirigir-lhe um pedido. Cada solicitação era em seguida examinada pelo Conselho de Estado, e o solicitador podia, dois dias mais tarde, ir ler a resposta num registro franqueado ao público, durante a manhã, na Secretaria de Estado. Mas os partidários portugueses que ainda se encontravam no poder prejudicaram essa atitude persuadindo o príncipe de que, na qualidade de regente, não lhe era permitida qualquer decisão definitiva sem a sanção prévia das Cortes de Lisboa[1].

Limitado assim nas suas possibilidades, o imperador manteve apenas o costume do *beija-mão*. O que explica esta expressão portuguesa é que a honra de beijar a mão do soberano, tradição oriental da mais alta antiguidade, transmitida pelos portugueses ao Brasil, degenerou em obrigação, para todo indivíduo que se aproxima de seu protetor, de sujeitar-se a esse sinal de escravidão. Por isso, diariamente e por hábito, o imperador dá sua mão a beijar a todos os que o esperam à sua passagem; e se, por exceção muito rara, ele a recusa, isso se torna um sinal público de repulsa para o súdito desprezado. Essa demonstração de favor readquire toda a sua dignidade primitiva nos dias de recepção na corte, em que cada pessoa admitida se aproxima do soberano, cumprimenta com uma ligeira genuflexão e se retira beijando-lhe a mão.

Esse cerimonial deu às grandes recepções dos dias solenes, de grande gala ou de pequena gala, o nome de *beija-mão*[2].

---

[1] *Pouco tempo depois tudo tomou uma nova forma, com a emancipação do Brasil. (N. do A.)*
[2] *Grande gala, beija-mão. Votos de feliz ano novo, 1.º de janeiro; resolução de Dom Pedro de ficar no Brasil, 9 de janeiro; juramento do imperador à constituição do império, 25 de março; nascimento de Dona Maria, segunda rainha de Portugal, 4 de abril; abertura da assembléia geral, 3 de maio; aceitação do título de defensor perpétuo do Brasil por Dom Pedro I, 13 de maio; festa de S. M., Imperatriz Amélia, 10 de junho; aniversário de seu nascimento, 31 de junho; proclamação da independência do Brasil, 7 de setembro; nascimento de S. M., Dom Pedro I, e aclamação, 12 de outubro; festa de S. M. I., 19 de outubro; aniversário da coroação de Dom*

O artista imagina aqui o imperador entrando no vestíbulo do palácio, seguido por um camareiro e um reposteiro-mor. O camareiro, como indica a nota da prancha 18, usa a casaca de corte dos grandes dignitários, mas caracterizada pela chave de ouro, insígnia de seu cargo; o reposteiro-mor, colocado atrás dele, tem bordados mais simples e uma chave de prata.

O primeiro motivo, um pouco mesquinho, do desenho do grande bordado adotado no Império, composto de um ramo de arroz entrelaçado com palmas, foi substituído mais tarde por um grupo de penas inspirado no bordado da corte de Portugal, modificação que irritou o partido brasileiro, o qual nela via uma reminiscência do regime absoluto. Devo confessar, entretanto, como desenhista, que o efeito deste último bordado é maior e muito mais rico.

Reproduzo, à esquerda da prancha, o detalhe dos dois bordados do camareiro e, à direita, o desenho mais simples do bordado do reposteiro.

Pedro I, 1.º de dezembro; nascimento de Dom Pedro II, 2 de dezembro; festa de Nossa Senhora da Conceição, protetora do império, 8 de dezembro; primeira oitava de Natal, 26 de dezembro.
  Pequena gala, beija-mão. Nascimento da Princesa Imperial Dona Paula Mariana, 17 de fevereiro; nascimento da Princesa Imperial Dona Januária, 11 de março; aniversário do segundo casamento do imperador e do nascimento da Princesa Imperial Francisca Carolina, 2 de agosto. (N. do A.)

Prancha 20

Quinta Real da Boa Vista ou Palácio de São Cristóvão

A *Quinta Real da Boa Vista* deve seu nome à sua bela situação e apresenta o duplo interesse da transformação de uma simples casa de campo em palácio real, através de melhoramentos sucessivos, determinados pelo crescimento do Brasil. Simples residência de um rico colono, escolhida pelo Príncipe Real Dom João VI, em 1808, para sua permanência habitual, São Cristóvão passou por algumas reformas indispensáveis a fim de abrigar o soberano e sua filha mais velha, casada com o infante da Espanha, *Dom Carlos*. Pouco tempo depois, um arquiteto inglês, de passagem pelo Rio de Janeiro, substituiu à simplicidade uniforme dessa chácara uma decoração exterior de estilo gótico muito mais digna de uma corte européia. Pudemos ver, à nossa chegada, um dos quatro pavilhões projetados para os cantos do edifício já terminado em 1816, época em que aquele artista inglês deixou o Brasil. Logo após a solenidade da coroação do rei e do casamento do Príncipe Dom Pedro, exigindo o castelo nova reforma, a corte dela encarregou um arquiteto português, então empregado como pintor de cenários[1], o qual, naturalmente, voltou ao estilo português. Assim ficaram as coisas até 1822, ano em que a ascensão de Dom Pedro ao trono imperial exigiu uma distribuição interna de um caráter mais elevado, começando-se então a construção do segundo pavilhão da fachada principal do palácio. Mas a morte de *Manuel da Costa*, em 1826, levou o imperador a contratar um jovem arquiteto francês[2], já a seu serviço, o qual apresentou projetos de completa remodelação, infinitamente preferíveis pela pureza de estilo. Executados com rapidez, o exterior do segundo pavilhão bem como a fachada do edifício principal já se achavam terminados em 1831, quando o imperador e o arquiteto foram obrigados a se retirar para a França. Desde então, e até 1836, o palácio imperial não sofreu nenhuma reforma.

Assim terminaram, por conseguinte, todos os esforços em prol da implantação do luxo europeu nessa vivenda em que, graças ao seu isolamento, Dom João VI começara a se refazer da terrível catástrofe que o exilara para o Brasil. Nesse retiro passou ele doze anos bastante tranqüilo, tendo sido arrancado daí por um movimento político ocorrido em Lisboa, a 22 de abril de 1821, no décimo quarto ano de sua residência no Brasil. Palácio que merecia um destino mais elevado, foi abandonado dez anos mais tarde, mês por mês, a 7 de abril de 1831, após vinte e três anos de

---
[1] *Manuel da Costa.* (N. do A.)
[2] *Pezerat.* (N. do A.)

residência, por Dom Pedro I, imperador do Brasil. Nessa ilustre solidão, Dom Pedro I, criança, desenvolvera suas faculdades físicas; aí gozara, adolescente, as doçuras do casamento e da paternidade e suportara, ainda jovem, o terrível peso de uma coroa imperial. Cheio de brilhantes recordações, hoje simples residência de recreio, privada de suas grandes e resplendentes recepções, de suas importantes conferências diplomáticas, o Palácio de São Cristóvão ainda tem a honra de receber a jovem família reinante, que vem repousar de quando em quando do jugo do estudo imposto a uma grandeza prematura.

Explicação da prancha

Pareceu-me que o melhor meio de apresentar ao leitor a série de reformas que em quinze anos transformaram em palácio imperial uma simples casa de campo brasileira, situada em São Cristóvão, consistia em organizar um quadro comparativo das diferentes modificações por que passou, reconhecíveis pela diversidade dos estilos arquiteturais, a qual explica, ao mesmo tempo, a marcha progressiva e rápida da civilização de um povo regenerado desde 1816.

O número 1 mostra o aspecto da casa térrea oferecida em 1808 a Dom João VI, quando de sua chegada ao Rio de Janeiro, a título de residência de recreio. Simples habitação, é digna entretanto de figurar como modelo entre as mais espaçosas casas de campo brasileiras, pela extensão de sua *varanda,* ou galeria de vinte colunas, indispensável abrigo contra o ardor do sol, que lhe decora a fachada principal comportando um primeiro andar, verdadeiramente excepcional em uma *chácara.* De conformidade com o costume, domina ela toda a propriedade a que pertence, graças à sua situação no alto de uma colina.

Sob número 2 apresento a primeira reforma, já de gosto mais europeu, pois é de estilo gótico. Comporta então o palácio um pavilhão colossal construído numa das extremidades da fachada principal, decorada por uma galeria de dezessete arcadas em ogiva. Vê-se também a parte da frente do platô, reservada ao pátio de honra, fechado por uma grade com três entradas que se pode descrever no terceiro desenho de maior escala.

Como essa primeira inovação, obra de um arquiteto inglês, que data de 1816, é facilmente distinguível de longe pelas suas massas, coloquei-a no panorama geral da paisagem a que domina e cuja extremidade, do lado do muro, é coroada pelo antigo *Lazareto,* utilizado mais tarde como quartel das tropas de guarda do palácio. Ao pé dessa mesma colina, percebe-se o pequeno molhe de madeira, ponto de desembarque em frente do novo caminho de São Cristóvão, onde a 7 de abril de 1831 Dom Pedro I embarcou, abandonando para sempre o Palácio Imperial de São Cristóvão, entregue desde então a seu filho, Dom Pedro II, em favor do qual abdicara no mesmo dia.

No terceiro desenho reproduzo em maior escala essas mesmas massas, decoradas desta vez em estilo português, característico da restauração feita em 1822 por ocasião da ascensão ao trono de Dom Pedro I, imperador do Brasil. A grade de honra, entretanto, não sofreu nenhuma modificação salvo nas armas que coroam o portão central, as quais foram substituídas pelas do Império do Brasil. Toda a construção dessa grade é de terracota branca, montada em pedaços e cujos ornatos, finamente estampados, foram fabricados em Londres segundo desenhos e sob as ordens do arquiteto inglês autor da restauração em estilo gótico. É lamentável que o portão central, bem como toda a parte direita desse muro, tendo permanecido impraticáveis desde a sua construção, sirvam apenas de decoração provisória para o fecho da esplanada, à qual se reservou uma entrada lateral, única acessível em virtude do declive suave aberto deste lado.

Ao mesmo tempo que a restauração do Palácio Imperial de São Cristóvão tomava um aspecto dia a dia mais grandioso, o gosto europeu introduzido nessa época nas casas de campo dos arrabaldes do Rio de Janeiro, habitadas por estrangeiros, presidia igualmente ao ajardinamento ordenado pelo imperador para embelezar o Parque de São Cristóvão; nessa época reformou-se também a *Joaninha,* bem como suas dependências, na parte baixa dessa propriedade tão pitorescamente regada pelo pequeno riacho de *Engenho Velho*. E menos de dois anos mais tarde, esse admirável sítio anglo-brasileiro deu novo encanto ao palácio e tornou-se com razão um objetivo habitual de passeio para a jovem família imperial.

Em meio a essa sucessão rápida de inovações, nasceu o desejo de embelezar o pátio de honra com um repuxo, utilizando-se uma fonte existente na parte do jardim ao pé de uma das faces laterais do palácio. Mas como essa nascente se acha colocada a trinta pés abaixo do nível do tanque projetado, a necessidade de uma máquina hidráulica fez com que se adotasse um aparelho de fabricação inglesa, suficiente aos primeiros ensaios, à espera dos aperfeiçoamentos graças aos quais se obtém, atualmente, um forte jato de água jorrando de uma bacia escavada no centro do tanque quadrado, cercado de uma grade de apoio da mesma forma, nos cantos da qual se colocaram lampiões completando a iluminação do pátio de honra.

Voltando à distribuição interna do palácio, resta-nos dizer que o pavilhão se destinava especialmente à hospedagem do rei e que os pequenos aposentos das pessoas a serviço do monarca tinham suas portas abertas para a galeria, na parte mais próxima do pavilhão; as duas últimas, do lado oposto, davam entrada para as salas do conselho e do trono. A capela do castelo e os aposentos do Príncipe Real Dom Pedro haviam sido colocados na parte traseira do pequeno edifício construído lateralmente e cuja escada de serviço dava para o pátio das estrebarias, situado na face oposta à da varanda. Também se reuniram nesse pátio algumas dependências, etc.

Finalmente, a quarta vista, apanhada do pátio de honra, comporta o acréscimo do segundo pavilhão de dois andares, já habitado em 1830 por SS. MM. II. Quanto à distribuição interior, bastará dizer que o útil e o agradável engenhosamente combinados comprovam o talento do nosso jovem arquiteto francês Pezerat, autor da última restauração, que permaneceu infelizmente inacabada em seu conjunto por causa da partida de Dom Pedro I, em 1831.

Prancha 21

O judas do Sábado de Aleluia

O sentimento dos contrastes, que fecunda tão marcadamente o gênio dos povos meridionais da Europa, encontra-se igualmente no brasileiro, caracterizando-se pela capacidade de fazer suceder ao espetáculo lamentável das cenas da Paixão de Cristo, carregadas processionalmente durante a Quaresma, o enforcamento solene do judas no Sábado de Aleluia. Compassiva justiça que serve de pretexto a um fogo de artifício queimado às dez horas da manhã, no momento da Aleluia, e que põe em polvorosa toda a população do Rio de Janeiro, entusiasmada por ver os pedaços inflamados desse apóstolo perverso espalhados pelo ar com a explosão das bombas e logo consumidos entre os vivas da multidão! Cena que se repete no mesmo instante em quase todas as casas da cidade.

É ao primeiro som de sino da Capela Imperial, anunciando a ressurreição do Cristo e ordenando o enforcamento do judas, que esse duplo motivo de alegria se exprime a um tempo pelas detonações do fogo de artifício, as salvas da artilharia da marinha e dos fortes, os entusiásticos clamores do povo e o carrilhão de todas as igrejas da cidade. É preciso confessar que essa oportunidade de um contraste tão marcado, tirado de um mesmo objeto e que, terminando devotamente a Quaresma, apaga no espaço de dez minutos, de um modo igualmente engenhoso, a austeridade de suas formas, constitui o triunfo da imaginação num povo vivo e infinitamente impressionável.

Passando aos preparativos da cena, vemos a classe indigente, que se presta facilmente às ilusões, armar um judas enchendo de palha uma roupa de homem a que se acrescenta uma máscara com um boné de lã para formar a cabeça; algumas bombas colocadas nas coxas, nos braços e na cabeça servem para deslocar o boneco no momento oportuno; uma árvore nova trazida da floresta faz as vezes de uma forca econômica, e o povo do bairro sente-se satisfeito. Observe-se que é de rigor fazerem-se esses preparativos durante a noite, a fim de estar tudo pronto pela manhã.

Nos bairros comerciais a ilusão é mais completa, mas também mais dispendiosa. Os empregados se cotizam para mandar executar, pelo costureiro e fogueteiro reunidos, uma cena composta de várias peças grotescas, aumentando consideravelmente o divertimento sempre terminado com o enforcamento do judas pelo diabo, que serve de carrasco; *nec plus ultra* da ficção poética e da imitação dos movimentos do grupo das duas figuras, cujos balanços e oscilações são provocados e variados pelo arrebentar dos foguetes que os consomem finalmente, excitando a última bomba o mais ruidoso entusiasmo.

Graças a um concurso de circunstâncias, vimos ressurgir, na Quaresma, esse antigo divertimento caído em desuso há mais de vinte anos, ou melhor, proibido no Brasil desde a chegada da corte de Portugal, sempre desconfiante dos ajuntamentos populares. O temor é perfeitamente justificável ante a aproximação das novas Constituições liberais, pois três dias antes de minha partida do Rio de Janeiro, no Sábado de Aleluia de 1831, viu-se nas praças da cidade um simulacro do enforcamento de algumas personagens importantes do governo, como o ministro intendente-geral e o comandante das forças militares da polícia.

Posteriormente, a liberdade favoreceu o desenvolvimento aparatoso desse divertimento, que permaneceu, é preciso dizer, absolutamente estranho às alusões políticas e unicamente adstrito ao talento do fogueteiro e do costureiro. E seus progressos foram tão rápidos que, em 1828, época mais brilhante desse divertimento renascente, um edital da polícia induzia o fogueteiro a maior economia, a fim de prevenir prudentemente os incêndios, sobretudo nas pequenas ruas, e censurava ao mesmo tempo os cidadãos pelo abuso de despesas tão frívolas e vergonhosas para seu patriotismo. A censura deu resultado, e as despesas foram moderadas.

Quanto ao detalhe, as peças de que se compõe o fogo de artifício são pequenos grupos de figuras grotescas, engenhosamente fabricadas com simples folhas de papel coladas e coloridas, sempre fixadas a um pequeno tabuleiro girando horizontalmente. A figura indispensável, capital, é a do judas, de blusa branca (pequeno dominó branco de capuz, usado pelos condenados); suspenso pelo pescoço a uma árvore e segurando uma bolsa supostamente cheia de dinheiro, tem no peito um cartaz quase sempre concebido nestes termos: "Eis o retrato de um miserável, supliciado por ter abandonado seu país e traído seu senhor". Um diabo negro, o mais feio possível, a cavalo sobre os ombros da vítima, faz as vezes de carrasco e parece apertar com o peso de seu corpo o laço que estrangula o desgraçado.

Mais engenhoso ainda é o diabo amarrado pela cintura, de modo a escorregar pela corda do judas, e suspenso três ou quatro pés acima da cabeça do boneco por meio de uma outra corda, que se distende repentinamente em conseqüência do estouro de uma bomba e deixa cair o carrasco a cavalo em cima do pescoço da vítima. Esse efeito teatral, extraordinário, imita perfeitamente a pantomima do enforcamento, prolongada durante longo tempo, apresentando o espetáculo de um horrível grupo agitado sem cessar, entre turbilhões de fumaça, pela detonação dos petardos encerrados dentro dos dois manequins. Tudo termina afinal com uma última explosão, que lança para todos os lados mil parcelas inflamadas, logo reduzidas a cinza [1].

---

[1] *Como o tema religioso consiste em fazer do diabo um perseguidor e criminoso, o dragão que acende o fogo é sempre uma serpente alada que pula do pedestal de um Lúcifer, suposto ordenador da execução do suplício e que também se abrasa no fim. Reproduzo dois grupos desses belos fogos de artifício, com essa diferença, entretanto, que no mais complicado dos dois, naquele em que o diabo cai em cima do judas, o costureiro se mostrou imitador mais fiel na representação do diabo (carrasco negro todo acorrentado, como se vê nas execuções judiciárias). (N. do A.)*

Imagine-se essa obra-prima do fogueteiro suspensa a quarenta ou cinqüenta pés de altura a uma árvore colossal, cujos galhos guarnecidos de fitas a coroam vinte pés mais alto, e ter-se-á uma idéia dessa cena imponente, que provoca, não sem certa razão, os clamores de alegria do povo apinhado nas ruas e os aplausos dos espectadores dos balcões.

Prancha 22

Víveres levados à cadeia pela irmandade do Santíssimo Sacramento

Se a legislação portuguesa, em vigor no Brasil, dispensa o governo da alimentação dos presos, bárbaro sistema que obriga o indigente privado de parentes ou amigos a recorrer à caridade dos transeuntes para sua subsistência, sua sorte deplorável é entretanto suavizada pela filantropia da irmandade da *Santa Casa da Misericórdia*, que fornece diariamente dois enormes caldeirões de sopa feita com cabeças de bois reservadas especialmente para esse fim, e mais um suplemento de farinha de mandioca. Essa providência caridosa recebe diariamente seu tributo de louvores ao encontrarem os distribuidores a fila de prisioneiros acorrentados carregando os gêneros alimentícios sob a escolta da guarda da polícia.

Esse exemplo de assistência fraternal é também seguido, embora somente uma vez por ano, na véspera de Pentecostes, pela irmandade do *Santíssimo Sacramento*. Seu volumoso presente, que enche os bordos de dois carros de bois, compõe-se de carne fresca, toicinho, carne-seca, feijões-pretos, laranjas e farinha de mandioca. Mas o valor dessa oferta, levada à cadeia pela manhã, na véspera da festa do Espírito Santo, é logo reembolsado, graças aos inúmeros presentes de toda espécie de comestíveis que, na mesma noite, são entregues em todas as sedes do Santíssimo Sacramento espalhadas pela cidade. Essas oferendas são postas solenemente em leilão, na noite da festa, em benefício da irmandade, a qual aufere disso seus únicos recursos.

O desenho representa a entrada da cadeia, na Rua da Prainha. Já um dos carros atinge seu destino; vem ornado de ramos de mangueira, tal qual o segundo, que o segue. A vanguarda do cortejo já se encontra também parada à porta. O pequeno destacamento de cavalaria estaciona à esquerda, enquanto à direita a banda dos negros toca contradanças para comemorar a chegada do cortejo. As duas bandeiras que precediam o primeiro carro aguardam igualmente o momento oportuno para reunir-se aos que acompanham o segundo carro e terminar assim o cerimonial da marcha. Um dos chefes da expedição toma em seguida o recibo do carcereiro e o cortejo se dispersa. Os irmãos pedintes, em plena atividade ao longo do caminho, dão a beijar aos passantes um pequeno relicário do Espírito Santo e recebem as esmolas dos devotos. O preso de plantão, a fim de implorar a caridade dos transeuntes, beija *gratuitamente* a pequena imagem[1], enquanto as negras do primeiro plano se apressam em trazer seu óbolo com humildade, embora tendo em vista o mesmo intuito.

---

[1] *Uma corrente comprida permite ao preso chegar até a sarjeta da rua da cadeia para implorar a*

O lugar da cena é reproduzido do natural. A ala situada no outro lado do edifício, e da qual se percebe uma parte acima da extremidade da fachada mais afastada, é a prisão das mulheres[1].

No Rio de Janeiro o lugar de carcereiro é bastante lucrativo, e por isso mesmo muito procurado, e somente concedido por proteção especial do ministro intendente da polícia. Um protegido deste, o antigo diretor do Teatro Real *(José Fernandes de Almeida)*, indivíduo muito ativo, já chegara a construir grande parte dos pesados muros de uma nova prisão na cidade nova, perto do novo caminho de São Cristóvão, na certeza de obter, como recompensa, o lugar de carcereiro. Mas sua morte impediu o acabamento da empresa, que ficou abandonada, pelo menos até a minha partida.

Guarda de honra do imperador

N.º 2. Deve-se a criação do *Batalhão da Guarda de Honra Imperial* ao exemplo da dedicação da cavalaria de São Paulo, primeira a chegar ao Rio de Janeiro, a 3 de junho de 1822, para defender contra as tropas portuguesas os direitos do Príncipe Dom Pedro, *pouco antes proclamado defensor perpétuo do Brasil independente*[2]. Belicosa e digna de sua antiga reputação, ela se constituiu patrioticamente em guarda de honra do novo soberano do Brasil, durante essa crise decisiva. Mais tarde, quando da coroação do imperador, criou-se um batalhão especial de cavalaria com o nome de *Guarda de Honra,* formado por voluntários das diversas províncias do império, admitidos somente em serviço temporário e anual, por ocasião dos aniversários das grandes solenidades nacionais.

Vestindo todos o mesmo uniforme, distinguem-se os soldados somente pelas iniciais gravadas na chapa que fixa ao peito a bandoleira da cartucheira[3]. São Paulo é designado por *S. P.;* Minas por *M.;* Rio Grande por *R. G.;* Rio de Janeiro por *R. J.,* etc. Essa guarda acompanha o imperador e o escolta no campo de batalha, sendo somente o esquadrão do Rio de Janeiro encarregado do serviço comum durante o

---

esmola dos passantes; um banquinho de madeira colocado junto à parede serve para que descanse durante suas horas de plantão. (N. do A.)

[1] *Falarei também do oratório colocado num dos pátios da cadeia e no qual, assistidos por um confessor, os condenados à pena capital passam os três dias de retiro que lhes são concedidos antes da execução.*

A primeira cadeia do Rio de Janeiro achava-se situada no fim da rua que beira o lado esquerdo do palácio. Ela foi substituída, no governo do último vice-rei, pela que se vê aqui. Nessa ocasião aproveitou-se primeiramente uma parte do andar térreo abobadado do antigo estabelecimento, instalando-se o correio e colocando-se os arquivos no andar superior; quando da fundação do império, puseram à disposição do arquiteto Manuel da Costa toda a parte superior desse mesmo edifício para a instalação da Assembléia. A entrada principal dá para uma rua que beira o palácio e outra entrada particular, do outro lado, dá para uma praça também do lado do palácio. Resta apenas hoje, perpetuando a recordação da antiga cadeia, uma rua estreita e longa em frente da entrada do correio e que vai terminar no chafariz da Carioca, conservando o nome de Rua da Cadeia. *(N. do A.)*

[2] *A cavalaria de Minas a ela se juntou igualmente logo depois. (N. do A.) Para maiores detalhes ver Gustavo Barroso e Wasth Rodrigues:* Uniformes do exército brasileiro. *(N. do T.)*

[3] *"No escudo do talabarte", diz Gustavo Barroso. (N. do T.)*

resto do ano. A asna virada, encimada por uma roseta verde colocada no braço esquerdo do guarda de honra é símbolo da independência brasileira, pois foi colocada no braço do Príncipe Dom Pedro, defensor perpétuo do Brasil, pelos paulistas, no momento em que deixava a cidade de São Paulo, depois de ter evitado com a sua presença espontânea um movimento de revolta contra a sua autoridade. Esse sinal foi usado por todos os funcionários do governo, até 3[1] de agosto de 1825, quando o imperador, no balcão do palácio da cidade, o retirou publicamente do braço, anunciando a paz concluída entre Portugal e o Brasil emancipado, pelo tratado que ele acabava de ratificar na presença de Lorde Stuart, enviado extraordinário do Rei Dom João VI.

Mais tarde, a influência da civilização, tão notável nos preparativos do segundo casamento do imperador, determinou a escolha do novo modelo de capacete, de estilo bávaro, adotado pela guarda de honra para a recepção da Imperatriz Amélia de Leuchtenberg, princesa da Baviera[2].

Uniforme dos archeiros

O destacamento real e militar dos archeiros, de origem portuguesa, trocou desde há muito sua arma primitiva pela alabarda. Vestindo o uniforme dos suíços da porta da casa de Bragança[3], os archeiros são encarregados do serviço de honra no interior do palácio, mas somente nos dias de gala. Como outrora nossos *cem suíços*, vemo-los nas grandes cerimônias públicas e religiosas acompanharem o soberano ou em fila cerrada junto de sua pessoa ou de ambos os lados da carruagem. Verdadeiros soldados de parada, não são aquartelados, embora tenham por capitão uma das primeiras personagens da corte, a qual, nessa qualidade, sobe na carruagem do soberano ou a acompanha ao lado da portinhola, de acordo com a exigência da pragmática.

Entretanto, no Império, as cores nacionais[4] substituíram em seu uniforme as de Portugal; o jovem soberano, apreciador da disciplina militar, exigiu que os archeiros andassem a passo, e escolheu também um uniforme simples para as solenidades secundárias; organizou ainda uma banda de música, formada especialmente por excelentes músicos alemães, vindos para o Brasil com a Imperatriz Leopoldina. Essa deliciosa orquestra compunha-se de trompas inglesas e de um trombone, inovação infinitamente agradável para esse corpo de lacaios arregimentados, conduzidos ante-

---

[1] *Erro de impressão. É 30 de agosto de 1825. Aliás, poucas linhas adiante diz-nos o autor que Lorde Stuart desembarcou a 15 desse mês. (N. do T.)*

[2] *É esse modelo moderno que apresento aqui, apesar do anacronismo da presença simultânea do sinal da independência no braço do cavaleiro. (N. do A.)*

[3] *O uniforme português, que apresento aqui, constitui-se de uma casaca vermelha, galão amarelo, colete e calças azuis, agaloadas de prata, meias de seda branca, sapatos de fivela de ouro; boldrié de fundo branco com galões de lã azuis e vermelhos. Espada de punho de ouro e prata, chapéu armado, agaloado de prata com a roseta nacional; cabelos cortados à Titus e empoados. Os oficiais usam bolsa. (N. do A.)*

[4] *Pano verde, acessórios amarelos e brancos. (N. do A.)*

riormente por um tambor medíocre e um detestável pífaro. Nessa ocasião, o *Marquês da Praia Grande,* favorito de Dom Pedro I e seu camarada de infância, foi nomeado capitão dos archeiros, e o Marquês de Itanhaém, seu porta-bandeira[1].

O simples archeiro goza ao mesmo tempo de alguns privilégios civis; protegido pelo imperador, encontramo-lo em diferentes repartições da administração na qualidade de bedel ou ainda como fornecedor da corte.

Foi a 15 de agosto de 1825 que se inaugurou o uniforme comum dos archeiros, por ocasião da recepção solene de Lorde Charles Stuart, desembarcado no Rio, diante do palácio, a que chegou através de uma ala desses militares enfileirados desde o cais até a entrada da sala do trono.

---

[1] *A bandeira dos archeiros é de veludo verde, bordada e franjada de ouro e quase inteiramente coberta com os ornatos que acompanham os escudos das armas imperiais colocados ao centro. (N. do A.)*

Prancha 23

Embarque na Praia Grande das tropas destinadas
ao sítio de Montevidéu

A decisão tomada de há muito pelo governo português de apossar-se de Montevidéu, a fim de fazer desse território a fronteira do Brasil com as possessões espanholas, teve execução em 1816; tudo se achava preparado para o sítio dessa cidade espanhola por ocasião de nossa chegada ao Rio de Janeiro.

Mas a estada momentânea da corte na Praia Grande, motivada pelos primeiros dias de luto da Rainha Mãe Dona Maria I, fez com que as tropas portuguesas encarregadas dessa expedição aí estacionassem durante muito tempo. Entretanto, após as evoluções militares realizadas diariamente em presença do regente, para sua distração, o Marechal *Beresford,* generalíssimo das tropas portuguesas, organizou uma última revista, com uma pequena guerra simulada, nesse lugar pitoresco, que apresentava posições variadas para o ataque e a defesa, uma multidão de pequenas colinas entrecortadas de areias movediças e de vales úmidos, cobertos de caniços.

A essa experiência feliz de tática militar, realizada a 12 de maio de 1816, sucederam-se alguns dias de repouso, antes do embarque geral das tropas, que se realizou, igualmente na presença da corte, na Praia Grande, a 21 de maio do mesmo ano. Cabia-me, como historiógrafo dos duques de Bragança, traçar aqui o quadro fiel do primeiro movimento dos exércitos portugueses que desencadearam a guerra no sul do Brasil contra os hispano-americanos, guerra essa prolongada durante mais de quinze anos.

A cena se passa na embocadura de uma rua bastante curta que conduz a uma pequena praça onde se acha a casa ocupada pelo rei. No primeiro plano, de pé, *Dom João VI, Dom Pedro, Dom Miguel* e uma de suas irmãs, apelidada na corte a *jovem viúva,* formam o grupo inseparável que se encontrava, diariamente, a cavalo ou de carro. O segundo grupo, sentado, formado unicamente pela Princesa *Carlota,* mulher de Dom João VI, e suas quatro filhas, que ela nunca abandonava, é acompanhado pela sua governante e pelos camareiros de serviço, de pé, atrás. Imediatamente após as princesas sentadas, vê-se o General Beresford, de pé, acompanhado por seu ajudante-de-ordens, também oficial inglês. O general preside o embarque, enquanto, um pouco mais longe, o General Licor e seu lugar-tenente, ambos portugueses, passam em revista uma coluna de caçadores que desfila. À direita, no primeiro plano, desfila, ao longo da praia, a cabeça da segunda coluna da mesma arma. Ao longe percebe-se o início do embarque em canoas, pequenas barcas e pirogas, que devem levar os soldados aos navios de guerra destinados ao transporte da expedição.

Prancha 24

Frutas do Brasil

A medicina brasileira, tão rica em inúmeros específicos indígenas extraídos do suco de suas plantas, da casca e da resina de suas árvores, não negligencia tampouco o emprego de muitas espécies de frutas de substâncias terapêuticas, algumas das quais figuram mesmo à sobremesa das melhores casas, em seu estado de maturação ou sob a forma de compota. É pois por esse duplo interesse que reproduzo aqui algumas frutas, quase todas aproveitadas pela ciência médica.

Ordem estabelecida na indicação dos detalhes dos grupos de frutas

Bastará procurar, da esquerda para a direita, a interseção das linhas de cada letra ou número repetidos em uma das quatro divisões lineares estabelecidas no quadro do desenho.

Assim, por exemplo, *1, 1,* perpendicular e horizontal dão: *ananás coroado;* o mesmo se fará com A, A, etc.

1 — *Ananás coroado,* vermelho-escuro, muito perfumado.

2 — *Ananás de cor verde,* mesmo gosto. Esse vegetal cresce bem na areia *(sic);* sua cultura é tão fácil no Brasil que basta plantar o tufo de folhas da coroa para ter frutos no mesmo ano; plantando-se simplesmente os brotos, só se tem produção no fim de dois anos. Faz-se na Bahia um grande comércio com o xarope desse fruto, empregado como poderoso diurético. Serve-se o ananás à mesa no seu estado de maturação ou em fatias cristalizadas. O ananás selvagem é extremamente cáustico e provoca violentas cólicas.

3 — *Coco-tucum.* Esse fruto contém um caroço grande e ósseo, recoberto de uma película preta muito semelhante à da grande uva negra, cujo gosto ligeiramente ácido recorda; refrescante e muito saudável, constitui um regalo para as crianças.

4 — *Cana-de-açúcar* grossa, dita da Caiena (parte superior da haste); de maior rendimento, cultivam-na cuidadosamente no Brasil, de preferência para a destilação da aguardente, pois o seu açúcar cristalizado se altera bastante rapidamente.

5 — *Fruto do cajueiro* (árvore bastante grande com folhas muito largas, cheiro de loureiro). Esta fruta de consistência mole e coberta de pele espessa, cor de enxofre, contém um suco açucarado, ligeiramente acidulado, com aroma de laranja, ou

melhor, de resina, muito pronunciado. Come-se cru; muito refrescante é, ao que se diz, anti-sifilítico. O refresco feito com esse fruto, embora de gosto muito agradável, deixa certo amargor na língua. O caroço, espécie de castanha que coroa a fruta, é de uma substância farinhosa e cáustica; entretanto, assada, e assim desprovida de seu óleo, não é nociva à saúde e conserva um gosto de avelã muito agradável ao paladar.

6 — *Coco-de-indaiá,* recoberto por uma película aveludada muito fina; a massa, muito dura, espessa e amarelada, contém duas pequenas amêndoas.

7 — *Laranja tangerina,* espécie pequena e muito apreciada, com gosto de vinho, extremamente doce; é utilizada como presente e cultivada nos jardins. É servida à mesa em cachos de dúzias, com suas folhas em forma de ramalhete.

8 — *Coco-de-catarro,* redondo, coberto de uma casca de madeira marrom-esverdeada luzidia e muito dura, embora fina. O caroço é envolvido numa substância mucosa com gosto de manteiga fresca, reputada peitoral. Chama-se também *coco-de-quaresma.*

A — *Cidra,* notável pelo tamanho e aroma.

B — *Limão-doce,* conhecido na Europa por *bergamotte* em virtude de seu perfume de laranja; o suco, abundante, não passa de uma água muito fresca e insípida, mas bastante refrescante e que só se torna doce em estado de extrema maturação, a qual ocorre felizmente no verão. Vende-se muito barato; por isso mesmo, é de grande consumo. A casca serve para fazer compota.

C — *Café.* O ramo representado aqui é um exemplo da fecundidade dessa árvore, que se apresenta durante todo o ano com flores, frutos verdes e frutos maduros. O grau de maturação do fruto é observável pelo vermelho brilhante de sua casca, que encerra um suco extremamente doce, e dois grãos em forma de lóbulos que os pássaros apreciam muito.

D — *Maracujá* pequeno. Verde, aproveita-se para doces cristalizados; tem então um gosto ligeiramente resinoso, que lembra o da ameixa; quando maduro, de cor amarelada, pode-se chupar o glúten[1] açucarado que envolve suas sementes (perpendicularmente, acima dessas duas partes abertas, vêem-se dois desses frutos inteiros).

E — *Coco-de-iri.* Uma película aveludada cobre o invólucro fibroso e compacto, marrom-escuro, de três fibras de espessura, que contém uma noz; no centro vazio desta, mais ou menos da largura de uma polegada, encontra-se uma água esbranquiçada com um sabor de manteiga fresca. É um regalo para as crianças e para os negros.

F — *Coco-de-guriri,* outro regalo das crianças; é uma espécie de avelã verde, de casca fina e muito dura, cuja amêndoa tem um gosto de creme de leite ligeiramente acidulado. Essa amêndoa, como em geral a de todos os cocos, deixa na boca um resíduo semelhante ao da serragem.

G — *Coco-de-dendê,* em cachos volumosos; vende-se separadamente à razão de dois e meio soldos cada um. É de cor amarelo-ouro, manchado de vermelho-terra muito escuro. A casca lisa cobre um caroço ósseo envolvido numa camada espessa de filamentos oleosos também cor de ouro, e cujo sabor lembra o da manteiga fresca, que aliás substitui nos cozidos. O azeite do coco dendê, engarrafado para uso domés-

---

[1] *O que envolve as sementes do maracujá é o arilo e não o glúten. (N. do T.)*

tico, constitui um ramo da indústria da Bahia, onde essa espécie de palmeira é muito comum.

H — *Grumixama*, espécie de cereja arroxeada cuja casca espessa cobre um caroço ósseo e grande. Chupa-se apenas o suco açucarado, ligeiramente ácido. O cálice da flor, que adere ao fruto, tem um gosto extremamente resinoso. Afirma-se que é muito refrescante e pode ser consumida em grande quantidade sem inconveniência.

I — *Folha de mamão*. Essa folha de uma espécie de figueira, de grandes proporções, rivaliza com a do acanto pela forma ricamente recortada. Espremendo-a, tira-se um poderoso detergente, empregado na desinfecção das feridas malignas. Por meio de uma incisão na árvore ou no fruto verde, recolhe-se um leite abundante, que, misturado com açúcar, constitui um excelente vermífugo.

K — *Regime de bananas verdes*, espécie graúda, dita *da terra* ou *de São Tomé*, na sua haste original. No Brasil, a bananeira é cultivada mesmo pelos selvagens; dá bem nos terrenos úmidos.

L — *Flor da bananeira*. Externamente semelhante a uma tulipa fechada, é de um violeta rosado; são folhas superpostas, cada uma das quais, ao se abrir, descobre um regime de cinco ou seis bananas floridas que, ao chegarem a um certo grau de força em que são capazes de suportar o ardor do sol, se vêem libertadas pela queda natural do invólucro. Acontece sempre que a quantidade de seiva, absorvida pela nutrição dos regimes de bananas amontoadas na base da haste produtora, diminui na extremidade superior do cabo, o qual se desguarnece assim aos poucos de seus embriões degenerados.

a — *Invólucro do coco-da-bahia*. A parte exterior constitui-se de uma casca lisa comprimindo uma massa bastante espessa e fibrosa, cujos filamentos são comparáveis, pela grossura, à raiz da grama; esse segundo invólucro do fruto cobre-o desde a base até a extremidade superior. Para utilizá-lo, o brasileiro engenhoso serra transversalmente o fruto inteiro e retira em seguida a parte central, servindo-se do invólucro para limpar o soalho com água, sabão e areia. As fibras substituem a escova de esfregar. As lavadeiras empregam também a massa cor de ouro, que une os filamentos entre si, para colorir uma água acidulada com limão, destinada a lavar o nanquim a fim de fazê-lo voltar à sua cor primitiva.

b — *Coco-da-bahia*, assim chamado porque essa bela espécie aí se encontra em grande quantidade e constitui um produto de exportação. Com a casca da noz, aqui representada inteira, mas sem os filamentos que a envolvem e serrada a dois dedos da base, pode-se fazer uma cuia para apanhar ou beber água, acrescentando-se-lhe um pequeno cabo de madeira. A noz aberta, colocada ao lado, mostra a espessura da casca e da amêndoa, bem como a concavidade onde se acha encerrada a espécie de leite que se comprazem em beber. A amêndoa vende-se cortada em pedaços, que podem ser comidos frescos ou cristalizados.

c — *Cajá*, fruto de casca lisa e cor amarela; contém um suco adocicado entre a casca e o caroço.

d — *Melancia*, absolutamente igual aos melões de água da Itália e das outras regiões meridionais da Europa. O miolo da pevide serve especialmente para a fabricação da orchata, pois no Brasil não existem amendoeiras.

e — *Cana-de-açúcar indígena;* muito menos grossa que a de Caiena, é, no entanto, preferida em virtude da cristalização muito mais duradoura de seu suco. Vendem-na também nas ruas, cortada em pequenos gomos, à razão de dois e meio soldos a dúzia. Cada gomo, retirada a casca fibrosa, apresenta um feixe de filamentos esponjosos que, esmagado entre os dentes, produz na boca o volume de um copo de água fresca muito doce.

f — *Laranja-de-umbigo,* sem caroço, muito apreciada, importada da Bahia; caracteriza-se pelo gosto delicado e o sabor infinitamente doce.

g — *Araçá-do-campo.* Pequeno fruto amarelo de que se come a polpa. Dá em quantidade numa árvore bastante grande, com folhas análogas às da pereira. Esse fruto agrada particularmente aos franceses, que o comem com vinho e açúcar, pela semelhança de gosto com a groselha branca e de aroma com o morango.

h — *Maracujá,* espécie graúda em forma de pêra, fruto de uma planta trepadeira; maduro e de cor amarela mais ou menos avermelhada, só apresenta de apreciável uma ou duas colheradas de glúten[1] adocicado que envolve as sementes. Pode-se ter uma idéia da parte interna pela metade cortada colocada logo abaixo do fruto.

j — *Folha de bananeira;* encontra-se em todos os mercados servindo de invólucro aos diversos gêneros vendidos.

k — *Fruto do cacto* de raqueta[2], muito comum nas sebes, nas cercanias do Rio de Janeiro, de forma oblonga e cor carminada, encerra, no centro, uma substância esbranquiçada aquosa, doce e inodora, que serve de alimento às sementes. Corpo mole e refrescante.

l — *Manga,* fruto bastante volumoso, de uma árvore semelhante à nogueira. A polpa alaranjada da manga, ligeiramente sumarenta, tem um gosto de resina compensado por um sabor agridoce agradável ao paladar; come-se com mais prazer quando os pedaços são previamente mergulhados na água fresca, perdendo um pouco da sua essência oleosa. O caroço é também oblongo e bastante achatado.

m — *Cambucá* aberto, mostrando o caroço. A casca é assaz espessa e o suco acidulado tem cheiro de abricó; chupa-se apenas a mucilagem que envolve o caroço, pois a polpa é muito acre. Este fruto é considerado pelos indígenas muito refrescante.

I — *Pinhão,* fruto de uma espécie de pinheiro do interior do Brasil; a *pinha,* do tamanho do dobro de uma cabeça de homem, é de forma quase redonda. Esses pinhões compram-se por dúzia; comem-se cozidos na água, como as castanhas, cujo sabor recordam. Essa farinha cozida constitui boa parte da alimentação dos índios selvagens do interior do Brasil.

II — *Pitanga,* fruto de uma espécie de mirta; a pele é de um vermelho-escuro luzidio; é redonda e com gomos marcados. Entre essas espécies de framboesas, encontram-se algumas que conservam certo amargor e um gosto silvestre que o açúcar não consegue atenuar; outras, ao contrário, e constituem a maioria, doces e açucaradas, são servidas maduras ou em compota à sobremesa.

III — *Limão-azedo.* Pequeno limão de uma polegada de diâmetro apenas e

---

[1] *Arilo. (N. do T.)*
[2] *Figo-da-índia. (N. do T.)*

que dá entretanto um quarto de copo de suco, bastante doce e muito aromático quando maduro. A casca, fortemente perfumada, é muito amarga. O limão pequeno é ainda empregado na lavagem como fixador das tintas nas telas pintadas.

IV — *Mamão*. Esse fruto de uma das figueiras-da-índia serve-se como sobremesa. Embora muito diferente pela sua haste leitosa e corrosiva, destacada da árvore, lembra a família das corcubitáceas pela sua forma geral; o suco insosso tem um ligeiro perfume de abóbora; comem-no por isso com vinho e açúcar.

V — *Goiaba*. O brasileiro come crua a polpa bastante ácida desse fruto, que tem gosto de morango e cheiro bastante forte de urina de gato; é muito peitoral. A indústria dos frutos cristalizados, agradáveis ao paladar e que passam por aperitivos, é muito importante.

VI — *Pequenas bananas de jardim*. Espécie muito apreciada nas melhores mesas. Assada na brasa adquire o sabor da maçã-raineta cozida.

VII — *Jambo*. Fruto de uma árvore muito grande, de folhas pendentes; a polpa, quebradiça e ligeiramente sumarenta, dá um líquido pouco adocicado com forte perfume de rosa.

VIII — *Bananas-são-tomé,* maduras; apanhadas verdes, são conservadas até se tornarem cor de ouro manchadas de preto, o que indica o estado de fermentação ligeiramente alcoolizado que os indígenas chamam de maturação. Apresentam-nos ao paladar uma substância um pouco pastosa, fresca e adocicada, que lembra ao europeu o sabor de um sorvete de framboesa. Esse fruto, muito abundante no Brasil, constitui o alimento generalizado de todas as classes, desde o selvagem, o escravo e o indigente, até o rico proprietário. Assada, a carne desta banana amolece e, susceptível de conservar o calor em alto grau, emprega-se como excelente cataplasma contra dores reumatismais e mesmo como supurativo em caso de necessidade.

IX — *Jabuticaba*. Fruto muito comum e refrescante, a casca é espessa, escura e luzidia; o caroço é grande; o suco adocicado, ligeiramente acidulado, tem gosto de resina.

Prancha 25

Presentes de Natal

Dão-se presentes no Brasil especialmente por ocasião das festas de Natal, de 1.º do Ano e de Reis. No dia de Natal e no dia de Reis, sobretudo, são de rigor os presentes de comestíveis, caça, aves, leitões, doces, compotas, licores, vinhos, etc. Costuma-se renovar na mesma época a roupa dos escravos, o que leva a conceder, em geral, gratificações aos subalternos.

Entretanto, entre as pessoas de bem, os presentes de um gosto mais apurado são mandados em bandejas de prata com toalhas de musselina muito finas, preguedas com arte e presas com laços de fitas cuja cor é sempre interpretativa, linguagem erótica complicada pela adição engenhosamente combinada de algumas flores inocentes.

A véspera do dia de Reis é igualmente festejada. Com efeito, grupos de músicos organizam serenatas debaixo do balcão de seus amigos, os quais, em troca, os convidam a subir para tomar algum refresco e continuar o concerto no salão até de madrugada.

Para a classe inferior, composta de mulatos e negros livres, essa noite constitui um carnaval improvisado; fantasiados, em pequenos grupos escoltados por músicos, percorrem as ruas da cidade e, quando a noite é bela, prolongam sua excursão pelos arrabaldes, onde acabam entrando numa venda e aí ficando até o nascer da aurora. Outros, ao contrário, preferem organizar pequenos salões de baile, onde se divertem ruidosamente, dançando uma espécie de *lundu*, pantomima indecente que provoca os alegres aplausos dos espectadores, durante toda a noite.

Eis no que se transformou no Brasil o aniversário da visita dos Reis Magos.

O desenho representa a entrega de dois presentes de importância diversa: o primeiro, carregado por três negros entrando por um portão, traz a carta de congratulações entre as garrafas de vinho do Porto; a apresentação do segundo, mais modesto e talvez galante, é confiada à inteligência da negra encarregada de entregá-lo num humilde rés-de-chão.

A cena se passa perto do Jardim Público, cujo muro, que dá em parte para o *Largo do Convento da Ajuda* e em parte para o mar, se percebe ao longe.

Vestimenta de um anjo voltando da procissão

O aparato religioso das irmandades nas cerimônias da igreja manifesta-se igualmente no seio das famílias dos irmãos, ansiosos por fornecer anjos às procissões da Quaresma. Além da despesa do aluguel, bastante elevado, dessa fantasia, cuja excentricidade é escrupulosamente obedecida, o amor-próprio dos pais compraz-se em sobrecarregar o jovem anjo de sete ou oito anos com uma infinidade de pedras falsas ou verdadeiras, montadas em pulseiras, brincos, placas, diademas, etc., para que brilhe ainda mais nessa tarefa de honra, particularmente lisonjeira para um pai ou para um tio, irmão graduado, orgulhoso de figurar na procissão segurando o anjo pela mão e marchando a passo durante mais de duas horas para receber, no trajeto, o cumprimento de seus inúmeros amigos, que vêm lhes falar disso à noite, ou vários dias depois, ou ainda aplaudir por hábito. A visita é tanto mais justificável quanto ela tem por fim oferecer ao *querido anjo,* ainda um pouco cansado, confeitos comprados à entrada da igreja para onde se dirigiu a procissão.

A personagem que conduz aqui o anjo pela mão é membro da Irmandade do Carmo[1].

---

[1] *A necessidade de completar o número de anjos imprescindíveis às procissões fez com que se admitissem as crianças sem atentar para o sexo. (N. do A.)*

Prancha 26

Diversos tipos de esquife

Distinguem-se nos serviços funerários brasileiros dois tipos de esquifes para exposição e transporte dos corpos, que são em geral enterrados com o rosto descoberto. O dignitário e o homem rico são depositados num caixão fechado por uma tampa de charneira; o citadino de medíocre fortuna é transportado em caixão sem tampa.

São os armadores que se encarregam da confecção dos caixões, cujo preço aumenta de acordo com o número e a largura dos galões de ouro e prata, finos ou falsos, à escolha, que os enriquecem.

As cores adotadas nos esquifes são: preto com galões de ouro e prata para os homens; carmesim ou vermelho-escuro com galões de ouro para as mulheres casadas ou viúvas; azul-celeste agaloado de prata para as moças; rosa ou azul-celeste agaloado de prata para as crianças de menos de oito anos, os *anjinhos*.

N.º 1 — Caixão simples e sem tampa para transporte de um *anjo,* com seus acessórios. O fundo é, em geral, de tafetá branco recoberto por fora com o mesmo pano, mas de cor rosa e agaloado de prata. — N.º 2 — Caixão de tampa visto de pé; forrado de seda branca, coberto de veludo preto com galões dourados. — N.º 3 — Pequeno caixão de tampa encomendado para um *anjo;* coberto de seda cor-de-rosa, forrado de branco com galões de ouro ou prata; a tampa entreaberta mostra as duas pequenas armações que o compõem e o cadeado para prender o fecho. A chave desse cadeado fica com o mais próximo parente, ao ser o caixão definitivamente colocado dentro do jazigo nas catacumbas, onde permanece fechado e murado durante um ano. — N.º 4 — Moça vestida de santa, disposta no seu caixão sem tampa; como o dos pequeninos *anjos,* este caixão é coberto de seda azul-celeste e agaloado de ouro e prata; a vestimenta da moça compõe-se de um manto de seda ou veludo, com rendas prateadas, e de uma túnica também de seda; usa ainda um véu e uma coroa de rosas artificiais, com folhagem de ouropel. — N.º 4 bis — O mesmo caixão visto de frente. — N.º 5 — Homem vestido com traje mortuário mais comum, de sarja preta, confeccionado no *Convento de Santo Antônio* por negros alfaiates e vendido em benefício dos religiosos. O caixão simples, alugado na *Santa Casa,* é coberto por um pano preto ou um veludo velho, com galões de ouro falso. — N.º 6 — Caixão igual, com uma mulher que, por devoção, exigiu ser enterrada com a vestimenta de Santa Teresa. — N.º 7 — Perspectiva de um desses caixões alugados com as tiras destinadas a retirar o corpo para enterrá-lo ou depositá-lo no jazigo; tem-se apenas a precaução de cobrir o rosto com um lenço, antes de jogar a cal que vai consumi-lo ou a terra destinada a cobri-lo. Depois desse caixão mais simples resta apenas descrever o modo de inumar-se o infeliz escravo, o que se pode ver nos dois últimos números.

O número 8 mostra o corpo de um escravo preto, humildemente enrolado na esteira que lhe serviu de leito até a morte e que ora se transforma em seu caixão. Finalmente o número 9 revela a miséria do mais indigente lavrador, reduzido a enterrar o seu escravo envolto em folhas de bananeira amarradas com tiras de pau-pita.

Enterro de um membro da Irmandade de Nossa Senhora da Conceição

Apresentamos aqui, para comparação, o cortejo fúnebre de um membro da irmandade, a fim de mostrar o costume brasileiro de transportar um corpo dentro de de um palanquim funerário, muito parecido aliás com o *cataletto* italiano, e que exclui o esquife. O costume parece importado das irmandades de penitentes das regiões meridionais da Europa. Observa-se esse modo de transporte entre as irmandades mais pobres do Rio de Janeiro, como a de *Nossa Senhora da Conceição,* por exemplo, principalmente composta de mulatos unidos tanto pela cor como pela pobreza [1].

Para facilitar a colocação e a retirada do corpo nesse leito portátil, fez-se a tampa móvel prendendo-a apenas por meio de pequenas pontas de ferro nos quatro cantos, que se encaixam nos pequenos buracos adrede preparados.

O pontalete de ferro que cada um dos portadores carrega à mão serve para, colocado sob o varal, descansar o ombro do peso do caixão durante as paradas do trajeto [2], as quais obedecem a uma exclamação prévia, *"Deo gratias",* renovada ao pôr-se o cortejo novamente em marcha.

Perpendicularmente, e embaixo do caixão, percebem-se entre os portadores alguns jazigos fechados das catacumbas, construídos simplesmente na espessura da parede. Quanto à vestimenta da irmandade, compõe-se de um escapulário, de um manto de lã azul-celeste e de uma batina branca por baixo, igualmente de lã.

---

[1] *Anteriormente citamos duas outras: as de* São Joaquim *e da* Lampadosa. *(N. do A.)*
[2] *Nas procissões, esses pontaletes são distribuídos aos encarregados do transporte das figuras esculpidas. (N. do A.)*

Prancha 27

Uniforme dos desembargadores

Como o uniforme dos desembargadores, que constitui o assunto deste desenho, se prende ao artigo pré-citado da ordem judiciária, descreveremos especialmente a organização da *Corte Suprema,* com sede no Rio de Janeiro, tribunal composto de um presidente, regedor da justiça, um chanceler e dezoito magistrados com o título de desembargadores, oito dos quais *agravistas* e os demais *extravagantes;* a esses magistrados é confiado o andamento dos processos.

Vemo-los aqui descerem da carruagem à porta do Palácio da Justiça, na *Rua do Lavradio.* Um criado os espera com um saco de veludo destinado à guarda dos processos, a fim de acompanhá-los às salas. Alguns clientes, à entrada da porta, procuram atrair humildemente a atenção benévola dos juízes. As duas foices colocadas na calçada ao lado da porta principal advertem o público de que se está procedendo ao julgamento de um criminoso. Essa arma é com efeito carregada por dois oficiais de justiça do tribunal, que escoltam a vítima a caminho do suplício. Este é o do enforcamento, único admitido no Brasil. Quando se trata, porém, de um assassinato, o carrasco corta a cabeça e as mãos do cadáver para enfiá-las na ponta das lanças existentes nas forcas patibulares; aí servem elas de alimento às aves de rapina.

Quanto ao condenado, é ele submetido, durante os três dias anteriores à execução da sentença, ao ritual do culto católico, que o cerca e acompanha até o último suspiro. Essa formalidade, conservada em toda a sua integridade primitiva, faz parte das atribuições da Irmandade da *Misericórdia.*

Durante esses três dias de retiro, passados em um oratório anexo à prisão, a vítima é assistida dia e noite por um dos três confessores franciscanos da Santa Casa de Misericórdia, que se revezam. Partilham eles com o prisioneiro a comida leve, enviada pela Santa Casa até o momento (dez horas da manhã) em que o carrasco entra para vestir o condenado de acordo com os usos, o que é feito entre orações ditas em voz alta pelos confessores reunidos. Às dez horas e três quartos sai o cortejo do pátio da prisão em que se acha o oratório. A marcha é aberta por um destacamento de cavalaria da polícia precedendo os oficiais de justiça do tribunal, um dos quais faz uma parada mais ou menos de duzentos em duzentos passos, a fim de ler em voz alta a sentença que vai ser executada; segue a cavalo o relator, com manto de seda preta e chapéu de penas à Henrique IV; depois desse corpo da justiça vem a bandeira da irmandade, escoltada por dois grandes candelabros e acompanhada por uma dezena de irmãos à testa de seu clero; um desses eclesiásticos carrega um grande crucifixo de madeira cor-de-carne e precede imediatamente a vítima, que marcha descalça, com um pequeno crucifixo entre as mãos juntas e amarradas; o condenado é sustentado por dois de seus confessores; veste um dominó branco cujo capuz virado para trás mostra o laço das duas cordas passadas em torno do pescoço, uma das quais muito grossa e a outra da grossura do dedo mínimo, mais ou menos. Acompanham-no dois carrascos negros emparelhados por uma pesada corrente presa ao pescoço e às pernas. Um deles, bem atrás da vítima, segura a longa cauda do dominó e a ponta das duas cordas enroladas. O segundo carrega ao ombro um grande saco onde leva dois enormes facões, para cortar as cordas no fim da execução. Os carrascos são escoltados pelos dois oficiais de justiça, negros do tribunal carregando suas foices, e cuja indumentária consiste em uma casaca com calça de lã roxa (cor do luto), colete, galões e jarreteiras amarelas; vão descalços e com a cabeça descoberta. São acompanhados por dois outros negros, mais simplesmente vestidos, um dos quais carrega um banquinho de madeira e o outro um enorme cesto cheio de comestíveis, aves assadas, doces, compotas, vinhos, licores, etc. Este último grupo do cortejo é protegido contra a afluência dos curiosos por uma retaguarda composta de infantaria, caçadores, e guardas da polícia.

Saindo da cadeia, o cortejo dirige-se para a Praça de *Santa Rita,* onde o condenado se ajoelha à porta da igreja do mesmo nome, a fim de assistir ao início da missa consagrada ao repouso de sua alma, sendo obrigado, entretanto, a retirar-se antes da elevação da hóstia[1] para continuar seu caminho até o local da execução. Aí fazem-no sentar no banquinho de madeira, colocando-se a bandeira diante dele para lhe esconder a forca enquanto lhe repetem a leitura da sentença. Logo em seguida os irmãos que o cercam oferecem-lhe alimentos confortadores.

Terminando esse ato de caridade, os dois confessores conduzem o condenado ao pé da escada da forca, onde lhe dão a beijar as chagas do Cristo no grande crucifixo de madeira. Em seguida retira-se o cortejo religioso, colocando-se ao pé dos pilares, enquanto um dos confessores e os dois carrascos ajudam a vítima a subir de costas a escada até o penúltimo degrau sobre o qual repousa. Um dos carrascos, subindo então a uma das travessas, amarra as cordas solidamente enquanto seu companheiro, embaixo na escada, faz o mesmo com os pés do paciente. Durante esses preparativos, que duram cerca de dois minutos, não cessa o confessor de exortar o condenado até o momento em que abaixam o capuz sobre o seu rosto; então, voltando-se para o povo, exclama o eclesiástico: "Meus irmãos, unamo-nos e clamemos misericórdia pela alma de nosso irmão padecente, que vai se apresentar diante do Padre Eterno". Durante essa invocação, o carrasco que amarra as cordas põe-se a cavalo sobre os ombros do condenado; enquanto isso, o outro ergue-lhe as pernas e o precipita da escada, fazendo-o girar. O confessor reúne-se à irmandade; por seu lado o carrasco, sempre a cavalo sobre os ombros do enforcado, assim permanece até que a elasticidade dos membros da vítima mostre que sucumbiu. Os dois carrascos, subindo então à travessa, cortam

---

[1] *Isso se explica pelo fato de em Portugal a simples presença da hóstia ou do soberano bastar para que o condenado seja agraciado; por isso, evitam fazê-lo passar diante da igreja ou do palácio do monarca. (N. do A.)*

com os seus facões as cordas e o cadáver cai. Imediatamente os irmãos gritam: "Misericórdia" e se apressam em verificar se o justiçado morreu, pois em caso contrário têm o direito de salvar-lhe a vida (circunstância muito rara).

Terminada a execução, retira-se o relator, escoltado pelos bedéis do tribunal, juntamente com o cortejo religioso. O corpo é colocado num leito portátil coberto por uma mortalha e levado sem escolta para o cemitério do hospital da Misericórdia, a fim de ser enterrado, enquanto os oficiais de justiça e um destacamento da cavalaria de polícia reconduzem à cadeia os dois carrascos acorrentados. O dobre fúnebre das igrejas e a coleta para a missa, iniciadas de madrugada, cessam ao mesmo tempo.

Essas execuções são tão raras no Rio de Janeiro, que só pude ver duas durante uma estada de quinze anos: uma por assassínio cometido por dois operários negros na pessoa de seu senhor, sapateiro mulato; outra por conspiração contra o governo imperial.

N.º 2. A estátua de São Jorge e seu cortejo, precedendo a procissão do Corpo de Deus

Reproduzo aqui os principais grupos do grotesco cortejo de São Jorge, cujos detalhes estão consignados na descrição da procissão do Corpo de Deus.

Os grupos compõem-se de uma parte dos músicos negros, da imagem de São Jorge presa à sela do cavalo sobre o qual ele é representado segurando um estandarte virado em sinal de humildade diante de Nosso Senhor; acompanham-no o primeiro lanceiro e, logo atrás, seu capitão das guardas, com armadura completa, segurando também uma bandeira[1].

Apesar de ser a armadura de papelão pintado, vê-se o suor escorrer pelo peito e cair do queixo mal-escondido pela viseira.

---

[1] *Esse robusto campeão é membro da Irmandade dos Carmelitas e figura igualmente com êxito na procissão do Enterro, na Sexta-Feira Santa, no papel e com o uniforme de chefe dos centuriões (ver a descrição dessa procissão). (N. do A.)*

Prancha 28

Catacumbas

O tipo de construção de catacumbas que apresento aqui era ainda tão recente no Rio de Janeiro, em 1816, que se citavam apenas duas igrejas [1] com esse modo de sepultamento estabelecido a expensas dos irmãos, sendo-lhe exclusivamente reservada a perpetuidade.

Ao passo que, segundo o antigo costume, o chão destinado às sepulturas era nas outras igrejas inteiramente coberto de longas fileiras de alçapões de madeira, de dimensões tumulares, encontravam-se nos conventos túmulos fechados com lajes enfileirados no claustro no chamado *carneiro*. Entretanto, a inovação salutar conquistou tantos partidários, que em 1829 não havia na cidade nenhuma irmandade que não tivesse mandado construir as suas catacumbas, ou no pátio ou em algum trecho do jardim contíguo à igreja.

Vejamos agora o cerimonial que acompanha o irmão à sua última morada. Durante o ofício funerário é o corpo exposto de rosto descoberto, no seu esquife colocado sobre um estrado adrede preparado no coro da igreja. Terminadas as orações, fecha-se a tampa do caixão; em seguida seis irmãos o transportam em procissão até as catacumbas e o colocam no segundo estrado; abre-se novamente a tampa e iniciam-se as últimas orações exigidas, a que assistem numerosos confrades. Terminado o ofício, fecha-se o caixão para depositá-lo perto do jazigo que lhe é destinado, abrindo-se uma última vez a tampa. Um irmão servente carregando a caldeirinha apresenta o hissope a cada um dos confrades que desfilam por ordem de antiguidade atrás de seu clero. Finda a aspersão, um segundo irmão servente, estacionado ao pé do caixão, junto a um pequeno recipiente cheio de cal já umedecida, entrega um pouco a cada assistente numa pequenina pá, para que seja jogada sobre o corpo do defunto.

Fecha-se novamente o caixão, levando um dos parentes a chave do cadeado. Finalmente, coloca-se o corpo no jazigo e os assistentes cedem o lugar aos pedreiros encarregados de fechar imediatamente, com tijolos e cimento, a sepultura, que só é aberta no fim de um ano mais ou menos, para se retirar os ossos na presença de um membro da família, que os faz encerrar à chave numa outra pequena urna mais ou menos ornamentada, em que se inscrevem os nomes e as qualidades do defunto e a idade em que morreu.

---

[1] *A Igreja do Carmo e a de São Francisco de Paula. As catacumbas representadas neste desenho são as da Igreja do Carmo. (N. do A.)*

Esta nova urna é reunida a muitas outras numa sala anexa ao edifício e a esse fim destinada. E a urna, de que a família só possui a chave, fica definitivamente em poder da irmandade.

Existem também, nas catacumbas, salas preparadas com compartimentos menores para o sepultamento dos filhos dos irmãos. Mas o espírito comercial já penetrou nesse campo de repouso fraterno e concede-se às famílias ricas, estranhas à confraria, o privilégio de alugar o jazigo mediante compromisso de retirar os ossos no fim de um ano. Entretanto, preferindo elas deixá-los, são os pequenos sarcófagos guardados com os dos confrades, abuso absolutamente contrário à primitiva lei da confraria. Esse abuso, no entanto, muito contribui para o aumento do luxo na exposição anual dos sarcófagos, no dia de Finados, festa funerária em que o expansivo brasileiro mistura o amor filial à vaidade, a fim de atrair a curiosidade pública para o objeto de sua devoção.

Visita às catacumbas no dia de Finados

Nesse dia solene de tristeza, toda a população do Rio de Janeiro se dirige para as entradas das diversas catacumbas, abertas, desde as sete horas da manhã até o meio-dia, à curiosidade dos visitantes, e particularmente para as de *Santo Antônio, São Francisco de Paula* e do *Carmo,* mais elegantemente construídas. Mas somente às dez horas as irmandades respectivas aí vão cantar o ofício dos mortos, enquanto missas chãs de réquiem, que se sucedem, são oferecidas à devoção dos assistentes durante todo o tempo em que as portas permanecem abertas.

As primeiras exposições, modestas e naturalmente pouco concorridas, apresentaram apenas duas fileiras de pequenas urnas de madeira, de um pé de altura e dois de comprimento, pintadas de preto e nas quais se haviam inscrito em branco os nomes, qualidades, idade e data do falecimento do indivíduo cujos ossos aí se achavam encerrados. No entanto, a partir de 1816, já se viam pequenos sarcófagos de forma mais elegante, e, desde então, surgiram verdadeiras obras-primas de marcenaria, cujas veias, escolhidas com cuidado, já bastavam para enfeitá-las, e cujas inscrições se constituíam de caracteres pintados a ouro ou incrustados.

Entretanto, a partir de 1827, a influência das artes inspirou a esses operários, ainda sem teoria, o desejo de se distinguirem pelas formas novas de suas produções; e, entregues à fuga de sua imaginação, compuseram monstruosidades cuja extravagância e riqueza satisfaziam o amor-próprio dos herdeiros. Em 1830, principalmente, viram-se inúmeras espécies de urnas de madeira suportadas por três ou quatro pés bastante altos e de ferro, cujos desenhos complicados os tornavam parecidos com pedaços de balcão. Outros suportes, ao contrário, de contornos mirrados, pareciam atestar a esterilidade do desenhista ou a economia de quem os encomendara.

É preciso confessar que tudo isso, pintado de fresco, ricamente dourado ou prateado, atrai o olhar e seduz efetivamente a multidão dos curiosos, em sua maioria admiradores de uma imitação crua e berrante de falso mármore sobre o qual se vê uma chapa oval de cobre, de fundo brunido, cujo brilho apenas permite ler a inscrição. Em resumo, o estrangeiro imagina-se transportado para um vasto armazém cheio de móveis agrupados sobre estrados de diferentes tamanhos e enfeitados de tules ou galões de ouro e prata, aplicados em tríplice fileira sobre fundo de veludo preto, carmesim, rosa ou azul-celeste; e tudo cercado por uma infinidade de círios acesos.

Junto do mais rico monumento, vê-se um lacaio negro, de libré, cuidar de um suntuoso lustre suportado por elegantes candelabros de gosto moderno; outros são de um gosto mais antiquado; ao lado, um outro, mais modesto ainda, possui apenas candelabros de madeira dourada, tirados de uma capela particular, e guardados por um velho escravo simplesmente vestido, cujo respeitoso recolhimento atesta a sinceridade de sua tristeza.

Em meio à expressão muda de tantas recordações dolorosas, vi uma viúva, cercada de sua numerosa e jovem família, mandar abrir publicamente o caixão que continha os ossos de seu marido, falecido há três anos, e, depois de pegar o crânio, contemplá-lo atentamente durante alguns segundos, recolocando-o no lugar, procurando entre os fragmentos do esqueleto uma das menores vértebras para encerrá-la cuidadosamente no lenço que levava à mão; apertando-o em seguida ao coração, retirou-se debulhada em lágrimas.

Mas, em geral, o aspecto dessas reuniões apresenta apenas, durante toda a manhã, uma multidão de mulheres de todas as idades e classes, rendendo homenagens a seus mortos elegantemente vestidas de luto, a fim de serem admiradas pelos vivos solícitos em contemplá-las de perto.

Sarcófagos

Os pequenos sarcófagos destinados à conservação dos ossos exumados no fim do ano encontram-se aqui por ordem de data, de modo a mostrar o aperfeiçoamento observado de 1816 a 1831. Vê-se primeiramente a pequena urna de madeira, fechada por um simples ferrolho. A seu lado já se depara o cofre, obra-prima de marcenaria, eclipsado entretanto, mais tarde, pela forma elegante do pequeno sarcófago em imitação de mármore e coberto por uma mortalha, idéia fixa que orientou desde 1827 até 1830 todas as variedades de forma; neste último ano surgiu a inovação do suporte de ferro com ornatos dourados, de que dou aqui uma das mais felizes composições.

Prancha 29

Folia do Divino

Chama-se, no Rio de Janeiro, *folia do Imperador do Espírito Santo* um grupo de jovens folgazões, tocadores de violão, de pandeiros e de ferrinhos precedidos de um tambor; o grupo alegre escolta um porta-bandeira, cujo chapéu, ricamente enfeitado de flores e de fitas, se assemelha ao dos demais membros mais modestos da bandinha. Percorrem os rapazes as ruas da cidade cantando quadrinhas ajustadas ao motivo religioso para os fiéis que sustentam o trono do Imperador do Espírito Santo (menino de oito a doze anos). Este os segue gravemente a alguns passos de distância, dando a mão a um dos dois irmãos da confraria, que o acompanham.

É durante a semana anterior à festa de Pentecostes que se realiza essa coleta aparatosa, destinada a estimular a generosidade dos fiéis caridosos. O *pequeno imperador* veste casaca vermelha, calção da mesma cor e colete branco bordado em cores. Usa chapéu armado e de plumas debaixo do braço, espada à cinta, meias de seda branca, sapatos de fivela de ouro; tem a cabeça empoada e carrega uma sacola. Usa como condecoração um crachá e, pendente do pescoço, uma espécie de custódia dourada no centro da qual se destaca uma pomba prateada. Vários irmãos pedintes precedem e seguem o cortejo.

Apresentei aqui apenas o prelúdio de uma luta que me foi dado observar certa vez entre o porta-bandeira e um macaco; este puxava com força o pano do estandarte, enquanto seu adversário resistia com vantagem graças à sua lança; o combate burlesco, embora deslocado na festa religiosa, não empanou em absoluto o êxito da coleta.

Bandeira e pavilhão brasileiros

A emancipação do Brasil, solenemente proclamada no Rio de Janeiro, a 12 de novembro de 1822, pela aclamação de Dom Pedro I, acarretava igualmente a separação solene das armas brasileiras do escudo português, reunidos há seis anos como símbolo do Reino Unido de Portugal, Brasil e Algarves, criado pelo Rei Dom João VI.

Com efeito, a 16 de novembro do mesmo ano, às quatro horas da tarde, viu a população do Rio de Janeiro o jovem imperador, a cavalo, escoltado por numeroso cortejo de cavalaria, atravessar a cidade em direção à Capela Imperial para assistir à bênção da nova bandeira brasileira.

Terminada a cerimônia religiosa, o imperador tornou a montar a cavalo e, diante da tropa enfileirada em torno do Largo do Palácio, foi colocar-se na frente da porta claustral da capela, onde, no meio dos oficiais superiores e dos porta-bandeiras, leu uma proclamação ao Exército brasileiro. Findo o discurso, mandou ele entregar pelo ministro as bandeiras imperiais a cada um dos porta-estandartes. Oficiais e suboficiais prestaram o juramento militar antes de se reunirem a seus regimentos respectivos.

Depois disso, o imperador e o seu estado-maior foram postar-se ao centro do largo para receber a continência executada por uma salva geral de fuzis e de artilharia, retirando-se em seguida a tropa, depois de desfilar diante do soberano. Ao mesmo tempo, uma girândola queimada no morro do Castelo anunciou o primeiro hasteamento do pavilhão imperial no grande mastro dos sinais marítimos.

Esse ato militar, cuja manifestação enérgica proclamava diante do mundo a existência independente do Brasil, antes colônia portuguesa tão gloriosamente regenerada, terminou entre gritos unânimes de entusiasmo: "Viva Dom Pedro I, defensor perpétuo e imperador constitucional do Brasil".

Luminárias improvisadas prolongaram durante a noite a alegria geral.

Bandeira

As armas imperiais do Brasil, pintadas na bandeira, consistem em um escudo verde encimado por uma coroa imperial, no meio do qual uma esfera celeste dourada enfeixa a cruz da ordem de Cristo. É essa esfera cercada por um círculo composto de dezenove estrelas de prata sobre campo azul-celeste, correspondentes às províncias do império brasileiro. Dois ramos, um de café com flores e frutos, colocado à esquerda, e outro de tabaco, também em flor, colocado à direita, reúnem-se em sua extremidade inferior pela roseta nacional e servem de suporte ao escudo plantado no meio de um losango amarelo-ouro que ocupa todo o centro da bandeira.

Pavilhão

O pavilhão, de tela transparente, representa o conjunto dos detalhes da bandeira, mas executados por massas fáceis de se verem de longe.

Prancha 30

Cortejos funerários

Após as catacumbas, resta-nos descrever os cortejos funerários e os tipos de carruagens empregadas.

Começaremos pelo cortejo mais aparatoso, o do ministro ou do cortesão importante. Pode-se reconhecê-lo tanto pelo pesado coche mortuário importado de Lisboa, e que a corte empresta de bom grado nessa lúgubre circunstância, como pelos demais acessórios, cujo número é proporcional ao cargo do defunto.

Quanto ao cortejo do particular rico, com os progressos do luxo os armadores imaginaram, a partir de 1822, oferecer como novidade o jogo de coche de quatro rodas, de forma muito simples, sem molas nem ornatos, e ao qual se adapta um estrado formado por quatro travessas destinadas a suportar o esquife coberto pelo pano mortuário; a esse coche, que já se tornou aliás bastante comum, se atrelam duas bestas conduzidas por um postilhão; a riqueza se manifesta no número de galões e franjas dos panos funerários que cobrem a carruagem. Esse meio de transporte, de preço bastante elevado, satisfaz de tal modo a vaidade das famílias, que as leva muitas vezes a negligenciarem a honra do cortejo a pé a que têm direito os membros da irmandade.

Quanto aos herdeiros do cidadão de medíocre fortuna, obrigados a tratar igualmente com o armador, solicitam-lhe apenas uma simples sege, cuja boléia serve de suporte para o esquife colocado transversalmente. Um padre, representando o confessor do defunto, ocupa a parte interior da carruagem e percebe uma módica remuneração para acompanhar o corpo até a igreja. Logo à chegada, sege e padre desaparecem. O custo desse modesto cortejo pode ser calculado no máximo em dezoito francos de nossa moeda.

Quando a fortuna do defunto o permite, um negro acompanha o carro a pé, a fim de sustentar, com a mão, a extremidade do esquife, suscetível de escorregar do lado da sarjeta; em caso contrário, é o padre que manda parar a carruagem, quando prevê a necessidade de evitar os acidentes causados pelas sacudidelas do carro durante o trajeto[1].

Finalmente, o cortejo mais simples organiza-se colocando-se o corpo numa rede

---

[1] *Em qualquer espécie de cortejo, o corpo, ao alcançar a porta da igreja, é transportado à mão. Pelos maiores dignitários, se se trata de um nobre, e pelos mais próximos parentes no caso de um simples particular; o esquife é depositado numa essa armada na igreja. (N. do A.)*

e fazendo-o transportar por dois *negros de ganho,* o que pode custar no máximo dois francos.

Os cortejos funerários só se põem em marcha ao cair da noite, mas são entretanto anunciados desde o meio-dia pelo tanger intermitente dos sinos da igreja para a qual se dirigem; como, porém, as irmandades se constituem de indivíduos de ambos os sexos, distingue-se o repique anunciando o falecimento de um homem pelo fato de se ouvir apenas o som do sino maior; para o falecimento de uma mulher tange-se o segundo sino.

Devemos mencionar a beleza dos carrilhões das igrejas, principalmente da Capela Imperial e das do *Carmo, São Francisco de Paula, Candelária, Santo Antônio* e algumas outras.

Reuni neste desenho todos os cortejos que acabo de descrever.

Coleta para a manutenção da Igreja do Rosário, por uma irmandade negra

É sabido que a devoção dos negros católicos do Rio de Janeiro contribuiu com suas esmolas para a construção de várias igrejas. A mais interessante era a que se achava iniciada no *Largo de São Francisco de Paula.*

Em todas as confrarias religiosas a necessidade dessas coletas estabelece o hábito de erguer durante a festa do padroeiro da igreja, dentro do templo e perto da entrada, uma mesa presidida pelo irmão de mais alto grau, assistido por vários colegas e um secretário, espécie de tesoureiro encarregado do registro das cotizações voluntárias dos irmãos ou de suas famílias.

Sobre essa mesa, coberta por uma bela toalha, encontra-se a pequena imagem do santo padroeiro da igreja, toda enfeitada de fitas; aí se colocam também o registo de inscrição e a enorme bandeja de prata que se enche e se esvazia, sucessivamente, de quarto em quarto de hora, pois logo se acha apinhada de inúmeros pequenos óbolos entregues mediante a vantagem de beijar o pé ou a mão da pequena imagem recém-pintada e dourada. Nessa afluência ininterrupta de vinte e quatro horas, observa-se particularmente a generosidade das mulheres.

Em abono da história das irmandades negras, lembraremos que, com a presença da corte no Rio de Janeiro, proibiram-se aos pretos as festas fantasiadas extremamente ruidosas a que se entregavam em certas épocas do ano para lembrar a mãe pátria; essa proibição privou-os igualmente de uma cerimônia extremamente tranqüila, embora com fantasias, que haviam introduzido no culto católico. É por esse motivo que somente nas outras províncias do Brasil se pode observar ainda a *eleição anual de um rei, de uma rainha, de um capitão da guarda,* semelhantes aos deste desenho, representando uma coleta de domingo, instalada à porta da Igreja do Rosário pertencente a uma irmandade negra no Rio Grande do Sul.

Esse espetáculo pomposo dá sempre resultado, pois, satisfazendo o amor-próprio das majestades temporárias, impõe ao mesmo tempo aos fiéis de cor um certo respeito que os convence, suficientemente, do legítimo emprego de seus óbolos.

Prancha 31

Manhã da Quarta-Feira Santa

No Rio de Janeiro, como em Roma, as leis da Igreja Católica relativas à comunhão impõem igualmente ao cura a obrigação de proceder ao recenseamento de seus paroquianos no início da Quaresma, a fim de poder controlar mais tarde a obediência dos fiéis no cumprimento dos atos religiosos. Entretanto, esse recenseamento é tanto mais complicado no Brasil quanto o senhor se sente conscientemente no dever não apenas de obrigar todas as pessoas de sua família a comungarem, mas ainda o maior número possível de seus escravos, principalmente suas negras, as quais, empregadas exclusivamente nos serviços das amas, devem compartilhar escrupulosamente com elas as práticas religiosas.

Por isso mesmo, a execução desse ato obrigatório torna-se para o clero um excesso de atividade extremamente exaustivo, sobretudo durante as últimas duas semanas da Quaresma; pois, a partir do domingo da Paixão, todas as igrejas permanecem abertas para a confissão, das cinco horas da manhã até às dez, e de noite, das nove horas às onze. Essa providência favorece sobretudo os funcionários das repartições e aumenta especialmente a afluência a partir da Quarta-Feira Santa, porquanto coloca dia e noite, nas diversas igrejas da cidade, confessores à disposição dos fiéis. Por isso, durante os últimos dias, em todas as paróquias, tanto as catacumbas como as sacristias e os corredores de comunicação ficam apinhados de penitentes de pé, agrupados em torno dos confessores sentados em banquinhos ou outros assentos improvisados. Os confessionários de dentro das igrejas são especialmente reservados às senhoras de todas as classes.

A fim de facilitar a distribuição dos cartões de confissão, em cada paróquia manda-se imprimir a fórmula, de modo a que baste em seguida acrescentar o nome do solicitante.

Quanto à comunhão, a cada dupla fileira de fiéis que se forma, em frente da santa mesa, aparece, vindo da sacristia, um clérigo encarregado de marcar os cartões de confissão de todas as pessoas preparadas para comungar; logo em seguida surge um padre com o cibório, acompanhado de quatro membros da Irmandade do Santíssimo Sacramento carregando círios acesos e de um outro transportando enorme taça de estanho cheia de água para que cada comungante possa beber um gole. Um dos irmãos, à frente do padre, recolhe os cartões de confissão das pessoas que vão comungar; depois da cerimônia, aguardam os comungadores o regresso do padre, o qual lhes devolve os cartões revestidos gratuitamente de todas as formalidades prescritas.

Uma senhora que se aproxima da santa comunhão deve, de acordo com o costume, apresentar-se vestida de preto, sem chapéu, mas com a cabeça coberta por um véu. O mesmo ocorre em relação à confissão; exige-se das negras que cubram a cabeça com um lenço ou echarpe, e o fato de serem admitidas à comunhão constitui para elas uma prova de alta civilização.

A cena se passa na pequena Igreja de *Nossa Senhora Mãe dos Homens*, situada à Rua da Alfândega. O altar-mor, tão resplendente nos dias de festa, com sua pirâmide ardente iluminando a efígie do santo padroeiro do templo, entregue hoje ao silêncio e à obscuridade, mostra seus inúmeros degraus despojados da enorme quantidade habitual de candelabros. Assim também, em virtude de se achar agora consagrada à contrição, apresenta a igreja inúmeros fiéis vestidos de preto, implorando perdão para seus erros num silencioso recolhimento.

Ajoelhados diante da *santa toalha,* recebem os fiéis a comunhão das mãos de um padre escoltado, como já dissemos, por quatro membros da Irmandade do Santíssimo Sacramento; o clérigo que apresenta a taça cheia de água fecha o cortejo.

Pela porta lateral da direita, no corredor que conduz à sacristia e às catacumbas, vê-se um padre sentado ouvindo a confissão de um dos penitentes; perto da mesma porta, mas no interior da igreja, duas negras sentadas no chão aguardam sua vez para substituir a que se confessa no momento, escondida sob o seu xale[1].

Mais à direita, senhoras da classe abastada estão sentadas nos degraus de um altar lateral e esperam também a sua vez para apresentar-se ao confessionário, já ocupado por uma delas. À esquerda, afinal, observa-se uma terceira cena de confissão. É preciso notar que a simplicidade da construção do confessionário brasileiro obriga o penitente a uma posição extremamente incômoda, forçando-o a apoiar-se a uma das mãos para aproximar-se da grade que o separa do confessionário.

Senhoras de todas as classes mantêm-se sentadas no chão da igreja, em grupos, na posição em geral adotada pelas brasileiras nesse recinto sagrado. À esquerda, uma senhora de mantilha entra com sua negrinha, enquanto outra, mais elegante, acompanhada de suas duas negras, sai ainda compenetrada da compunção inerente ao cumprimento dos deveres religiosos.

Todas as tribunas de igreja, hoje desertas, são reservadas durante as outras festas a elegantes devotas, parentes ou esposas dos membros dignitários da irmandade da paróquia.

Cavalhadas

Portugal, sucessivamente governado por mouros e espanhóis, povos igualmente amadores de cavalos de raça, conseguiu, naturalmente, pelo cruzamento, uma nova espécie de corcéis elegantes e intrépidos. Voltando ao domínio de seus reis legítimos

---

[1] *Reconhece-se por essa atitude a negra maliciosa ou tímida que procura esconder-se aos olhos do seu confessor. (N. do A.)*

no século da cavalaria, conservou o português, mais do que qualquer outro povo, o amor aos torneios.

Pouco a pouco, o caráter belicoso de tais exercícios foi atenuado mediante regras mais tranqüilas, mas a equitação permaneceu a paixão dominante da corte; e, com o nome de *cavalhadas,* transformou-se o torneio em uma série de exercícios de destreza tomados de empréstimo a todos os povos cavaleiros. E anualmente, na época consagrada às cavalhadas, viam-se em Lisboa os príncipes de sangue e os outros fidalgos exibir uma notável habilidade no manejo de seus ágeis e elegantes corcéis resplendendo sob a riqueza dos arreios.

As *cavalhadas* foram introduzidas no Brasil pelos governadores portugueses das províncias; nas cidades do interior, em *Minas, São Paulo, Rio Grande do Sul* e *Santa Catarina,* logo formaram elas uma multidão de hábeis cavaleiros capazes de rivalizar com os portugueses em destreza e com a vantagem do acréscimo, a seus jogos de manejo original, do *laço* e das *bolas*[1].

Belicosos porém, e patriotas principalmente, terminam sempre os brasileiros esses exercícios, nas festas solenes, com uma pequena guerra simulada entre partidos brasileiros e cavaleiros espanhóis. Entretanto, para maior divertimento, os pretensos espanhóis vestem-se de índios, ao passo que os brasileiros envergam as antigas armaduras portuguesas.

Essas pequenas guerras, cujo resultado, como se deve pensar, é sempre favorável aos brasileiros, acabam, naturalmente, com uma marcha triunfal através da cidade, durante a qual o valor dos heróis, a riqueza de sua indumentária e a beleza de seus cavalos excitam o entusiasmo geral e os aplausos interessados das senhoras, orgulhosas de descobrir no cortejo um parente ou o marido.

Finalmente, terminada a passeata, espalham-se os cavaleiros pelos bailes que alegram a noite de uma tão brilhante festividade, indenizando-se da ofensa momentânea à sua ternura e afeição fraternais nesse simulacro de luta em que as fantasias, embora diferentes, escondem um mesmo coração brasileiro.

Nas pequenas aldeias, observam-se idêntica energia e habilidade, com a única diferença de o herói enfeitar-se apenas, e às pressas, com um xale de mulher à guisa de túnica, um lenço no pescoço, fitas em lugar de agulhetas e um penacho improvisado, ornamentos que causam entretanto a mesma sensação que o ouro e os vidrilhos das grandes cidades.

Reproduzo aqui o contraste dos dois uniformes usados, um pelo cavaleiro da aldeia e o outro pelo de Minas ou de São Paulo, vindo com grandes despesas ao Rio de Janeiro a fim de figurar no circo construído no Campo de Sant'Ana por ocasião da coroação de Dom João VI (ver a descrição dessas festas nesta mesma parte).

---

[1] *Ver na primeira parte o* Gaúcho; *na segunda, a* Caça ao tigre. *(N. do A.)*

Prancha 32

Desembarque da Princesa Real Leopoldina

Abstenho-me de repetir aqui os detalhes dos acontecimentos que precederam a chegada ao Rio de Janeiro *da Princesa Real Arquiduquesa da Áustria, Leopoldina José Carolina,* e que a ela se seguiram, por já ter sido isso feito sob o título de *Festas dadas na corte por ocasião do casamento do Príncipe Real Dom Pedro.* Apresento agora ao leitor unicamente a descrição da cena representada neste desenho, de uma exatidão que permite discriminarem-se todas as personagens que a compõem.

A cena se passa no ponto de desembarque do Arsenal da Marinha, situado na extremidade direita da enseada que forma a fachada do lado do mar.

Vêem-se, nos últimos planos da direita, as montanhas da *Tijuca,* ao pé das quais, parte da outra extremidade da cidade; à esquerda, o morro do Castelo, com seus mastros de sinalização e o telégrafo. O pavilhão hasteado no grande mastro indica a ocorrência de uma solenidade. A base desse morro forma, no interior da baía, a praia de *Santa Luzia.*

No centro ergue-se majestosamente o Convento de *São Bento,* cujas janelas, reservadas aos protegidos, são guarnecidas de ricas tapeçarias de seda. Por cima do edifício vêem-se as pontas das duas torres da igreja, cujo pórtico decora a face principal que dá para a cidade, oposta à que se vê aqui. Todo o resto do platô acessível está inteiramente ocupado por uma multidão de curiosos de todas as classes, ansiosos por apreciarem o desembarque do lado do mar, e a marcha do cortejo na Rua Direita, do lado da cidade. A base do morro, guarnecida de palmeiras e tapeçarias, forma o lado direito do caminho preparado para o cortejo; já se vê aí a fila das carruagens que vão seguir imediatamente as da corte. A vanguarda de cavalaria, os cavalos de mão e um grupo de oficiais de estado-maior estacionam em seus lugares, prontos para abrir a marcha, fazendo a volta do edifício da administração do Arsenal (ver a porta que dá para o princípio da Rua Direita, na prancha 2). À direita, o morro limita o Arsenal, que é, deste lado, reservado às oficinas da fundição, com uma porta para a *Prainha,* espécie de mercado abastecido pela navegação interna da baía. O lado esquerdo do caminho de honra é fechado por uma balaustrada, igualmente coberta de tapeçarias, escondendo do olhar a irregularidade das pedras nas imediações do ponto de desembarque.

O arco de triunfo de estilo português, erguido pelos oficiais da marinha, apresenta a extravagância dos detalhes arqueológicos[1], inclinados no sentido do suave declive que recobre. Mostra do lado do mar, na sua face principal, o escudo do novo Reino Unido, do qual pendem guirlandas ligadas aos pilares maciços em desarmonia com as quatro colunas frágeis que suportam o resto desse monumento fantasista. Duas pequenas pirâmides, colocadas perpendicularmente sobre as pilastras, compartilham incomodamente seu ponto de apoio com a base do arco, em cima de uma cornija excessivamente saliente; a outra face é enfeitada por duas figuras alegóricas pintadas de cinzento, e pequenos troféus de marinha ornam os lados exteriores da abóbada. Todos os suportes e balaustradas estão pintados de azul e branco, e a parte superior de vermelho e amarelo; essa estranha ornamentação se explica pela união das cores portuguesas, empregadas pelos engenheiros com a ingenuidade da infância da arte. Duas pequenas escadas paralelas servem de entrada para as pessoas que acompanham a corte.

Uma das embarcações da corte, parada aqui, atrás da do rei, comporta uma banda de música militar encarregada de tocar durante o desembarque. Muitas outras embarcações do serviço particular da corte, reconhecíveis pelas suas esculturas douradas, estão ocupadas por personagens do séquito. O lado direito do desenho é inteiramente formado por uma parte da popa do navio real *João VI*, que trouxe de Trieste a princesa austríaca; a artilharia e a marinhagem prestam continência. No centro do ponto de desembarque vemos a galeota real servida por cem remadores e resplendente de ornatos dourados que a cobrem inteiramente. A galeota está parada ao pé do arco de triunfo, que é ocupado, à esquerda, pelas autoridades civis e gentis-homens, e, à direita, pela jovem família real colocada em ordem de idade; atrás dela, as pessoas a seu serviço particular formam uma segunda fileira; alguns lugares são também reservados para o corpo diplomático.

Um pontilhão móvel, com um tapete vermelho por cima, facilita o desembarque do príncipe e da nova princesa real. Vem em seguida a rainha, conduzida por seu camareiro-mor; atrás dela, dois gentis-homens de serviço, prontos para acompanhar o rei, que já se acha de pé fora do cubículo da embarcação, por cima do qual flutua o estandarte real sobrecarregado de bordados de ouro. Um oficial superior da marinha do rei serve de piloto à ilustre embarcação.

Em terra, atrás do arco de triunfo, vê-se a carruagem atrelada com oito cavalos de penachos vermelhos e com arreios de veludo bordado a ouro. Mais à direita, duas outras carruagens da corte, de seis cavalos, aguardam SS. AA. Escoltas montadas, colocadas atrás delas, as separam do começo da fila de carruagens já organizada.

É uma hora, e o cortejo vai seguir pela Rua Direita, ornamentada com arcos de triunfo, até a Capela Real.

---

[1] *Empregado pelo autor no sentido de relativo aos monumentos antigos. (N. do T.)*

Prancha 33

Vista do Castelo Imperial de Santa Cruz

O Castelo de *Santa Cruz,* residência de recreio da corte, situado a onze léguas da capital, é uma antiga fazenda dos jesuítas, contendo uma igreja e um convento construídos em cima de uma colina que domina imensas planícies entrecortadas de florestas, através das quais passa o caminho para Minas Gerais. Santa Cruz é, sem contestação, uma das maiores propriedades da província do Rio de Janeiro.

Pertencia aos bens da coroa sob Dom João VI, e a corte aí passava seis semanas, anualmente, durante o verão. Sempre modesto nos seus hábitos, contentava-se o rei com uma cela, e o resto de sua família via-se obrigado a imitá-lo.

Mas, por ocasião do casamento do Príncipe Real Dom Pedro, já as idéias eram mais largas, e o rei sentiu a necessidade de derrubar as divisões internas do convento para construir aposentos mais dignos de uma residência real. Encarregou, pois, o *Conde de Rio Seco,* superintendente dos bens da coroa, de dirigir as obras. Com efeito, ao chegar a Princesa Leopoldina, aí encontrou aposentos bem-arranjados. Desde então, Santa Cruz tornou-se tanto mais agradável para a jovem família real quanto o lugar apresentava passeios variados para se fazerem a cavalo ou de carro, prazeres campestres bem diferentes do fastidioso protocolo da cidade.

Mais tarde, Dom Pedro, imperador e reformador, tomou a si a direção da fazenda de Santa Cruz e aumentou-lhe a renda com novas aquisições de terras; aí estabeleceu um haras, prado fechado para a criação de cavalos. Monarca filantropo, procurou ao mesmo tempo cercar essa solidão real de uma população dedicada e reconhecida. Com efeito, depois de ter dado liberdade a todos os escravos a seu serviço particular, quando ainda príncipe, concedeu gratuitamente a cada um deles um pedaço de terreno ao lado do castelo, para a construção de uma pequena casa, e terras de cultura bastante consideráveis na planície, para atender ao sustento das famílias dos novos colonos.

O direito de propriedade incentivou a dedicação desses novos cidadãos, os quais desenvolveram os diferentes tipos de atividades úteis aos viajantes das Minas, chegando pouco depois a oferecer-lhes um pouso cômodo numa estrada bem pouco freqüentada.

Atualmente, honrada amiúde com a presença do soberano, a aldeia de Santa Cruz, cuja colonização data apenas de 1822, aumentada com algumas casas burguesas das autoridades locais, conta uma população numerosa e ativa.

Preparavam-se no ano que precedeu a partida de Dom Pedro I, tanto no interior do palácio e da igreja como nas dependências da propriedade, obras consideráveis: construção de oficinas, usinas, etc.; pensava-se também abrir um canal para o mar, a fim de facilitar a exploração desse imenso domínio imperial, ora administrado pela regência de Dom Pedro II, sucessor de seu pai.

O rochedo dos Arvoredos

O *rochedo dos Arvoredos* comporta, segundo a tradição, uma inscrição em caracteres fenícios e muito semelhante a outras colhidas na América por Humboldt; apresentada como as outras aos sábios orientalistas, foi considerada um vestígio de uma língua morta, hoje indecifrável, conseqüência inevitável da confusão de línguas produzida pela invasão dos povos na América. Acompanharei nessa asserção a opinião do Sr. *Buret de Longchamp,* que afirma: "Uma invasão dos *tultaques* teria ocorrido no México em 648". Acrescenta ele ainda que *"Hiongus* ou *hunos,* conduzidos por *Punon,* seu chefe, perderam-se no norte da Sibéria, nas proximidades da Groenlândia, na época em que *Zalcoal* era senhor das sete cavernas dos *novatelcas* e legítimo soberano das sete nações que fundaram e desenvolveram o império do México". Encontra-se também na mesma obra, relativamente ao ano de 648, a cultura do milho e do algodão, ensinada pelos hunos que invadiram a América, documentos todos que explicariam perfeitamente a fusão incorreta e indecifrável da linguagem escrita entre esses diversos povos, reunidos em pequenas colônias em diferentes pontos da América. É ainda indiscutível que essa inscrição provém de outra escrita oriental, em primeiro lugar pela forma de seu caráter, *th* egípcio, aqui colocado horizontalmente. Os sábios viram nele certa analogia com o *ts* ciríaco e mesmo com o *th* árabe; observam eles ainda, na forma e na disposição dos outros caracteres, vestígios do fenício e do grego antigo; em resumo, uma derivação do alfabeto da escrita da Índia, cuja origem se perde na noite dos tempos.

Como no México, também esta inscrição se acha colocada num ponto que parece inacessível; existem entretanto, no rochedo, vestígios de degraus já gastos, até uma certa altura; são eles indicados no desenho junto do ponto de desembarque onde se acha a canoa. De perto, esses caracteres gigantescos não têm forma aparente e apresentam-se apenas como estranhos raspões sobre o rochedo, em geral coberto de vegetação. É somente de certa distância, no mar, que se pode reconhecer a forma precisa, aqui reproduzida com a maior exatidão.

O *rochedo dos Arvoredos* está situado a pequena distância da entrada da baía de *Santa Catarina,* antigo lugar de degredo dos portugueses, donde o nome que ainda conserva de *Cidade do Desterro.*

Prancha 34

Monumento funerário em que estão encerrados os
restos da primeira imperatriz do Brasil

Demos na nota da prancha 13 o resumo sucinto da vida da primeira imperatriz do Brasil, *Leopoldina José Carolina Luísa,* arquiduquesa da Áustria, desde a sua chegada ao Rio de Janeiro; terminamos aqui com a cerimônia funerária realizada por ocasião do seu falecimento, ocorrido a 11 de dezembro de 1826, às dez horas e um quarto da manhã, no Palácio Imperial de São Cristóvão (Quinta da Boa Vista), a três quartos de légua do Rio de Janeiro. Vejamos agora alguns detalhes tão exatos quão desconhecidos.

Há alguns dias já, santas relíquias, carregadas processionalmente e dispostas na Capela Imperial durante as orações das quarenta horas, reuniam todos os cidadãos admiradores das virtudes da princesa, para a invocação da proteção do Todo-Poderoso contra as horríveis angústias de uma inflamação provocada pelo tifo e em virtude da qual sucumbiu. Com efeito, as salvas funerárias das artilharias das fortalezas anunciaram, cedo demais, essa funesta notícia, que impressionou dolorosamente toda a população do Rio de Janeiro.

Morta a imperatriz e assinada a certidão de óbito pelos médicos e cirurgiões de serviço, presididos pelo primeiro-ministro do império (ministro do Interior), fizeram os cirurgiões uma pequena incisão no abdome, a fim de introduzir no corpo algumas substâncias corrosivas e aromáticas, comprimindo tudo por meio de uma costura (operação cirúrgica textualmente indicada na lei portuguesa, que proíbe, por decência, sejam os cadáveres de mulheres embalsamados).

Durante a noite do primeiro para o segundo dia, ficou o corpo mergulhado num banho de espírito de vinho e de cal, a fim de provocar o endurecimento das carnes, sendo na manhã seguinte revestido com o grande uniforme imperial e exposto num leito de gala, ricamente decorado, a fim de receber a última homenagem dos fidalgos de seu serviço particular, que, com efeito, vieram todos beijar-lhe a mão direita, disposta de modo a facilitar o cerimonial do *beija-mão.*

Logo depois colocaram o corpo assim vestido e perfumado dentro de um caixão de chumbo, cuja tampa foi soldada na presença do camareiro-mor e do primeiro-ministro. Esse primeiro ataúde, fechado dentro de um segundo, de madeira, muito simples, foi em seguida exposto numa câmara ardente para receber, de acordo com os usos, as honras funerárias de toda a corte e do povo, que para aí se dirigiu em massa, apesar da distância que separa São Cristóvão da capital.

Foi somente no dia do cortejo que se encerrou o segundo caixão num terceiro, também de madeira, mas fechado a chave e coberto de veludo preto ricamente agaloado de ouro. É nesse ataúde que a imperatriz repousa, ainda hoje, no coro claustral do Convento da Ajuda, no mesmo lugar em que fora anteriormente depositado, em 1816, o corpo de Dona Maria I, rainha de Portugal e mãe de Dom João VI.

O cortejo

O cortejo funerário, saindo de São Cristóvão a 14 de dezembro, às oito horas da noite, chegou à cidade, à porta principal do Convento de Ajuda, às dez horas e meia, terminando a cerimônia somente às duas horas da madrugada.

Organização do cortejo

Um forte destacamento de cavalaria abria a marcha; vinham em seguida doze cavalos de mão, das estrebarias do imperador, acompanhados pelo picador-mor; seguiam-se logo depois, a cavalo e de uniforme funerário, o Senado da Câmara, os camareiros, os bedéis, os maceiros, os reposteiros e os guarda-roupas, o camareiro-mor e os conselheiros de Estado. Depois dessas autoridades civis, via-se, também a cavalo, o clero da Capela Imperial, constituído pelos sacristães, chantres, cônegos e monsenhores, todos segurando enormes círios, cujas extremidades inferiores se apoiavam nos estribos.

O cerimonial religioso, que determinava cantasse o clero as preces durante o trajeto, assinava também um lacaio para segurar as rédeas do cavalo de cada eclesiástico e, por deferência, dois lacaios para os monsenhores.

Após essa cavalgada, vinham as carruagens. Em primeiro lugar o carro funerário puxado por oito bestas, cobertas de veludo preto e sem penachos; é difícil, porém, ter-se uma idéia da massa informe (invenção portuguesa) apresentada pelo conjunto desse carro funerário. A carruagem era também guarnecida por uma imensa peça de magnífico veludo preto, ornada com uma longa franja de ouro fino, encimada por um largo galão do mesmo metal, tudo cobrindo inteiramente o jogo do carro, as rodas e a boléia. Sentado sobre a imensa tapeçaria, que em parte cedia ao peso de seu corpo, via-se o cocheiro com a grande libré imperial: casaca verde de galões de ouro, tendo do lado direito uma dragona franjada de prata e na cinta a espada de punho de prata; usava chapéu de três bicos com galões de prata, meias brancas de seda e sapatos com fivelas de ouro. Duas filas cerradas de lacaios a pé, todos carregando enormes círios, cercavam o coche funerário, atrás do qual uma segunda carruagem, do mesmo modo recoberta e não menos ricamente ornamentada, representava o carro da imperatriz. Era também puxada por oito bestas, cercada de lacaios carregando círios e escoltada por um destacamento de guardas de honra. Uma terceira carruagem da corte, mas somente de painéis estofados, era ocupada por três eclesiásticos, o mais eminente dos quais segurava uma enorme coroa dourada sobre uma almofada, enquanto seus acólitos, sentados nos lugares da frente, carregavam o fogo sagrado e a cruz. Finalmente, uma quarta carruagem, em que se achavam o camareiro-mor e o reposteiro de serviço, era escoltada por destacamentos de cavalaria, artilharia montada e caçadores a pé com suas bandas, formando a retaguarda.

Cerimônia dentro da igreja do convento

A igreja fora internamente ornamentada com magníficas tapeçarias. Uma orquestra imponente se erguia junto ao muro lateral da direita. Na nave, quatro pedestais de altura e riqueza progressivamente maiores, mas a igual distância um do outro, ocuparam o centro da igreja desde a porta da entrada até o primeiro degrau do altar-mor. Fileiras de banquinhos ladeavam-nos de ambos os lados. Duas cobertas de tapetes haviam sido colocadas também perto da grade do coro claustral, junto da porta de entrada da igreja.

Chega finalmente o coche funerário. Os irmãos da Misericórdia transportam o corpo e o colocam sobre o pedestal mais baixo e mais simples, situado perto da porta, verdadeiro estrado, que, na sua modéstia, figurava o corpo depositado no chão. O primeiro amanuense da Secretaria de Estado, sentado à mesa perto da porta, tira uma cópia da certidão assinada no palácio imperial por ocasião do fechamento do caixão de chumbo e destinada a ser entregue à abadessa do convento, juntamente com a ata de depósito do corpo, que a superiora assina, por seu lado, na outra mesa. Esse documento constitui ainda um compromisso de entregar o ilustre depósito à primeira requisição legal. Após essa formalidade, o clero da irmandade canta o ofício dos mortos a que se chama *recomendação*. Os irmãos carregam então o caixão até o segundo pedestal, mais elevado e ornamentado, junto ao qual se mantém o Senado da Câmara do Rio de Janeiro. É agora o clero da paróquia que se encarrega das orações. Findas estas, os membros do Senado da Câmara carregam por sua vez o ataúde e o colocam no terceiro pedestal, mais rico do que o precedente. É então o bispo que oficia pontificalmente, e é a nobreza que carrega o ataúde, a fim de colocá-lo no quarto pedestal, muito mais rico do que os precedentes. Nesse momento, então, todos os efeitos da música contribuem em seu conjunto para a suntuosidade dos cânticos religiosos, que continuam enquanto a nobreza transporta o corpo e penetra pela porta lateral da grade claustral, aberta do lado em que se encontra um pequeno monumento funerário preparado para receber definitivamente os restos augustos [1]. Deposita-se em seguida a enorme coroa dourada sobre o pano mortuário

---

[1] *O monumento, obra-prima de marcenaria, é um grande armário isolado dentro de um pequeno gabinete retangular, fechado do lado maior por duas portas que, abrindo-se, mostram por inteiro a sua face. Duas pequenas figuras esculpidas suportam o medalhão, que serve de frontispício, em cima de um zimbório cortado. O conjunto é de madeira preta ornada de filetes de cobre dourado. Dois versos latinos inscritos no medalhão atestam a justa saudade que inspira a lembrança das qualidades realmente notáveis da ilustre morta. As religiosas mantêm continuamente acesa uma pequena lâmpada no interior do monumento, cujas portas permanecem fechadas em geral, abrindo-se somente no dia da comemoração. (N. do A.) Dia de Finados, quer o autor dizer. (N. do T.)*

que cobre o esquife. Ao chegar-se a essa última formalidade, soam duas horas da manhã, e as salvas da artilharia do cortejo, repentinamente repetidas pelas de todos os fortes da baía, anunciam à população da capital que a porta do coro claustral está sendo fechada.

Foi esse o sinal de partida para os assistentes, exaustos com essa penosa e lúgubre cerimônia, que durou seis horas consecutivas, duas das quais em meio a uma nuvem de poeira escaldante e as quatro outras fechadas no interior de uma igreja resplendente de luminárias e apinhada de espectadores, que aumentavam ainda o calor sufocante.

Dou aqui, sob número 1, os detalhes do grande monumento funerário em que repousam hoje os restos mortais de *Leopoldina, primeira imperatriz do Brasil.* Esta obra-prima de marcenaria, executada em madeira preta e ornada com filetes de cobre dourado, foi confeccionada em 1817 para colocar-se o corpo da falecida rainha de Portugal, *Maria I, mãe de Dom João VI,* falecida no Rio de Janeiro em 1816[1]. As armas do Reino Unido no frontão atestam que o desenho foi feito logo em seguida aos funerais, pois a elas se substituíram mais tarde as armas do Império. O ataúde, coberto por um pano mortuário de magnífico veludo preto com galões e franjas de ouro e encimado por uma enorme coroa, acha-se colocado sobre um estrado também coberto de pano preto agaloado. As duas portas, em geral fechadas, permaneceram abertas durante a primeira semana de nojo, consagrada ao serviço funerário.

N.º 2. Detalhe da decoração exterior da grade do coro claustral que dá para a igreja pública no mesmo convento. À direita, ao rés-do-chão, percebe-se uma porta lateral aberta para a entrada do cortejo; vê-se à esquerda a porta paralela fechada e em parte escondida pelas duas mesas preparadas para a assinatura das atas de depósito do corpo da imperatriz[2].

N.º 3. Vista do interior do coro claustral do *Convento da Ajuda,* onde se acha colocado o monumento funerário.

N.º 4. Vista exterior do mesmo convento, do lado da Rua *da Ajuda.* O primeiro corpo do edifício, à esquerda, é a igreja; as janelas numerosas indicam o rés-do-chão e os dois andares do coro claustral; as quatro outras, colocadas acima das capelas laterais, dão uma idéia da dimensão da igreja pública e da porta de entrada pela qual passou o cortejo funerário. A segunda porta, colocada embaixo da pequena galeria italiana, dá entrada para a sacristia ao lado do altar-mor da igreja pública; a terceira porta dá para o pátio do convento. Esse pátio é cercado por dependências consagradas às atividades industriais; a parte claustral ocupa toda a fachada situada ao lado do mar (ver a vista geral da cidade, prancha 3). O desenho termina com o muro do espaçoso jardim das religiosas.

N.º 5. Coche funerário com oito bestas simplesmente ajaezadas e sem penacho:

---

[1] *O primeiro monumento em que se achava depositado primitivamente, em 1816, o corpo da falecida rainha era absolutamente da mesma dimensão, mas parecia um pequeno gabinete de jardim. De madeira ordinária, era pintado de verde-claro e sobre ele se figurava uma grade dourada, prova incontestável do triste estado das artes no Rio de Janeiro nessa época.* (N. do A.)

[2] *Há um engano de numeração. A descrição refere-se ao número 1.* (N. do T.)

á enorme e pesada carruagem é de estilo Luís XIV, e muito grosseiramente executada. A capa única, de magnífico veludo preto, bordada com galões e alta franja de ouro descendo até o chão, tradição portuguesa religiosamente conservada nesta solene e lúgubre cerimônia, é que dá esse aspecto de massa informe à carruagem.

Prancha 35

Vestimenta das damas de honra da corte

Entre as damas da corte de Dom João VI, cuja elegância, enormes penas brancas e diamantes realçavam o brilho do séquito real na igreja e no teatro, distinguia-se especialmente a *Baronesa de Rio Seco,* resplandecente de diamantes. Entretanto, seu porte, por demais avantajado, permitia que algumas jovens senhoras, menos sobrecarregadas de pedras preciosas, brilhassem junto dela pelo seu donaire e graça. Entre as mais idosas, também, a nobreza de maneiras revelava o feliz resultado de uma boa educação européia. Com a partida do rei, essas damas da mais alta nobreza regressaram em sua maioria a Lisboa, e tudo mudou de aspecto no Rio de Janeiro. Junto ao trono de Dom Pedro I, o verde e o amarelo, símbolo do novo império brasileiro, sucederam às cores nacionais portuguesas: vermelho e azul. As penas vermelhas das princesas reais cederam às penas brancas de ponta verde a honra de coroar o diadema da Imperatriz Leopoldina; as demais damas da corte usavam penas todas brancas, e a combinação de ouro e verde aparecia somente na composição de seu turbante, juntamente com o manto verde bordado a ouro e a saia branca bordada de prata, que constituíam a vestimenta de gala para os dias solenes.

Os jovens soberanos, logo cercados por uma corte jovem e devotada à emancipação do Brasil, constituíam um encanto a mais para o entusiasmo geral. Dom Pedro, imperador, gozava a felicidade da popularidade, e, monarca patriota, folheava os anais dos grandes séculos para instruir-se na arte de governar. Já habituado, no entanto, a receber diariamente à sua passagem a expressão de uma lealdade unânime, começou a ocupar-se mais particularmente com as manifestações galantes de algumas francesas; e essa distração, natural de sua idade, fê-lo esquecer instantaneamente a solenidade de seu papel. A fraqueza incitou alguns cortesãos a colocarem debaixo de seus olhos as crônicas secretas e escandalosas de fins dos reinados de Luís XIV e Luís XV. Dotado, com efeito, de um espírito fogoso e de um temperamento ardente e imitador, concebeu o projeto de uma intriga na corte. Seus favoritos fizeram-no conhecer uma senhora de São Paulo, cujos olhos expressivos e fisionomia móvel denunciavam certa energia espiritual capaz de subjugar o jovem soberano. Ela o conseguiu, com efeito, totalmente, passando a tornar-se indispensável à corte, onde o imperador a nomeou primeira dama de honra da imperatriz, o que constituiu um motivo de tristeza profunda, que envenenou os últimos anos de Leopoldina. A sultana favorita ocupou-se desde logo da situação de sua família; seus irmãos obtiveram postos superiores no exército; seu marido, sempre ausente, conseguiu emprego na diplomacia, e seu velho pai, ao morrer, com um título de alta nobreza, foi suntuosamente inumado na *Capela de São Luís,* anexa ao *Convento de Santo Antônio.* Finalmente, no auge da grandeza, essa senhora de São Paulo tornou-se mãe de uma filha reconhecida pelo imperador com o título de *Duquesa de Goiás,* e Dom Pedro, cujos rendimentos eram tão extremamente reduzidos, não hesitou em criar para essa mulher, que precisava de figuração, uma renda baseada na autorização secreta de retirar uma retribuição voluntária de cada uma das promoções realizadas pelo governo. Constituiu-lhe assim uma corte numerosa de pedintes assíduos, aos quais ela impunha uma taxa arbitrária.

Habitando o pequeno Palácio de São Cristóvão, para aí se dirigia diariamente o imperador, depois do almoço, com suas promoções assinadas, e os postulantes aguardavam a sua saída para saber do resultado de seus pedidos e de seus sacrifícios.

Mas a jovem família do imperador exigia uma madrasta, e um projeto de aliança com uma das grandes potências da Europa provocou a primeira queda da favorita, obrigada a retirar-se para São Paulo. Pouco tempo depois, malogrado esse projeto, foi ela novamente chamada à corte. Entretanto, esse triunfo momentâneo eclipsou-se com a notícia da chegada da *Princesa de Leuchtenberg.* Privada então, e para sempre, de suas regalias na corte, a infeliz Marquesa de Santos teve ordem de deixar o país.

Quanto à Duquesa de Goiás, sua filha, foi ela mandada para a França e colocada no Colégio do Sagrado Coração de Jesus, em Paris, onde recebeu uma educação de acordo com os seus títulos.

Prancha 36

Uniformes militares

A influência portuguesa, ardorosamente anglófila, importara para o Brasil os uniformes militares copiados dos de nossos vizinhos de além-mar. Por isso encontramos no Rio de Janeiro guardas-marinhas usando, como os ingleses, pequenas barretinas de couro, com pala erguida orlada de crina preta. Havia igualmente um regimento de milícia formado de negros livres, que usavam pequeno *schako*[1] de pala muito erguida e pontuda, uniforme branco com gola, alamares e vivos vermelhos, talabartes brancos. Esse regimento foi suprimido em 1824, mas o imperador constituiu com eles um corpo de artilharia de fortaleza, comandado por oficiais brancos. Seu uniforme atual é azul com vivos vermelhos e cinturão de couro preto envernizado. Usam bonés de polícia de pano azul com vivos vermelhos.

A cavalaria de milícia do interior usa capacete com crina preta; a copa é ornada de lâminas de cobre, modelo inglês ou bávaro (ver a *caça ao tigre* na segunda parte). O resto do uniforme, também azul, difere apenas pela cor dos alamares, que são brancos ou vermelhos. A cavalaria de São Paulo usa atualmente *schako*.

Admitira-se na organização da Guarda Imperial um regimento estrangeiro de infantaria, cujos soldados, alsacianos e suíços, eram comandados por oficiais franceses e usavam uniforme da Guarda Imperial de Napoleão.

Apresento aqui o uniforme dos primeiros regimentos de granadeiros e caçadores da Guarda Imperial. O terceiro é o da milícia burguesa, reconhecível pelas chapas com as armas do Brasil.

Em 1830, o descontentamento provocado pelas mudanças contínuas de ministério e a suspeita bastante fundada de uma tendência favorável à volta do governo absoluto levaram as Câmaras a promulgar uma lei que, a pretexto de economia, suprimiu inicialmente o regimento estrangeiro, temível pela sua bela conduta na guerra do sul contra os espanhóis, e restringiu consideravelmente a tropa mercenária, de maneira a concentrar a força armada nas mãos da milícia burguesa, precaução que, com efeito, evitou quaisquer conflitos no momento da abdicação de Dom Pedro I.

Imediatamente após o golpe de Estado, a Regência Provisória ordenou licenciamento das tropas, que ficaram momentaneamente detidas nos quartéis, enquanto

---

[1] *Espécie de boné alto, de pêlo, usado pela Guarda Imperial de Napoleão. (N. do T.)*

o corpo de oficiais, organizado em batalhão de honra, serviu patrioticamente em todos os postos, ajudando a milícia burguesa a manter a ordem e a segurança na cidade durante os oito dias de temor inspirado pela presença de Dom Pedro a bordo do navio capitânia inglês ancorado diante da barra. Mas depois de sua partida efetuou-se o licenciamento dentro da maior calma, e o serviço público foi assegurado pelo batalhão de oficiais e pela milícia burguesa, como se faz em França, com a Guarda Nacional e a tropa de linha, entre as quais existe louvável rivalidade.

Prancha 37

Aclamação do Rei Dom João VI

Encontrar-se-á facilmente, na cena desenhada, parte dos detalhes já descritos na cerimônia da aclamação de Dom João VI. Escolhi o momento em que o primeiro-ministro terminou a leitura do voto formulado pelas províncias do Brasil, chamando ao trono do novo reino unido o príncipe regente de Portugal. O rei acaba de responder: "Aceito", e o entusiasmo geral dos espectadores se manifesta pela aclamação "Viva el-rei, nosso senhor" e o gesto português de agitar o lenço. A bandeira real está desfraldada. O rei ocupa o trono, em grande uniforme, de chapéu na cabeça e cetro na mão, estando a coroa colocada numa almofada ao lado dele. À sua direita acham-se os príncipes *Dom Pedro* e *Dom Miguel,* este com a espada de condestável desembainhada na mão. O capitão da guarda mantém-se ao pé do trono, junto do ministro. À direita, perto da balaustrada, percebe-se a tribuna ocupada pela família real e na qual as damas de honra, de pé, formam a segunda fila. As personagens estão colocadas na seguinte ordem: a *rainha,* ocupando o lugar mais próximo do trono; a *Princesa Real Leopoldina,* logo em seguida, com a cabeça ornada de penas brancas, enquanto todas as outras princesas as usam vermelhas; *Dona Maria Teresa,* nessa época chamada a *jovem viúva; Dona Maria Isabel; Dona Maria Francisca; Dona Isabel Maria* e, finalmente, *Dona Maria Benedita,* viúva do Príncipe Dom José e tia do rei.

Dois compridos estrados de alturas diferentes ocupam o centro da galeria, conduzindo ao pé do trono. Os dois lados das três primeiras colunas são reservados aos dignitários da nobreza e do clero, ficando o resto da galeria para os convidados. A cerimônia da aclamação terminou de dia e a galeria só foi iluminada para o regresso do cortejo, após o *Te Deum,* quando o rei se retirou para os aposentos do palácio por uma porta aberta atrás do trono.

Tal foi a cerimônia que consagrou a resolução real transportando para o Brasil a sede da realeza portuguesa até 22 de abril de 1821, dia do regresso do rei a Portugal.

Prancha 38

Vista do Largo do Palácio no dia da aclamação de Dom João VI

Tanto a timidez natural de Dom João VI, herdeiro legítimo da coroa de sua mãe desde fins de fevereiro de 1816, como a distância considerável pela qual o Brasil está separado do continente, foram sem dúvida as causas principais das circunstâncias que atrasaram de dois anos o reconhecimento do *Reino Unido do Brasil, Portugal e Algarves.*

O novo rei precisava, com efeito, obter a ratificação da regência portuguesa estabelecida em Lisboa, além da anuência das grandes potências da Europa, dele separadas por duas mil léguas. Por isso, foi somente a 6 de fevereiro de 1818 que se realizou, no Rio de Janeiro, o *ato da aclamação solene do novo Rei Dom João VI.*

Depois de apresentar uma vista do interior da galeria em que se passam todos os detalhes do ato da aclamação, reproduzo agora o exterior dessa mesma galeria, que ocupava todo o fundo do largo com frente para o mar.

O momento escolhido é o da *partida do rei,* em que aparece ao balcão central do edifício para mostrar-se ao povo e receber as primeiras homenagens, antes de descer para a Capela Real a fim de assistir ao *Te Deum* com que termina a cerimônia da aclamação. Percebe-se, através da abertura das arcadas, na primeira janela à esquerda, o trono; na segunda, a tribuna da família real, das damas da corte e das legações estrangeiras; na terceira, antes do fim, vê-se a porta de comunicação que conduz à Capela Real e pela qual deve passar o cortejo; as duas últimas, finalmente, servem para clarear o vestíbulo arranjado à entrada da escadaria, de que se vê uma parte do lado de fora. Uma balaustrada erguida no envasamento do balcão de honra serve de coreto para a orquestra, composta unicamente dos músicos alemães que acompanharam a princesa durante a travessia. O comandante da praça e dois oficiais de seu estado-maior mantêm-se no centro de um espaço vazio reservado em torno do balcão. Pelotões de infantaria e de cavalaria distribuem-se entre a massa de espectadores espalhados pelo largo.

É preciso dizer que o conjunto dessas medidas militares contribuiu bastante para tranqüilizar o novo rei, temeroso da explosão de um motim popular fomentado pelo descontentamento dos portugueses, enciumados com sua longa permanência no Brasil, e isso apesar da promessa feita de voltar para Lisboa logo após a conclusão da paz geral.

Prancha 39

Bailado histórico

Os portugueses, apreciadores da arte musical, mantinham em Lisboa certo número de virtuoses italianos e de excelentes instrumentistas a serviço da Capela Real. Esse precioso conjunto figurava igualmente no teatro da corte, principalmente nas representações de gala honradas com a presença dos soberanos. Nessas circunstâncias, também, o estro dos poetas nacionais, sempre pródigos em louvores exagerados, parecia ainda insuficiente ao orgulho do soberano, habituado a vir quatro ou cinco vezes por ano ao teatro sujeitar-se de bom grado ao fogo ininterrupto das metáforas ousadas que formam esse prólogo dialogado bastante longo e que se intitula francamente *elogio*[1]. Esse longo e monótono diálogo é entretanto realçado, no fim, com coros e danças em um último quadro: apoteose em que brilha o retrato do soberano no Olimpo, recebendo o incenso dos mortais representados pelo corpo de bailados. Mais tarde, o diretor do teatro real do Rio de Janeiro, também de nacionalidade portuguesa, desejoso de atender ao gosto de Dom João VI, regalava-o ainda, antes do *elogio,* com mil improvisações poéticas, declamadas por autores espalhados pela sala. Esse assalto de espírito, que para o prazer do rei durava às vezes mais de cinco quartos de hora, enfarava impunemente todo o resto do auditório.

A representação de 13 de maio de 1818, especialmente consagrada à comemoração solene da aclamação do Rei Dom João VI e do casamento de Dom Pedro com uma arquiduquesa da Áustria, constituiu um sucesso principalmente para o diretor do teatro. Ambicioso rival de seus confrades de Lisboa e sabendo da presença de um artista europeu nos preparativos da festa, contratou-o como pintor do teatro; foi assim que me coube entender-me com o poeta e o mestre de bailados para executar o cenário do elogio desse dia solene.

A fim de não perder, na medida do possível, o meu caráter de pintor de história, vali-me do antigo cerimonial dos reis de Portugal para representar Dom João VI em uniforme real, de pé sobre um pavês suportado pelas figuras caracte-

---

[1] *Seja-me permitido reproduzir aqui quatro versos apenas:*
> Do Eterno sobre ti os dons sagrados
> Vão ser em cópia tanta derramados,
> Que d'estrelas a noite é menos cheia,
> Menos tem o oceano de grão de areia, *etc. (N. do A.)*

rísticas das três nações que compõem o *Reino Unido de Portugal, Brasil e Algarves.* Logo abaixo desse grupo principal, coloquei as figuras ajoelhadas do Himeneu e do Amor, com os retratos do príncipe e da princesa real. Ambos entrelaçavam as iniciais dos jovens esposos formando um monograma por cima do altar ardente do Himeneu.

De acordo com o programa, a cena se passava sob a abóbada etérea onde a reunião dos deuses outorgava honras de apoteoses a esse episódio histórico. O mar formava o horizonte, justificando assim a chegada de Netuno com o pavilhão do reino unido; do outro lado, Vênus, na sua concha marinha puxada por dois cisnes guiados por Cupido, conduzia as Graças, sustentando os escudos unidos e coroados das duas nações recém-aliadas. Delfins móveis circulavam entre os diversos planos do mar, parando no último quadro para formar um caminho praticável às dançarinas que deviam levar suas oferendas ao pé do altar do Himeneu, pintado no pano de fundo do palco. Esse grupo imenso da população dos três reinos unidos, que se projetava artisticamente até o proscênio para unir-se a guerreiros de todas as armas, produziu o maior efeito. Concomitantemente, nuvens isoladas suportavam Gênios animados dessas mesmas nações e povoavam toda a parte alta do quadro aéreo, inteiramente pintado em transparente, até o primeiro plano do teatro.

Esse triunfo, no teatro, do mestre de bailados *Louis Lacombe,* cujo talento se revela sob todas as formas no conjunto das festas, foi também para mim o prelúdio de um contato que se prolongou durante sete anos consecutivos.

Prancha 40

Retratos dos ministros

O Conde da Barca

O Cavaleiro Luís Araújo, *Conde da Barca,* nascido em Portugal, foi acima de tudo amigo das ciências e das artes; sensível e bom, passou a vida procurando fazer a felicidade dos outros.

Aluno distinto da Academia de Coimbra, foi escolhido para secretário particular do Rei Dom José I, revelando nesse cargo suas qualidades de diplomata, que o fizeram mais tarde encarregado de negócios de seu governo junto a diferentes nações da Europa. Passou assim, sucessivamente, boa parte da vida na Alemanha, na Inglaterra, na Rússia e na França, onde se achava por ocasião da morte de Luís XVI. Constrangido pouco depois a deixar Paris, para aí voltou pela segunda vez durante o consulado de Bonaparte, regressando à pátria pouco antes do começo da guerra na península. O Conde da Barca não acompanhou o rei ao Brasil; ficou em Lisboa durante a invasão francesa. Mas partiu, pouco depois, a fim de juntar-se ao seu soberano, na América, onde seus compatriotas lhe censuravam abertamente a simpatia particular que mostrava pelos franceses.

Ao chegar ao Brasil, foi o Conde da Barca imediatamente nomeado para o Ministério dos Negócios Estrangeiros e da Guerra, nomeação muito bem acolhida em virtude da estima das cortes estrangeiras junto às quais estivera anteriormente acreditado e que granjeara pela sua afabilidade e cultura.

Verdadeiro amigo do progresso do Brasil, mandou vir para o Rio de Janeiro colonos chineses, a fim de incrementarem a cultura do chá, e habitantes do Porto e da ilha da Madeira, para cultivarem a vinha. Deve-se-lhe a criação de uma sociedade de encorajamento à indústria e de uma cadeira de química. Atribuem ainda às suas combinações políticas o casamento do Príncipe Real Dom Pedro com a arquiduquesa da Áustria, Leopoldina José Carolina[1]. Como administrador, realizou o projeto de criar uma academia de belas-artes no Rio de Janeiro, mandando vir, a expensas do governo, um grupo de artistas franceses já conhecidos. Pode-se citar ainda, entre seus protegidos, o célebre poeta português *Francisco Manuel do Nasci-*

---

[1] *Foi o Marquês de Marialva, então embaixador português junto da corte de França em Paris, o escolhido para ministro plenipotenciário do Rei Dom João VI, com a incumbência de ir a Viena, em 1817, contratar o casamento. (N. do A.)*

mento, conhecido pelo nome de *Filinto Elísio,* a quem concedeu uma pensão vitalícia [1]

Novo mecenas, abria aos artistas a sua residência, onde nos foi dado ver uma grande sala destinada à biblioteca, cujo teto inacabado era obra de um pintor italiano por ele hospedado e que o abandonara repentinamente para visitar algumas cidades do interior do Brasil. Protetor das ciências e da indústria, fez-nos visitar, em um dos pátios de sua casa, uma oficina para o fabrico da porcelana e, em outro pátio, um laboratório de química para o aperfeiçoamento da destilação da aguardente de cana. Finalmente, em um terceiro pátio, vimos amontoadas as peças incompletas de uma máquina a vapor trazidas com grande despesa de Londres. Apresentou-nos um mecânico português a quem concedera uma bolsa do governo para que se aperfeiçoasse na Inglaterra, bem como um gravador de talho-doce que gozava da mesma vantagem. Demonstrou publicamente a afeição particular com que nos distinguia, dignando-se admitir-nos em sua intimidade. Mais ainda: um de nossos camaradas, Newcom, compositor de música, chegado mais tarde com o Duque de Luxemburgo, enviado extraordinário da corte de França ao Brasil em 1817, residiu sempre com o ministro; é verdade que esse nosso amigo se mostrou digno dessa honra, não abandonando um instante a cabeceira do leito do ministro moribundo, cujo último adeus recebeu, pagando-lhe assim, sozinho, toda a nossa dívida comum de gratidão.

O *Conde da Barca,* valetudinário há mais de quinze anos, não se mostrava menos infatigável no trabalho; sobrecarregado de responsabilidade, reunindo em suas mãos (interinamente) as três pastas da Guerra, da Marinha e das Relações Exteriores, morreu no Rio de Janeiro a 25 de junho de 1816; seu último suspiro foi para a felicidade do rei, a prosperidade do Brasil e o progresso das belas-artes.

Possa essa homenagem tardia prestada à sua memória tornar-se um documento autêntico de nossa gratidão para com o nosso protetor no Brasil.

O Marquês de Marialva

N.º 2 — *Dom Pedro de Menezes,* português, Marquês de Marialva, escudeiro-mor do rei, por todos estimado em virtude de sua doçura e generosidade, distinguiu-se na diplomacia pelo seu devotamento à glória e à verdadeira prosperidade de seu país, bem como à do Brasil, residência adotiva da corte de Portugal, que aí fundou o *Reino Unido de Portugal, Brasil e Algarves.*

Ministro plenipotenciário junto à corte de França em Paris, aí organizou um círculo íntimo de homens extremamente notáveis pelos seus conhecimentos e cultura. Entre estes se encontrava o *Barão de Humboldt,* um dos membros do Instituto de França que, em 1815, lhe inspiraram o desejo de fundar no Rio de Janeiro uma

---

[1] *Esse hábil escritor, fugindo das prisões da Inquisição de Lisboa, passou para a França, onde fez uma excelente tradução portuguesa dos Mártires de Chateaubriand, que dedicou ao Conde da Barca, seu benfeitor. Com o falecimento do ministro, perdeu o poeta a sua pensão e vegetou socorrido apenas pelos seus amigos. Morreu em Paris em 1824. (N. do A.)*

academia real de belas-artes. Daí nossa expedição artística, dirigida pelo *Sr. Lebreton,* então secretário perpétuo da classe de belas-artes do Instituto de França.

Pouco tempo depois, foi o marquês encarregado da alta missão de contratar o casamento do Príncipe Dom Pedro com a arquiduquesa da Áustria, Leopoldina Carolina, assinado em Viena, em 1817. Nessa ocasião, puderam os príncipes alemães admirar o luxo e a grandeza do representante da corte portuguesa. Essas despesas enormes, o Marquês de Marialva efetuou-as à custa de sua fortuna particular e nunca lhe foram reembolsadas.

Noutra ocasião, em Paris, teve ele a oportunidade de comprovar a sua generosidade continuando a pagar de seu bolso os honorários de professor do nosso gravador *Pradier,* que uma intriga do diretor português no Rio de Janeiro levara a ser suspenso do cargo enquanto executava em França a gravação do quadro representando o desembarque da nova princesa real no Brasil; belo e penoso trabalho, em que o buril do artista não foi, felizmente, prejudicado pela perseguição.

Esse dedicado protetor das artes faleceu em Paris, em 1822. Vítima de sua generosidade, deixou uma fortuna desmantelada pelos inúmeros adiantamentos que seu governo nunca teve a probidade de reconhecer[1].

Nunca, entretanto, a fortuna passou entre mais dignas mãos.

José Bonifácio de Andrada

N.º 3 — Orgulha-se a cidade de *Santos* de ser o berço da família dos *Andradas.* Com efeito, três irmãos de mesmo nome figuram em primeiro plano na fundação do Império do Brasil, dois como ministros e um como orador célebre.

Um deles, *José Bonifácio de Andrada,* aluno da Academia de Coimbra, aperfeiçoa a sua educação em França e distingue-se nos seus estudos. Familiarizado com as línguas francesa, alemã, inglesa e italiana, medita proveitosamente sobre a literatura estrangeira. Sábio mineralogista, torna-se correspondente do Instituto de França. Membro da deputação de São Paulo em 1822, leva para o Rio de Janeiro o plano de organização de um novo sistema de governo para o Brasil. Essa obra encontra inúmeros adeptos e é apresentada nas Câmaras ao príncipe regente. Dom Pedro aceita então o título de *defensor perpétuo do Brasil,* com a obrigação de fixar residência no país, e no fim do mesmo ano é proclamado soberano do Império do Brasil, independente de Portugal. *José Bonifácio,* organizador do novo sistema de emancipação, é nomeado primeiro-ministro de Estado[2]. Protetor das artes, abre concursos para a ereção de monumentos consagrados à glória nacional e à utilidade pública. Sustentando o trono imperial, mas patriota antes de tudo, aspira à exclusão dos portugueses, quando, em virtude de um golpe de Estado, é excluído dos negócios

---
[1] *O Sr. Menezes ficara em Paris como encarregado de negócios de Portugal, desde 1821, época em que o Rei Dom João VI deixou o Brasil; de ilustre família, seus restos mortais foram transportados a Lisboa, para o palácio de seus antepassados. (N. do A.)*
[2] *Seu irmão,* Martim Francisco, *foi nomeado ministro das Finanças. (N. do A.)*

públicos juntamente com seus irmãos. De regresso ao Brasil e reeleitos deputados todos os três, *José Bonifácio,* do seu retiro, considera com calma as oscilações do sistema ministerial. Partidário da abdicação do imperador, mas fiel esteio do trono, apóia a jovem dinastia imperial brasileira e continua amigo de Dom Pedro, *Duque de Bragança,* de quem aceita a tutela da família reinante; o título é contestado a princípio pela Assembléia Nacional, por ter sido ilegalmente conferido por um monarca destituído, mas sancionado a seguir como homenagem às virtudes cívicas e à cultura de *José Bonifácio.* Como tutor, redige um plano de educação para o jovem Dom Pedro, apresenta-o à Assembléia Nacional, que o aprova e fá-lo executar pontualmente.

Revelemos, entretanto, esta confidência: desiludido com as oscilações contínuas de sua fortuna política, José Bonifácio só aceitou este último e honroso cargo de tutor lamentando seu delicioso retiro da ilha de Paquetá, para onde fugira da inconstância imperial. Por isso, resignado ante a grandeza passageira, cuja responsabilidade sua consciência bem mediu, e cumprindo seus ilustres deveres, aspira sem cessar ao dia feliz que lhe devolverá a solidão, único objeto ambicionado e sempre escampado à sua fortuna.

José Clemente Pereira

N.º 4 — *O desembargador e juiz de fora José Clemente Pereira,* homem de fortuna e resolução, foi um dos mais ativos promotores da emancipação do Brasil. Presidente do Senado da Câmara Municipal do Rio de Janeiro em 1822, fez Dom Pedro assinar a ata em que se obrigava a permanecer no Brasil como defensor perpétuo do país; e a 12 de outubro do mesmo ano, perante a família reinante, solenemente reunida à varanda do *Palacete do Campo de Sant'Ana,* transmitiu publicamente o voto unânime das províncias do interior aclamando *Dom Pedro I imperador constitucional do Brasil.* Uma tal incumbência assinalava-lhe o primeiro lugar entre os representantes do povo no cerimonial desse grande ato político, a que assistiam os delegados de todas as províncias do império.

No novo governo, *José Clemente Pereira* não permaneceu[1] estranho aos negócios públicos; exerceu o mandato de deputado pelo Rio de Janeiro na Assembléia Legislativa, sendo reeleito para as legislaturas de 1830 a 1833.

Foi nomeado ministro do Interior em 1828, cargo no qual, em virtude de suas atribuições, nos foi extremamente útil. Com efeito, sentiu e paralisou ao mesmo tempo as manobras hostis do diretor português da academia, ordenando, em nome do imperador, a primeira exposição pública dos alunos. E, sem levar em conta a responsabilidade do diretor, deixou-nos com inteira liberdade para arranjar as salas de acordo com o modelo francês de exposição. Vindo visitar-nos na véspera da abertu-

---

[1] *Diz-se no texto: permaneceu estranho. Trata-se entretanto de visível erro de impressão, como se vê do que segue. (N. do T.)*

ra, reconheceu a evidente inferioridade do diretor como professor de desenho, aplaudindo nossa dedicação e o êxito de nossos alunos.

Infelizmente para nós, o ministro deixou a pasta no decurso do ano seguinte; mas a instalação dessa exposição anual, que as belas-artes lhe devem, perpetua desde então, anualmente, um tributo de gratidão à sua memória.

Bispo capelão-mor do Rio de Janeiro

N.º 5 — Aos legisladores e sábios que tanto contribuíram para a regeneração do Brasil, devemos associar o prelado, filósofo e literato que presidiu sucessivamente a Assembléia Legislativa e o Senado, *José Caetano da Silva Coutinho*.

Esse homem extraordinário nasceu em Lisboa em 1768. Aluno distinto da Universidade de Coimbra, mas de família plebéia, entrou para as ordens, onde teve uma brilhante carreira, aberta por uma erudição profunda e uma filosofia sadia que o conduziram ao episcopado.

Nomeado arcebispo de *Clanganoras* (possessão portuguesa na Ásia), trocou esse título pelo mais modesto de bispo do Rio de Janeiro. Foi somente, entretanto, após a chegada da corte ao Brasil que tomou posse da diocese, com a obrigação voluntária de percorrê-la anualmente, consagrando com regularidade dois meses da estação conveniente à visita sucessiva das cinco províncias que formavam o bispado. Aí fundou ele assim as cidades de *Valença, Pilar, Resende e São José do Rio Bonito*, todas elas sedes de distritos hoje.

Capelão-mor do Rio de Janeiro, coroou pontificalmente, em 1822, *Dom Pedro primeiro imperador do Brasil;* deputado brasileiro, presidiu a Assembléia Constituinte em 1823; quando esta foi ameaçada de dissolução pelo imperador, permaneceu no recinto durante as vinte e quatro horas que precederam o golpe de Estado executado a mão armada e que o obrigou a deixar a poltrona em que se resignara a morrer. Reeleito para a convocação seguinte, presidiu sem interrupção a Assembléia Legislativa até 1825, época em que foi chamado ao Senado, a ele presidindo igualmente até 1832, último ano de sua vida[1].

José Caetano da Silva Coutinho, constitucional convicto, demonstrou sua energia até diante do trono; ressentido com certas desatenções de que fora objeto no palácio e informado de que, por motejo, os cortesãos o chamavam de *capelão constitucional,* não tornou a comparecer às recepções do imperador. Humilhado com o abandono do bispo, o jovem imperador procurou remediar a falta pelo menos na aparência. Escolheu pois um de seus cortesãos, seu antigo instrutor, religioso franciscano, e, após um ano de negociações preparatórias, foi o reverendo padre efetivamente nomeado bispo, *in partibus*, de *Anemoria* e sagrado na Capela Imperial pelo bispo capelão-mor. Após esse primeiro triunfo, Dom Pedro, obnubilado pela vingança

---

[1] *Tinha sessenta e quatro anos e uma compleição extremamente robusta ainda quando morreu, de volta de uma de suas viagens anuais, vítima de uma febre inflamatória causada por um excesso de fadiga. (N. do A.)*

mas pouco instruído no direito canônico, manobrava ainda para fazer nomear o novo bispo coadjutor do capelão-mor e suplantar assim o titular nas suas funções; entretanto, essa pequena tirania não deu resultado, dessa feita, em virtude da oposição do prelado patriota, único com o direito de nomear seus coadjutores. Mas a aproximação da celebração do casamento do imperador, que exigia inevitavelmente a presença do bispo capelão-mor, fê-lo abandonar no mesmo ano a sua vingança; e, nas promoções que se seguiram ao ato solene, foi José Caetano nomeado grande dignitário das ordens brasileiras do Cristo e da Rosa. Reapareceu ele, entretanto, muito raramente na corte. E o bispo senador, fiel a seus princípios e coerente na sua conduta, conservou seus direitos sem ser obrigado a defendê-los. Tal foi a sua vida.

Não mostrou menos energia cristã nos seus últimos instantes, quando, reunindo suas forças alquebradas, em um momento de santa inspiração, mandou trazer o seu esquife e, procurando sustentar-se de joelhos em seu leito, pediu perdão a Deus e aos homens das faltas de que se confessou culpado e, cheio de compunção, entoou pela última vez a oração dos mortos, que não pôde sequer terminar... Belo exemplo de devota resignação, coroando os nobres trabalhos do bispo senador do Rio de Janeiro, tão justamente considerado o êmulo dos seus sucessores.

Citam-se entre suas inúmeras obras: *Catecismo de educação para a sua diocese*, em seis volumes; a *Harmonia dos seis sentidos naturais; Reflexões astronômicas;* e inúmeras traduções, entre outras a da *Zoonomia,* de Darwin [1]. Sinceramente devotado à literatura, adquirira o hábito de deitar-se imediatamente após o jantar para levantar-se às oito horas, e escrever durante o resto da noite.

---

[1] *Erasmus Darwin (1731-1802), poeta inglês. (N. do T.)*

Prancha 41

Academia de Belas-Artes

O edifício da Academia de Belas-Artes, constituído em grande parte por um vasto rés-do-chão inteiramente destinado às salas de estudo, não passava, em verdade, de um fragmento do projeto geral primitivamente adotado, mas que por motivos de economia ficou reduzido, oito anos mais tarde, a essa construção, então terminada, no intuito de apressar a instalação da Escola de Belas-Artes, tão ardentemente desejada pelo imperador.

Suprimiram-se assim os aposentos dos professores, que deveriam formar dois andares, cuja massa imponente e rica de detalhes de excelente gosto arquitetural davam o caráter desejado ao palácio das belas-artes.

Desse modo limitado pela modicidade dos fundos disponíveis, nosso hábil arquiteto não se mostrou menos feliz, improvisando um templo dedicado às belas-artes em cima da porta principal já construída, e reportando, dessa maneira, para o centro do monumento consagrado à glória artística brasileira, toda a riqueza e todo o gosto arquiteturais.

A rapidez com que foi terminado este último projeto permitiu, afinal, que a 5 de novembro de 1826 se procedesse à instalação solene do corpo acadêmico e à abertura das salas de estudos da Escola Imperial das Belas-Artes do Rio de Janeiro, escola continuamente ilustrada, desde então, por suas exposições públicas e que se orgulha hoje de possuir como primeiro pintor e professor da classe de pintura de história seu primeiro aluno brasileiro *(Araújo Porto Alegre)*, digno sucessor do artista francês que a criou *(J. B. Debret)*.

Explicação da prancha

Elevação — A fim de utilizar dignamente o interior do templo, bastante vasto aliás para conter uma bela biblioteca, nosso arquiteto instalou também uma sala de reunião para os professores.

Os baixos-relevos que ornam a fachada exterior são obra dos dois talentosos *irmãos Ferrez*, nossos colegas; essas esculturas, executadas em terracota por falta de mármore, têm a vantagem de reunir à solidez da matéria a rapidez da execução.

O fuste de cada uma das colunas é constituído por um pedaço inteiriço de granito cinzento, ao passo que os capitéis de suas bases, de estilo iônico, são vazados em chumbo, bem como as colunetas da balaustrada. Essa obra é de *Zépherin Ferrez,* nosso gravador de medalhas, a quem se deve também como estatuário a quadriga em baixo-relevo feita no tímpano do frontispício. E foi seu irmão, *Marcos Ferrez,* quem esculpiu os três baixos-relevos de cima das portas que dão para o terraço e cujos assuntos episódicos se ligam à pintura, à arquitetura e à escultura; é ele também o autor das duas figuras ao lado da arquivolta do arco do envasamento. Essa entrada fecha-se por uma grade, permitindo ver-se o interior do vestíbulo, o qual apresenta no fundo uma porta muito bonita, coroada com as armas imperiais, baixo-relevo semi-circular, esculpido em madeira. Os painéis dessa porta da sala dos modelos, semelhante às duas outras laterais colocadas no vestíbulo, são enfeitados com grandes rosáceas, cujo acabamento precioso revela o talento de Marcos Ferrez, estatuário e habilíssimo decorador.

Planta: 1 — Vestíbulo. 2 — Sala dos modelos. 3 — Passagens. 4 — Secretaria. 5 — Sala de desenho. 6 — Gabinete do professor. 7 — Sala de escultura. 8 — Gabinete do professor. 9 — Sala de gravuras de medalhas. 10 — Sala de arquitetura. 11 — Gabinete do professor. 12 — Sala de pintura de história. 13 — Gabinete do professor. 14 — Sala de pintura de paisagem [1].

---

[1] *A partir de 1832, começou-se a realizar o projeto de reunir a essa escola de belas-artes as de música e de direito, construindo-se, nas extremidades da fachada, edifícios que completariam assim todo um lado da rua em que se acha situada. (N. do A.)*

Prancha 42

Plantas e elevações de duas pequenas casas brasileiras, de cidade e de campo

Embora não pretendamos, nem de longe, afirmar que a arquitetura brasileira tem um estilo original, não nos parece sem interesse pesquisar-lhe as fontes.

Em época muito remota, Espanha e Portugal, que formavam então uma única nação, foram habitados pelos iberos e em seguida pelos celtas, fenícios e cartagineses, os quais se apoderaram das províncias marítimas.

Os romanos não tardaram em estender seu domínio até a península, deixando por toda parte testemunhos de sua magnificência e de seus costumes.

No século IV, foi essa região invadida pelos suevos, alanos, vândalos e finalmente pelos visigodos, que a dominaram, sozinhos, até 712, época em que os árabes e os mouros conquistaram a maior parte do país.

Quando, no século XII, os reis de Castela se lançaram à conquista dos mouros, Afonso IV deu a Henrique, neto de Hugo Capeto, a soberania de tudo o que pudesse arrancar aos muçulmanos. Assim começa a dinastia dos reis de Portugal.

Os mouros, vítimas de dissensões intestinas, perderam aos poucos suas conquistas, e, em 1492, a tomada de Granada, capital do último reino que haviam conservado, garantiu a posse da península a Fernando, rei de Aragão.

Extinguindo-se em 1580 o ramo de Henrique de Portugal, transferiu-se a coroa para os reis da Espanha, até 1640, quando os portugueses, sacudindo o jugo espanhol, colocaram no trono a família de Bragança, ainda reinante hoje aí e no Brasil.

Desses fatos resulta para toda a península uma arquitetura antiga, de origem comum, modificada entretanto pela presença dos mouros, que aí se mantiveram durante cerca de setecentos anos.

Na época de sua expulsão, os vencedores, cansados de massacrar inimigos não mais temíveis, contentaram-se com rechaçá-los das cidades, reservando-lhes lugares de residência fora de seus muros. A partir de então, serviram-se deles não como escravos, mas como hábeis operários, tanto nos trabalhos de construção como nas fábricas de tecidos, tapeçarias, ourivesarias, já a eles devidas. E as mesmas mãos que haviam construído as mesquitas construíram as igrejas; daí o estilo mouresco observado nas mais antigas e mesmo nas que, sob a influência da arte italiana, foram erigidas pelos jesuítas. Entre estas está a famosa abadia de Batalha, em Portugal.

Lembrando aqui que, em 1500, o português Cabral descobriu a parte do Brasil a que chamou de Vera Cruz, que Mem de Sá acostou em São Lourenço e aí fundou o Rio de Janeiro, que Henrique de Coimbra, jesuíta de seu séquito, aí construiu os primeiros conventos para a sua companhia, deduziremos ser aos jesuítas missionários, já tão poderosos em 1526 sob João III, que se devem atribuir os primeiros grandes edifícios surgidos no Brasil e nos quais se propagou a arquitetura portuguesa. Importaram mesmo de Lisboa, para alguns, materiais talhados e numerados [1]. Em geral, porém, respeitaram judiciosamente as exigências do clima e dos materiais existentes no país [2].

Os lintéis das portas e janelas ligeiramente arqueados fazem-se de madeira ou de um pedaço maciço de granito; o resto da ombreira, de material idêntico, é coroado às vezes por um remate, e sempre por uma moldura côncava.

Os edifícios mais notáveis, depois das igrejas, são o Palácio do Governo, ornado de portões com colunas e frontão quebrado, a Casa da Moeda, o teatro, vários chafarizes e um grande aqueduto de construção italiana.

Explicação da prancha

Apresento sob número 1 a fachada de uma série de pequenas casas térreas e contíguas que constituem a quase totalidade das ruas e praças do Rio de Janeiro. Mas o pequeno edifício de um andar, com saliência de uma polegada apenas (?), dá aqui o exemplo da infância da arte na distribuição das aberturas ingenuamente sujeitas à exigência das entradas. A planta do rés-do-chão, aqui colocada logo abaixo desse último desenho, revela igualmente a inconveniência da mutilação da fachada para dar desastradamente entrada a duas casas diferentes. Apresento, no mesmo número, a fachada oposta, voltada para o jardim, mostrando desse lado uma parte do primeiro andar, escondido pelo corpo do edifício do rés-do-chão, muito mais para a frente e no qual uma porta (da cozinha) comunica com o jardim.

Essas casas particulares, habitadas por uma única família, são em geral estreitas e muito profundas. Compõem-se comumente de um rés-do-chão e algumas vezes de uma pequena peça dando para a rua (sótão). Entra-se por um corredor que conduz a uma pequena área em torno da qual se localizam os cômodos destinados ao serviço da casa: sala de jantar, cozinha, aposentos para os escravos domésticos. A sala de visitas dá para a rua e em seguida se localizam os quartos de dormir.

Planta do rés-do-chão. a — Vestíbulo ou corredor. b — Sala de visitas. c — Quartos de dormir, escuros, espécie de alcovas. d — Sala de jantar. e — Copa.

---

[1] *Trata-se de um mármore branco bastante terroso, empregado especialmente nos frontões, nas ombreiras das portas interiores e exteriores das igrejas, nas balaustradas, etc. (N. do A.)*
[2] *Granito, tijolo com reboque ou estuque à moda italiana, no qual se fazem as molduras com a colher de pedreiro. No Brasil são os negros que trabalham no ofício de pedreiro e decorador. O pau-brasil e outros, empregados em França na marcenaria, são aí usados no vigamento. Os jesuítas introduziram em São Paulo a construção chamada* Pisé *(?), que se conserva muito bem. (N. do A.)*

f — Área, poço. g — Cozinha. h — Quarto dos negros. i — Jardim. k — Estrebaria, ou melhor, hangar com um cocho.

Primeiro andar. A — Quarto com quatro janelas. B — Espécie de corredores escuros para os quartos de dormir. C — Gabinete de quatro janelas. D — Telhado dos cômodos que cercam a área onde se encontra o poço. E — Telhado do hangar.

N.º 2. O número 2 é constituído pela planta e duas elevações, uma de frente e outra de perfil, de uma pequena chácara. Acrescento, a exemplo das casas da cidade, o pequeno primeiro andar, luxo já notável nessas modestas habitações rurais, que são, em geral, simplesmente térreas e que têm comumente quatro colunas apenas em suas varandas, o que diminui, na mesma proporção, a largura do edifício.

A que apresentamos, e que não é das menos importantes, é notável pela sua analogia com as dos mouros na África e muito mais ainda com as casas antigas de Pompéia, cujos detalhes damos aqui para comparação.

Referências

1 — *Varanda,* galeria, entrada da casa; *protyrum* dos antigos, o que significa: na frente das portas. 2 — *Oratório; ararium* dos romanos, descrito por Plínio como colocado numa parte mais escondida da habitação, ao passo que aqui o altar é colocado de maneira a que os assistentes vindos da vizinhança e os escravos que ficam do lado de fora possam ver o oficiante. Pois possuir um oratório servido regularmente por um capelão constitui um luxo muito honroso para um proprietário de chácara no Brasil. 3 — *Sala de visitas: tablinum* ou *exedra,* no qual os antigos se reuniam para conversar; no Brasil, também se vê a sociedade sentada em círculo sobre esteiras estendidas no chão; as senhoras, com as pernas sempre cruzadas à moda árabe; entre os mais ricos, existem sofás chamados *marquesas,* sobre os quais elas se conservam por decência na mesma posição asiática. 4 — *Sala de jantar,* parte abrigada e fresca no peristilo do *atrium;* corresponde ao *triclinium* dos antigos, que aí comiam deitados em leitos enfileirados em torno de uma mesa. 5 — *Área,* pátio descoberto cercado de um pórtico; os romanos a chamavam *impluvium,* porque as águas dos telhados para aí corriam e eram conservadas numa cisterna. 6 — *Atrium,* denominação dos antigos; como a de *área* ou de *impluvium,* conservadas no Brasil, é aplicada aos mesmos fins que em Pompéia e sob a mesma forma existente nas casas dessa cidade romana; encontra-se ainda na Espanha e na África, nas habitações particulares construídas pelos sarracenos. 7 — *Corredor,* por onde circulam os negros a serviço sem passar pelos aposentos dos senhores; o *posticum,* entre os romanos como no Brasil, é uma parte do *atrium* onde dormem os negros de serviço, *familiarii* dos antigos. 8 — *Quarto com janelas,* ocupado pelos senhores, equivalente ao *thalamus,* denominação romana de um quarto nupcial ou de senhores. 9 — *Escada, scala,* entre os romanos; sobe do quarto do senhor para o pequeno aposento de cima, em geral ocupado pelas

crianças da casa. 10 — *Alcova,* nome derivado de *alcoba,* palavra árabe que quer dizer tenda fechada, ou armário em que se dorme; tradição perfeitamente aplicada aqui a um quarto de dormir sem janelas. 11 — *Fogão,* ou a parte em lugar do todo; *cozinha,* lareira elevada com boca de forno; em latim, *fornax, culina.* 12 — *Ofício,* copa, *aporotheca,* indicando igualmente o lugar em que se conservam as provisões de boca. 13 — *Quarto dos negros doentes;* entre os antigos *hospicium.* 14 — *Pátio, galinheiro;* entre os romanos, *platéia.*

Prancha 43

Plantas de duas grandes casas, de cidade e de campo

A grande casa de cidade, aqui apresentada sob número 1, caracteriza-se pelo tipo de arquitetura adotado no governo dos vice-reis. O sistema de construção encontra-se, sem nenhuma alteração, nas grandes ruas comerciais, nas praças públicas e nos arrabaldes da cidade; a diferença está em que, nos bairros elegantes do Rio de Janeiro, o alto funcionário e o negociante reservam o andar térreo inteiro às cocheiras e estrebarias, ao passo que na cidade o comerciante nele instala os seus espaçosos armazéns, conservando apenas uma pequena estrebaria para a sua besta.

Descrição da planta do andar térreo

a — *Vestíbulo* em que é guardada a carruagem, escada para o primeiro andar. b — *Selaria*. c — *Estrebaria*. d — *Depósito* ou *armazém*. e — *Quarto dos negros. Primeiro andar.* A — *Sala de visitas.* B — *Quarto dos senhores.* C — *Alcovas.* D — *Corredor.* E — *Gabinete envidraçado com clarabóia, escritório.* F — *Quartos da família.* G — *Sala de jantar.* H — *Pátio, atrium.* I — *Cozinha.* K — *Quarto dos negros.* L — *Copa.*

Grande casa de campo

N.º 2. Para dar uma idéia da mais nobre construção de uma antiga residência rural, bem diferente das mais belas chácaras do Brasil, não podia escolher melhor exemplo do que a magnífica casa de campo do bispo do Rio de Janeiro, agradavelmente situada no fim do arrabalde de *Mata-Porcos,* exatamente ao pé das montanhas da *Tijuca.*

Essa propriedade territorial do clero tem o caráter da mais bela arquitetura portuguesa do século XVII e só encontra rivais nas grandes cidades do Brasil. É sede episcopal.

Referências explicativas: 1 — *Escadaria*, entrada principal da casa. 2 — *Vestíbulo,* com bancos para espera. 3 — *Secretaria.* 4 — *Sala de recepção.* 5 — *Gabinete do bispo.* 6 — *Quarto do secretário.* 7 — *Quarto de hóspedes.* 8 — *Va-*

randa, galeria que conduz à capela; na parte de baixo, um *depósito* e *quarto dos negros*. 9 — *Campanário*. 10 — *Nave da capela*. 11 — *Jardim particular* e *pátio particular* da secretaria. 12 — *Entrada particular da secretaria*. 13 — *Entrada pública* da capela.

Prancha 44

Cortejo do batismo de Dona Maria da Glória, no Rio de Janeiro

O nascimento e o batismo de Dona Maria da Glória consagraram nos fastos do Brasil os dias 4 de abril e 23 de junho de 1819, festejados no Rio de Janeiro com o entusiasmo que inspirava um acontecimento correspondendo aos votos da corte e da cidade a um tempo.

Na véspera de seu aniversário, Dom João VI, padrinho, cercado de sua família, recebeu dos jovens esposos, como primeiras flores da primavera, esse fruto da nova união, que assegurava a sucessão de Dom Pedro, então herdeiro presuntivo da tríplice coroa do reino unido recém-criado por seu pai.

Foi a pequena princesa batizada na Capela Real, pelo bispo capelão-mor, recebendo o nome de *Dona Maria da Glória,* logo ilustrado por esse nobre rebento da família de Bragança, reconhecido com três anos *Alteza Imperial do Brasil,* e com seis, *Rainha de Portugal.* Este último título, entretanto, contestado durante sete anos consecutivos, a reteve alternativamente na Inglaterra e na França até o momento decisivo em que pôde fazer valer os seus direitos em Lisboa, sendo coroada, com a idade de treze anos, *Dona Maria II, Rainha de Portugal.*

Explicação da prancha

O palácio da cidade, que forma a grande massa da esquerda do desenho, mostra, no segundo andar da fachada principal, os aposentos da princesa real; o outro corpo do edifício, de igual altura, do lado da praça, pertence às dependências dos aposentos da rainha. Os aposentos do rei, no primeiro andar dessa fachada principal, prolongam-se até um terço do mesmo andar do lado da praça; as demais janelas do palácio, desse lado, dão para os aposentos da rainha, de SS. AA. RR., suas filhas, e da tia do rei, Princesa Dona Maria Benedita.

Vêem-se, no rés-do-chão, sob a porta principal do vestíbulo, reservada para a passagem do cortejo, as jovens princesas reais e suas damas de honra, descendo os degraus da escadaria atrás da rainha (madrinha), acompanhada de seu camareiro, *Marquês do Lavradio;* à frente da rainha, o jovem Príncipe *Dom Miguel,* o Príncipe Real *Dom Pedro* e a Princesa Real *Leopoldina* (que acaba de dar à luz) ocupam a primeira fila atrás do Rei Dom João VI (padrinho), o qual, escoltado pelos ministros do Interior e das Relações Exteriores, acompanha de perto o pálio carregado pelos primeiros fidalgos da corte e debaixo do qual o capelão-mor da princesa real, *Dom Francisco da Costa Sousa Macedo,* segura nos braços a criança recém-nascida, coberta com um véu transparente de brocados de ouro. Na frente do pálio, os outros ministros, precedidos por pessoas importantes na vida civil, no exército e no comércio, atravessando diagonalmente a praça, dirigem-se pelo caminho de honra, coberto de tapetes, para a entrada da Capela Real, onde vão ser recebidos pelo clero, que os espera pontificalmente. Duas filas de guardas do palácio *(archeiros)* acompanham o cortejo, cuja vanguarda é constituída por um pelotão com sua banda de música.

Tapeçarias de veludo carmesim franjado de ouro guarnecem as janelas e portas da Capela Real; e coretos erguidos de ambos os lados da escadaria completam os preparativos exteriores dessa cerimônia religiosa. Os balcões do palácio também se acham guarnecidos de tapeçarias de veludo carmesim franjadas de ouro, vendo-se ainda cortinados de veludo vermelho com galões de ouro e prata nas janelas. Os demais balcões do largo, de onde pendem ricas tapeçarias de cores variadas, estão ocupados por inúmeros espectadores cuja presença contribui para a solenidade da cerimônia de batismo de Dona Maria da Glória.

Prancha 45

Aceitação provisória da Constituição de Lisboa

Além de não ter sabido prever nem dominar a revolução desencadeada em Lisboa, deixaram igualmente os ministros de Dom João VI que ela invadisse, e quase com a rapidez do relâmpago, todas as províncias do Brasil, onde alguns patriotas esclarecidos já vinham organizando uma revolução cujos objetivos e princípios a maioria da nação brasileira ignorava. Esse era o estado de espírito do país, quando, em princípios de 1821, os emissários de Portugal vieram perturbar a tranqüilidade do governo do Rio de Janeiro, exigindo do rei a aceitação antecipada da Constituição prometida pelas Cortes de Lisboa. Em tais circunstâncias, não menos humilhantes para o soberano do que para a nação brasileira, o rei concedeu tudo e, a fim de acalmar os espíritos, anunciou o seu regresso a Portugal juntamente com a nomeação de seu filho Dom Pedro para vice-rei e regente do Brasil. Mas, tímido como de costume, valeu-se o monarca da nova responsabilidade que pesava sobre seu filho para encarregá-lo de ir oficialmente, em seu lugar, ao Rio de Janeiro proclamar sua adesão provisória à Constituição portuguesa.

Viu-se portanto, no dia seguinte, ali pelas nove horas da manhã, chegar ao Rio de Janeiro o jovem Príncipe Dom Pedro, acompanhado simplesmente de algumas pessoas: sobe ele e aparece ao terraço da fachada do Teatro Real, onde, assistido pelo presidente do Senado da Câmara Municipal, e por algumas outras autoridades, jura publicamente, pelos Santos Evangelhos, obedecer à Constituição portuguesa *"tal como fosse sancionada pelas Cortes de Lisboa"*. Finda a formalidade, monta o príncipe a cavalo e regressa a São Cristóvão.

Em virtude de uma exagerada desconfiança, e para garantir a tranqüilidade durante essa solene notícia, espalhara-se a força armada pelo Largo do Rocio, cujas saídas estavam defendidas pela artilharia. Como esse juramento ilusório, prestado a uma obra incerta, só podia interessar nessa época às autoridades e aos cortesãos portugueses, únicos ameaçados nas suas prerrogativas feudais, as preocupações tomadas pareceram ridículas, tanto mais quanto a cerimônia atraíra apenas alguns curiosos.

O rei, mais ou menos tranqüilizado pelo regresso de Dom Pedro, que lhe comunicara as disposições pacíficas do povo, resolveu ir ao Rio a fim de ratificar publicamente o juramento de seu filho.

Para aí se dirigiu, com efeito, lá pela uma hora da tarde, não hesitando em mostrar-se em sua sege descoberta; sua filha sentara-se junto dele *(a jovem viúva)*, e na frente o Príncipe Dom Miguel, de pé, com a mão apoiada na capota descida da carruagem, olhava fixamente os curiosos parados à sua passagem. Comovido, mantinha o rei uma atitude de imperturbável seriedade, e a jovem viúva mostrava dignidade e resolução; quanto a Dom Pedro, a cavalo e cercado de seu estado-maior, precedia a carruagem real. Lia-se em seu olhar cheio de entusiasmo e de franqueza a dedicação e a boa fé que pusera nesse primeiro juramento, cujas conseqüências sua jovem inexperiência não percebia.

Chegados ao palácio, o rei apareceu pela primeira vez à janela do lado da praça, e, apontando para Dom Pedro, colocado na segunda janela, disse em voz alta que *"ratificava tudo o que dissera seu filho";* e retirou-se em seguida. Minutos depois o cortejo real punha-se novamente em marcha para regressar a São Cristóvão.

Essa tímida imitação da cena da manhã não atraiu tampouco muitos espectadores; foi a última vez que o rei apareceu em público, terminando assim, por uma fraqueza, sua estada no Rio de Janeiro, que outra fraqueza o levara a preferir à Bahia[1].

O que se observa imediatamente no Largo do Rocio, um dos mais antigos do Rio de Janeiro, é a coluna de granito encimada por uma esfera celeste de cobre dourado e sobre cujo capitel se apóiam duas pequenas forcas de ferro, símbolo do direito de alta justiça exercido pelo governo da cidade[2]. Embora situado na extremidade da cidade primitiva, o largo adquiriu grande importância em 1808, por ocasião da construção do teatro da corte, cuja fachada é um belo ornamento e se assemelha, ao que se diz, à do Teatro Real de São Carlos, em Lisboa; isso induziu alguns ricos proprietários a construírem belas casas no largo. A face oposta à que eu represento é de construção mais moderna; vê-se aí, entre outras, a residência do *Conde de Rio Seco,* extravagante realização do arquiteto inglês que restaurou o Palácio de São Cristóvão em estilo gótico. No fundo, as duas ruas, cujas embocaduras se percebem, penetram a cidade primitiva até o mar, isto é, até o palácio. A rua da esquerda é a *do Cano,* reputada por seus hábeis sapateiros para mulheres; a da direita é a do *Piolho,* que muda de nome na altura da Praça da Carioca para o de Rua da *Cadeia,* historicamente célebre pelos combates travados entre brasileiros e franceses sob o comando de Leclerc primeiramente e mais tarde de Duguay-Trouin. O primeiro, ferido e feito prisioneiro, foi transportado para uma pequena casa, onde morreu, no Largo do Rocio, situada na parte direita e que já não existe mais, porém que se deveria localizar no lugar da linda casa com terraço contíguo ao teatro. Essa mesma casa deve sua celebridade atual ao fato de ter nela residido o Ministro *José Bonifácio* durante o tempo em que conservou a pasta, quando da

---

[1] *O rei preferiu o Rio de Janeiro por causa da segurança do porto. (N. do A.)*
[2] *Encontra-se esse emblema em todas as cidades do interior do Brasil, porém muito simplesmente representado por um grande poste de madeira pintado de vermelho, de uma altura de vinte pés mais ou menos e em cuja extremidade um enorme facão, todo de ferro, fincado horizontalmente, aparenta de longe os braços de uma pequena cruz, um dos quais formado pelo cabo e o outro pela ponta saliente e larga da lâmina. (N. do A.)*

fundação do império. A rua que a separa do teatro é a da *Moeda, da Casa da Moeda* e do *Tesouro Público*. Comunica também com a Academia de Belas-Artes. Finalmente, o terraço do teatro não é menos célebre, pois teve a honra de se tornar durante alguns minutos a tribuna real em que Dom Pedro, como príncipe regente, veio em nome de seu pai jurar obediência, por antecipação, a uma Constituição liberal a ser decretada pelas Cortes de Lisboa para todas as possessões portuguesas dos dois hemisférios. Vãs pretensões, felizmente desfeitas dois anos mais tarde.

Prancha 46

Partida da rainha para Portugal

Os brasileiros, de olhos fixos na emancipação próxima, observavam com calma os preparativos da partida da corte, enquanto os portugueses disputavam entre si o privilégio de um lugar nos navios da esquadra real. Já todo material se encontrava a bordo e a noite de 20 para 21 de abril de 1821 fora empregada na trasladação e embarque dos restos mortais de Dona Maria I e do Infante Dom Carlos, ambos falecidos no Rio de Janeiro, quando, pelas quatro horas da tarde do dia 21, se dirigiu a rainha para o palácio da cidade a fim de receber solenemente as despedidas dos corpos constituídos e os protestos de dedicação dos portugueses, impacientes por juntar-se a SS. MM. na mãe pátria. Após essa última formalidade, a rainha e suas filhas desceram pela rampa do palácio, embaixo da qual as aguardava a galeota real que ia conduzi-las a bordo. Viam-se, ocupando o parapeito e parte do largo, curiosos estrangeiros e brasileiros cujo silêncio contrastava com a viva emoção dos portugueses agitando o lenço em sinal de dedicação a essa corte que ousava afastar-se sem saudades dessa terra hospitaleira e tão generosa. Ingratidão inaudita, demasiado bem expressa pela rainha, em seu último adeus, ao exclamar ironicamente, como que em delírio: "Vou enfim encontrar uma terra habitada por homens" Mas, cruel decepção, já então tudo mudara para ela na Europa! Só encontrou em Lisboa legisladores, investidos do poder nacional, ditando-lhe condições rigorosas que teve de aceitar, enquanto na América Dom Pedro, seu filho mais velho, nomeado defensor perpétuo e imperador do Brasil, se libertava da dominação do rei de Portugal. Assim, viu ela escapar-lhe uma coroa e destacarem-se as mais belas jóias daquela que pensava encontrar inteira.

O momento escolhido para este desenho é aquele em que a rainha, embarcada com suas filhas e seu camareiro-mor, responde com o lenço às saudações de seus cortesãos. A extremidade da rampa ainda se acha ocupada pelas damas da corte e o séquito, que a haviam acompanhado até a galeota real. À direita vê-se uma metade da parte superior do palácio e percebe-se o *morro dos Sinais,* cuja ponta inferior, terminada pelo Arsenal do Exército, limita o horizonte do lado do mar, onde já se encontram o navio real e a fragata, prontos para partir no dia seguinte.

Prancha 47

Aclamação de Dom Pedro I no Campo de Sant'Ana

O sistema liberal estabelecido em Lisboa encontrara simpatias demasiado vivas entre os brasileiros para que não lhes inspirasse a resolução de manter a qualquer preço a integridade de seu território a fim de sonegá-lo à recolonização tentada pelos portugueses. Por isso, reconhecendo no jovem príncipe regente uma tendência natural para a eqüidade e um devotamento sincero ao bem público, tentaram a emancipação do Brasil nomeando-o imperador.

José Bonifácio, ajudado por seus partidários, tudo preparara, e as medidas gerais assinaram para 12 de outubro de 1822 o ato da aclamação de Dom Pedro, defensor perpétuo e imperador constitucional do Brasil.

Utilizou-se, para celebrar o ato da aclamação, o palacete, favoravelmente situado no centro do vasto *Campo de Sant'Ana* e que servira anteriormente de camarote para que a corte apreciasse os fogos de artifício por ocasião das festas da coroação do rei.

Mas, desta feita, a arte presidiu a sua construção e, às suas arcadas em ogiva, de um estilo bárbaro, substituíram-se cimbres, adaptando-se também os detalhes a uma arquitetura mais simples. A decoração interna atendia igualmente, pelos seus ornatos mais grandiosos, à dignidade do edifício.

Logo após a partida do rei, suprimira-se o Jardim Público, que obstruía grande parte dessa bela praça, a fim de exercitar em sucessivas manobras as tropas brasileiras incumbidas de rechaçar os soldados portugueses ainda senhores das fortalezas da Bahia. E foi sob esse regime militar que se celebrou o ato de aclamação, em pleno *Campo de Marte* do Rio de Janeiro.

O desenho representa o momento em que, após haver Dom Pedro aceito o título de imperador, o presidente do Senado da Câmara Municipal ergue o primeiro viva, a que responde a tropa com salvas de mosquetões e de artilharia.

A primeira fila, junto ao balcão, é ocupada no centro pelo imperador; à esquerda encontra-se o presidente do Senado da Câmara *(José Clemente Pereira)*, segurando ainda na mão o ato que acaba de ler e dando com o seu lenço o sinal de último viva; a seu lado o procurador da mesma corporação, porta-estandarte, saúda com a nova bandeira ornada com as armas do império. À direita do imperador, e um pouco para trás, encontra-se a imperatriz; ao lado dela o capitão da guarda *(José Maria Berco)*[1],

---
[1] *José Maria da Gama Freitas Berquó. (N. do T.)*

segurando nos braços, para mostrá-la ao povo, a jovem Alteza Imperial, Dona Maria da Glória.

Na segunda fila, formada pelos ministros, vemos, logo atrás do imperador e perto da porta do centro, *José Bonifácio,* ministro do Interior; à sua esquerda seu irmão, *Martim Francisco,* ministro das Finanças, e à sua direita o ministro da Guerra.

As autoridades civis e militares apinham-se dentro do palácio, e de todos os lados camareiros distribuem profusamente a resposta impressa do imperador.

Vê-se no fundo parte do povo reunido junto ao terraço do palacete e cercado por um cordão de tropas. Através da fumaça da salva militar distingue-se bom trecho da parte superior do Museu de História Natural, coroado pelo morro dos Sinais fechando o horizonte.

Prancha 48

Coroação de Dom Pedro, imperador do Brasil

Explicação do desenho

A vista foi desenhada do degrau superior do altar-mor, olhando para o lado da entrada da igreja.

À direita do quadro, Dom Pedro, em grande uniforme imperial, com a coroa à cabeça e o cetro na mão, acha-se sentado no trono, recebendo o juramento de fidelidade prestado em nome do povo pelo presidente do Senado da Câmara Municipal do Rio de Janeiro, *Lúcio Soares Teixeira de Gouveia*. À esquerda do quadro vê-se, de pé na tribuna da corte, a Imperatriz Leopoldina com sua filha Dona Maria da Glória. No trono pontifício, à esquerda do imperador, acha-se sentado o bispo, capelão-mor, oficiando com toda a solenidade. Os dois bispos assistentes, de frente para o povo, estão sentados nas extremidades do degrau superior do altar-mor. À direita do trono, e na ponta do degrau inferior desse lado, vê-se, de pé e de espada na mão, o condestável *Marquês de São João da Palma*. Um pouco mais para trás, a seu lado, acha-se o capitão da guarda *(archeiros)*, Marquês de Cantagalo. Do mesmo lado, porém mais abaixo, ao pé do trono, acham-se o camareiro-mor, Sr. *Marquês de São João Marcos,* o camarista de serviço, *Dom Francisco da Costa Sousa Macedo,* e o reposteiro-mor *Luís Saldanha da Gama*. No mesmo plano, à entrada do coro, vê-se o mestre-sala *Marquês de Santo Amaro*. No segundo plano à esquerda, ao pé do trono e dos degraus do altar, estão colocados o ministro da Justiça, *Marquês de Praia Grande,* com a fórmula do juramento na mão, e *José Bonifácio de Andrada e Silva,* primeiro fidalgo da corte, cujas insígnias segura[1]. No mesmo plano, mais para a esquerda, acha-se o primeiro-esmoler, *Frei Severino de Santo Antônio,* e junto dele o diretor de estudos, SS. AA. II. e *Frei Antônio de Arabida,* mais tarde bispo de *Anemoria*. No terceiro plano, desse lado e em frente do trono, encontra-se o alferes-mor, *Marquês de Itanhaém,* segurando a bandeira imperial desfraldada. Atrás, um pouco mais para a esquerda, vê-se o capelão-mor dos exércitos, *Abade Boiret,* acompanhado de outras pessoas de importância. O quarto plano é formado pelos assentos ocupados pelos monsenhores e cônegos que compõem o clero da Capela Imperial. O maceiro acha-se do lado de fora, perto da porta do coro. Os mem-

---
[1] *Bengala cujo castão representa uma cabeça de negro esculpida em madeira preta. (N. do A.)*

bros do Senado e seu porta-bandeira encontram-se colocados em fila até o pé do trono, perante o qual devem sucessivamente prestar juramento. Vêem-se, no quinto plano, no interior da capela, nos primeiros lugares dos bancos, os fidalgos da corte, os delegados das províncias e outros convidados. Do outro lado, ao contrário, podem-se ver os lugares vagos dos membros do Senado e das pessoas que os acompanham. Os bancos são ladeados à direita por uma fila de archeiros e sapadores e à esquerda por soldados da cavalaria de São Paulo e caçadores da Guarda Imperial. As tribunas laterais da nave estão ocupadas pelas damas da corte. A orquestra dos músicos da capela guarnece toda a parte superior do fundo; o resto, a partir das portas de entrada, é ocupado por curiosos. Através das aberturas da porta, vêem-se as primeiras lanternas do caminho de honra do cortejo e mais longe, em meio à fumaça das salvas de artilharia, distingue-se a marinha imperial embandeirada. O horizonte é fechado pelas montanhas que coroam a *Praia Grande*.

Cortejo imperial, Rua Direita

A situação precária em que se encontrava o rei, ansioso por deixar o Brasil, fez com que se adotassem forçosamente medidas econômicas para o regresso à Europa. E, não bastando para a despesa os fundos disponíveis da coroa, recorreram os agentes da corte a um meio ilegal: o de retirar, no último momento, os fundos conservados nas caixas de assistência da Santa Casa de Misericórdia, dos Órfãos, etc., além do dinheiro e dos diamantes conservados no Tesouro Público. Nessa ocasião, deixou-se de embarcar as carruagens de gala, que, ficando no Rio de Janeiro, passaram a pertencer ao governo em virtude da emancipação do Brasil. Essas carruagens, encomendadas por Portugal e fabricadas em França, por ocasião da ascensão de João V ao trono, já haviam, em 1817, sido retocadas pelo pintor português *Manuel da Costa*, para a coroação de Dom João VI. No Império, essas mesmas carruagens foram decoradas com as novas cores e insígnias[1]. Nessa época também comprou Dom Pedro uma belíssima carruagem fabricada em Paris para o rei da Espanha e que ficara disponível após a abdicação de Napoleão; a riqueza e a elegância de seus detalhes deram-lhe o primeiro lugar nos cortejos dos dias de pequena gala. Quanto às três mais belas das antigas carruagens, foram elas restauradas e pintadas de novo com maior luxo, enriquecendo-se os seus painéis com assuntos da história imperial. Esse belo conjunto causou a melhor impressão, e as carruagens estacionadas no Largo do Palácio durante a cerimônia da sagração atraíram a curiosidade e provocaram a admiração dos espectadores privados da possibilidade de encontrar lugar dentro da Capela Imperial.

---

[1] *Executei todas as figuras e* Francisco Pedro, *aluno da academia e hábil pintor de arabescos, encarregou-se do resto. Um italiano, antigo empreiteiro das carruagens da corte, vindo de Lisboa com o rei, revelou tanta dedicação quanto talento na sua especialidade. (N. do A.)*

Prancha 49

Pano de boca executado para a representação extraordinária dada no teatro da corte por ocasião da coroação de Dom Pedro I, imperador do Brasil

O fim do ano de 1822 foi admirável de entusiasmo no Rio de Janeiro: a independência fizera de Dom Pedro defensor perpétuo e imperador constitucional do Brasil; por toda parte via-se a energia nacional dividir-se entre os preparativos suntuosos da coroação e as atividades militares destinadas a rechaçar do território imperial os exércitos portugueses ainda refugiados em alguns pontos do litoral.

Não podia o teatro permanecer estranho a esse movimento. E a regeneração nacional imprimiu repentinamente no estilo do *elogio,* português de origem, a marca viril do *paulista* e do *mineiro,* cuja veracidade espiritual mais de uma vez apavorara os antigos ministros de Lisboa. Em tais circunstâncias, sentiu o diretor do teatro, mais do que nunca, a necessidade de substituir a pintura de seu antigo pano de boca representando um rei de Portugal cercado de súditos ajoelhados. Pintor do teatro, fui encarregado da nova tela, cujo bosquejo representava a fidelidade geral da população brasileira ao governo imperial, sentado em um trono coberto por uma rica tapeçaria estendida por cima de palmeiras. A composição foi submetida ao Primeiro-Ministro *José Bonifácio,* que a aprovou. Pediu-me apenas que substituísse as palmeiras naturais por um motivo de arquitetura regular, a fim de não haver nenhuma idéia de estado selvagem. Coloquei então o trono sob uma cúpula sustentada por cariátides douradas. Sobravam-me apenas dez dias para a execução desse quadro, cujas figuras deviam ter no primeiro plano cerca de dez pés de dimensão. Contudo, na véspera da coroação, o imperador e o primeiro-ministro vieram incógnitos ao teatro, à noite, para ver o pano no lugar, completamente acabado. Felicitaram-me pela energia e caráter de cada figura, em que eu conservara a marca e o aspecto da província natal.

Qual não foi entretanto o espanto dos espectadores ao verem, no dia da representação, apenas a antiga cortina! É que o diretor, astutamente, reservara a nova para ponto de comparação e ao mesmo tempo para quadro final do *elogio.* Então, essa cena de fidelidade, vivamente sentida na presença do imperador, causou todo o efeito que dela esperava o primeiro-ministro. Aplausos prolongados ao aparecer pela última vez o pano de boca, no fim da representação, completaram esse dia de triunfo. No dia seguinte, uma nota explicativa do quadro de história nacional, inserta nos jornais, aumentou o interesse e inspirou desde então os espectadores habituais do teatro, familiarizados com esse auxiliar sempre poderoso das paixões políticas.

Descrição do desenho

Vê-se no centro da composição o trono do governo imperial. Toda a parte superior do quadro se liga por uma tapeçaria à guarnição da boca do palco, mostrando sobre fundo vigoroso um grupo de gênios alados suportando uma esfera celeste coroada pelas armas do Brasil, no centro das quais fulguram as iniciais de Dom Pedro. Famas lançam-se do interior da cúpula do templo para promulgar às quatro partes do mundo a emancipação do Brasil. Desenha-se no horizonte o contorno de uma cadeia de montanhas, embaixo da qual os planos mais próximos estão cobertos de abundante vegetação, entre a qual se destacam os penachos característicos das palmeiras esguias. Índios armados e voluntariamente reunidos aos soldados brasileiros enchem o fundo do templo, fechado por uma tapeçaria, e rodeiam o trono. Este é de mármore branco e de forma antiga; distinguem-se entre os ornatos dourados os emblemas da justiça e do comércio. O governo imperial é representado, nesse trono, por uma mulher sentada e coroada, vestindo uma túnica branca e o manto imperial brasileiro de fundo verde ricamente bordado a ouro; traz no braço esquerdo um escudo com as armas do imperador, e com a espada na mão direita sustenta as tábuas da Constituição brasileira. Um grupo de fardos colocados no envasamento é em parte escondido por uma dobra do manto, e uma cornucópia derramando frutas do país ocupa um grande espaço no centro dos degraus do trono. No primeiro plano, à esquerda, vê-se uma barca amarrada e carregada de sacos de café e de maços de cana-de-açúcar. Ao lado, na praia, manifesta-se a fidelidade de uma família negra em que o negrinho, armado de um instrumento agrícola, acompanha a sua mãe, a qual, com a mão direita, segura vigorosamente o machado destinado a derrubar as árvores das florestas virgens e a defendê-las contra a usurpação, enquanto, com a mão esquerda, ao contrário, segura ao ombro o fuzil do marido arregimentado e pronto para partir, que vem entregar à proteção do governo seu filho recém-nascido. Não longe uma indígena branca, ajoelhada ao pé do trono e carregando à moda do país o mais velho de seus filhos, apresenta dois gêmeos recém-nascidos, para os quais implora a assistência do governo, único esteio de sua jovem família durante a ausência do pai, que combate em defesa do território imperial. Do lado oposto, e no mesmo plano, um oficial da marinha, arvorando o estandarte da independência amarrado à sua lançada, jura, com a espada sobre uma peça de canhão, sustentar o governo imperial. No segundo plano, um ancião paulista, apoiado a um de seus jovens filhos, que carrega o fuzil a tiracolo, protesta fidelidade; atrás dele outros paulistas e mineiros, igualmente dedicados e entusiasmados, exprimem seus sentimentos de sabre na mão. Logo após esse grupo, *caboclos* ajoelhados mostram, com sua atitude respeitosa, o primeiro grau de civilização que os aproxima do soberano. As vagas do mar, quebrando-se ao pé do trono, indicam a posição geográfica do império.

Prancha 50

Segundo casamento de Dom Pedro

As aspirações de todos no Brasil e o trono enlutado exigiam igualmente uma segunda imperatriz. Ao mesmo tempo, o sentimento paterno inspirava a Dom Pedro o desejo de dar solenemente mãe adotiva à sua jovem família imperial. Infelizmente, certa desordem na conduta do jovem princípe, dotado de um gênio e de um temperamento fogoso, e viúvo na flor da idade, o haviam, é preciso dizê-lo, desacreditado a tal ponto aos olhos de seus súditos e da Europa inteira, que as primeiras sondagens diplomáticas feitas em vista de um segundo casamento produziram resultados pouco satisfatórios. Entretanto, a feliz estrela de Dom Pedro reservava-lhe, num dos principados da Alemanha, uma princesa generosa, oriunda de uma aliança francesa. Foi a filha do Príncipe Eugênio de Beauharnais quem se sacrificou para vir substituir no Rio de Janeiro, a 28 de outubro de 1829, a irmã de Maria Luísa, Imperatriz Leopoldina, falecida há vários anos. O entusiasmo geral dos brasileiros não podia deixar de ser compartilhado pelos estrangeiros nos festejos organizados para a chegada da nova Imperatriz Amélia, princesa a quem se ligavam recordações igualmente caras aos franceses e aos alemães. E viu-se então o comércio das diferentes nações européias contribuir nominalmente para a suntuosidade da cerimônia. Escolheram os franceses a Praça de São Francisco de Paula para erguer uma coluna no gênero da de Trajano em Roma, oferecendo o Contra-Almirante Grivel seus marinheiros para a circunstância; graças a esse ajutório dirigido por nosso arquiteto Pezerat, o monumento foi construído com rapidez e habilidade. Via-se perfeitamente da Rua Direita, na desembocadura da Rua do Ouvidor, o efeito majestoso da iluminação. Uma girândola lançada do alto da coluna assinalou a presença dos soberanos na praça, que foi por eles percorrida de bom grado, examinando SS. MM. os detalhes das quatro faces do envasamento, que se ornavam de enormes baixos-relevos pintados em transparente e cujos emblemas entrelaçavam às iniciais do imperador nomes ilustres europeus. Uma banda de música da marinha francesa, instalada no pedestal, manteve durante parte da noite a alegria das quadrilhas que se formavam sucessivamente em torno da coluna. Os alemães contribuíram com um arco de triunfo erguido na Rua Direita, perto da entrada da Alfândega, e cujas pinturas eram da autoria do mais talentoso pintor brasileiro. Os ingleses ergueram também um arco de triunfo à entrada do Campo de Sant'Ana, na Rua dos Ciganos. O corpo de engenheiros distinguiu-se no Arsenal da Marinha. Os oficiais do exército organizaram uma belíssima iluminação na porta do seu arsenal, bem como nas fachadas dos quartéis que dão para o lado do mar. Por seu turno, o Senado da Câmara do Comércio mandou erguer um arco de triunfo de estilo antigo na embocadura da Rua Direita, perto da Capela do Carmo, e cujas belas pinturas foram executadas por um jovem pintor italiano. No Largo do Palácio, do lado do mar, nosso arquiteto Grandjean construiu, para os guardas de honra, dois templos, um dedicado ao Amor e outro a Himeneu, arranjados de maneira a se unirem um ao outro. O templo do Amor, colocado na frente, era de forma redonda e aberto; sua bela cúpula era suportada por colunas caneladas, ricamente douradas. Via-se no centro um grupo de duas figuras. O templo de Himeneu, ao contrário, era de forma semicircular e colocado no centro de duas elegantes galerias praticáveis, que, pelo seu prolongamento, ocupavam toda a embocadura da praça. Largos degraus constituíam o seu envasamento e serviram à noite de tribuna para os curiosos que se dispuseram a apreciar o espetáculo das danças a caráter executadas pelas diversas corporações que percorreram alegremente as ruas ao som de suas bandas de música. Finalmente, a *associação dos vendeiros*, contando em seu seio inúmeros capitalistas, embora muitas vezes de tamancos, não fez menores despesas no Largo do Rocio, transformado, para a circunstância, em espaçoso jardim por um engenheiro francês por eles escolhido. Eis a disposição geral desse vasto quadrilátero: oito alamedas praticáveis às carruagens, cortando-o em todos os sentidos, conduziam a um *rond-point* central. Cada uma delas era ladeada por uma cerca de bambu, de quatro pés de altura, sustentada de quinze em quinze pés por jovens palmeiras. Em obediência a um antigo costume brasileiro, figuraram-se nos quatro ângulos desse jardim improvisado quatro pequenos bastiões, armados cada qual de duas peças de artilharia e de um obuseiro, tudo de madeira. No centro do *rond-point* erguia-se um envasamento de nove pés de altura e de forma octogonal, sustentando um templo elegante, redondo e de estilo iônico, cuja linda cúpula era coroada por uma esfera celeste. O interior dessa rotunda aberta comportava uma pirâmide de degraus destinados à orquestra. Pintara-se o friso com emblemas das diferentes províncias do Brasil, e a poesia se encarregara das inscrições, colocadas com simetria no grande envasamento. A iluminação era de um efeito encantador e os fogos de artifício, queimados amiúde, aumentavam brilhantemente o efeito das lanternas de cores e lampiões que desenhavam as alamedas. Dando maior vida ao quadro, os intervalos reservados internamente serviram, durante a noite, de salas de danças para as famílias dos vendeiros.

Já no correr da tarde, poetas haviam recitado versos dentro do envasamento do templo; ao cair do sol, uma excelente orquestra aí executou um hino nacional cuja letra e música haviam sido compostas para a circunstância.

Em resumo, nesse belo dia, viu-se de todos os lados a expressão variada das homenagens européias confundir-se com os costumes primitivos dos colonos brasileiros do século XVII, restabelecidos com orgulho por dedicados descendentes.

Nas ruas e nas praças públicas, espectadores de todas as nações ajuntavam-se à multidão que se atulhava em torno da elegante carruagem do imperador, para admirar o nobre porte da nova imperatriz. Diante dela sentava-se seu irmão, o jovem Príncipe de *Leuchtenberg,* ajudante-de-ordens do rei da Baviera; e adiante do imperador via-se a pequena *Dona Maria,* sua filha, rainha de Portugal, recém-chegada de Londres, mas ainda reduzida ao simples título de pretendente, em razão da usurpação de seu trono.

Quem haveria de pensar, nesse dia solene, que dezoito meses mais tarde essas grandes personagens, todas as três fugitivas, se veriam reduzidas a se sustentar mutuamente na desgraça!

Com efeito, herdeiro de uma dupla coroa, repartida pela força do destino entre sua filha mais velha, que ele fez rainha de Portugal, e seu filho, que colocou no trono do Brasil, Dom Pedro, então simples *Duque de Bragança,* fugitivo, esposo da Princesa de Leuchtenberg, mas ilustre em seus reveses, recolocou no trono, em virtude de uma vitória militar, Dona Maria II[1], rainha de Portugal, entre cujos braços faleceu pouco depois, ainda na flor da idade.

---

[1] *Dona Maria I, mãe de Dom João VI, morreu no Rio de Janeiro. (N. do A.)*

Prancha 51

Aclamação de Dom Pedro II, segundo imperador do Brasil

Diziam os brasileiros descontentes, antes mesmo de 1830: "Uma tendência para o absolutismo, alimentada pelos caprichos de nosso imperador constitucional, influencia por intervalos a marcha sempre indecisa do governo e deverá acarretar uma crise política que terminará indubitavelmente com a abdicação de Dom Pedro I em favor de seu filho".

Efetivamente, antes da aurora do dia 7 de abril de 1831, era o trono do Brasil entregue a Dom Pedro II, sucessor de seu pai; e o novo soberano, menino de seis anos, comovendo-se, ao acordar, com o movimento extraordinário que observava em torno de si, reclamava inquietamente a presença do pai; mas este há já algumas horas o abandonara para sempre.

Finalmente, gemendo sob o peso de uma grandeza prematura que o obriga, sem mesmo conhecê-la, a mostrar-se ao povo, o jovem imperador órfão, com os olhos banhados de lágrimas por se ver colocado sozinho no fundo da carruagem de gala e privado da presença de seus pais, confia a cada instante sua ansiedade à sua governanta, única a sentar-se diante dele e única também, desde então, a prodigalizar-lhe os cuidados que com tanta solicitude lhe eram dados por sua mãe adotiva, a Imperatriz *Amélia de Leuchtenberg*.

Já iludido, desde esse primeiro dia, pelos cortesãos que lhe afirmam ser o seu isolamento apenas momentâneo, presta-se com um pouco mais de calma às formalidades que o encantam, sem esclarecê-lo acerca da indestrutível barreira política erguida entre seu pai e ele. E se nesse caos seu coração oprimido se retrai diante das demonstrações afetivas do povo, que se apinha a seu lado, seu ouvido, pelo menos, começa a acostumar-se aos gritos ainda insignificantes para ele de: *"Viva Dom Pedro II, nosso imperador"*.

Mais alguns dias, entretanto, e começarão a revelar-lhe pouco a pouco sua verdadeira situação.

Explicação do desenho

Foi à uma hora da tarde de 7 de abril de 1831 que chegou à cidade o novo imperador, Pedro II; vinha na carruagem de gala, acompanhado apenas por sua governanta, a *Condessa de Rio Seco.* O cortejo mal chegara à embocadura da Rua dos Ciganos, quando o povo, levado por um movimento espontâneo, desatrelou os cavalos da carruagem imperial, enquanto a governanta abria precipitadamente a portinhola para apresentar o jovem soberano às manifestações carinhosas dos brasileiros, que o cercavam e que somente à força abriam alas para a passagem do coche. Assim foi este levado até a Capela Imperial, onde um trono aguardava o filho querido do Brasil, que vinha assistir ao *Te Deum.*

Da igreja, passou Dom Pedro II ao palácio, mostrando-se ao balcão dos grandes aposentos de honra. Ocupava o lado direito da janela, mantendo-se suas irmãs à esquerda; atrás da família imperial achavam-se, de pé, os membros do Conselho da Regência. Entre as autoridades reunidas no palácio, observavam-se, do lado de fora e diante da porta principal, os juízes de paz dos diferentes bairros, reunidos em cavalgada e dando com a saudação da bandeira o sinal das aclamações unanimemente repetidas com: "Viva o nosso imperador". A tropa formava em semicírculo atrás da deputação e a artilharia postara-se ao longo do parapeito do lado do mar.

O jovem imperador, sustentado por seu tutor *José Bonifácio,* mantinha-se de pé em cima de uma poltrona, de modo a ser visto pelo povo, e respondia às aclamações gerais agitando o lenço.

Através da fumaça da salva da artilharia e dos mosquetões, percebia-se no largo uma imensa multidão de cidadãos agitando para o palácio ramos de arbustos em sinal de alegria[1]. A cerimônia terminou com o desfile das tropas, após o qual o cortejo se pôs novamente em marcha, a caminho do Palácio de São Cristóvão, berço do novo imperador, de apenas seis anos de idade.

A última salva, repetida na baía pela artilharia das fortalezas e da marinha, anunciou a Dom Pedro, então a bordo do navio capitânia inglês, o cumprimento de sua horrível decisão, tão recentemente tomada em favor de seu sucessor; resignado, redigiu ele, portanto, seu último adeus ao povo brasileiro. Poucos instantes depois, em obediência a seu desejo, foi essa saudação transmitida ao povo por intermédio da imprensa.

Assim terminou esse grande dia ardentemente desejado pelos patriotas brasileiros, entusiasmados com ver o futuro poder nacionalizado desde a base até o cimo e reorganizado em doze horas, em virtude de uma dedicação unânime.

---

[1] *Ramos de cafeeiro florido e com frutos, e também de cróton, arbusto de folhas verdes e amarelas, cores imperiais que fizeram com que Dom Pedro I apelidasse a planta de* árvore constitucional. *(N. do A.)*

Pranchas 52, 53 e 54

Panorama da baía do Rio de Janeiro, apanhado do morro do Corcovado

Dom Pedro, príncipe regente e, logo em seguida, defensor perpétuo do Brasil, apressou-se em nacionalizar todos os recursos da indústria européia. Com efeito, aos primeiros boatos de preparativos de hostilidades, ordenados, diziam, pelas Cortes de Lisboa, a fim de reconquistar o Brasil emancipado, o governo brasileiro mandou fortificar, dentro e fora da baía do Rio de Janeiro, todos os pontos de defesa contra um desembarque inimigo. Acrescentou-se também aos sinais marítimos uma linha telegráfica, de Cabo Frio ao Rio de Janeiro, prolongada até o Palácio de *Santa Cruz,* residência de recreio da corte, situada a doze léguas da capital. Nessa circunstância, o jovem soberano, cercado de engenheiros militares, percorreu todas as montanhas vizinhas; mas uma delas, a do *Corcovado,* muito alta e que permanecera até então impraticável, inspirou-lhe o projeto de aplicar os conhecimentos recém-adquiridos na abertura de um caminho, para um cavaleiro, através dos obstáculos de uma vegetação virgem, que, a princípio gigantesca, diminui na medida em que o viajante se aproxima do pico estreito e quase nu desse promontório, imponente no seu isolamento. Pessoalmente responsável por essa empresa, e diariamente a cavalo desde madrugada, dirige os trabalhos e, aproveitando com inteligência a natureza do solo, alcança em muito pouco tempo o objetivo que se propusera. Manda em seguida cercar por um parapeito a extremidade superior do morro, pequeno platô formado por um bloco de granito nu, em que outro pedaço, separado por uma fenda, apresenta na frente um segundo pico íngreme, com acesso através de um pontilhão de madeira. Graças a essa obra ousada, o viajante atinge facilmente o ponto culminante, donde pode admirar o imenso quadro do interior e exterior da baía, limitado a leste por *Cabo Frio* e *Ponta Negra,* e dos outros lados por montanhas formando os últimos planos. A partir desse momento, a viagem ao Corcovado tornou-se um passeio para a corte, os estrangeiros e o resto da população ativa, que a isso consagrava o domingo. Com efeito, esse trajeto, admirável pela variedade do solo, apresenta a cada passo deliciosas paradas, algumas das quais, procuradas por suas nascentes e pela frescura de suas folhagens, são continuamente freqüentadas por grupos numerosos, que aí passam de bom grado um dia inteiro. A pequena distância do cume, e perto da nascente mais alta, encontra-se um *rond-point* bem abrigado e preparado graças a uma pequena derrubada, e reservado pelo imperador a um acampamento provisório, para os dias em que a corte aí vai fazer uma refeição campestre. Observa-se, numa das árvores reservadas, a gravação feita pelo próprio imperador de um grupo de iniciais designando o ano e o dia do mês em que se terminou o caminho traçado por Dom Pedro I, imperador *(I. P. 2 — 18 — 24)*. Utilizou ele mais tarde essa bela esplanada para a ereção de um telégrafo, em correspondência com a praia de Copacabana, ela própria em comunicação com outras estações até *Cabo Frio* e passando imediatamente para São Cristóvão, com prolongamento até Santa Cruz, residências de recreio onde ele se ocupava, nesses tempos difíceis, com produtivos melhoramentos.

Mas na época da morte da Imperatriz Leopoldina, a civilização européia trouxera seus abusos, e alguns colonos estrangeiros, desertores do exército brasileiro e mandriões organizaram-se, juntamente com alguns negros fugidos, em quadrilhas de bandidos armados, refugiando-se nas florestas virgens ao pé do Corcovado. Apesar da dissolução dessas quadrilhas, que inquietavam os habitantes da região, o caminho dos aquedutos, reputado pouco seguro, fez com que se abandonasse o passeio diário ao Corcovado. Pelo mesmo motivo foi a estação telegráfica suprimida e, não demorou muito, desapareceram os restos de sua frágil construção. Conservou-se, entretanto, para a mesma correspondência, um telégrafo colocado um pouco mais abaixo, fora da cintura formada pelos aquedutos, e atualmente as viagens ao Corcovado são feitas em pequenas caravanas.

Favorecido por um tempo magnífico, desenhei na ponta avançada desse platô os detalhes do panorama com que termino aqui a coleção litografada da terceira e última parte de minha obra. Chegamos mais ou menos ao meio-dia; depois de pagar o tributo de admiração, pus mãos à obra, e durante três horas de permanência, constantemente refrescado por um ar frio e leve, suportei facilmente e sem abrigo os raios do sol, cujo ardor nos parecera insuportável até dois terços da montanha em que nos achávamos colocados. Findo o meu trabalho, entrei na cabana dos telegrafistas, onde se tinham provisoriamente instalado meus companheiros de viagem, jovens pintores brasileiros meus alunos, que encontrei preludiando alegremente à refeição que nos devia reunir.

Finalmente, coroando a nossa partida, abandonamos os restos das provisões aos nossos hospedeiros, valendo-nos o regalo improvisado uma recordação grata, que marcou, durante algum tempo pelo menos, nosso passeio ao Corcovado e a execução recente de meu desenho do panorama da baía do Rio de Janeiro.

Explicação do desenho

N.º 1. O grupo do primeiro plano é formado, na frente, pelo pequeno platô de cuja ponta avançada desenhei. Vê-se uma parte do parapeito ligando-se ao pontilhão de madeira que comunica com o platô maior, no qual se encontra a cabana dos telegrafistas. A construção esconde aqui a entrada do caminho pelo qual se chega, depois de subir uma rampa bastante íngreme e cujo prolongamento tem tal declive que não permite verem-se os planos inferiores desse morro, tão extraordinário pelo seu escarpamento. Vêem-se à direita, num segundo plano já bastante afastado, os morros e colinas recobertos de vegetação que alargam a sua base e vão unir-se à serra da Tijuca, dominados pelo pico chamado *Bico de Papagaio,* e à esquerda pela *Mesa,* enorme bloco de granito de cimo achatado. O terceiro plano, também montanhoso e recoberto de vegetação, guia o olhar para o pé da *serra do Mar,* que fecha o fundo da baía (número 2) e abaixa-se em seguida, confundindo-se com as colinas arborizadas por entre as quais circulam pequenos riachos, que vêm desaguar na baía e cuja navegação alimenta os portos de *Estrela, Porto Velho,* etc. Entre a imensa quantidade de ilhas que povoam a baía de propriedades agrícolas e industriais, distingue-se pelas suas dimensões a ilha dita *do Governador,* verdadeiro jardim inglês, onde se acham localizadas uma bela residência imperial e a rica propriedade do *Conde de Rio Seco.* Mais perto do espectador desenha-se a ponta de São Cristóvão, no continente, cujo centro é ocupado pela *Quinta da Boa Vista,* residência habitual da corte, cujas dependências se estendem desse lado até a encruzilhada do atalho que liga a estrada de Minas à aldeia de São Cristóvão, situada à beira-mar (antiga *aldeia* de índios selvagens rechaçados das terras em que os europeus fundaram a cidade do Rio de Janeiro. Ver texto na primeira parte). No fim da aldeia de São Cristóvão, do lado do espectador, ergue-se um montículo coroado pelo antigo lazareto, hoje utilizado como quartel para a tropa de serviço no Palácio de São Cristóvão. (Ver prancha 33.) Mais perto ainda, no fundo de uma pequena enseada, vê-se o desembarcadouro, ligado em linha reta, por um atalho, ao portão principal do palácio; daí partiu Dom Pedro após a abdicação. Descendo-se pela praia, encontra-se a ponte de madeira, dita de São Cristóvão, comunicando a estrada já citada com o novo caminho aberto na margem oposta e cuja direção é traçada por duas fileiras de lampiões prolongadas até a cidade nova; esse caminho novo, na sua extremidade esquerda, faz a volta da última montanha e toma então o nome de *Praia Formosa,* a qual muda por sua vez de nome ao ladear essa mesma montanha, do lado do mar, até a *Prainha* (número 3), ponto em que se abaixa para unir-se ao Arsenal da Marinha. Voltando pelo caminho novo, distingue-se entre a fila de lampiões e o sopé das montanhas um grande trecho de terreno ainda deserto e pantanoso, no qual, entretanto, mediante aterros, abriram-se várias ruas com alinhamentos partindo do caminho novo para a parte alta e pitoresca da cidade nova, cuja extremidade já invadia os flancos e o cume dessa pequena cadeia de montanhas, ligada pela sua parte baixa, por um correr de casas, à massa da cidade nova, casas essas modernas e bem construídas, que constituem aqui todo o lado esquerdo do vasto *Campo de Sant'Ana,* no centro do qual, isolado, se encontra o Palacete da Aclamação. A extremidade dessa praça, junto às montanhas, é fechada pela Igreja de *Sant'Ana* e pelos belos quartéis modernos que formam um dos pequenos lados desse retângulo. Essa linha junta-se à da direita, repleta de lindas casas e na qual se distinguem a do Senado da Câmara do Comércio; a igreja situada no canto da Rua da *Alfândega* e o Museu de História Natural, colocado na extremidade da Rua do *Conde,* constituindo o limite do segundo lado estreito desse vasto paralelogramo. Seguindo-se a silhueta das duas montanhas da direita, vê-se na primeira a

Fortaleza da *Conceição* e a casa do bispo ocupando todo o platô; na segunda, a Igreja e o Convento de *São Bento,* ponto extremo à esquerda da cidade primitiva, do lado do mar, sendo o da direita indicado pelo Arsenal do Exército, que se estende ao pé dos morros de *São Sebastião* e dos *Sinais.* Mais para diante, vêem-se colinas recobertas de vegetação, em cuja base se situam os bairros de *Catumbi, Mata-Porcos* e *Engenho Velho.* Passando-se às ilhas, a partir do Arsenal do Exército, último citado, a primeira, à esquerda, é a dos *Ratos,* à flor d'água, inabitada, mas na qual se construiu depois de minha partida uma prisão militar. A segunda ilha, muito maior e bem próxima da cidade, é a das *Cobras,* célebre pela sua antiga fortaleza e primeiro ponto importante de que se apossou Duguay-Trouin. Vi, em 1830, aí construir-se um dique para construção de navios, do lado do Arsenal da Marinha, mas a praia, que dá para a cidade, desde há muito vinha sendo ocupada por alguns armazéns comerciais. Mais à esquerda, vê-se a ilha dos *Frades,* pertencente aos franciscanos, que aí edificaram um convento. Logo acima encontra-se a ilha da *Pólvora,* com os depósitos de pólvora do governo. Tomando-se à direita, a partir da ponta avançada do Arsenal do Exército segue-se a *praia de Santa Luzia,* cujo prolongamento se perde atrás da montanha do primeiro plano, a qual só permite ver, mais adiante, a esplanada e a Igreja de *Nossa Senhora da Glória,* ao pé de cujo morro, do lado do mar, começa a *praia do Flamengo,* ao passo que do lado da terra a colina fecha a entrada do lindo bairro do *Catete.* Em cima, vê-se o Forte de Laje. No horizonte encontram-se, a partir das fraldas da serra dos Órgãos, as terras da costa oriental do Brasil, cujos primeiros planos da baía mostram ilhas encantadoras e habitadas, onde se fabricam muito carvão e cal de conchas. Vê-se, em seguida, a bela enseada de *Praia Grande,* em cuja ponta esquerda se acha a *Armação,* belo edifício onde se fabrica azeite de baleia; a ponta direita, ao contrário, é defendida pela Fortaleza da *Conceição.* Mais abaixo, e do mesmo lado, ergue-se um rochedo isolado, coroado pela Igreja de *Nossa Senhora da Boa Viagem* e atrás do qual começa a praia do *Saco de Jurujuba,* cujas duas entradas são separadas por uma massa de rochedos recobertos de vegetação e em face da qual se encontra o *Forte de Laje.* Entre as colinas que cortam as praias da baía, deságuam pequenos rios, pelos quais todas as manhãs chegam embarcações carregadas de legumes, frutas e aves, exportados pelos colonos que residem nesses outeiros férteis. Finalmente, o prolongamento dessas montanhas, cuja extremidade se aproxima das duas pequenas ilhas redondas, forma o lado direito da barra do Rio de Janeiro. Torna-se a encontrar na linha do horizonte o prolongamento da costa oriental do Brasil, limitado pelo cabo Frio (número 4). O lado esquerdo da barra é igualmente formado por colinas revestidas de vegetação, numa das quais se vê o telégrafo, que corresponde à linha estabelecida do lado oposto até o *cabo Frio.* Ao pé desta colina de primeiro plano, percebe-se uma bateria baixa defendendo a entrada desse lado, desde a base do *Pão de Açúcar,* cujo cimo se descobre, até a ponta ao pé da qual se encontra o Forte de *São João,* onde os canhões estão dirigidos igualmente para o espectador e protegem assim a embocadura da linda enseada de *Botafogo,* ladeada internamente pela *praia Vermelha,* lugar delicioso, de vegetação sempre verde, enfeitado de lindas residências rurais. Essa mesma embocadura é formada do lado de cá pelo rochedo que termina a *praia do Flamengo* e a Rua do *Bairro de Botafogo,* cuja última casa se destina à pousada da corte. O primeiro plano, formado pelo prolongamento das montanhas que beiram a costa do Rio de Janeiro, permite verem-se as pequenas ilhas e bancos de areia que assinalam a sua proximidade. Vê-se no meio da areia a pequena Igreja de *Copacabana,* isolada num pequeno platô; mais à direita, um segundo plano formado por um grupo de montanhas (número 5) entrando mar adentro esconde a sinuosidade do banco de areia cuja extremidade reaparece com sua parte cultivada, tão reputada pelos seus deliciosos abacaxis. Aí se forma a embocadura de um pequeno lago, alimentado pelas águas do mar em maré alta (a *Lagoa*). Em cima, vê-se um grupo de pequenas ilhas desertas freqüentadas pelos pássaros aquáticos; mais à direita, forma-se o segundo plano pela parte baixa da serra da *Tijuca,* dominada no início pelos rochedos chamados os *Dois Irmãos,* e mais à direita ainda pelo enorme bloco granítico da *Mesa,* desenhado no número 1. Todas as colinas circunvizinhas da *Lagoa* são repletas de chácaras bem cultivadas. Seguindo-se a estrada que passa diante da aldeia da *Pólvora,* vê-se ao pé da montanha, à direita, a fábrica de pólvora, cuja máquina hidráulica é movida por uma queda-d'água precipitando-se da montanha que a domina. Ainda do mesmo lado, mais em frente da aldeia, vê-se a entrada dos edifícios da administração do *Jardim Botânico,* cujas plantações se prolongam em direção ao primeiro plano, onde se encontra a grade que dá para a estrada, caminho bastante freqüentado e aqui perdido no terceiro plano, entre uma garganta de montanhas que conduz à Tijuca beirando o mar.

Eis-me chegado à última página desta longa narrativa, que começa em 1816, no momento em que fomos chamados pelo soberano do Brasil para consagrar nossos esforços simpáticos ao brilho e à glória de seu trono, e que termina com a entusiástica aclamação do menino rei, hoje governador do único império americano.

Que série de acontecimentos extraordinários se desenrolou diante de mim durante esses quinze anos! Que contrastes contínuos! Quantas coisas se opondo ao homem! E o homem se opondo às coisas! E apesar de tudo, e através de tudo isso, quão rápida arrancada na marcha regeneradora da civilização!

Não vi eu, com efeito, os seis primeiros anos do reinado de Dom João VI, tímido fundador do Reino Unido de Portugal, Brasil e Algarves, decorrerem sob a influência das formas feudais, cuja calma respeitosa não chegava a dissimular completamente, aos olhos do monarca temeroso, as nuvens do horizonte político que se acumulavam sobre sua tríplice coroa?

Não vi eu seu sucessor e filho, Dom Pedro, empunhar com confiança as rédeas do Estado, após a partida de seu pai, e empreender cheio de entusiasmo a fundação de um império e a prosperidade de um povo jovem?

Identificado pela minha posição com os respeitáveis impulsos que durante nove anos valeram ao Brasil as mais úteis inovações, não hesitei mais em abordar a grandiosidade na pintura das composições nacionais, já então vivamente compreendidas pelo povo brasileiro, orgulhoso dos progressos das belas-artes nas nossas escolas. Feliz afinal com essa atividade, compus o quadro do segundo casamento do imperador, momento em que, arrastado pelos funestos exemplos da Europa, foi Dom Pedro forçado a abdicar em favor de seu filho, com apenas seis anos de idade.

Essa revolução repentina encheu de desânimo o meu coração e, como acontece nessas circunstâncias, concentrei-me e refleti.

Pensei que viera ao Brasil para fugir à mais cruel catástrofe familiar[1], e aí encontrava catástrofes políticas! Pensei na minha idade, que não me deixava esperança de servir o novo soberano, sujeito a uma longa tutela em virtude de sua juventude. E diante desse príncipe órfão, cuja pai ainda vivo ia prestar e pedir contas de um trono à Europa, pensei que eu também tinha contas a prestar à minha pátria, dos quinze anos passados longe dela. Levado assim pelo sentimento do dever nacional, abandonei instantaneamente, nem é preciso dizer com que saudades, minha escola querida, para a qual, pelo menos, mandei de volta de França, aonde me seguira, o mais hábil de meus alunos, *Araújo,* que tomou o meu lugar na direção da classe de pintura. Foi sob o império desses sentimentos que empreendi esta obra; com ela quis agradecer ao Instituto de França o fato de ter-me admitido entre os seus membros correspondentes para conquistar, ao lado de meu irmão, um de seus titulares, um lugar nesse nobre recinto sem cessar dizimado, cujas poltronas vagas interrogo diariamente, pedindo a cada qual que revele à minha veneração o nome do titular que a ilustrava por ocasião de minha partida e cujos títulos seus sucessores, alunos e mestres tão nobremente recolheram e engrandeceram.

Digne-se a Academia de Belas-Artes acolher esta obra, objeto de um trabalho assíduo de sete anos, como um primeiro tributo oferecido por seu correspondente, cujos últimos dias serão consagrados a ligar, por uma permuta de homenagens e incentivos, o Brasil à França, a *pátria de minhas saudades à pátria de minhas consolações!*

---

[1] *A morte de um filho único.* (N. do A.)

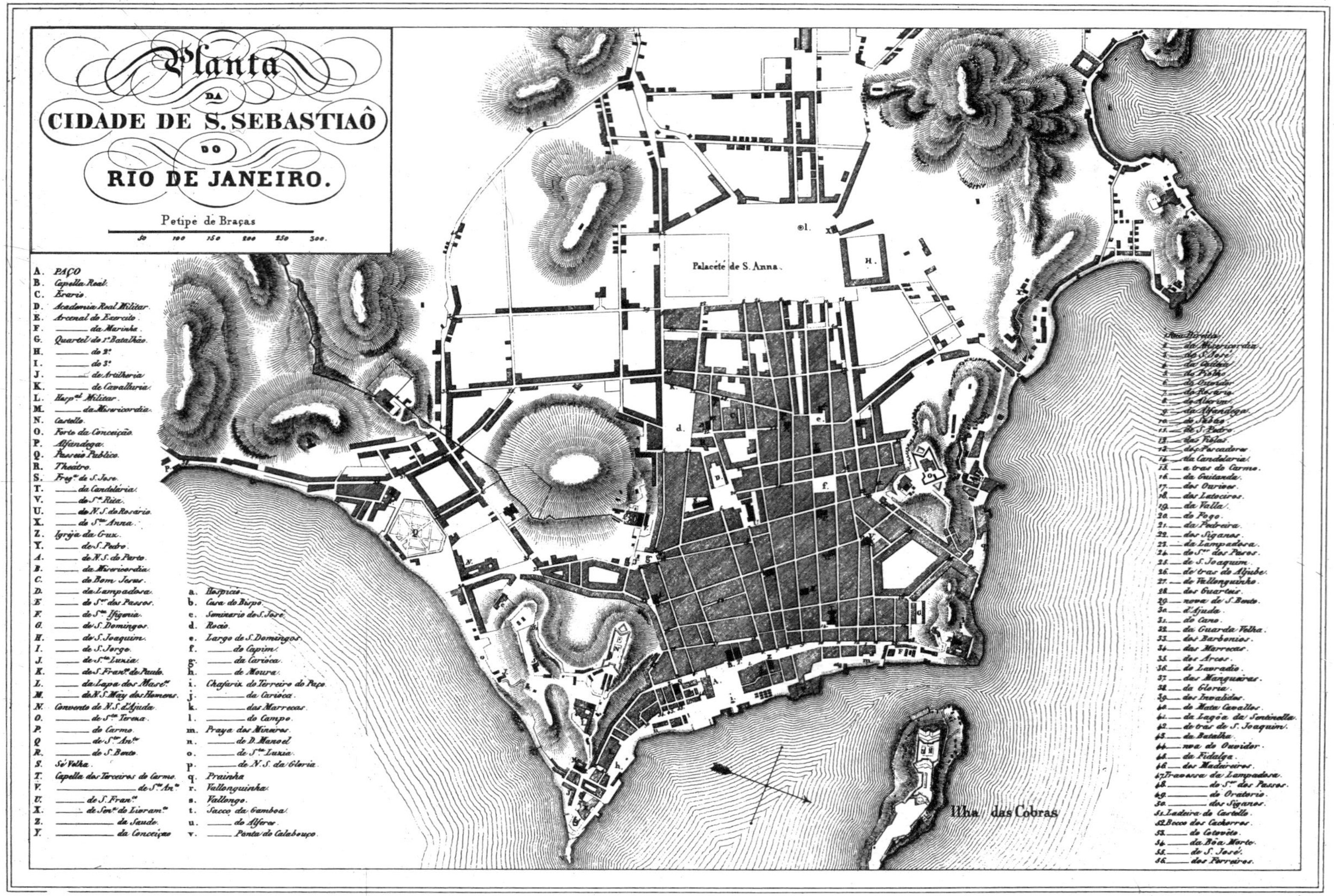

A presente edição de VIAGEM PITORESCA E HISTÓRICA AO BRASIL, de Jean Baptiste Debret, são os volumes n°s 239/240/241 da Coleção Reconquista do Brasil (2ª série). Impresso na Sografe Editora e Gráfica Ltda., à rua Alcobaça, 745 - Belo Horizonte, para a Editora Itatiaia, à Rua São Geraldo, 67 - Belo Horizonte - MG. No catálogo geral leva o número 01091/1B. ISBN. 978-85-319-0377-9.